〈政治思想研究　第17号〉

政治思想研究における「方法」

政治思想学会 編

風行社

まえがき

『政治思想研究』第一七号をお届けする。特集テーマ「政治思想研究における「方法」」は、二〇一六年五月に名古屋大学東山キャンパスで開催された政治思想学会第二三回研究大会の統一テーマに基づいている。本号は、当日の報告を基にした五本の論文を掲載している。今回の大会では比較の視座を得るため、政治思想研究以外の分野で活躍する多くの方に報告の協力を依頼した。そのため、会員による寄稿という原則を今回は緩めて、非会員の方にも特集に参加していただいている。大会の詳細については、本号掲載の研究会報告を参照していただきたい。

「方法」というテーマが取り上げられた意義は大きい。第一に、政治思想学会が自己反省をする時期を迎えたといえる。西洋政治思想史、東洋・日本政治思想史、現代政治理論の三つに、学会員の研究領域をわけることができるが、世代交代が進む中、その配分が変化しており、相互の関係性の理解も変化している。各々の領域内でも、研究という営為をどう捉えるべきかという問いが常に浮上している。政治思想学会を総体として反省するうえで、方法について再考する必要がある。第二に、政治思想研究が自己の存在意義を外部に対して、つまり他の学問や、現実政治を含む諸実践に対して示す必要性が強まっている。大学の人文社会系学問への批判（正当なものも不当なものもある）の高まりに端的に示されるように、この必要性は一つの危機でもある。自己の弁証のみならず、他の学問との協働の推進のためにも、方法の公共的な再検討が必要となる。この試みをさらに進めていくうえで、本特集がその手掛かりになることを願う。

韓国政治思想学会と本会は、隔年で共同学術会議をおこなっており、その翌年度、双方の報告者の論文のうちの一本を選出し、加筆修正した上で互いの学会誌に翻訳・掲載することにしている。前回は二〇一五年一二月一九日に成均館大学（ソウル）で開催され、大韓民国憲法の正統性問題について優れた研究報告をされた徐希慶氏（ソウル大学）に寄稿を依頼し、本号に掲載した。日本側からは、森川輝一会員の論文が、韓国語に翻訳され、公刊される予定である。

公募論文については、今回は極めて多くの数の応募があり、厳正な審査の結果、九本の論文（六本が、政治思想学会研究奨励賞受賞論文）が掲載となった。応募の多さは活気の印であり喜ばしきことであるが、多くの方々に査読の労を担っていただいたことも意味する。大学教員が多忙を極める事情にもかかわらず、特別の（もちろん正当な）理由をもって依頼を辞退された方は極少数で、ほとんどの方が査読に快く協力していただいた。ここに心より感謝を申し上げたい。いうまでもないことだが、応募数の多さは、審査の基準には影響していない。ただし、査読者のあいだでの評価割れのケースは少なくなく、その分、編集委員の仕事が増えたことはたしかである。そして、編集委員会による審査においてスプリットが生じたケースもあった。残念ながら掲載に至らなかった論文の中には、最後まで編集委員が判断に迷ったものもある。今回論文が不掲載に終わった方々には、是非とも改善のうえ再応募していただくことを願いたい。

公募論文審査に関して、巻末の【論文公募のお知らせ】をご確認いただきたい。今回、試みに、作業効率を考えて応募者に対してエントリー時に「応募用紙」の提出を任意にお願いした。ただ、その結果わかったことは、「応募用紙」の早目の提出の必要性よりも、その中身の改善の必要性であった。そこに書かれる情報は公正な査読作業を速やかに進めるために不可欠のものである。そのために⑥の項目に今回変更を加えたので、どうかご注意いただきたい。

書評については、会員による学術的な単著で過去二年以内に刊行されたものの中から、一一冊をとりあげた。

今回、海外研究者招聘講演の原稿を掲載した。このような試みは学会の活性化と発展のために極めて重要である。それをこうした形で学会誌に反映できることを嬉しく思う。企画者の辻康夫会員と、寄稿を承諾していただいたジェイムズ・タリー教授、そして改めて解説を執筆していただいた乙部延剛会員に、感謝申し上げたい。

本号が無事刊行できたのは、多くの人々の協力の賜物である。編集委員の方々には、メールを通じてお願いをすることが多かったが、常に迅速かつ適切に対応していただいた。学会の事務局にも、つねにサポートをいただけた。皆様にお礼を申し上げる。編集作業の全般にわたって、風行社の犬塚満氏にお世話になったことを深く感謝する。一般財団法人櫻田會からは、いつものように出版助成を受けた。長年にわたるご支援に、心よりお礼申し上げたい。

編集主任　山岡龍一

政治思想研究における「方法」（『政治思想研究』第17号）〈目　次〉

まえがき……山岡龍一　1

【特集】

精神史から存在論へ――初期ハイデガーの思索の道から……加藤哲理　7
シュトラウスとファーラービーのプラトン……近藤和貴　46
丸山眞男は役に立つのか――〈三・一一〉を素材として……渡部　純　75
規範研究における実証研究の役立て方――反照的均衡を中心に……松元雅和　98
松下圭一における「政治学」と「政治思想」……趙　星銀　124

【韓国政治思想学会からの寄稿】

大韓民国憲法前文と大韓民国の正統性に関する議論……徐　希慶　144

【公募論文】

マリアンネ・ヴェーバーにおける「新しい倫理」批判と倫理的主体の構築――性をめぐる倫理／法／自然の関係……内藤葉子　171
オーストロ・ファシズム確立過程の「合法性」と「正統性」――アドルフ・メルクル、ロベルト・ヘヒト、エーリッヒ・フェーゲリン……高橋義彦　203
ハンナ・アーレントにおける「政治」と「責任」――全体主義体制下における普通のドイツ人の責任について……石田雅樹　234

〔政治思想学会研究奨励賞受賞論文〕
ジョン・ロックにおける所有とシティズンシップ――政治共同体の内なる境界について……柏崎正憲 261
ルソーの市民宗教論における寛容――近代寛容論への批判と発展……関口佐紀 294
大ブリテン構想と古典古代解釈――E・A・フリーマンとアルフレッド・ジマーンのギリシャ愛好主義……馬路智仁 327
「革命」という持続と断絶――「始まり」の後のハンナ・アレント……寺井彩菜 360
無関係な人びとの間の平等主義的正義は何を意味するのか――グローバルな運の平等主義の批判的検討……上原賢司 392
戦時期恒藤恭における民族認識の特質と展開――一九三〇年代後半期を中心に……久野譲太郎 423
【書評】
人間存在の受動性と能動性の狭間から『存在と秩序――人間を巡るヘブライとギリシアからの問い』（藤田潤一郎）……田上雅徳 456
一七八九年の理念から一九一四年の理念へ――ドイツ歴史主義と改革の政治学の行方『フランス革命という鏡――十九世紀ドイツ歴史主義の時代』（熊谷英人）……権左武志 458
非政治的人間による政治との格闘の軌跡『トーマス・マンの政治思想――失われた市民を求めて』（速水淑子）……川合全弘 460
オーストリア政治思想史の可能性『カール・クラウスと危機のオーストリア――世紀末・世界大戦・ファシズム』（高橋義彦）……細井保 462
「両義性の政治学」は可能か？『両義性のポリティーク』（杉田敦）……山崎望 464
われら不審者の時代に――デモクラシーの理論と戦略『不審者のデモクラシー――ラクラウの政治思想』（山本圭）……鵜飼健史 466

方法論から応用へ、そして二つの誘惑 …… 早川　誠 468
『応用政治哲学――方法論の探求』（松元雅和）
「平等な者たちの社会」へ …… 伊藤恭彦 470
『平等の政治理論――〈品位ある平等〉にむけて』（木部尚志）
「働くことの意味」とよい社会 …… 重田園江 472
『よい社会の探求――労働・自己・相互性』（田中拓道）
bet するべき擬制は何か？ …… 河野有理 474
『擬制の論理　自由の不安　近代日本政治思想論』（松田宏一郎）
徂徠以後をいかに見通すか …… 中田喜万 476
『近世日本の「礼楽」と「修辞」――荻生徂徠以後の「接人」の制度構想』（高山大毅）

【二〇一六年度学会研究会報告】

二〇一六年度研究会企画について …… 企画委員長　宇野重規 478
【シンポジウムⅠ】政治思想研究における方法 …… 司会　宇野重規 480
【シンポジウムⅡ】政治学と政治思想 …… 司会　田村哲樹 482
【シンポジウムⅢ】政治思想研究と隣接諸学 …… 司会　野口雅弘 484
〈自由論題　分科会A〉 …… 司会　小田川大典 486
〈自由論題　分科会B〉 …… 司会　木部尚志 487
〈自由論題　分科会C〉 …… 司会　辻　康夫 488

【海外研究者招聘講演】

ジェイムズ・タリー教授「批判的営為としての政治哲学――新しい公共哲学の構想」

タリー教授慶應義塾大学講演について……企画者代表　辻　康夫　516（i）
Political Theory as a Critical Activity: The Emergence of Public Philosophy in a New Key……James Tully　514（iii）
解説：ジェイムズ・タリー教授の公共哲学……乙部延剛　497（xx）

執筆者紹介……517
政治思想学会規約……521
論文公募のお知らせ……522
政治思想学会研究奨励賞……523
執筆要領……524
二〇一六―二〇一七年度理事および監事……525

精神史から存在論へ
——初期ハイデガーの思索の道から

●——加藤哲理

一　はじめに——初期ハイデガーと思想史方法論への問い

「哲学の本来的な基礎とは、疑わしさを根源的に実存的に把握し、しかもそれを時熟させることである」[1]。自らに固有の学問的方法を確立するための暗中模索の道の途上にあって、本稿の主人公となるマルティン・ハイデガーは、このような言葉を残している。自らの生業を根源的に疑ってみること。だが、このことについて私たちがよく知っているのは、むしろ研究を自らの生活世界となす人々にとって、この単純素朴な問いへの要求が、実は最も困難であることではないだろうか。

「哲学や哲学者たちにとって難しいこと、それは中止することである」[2]。この講義の補遺にハイデガーが書きつけたキルケゴールの言葉。それが示すように私たちは常日頃、批判的思考をもって己の矜持としているが、にもかかわらず往々にして、このような鋭い懐疑の刃は、自分の研究する対象や他の研究者へと向けられることはあっても、自らの喉元に単刀直入に突きつけられることはほとんどない。その要因は様々であろうが、ハイデガーの言葉を借りるならば、結局のところ、研究者としての「平均的な日常性（die durchschnittliche Alltäglichkeit）」のうちで、個人や集団に長く積もり重なった塵埃が、そのような問いかけの重荷や不安から、私たちの目を背けさせてくれているのである。差しあたって研究者としての生活は、数多くの「有意味性（Bedeutsamkeit）」を帯びた種々の存在者に取り囲まれ、それによって私たちは――いわばそこに住まう「世人（das Man）」として――そのような虚無の深淵の「呼び声（Ruf）」に耳を塞いでいることができる。

だが、そのような人間のあり方に不可避に伴う惰性態の誘惑に抗して、ここで本稿が意図しようとするのは、ハイデガーが冒頭で提起したような問いの不気味さから逃亡することなく、彼自身の歩んだ道に即しながら、その問いと正面から対決する姿勢を取ることである。学問自身のあり方への根本的問い、それは無味乾燥な学術用語に置換してしまえば、いわゆる方法論の領域に属するものであり、実際に本論文は、端的に政治思想史・理論研究における方法論上の問題に貢献しようとするものではある。しかしながら、本論に進んでいく前に一言、この「方法論」という言葉自体が、これから語られる事柄を、「方法論」という一つの限定された研究領域についての理論上の「おしゃべり（Gerede）」の材料へと頽落させる危険を孕んでいることには、注意を促しておかねばならない。あくまでも本稿が目的とするのは、

理論的なものの内部における、理論的なものについての懐疑的言明としての、理論的懐疑ではない（それは、徒労で怠惰な懐疑、決して始めることなくおしゃべりしているだけの空虚な懐疑である。こうした懐疑の正しい表現は単に空虚に傍観していることである。これは真に問うことには当てはまらない！）。そうではなく、まさに問うことそれ自身のうちに、疑わしさの遂行のうちに、本来的に自らが立つことなのである[3]。

自らの研究者として業績への執着を捨てさり、己の実存の全体を疑いのうちに投げ入れる「覚悟性（Entschlossenheit）」をもつ者だけが、この門を叩く資格を有する。「思いこまれた自明性という鉛のような重圧から断固として脱却することこそが、解決を熱望する課題をより深く意識化するために必要な予備条件なのである[4]」。このことを十二分に肝に銘じた上で、ハイデガーとともに真に問うことへの道を歩んでいくことを始めることにしよう。

1　道の始まりに寄せて――ハイデガー研究としての本稿の視角

どれほど本稿が根源的に問うことを目的とするものであっても、それが『政治思想研究』という媒体に姿を現すものであるからには、そこで遂行される考察は、その研究史上の文脈において有意味なものであることを、まず初めに弁証しておく必要があるだろう。[(5)] それでは以下の研究は、これまでに政治思想史・理論の領域で蓄積されてきたハイデガー研究に対して、どのような新しい地平をもたらすものであるのだろうか。

まずこの問いに応えるために、この領域におけるハイデガー研究の状況を、簡潔に三つに類型化しておくことにしよう。[(6)] まず最初に挙げられるべきは、「ハイデガー」と「政治」という二つの言葉を耳にして即座に連想されるように、この哲学者のナチズムへの熱狂的参与という政治的事件を中心に、その時期における彼の思想や行動から、「個人的な次元（persönliche Ebene）」におけるハイデガーと政治の結びつきを明らかにしようとしたものである。古くはファリアスによる『ハイデガーとナチズム（一九八七年）』にまで遡るこの論点は、反ユダヤ主義的言説を数多く含んだ手記『黒ノート（*Schwarze Hefte*）』の二〇一四年の公刊以降、再び活発な議論の対象となり、その熱は現在でも沈静化する気配はない。[(7)]

第二に考えられるのは、「体系的‐素材的な次元（systematische-materiale Ebene）」に比重をおく研究である。この種の類型に属するのは、かつてのアレクサンダー・シュヴァンの研究のように、ハイデガーの哲学や存在論から、何らかの「政治的なるもの（das Politische）」を、研究者自身の手で「体系的」に再構成し――その内容がナチズムへの加担と必然的連関を有するものか否かについては論者によって評価が分かれるが――そこに独自のハイデガーの政治哲学を発見しようとする試みである。[(8)] あるいはまた、ハイデガーの著作から、「ポリス」や「民族」、「正義」や「市民」など、政治学研究において疑うことなく有意であると思われる「素材」を摘出して研究対象とする仕事も、ここに分類されるものであろう。[(9)]

そして最後に第三の類型となるのが、「適用的な次元（Ebene der Adaption）」に属している研究である。そこでなされるのは、主として現代政治理論の領域に多く見られるように、何らかの仕方でハイデガー哲学から、政治哲学上の考察にとって積極的に援用可能な契機を発掘しようとする試みである。アーレントやフーコー、テイラーやローティ、アガンベンやナンシーなど彼の哲学からの直接的影響を公言している現代思想の大家にはここで触れないが、それ以外であっても、そのような「適用」可能性を探求した研究として、古くはホワイトの『政治理論とポスト・モダニズム』のように、とりわけポストモダン的政治理論に哲学的基礎を与えうる思想家として、ハイデガー哲学を批判的に継承しようとする営みは、いまもなお数多い[10]。

もちろん、すべての研究は何らかの意味において、上記の三つの方向性についての複合的な関心に動かされており、実際には明確に区別されるべきものではない[11]。だがいずれにしても、最初にはっきりと述べておかねばならないのは、本研究が上述のいかなる類型にも属することを拒否することから思考を始めようとしていることである。かくなる決意は独断的なものではなく、そこには研究上の必然がある。そして、その背後には、これまでのハイデガー研究が、彼の哲学に秘められた真の革新性を、政治思想史・理論領域のうちに受容することを、むしろ妨げてきたのではないかという問題意識が潜んでいる。先行研究を俯瞰した上で本稿の念頭に浮かんでいるのは——相対的に歴史学的関心を動機にする第一の個人史へと焦点を絞った研究は考察の対象から除外するとして——何らかの仕方で「ハイデガーの政治哲学」を再構成しようとする第二の類型も、現代政治理論におけるその生産的継承を目論む第三の類型も、そのような関心をもってハイデガーの思想にアプローチすること自体によって、結局のところ、既存の政治思想史・理論研究の枠組みの中へ——その世界を構成する「存在者」の一つとして——彼の思想を包摂しようとする試みに加担しているに過ぎないのではないか、という疑念なのである。

ここで私たちが抱いている懸念をより明晰にするために、もう一度ハイデガーの言葉を引用してみることにしよう。

哲学——方法を求める格闘。あらゆる真正な哲学は、その本来的な駆動力において、方法を求めて奮闘することであり、しかも手近にある方法（や認識の仕方や認識の理想）はすべて繰り返し新たに克服しなければならないのである。[12]

この言葉が如実に示しているのは、何よりもまず学問や哲学のあり方自体の根本的な変革に、最初期からのハイデガーの尽きせぬ思想的情熱が傾けられていたということである。本研究が強調したいのは、だとすれば自らの学問についての徹底した方法論的反省という経路を辿ることなく、自身の属する専門分野の妥当を自明視し、その領域における研究対象の一つとしてのみ彼の思想を取り扱うことは、結局のところ、その「始まり」の一歩から、ハイデガーの本来的意図を裏切っていることになるということである。

それに対して本論稿が試みようとしているのは、そうして既存の政治思想史・理論研究の空白に「ハイデガー」という項目を付加することではなく、何よりもまず、それらの遂行のされ方についての根源的な問いかけの一つとして——つまりは方法論的省察の文脈において——彼の思想を読解することから始めなおすことである。再び冒頭の講義から言葉を借りるのであれば、

この著作は、次のような哲学者、研究者たちにのみ向けられている。すなわち、世界をめぐって旅をする前に自らの故郷で正しい方向に心を配ることが、まずもって哲学においては重要であると考える哲学者、研究者たち。[13]

繰り返しになるが、こうして何よりもハイデガーの思想的苦闘が、学問や哲学のあり方の解体と刷新をその動機づけとしていた以上、もし彼の哲学を彼の意図に即して自らの専門領域へ継承しようとするのであれば、まずはハイデガーとの共通の問いの地平に自らを置きいれて彼のテクストと対話することから、彼の歩んだ道を辿ることを始めなければならないのである。そのようにして、ハイデガーの思想が有している最も根源的な潜在的可能性を、政治思想史・理論研究の領域において解き放つのが、本稿の目的であり、また研究史上の貢献となるはずである。

2 「始まりのハイデガー」から――初期ハイデガーと政治思想史研究をつなぐ問い

それではハイデガーの思考は、思想史研究の方法論に対して、実際にどのような衝撃を与えうるものなのだろうか。さらに考察を進めていくにあたって、彼の思想形成の時期区分に応じて、まず対象となる彼のテクストを限定することから始めることにしたい。ハイデガーの思想の「転回（Kehre）」点をどこにおくべきであるか。この問いはそれ自体として研究上の大問題の一つであるが、ここでは単純に時系列的に、「前期（最初期から『存在と時間』まで）」、「中期（一九三〇年代から第二次世界大戦まで）」、「後期（第二次世界大戦後から最晩年まで）」と分割する慣例に従った上で、「前期ハイデガー」、なかでもすでに何度か引用をしているように、全集の五六／五七巻から六三巻までに所収されている「初期フライブルク講義（一九一九～一九二三年）」に焦点を絞ることにする。(14)

本論へと歩みを進めていく前に、その理由について若干の説明を加えてしておくことにしよう。『存在と時間』以前のハイデガーの講義が一九八〇―九〇年代に続々と公刊されていくようになって以来、そこに実際に居合わせた彼の弟子たちの証言によって伝説として語られながら、なおも謎に包まれていた初期のハイデガーの思索の足跡は、徐々にその全貌を現していくことになった。それによって、それまでは断片的に『存在と時間』への前段階としてのみ解釈されることの多かった、初期における彼の歩みは、いまや独自の研究領域として、その重要性を盤石なものとしている。(15)

ここで細かな研究史に立ち入ることはしないが、思想史研究の方法論という視角からハイデガーの思想に接近しようと試みる本研究にとって、前期のうちでも特にこの初期フライブルク講義が関心の対象となるのは、まさにこの期間において、自らの学問方法論をめぐる最初の思想的格闘とその成果を、鮮明に見て取ることができるからである。「一九一九年から一九二三年において、ハイデガーは極めて独自の哲学的出発点を発展させ、カトリック神学との決裂のあとに、彼の初期論文集における新スコラ主義的な文脈を遠く離れて、ハンナ・アーレントが証言した呼び名である〈思索の王国における隠れた王〉の呼び名をものにしていった」。そして、この「初期フライブルクにおける新しい始まりの様々な主題は〔…〕一九二三年の夏、この時期における最後の講義である『事実性の解釈学』へと流れ込み、そしてそこでは同時に、最終的には『存在と時間』の概念的基礎を占めることになる存在論的な文脈で、明示化されることになる」のである[16]。このような理解を踏襲しつつ、いわば本稿は、このハイデガーが初めてハイデガーとなった、彼の哲学の誕生の地から、何らかの思想史研究の方法論上の示唆を得ようとするものである。

しかしながら、この「始まりのハイデガー」の時期が本研究にとって大きな意義をもつ理由はそれだけではない。ここで今度は目線をハイデガー研究から政治思想史研究の土俵へと移してみよう。すると、この時期に言及したものがこれまでほとんど存在してこなかったにもかかわらず[17]、方法論への問いという視角から改めてこの時期のテクストを手に取ってみると、そこには驚くべきほどに私たちの問いの地平との共通項が多いことに気づかされる。理論的生活と実践的生活の緊張や、世界観（主観的価値）と科学（客観的事実）の葛藤など、政治学研究に従事するものであれば、お馴染みである問題系が、そこには繰り返し登場してくる。

なかでも私たちの関心を最も引きつけるのは、哲学と歴史（学）の関係をめぐるハイデガーの独創的な思索の痕跡である。たとえば、ある講義における「歴史的なもの（das Historische）という核心的現象」と銘打たれた一節において、ハイデガーは以下のように述べている。

> 歴史的である（historisch）ということは、ここでは生成すること、起こること、時間のうちで移ろうこと、を意味しており、それは現実に帰せられる特徴づけである。〔…〕。私たちが、歴史的なもの（das Historische）について、それが私たちの生（Leben）において出会われる仕方で考えている[18]。

後になって『存在と時間』において現存在の「時間性（Zeitlichkeit）」や「歴史性（Geschichtlichkeit）」として明晰に概念化される思考の萌芽がここには見て取れるが、ここで私たちは己自身に問いかけてみることにしよう。もし思想史研究者としての私たちの「生」もまた、そうした歴史性を背負った営みの一つであるとするならば、その営為の究極的根拠は一体どこに求められるべきなのだろうか。「思想」の歴史の研究として、それが目指すべきは、そのような時間的限界を超越した永久不変の真理の探求なのか。それとも、あくまでも思想の「歴史」の研究として、過去をそれ自身の歴史的文脈に即して厳密に再構成することに、自らの学問の客観性を担保するべきなのか。おそらくはハイデガーが示そうとした道はそのいずれでもない。ここでは詳しくは立ち入らないが、初期ハイデガーの思索が、クエンティン・スキナーの問題提起以来続けられている、政治思想史研究の方法論を巡る論争[19]と、多くの点において問題を共有しており、またそれに何らかの示唆を与える可能性を秘めているということ。このことが予感されれば、まずは十分である。

こうして私たちは、若きハイデガーの歩みを継承しつつ、思想史研究における方法論的反省の道へと旅立っていくわけであるが、ここでもう一点、付け加えておかねばならないことは、そうして哲学と歴史の相克のうちに新たな学問的探求の道を開拓しようとした彼の思想的挑戦が、「歴史的なもの」をめぐる思考において、ヴィルヘルム・ディルタイによる「精神史（Geistesgeschichte）」――とその背後にある「生の哲学（Lebensphilosophie）」――に依拠し、それを批判的に継承することによって形成されていったという事実である。

ひとは歴史的なもの（das Geschichtliche）を他の分野と並んだ一つの存在の一領域として受け取るときには、歴史的なものと出会うことはない。〔…〕。形式的‐歴史的なものの意味が確固として打ち立てられ、その形式的な性格が理解可能とならなければならない。〔…〕。このような方向性へのもっとも有力な傾向はディルタイにおいてあり、精神科学の実践的研究に強い影響を及ぼしている。[20]

「ディルタイは、まだ根源まで突き進んではいなかったが、精神史の新たな側面を開いて、その真実の理念そのものを生み出したのである」[21]。ハイデガーはディルタイによる精神科学の構想に最大限の敬意を払いながら、それを最終的に克服することによって、自らの哲学的方法を練り上げていった。このことを踏まえて、本稿は――その表題が示しているとおり――初期ハイデガーの思索を「精神史から存在論へ」へ向けて歩まれた一つの足跡として解釈することを通して、新たな思想史研究の地平を切り開くことを目的とすることになる。

それでは最後に、本稿が辿っていくことになる道を展望しておくことにしよう。まず次節において試みられるのは、ドイツ思想史における精神史の伝統へと初期ハイデガーの問題意識を接続するという作業である。そこから彼は何を継承し、何を批判したのか。それを明らかにした上で、続けて第三節では、それを克服するものとして構想されたハイデガーの「事実的生の解釈学」のうちに、存在論としての政治思想史の可能性を探求する。さらに最後に第四節において、そこで得られた知見から、既存の政治思想史・理論研究に対する批判的示唆と更なる発展的展望が模索されることで、本稿の考察は締めくくられることだろう。

二　精神史から存在論への道——哲学と歴史の相克をめぐって

私たちが生きている世界が抗いがたい「時間性」や「歴史性」を帯びていること、日々の時間の移ろいのうちで自らの生を体験している私たちにとって、このことは、一見すると直観的に自明なもののように思われる。だが不思議なことに、この素朴な事実を承認することは、かつて——あるいはいまでも——哲学や学問を生業にするものにとって、容易なものではなかった。というのは、もし「人間の思想や信念はすべて歴史的であり、したがって当然消滅する運命にある」[22]とすれば、テクストに対して私たちが日々投入する労力の全体にいかなる意味があるだろうか。ここで引用したレオ・シュトラウス——彼もまたハイデガー哲学との格闘を通して、その思想を形成した人物の一人である——が「歴史主義（historicism）」に対して見せる過敏な反応が示しているように、人間の生の歴史性の発見を根源的事実として承認するとき、哲学や学問に従事する者が相対主義や懐疑主義の気分を微塵も抱かずにいることは難しいのである。あらゆる学問も研究も歴史的状況において相対的である。散漫な気分的ニヒリズムではなく、この命題を自らの実存の骨髄まで徹底したうえで、にもかかわらず学問が学問として、自らの客観性を信じることできるとすれば、それはいかにして可能であるのか。初めに述べておきたいのは、いわばこの章で描かれる精神史から存在論へのドイツ思想史の道程は、ここに生じる方法論上の困難との血のにじみ出るような苦闘の歴史でもあったということである。

1 精神史とは何か？——近代ドイツ思想史の文脈において

ではまず、ドイツにおける「精神史」の歴史的展開について簡潔に外観してみることにしよう。[23] カントに対するヘルダーの批判以来、歴史を「精神」の一般的な発展のプロセスとして理解する「普遍史（allgemeine Geschichte）」的な方向性に対して、個別的なもの、特殊なものとしての「歴史」の領域を、いかにして哲学的、学問的に正しく考察するかということは、近代のドイツ思想史の底流に位置する重要な問いであり続けた。啓蒙に対するロマン主義の挑戦に始まり、ランケらに代表される歴史学を経て、リッカートやヴィンデルバンドの新カント主義、社会科学の客観的方法をめぐるマックス・ヴェーバーの苦悩に満ちた思索に到るまで、その問題意識は多くの思想家たちの営為を根底から規定している。[24]

歴史的、文化的、社会的世界についての学に何らかの「客観性」が存在しうるとすれば、それはどのようなものだろうか。この思想史的伝統の基底にある根本的な問いをやや乱暴に要約するならば、おそらくこのようなものであろう。一方で、ヘーゲル流の形而上学的な歴史哲学を基礎とするならば、確かに自らの歴史記述の普遍性は保証されるが、その代償として歴史的世界のもつ個別性や特殊性が、普遍的理念の踏み石として棄却されてしまう。しかしながら他方で、行為や実践が織りなすその世界が物理法則のような一般性の支配する領域ではない以上、そこに自然科学と同質の基準を求めることも不可能である。だがさりとて、上記の二つの客観性についての模範的基準を手放してしまったとき、そこに待ち受ける相対主義的帰結を、研究者はどのようにして回避すればよいのか。

ディルタイによる精神科学の基礎づけの試みは、このような問題状況に対する果敢なる応答への挑戦であった。ここでは、その特徴を本研究の必要に即して、最低限紹介しておくことにしよう。まず彼は自然科学と精神科学の領域を峻別することから出発する。その上で、後者が研究対象とする宗教や形而上学、芸術や文化、哲学や科学、法や政治などの領域における所産をして、情理未区分の「生」全体によってなされた「体験（Erlebnis）」の「表現（Ausdrück）」として捉えることを、ディルタイは提唱する。ここで重要なことは、そうして形成される「生」の間に存在している作用連関や秩序構造――それは「気分」や「世界観」と呼ばれる――が、自然科学における因果連関とは、まったく質的に異なった「客観性」を有しているという指摘である。こうして、歴史的世界のうちで「生」の織りなす客観的精神――それは当然ヘーゲルの普遍的理性の痕跡ではない――を「理解（Verstehen）」するべく努めることが、精神科学者・精神史家に固有の仕事として確立されることになる。そして、ここで研究者に資質として求められるのは、自然科学的な方法意識とはまったく別種の、過去の生に対する「共感／感情移入（Einfühlung）」なのである[25]。こうして「ディルタイによれば、精神科学は、人間の歴史や文化における精神的連関を、客観的に記述することを目標とする[26]」。

また、この歴史的世界における「体験－表現－理解」の三位一体を、同時に普遍的な人間の認識のあり方として考えることによって、精神科学に「生の哲学」という理論的基礎を与えたことにこそ、ディルタイの哲学上の偉大な功績があった。過去に生きられた生を、現在を生きている生が理解しようとする。その終わりなき循環構造の論理のうちに学問のあり方自身をも、認識論的に根拠づける。「生が生を把捉する」。この精神科学の要諦をなす命題の背後には、こうして「歴史的なもの」としての人間の生そのものに、その独自性を損なうことなく、「学問」的、「哲学」的に肉迫するための方法をめぐる苦闘が秘められている。そして他でもなくハイデガーがディルタイから継承したのは、まさにこのような問題意識だったのである。

2　ハイデガーのディルタイ批判――精神科学の克服の試みとして

初期フライブルク期の幕開けを告げる一九一九年の戦時緊急学期講義「哲学の理念と世界観問題」には、以下のような力強いハイデガーの宣言を見つけることができる。

自らが真実に哲学を生きているような歴史的意識にとってしか、真実の哲学の歴史というものはけっして存在しない。すぐれた意味における歴史や哲学の歴史は、それ自身が歴史的である生において、即自的かつ対自的に構築されてくるものである――絶対的な意味において[27]。

この後に当代の歴史学者たちに対する彼特有の痛烈な皮肉が続いているのだが、いずれにしてもこの引用から私たちは、初期ハイデガーが「歴史的なもの」をめぐるドイツ思想史の問いの地平において自らの思想を練り上げていこうとしていたことを、窺い知ることができる。(28)「歴史的なものこそ、哲学の自己理解への接近方法を私たちに開いてくれる現象である。現象学における方法の問いとは、方法上の体系の問いではなく、事実的生の経験（faktische Lebenserfahrung）」に導かれる接近方法の問いである。〔…〕。重要なことは、事実的生の経験から哲学することの自己了解への動機を獲得することである」(29)。この歴史的なものへの洞察が、なぜ哲学的探求の方法において決定的に重要なのか。それは、現象学が解明しようとする私たちの「事実的生（das faktische Leben）」自体が、本質的に歴史的だからである。

このように考えるとき、先に述べたディルタイによる精神科学の構想をハイデガーが高く評価した理由は容易に理解されてくる。歴史的なものとしての生を、それ自身において把捉する。このような理念の下に体系化されたディルタイの一連の仕事は、方法をめぐる闘いの連続であった若きハイデガーに――「生」という概念の継承にも率直に表れているように――光明を与えるものであったはずである。しかしながら、本研究が強調しなければならないのは、ハイデガーの存在論的探求は、このディルタイの精神科学を批判し、それを最終的に克服することを通して練り上げられていったということなのである(30)。

それならば、ハイデガーはディルタイ並びに精神史という手法のうちに、一体いかなる問題を見出したのだろうか。端的に言うのであれば、ディルタイが企図したものが自然「科学」との対抗において十分に客観性を担保することのできるような精神「科学」の方法論であったこと。そこにハイデガーは精神科学の立場の限界を指摘する。

こうして自然科学は一九世紀における科学一般の自己解釈を代表することになる。精神科学と哲学は自然科学へと方向づけられる。〔…〕。人々はあやまってカントの意味において、またカントを越えて、精神科学に対しても同じことをすることを求めるのである。〔…〕。そのうえ、本来は歴史と神学をもっているディルタイでさえも、明らかにカント的問題構成に依拠しながら、精神科学を「歴史的理性の批判」として定式化するのである。[31]

精神史的方法の背後にある払拭されがたい科学性への固執。それでは一体、その何が問題なのだろうか。ハイデガーが最も危惧するのは、かくなる科学的態度への拘泥によって、生や歴史が研究の「対象」としてしか、現れえないことである。「このような歴史の把握において支配的である見方の方向づけが、客観的に措定された歴史上の秩序連関のうちに措定された対象を眺めることであるかぎりにおいて、私たちはそれを対象として歴史を見る方法的態度(objektgeschichtliche Einstellung)と呼ぶのである」。[32] 彼はこのようにディルタイを論難する。どれほど他なる生を理解する過程における理解する側の「追体験」や「感情移入」が強調されようと、それが最終的に目指すのは、どこまでも過去に在った生「について」の科学的‐客観的な把握に過ぎないのである。

それらの科学は、歴史的経験が過去の生に近づきうるようにする方法形式として登場するが、それらはまた、過去のものを理論的‐科学的に対象化する仕方に対して指導的な指示を与えている。それらは特定の仕方で把握された様相によって性格づけられており、また一定の観点から表明された歴史的過去を、すでに出来上がったものとして、「教養意識(公開された被解釈性の様態)」へと手渡しているのである。科学の対象領域としての過去、過去の生。[33]

「生が生を把捉する」。この精神科学の命題においては、前者の対象を認識しようとする研究者の「生」は、単刀直入に学問的探求の「対象」にはならない。何が研究対象とされ、それがどこまで根源的に理解可能となっているか。共感や追体験が可能となる体験の地平をより根源的に規定している研究者自身の生や精神のあり方は、研究に間接的に表現されることはあっても、一義的な探求の俎上に載せられることはない。

結局のところ、「ディルタイは、生から世界の全体を理解することを試みたが、それに成功しなかったのである。というのも、彼には構成という契機が忍び入っていたからである」。[34] その結果として、ディルタイの精神史的な業績は、認識する自己の「生」を問いなおすことなく、曖昧な教養意識——自らの属する分野において有意味とされる研究対象の疑いなき妥当——と科学的禁欲——自らの生や価値を研究以前のものとして不問に付すこと——の混合物に依拠したまま、むしろ過去にあった時代の類型化や、対象として眺められた歴史的時代の構造連関の解明へ、その眼差しを外へと向けていってしまう。

哲学の歴史はいつも、何らかの教養意識のうちにあって、そこから見てとられ研究された。今日では、類型化する精神史が支配的である（「類型」——何に即して形作られるというのか）。この類型化する精神史は、ある仕方で事実を措定し、それを事実と思い込むことによって、厳密な事実研究であると自らを理解している。〔…〕。その場合には、哲学は、科学や芸術や宗教などと、連関づけて考えられる。それによって哲学は、歴史的かつ客観的に、客観的かつその客体に即した関係や性質によって、前もってその内容を規定されてしまうのである。[35]

こうして「精神史」的態度は、研究している自らの「生」への根源的な問いを、対象化された過去の生についての科学的研究のうちに埋没させ、その問いを自覚的なものとして遂行することを妨げ、付随的なものに貶めてしまう危険性を孕んでいることになる——そこでは自らが哲学することよりも、ある哲学がどのような精神史的文脈にあるかが重視されるだろう。

それに対して、ハイデガーの「存在論」が要求するのは、そのようにして「生」を忘却することなく、それを事実的に生きている研究者自身が、自らの生のうちでより根源的に解明していくことなのである。対象としての過去の生ではなく、即今当処において自らが背負う生からの出発。

したがって道は全く逆になる。むしろ、私たちはこう問うべきなのである。事実的経験において根源的に時間性とはいかなるものか。事実的経験において、それは何を意味するのか。過去か、現在か、未来か。私たちの道は事実的生から出発し、そこから時間の意味が獲得されるのである。このようにして歴史的なものの問題が示されることになる[36]。

ここで語られる歴史的なものは、ただの研究の対象ではありえない。「事実的生の解釈学」。このディルタイとの対決を通して形作られた構想で目指されるのは、歴史的に生きる研究者自身が学問的研究の過程において、この「事実的生」から片時でも目を逸らすことなく、より直截に自らの存在を「解釈」し、究明していくような研究のあり方なのである。精神史と存在論、この二つの態度の看過すべからざる相違を強調した上で、そこから「存在論としての政治思想史[37]」研究の可能性を追求していくことが、次節以降の本稿の目的となるであろう。

三　存在論としての政治思想史――事実的生の解釈学として

「探求における同行者は若きルターであり、模範となったのはルターの嫌ったアリストテレスであった。衝撃を与えたのはキルケゴールであり、フッサールが私の眼を開いてくれた[38]」。ハイデガー自身の証言が示しているように、一九二三年夏の「事実性の解釈学」へと結実していく道の途上で、ハイデガーの随伴者となった思想家やテクストは多種多様であったことだろう。

だが、「〈事実的生〉、つまり〈生〉という表現は、ひとつの現象学的根本カテゴリーであって、ひとつの根本的現象を意味する[39]」。この引用が示すように、どこに典拠が求められようと、「生」の一文字が、首尾一貫してこの時期における彼の関心の中心にあったことは、否定することはできない[40]。

現象学は、生即自の根源学（Ursprungswissenschaft）とされ、したがって、生の世界（Lebenswelt）のあれこれの事実的な断面についてではなく、生即自のものでなければならない。そのための経験地盤はどのようにして準備したらよいのだろうか。〔…〕。最も身近な対象は事実的生そのものである。どのようにして我々は、事実的生から根源学のための経験の地盤を獲得するのだろうか。〔…〕。問題は、事実的生の側からの根源的領域への接近可能性である[41]。

研究者その人自身によって生きられている「事実的生」。決して客体化されえない、そのような生を出発点として、「根源」と名指される何かへと向かって歩まれていく道。そのような根源学としての研究というものが、いかにして可能となるのか。もし「生き生きと流れていく生が、学問という表現連関のうちでは〈何らかのかたち〉で硬直化」するものであるとすれば、そしてまた「生活世界が学問によって生からの逸脱（Entlebung）を被り、それによって事実的生から、事実的に生きられた遂行によるその本来的な生き生きした可能性が奪われてしまうとすれば[42]」、そのような学問に一体どれほどの意味があるのか――そもそも誰しもが事実的に生をすでに生きているというのに。そして、そのような生を地盤とするとき、ただの世界観や疑似宗教に堕することなく、いかにして哲学はその学問性を主張しうるのか。時に息が詰まるような緊張感の中で、ハイデガーは繰り返し根源化する問いかけを、講義の聴衆に浴びせかけている。

本章において私たちが試みるのは、このような徒手空拳の悪戦苦闘のうちで形作られたハイデガーの「事実的生の解釈学」を、政治思想史研究の論理として、いま一度読解してみることである。この研究がそれに従事しようとする者自身の生において、始まりから終わりまで、いかなる出来事ないし「道（Weg）」として歩まれていくのか。続けて、その道程においてテクスト解釈という、思想史研究者にとって必須の営みが、どのような役割を果たすのか。以上の二点を分析的に区分した上で議論を進めていくことにしよう。

1　根源学としての基本構造――現存在の己事究明の道として

「哲学の道の出発点は、事実的生の経験である[43]」。それでは事実的生から思想史研究を始めるとはどのようなことなのか。それは何ら難しいことではない。「事実性とは、〈私たちに〉〈固有の〉現存在の存在性格の名称である。より厳密にはこの表現が意味するところは、それが存在に即してその存在性格において〈いまそこに（da）〉にある限りでの、そのつどの現存在である（*jeweilig* dieses Dasein）」[44]。脚下照顧。それはこの研究が、研究以前において生きられているあなたの生のうちで事実として生じる出来事として遂行されるということである。事実的生＝現存在から私たちが始めるのは、

それが哲学的研究の対象であるからだけでなく、この研究自体が事実的生の何らかのあり方であり、そのようなものとして研究を遂行することが生のその都度の具体的存在を生それ自体のうちでともに時熟させる（mitzeitigt）ものとなるからである。〔…〕。このような同時的な時熟の可能性の根拠は、哲学的研究が事実的生の一つの根本的運動性（Grundbewegtheit）を明晰に遂行することにほかならず、いつでもそのうちにあるからである。[45]

こうしてより根源的な生のあり方へ。自らの生が時節とともに熟することと不離一体で歩まれるような研究。もちろん先に触れたように、専門的「研究者」として訓練を受け、その問題設定や方法論に精通することは、その最初の一歩から、そうして自己の生のうちによって歩まれる学問の可能性を隠蔽するか、忌避させるように私たちを仕向ける。

だがこの種の知や理論的認識という作業に必然的に付きまとう弊害よりも、事実的生の解釈学として歩まれる思想史研究の始まりにとって、より本質的な困難となるのは、そもそも自らの生や現存在から目を背け、それを忘却しようとする傾向が私たちに備わっていることである――むしろ、ある人が「研究」というスクリーン越しに世界を眺めようとすることは、そのような忘却の派生態なのだ。

本来的に各自のものであるはずの事実的生がそのようなものとしてほとんど生きられないことの根底には、その頽落への傾向がある。〔…〕。それが埋没している世界のうちで、またそれを取り囲んでいる平均性のうちで、生は自らに対して己を隠している。このような根本的運動性の最も鮮明な証左は、事実的生の死に際しての態度によって与えられる。[46]

たびたびこの言葉が現れてくるように、ハイデガーは「運動性（Bewegtheit）」――それは人間が時間や歴史のうちを生きていることの謂いである――をこそ、生の根源的な存在様式としてみている。そして、上記の引用が示しているように、確かにこのような自らの生から逃げることですら、人間の生に必然的に付随する一つの根本的な運動性である。だが、この運動性が結局のところ頽落と呼ばれるのは、そこに生のより根源的なあり方を開いていく可能性が欠如しているからである。もし生の本質的契機が歴史性や時間性であるならば、どのような日常にもその根底には終局への時間が流れているはずである――その究極が死であり、存在論的には無、論理的には否定、心理的には苦悩や不安である。だが差しあたって「事実」として生きられているだけの頽落した生においては、このような生のもつ根源的な運動性は、閉じられた日常的な円環のうちに安全なものとして飼いならされてしまっている。

それに対して、存在論として実践される研究が追求するのは、繰り返し――そして何度でも――このような生の硬直化を破っていくことである。そのような過程をしてハイデガーは「解体（Abbau/Destruktion）」と呼んでいる。(47)

それゆえ私たちの問題からは否定のみが生じてくる。それは終わりなく否と言うこと（Neinsagen）なのである。そこに最終的に大文字の「然り」を期待するとすれば、それは無理解である。むしろ解体（Destruktion）は続けられる。〔…〕。哲学の動機に、自らの現存在を安心させるか、それとも不安にさせるかということがある以上、それは哲学の表現なのだ。根源的なものを体得し、根源的に規定するという傾向から、解体を続けていくことにおいて、現象学という理念を根源的に把握する試みが、導きとなる。(48)

このような絶えざる否定が――繰り返すようにこれは理論上のお遊びであってはならない――自身の生において事実として生起しなければならない。そして、ここでは研究とは、これまで歩まれた自己自身の生へ執着を何度となく解体することを通して、自らの生のより根源的なあり方へ――『存在と時間』の言葉を借りれば「非本来性」から「本来性」へ――絶えざる遡行を試みることにほかならないのである。「解体とは本来的な道であり、そこで現在は自らに固有の根本的運動性であるべきなのである。どの程度まで現在自身が根本的経験の可能性やその解釈を体得するべく悩んでいるか、そこでは歴史からそのような問いが現れてくる[49]」。

それでは、そのような終わりない「否定の道(via negativa)」としての研究の果てに私たちは、一体何を体験的に獲得するというのだろうか。残念ながら、私たちの生にそこで新しく付け加わるものは何もない。そこで得られるのは、ありのままの事実的生の最も根源的なあり方についての「自覚(Wachsein)」であり、それを可能な限り己の実存に保持しておく姿勢だけである。事実的生のもつ時間性や歴史性を最も原理的にわがものとしていく道としての存在論的探求、そこで目指されるのは、哲学しながらより哲学的になること、そして歴史的に生きながらより歴史的になること、また自己がより本源的に自己になることでしかない。そして、その「目的/終わり」にあるのは、そのような最も透徹した仕方において生の根源性のうちに「存在すること」であり、そうして繰り返し問うことで生を解放していく智慧こそが事実的生の解釈学における完成なき完成なのである(だからこそ、哲学は問う存在としての人間の究極的形態として本質的に「無-神論(a-theistisch)」なのである――ただしあくまでも、そのような根源への開かれた仕方での待機として――そして、答えを与えるのは生の歩みであり、存在の側である[50]――だが、それに授かるために人間に許されるのは全身全霊の問いとその不安のうちで生きることしかない)。

生の存在は、それ自身によって移ろいゆく運動性であると考えられている。ところが人間的な生がこの運動性のうちにあるのは、人間が自らに最も固有な運動の可能性、つまりは純粋な直覚の可能性に関して、完成しているときである。このような運動性は、状態としての智慧においてある。〔…〕。生という存在は、この智慧が意のままにする本来的な運動性ゆえに、もっぱらこの智慧そのものの純粋な時熟において見られねばならない[51]。

こうして一箇の生が真に生として時熟していく己事究明の道。私たちは思想史研究という問題系から遠く離れてしまったように思えるが、この事実的生の解釈学が、思想史研究の方法論にとって決定的な意味をもつのは、そこで哲学と歴史の相克という多くの思想家たちを悩ませてきた問題が、新たな存在論的地盤において究極的に解決を見出しているからである。そこでは、哲学することとは歴史を研究することであり、歴史を研究することは哲学することである。「研究——事実的生と生の連関における時熟としての、問いつつある探索[52]」。ハイデガーに即して私たちが、このようなものとして研究を捉えることができるならば、存在論こそが真の思想史研究となるのだ。

2 根源的な問いの「反復」としてのテクスト解釈

事実的生の解釈学とテクスト解釈学の不即不離。かくなるハイデガーの存在論が、思想史研究にとっての範例的研究法となりうるのは、ハイデガー自身の場合においてそうであったように、この道が私たちもまた日々の生業としている過去のテクスト解釈を道標として歩まれるからである。それでは、この探求の道程において、テクストを読むことや書くことはいかなる意義を有するのか。「事実性」から「解釈学」へと考察の比重を移して、省察を続けてみよう。

プラトンやアリストテレス、パウロやアウグスティヌス、そしてディルタイにフッサール。初期ハイデガーの講義には、多種多様な思想家たちが登場してくる。それでは、なぜハイデガーは彼らのテクストを講義で取りあげたのだろうか。それはもちろん、先に述べたようにある教養意識や学問領域にとって、それが古典や聖典として自明の重要性を保持していたからではない。

> アウグスティヌスは、私たちの魂は不安である、という言葉のうちに、生における止むことなき大いなる不安を見ていた。彼はまったく根源的相を獲得した。しかも、単に理論的にではなく、この相において生き、そしてこれを表現にもたらした[53]。

この引用が端的に示している通り、彼らのテクストが研究の歩みにおいて尊重されるべきなのは、それらが根源へと向かって歩まれた事実的生への足跡として書かれたものだからであり、また、それを読むことが根源的体験への通路となりうるからである。「ある哲学者の提起の中で、何が〈正しい〉か〈間違っている〉かを、〈客観的に〉探求することはできない。彼の表現形態が根源へどのような遠さないし近さをもっているか、ということが大切なのである。〔…〕。表現の適切さは、叙述のうちに生きている動機の根源性によってのみ、決められる」[54]。これのみが、この事実的生の解釈学において私たちがテクストを選ぶに際しての唯一の基準である。

しかしながら、それらの過去の書物は私たちに、ただ単に決められた答えとして与えられるものではなく、私たちがそのテクストとともに、いま以上に根源的に自らの生を問いなおす覚悟をしなければ、その意味は永遠に理解されることはない。「過去となった哲学的研究が将来へ影響を及ぼす可能性は、決してその研究の所産そのものでなく、むしろその都度に達成され具体的に仕上げられていった問いの根源性を基礎とする。この根源性によって、それらの研究は、問題を喚起する模範として繰り返し新たに現在となりうるのである」[55]。

だからこそ、テクストを理解していくためには、それを解釈する側である私たちの態度も、同時にまた決定的に重要な契機となる。テクストがその真の意味を開示するためには、事実的生の探求の途上にある、私たちの境位や「解釈学的状況」こそが問題となるのだ。

解釈の状況とは、過去を理解しつつ自らのものとして体得することとして、いつでも生きいきとした現在の状況でもある。まさに歴史とは、理解において過去が自らのものとして体得されることであり、そうである以上、歴史そのものがどこまで捉えられるかは、解釈学的状況(hermeneutischen Situation)の決定的選択や練り上げがどの程度まで根源的であるかによって、育ってくる。ある現在がどれほど覚悟性や解明の能力を発揮しうるか、それを尺度としてしか、過去は自らを開くことはない[56]。

こうしてテクスト解釈とは、自らの事実的生の状況に応じて開かれてくる過去の可能性を、問いのなかで何度となく「体得/自らのものにする(Aneignung)」試みである。本来的な理解とは、「ある過去の哲学的な研究が自らの状況において、またその状況のために、その根源的な苦悩へと取り入れたものを根源的に理解すること」であり、それはまた「ただ何かを確証済みの知識として受け取ることではなく、理解したことを自分にとって最も固有の状況に即して、またこの状況のために根源的に反復すること（*wiederholen*）を意味するのである」[57]。

一方において、テクストの呼びかけを聞くためには、自らの生がそれを可能とする程度にまで時熟していなければならない。しかしまた、この時熟自体がテクストを解釈することによって遂行されていく。このプロセスにおける生とテクストとの呼応関係には明らかな「解釈学的循環」があるが、ここではそれを初期ハイデガーが方法論上の手引きとして極めて重視した「形式的告示（die formale Anzeige）」という概念によって、より明晰にしておこう。

「哲学的な定義は〈形式的に（*formale*）〉告示的（*anzeigend*）であり、〈道〉であり、〈手がかり〉としてある」。ここでテクストに登場する概念が「形式的」であると語られているのは、差しあたって私たちが形としてはその言葉を知っているにもかかわらず、その真の意味内容を十分に自らの生において味わい尽くしていないからである。その「内容としては無規定的で、遂行上において規定を与える何らかの拘束があらかじめ与えられているだけである」。私たちはそのようなものとして言葉に出会う。最初は大いなる謎、驚くべき衝撃として――たとえば「有」や「無」、「生」や「死」の一字がそうであるように。

しかしながら、私たちの生の方向性を差しあたって「告示」するものとして、自らの生の歩みにおいてその言葉に実参実究することを通して、当初は空虚であったその言葉の意味は体験的に充実され、またその過程において、事実的生自身が本来的な存在様式へと時熟していく。そして、その道を歩みきって初めて、自らがその告示の方向性のうちを循環していたことに再び気づかされる。だからこそ、「現象学的定義は、特殊に実存的な時熟によってもたらされる哲学的な定義である。その定義において、決定的な意味において理解が遂行され、告示されていた道がその根本経験から〈遡って〉辿られていくのである」[58]。テクストという残された形式は生という質料から闘い取られた言葉――後のハイデガーの言葉を用いるなら「実存論的範疇」――であり、その形式に再び質料という内実を与えていくのは、その人の現存在である。この文字をめぐる果てなき循環のうちで、テクスト解釈は出来事として研究者自身の生の現実において生じるべきものなのである。

それでは最後に、このような存在論としての政治思想史が、テクスト解釈の妥当性をどこに根拠づけるべきかという問いに触れながら、本節を締めくくることにしたい。まず一方で「生は客観ではなく、決して客観にはなりえない」。そうである限り、この研究は歴史学その他から厳密な科学的基準を借りることをあらかじめ禁じられている。他方で「しかしながら〔…〕生を主観に帰することも不可能である」[59]。なぜなら、もしそれが主観に基づくなら、そこにあるのは、ただたに研究者の世界観や価値の投影された恣意的な解釈に過ぎなくなってしまうであろう。

主観的な相対主義でもなく、科学的な客観主義でもない。それでは、新たなテクスト解釈の「客観性（Sachlichkeit）」をどこに求めるべきなのか。ここでハイデガー自身の言葉を借りてみよう。まず、

確実な客観性（Die sichere Objektivität）は、事実性からの不確実な逃避であり、また、その逃避を根拠にして客観性へと上昇していると信じているという点で、自分自身をも見誤っている。ところが客観性はそれに反して、まさに事実性のうちで、最も根源的に体得され自らのものとされるものなのである[60]。

私たちが必要とするのは、まさにこのような「客観性」である。それはいわば、自らの生を根底とする限りにおいて徹底的に主観的であり、同時にその事実性を根底とする限りにおいて徹底的に客観的であるような、生の「根源性」という尺度である。テクスト解釈の客観性から根源性へ。こうして存在論としての政治思想史においてはテクスト解釈の妥当性は、テクストを読んでいる現存在の歩んでいく事実的生の根源への近さ／遠さによって「実証」されるべきものとなる。そして、ただ素朴に「この哲学が要求するのは、生のうちに自らを解き放つこと、ただし表層的なものへではなく、自己のその根源性への深まりなのである[61]」。

四　おわりに――政治思想史研究の「別の始まり」へ

ハイデガーの存在論を政治思想史の方法論に！　ここまで本研究は、このような標語を掲げて歩んできた。だが私たちの意図は、そもそも思想史研究の方法論に、「事実的生の解釈学」という新たな一つを付け加えようとするものではない。ここで描かれたのが具体的に生きられた生によって歩まれる実存の論理である以上、「解釈や解釈の段階についてのいかなる図式も技術も存在しないのである。精神科学や哲学が陥っている最も不幸な誤解は、それにとって本来的に可能な厳密さが、手続きの技術によって達成されるということである(62)」。

これまで明らかにしてきたように「解釈学が任務とするのは、それぞれに固有の現存在を、その存在性格に即しながらその現存在そのものに接近させ、知らせること、現存在が陥っている自己疎外を追求することである。解釈学において、自ら自身に対して理解するものとなり、理解するもので在るという可能性が、現存在のうちで形作られる」。そして究極的には「解釈学によって時熟するべき事実性への自覚が、〈いまそこに〉あるのでなければ、解釈学それ自身は重要でなく、それについてのあらゆるおしゃべりは、その根本的な誤解である(63)」。そうである以上、存在論としての政治思想史は、一般に理解される意味での科学的研究の方法論にはなりえない。それは究極的には、歩まれるべき「道」でしかないのだ。

しかしながら、その「道」から照らしたとき、たとえば他の思想史研究の方法論に対してはどのような示唆を得ることができるのか。そして、その「道」の先には何が待ち受けているのか。それについて最後にもう少し語っておいてもよいであろう。では、そのような批判と展望の可能性を解明しながら、本研究の終わりへと歩んでいこう。

1　伝統の「解体」――既存の政治思想史研究への批判的視座

> これまで伝承され支配的となってしまった被解釈性を、その隠された動機や明確でない傾向や解釈の道に即して解きほぐして、解体的遡行によって、解明の根源的な動機の源泉にまで突き進んでいくことが要求されるのである。解釈学は、唯一、破壊という道によってその任務を実行するのである。(64)

このようにして私たちは、それまでの哲学研究の地層を何度も爆破することによって、新たな根源への道を切り開いていくハイデガーの勇姿を目撃してきた。ここでは彼に倣って、私たちが到達した存在論としての政治思想史の視点から、これまでの研究手法にいかなる批判的示唆を得ることができるかについて触れておきたい。

自然科学的な実証性を範型とするタイプの政治学とハイデガーの思考が相いれないのは容易に想像がつく。(65) だがそれ以上に、思想史研究の文脈で、対局に位置するのが、彼が歴史を「対象」化する態度を厳しく批判していたことからもわかるように、ケンブリッジ学派やコゼレックの「概念史（Begriffsgeschichte）」に代表されるような「歴史学」を志向する政治思想史研究であろう。そのように歴史を客体として措定した後に、科学的方法をもって過去の事実を客観的に把握しようとする歴史学に、ハイデガーはどこまでも敵対的である。「そのような歴史家たちは、自分たちは専ら学問的であると見なしながら、事実がまるで路傍の石を見つけるような仕方で見つかると思い込んでいる。したがって、哲学の歴史を通じて哲学の理念の本質的な部分に至ろうとするような逃げ道は、方法的‐学問的にいえばほとんど望みのないものであり、結局は妄想なのである(66)」。

> 解釈は〔…〕自分が何か「それ自体（Ansich）」に的中するのだとでもいうように、歴史的認識の意味における妄想上の客観性を要求してはならない。そもそも自体を問い求めるなどというのは、それだけで、すでに歴史的なものの対象性格に対する誤認である。そのような「それ自体」が発見できないことから相対主義や懐疑的歴史主義を導くのも、同じ誤認の裏返しに過ぎない。(67)

では次に、レオ・シュトラウスに代表されるような永遠性をもった真理の探求＝「哲学」として政治思想史研究を理解する立場はどうであろうか。シュトラウスがハイデガーをして「最も根源的な歴史主義者」として批判していることからわかるように、ここでも対決色は鮮明である。だがハイデガーからすれば、結局のところ、時間を超越した普遍的真理へと哲学を基礎づけようとする試みは、学が事実的にそこで生成する場所である自らの生の歴史性からの逃避でしかない。

つまり、哲学の伝統的傾向は空虚な普遍性において次のように特徴づけられる。哲学は自らに対して、さまざまな領域における存在者の全体や、またそれについてのそれごとの意識や、またその両者を包括的な統一性において究極の基礎（原理）から規定するという任務を立てるのである。〔…〕。「客観的なものへ越え出ること」は「たんなる主観的なものから立ち去ること」として現れてくる。「異邦人のプラトン主義」として特徴づけられるようなこうした哲学は、自分が歴史的な意識や歴史的なものそのものに対して確固たる足場にいることを自認している。

だが結局シュトラウスをはじめ、このような立場は、生の運動性を逸脱することなく、それが要求する方向へと根源的に徹底すること、その根底に「形而上学」を超克する新たな哲学の存在根拠を求めようとしたハイデガーの意図の革新性を十分に理解できてはいない。だからこそ、伝統的な「哲学」への憧憬と執着から、「その哲学は、自分の立場からみて、歴史的なもののもとに滞留し続けることに対しては、歴史主義という烙印を押すのである」[68]。

続いて政治理論へと視線を移して、近年隆盛の英米圏の分析哲学的な研究手法に対しては、どのような批判的な視座が得られるだろうか[69]。ここで重要なのが、先に「形式的告示」について論じた際に述べたように、ハイデガーにとってあくまで言葉というものが、分析の道具でも対象ではなく、事実的生の自己究明の歩みのうちで闘い取られ、その途上において初めてその本来的意味が開示される「実存論的範疇」であったということである。

哲学の研究の仕方とは、事実的生における存在の意味をそのもろもろの範疇的な根本構造へ向けて解釈することである。すなわち事実的生が自ら時熟し、時熟しながら自己自身とともに語りだす、そのありさまへ向けて解釈するのである。〔…〕。このような条件は「論理的な形式」ではなく、範疇的に理解されたものとしては、真実に体得された実存の事実的な時熟の可能性なのである。

こうして「存在論と論理学は、事実性という問題構成における根源の統一性のうちへ取り戻され、事実性の現象学的解釈学として示される原理的研究の突端として理解されねばならない」[70]。しかしながら、存在論と論理学の二つの次元――分析哲学者が自らのヒーローとして、しばしば誤解しているヴィトゲンシュタインの言葉を借りるのであれば――「示される」べき倫理的、宗教的な生の領野と「語られうる」言語分析の領野が切り離され、後者のみが研究者の生業となるとき、たとえそこで「対象」として日常言語に眼差しが向けられていようと、そこに残るのは、研究者自身の事実的生の探求とは何ら関係をもたない、論理的検証や概念分析の道具、「対象」へと頽落した死物としての言語なのである。

最後に、あるべき価値を呈示し、その正当化根拠を探求するような規範理論的研究は、ハイデガーの眼にはどのように映るだろうか。たとえば哲学における「価値」の理念を批判しつつ、彼は以下のように述べている。

価値として説明すること（*Für-Wert-Erklären*）と価値を受け取ること（*Wertnehmen*）は別のことである。後者こそが、原初にある根源的な現象として、つまりは生の即自かつ対自的な構成として性格づけられる。前者は理論的なもののうちに基礎づけられた、それ自身理論的な派生的な現象として見なされるべきであり、生きられた生による構築物に過ぎないのである[71]。

ある研究者が信奉する規範や価値の根底にはその人自身の生が潜んでいる。だとすれば、ここでも同じく私たちは、規範やその正当化根拠について、それを研究対象として学術的な議論を積み重ねる前に、それらの隠れた源泉となっている自らの生を問い直すことを真っ先にしなければならないはずである。だが残念ながら、それを直截に問題化する理路は、この理論自体のうちには備わっていない。「規範とは何か。この規範は、いかに成立するのか。どのような権利をもって規範はそれとして与えられるのか。〔…〕。価値の哲学、普遍妥当的価値の学としての価値哲学は、それに対して何も答えを与えない。いわんや〈価値〉とは何の謂いなのか――いかにして私が価値を経験し、それについて知りうるのかについても答えを与えない」[72]。こうして、価値の背後に隠れる研究者の事実的生が吟味されることのないまま、曖昧な――そうであるがゆえに独断的な――仕方で一研究者の偶然的な生から浮かび上がってきたに過ぎない価値を、あたかも理論的に重要な規範的「立場」やあるべき政治の理念であるかのような仮面を被せて弁証する作業が続けられていくのである。

さて、いくつかの政治思想史・理論研究上の優勢な立場を概観してきたが、そこで導きだされる批判の要点は、結局のところ素朴に、その全てにおいて、研究する者自身の事実的生が忘却されているということに集約される。是什麼物恁麼来。歴史、永遠の真理、言語、規範、それぞれが研究「対象」として措定され、それについての学問的操作が方法論として確立されるとき、その背後にある事実的生を生きる研究者の存在への問いが独断的に閑却されているのである――そのような問いが生じたとしても、それは学問の外部の出来事による偶然の産物か、あるいは二次的なものに過ぎないのだ。

もちろん存在論としての政治思想史は、他の研究法の可能性を決して排除しようとするものではない。しかし、ここで問われているのは、ただの方法論の相違ではなく、何が根源として研究の始まり／終わりに置かれるべきか、ということである。もし自己の生をいかに生きるかということが誰しもにとって最も根本的問いであるという事実――このことは他者なき独我論やエゴイズムとは何ら関係がない！――から目を背けたくないのであれば、学問観や世界観の違いとして、この根源性から逃げることは許されない。そして、ハイデガーの思考が私たちに示唆しているのは、一見して活況に見える方法論をめぐる対話や論争が、ただに理論上の「おしゃべり」や、多様な理論や方法には各々に価値があるという表向きリベラルに見える本質的問いからの逃避に終わらないためには、それぞれの方法論を駆使する研究者が自らの生を根源から問いなおし、そのような根源への問いの途上で語りあわなければならない、ということではないだろうか。

だが自らの陣地を要塞化することに長けた研究者同士が、そのような問いの地平で真摯に対峙することが、いかにして可能になるだろう。ここではむしろ、その困難さを述べたハイデガーの言葉を引用して、先へ進むことにしたい。

学派や意見によってではなく事象そのものに即して哲学するという要求は、一見するよりずっと困難なものである。存在論的研究の主たる任務とは、設定された存在の根本的意味について根源的に透徹することであり、もしひとが自らの生において存在論へと自ら歩んでいかないならば、何も変わってはいないのである! この任務が果たされるまで世界は待たねばならない。もしそれができないなら、世界はまだ熟していないのだ。存在論的研究は、科学的な研究の全体を新たな生という根拠へと設定しない限り、重要性を持つことはない。(73)

2 「形而上学」以後の政治思想史――絶対精神なき精神史を超えて

ここで再び話題を始まりへ、精神史に戻すことにしよう。やや唐突なようだが、この方法論の源泉の一つとしてヘーゲルの『精神現象学』が挙げられることがある。しかしながら、ポストモダン的な――「形而上学」以後の――時代の気分に浸りきった私たちにとって、ヘーゲル的な普遍史、その「大きな物語」にそのまま依拠することは難しいだろう――部分的に摂取することは可能だとしても。(74) だが第二節において私たちが考察したのは、こうして「形而上学」という地盤を失うとき、精神史は「世界観」と「科学」――つまりは感情(パトス)や価値や生という主観的要素と理性(ロゴス)や事実や研究という客観的要素――の分裂という「不幸な意識」に苛まれるようになるということであった。自らの価値の源泉を曖昧な教養意識に求めることも叶わず、さりとて科学的禁欲にも満足できず、初期フライブルク期の講義にはハイデガー自身の、かくなる分裂への葛藤が如実に反映されている。

ここでわざわざヘーゲルの名を挙げて、最後に私たちが考察したいのは、ハイデガーの存在論には、このような「絶対精神なき精神史」の窮地を突破することを可能とする、「形而上学」とは異なった根源から思想史研究への道を切り開く可能性が秘められていたのではないか、ということである。「いまはまだ根源に対して私たちは〈遠い〉。この〈遠さ〉を現象学の対象にすること、〈近づけること〉や〈近づくこと〉が何を意味するのか、私たちは理解しなければならない」(75)。このハイデガーの率直な告白が示しているように、この時期におけるハイデガーには、それは予感的にしか自覚はされていない。

哲学は、自らが立脚地とする根源的な疑わしさにおいてに、根本的に無-神論的であらねばならない。哲学は自らの根本的傾向のまさにそのゆえに、神を所有し、それを規定しようとする僭越をなしてはならない。哲学が根源的であればあるほど、哲学はそれだけきっぱりと、神から離れ去ることであり、したがって、「離れ去る」ことの根源的な遂行において、それに固有の困難な仕方で、神の「もとにある」ことなのである。(76)

こうして「存在神学（Ontotheologie）」を解体し、伝統的哲学のみならずキリスト教すらも脱構築することによって遡行されていった果て、存在の根源的経験の領野にあるのは、宗教ならぬ「宗教性（Religiösität）」として名指される何か(77)——晩年における彼の言葉を借りるなら「神のような何ものか（ein Gott）」——であろう。それは「形而上学」的な存在ではなく、現れを現れとして、時間性を時間性として、歴史性を歴史性として徹底したところにある「何か」である——だからこそ、それはポストモダン的な「世間」に埋没した理論家が「存在」という言葉を耳にした途端に鬼の首をとったかのように得意気に発する本質主義や基礎づけ主義やロゴス中心主義、実在への郷愁とは無縁である。「精神史から存在論」へという道を辿っていった先に、もし政治思想史研究の「別の始まり（der andere Anfang）」がありうるとすれば、それはこれまでとはまったく異なった、このような存在論的根拠からなされる政治思想史であろう。そこでは研究は、歴史上に残された根源「から／へ」の足跡としてテクストを解釈することで、研究者自身が根源「から／へ」と遡行／還帰していく観想＝実践の「道」となるであろう（そこではおそらく時系列的な記述は、二次的なものとなる）。だが残念ながら、本研究をもって私たちはようやくその入り口に立ったに過ぎない。

いずれにしても、長きにわたった本稿の道程は、いまその終着点に辿り着きつつある。最後に、ここまで語られてきたことが、思想史全般の方法論であり得ても、「政治」思想史のそれではないのではないか。そのように訝かしく思う読者に答えることで、本稿を締めくくることにしよう。私たちの答えは、そのような疑問は、既存の政治思想史・理論研究の自明の妥当性に立脚した上で、そこで当たり前に語られてきた内容の欠如を憂いているに過ぎないのではないか、というものである。

理論的なもの（Theoretischen）のこうした優勢が破壊されなくてはならない。しかし、それはひとが実践的なもの（Praktischen）の優位を提唱しているあの仕方によってではなく、〔…〕、理論的なものそのものが、それ自体として、理論以前のことへと遡行しながら示されるという理由からなされねばならない[78]。

こうして、ハイデガーの意図は、理論と実践の関係までも含めた根本的な学問のあり方の変貌にある。ではたして、この問いかけを誠実に受けとめるとき、これまでのような特殊に「政治」を対象領域とするものとしての思想史や理論や哲学、さらには学というものが、それ自体として成立可能なのだろうか。本研究の到達点から出発するのであれば、むしろ語られたことにおける「政治」の不在を嘆く前に、私たちはそこから問い直してみる覚悟を持たねばならないのである。

では、その先にどのような道が開かれてくるのか。まだ私たちはその道の途上である。ただ一つだけ最後に語りうることがあるとすれば、そのような政治思想史研究における革命は、テクストから響く沈黙の声に真摯に耳を傾け、自らの事実的生をより根源的に究明していく研究者の静かなる情熱によってしか生じえないということである。それでは以下の引用をもって、結びの言葉とさせていただくとしよう。

宗教的人間が大いなる畏敬によって自らの究極的秘密について沈黙するように、真実の芸術家が語ることもせず、あらゆる芸術についてのおしゃべりを嫌って、造ることによって生きるように、学問的人間は真実なる研究の生きたさまによって働きかけるのである。学問的意識を生の連関において目覚めさせ、また昇華させることは、理論的な叙述が対象とすることではない。それは範例的な生きざまが行うことなのである。〔…〕。「人間よ、本源的であれ（アンゲルス・シレジウス）」――「これを掴み取ることのできる者だけが掴み取りなさい（マタイ書十九・十二）」[79]。

（1）M. Heidegger, *Phänomenologische Interpretation zu Aristoteles. Einführung in die phänomenologische Forschung*, (*Gesamtausgabe Band 61*), Frankfurt am Main: Vittorio Klostermann, 1985, S. 35（門脇俊介、K・バルドゥリアン訳『アリストテレスの現象学的解釈――現象学的研究入門（ハイデッガー全集第六一巻）』、創文社、二〇〇九年、三七頁）。以下ハイデガー全集については初出を除いて*GA*とのみ略記する。邦訳のあるものについては適宜原典を参照し訳を改めている。

（2）Ebenda, S. 182（邦訳：一九三頁）。

（3）Ebenda, S. 197（邦訳：二〇九頁）。

（4）M. Heidegger, *Frühe Schriften*, (*Gesamtausgabe Band 1*), Frankfurt am Main: Vittorio Klostermann, 1978, S. 1（岡村信孝、丸山徳次、H・ブッナー、E・ラッナー訳『初期論文集（ハイデッガー全集第一巻）』、一九九六年、三頁）。

（5）だが同時に私たちは以下のハイデガーの警句も肝に銘じねばならない。「とうの昔から私たちの間でお盛んで、今日では当たり前となった、無味乾燥な書きなぐりとおしゃべりをこの書物についてなすくらいなら、むしろこの書物を無視してもらいたい。〔…〕。誰もが何もかもを語り、かくかくのことはしかじかの書物に載っているので、すでに語られているということで、誰もが自分を慰め、かつ優越感に浸って安心することができるほど、今日、広く深くにわたって哲学が引き裂かれている以上、新しいことを言うのは非常に困難なのである。何かが語られてしまっているということで、まるで何かが成し遂げられているかのようだ。しかも今日では、わずかばかりの利口さや議論力や文章力を持ち、またそれに応じた最新の文献の消化器官を所有する者なら、何でもでき、しかも真面目に受けとられもする」。*GA61*, S. 193f.（邦訳：二〇四―二〇五頁）。

（6）この類型化に際しては以下の卓抜な分類に依拠している。N. Münch, P. Sörensen, Einleitung: Heidegger und das politische Denken, in: ders.（Hrsg.）: *Politische Theorie und das Denken Heideggers*, Bielefeld: transcript Verlag, 2013, S. 9-12.

（7）ここでその論争史の全体を俯瞰することはできないが、『黒ノート』公刊以前の状況については中田光雄『政治と哲学――〈ハイデガーとナチズム〉論争史の一決算（上）（下）』、岩波書店、二〇〇二年を参照。『黒ノート』をめぐって、各国で新たな研究が続々と出版されているが、たとえばペーター・トラヴニー、中田光雄、齋藤元紀編『ハイデガー哲学は反ユダヤ主義か――「黒ノートをめぐる討議」』、水声社、二〇一五年やM. Heinz, S. Kellerer（Hrsg.）, *Martin Heideggers »Schwarze Hefte«: Eine philosophisch-politische Debatte*, Frankfurt am Main: Suhrkamp Verlag, 2016を挙げておく。

（8）A. Schwan, *Politische Philosophie im Denken Heideggers*, Opladen: Westdeutscher Verlag, 1989. 近年では小野紀明『ハイデガーの政治哲学』、岩波書店、二〇一〇年やF. Grosser, *Revolution denken: Heidegger und das Politische 1919-1969*, München: C. H. Beck, 2011などが、同様の仕事に含めることができよう。

（9）たとえば小野紀明『政治哲学の起源――ハイデガー研究の視角から』、岩波書店、二〇〇二年や小林正嗣『マルティン・ハイデガーの哲学と政治――民族における存在の現れ』、風行社、二〇一一年が挙げられる。

（10）S・K・ホワイト『政治理論とポスト・モダニズム』、有賀誠・向山恭一訳、昭和堂、一九九六年、四一―九六頁。あるいはL. P. Thiele, *Timely Meditations: Martin Heidegger and Postmodern Politics*, Princeton/New Jersey: Princeton University Press, 1995. また近年ではT. See, *Community without Identity: The Ontology and Politics of Heidegger*, New York/Dresden: Atropos Press, 2009. またハイデガーが政治的立場を超えて、多種多様な政治理論に対して広範な影響力をもった理由を、彼自身の思想のうちから解明しようとした独創的な研究として、A. Duff, *Heidegger and Politics: The Ontology of Radical Discontent*, New York: Cambridge University Press, 2015がある。

（11）たとえばリチャード・ウォーリン『存在の政治――マルティン・ハイデガーの政治思想』、小野紀明・堀田新五郎・小田川大典訳、岩波書店、一九九九年のように、第一と第二の関心が緊密に結びついているものもあれば、第二と第三の関心を優れた仕方で架橋することに成功しているG. Fried, *Heidegger's polemos: From Being to Politics*, New haven/London: Yale University Press, 2000などもある。

（12）M. Heidegger, *Grundprobleme der Phänomenologie*（*Gesamtausgabe Band 58*）, Frankfurt am Main: Vittorio Klostermann,

1993, S. 135（虫明茂、池田喬、E・ヴァインマイアー訳『現象学の根本問題（ハイデッガー全集第五八巻）』、創文社、二〇一〇年、一二八頁）。

（13）*GA61*, S. 190f.（邦訳：二〇二頁）。

（14）秋富克哉・安部浩・古荘真敬・森一郎編『ハイデガー読本』、法政大学出版局、二〇一四年の構成を参照のこと。近年では、前期がさらに「修業時代（〜一九一五年）」、「初期フライブルク期（〜一九二三年）」、「マールブルク期（〜一九二八年）」へと区別され、研究が進められている。

（15）とりわけ英米圏におけるT. Kisiel, *The Genesis of Heidegger's Being and Time*, Berkeley: University Press of California, 1993とJ. v. Buren, *The Young Heidegger: Rumor of the Hidden King*, Bloomington/Indianapolis: Indiana University Press, 1994の二冊の浩瀚な著作の出版以降、今日までに数多くの単著や論文集が世に出ており、近年では我が国でも細川亮一・齋藤元紀・池田喬編著『始まりのハイデガー』、晃洋書房、二〇一五年などが公刊されるに至っている。

（16）M. Jung, Die frühen freiburger Vorlesungen und andere Schriften: Aufbau einer eigenen Philosophie im historischen Kontext, in: D. Thomä (Hrsg.): *Heidegger Handbuch: Leben-Werk-Wirkung*, Stuttgart/Weimar: J. B. Metzler, 2013, S. 13, 19.『存在と時間』やそれ以後の超越論的問題設定の支配下にある著作や政治的喧騒の影響下にある著作よりも、むしろこの時期に後期に通ずるハイデガーの思考の革命性が鮮明に現れているというファン・ブーレンの指摘に本研究も賛意を表する。J. v. Buren, The Earliest Heidegger: A New Field of Research, in: H. L. Dreyfus, M. A. Wratfall (ed.): *A Companion to Heidegger*, Malden: Blackwell Publishing, 2005, pp. 19-31.

（17）例外として、この時期に展開された彼の独創的なアリストテレス読解に注目した研究を挙げることができよう。たとえば先述の小野紀明『ハイデガーの政治哲学』二七九―四八六頁。既に述べたようにここでも「アリストテレス」や「実践」や「慎慮」という研究対象が、差しあたって政治学研究で有意味な存在者であることは自明の前提となっているように思われる。

（18）M. Heidegger, *Phänomenologie des religiösen Lebens*（*Gesamtausgabe Band 60*）, Frankfurt am Main: Vittorio Klostermann, 1995, S. 32.

（19）この問題状況について、筆者は解釈学の立場から一度考察する機会をもったが、本稿はその探求の延長線上にある。拙稿「〈解釈〉を解釈する――思想史方法論としての哲学的解釈学」、『政治思想研究』第一三号、二〇一三年、三九―七一頁。

（20）M. Heidegger, *Phänomenologische Interpretationen ausgewählter Abhandlungen des Aristoteles zur Ontologie und Logik*

（*Gesamtausgabe Band 62*）, Frankfurt am Main: Vittorio Klostermann, 2005, S. 175f. この巻については『アリストテレスの現象学的解釈』の箇所のみ以下の邦訳がある。高田珠樹訳『アリストテレスの現象学的解釈――「存在と時間」への道』、平凡社、二〇〇八年。

（21）*GA58*, S. 9（邦訳：一〇頁）。

（22）レオ・シュトラウス『自然権と歴史』、塚崎智・石崎嘉彦訳、昭和堂、一九八八年、三〇頁。

（23）英米圏におけるIntellectual History の訳語として「精神史」が採用される場合もあるが、その言葉が含意するところは今日あまりに広範であり、本稿ではドイツにおけるGeistesgeschichte の伝統に考察の対象を限定する。またしばしば精神史と類比的に分類されるアーサー・ラヴジョイの仕事を嚆矢とする「観念の歴史（History of Ideas）」も論究の対象外とする。

（24）たとえば「歴史主義（Historicism）」という概念を中心にして、近代ドイツにおける思想史の展開を辿ったものとしてF. C. Beiser, *The German Historicist Tradition*, Oxford: Oxford University Press, 2011.

（25）ディルタイの精神科学については、詳しくはたとえば以下の全集に所収の『精神科学における歴史的世界の構成』などを参照。ディルタイ『ディルタイ全集第四巻――世界観と歴史理論』、宮坂和男・菅原潤・齋藤智志・森村修訳、法政大学出版局、二〇一〇年。また政治思想史における精神史的研究の方法論については小野紀明『精神史としての政治思想史――近代政治思想史成立の認識論的基礎』、行人社、一九八八年、三一―三七頁。

（26）M. Heidegger, *Phänomenologie der Anschauung und des Ausdrucks: Theorie der philosophischen Begriffsbildung*（*Gesamtausgabe Band 59*）, Frankfurt am Main: Vittorio Klostermann, 1993, S. 153.

（27）M. Heidegger, *Zur Bestimmung der Philosophie*（*Gesamtausgabe Band 56/57*）, Frankfurt am Main: Vittorio Klostermann, 1987, S. 21（北川東子、E・ヴァインマイアー訳『哲学の使命について（ハイデッガー全集第五六／五七巻）』、創文社、一九九三年、二七頁）。

（28）一九世紀から二〇世紀にいたる歴史の哲学をめぐるドイツ思想史の文脈を背景にして、『存在と時間』にいたるハイデガーの思想的発展を論じたものとしてJ. A. Barash, *Martin Heidegger and the Problem of Historical Meaning*, Fordham: Fordham University Press, 2003がある。

（29）*GA60*, S. 34.

（30）「生」から「存在」へというハイデガーの辿った思索の道の詳細については、例えば以下の研究を参照。I. Schmidt, *Vom*

Leben zum Sein: Der frühe Martin Heidegger und die Lebensphilosophie, Würzburg: Königshausen und Neumann, 2005.

（31）M. Heidegger, *Ontologie* (*Hermeneutik der Faktizität*) (*Gesamtausgabe Band 63*), Frankfurt am Main: Vittorio Klostermann, 1988, S. 63（篠憲二、E・ヴァインマイアー、E・ラフナー訳『オントロギー（事実性の解釈学）（ハイデッガー全集第六三巻）』、創文社、一九九二年、七四—七五頁）。このようなディルタイに対する批判は、ハイデガーの弟子であるガーダマーによってその主著『真理と方法』にまで基本路線として継承され、解釈学史のパラダイムとなっていく。H.-G. Gadamer, *Gesammelte Werke 1, Wahrheit und Methode: Grundzüge einer philosphischen Hermeneutik*, J. C. B. Mohr (Paul Siebeck), 1999, S. 222-46（轡田収他訳『真理と方法』、法政大学出版局、一九八六、二〇〇八、二〇一二年、三五四—三八七頁）。だが、ディルタイの弟子であるミッシュによるハイデガーにたいする反批判以来、ハイデガーの批判によって汲みつくされないディルタイ哲学の可能性が同時に探求されている。一例として山本幾生「生の統一的全体性と分散的多様性——ディルタイの方向づけからするミッシュの現象学（ハイデガー、フッサール）批判を介して（その一・その二）」、『関西大学文学論集』、第六五巻第三・第四合併号、第六六巻第一号、二〇一六年、二五—五五頁・二一—五八頁。

（32）*GA60*, S. 166.

（33）*GA63*, S. 36（邦訳：四二頁）。

（34）*GA59*, S. 165.

（35）*GA61*, S. 1（邦訳：三頁）。

（36）*GA60*, S. 65.

（37）先述の小野は、ハイデガーの「存在の歴史」を精神史的方法論へと接続する可能性に、わずかに触れている。曰く「そのとき、方法論として採用されるべきは、作者を通して作者の内面へと感情移入することではなく、作者に対して現存在分析を施すことであり、作品を脱構築的に解釈することになるであろう」。だがそこでは、ハイデガーの存在論のもつ方法論上の革命性は十二分に展開されていない。なぜなら本節が明らかにしたように、ハイデガーの存在論を思想史研究へと摂取するのであれば、まず現存在分析を通して一義的に解明され、そのつどのオントロギッシュな変貌を蒙るべきは、作者やテクスト、思想史上のある時代ではなく、思想史研究者その人の生や存在であるはずだからである。小野紀明「〈精神史としての政治思想史〉という方法をめぐって」、『思想史学の現在と未来（現代世界——その思想と歴史①）』、田中浩編、未來社、二〇〇九年、九五頁。

（38）*GA63*, S. 5（邦訳：八頁）。

(39) *GA61*, S. 80（邦訳：八六頁）。
(40) 生の事実性を中心に、この時期のハイデガーを全体として究明した研究としてはS. M. Campbell, *The Early Heidegger's Philosophy of Life: Facticity, Being, and Language*, New York: Fordham University Press, 2012.
(41) *GA58*, S. 79-82（邦訳：七六―七九頁）。
(42) Ebenda, S. 77f.（邦訳：七四―七五頁）。
(43) *GA60*, S. 10.
(44) *GA63*, S. 7（邦訳：九頁）。
(45) *GA62*, S. 351（邦訳：一七―一八頁）。
(46) Ebenda, S. 358（邦訳：三〇頁）。
(47) この概念の起源であるルターの影響まで遡り、初期ハイデガー哲学の方法を究明した優れた研究として以下を参照。B. D. Crowe, *Heidegger's Religious Origins: Detruction and Authenticity*, Bloomington/Indianapolis: Indiana University Press, 2006.
(48) Heidegger, *GA59*, S. 171.
(49) *GA63*, S. 368（邦訳：四六頁）。
(50) 「哲学が根本的に無神論であること、それが理解されるなら――そのときこそ哲学は、事実的生をその事実性に即して決定的なものとして選び取り対象とすることができる」。そしてここには下記の脚注がついている。「〈無神論的〉というのは、唯物論などにおけるような意味ではない。その本質において自らを理解している哲学は、生の解釈の事実的なあり方として、もしそれが何らかの〈神〉の直覚をその際にもっているとしても、哲学によって自ずから生が遡行的に引き裂かれることが、宗教的に言えば、神への手向かうことであることを心得なければならない。しかしそれによってのみ哲学は、真実に、つまりはそれが手にできる可能性に即して、神の前に立つのだ」。*GA62*, S. 363（邦訳：三八―九頁）。
(51) Ebenda, S. 385f.（邦訳：七五―七六頁）。
(52) *GA61*, S. 189（邦訳：二〇一頁）。
(53) *GA58*, S. 62（邦訳：五九頁）。
(54) Ebenda, S. 262f.（邦訳：二四四頁）。
(55) *GA62*, S. 348（邦訳：一三―一四頁）。

(56) Ebenda, S. 347（邦訳：一一一―一一二頁）。

(57) Ebenda, S. 350（邦訳：一五―一六頁）。

(58) *GA61*, S. 20（邦訳：二一頁）。

(59) *GA58*, S. 236（邦訳：二三二頁）。

(60) *GA61*, S. 90（邦訳：九七頁）。

(61) *GA58*, S. 263（邦訳：二四五―二四六頁）。

(62) *GA62*, S. 51.

(63) *GA63*, S. 15, 20（邦訳：一九、二三頁）。

(64) *GA62*, S. 368（邦訳：四五頁）。

(65) 例えば以下の言葉を参照。「哲学的学問の厳密さは、数学的自然科学における厳密さと同じではない。それは堅固な論証の厳密さである。しかし、だからといって哲学が数学より厳密でないわけではない。数学の厳密さは、厳密さそれ自体ではない。哲学的表現の厳密さは、具体的生における生の連関の真実性への集中のことである」。*GA58*, S. 231（邦訳：二二六頁）。

(66) *GA56/57*, S. 21（邦訳：二七頁）。

(67) *GA62*, S. 372（邦訳：五一頁）。

(68) *GA63*, S. 40ff.（邦訳：四六―四八頁）。

(69) たとえば渡邊和典『最初期ハイデッガーの意味論――発生・形成・展開』、晃洋書房、二〇一四年が精緻に追跡しているように、ロゴス＝「言葉」は最初期からハイデガーにとって哲学の核心となる主題であった。だが、この点について私たちが十分に語るためには、後期における彼の言葉をめぐる思索の深化を解明する必要がある。

(70) *GA62*, S. 363f.（邦訳：三八―三九頁）。

(71) *GA56/57*, S. 48（邦訳：五三頁）。

(72) *GA58*, S. 72f.（邦訳：七〇頁）。こうした価値の思考に対するハイデガーの批判は、中期から後期にニーチェに対する批判として、より明晰に語られることになる。

(73) *GA62*, S. 179.

(74) 小野は自らの精神史的手法の起源の一つとしてヘーゲルを挙げている。小野紀明「〈精神史としての政治思想史〉という方法をめぐって」、八一―八六頁。しかしながら歴史を一つの目的論によって記述することには当然のように批判的であり、政治思想史の全体を通観した講義録でも、部分的に依拠するのみである。小野紀明『西洋政治思想史講義：精神史的考察』、岩波書店、二〇一五年。

（75）*GA58*, S. 26（邦訳：二六頁）。

（76）*GA61*, S. 197（邦訳：二〇九頁）。

（77）「事実的生の経験は歴史的である。キリスト教的な宗教性（Die christliche Religiösität）は時間性そのものを生きている」。*GA60*, S. 80. この引用が示すように、ハイデガーがそのテクスト解釈を通して遡行しようとしているのは、むしろキリスト教――やその他の宗教と名指されるもの――のすべてを可能としているような、根源的な存在の領野の体験である。

（78）*GA56/57*, S. 59（邦訳：六四頁）。いわゆる「実践哲学の復権」ですらも――その思想的起源はしばしば初期ハイデガーのアリストテレス解釈に求められる――研究「対象」としての政治の内容を「実践」として捉えなおすに留まっている。そうして、政治を「実践的なもの」として理解した後に、研究の事実的な遂行における「形而上学」への暗黙の後退に陥らずに、どのようにして「理論的なもの」がその営みの究極的根拠を示すことができるのか、ということが私たちの関心である。それに対して、ある研究がその内容において「形而上学」以後を志向していても、その事実的遂行や成立根拠において、依然として「形而上学」の圏内に留まるというのは、しばしば見られる事態である。

（79）Ebenda, S. 5（邦訳：七―八頁）。

シュトラウスとファーラービーのプラトン

●――近藤和貴

はじめに

本稿の目的は、レオ・シュトラウスのプラトン理解の独自性を、そのルーツである彼の中世イスラーム哲学論、とりわけアル・ファーラービー論の検討を通じて明確にすることである。

マイルズ・バーニェットは、『プラトン政治哲学研究』の書評の中で、シュトラウスは古典的テキストの解釈方法を中世哲学から引き出しており、プラトンへのコメンタリーに関してはファーラービーのやり方を踏襲したと指摘している(1)。バーニェットによれば、シュトラウスはマイモニデス研究を通じて、宗教的迫害を背景として生み出されたエソテリックな著述技法の存在を知った。哲学的教説は宗教共同体から異端視されるので、危険を避けながら自己の教えを後世に残すために、マイモニデスのテキストには哲学的真理が意図的に隠されている。シュトラウスは、奇妙なことに歴史的な常識を無視してこの著述技法を一般化し、すべての思慮深い哲学者が、当然のことながらプラトンも、こうした技法を採用していると想定してしまった。そのため彼のプラトン論は、テキストに秘密があることを所与とし、最初から通常の読解では到達できない暗示された意味を読み取ろうと腐心している。さらにはファーラービーから学んだ特殊なパラフレーズの方法を駆使しながらシュトラウスは、プラトンの真意は対話篇でソクラテスが言ったことと真逆であると巧みに表現した。こうしたプラトンへのアプローチから導かれるのは、対話篇という形式を著者の真意を隠すための技法とみなし、イデア論と真摯に向き合わず、哲人王の実現不可能性を『国家』に読み込む非正統的なプラトン解釈である。バーニェットは、シュトラウスによるこの中世的なプラトン解釈を「最初から最後まで誤っている」と厳しく批判している。

ところが、シュトラウスが中世哲学の中心人物と評価するファーラービーについては、バーニェットの小論で言及されてはいるけれども詳細に語られることはなく、その後行われたシュトラウスの弟子たちとの論争の中でも主題として扱われることはなかった。[2] そこで本稿では、シュトラウスのファーラービー論を、「ファーラービーのプラトン」を軸に再検討する。[3] この論文は、彼がファーラービーについて最も深くかつ厳密に分析しているもののバーニェットが参照しなかったものである。この考察を通じて、プラトン解釈においてシュトラウスがファーラービーのプラトン論の何を継承し、何を受け入れなかったのかを明らかにすることができる。具体的には第一に、バーニェットが言及しているよりも、シュトラウス政治哲学に対してファーラービーが広範な影響を与えていることを論証する。シュトラウスは、ファーラービーをマイモニデスを含めて中世哲学の根源とみなしているが、その重要性は、プラトン論に限ってみても、エソテリシズムという社会・テキスト論や狭い意味での読解・表現法にとどまらない。彼はファーラービーによるプラトン理解の内容や基本的な解釈の方向性も受け入れている。第二に、プラトン理解に関する両者の相違を示す。バーニェットはファーラービーとシュトラウスとをほとんど同一視しており、両者の相違については明確な記述をしていない。しかしシュトラウスは、対話篇という形式の理解とその読解法、哲人王とトラシュマコスの役割の解釈、ソクラテス理解等に関してファーラービーと意見を異にしている。

以下では、第一節でシュトラウスにとってイスラームがプラトン研究の出発点として位置づけられることを確認し、第二節で彼の独特なファーラービー像をオーソドックスな理解と比較する。第三節では、「ファーラービーのプラトン」を中心にシュトラウスがファーラービーから何を学んだかを検討する。最終節では、シュトラウスとファーラービーの異同を明らかにすることで、シュトラウスのプラトン解釈の独自性を析出する。

一　出発点としてのメッカ

本節では、シュトラウスがプラトンを解釈する際にイスラーム哲学を起点としていること、さらにその理由がイスラーム哲学とギリシア哲学が置かれた社会状況の類似性にあることを確認する。シュトラウス研究の文脈ではしばしば「エルサレムとアテナイ」という二項対立の存在が指摘されるが、シュトラウスのプラトン論では、この枠に収まりきらない第三の都市メッカが大きな役割を果たしている。シュトラウスによれば、現代のプラトン解釈の問題はそれがキリスト教的伝統の延長に位置づけられることである。それゆえ、イスラーム哲学を起点にするという事実において、シュトラウスのプラトン論は、キリスト教と親和性をもつ正統的なあるいは理想主義的な解釈から距離を置いていることになる。

正統的なプラトン解釈とキリスト教の教義には関連がある。「正統的」なプラトン解釈を一つに限定することは困難であるけれども、バーニェットの理解に従うならば、彼が古典学者の総意としてほぼ全面的に受け入れ、シュトラウスの誤りを判定する基準としているのは、『国家』の目的を理想国家の提示とみなす解釈である。[4] この解釈によれば、『国家』では正義が望ましく実践可能であることが謳われている。ソクラテスが対話の主人公となって議論をリードするのは、プラトンの学説を読者に説得するためである。『国家』を手に取る「紳士たち」はグラウコンとアデイマントスという若者に感情移入し、彼ら登場人物たちがソクラテスの描く正義にのめり込み次第に説得される様を目の当たりにすることで、正義と理想国家実現に向けた情熱に駆り立てられていく。イデア論を『国家』の妥当な解釈の基盤とすべきであると主張しながら――おそらくは、正義のイデアを理想とみなしながら――バーニェットは、国家建設による地上での正義の実現こそ、プラトン＝ソクラテス的教説の核心であるとみなす。端的に言って、プラトンは「ラディカル・ユートピアン」なのである。

『国家』を理想の提示とみなす正統的解釈は、キリスト教の教義に親和性をもつ解釈でもある。納富信留によれば、とりわけ『国家』第九巻末尾で語られる「天上に掲げられたモデル」という表現、あるいは「天上のポリス」というイメージは、『国家』と『新約聖書』の直接・間接的な関係はともかく、キリスト教の教義を想起させる[5]。たとえば、パウロの書簡では次のように言われている。

彼らの行き着くところは滅びです。彼らは腹を神とし、恥ずべきものを誇りとし、この世のことしか考えていません。しかし、私たちの本国は天にあります。そこから主イエスキリストが救い主として来られるのを私たちは待っています[6]。

『新約聖書』のみならずアウグスティヌス『神の国』においても、納富が指摘しているように『国家』への言及はないものの、「天上の国」と「神の国」との類似性を見て取ることは可能である。ここから、伝統的にプラトンはアウグスティヌスの先駆けとして理解されるようになった。近年のプラトン研究の多くもこうしたキリスト教的「背景」のもとに『国家』を理解している。もちろん細かく検討すれば、バーニェットとキリスト教的な解釈は、どこに理想があるか、あるいはどこで理想を実現するかという点で違いはある[7]。しかしここでは、『国家』の理想主義的解釈がキリスト教的な「天上のポリス」論と親和性をもっていること、すなわち『国家』を何らかの理想の提示とみなす点で共通性をもっていることを確認すれば十分である。

したがって、シュトラウスは『国家』解釈において「反理想主義的な教説」を捏造したとのバーニェットの非難は、直接的にはシュトラウスがバーニェットに対立することを意味するが、間接的にはシュトラウスがキリスト教的解釈と相容れないことをも示している。実際、レミ・ブラーグが論じるところでは、シュトラウスがプラトンを読む際に採用する読解のパターンは「起源において中世的、正確にはイスラーム的」である[8]。シュトラウス政治哲学において、アテナイとエルサレムという二つの都市が象徴的な役割を果たしていることは多く指摘されている。この場合、アテナイは自由な探求に基づく哲学的な生を、エルサレムは啓示を契機とした神への信仰に基づく宗教的な生という二つの生き方をそれぞれ代表している。しかしプラトンの読み方に関しては、ブラーグの表現を借りれば、第三の都市であるメッカが——シュトラウスの依拠するイスラームの哲学者たちがメッカで活躍したという意味ではなく、あくまで象徴的な意味において——大きな役割を担う。シュトラウス自身もこの解釈の妥当性を証言している。ゲルハルト・クルーガー宛の書簡の中で、シュトラウスは「現代のプラトン解釈の欠点は、それがキリスト教の伝統に属していることである」と論じている。これに対して、「イスラームはよりよい出発点を与えてくれる」（GS: 449-450）。シュトラウスのプラトン解釈はキリスト教的でもなければユダヤ的でもなく、さらに言えばアテナイ的でもない、それはイスラーム的ないしは「メッカ的」である。(9)

イスラームの方がよりよい出発点を与えてくれるのは、イスラーム哲学の置かれた社会状況がギリシアに類似しているからである。イスラーム世界の特徴は、キリスト教世界との比較で明らかになる。シュトラウスによれば、キリスト教において神聖な教説は啓示神学の形態をとり、その理解には哲学が不可欠であった。「哲学の本質的部分を研究せずして有能なキリスト教神学者になることは、誰にもできなかった」（RCPR: 221/二八九頁）ので、哲学は公式にキリスト教に組み込まれ、神聖な教義を学ぶためのトレーニングに用いられた（PAW: 19）。しかしながら、キリスト教の支配する社会で哲学が安定した地位を享受できたとはいえ、その地位は哲学の核心部分を引き渡すことによって得られたものであった。哲学は宗教的に公認されたがゆえに教会の厳しい検閲にさらされ、神学の枠内でのみ学ぶことが許された。つまりこの社会では、驚き疑うことを始原とする哲学の自由な探求精神は失われ、キリスト教の教義についても神そのものについても問うことは禁じられた。哲学は公的なものとして、神学の支配に従属したのである（RCPR: 221-222/二八九—二九〇頁）。

他方でイスラームの場合、啓示は律法として理解されていた。すなわちそれは、まずもって社会秩序や政治にかかわるものであった。律法についての学は、思弁的なキリスト教の教義の学と比べると哲学との関係が希薄である（PAW: 19-21）。哲学はキリスト教世界でのようには信仰の核心部分に必要とされなかったため、イスラームの哲学者たちは、哲学の有用性と必要性を法的・社会的に正当化しなければならなかった。実際、シュトラウスが指摘するところでは、アヴェロエスは「法的用語で、つまりイスラーム法の用語で、哲学研究は許されるか、あるいは禁止されるのか、それとも命じられるのか、という問題を議論している」（*RCPR*: 222/二八九―二九〇頁）。とはいえ、キリスト教世界とは対照的に、イスラームの世界では、哲学が公認されず社会的に困難な状況に置かれたがゆえに、かえって哲学的探究を保存することができた。なぜなら、哲学の苦境は宗教的な管理監督からの内面的自由を可能にしたからである。

この点において、イスラームの世界はギリシアと類似している（*PAW*: 21, *RCPR*: 222-223/二九〇―二九一頁）。シュトラウスによれば、ギリシアの都市は全体主義的であったと言われている。それが統括したものは政治や法律の領域だけではない。道徳・宗教・喜劇・悲劇さえもが都市に包摂され、都市の統制の及ぶところであった。こうした中、「本質的に私的で超政治的な」活動は哲学のみであった。ポリスは哲学を統制できず、哲学者も哲学の学派も政治的権威とは関係のないところで活躍した。公的な場で活躍することを拒否し続けた哲学者ソクラテスが民会や劇場ではなくアゴラを活動の場とし、彼の活動を取り締まるには処刑するしかなかったことは、哲学のプライベートな性格を示していると言えるだろう。イスラームの哲学者たちは、ギリシア世界と自分たちの世界の類似性、さらには二つの世界で哲学が置かれた状況の類似性を理解していた。彼らは哲学者の生を「根本的に私的な生」とみなし、それを隠遁者の生になぞらえたのである。

中世イスラーム哲学者たちは、哲学を実践するにあたって、主にプラトンとアリストテレスを権威とした。ファーラービーはこう述べている。

> 哲学は、プラトンとアリストテレスからのみ、ギリシア人たちによって私たちにまで伝わってきた。両者は私たちに哲学についての説明を与えてくれたが、それは、哲学が曖昧にされ廃れた後で、哲学へと向かう諸々の方法と哲学を再び打ち立てる諸々の方法の説明を伴っていないわけではなかった。[10]

イスラームの哲学者たちは、哲学をいかに行うかという問題に関して、自分たちと相似た厳しい条件下で哲学を実践し後世にその成果を残したギリシアの先人たちから学ぼうとした。シュトラウスは、二人の哲学者のうちでより彼らの関心に合致していたのはプラトンであったと断言する。宗教が律法として捉えられるイスラーム世界では、宗教は政治的な問題である。したがって、哲学者が宗教と対峙する場合、それは哲学と政治の関係を問うこと、すなわち政治哲学の根本問題にかかわることになる。つまり、イスラームの哲学者たちにとって、『国家』の中心テーマである哲学の政治的有用性の確立は極めて現実的な課題であった。

この節では、シュトラウスのプラトン解釈の出発点にイスラームがあることを明らかにしてきた。キリスト教世界と比べて哲学が過酷な社会状況に置かれたイスラームの世界では、哲学がその起源としてのギリシア的な姿をとどめていた。ただし、ギリシアから多くを学んだとはいえ、イスラーム哲学は単なるギリシア、とくにプラトンの繰り返しではない。なぜなら、イスラームの哲学者たちは、プラトンから学ぶためにプラトンを読み、読むために読み方を発展させ、さらにはその読み方に基づく解釈を提示したからである。シュトラウスが参照したのは、プラトンへのこうした総合的な取り組みである。

二　シュトラウスとファーラービー

本節では、シュトラウスが、中世哲学の中でファーラービーを最重要の人物とみなしていること、さらにファーラービーの数ある著作の中でもプラトン論を彼の哲学の中核に位置づけていることを明らかにする。そもそも、政治哲学の分野でファーラービーが注目されることはまれであるし、ファーラービー研究においても彼のプラトン論に特別な注意を払う者はシュトラウス以前にはほとんどいなかったと言ってよいだろう。そこで以下では、まずシュトラウスがファーラービー研究にまでたどり着いた軌跡を概説する。そのうえで、シュトラウスによるファーラービー解釈の特徴を浮き彫りにするために、ファーラービーを宗教的権威としてあるいは宗教をベースに哲学諸派の融合を試みた神学者として理解するオーソドックスな解釈と、ファーラービーを哲学者と捉えその哲学がプラトン論の中で最も率直に語られているとみなすシュトラウスの解釈とを比較しよう。

　シュトラウスはどのような思想的経緯でファーラービーにまでたどり着いたのだろうか。ブラーグによれば、シュトラウスのアカデミック・キャリアは端的に「エルサレムからアテナイへの旅」と表現することができる[11]。シュトラウスの著作を大雑把に整理してみると、初期の作品はコーエン、スピノザ、マイモニデスなどユダヤ思想を取り扱ったものが多く、後期になるにしたがって、プラトン、アリストテレス、クセノフォン、トゥキュディデス、アリストファネス等のギリシアの哲学者・著述家に関するものが増えていく。シュトラウスがギリシアへ関心を向けたのは、当初は中世ユダヤ思想を探求するためであった。ギリシア哲学はその源泉として捉えられるからである。マイモニデスを理解するためには『迷える者への手引き』における神学とプラトンの一についての教説との関係を、さらには『手引き』のコスモロジーとティマイオスの教説との関係を問わねばならない。ただし、ユダヤの思想家たちがギリシアから学びその影響を受けたのは事実ではあるけれども、それはあくまでイスラームの哲学者たちを媒介としてであった。シュトラウスにとってのイスラームは、初期の関心の中心にあったユダヤの思想家たち、とくにマイモニデスの権威として位置づけられる。「ファーラービーのプラトン」の冒頭でシュトラウスは、マイモニデスを理解するためにはイスラームの哲学者たちの理解が不可欠であり、その中でもマイモニデスにとっての最大の権威はファーラービーであったと論じている（"FP": 357-358）[12]。中世イスラームは、シュトラウスにとって中世ユダヤを理解するための「背景」であり、同時にギリシア研究への扉を開く鍵でもあった。その中で、ファーラービーは古代ギリシア、中世イスラーム、中世ユダヤという哲学的系譜の要に位置する。

　シュトラウスのファーラービー論はかなり独創的なものである。その独創性を理解するための参照枠として、ここで一般的なファーラービー論を素描しよう。それは以下の三点に要約することができる。第一は、ファーラービーの課題と業績は宗教と哲学諸派との和解であったとの解釈である。ファフレッティン・オルグネルによれば、ファーラービーはムスリムではあるが、初等教育を受けたころからギリシア哲学に触れてきたと考えられ、プラトンとアリストテレスは生涯にわたって彼の権威であり続けた[13]。一見したところ、プラトンとアリストテレスは意見を異にし、イスラームとギリシア哲学という二つの権威には相容れない部分がある。諸権威間の矛盾の例として、オルグネルはプラトンの想起説を挙げている(14)。イデア世界での魂による本質の観照こそが知識の起源であるとするこの学説は、経験を知識の源とするアリストテレスと対立し、さらには、魂の転生を認めず、人間は「知識を含めすべての行為をこの肉体の中で作り上げる」とするクルアーンとも異なる。こうした不整合を前にしても、ファーラービーは三つの権威のどれをも否定しない。

ファーラービーによれば真理は一つであり、一つである真理を前にして三人の権威が異なる見解をもつことは不可能である……。そこで、ファーラービーには唯一の方法が残されるだけであった。すなわち三人の権威を和解させるような……形で文章を注釈することであった(15)。

知識の起源に関して、ファーラービーは次のように解釈する。知識は感覚を通じて手に入れるものであるが、最初の知識は部分的には感じられない状態のまま無意識のうちに魂に入ってくる。後になってこれらの知識を認識した人間は、それは自分の魂のうちに以前から存在していたが、今になって思い出したと言う。こうした知識にまつわる経験が蓄積されることによって知性が現れる。このようにして、想起と経験と肉体が調停される。ファーラービーは諸説を丁寧に解釈しながら、それらの調和をはかったのである。

第二は、イスラームの優位性である。「ファーラービーの思想体系の中で最も大きな場所を占めるのは紛れもなくイスラームである」とオルグネルは主張する(16)。イスラーム（アッラー）、プラトン、アリストテレスという三つの大きな権威が矛盾する場合、彼にとって解釈の基礎、真理の基準となるのはあくまでもイスラームであり、それが融合した思想の核になるのであった(17)。想起説も何よりクルアーンとの矛盾があるからこそ大きな問題とみなされ、それと矛盾しないように解決がなされた。この観点からすれば、ファーラービーは哲学と宗教を和解させたと言うよりも、イスラームと齟齬をきたさないように、ギリシア哲学をそれに適合させたと言う方が正確であろう。哲学史を著すファーラービーは、常に「宗教的感情と思想」に導かれている[18]。

第三の論点は、宗教に比べて政治あるいは政治学の地位が相対的に低いことである。ファーラービーにおける宗教、哲学、政治学の関係について、山内志朗はこう述べている。

宗教と哲学はファーラービーにとって一つの調和的全体を構成する部分であり……哲学的な諸学問もまた公的に秩序づけられることになる。諸事物の理論的考察は実践哲学の基礎と考えられており、したがって政治学は形而上学に依存することになる。『有徳都市』と『政治体論』の構造が示しているように、普遍の形而上学的秩序と理想的な政治的秩序の間にはアナロジーが成り立つのである。後者の政治的秩序の方が前者の形而上学的秩序を模倣すべきなのである[19]。

ゲオルゲス・タマーを引きながら山内が解説するところでは、ファーラービーの思想では、現世における統治者は宇宙における神の統治を模倣すべきとされている。なぜなら個別の事物も学問も独立に存在するのではなく、階層をなす宇宙的秩序の中に存在しているからである。政治的なものと神的なもの、さらには政治学と神学・形而上学は必然的に関係しており、前者の位置は相対的に低くなる。言い換えれば、神学や形而上学は政治学に先行する。ファーラービーにおける諸学問間の関係は、「このように整理するのが普通」である[20]。

シュトラウスはファーラービーを、神学を核に諸権威の融和をはかる宗教者としてではなく、厳格な宗教共同体の中で真理を伝達しようとする哲学者とみなしていた。ここでは、上記のようなオーソドックスなあるいは「普通」のファーラービー論との違いを明確にするために、シュトラウスがファーラービーの学問体系の中心にプラトン論を置いたこと、さらにそこに非宗教的な主張が含まれていると考えていたことを論じよう。

シュトラウスの特異性は、ファーラービーの思想的核心部を彼のプラトン論から読み取れるとみなしていることである。シュトラウスは、マイモニデスの考察からファーラービーのプラトン論へと注意を向けていく（"FP": 1-3)。ファーラービーを自らの権威として紹介する文脈で、マイモニデスが言及しているファーラービーの著作のタイトルは『政治体論（Political governments）』のみである。しかし、マイモニデスの哲学的背景を知るために『政治体論』の研究へと向かうのは、「現段階」では賢明ではない。なぜなら、シュトラウスがイスラーム哲学に関心をもった当時は『政治体論』には満足のいく編集がなされていなかったからである。その上、『政治体論』を研究する際に参照すべき二つのテキスト、すなわち『徳のある都市の人民の意見の諸原理（The principles of the opinions of people of the virtuous city）』と『徳のある宗教的共同体（The virtuous religious community）』のうち、後者はそもそも編集すらされていなかった。このような状況で『政治体論』に関して理解できることは、まずもってそれがプラトン的であるという事実である。つまり、『政治体論』においてファーラービーは――論理学と数学を除いた――哲学全体を政治的フレームワークの中で論じている。ここでモデルになっているのは、明らかにプラトンの『国家』、そして程度は低いものの『法律』である。そこでシュトラウスは、ファーラービーがプラトンについて直接議論している『プラトンとアリストテレスの哲学の諸目的（The aims of the philosophy of Plato and of Aristotle）』に注目する。この作品は三部構成であり、中央部がプラトンに宛てられた「プラトンの哲学、その諸部分、その諸部分の重要性の諸階層、その始まりから終わりまで（“The philosophy of Plato, its parts, and the grades of dignity of its parts, from its beginning to its end”）」（以下、「プラトン」）となっている。[21] 信頼に足る批判校訂版が存在するこのテキストならば、「ファーラービーのプラトニズムの性格を十全に把握する」ことができる、とシュトラウスは主張する。

シュトラウスのテキスト選択は、中世イスラーム哲学の研究が確立されていない状況下でのやむを得ざるものであったとは言い切れない。彼は、このテキストにおいてこそファーラービーが「最もはっきりと」彼自身の思想を表現していると断言するからである（*PAW*: 11）。シュトラウスにとって、「プラトン」は単なる古代哲学の注釈書ではないし、ファーラービーの思想は単なる諸思想の融合ではない。ファーラービーはプラトンの注釈を通じて、あるいは注釈書という形式を借りて、自己の考えを、より正確に言えば、宗教的な意見に反することを知りながらファーラービーが真の哲学と考えたプラトンの哲学を述べたのである。こうしたファーラービー像の前提にあるのは、社会ないしは宗教共同体と哲学とは調和しないという見解である。ファーラービーの生きた時代、哲学者と哲学は「重大な危機」にさらされていた。宗教が主導する社会は、哲学の正当性も哲学者の有用性も容易に認めることはなかったのである（*PAW*: 18）。そこで哲学者たちは、哲学を、ファーラービーによれば人類の最高の関心事を守るために、異端とみなされる可能性のある哲学的な教説を書き記す際に、それを共同体に受け入れられやすいような外皮で覆った。あるいは、彼らはそうした「真理」が容易には発見できないような工夫を凝らした。具体的には、意図的な矛盾、あいまいな用語の使用、重要なトピックへの沈黙、繰り返しの多様などである（“FP”: 369, 376-389, *WIPP*: 137-138／一四〇―一四一頁）。こうした技法を用いることによって、社会から哲学的真理を遠ざけて摩擦を回避し、同時に特定の読者の思考を促して真理への道を歩ませることができる。先に言及したイスラーム圏における内面の自由が確保される条件は、こうした著述の技法の活用である。宗教的な社会と著述の技法との関係こそ、ファーラービーの思想を解明するための手がかりである。『政治体論』が政治的フレームワークで哲学を包んだのもそのためであろうし、「プラトン」が彼の思想を「最もはっきりと」表現しているのもこの理由による。「プラトン」は、三部作の中央に位置し、また短い著作でもあることから人眼につきにくい。さらに著者は、他人の思想の解釈者という立場を借りることができるため、自分の名では語れない思想を注釈という形で率直に語ることができる（“FP”: 375-376）。ファーラービーは「哲学が破壊された後」の社会で、プラトンの注釈を通じて哲学の再生を試みた、すなわち真の哲学としてプラトン哲学の再生を試みたのである。

　こうしてシュトラウスは、オーソドックスな神学的理解から乖離し、「プラトン」を中心とした哲学的なファーラービー像を描く。もちろん、シュトラウスの解釈が正しかったとしても、ファーラービーはプラトンから影響を受けたにすぎない、重要性においては一段劣る二番煎じの哲学者とみなすこともできよう。実際、ファーラービーは哲学の社会的危険性のアイデアをプラトンに帰しており、そのため彼が用いたエクソテリックな著述の技法もプラトンに由来する（*PAW*: 21）。しかし、シュトラウスにとって重要なのは、ファーラービーがプラトンの著述の技法を解き明かしたうえでその内容に迫り、「真の哲学」と評価するその哲学をさらにプラトン的な技法を駆使して表現したという事実である（“FP”: 359, 362）。シュトラウスは、中世イスラームを経由してプラトンへ回帰し、その過程でファーラービーからプラトンの基本的な読み方を教わった[22]。では、シュトラウスが学んだファーラービーのプラトン解釈とはどのようなものだろうか。プラトン的な著述の技法を駆使して表現された彼のプラトン論を、シュトラウスはどのように読み解いたのだろうか。

三　ファーラービーのプラトン

本節では、ファーラービーの「プラトン」を詳細に分析した「ファーラービーのプラトン」を取り上げ、シュトラウスがファーラービーのプラトン論の特徴をどのように捉えたのかを分析する。以下では、バーニェット等が前提としていたプラトンの理想主義的解釈を比較対象として、シュトラウスの読み取ったその特徴がプラトンの形而上学を拒絶し、公的な哲人王思想を最終的な結論とみなさず、ソクラテスとプラトンを分離している点にあることを指摘する。注意しなければならないことには、シュトラウスはこの論文の中でファーラービーとプラトンとのズレを指摘しており、さらにシュトラウスのプラトン論はファーラービーの完全な模倣ではないため、三者の思想をイコールで結ぶことはできない。しかし、プラトンを読解する方法やそのベースとなるテキスト観、対話篇の内容理解のそれぞれにおいて、ファーラービーがシュトラウスの発想の源になっていることは事実である。したがって、この論文を検証することは、シュトラウスのプラトン論の「出発点」を見定めることにつながる。

まずは、ファーラービーの「プラトン」が対話篇をどのように論じた著作なのかを大まかにおさえておこう（"FP": 360-361）。シュトラウスによれば、タイトル――『プラトンの哲学、その諸部分、その諸部分の重要性の諸階層、その始まりから終わりまで』――に示唆されているように、この著作の中でファーラービーは、プラトン哲学の全体、より正確に言えば「プラトンの諸々のメイン・トピックに関する完全なサーヴェイ」を行っている。「プラトン」に言及されていないトピックは、ファーラービーにとって重要でないか、単にエクソテリックだと考えられているかのどちらかである。この複数あるメイン・トピックを、ファーラービーは発生論的（genetic）な順番で取り扱う。哲学的な探求を行った成熟した（mature）プラトンは数々の問題に段階を踏んで取り組んだ。その探求は、一つの問題を解決するとそこから立ち現れる次の問題に移行するという連続性をもっている。ファーラービーは、プラトンの探究の一つの段階につき一つの対話篇を割り当てる。逆に言えば、彼は対話篇には一つの中心的なテーマないしは問いが存在すると想定している。その問いは相互に関連するだけでなく、「始まりから終わりまで」一方向的に継続・深化していき最終的な結論に到達する一つの全体を形作っている。ファーラービーの「プラトン」は、各対話篇のメイン・トピックとそれらの関連性を明確にしてプラトンの探究の軌跡を描く、独自の視点におけるプラトン思想の要約である。こうしたやり方で、ファーラービーはプラトン対話篇のほとんどを網羅し「説明することに成功している」。

シュトラウスが解説するところでは、ファーラービーはプラトンの問いの連鎖を以下のように記述している（"FP": 361-362）。プラトンの探究全体を導く最初の問いは、人間の完成あるいは幸福である。それらは特定の科学（science）[23]ないしは知識と生き方に結びついているものの、一般的に受け入れられている知識と生き方では幸福に至るには不十分である。プラトンは知識が哲学によって、生き方が王の技術あるいは政治的技術によってもたらされること、さらには両者すなわち哲学者と王が一致することを見出す。知識を提供する哲学は、善き生き方、すなわち徳ある生き方と不可分であるとみなされる。ここから、哲学者の固有の意味を問うことがプラトンの中心問題になる。『パイドロス』でこの問題が論じられ、人間の完成とは何かについての「十全な答え」が得られる。この後、プラトンは哲学者と非哲学者との対立の問題に向かう。プラトンは、「哲学者を俗衆に似せることも、政治的生活から退出することも拒絶」し、彼の時代に存在しなかった都市、すなわち言論の中にある――おそらくは、両者の対立を解決可能な――都市を追求する。最後にプラトンは、現実の都市を言論における完全な都市に近づける方法についての問題を提起する。こうしてファーラービーのプラトン論は、人間の幸福に関する問いから始まり、幸福と不可分な哲学者と人間の完成の探究、その生を実現する完全な都市の構想、そして現実の都市を言論の都市に近づける方法についての考察に至る。

プラトン対話篇のこのような整理の仕方は、現代のプラトン研究における常識とは大きく異なっている。シュトラウスによれば、ファーラービーは、プラトンの著作を論理学、自然学、倫理学といった学問分類の図式に当てはめて区分することをしなければ、プラトン思想の「発展についての歴史研究」に従事することもない（"FP": 360）。さらに、ファーラービーがプラトンの探究に割り当てる順番は、自己の思想を発展させつつあるプラトンではなく、あくまでも「成熟した」プラトンである。ファーラービーはプラトンの問いが連続しているとは考えるが、プラトンの思想そのものが発展変化したとはみなさない。したがって、「プラトン」には対話篇の前期・中期・後期という執筆の順番への関心も、それに類する思考もみられない。ファーラービーのプラトンは極めて非歴史的である。こうした対話篇理解から得られるプラトン解釈の具体的な内容も、詳細に検討するならば、常識的なものとかなりの隔たりがあることが判明する。シュトラウスはこの事実を、「私たちが受け継いできたあらゆる意見にあまりにも反するので、私たちはそれを受け入れることにたいそう躊躇わざるをえない」と表現している（"FP": 362）。では、シュトラウスがファーラービーから読み取ったプラトンの教説の内容とはどのようなものなのか。一般的なプラトン論と対比するかたちで、三つの点を取り上げてみよう。

ファーラービーのプラトン論がもつ第一の特徴は、それが政治的であって、それゆえ形而上学的でないことである。プラトン研究においてもファーラービー研究においても、形而上学は彼らの哲学の中心に位置づけられることが多い。たとえばバーニェットは、形而上学を哲学の中心問題とみなし、イデア論はプラトン『国家』を理解するための鍵であると論じた。山内は、ファーラービーの思想体系は宇宙の秩序を模倣しており、形而上学はその最高位を占めると解説した。これに対してシュトラウスは、ファーラービーのプラトン論には、イデア論やコスモロジーを核とするネオプラトニズムの痕跡がないと主張する。ファーラービーがプラトン的探求の導きの糸とみなしたのは幸福の追求であって、この観点から哲学は王の技術、すなわち実践的・政治的な技術と同一視されているようにみえる。ファーラービーは、『ティマイオス』の主題を『国家』の政治的テーマに従属させ、『ピレボス』『パルメニデス』『パイドン』『パイドロス』の形而上学的な解釈を暗に拒絶」する。ファーラービーの「プラトン」では、「プラトン哲学は本質的に政治的なもの」として表現されている（"FP": 362）。

ファーラービーがプラトン哲学の形而上学的解釈を拒絶していることを示す根拠として、シュトラウスは、彼がそれに関連したトピックに不自然に沈黙していることを挙げる（"FP": 371）。シュトラウスの分析では、『プラトン』全体でファーラービーは一度も魂の不死に言及していない。一般的に魂における正義のあり方を論じたと解される『国家』を扱う際にも、そもそも魂の不死について長々と議論されている『パイドン』を扱う際にも、彼は「魂」という用語にさえ言及しない。さらにファーラービーは、イデア論にも沈黙している。イデア論の妥当性を吟味したとされる『パルメニデス』であっても、彼はイデアに触れることなく対話篇のメイン・トピックをまとめ上げる。魂の不死もイデアもプラトンが著作の中で何度も取り上げているテーマであることから、ファーラービーのまとめ方は、プラトンが用いた言葉の表面上の意味に反しているようにみえる。ファーラービーはこれらの言説を重要でないかエクソテリックであるかのどちらかと考えたようである（"FP": 376）。この点において、「プラトン」は単なる要約ではなく、テキストの性格を考慮し分析したうえでの解釈の産物である。

こうした沈黙は、ファーラービーの宗教への態度と直結している。[24] なぜなら、魂の不死に沈黙することは死後の世界に沈黙することでもあり、あの世での生、さらには報酬や処罰に関する教えの拒絶にもつながるからである。イデアに沈黙することも、『ティマイオス』におけるイデアと神の繋がりを論じないという結果につながる。宗教に直接かかわる事柄について言えば、ファーラービーは「プラトン」の中で「神、神々、来世、啓示の法および諸神法」に沈黙している。[25] この著作では、ファーラービーは宗教そのものに関して「プラトンの口を通じて」率直に語っている（"FP": 373-374）。それによれば、宗教的な推論は、人間の最高次の完成の構成要素である「諸事物の科学」をもたらさない。それをもたらすのは哲学である。宗教的な知識や科学は認識論的追求の階梯において最低次に位置づけられ、文法と詩にさえ劣るものとされている。「プラトン」以外の著作でも、ファーラービーは『ニコマコス倫理学』にコメントをしながら、すなわち他の哲学者の口を借りながら、幸福な生はこの世でしかありえず、それ以外の言説は「たわごとであり老婆の作り話」だと記している。直接的ではないものの、ファーラービーはコメンテーターとしての立場を活用して、自らの宗教への考えを指し示している。

第二の特徴は、哲人王の解釈である。先に見たように、バーニェットによると、『国家』では地上での正義の実現可能性とその望ましさが説かれており、ユートピア、あるいは理想の都市（ideal city）の建設には哲学者が王になることが必要だと論じられている。[26] もちろん、ファーラービーにも哲人王への言及があり、そこでは哲人王の統治を通じての非哲学者の幸福可能性が考慮されている。ファーラービーの議論を追っていくと、まず彼は人間の完成と幸福を分け、哲学は人間的完成を導くものの、哲学は正しい生によってすなわち政治によって補完されなければ人を幸福に至らせることはないとみなす（"FP": 378）。これは、哲学のみでは幸福な生を送るには不十分であるとのオーソドックスな見解に一致した意見である。ファーラービーはこの意見を直ちに修正し、哲学は単独でも正しい生をもたらすとするが、その際、哲学は哲学者のみならずすべての人間を幸福にすると付け加える。すなわち、政治共同体において哲学者が行使する王の技術によって、哲学者も哲学者でない市民も幸福になる。哲人王統治の実現は、すべての人にとっての幸福の条件である。

しかし、シュトラウスによれば、これはファーラービーの「ラスト・ワード」ではない。哲学と幸福に関してのファーラービーのラスト・ワードは、「哲学と哲学の完成、そしてここから幸福は……完全な政治共同体の設立を必要としない」というものである（"FP": 381）。言い換えれば、この世に現存している不完全な都市においてもそれらは可能である。幸福に必要とされるのは推論的な科学であって、それに携わる哲学者のみが幸福に至ることができる。哲学は哲学者にとってのみ幸福の条件であり、哲学や科学に与らない者たちはそもそも幸福に至ることがない。ファーラービーが非哲学者の幸福の可能性に言及したのは、大多数の人間の幸福の可能性を大々的に否定することを避けたからである。哲人王の議論は、厳しい現実を直截に表現することを憚り、オーソドックスな見解に譲歩したファーラービーの「人類愛」の産物に過ぎない。

哲学者の幸福にとって哲人王という完全な都市の建設が不要であるとしても、不完全な都市では哲学者の生が危険に晒されるかもしれない。哲学者と一般の人々とでは生き方も考え方も異なり、それらが衝突する可能性が捨てきれないからである（"FP": 382-384）。つまり、哲学者の幸福の実現には、不完全な都市での生という課題が残る。両者の抗争を解決するのは哲学者による人々へのはたらきかけである。哲学者は、不完全な都市の中で「一般に受け入れられている意見を真理、ないしは真理に近いものによって」徐々に置き換えていく。これは、哲学者が宗教的でもあり得る共同体の意見を部分的に受け入れ一時的にであれそれに同調すること、を意味する。ファーラービーのプラトンは、哲学と都市ないしは俗衆との間にある抗争を、完全な都市における哲学者のオープンな支配に訴えることなく――それは人間の幸福実現にはもはや不要であるから――不完全な共同体の私的なメンバーでありつつも、支配的な意見をエクソテリックな教説によって真理へと近づける「秘密の王制」によって解決する。ファーラービーのプラトン論は解釈としてはラディカルであるが、そこで提示される国家社会論は、革命的な措置を必要としないという意味では、一般的に理解される哲人王の構想よりもずっと保守的かつ巧妙である。

第三の特徴は、ファーラービーがソクラテスとプラトンを分けて論じていることである。バーニェットの基本的立場は、対話篇の登場人物としてのソクラテスは著者プラトンの代弁者であるというものであった[27]。この解釈によると、プラトンは、自説を代弁するソクラテスが他の登場人物を説得する場面を描くことによって、単なる論文形式の著作によってよりも、自らの意見への賛同者を多く獲得することができる。これに対してシュトラウスの分析では、幸福の実現と政治共同体の問題に関して、ファーラービーは哲人王の解決をソクラテス的であるとみなし、哲学者の秘密の王制をプラトンに割り当てている（"FP": 382-384）。ファーラービーの区別に従うと、ソクラテスの探究が向けられるのは道徳的・政治的主題に限定されており、自然哲学に及ぶことはない。非妥協的なモラリストとしてのソクラテスは、社会的な意見に賛同できない場合、それに反対して多数者の怒りを買うという選択肢しかもたない。実際にソクラテスは、哲学者と俗衆の対立と自己の非妥協性ゆえに処刑された。理論上哲学者に有利な形でこれを解決するのは、哲学者に絶対的な政治権力をもたせる哲人王の統治である。哲人王思想は、哲学者が非妥協的なモラリストであることを前提とし、彼の生存を確保する政治的手段として構想される。他方、プラトンの哲学はより理論的である。道徳的な熱狂を「諸事物の自然」への洞察で緩和するプラトンは、一般の意見に自らを適合させることができる。プラトンは、政治的エリートしか扱えないソクラテスのやり方と、俗衆と若者を扱うに適したトラシュマコスのやり方を組み合わせる。哲学者の秘密の王制が機能するのはこの点においてである。それは、政治権力をふるうことなく、あるいは哲学者が王の地位に就くというユートピア的な措置に頼ることなく、柔軟で部分的に妥協的な態度をとることによって、ソクラテスの運命を回避し、同時に哲学の存続をはかる。ファーラービーにとっては、ソクラテス的解決よりもプラトン的解決の方が応用可能なものである。

本節で見てきたように、シュトラウスが読み解いたファーラービーのプラトン論は、一般的なプラトン論からのはなはだしい逸脱を含むものであった。それは対話篇の捉え方という外面的な問題にかかわるだけでなく、形而上学的解釈の否定、哲人王の理解、ソクラテスとプラトンの関係などのプラトン理解の根幹にかかわる点においても、まさしく「私たちが受け継いできたあらゆる意見に反するもの」であった。ただし、シュトラウスはファーラービーのプラトン解釈すべてをそのまま自分のものとしたわけではない。これはあくまで出発点であり、シュトラウスはファーラービーから学びつつも、ファーラービーとは異なる自らのプラトン論を展開していく。

四　シュトラウスのプラトン

独創的なファーラービー論を提示し、そこからさらに独創的なプラトン論を導き出したシュトラウスの議論をどのように評価したらよいだろうか。多くのシュトラウス評がそうであるように、ファーラービー論に関しても解釈の恣意性や背景理解の不徹底性を暴き、正統的解釈を基準に彼を批判することは可能である。しかし本節では、シュトラウスのプラトン論の独自性を明らかにするという本稿の目的に鑑み、シュトラウスの議論がもつファーラービー論としての正確さを測定するのではなく、シュトラウス自身の二つのプラトン論を比較する。すなわち一方においてシュトラウスがファーラービー解釈から導いたファーラービーのプラトン論と、彼が自らの名で後に提出したプラトン論との比較である。これによってシュトラウスのプラトン論がファーラービーからどの点で影響を受け、どの点で彼と異なるのか具体的に明らかにできる。

もちろん、シュトラウスのファーラービー解釈の正確性を問い、シュトラウス批判を通じてより厳密なファーラービー像を求めることは研究上有益である。たとえばこれまでみてきたように、シュトラウスがファーラービーの思想的背景を理解していないとの批判はしばしばなされてきた。この場合批判者は、哲学と社会、あるいは哲学者と宗教との緊張関係を認めず、社会にとって有害な真理がテキストに見えにくい形でほのめかされているとのエソテリシズムを否定することができるし、シュトラウスがファーラービーのプラトン論にはその痕跡すらないとしたネオプラトニズムこそが歴史的にみてファーラービー哲学の基礎であると論じることもできる。ファーラービーの個人史を追うことによって、彼がイスラームを否定することはあり得ないと推定することもできよう。さらにテキスト解釈に関しては、シュトラウスの言うような政治学の中心性や神学の否定は読み取れず、ファーラービーのテキストで成立しているのは形而上学と神学の優位性に基づく諸学問間の音楽的な調和だと主張することもできる。

しかし、歴史理解やテキスト解釈の正確性を問うシュトラウス批判は、シュトラウス論としては解決困難な問題を抱えている。それは、彼のファーラービー論が歴史主義への対抗と、その対抗軸としてのエソテリシズムの確立を目指して書かれていたかもしれないという問題である。スティーヴン・レンツナーの分析では、中世哲学者に関するシュトラウスの文献は、彼らの思想が時代拘束的であるとの歴史主義的な偏見から読者を解放すべく構成されている[28]。シュトラウスの論文を通じて読者は、中世哲学者たちが時代の常識や偏見を超えたある種の真理を書き記した可能性、つまりエソテリシズムの可能性の認識へと導かれる。このエソテリシズムとは、「理論と実践との間の、すなわち、理性主義と政治、思想と行動、理性と歴史との間の関係とは何か」という問題に対する近代歴史主義とは別様の回答である[29]。簡潔に言えば、両者の調和を説くのが近代歴史主義であり、両者の根本的対立を見出すのがエソテリシズムである。したがって、近代的な調和の思想に正面から対抗するのは古典的エソテリシズムであり、それこそが社会と知性の関係、あるいは真理探究としての哲学の可能性についてのオルタナティブを提示する[30]。レンツナーの理解によれば、シュトラウスのファーラービー論ではこのオルタナティブを示すための誇張が多くなされているため、それは決してリテラルな解釈ではない。シュトラウスの論文には実際にファーラービーの記述を書き換えるか拡大解釈している箇所が見受けられ、その結果として哲学者と宗教共同体との対立が強調されている[31]。

この問題は、シュトラウスの用語を使うなら、彼自身は「真のプラトニスト」であったのかと言い換えることができる。シュトラウスは、哲学的真理に専心して歴史的事実に関心を持たないファーラービーを真のプラトニストと呼んでいる（"FP": 367-377）。ファーラービーは、プラトンを「典型的な哲学者」として描き、決して歴史的なプラトンを描かない。彼は、プラトンが最初の哲学者でないことも、対話篇で扱われるテーマがプラトン以前からすでに取り上げられていたことも知ってはいたが、あたかもプラトンが「暗闇の中で一人歩む者」であるかのように記述している（cf. "FP": 360. n. 7）。歴史家にとっては、ファーラービーがプラトンに関してどれだけ正しい情報を得ることができたのか、つまりどの程度事実を取り違えていたのかが大切かもしれない。しかしシュトラウスは、ファーラービーの著作の目的をまず考慮しなければそもそもそうした歴史的な検証を適切に行うことはできないと主張する。なぜなら、「対話篇に対する奇妙な所見は間違った情報に基づくのではなく、むしろ重要な哲学的真理を伝えるというファーラービーの欲求に由来するかもしれない」からである（"FP": 377）。ファーラービーは単なる要約をしているわけではなく、極めて注意深い表現を駆使して哲学的な真理を「歴史的で、このゆえにプレイフルな装い」のもとに表現した。シュトラウスもここで言われている真のプラトニストであることを自負していたなら、「ファーラービーのプラトン」は、ファーラービーについての歴史的な研究ではなく、ファーラービーから読み取れる哲学的真理を歴史的かつプレイフルな装いのもとに表現した作品だということになろう。ある種の創作を含む可能性があるならば、この問題を置き去りにし、歴史的な面でもテキスト解釈の面でも誠実かつ正確であることを求めるシュトラウス批判は、シュトラウス研究としては常に的を外す危険を伴い、したがって不十分なものにとどまってしまう。

シュトラウスのファーラービー論における創作の可能性という問いは興味深いものであるが、おそらく回答は極めて困難であろう。むしろ、シュトラウスのプラトン理解のルーツとその独自性を探る本稿の目的にとっては、シュトラウスのファーラービー解釈と歴史上のファーラービーを比較するよりも、シュトラウスが解釈したファーラービーのプラトンと、後にシュトラウスが提示したプラトン理解との異同を明確にした方が有益であろう。これに関しては、シュトラウスが読み取ったファーラービーのプラトン論は、そのままシュトラウスが後に活用したプラトンの読み方であるとの解釈がある。バーニェットによれば、シュトラウスがプラトン『国家』の意味を反転させる際に用いたのは、まさにファーラービーの手法である。[32] しかし、シュトラウスのプラトンへのアプローチがすべてファーラービーに由来しているわけではない。ベナルディテによれば「いかにして人が、アル・ファーラービーが書いたことを超えて進まなければならないかを示した」のもシュトラウスである。[33] では、両者の共通点と相違点はどこにあるのか。これを検討することによってプラトン解釈におけるファーラービーとシュトラウスの違いに、言い換えれば、シュトラウスにとってのプラトンへのアプローチの出発点と到達点との距離を測ることによって彼オリジナルのプラトン論に迫ることができる。

プラトン解釈の方向性に関して、シュトラウスとファーラービーが類似しているのは主に以下の四点である。第一に、両者とも非歴史的な解釈を行っていること、より正確に言えば、プラトン哲学の発展史的解釈を拒否していることである。シュトラウスはプラトン対話篇の分類を行っているが、その基準はプラトン思想の発展ではなく、あくまでも各々の著作の表面的な特徴である。それはすなわち、対話篇のタイトル、ソクラテスが会話を導くかそうでないか、演劇的か物語的か、強制的か自発的かといった特徴である（*CM*: 55-61/一〇二―一一二頁, *RCPR*: 152-153/一一三頁）。「個々の対話篇は、哲学的な科学の百科全書あるいは哲学体系の一つの章」ではなく「それ以上に、プラトンの発展してきた段階の遺物でもない」とみなし、各対話篇は全体に関する部分的な真理を示しているとシュトラウスが論じるとき、そこにファーラービーとの類似性を見て取ることは容易である。第二は、形而上学、とくにイデア論の取り扱いである。トマス・パングルによれば、シュトラウスは伝統的なイデア論理解に疑義を呈している。伝統的理解といっても様々であるけれども、イデア論こそがプラトン哲学を他から区別する最重要の理論であるという点に関しては一般的な同意がある。しかしシュトラウスは、プラトンがソクラテスに語らせるイデアの教説をプラトン自身の教説とみなしてよいかどうかを疑い、それが若者の教育のための有益な神話ではなかったかと示唆している。パングルは、イデア論の伝統的理解に対する例外として、シュトラウスの他にファーラービーがいることに注意を促している。[34] 第三は、トラシュマコスの重視である。シュトラウスは『国家』の分析で、正しい都市の設立にはトラシュマコスの手助けが必要だと理解している（*CM*: 122-124/二〇〇―二〇三頁, *RCPR*: 158-159/二一八―二二〇頁）。その理由は、トラシュマコスがもつ説得の技術である。哲学と政治権力の一致、すなわち哲人王の実現には、哲学者の側が支配者の地位に就くことを受け入れるだけでなく、大衆の側も哲学者に支配されることを受け入れなければならない。若いエリートを相手にすることに長けたソクラテスのような哲学者には大衆を説得する技術が欠けており、それを補うのがトラシュマコスである。第五巻冒頭でソクラテスとトラシュマコスが友人になるのはこのためである。シュトラウスによれば、「『国家』の研究者の中で、この決定的な事実を理解していたのは、九〇〇年ごろ活躍したイスラームの哲学者アル・ファーラービーだけであった」。第四は、哲人王と哲学者の幸福についての理解である。シュトラウスは、『国家』の真意が正しい都市の建設を説くことではなく、「正しい生活を送ることは、隠遁生活、卓越した（par excellence）隠遁生活、哲学者の生活を送ること」との主張にあるとみなす。哲学者は住んでいるポリスに関わらず正しくあることができ、哲学の遂行を通じて哲学者としての幸福を得ることができる（*RCPR*: 160-161／二二〇―二二一頁）。哲学者の正義と幸福は自足的であり、それは哲学者でない者には到達不可能である。哲人王統治の設立をプラトンの究極目的とみなさず、都市の統治形態に依存しない哲学者のみの幸福可能性を指摘する点で、シュトラウスとファーラービーは軌を一にする。

シュトラウスとファーラービーのプラトン理解が同じ方向を向いていると言っても、両者が完全に同じわけではない。右にあげた四つの点に関しても両者の違いを見出すことは可能である。第一に、シュトラウスによる対話篇分類の特徴である物語性の重視は、シュトラウスのファーラービー論にはみられない[35]。狭い意味でのシュトラウスのプラトン読解の方法とは、内容を形式に照らして理解すること、すなわち、ソクラテスの発言を直ちに著者の意見とみなさず、筋、登場人物、名前、場所、時代、状況等に丁寧な解釈を施すというものである。この「極めて厳密な解釈学的な規則」を適用する読み方は、シュトラウスの読解をファーラービーから区別する特徴の一つである（"ONIP": 351-352）。第二に、シュトラウスは、ファーラービーとは異なりイデア論に沈黙していない。確かに彼はこの問題に関して口数が少なく示唆的であるにとどまっているものの、彼がイデア論に対する疑問を言葉にしていることも事実である。さらにパングルによれば、彼は非伝統的なイデア論解釈を提出してもいる。それは「『不変の諸々のイデア』と『根本的で永続的な諸問題』とを同一視する」というものである[36]。シュトラウスのイデア論理解に関しても、パングルのシュトラウス理解に関しても検討の余地はあるが、ここではイデア論に対するファーラービーの姿勢との違いを指摘するだけで十分である。第三に、トラシュマコスの役割の相違が挙げられる。シュトラウスのファーラービー論では、トラシュマコスの役割は哲人王統治設立への貢献ではない。哲人王の設立は大衆との道徳的対立を前提とするソクラテス的なやり方の帰結であるが、プラトンはソクラテスのやり方とトラシュマコスのやり方とを混合することで「別の都市への『革命的』な探求の必要性をなくす」ことができる（"FP": 383）。これに対して『都市と人間』では、哲人王設立の条件、すなわち大衆に哲人王統治を説得する手段として、トラシュマコスの弁論術の必要性が挙げられている。第四に、哲人王理解と『国家』の目的に関して両者は意見を異にする。シュトラウスのファーラービー論では、幸福の問題へのプラトンによる最終的な回答は、哲学者のみが幸福になれるというものであった。ここでは大衆と哲学者の対立という観点から、哲学者の秘密の王制について議論されていた。シュトラウスは哲人王をプラトンのラスト・ワードとみなさないという点ではファーラービーと解釈を共有するけれども、『都市と人間』において哲学者の秘密の王制を詳述した箇所は存在しない。むしろシュトラウスは哲人王の不可能性が示されていることを重視し、大衆説得の難しさ、哲人王統治実現のための措置が人間の自然に反することを強調している。シュトラウスにとって『国家』は政治的理想主義の分析であり、その意義は都市の本性、あるいは都市には何が可能かという問題に関しての限界を示したことにある（CM: 127/二〇六―二〇七頁, 137-138/二二〇―二二三頁）。

以上の点に加えて、両者の重大な相違点としてソクラテス理解を挙げることができる。シュトラウスによれば、ファーラービーはソクラテスの問題関心が道徳的な事柄に限定されているとみなし、諸事物の自然についての科学を追求するプラトンをソクラテスから区別している。他方、シュトラウス自身は『ソクラテスの弁明』を解釈した際に、ソクラテスはアリストファネスの『雲』に描かれている自身への批判――天上の事柄と地下の事柄の探求――を否定していないことに注目している（SPPP: 40-44）。クセノフォン『メモラビリア』の論考の中でソクラテスのコスモロジーの存在に言及していることを考え合わせるならば、シュトラウスにとっては、アリストファネス、クセノフォン、プラトンの三者が描くソクラテスは自然的事物への関心という点で共通性をもつようである（XS: 7）。アリストファネスのソクラテスとクセノフォンとプラトンが描くソクラテスとの違いは、人間的な事柄や政治的な事柄についての関心、あるいはその重要性の理解に存する。哲学は全体にかかわるが、人間的な事柄は全体への道標になる（*RCPR*: 132/ 一九一―一九二頁, 162/ 二二一―二二三頁）。

本節では、シュトラウスのプラトン論が単なるファーラービーの模倣ではないことを示してきた。シュトラウスのプラトン論は確かにファーラービーと重なるところがあるけれども、物語性の重視、イデア論解釈の提示、哲人王とトラシュマコスの理解、そしてソクラテスとプラトンの関係の各論点において、シュトラウスの解釈はファーラービーのそれとは似て非なるものであった。シュトラウスのプラトン解釈は、ファーラービーを「超えて進む」ものである。

おわりに

本稿ではこれまで、シュトラウスのプラトン論の独自性を明確にするために、その出発点が中世イスラームの哲学者ファーラービーにあること、そしてそのファーラービーのプラトン論から彼が解釈の方法と内容を吸収していることを示してきた。バーニェットが指摘したように、シュトラウスによるプラトン理解の非正統的な側面の多くが、中世哲学、とりわけファーラービーを源泉としている。実際、シュトラウスはファーラービーからエソテリックなプラトン解釈の方法と非理想主義的なプラトン解釈を学び、それを伝統主義的かつ理想主義的なプラトン解釈に対置した。しかし、シュトラウスのプラトン論を中世的とのみ理解するのでは不十分である。対話篇解釈の技法に関しても、哲人王解釈にしても、シュトラウスのプラトン論の特徴は、ファーラービーとの距離をもって測ることができるからである[37]。

シュトラウスのプラトン論が持つ独自性の明確化以外にも、本稿の考察は以下の二点において研究上の意義を有している。第一は、シュトラウス政治哲学の全体像の解明である。『プラトン政治哲学研究（*Studies in Platonic Political Philosophy*）』の構成において示唆されているように、少なくとも晩年のシュトラウスは、プラトンを起点として政治哲学史を再考しようと試みていたように思われる。本稿は、シュトラウスが「プラトン的（Platonic）」との表現を用いる際に何を意味するのかを理解するための一助になるだろう。第二は、プラトン研究への新しい視座の提供である。バーニェットの手厳しい批判以来、シュトラウスのプラトン論は、いわゆる正統派の古典研究者から無視されるか、まともな研究がなされないまま誤解されるかのいずれかであり続けてきた。本稿は、バーニェットのシュトラウス理解が不十分であり、それゆえその批判も不徹底であることを示してきた。シュトラウスのイスラーム的かつ非理想主義的な解釈を肯定するにせよ否定するにせよ、従来のプラトン研究の枠に収まらない新たな視点を提供するという意味で、彼の議論を再検討する価値はあるだろう。

＊本稿は、政治思想学会第二三回研究大会（二〇一六年五月二八日）のシンポジウムⅠ「政治思想研究における方法」での報告に加筆修正を施したものである。司会、コメンテーター、共同報告を務めてくださった方々、そして有益で刺激的な質問をしてくださった方々に感謝申し上げる。

本文中および注で使用したシュトラウスの著作の略号は以下の通りである。

"FP": Farabi's Plato, in *Louis Ginzberg: Jubilee Volume*, American Academy for Jewish Research, (1945).
"ONIP": On a new Interpretation of Plato's Political Philosophy, in *Social Research*, Vol. 13, No. 3, Fall, (1946).
WIPP: *What is Political Philosophy? and Other Studies*, The University of Chicago Press, 1959（飯島昇藏・石崎嘉彦他訳『政治哲学とは何であるか？とその他の諸研究』、早稲田大学出版部、二〇一五年）.
CM: *The City and Man*, Chicago: The University of Chicago Press, 1964（石崎嘉彦・飯島昇藏他訳『都市と人間』、法政大学出版局、二〇一五年）.
SPPP: *Studies in Platonic Political Philosophy*, Thomas L. Pangle (intro.), The University of Chicago Press, 1986.
PAW: *Persecution and the Art of Writing*, The University of Chicago Press, 1988

RCPR: *The Rebirth of Classical Political Rationalism: An Introduction to the Thought of Leo Strauss: Essays and Lectures by Leo Strauss*, Selected and Introduced by Thomas L. Pangle, The University of Chicago Press, 1989（石崎嘉彦監訳『古典的政治的合理主義の再生：レオ・シュトラウス思想入門』、ナカニシヤ出版、一九九六年）.

XS: *Xenophon's Socrates*, South Bend: St. Augustine's Press, 1998.

GS: *Gesammlte Schriften*（vol. 3）, Heinrich Meier（ed.）, J. B. Metzler, 2001.

（1）M. Burnyeat, Sphinx without a Secret, in *New York Review of Books*, May 30,（1985）pp. 35-36.

（2）M. Burnyeat, et al. The Studies of Leo Strauss: An Exchange, in *New York Review of Books*, October 10,（1985）.

（3）バーニェットは、主に*WIPP*の第五章と*PAW*の第一章に依拠してシュトラウスのファーラービー論を理解している。後者は、"FP"の議論を*PAW*という書物の目的に合わせて書き直した縮約版である。

（4）*Ibid*., pp. 35-36.

（5）納富信留『プラトン 理想国の現在』、慶應義塾大学出版会、二〇一二年、二一五—二一九頁。

（6）「フィリピの信徒への手紙」三、一九—二〇（訳文は新共同訳聖書より）。

（7）細かく言えば、納富がキリスト教との親和性を認めているのは、プラトンの理想国家を天上の世界に限定し、地上で行われる政治を天上での理想と切断してしまう解釈である。納富はこれに加えて、プラトンの理想とその実現を人間の魂のみに限定する解釈も紹介し、両者とも否定している。納富が与するのは、バーニェットと同じように、『国家』が提示するのは理想を地上に実現するためのモデルでありプラトンもそれを意図していたというものである。しかし納富の議論が、どこで実現されるにせよ、プラトンの『国家』を理想の実現を目指すものという解釈の枠内で行われていることは確かである。納富、前掲書、二一五—二一九、二四九—二五〇頁。

（8）R. Brague, Athens, Jerusalem, Mecca: Leo Strauss's 'Muslim' Understanding of Greek Philosophy, in *Poetics Today* 19（2）, summer,（1998）, p. 239.

（9）Cf. J. Kraemer, The Medieval Arabic Enlightenment, in Steven B. Smith（ed.）, *The Cambridge Companion to Leo Strauss*, Cambridge University Press, 2009, p. 142, n. 3.

（10）Alfarabi. *The Political Writings: "Selected Aphorisms" and Other Texts*, Charles E. Butterworth（trans.）, Cornell University Press,

2001, pp. 49-50. Cf. *PAW*: 12-18.

（11）Brague, *op. cit.*, pp. 238-240; Kraemer, *op. cit.*, pp. 138-139.

（12）さらに同論文の末尾では、シュトラウスは、ファーラービーという哲学的背景に照らし合わせることによってのみ、未だ測られていないマイモニデスの『手引き』の深さを測定するという希望をもつことができる、と結論付けている（"FP": 393）。

（13）ファフレッティン・オルグネル（三箇文夫訳）『ファーラービーの哲学：ギリシア哲学をアラビア・イスラーム世界に定着させた中世イスラームの大哲学者』、幻冬舎ルネッサンス、二〇一二年、五九頁。

（14）同書、六二―六四頁。

（15）同書、六三頁。

（16）同書、五一頁。

（17）同書、六四頁。

（18）同書、七二頁。

（19）山内志朗「レオ・シュトラウスとイスラーム政治思想」、『思想』第一〇一四号、二〇〇八年、九三頁。

（20）同論文、九三―九四頁。

（21）シュトラウスは「いかにしてファーラービーはプラトンの『法律』を読んだか」では同じ書物のタイトルを、*The Philosophy of Plato, its parts and the ranks of its parts, from its beginning to its end* と訳している（*WIPP*: 138/一四二頁）。

（22）Cf. Brague, *op. cit.*, p. 239; Kraemer, *op. cit.*, p. 142.

（23）シュトラウスはἐπιστήμηにscienceという訳語をあてている。

（24）ただしシュトラウスは、ファーラービーの哲学がプラトン哲学の完全な模倣だとはみなしていない（*WIPP*: 143-144/一四七―一四八頁, 154/一六〇頁）。

（25）ファーラービーは、『プラトンの「法律」の注釈』などの著作ではこれらの神的な事柄に頻繁に言及している（*WIPP*: 138-139/一四一―一四二頁, 147-150/一五二―一五五頁）。

（26）Burnyeat, *op. cit.*, p. 36; Burnyeat, et al, *op. cit.*, p. 44.

（27）Burnyeat, *op. cit.*, pp. 35-36.

（28）S. Lenzner, Leo Strauss and the Problem of Freedom of Thought: The Rediscovery of the Philosophic Arts of Reading and

Writing, Doctoral Thesis, Harvard University, (2003), pp. 116-119.

(29) A. Melzer, Esotericism and the Critique of Historicism, in *American Political Science Review*, Vol. 100, No. 2, (2006), p. 288.

(30) *Ibid.*

(31) Lenzner, *op. cit.*, pp. 95-98, 115-119.

(32) Burnyeat, *op. cit.*, p. 35.

(33) S. Benardete, *The Argument of the Action: Essays on Greek Poetry and Philosophy*, Ronna Burger and Michael Davis (eds.), The University of Chicago Press, (2000), p. 410.

(34) T. Pangle, Introduction, in *SPPP*, pp. 2-5.

(35) C. Zuckert, Strauss's New Reading of Plato, in *Leo Strauss, Education, and Political Thought*, J. G. York and Michael Peters (eds.), Lanham: Fairleigh Dickinson University Press, (2011), pp. 75-76. 著作の演劇的側面や登場人物の性格等に注目する読み方の起源に関しては、*PAW*におけるクザリを扱った章が参考になるかもしれない。

(36) Pangle, *op. cit.*, pp. 2-9.

(37) ただし、この論考からシュトラウスのオリジナリティを完全に析出することはできない。シュトラウスは他の古典理解――たとえば、シュライエルマッハー等――からも何らかの影響を受けているからである。

丸山眞男は役に立つのか
——〈三・一一〉を素材として

——渡部　純

一　課題の設定

1　目的と方法

この報告では、同時代政治分析と政治思想史研究との間の方法論上の交流の可能性について検討することが期待されている。

第二次大戦後しばらくの間は、政治思想史研究のトレーニングを受けた研究者が、同時代政治分析を自らの専門的な研究として提示する例は珍しくはなかった。しかし、一九九〇年代以降、日本の同時代政治分析は学問領域として自立・制度化を果たしたため、政治思想史研究との間の学問的往還は限定的なものとなっている。(1) 試みに、二〇一二年度の日本政治学会会員名簿で数えてみると、自分の専門分野として、政治思想史とともに政治過程論・政策分析という同時代政治分析をもあげている会員は、全一七五九人中、わずかに二人だけである。おそらくこの両分野は、今日の日本の政治学界でもっとも両立困難なペアになっていると思われる。しかし、ここに何らかの交流が必要なのではないか、また、もし交流が可能なら、それはいかなる形でなしうるだろうか、という問いが、このシンポジウムの企画委員の問題意識である（と思う）。

もちろん、他分野からヒントやインスピレーションを得て研究を発展させたという例は、どの学問分野でもしばしば聞くことができるし、それは、この両者間でもあるだろう。(2) しかし、同時代政治分析と政治思想史研究との間では、いささか特殊な事情がある。ジャーナリズムに同時代政治評論という独自の言説空間があるためである。そこでは政治分析を専門としない研究者も同時代政治への見解を述べ（しばしば歓迎され）る。重要なことは、そのような評論の言説空間がそれ自体で政治的な機能をもつ点である。ジャーナリズムの世界でその言説が再生産され、世論の動向に影響を与え、それが政策に取り込まれることはあるし、その研究者自身が政治的アクターになることもある。

こういった政治的言説については、同時代政治分析者は、「非学問的」な素人談義にすぎないとして冷ややかに扱いがちだが、そのような姿勢には、「非政治的」ではないかという批判が向けられることがある。同時代政治分析者が方法的な専門化・精密化を追求する結果、現実政治に対する全体的な視野や問題意識を失っているのではないかという指摘である。特に、政治思想史家・政治理論家の言説の中に、このような批判が見られる。(3) こうして同時代政治分析者と思想史研究者との間に反目・反発が生まれる。両分野の距離が拡大すれば、やがて、棲み分けあるいは無関心が定着するだろう。そうなれば、両者の間での方法的対話を検討するという機会があっても、どちらかの立場からの一方的なものに終始するのではないか、という懸念をぬぐいがたくなる。

報告者は、政策過程論を専門領域としている（つもりの）研究者であり、したがって、同時代政治分析者の立場から論じることしかできないのだが、今回は、両者の立論をできるだけ内在的につきあわせて検討してみたいと考える。そこで、この報告では、思想史研究者がその思想史的研究成果を基に行なった同時代政治論を、現在の政治分析の方法から読み直した上で、それを最近の事例の分析にあてはめてその理論的含意を考察するというやり方をとることにする。政治思想史家による立論には、今日の目から見ると、理論的に批判すべきところは出てくるはずである（その点で、「役に立たない」かもしれない）。しかし、その理論射程を再確認することで、今日の同時代政治分析のディシプリンに欠けている視座が浮かび上がってくる可能性はある（その点で、「役に立つ」かもしれない）。これによって、政治思想史研究と同時代政治分析の双方に向けて何ごとか問題提起したいというのが、本報告の目標である。

取り上げるのは、丸山眞男である。[4] 彼は、戦後日本の政治思想史研究の第一人者でありかつ鋭い同時代政治分析を提示したと評されてきた。日本政治学界で、同時代政治分析者の「魂なき専門人」化が批判されがちなのは、丸山が政治学者のあるべき姿と見なされていることによるところは大きいだろう。同時代政治分析と政治思想史研究との関わりを考えようとするならば、第一に検討されるべき先例は当然、丸山となる。事例とするのは、二〇一一年の東日本大震災における東京電力福島第一原発での事故の発生とそれへの対応の政治過程である。

2　想起される丸山眞男

では何故丸山を用いてこの〈三・一一〉を考察しようというのか。二〇一一年三月一一日に東日本を襲った巨大地震は、日本政治を見る視座にも大きなインパクトを与えた。それを表しているのは、その後の、大衆を動員した直接的示威行動による政治的意思表示の試みの噴出である。これは、通常の制度化された回路を経由しては影響を与えることのできない政治過程が存在するという認識が、〈三・一一〉を契機に、日本社会の一定の範囲で共有されるようになったことを示している。

こういった政治的直接行動は、日本の政治社会では、一九七〇年代の半ば以降には、あまり見受けられなくなっていた。逆にいえば、ここには、一九七〇年以前にあった視座のリヴァイヴァルという面がある。それを政治理論面で象徴していると思われるのは、〈三・一一〉に直面した人々による丸山眞男「無責任の体系」論の想起である。[5] 本報告では、この「無責任の体系」論の理論射程を確認しつつ、それが〈三・一一〉について示唆するところを検討したい。

二　政治過程の二重同心円モデル

かつて、村松岐夫は、「日本の政治過程において、与党連合ないし統治者連合と批判勢力とのあいだには亀裂がある」

とし、日本の政治過程を、政策過程とイデオロギー過程の二つの同心円からなる二重構造として図式化して見せた。彼は、内側の政策過程には、保守党、官僚、農業団体などが参加し、外側のイデオロギー過程には、社会党、共産党、労働組合、日教組などが参加していたとする。「日本国憲法下の最初の議会に長い間非合法化されていた共産党議員が大量進出したことや、社会党が長期にわたって国民の三分の一近い支持を獲得しつづけたことは、反対勢力ないし批判勢力の側に大きな政治的影響力が与えられることを国民が承認してきたことを意味する。しかし、その影響力は、主張内容の根本的な差異と政権を一度も獲得しなかったことから、政策の具体的な内容にはおよんで行かない」。「戦後の政治過程は、「永久政権」的な保守政党の独占的な支配下にある政策過程と、政策過程にはほとんど影響力のない反保守の政治勢力が維持してきたイデオロギー過程に分断されていたといえよう(6)」。

この同心円モデルの成立は、日本政治における権力の中枢部が、社会科学的探求の対象とされていなかったという事情にも対応している。例えば、何故自民党が与党の地位を保っているのかという問いは、戦後長らく、政治学のまともな主題ではなかった。戦前期以来の支配勢力が、戦後民主的改革の不徹底の結果、依然として日本国家の権力を牛耳っているというのが、戦後社会科学の自明の前提であったからである。そして、(天皇制ファシズムの温床となった)遅れた農村部を過剰代表する選挙制度とそこでの村落共同体的政治動員が、このような権力構造を支えていると見なされていた。政治は、旧来のエリートたちによって、排他的な空間で、非民主主義的に行なわれており、マスメディアの代弁する(進歩的な)国民の世論がこのような決定過程に影響を及ぼす回路は存在しないと考えられていたのである。

一九六〇年の日米安保条約改定反対運動をピークとする七〇年ごろまでの大衆的な政治的示威行動は、このような権力核が、その本性上特定の方向に運転されていくはずであるという想定の上に、対抗的に動員されていた。例えば、旧体制的ファシズム勢力(あるいは、国家独占資本主義、あるいは、帝国主義勢力、等々)が、その内的必然性に促されて、日本を、侵略戦争、あるいは、帝国主義戦争に突き動かしていくだろう、というような予測である。それは、有力野党の見立てであると同時に、有力社会科学者たちの見立てでもあった。丸山自身にも同様の認識があったと思われることを、いくぶん変わった例で引証する。国語の教科書にも採用されたという、有名な「「である」ことと「する」こと」

論文（一九五九年）の冒頭である。

丸山は、末弘厳太郎の民法講義で、時効制度は「権利の上に長く眠っている者は民法の保護に値しないという趣旨も含まれている」と聞いたという話題を枕に、「民主主義というものは、人民が本来、制度の自己目的化—物心化—を不断に警戒し、制度の現実の働き方を絶えず監視し、批判する姿勢によって、はじめて生きたものとなり得るのです。……このように見てくると、債権は行使することによって債権でありうるというロジックは、およそ近代社会の制度やモラル、ないしは、ものごとの判断の仕方を深く規定している「哲学」にまでひろげて考えられるでしょう」と論ずる(7)。これは印象的で、またよく知られた一節である。民主主義という制度の定着についての丸山の強い問題関心を、ここにも読み取ることができるが、この立論は、比喩だとしても、大きな難点がある。

ここで丸山があげているのは消滅時効のことであるが、基本的人権の類は、消滅時効にはかからない。これは揚げ足取りをしようとしていうのではない。私が聞いた民法講義によれば（!）、消滅時効は、行使しない権利は奪われるという考え方に基づくものではない。この制度には、まず、「長期にわたって存続している事実状態の尊重により、この事実状態を前提として構築されている社会秩序の安定を図る」という存在理由があげられている(8)。つまり、ここにあるのは、〝ある権利が長期間行使されない間にその不存在を前提に様々な諸権利関係が構築されているとき、その長年放置されていた権利をあるとき突然行使してそれまでに形成された社会秩序を一挙に覆せという要求を認めることは妥当ではない〟という利益衡量の判断である。末弘が述べたという法諺は、その正当化に用いられる謂いである。基本的人権が消滅時効にかからないというのは、それがそのような利益衡量の対象にはならないという意味である。

丸山の立論から浮かび上がるのは、彼が日本政治の構造に向ける視座の特徴である。丸山は憲法一二条について、「国民はいまや主権者となった、しかし、主権者であることに安住して、その権利の行使を怠っていると、ある朝目ざめてみると、もはや主権者でなくなっているといった事態が起るぞ」という警告になっているわけなのです。……それこそナポレオン三世のクーデターから、ヒットラーの権力掌握に至るまで、最近百年の西欧民主主義の血塗られた道程がさし示している歴史的教訓にほかならないのです」とする(9)。つまり、政治権力には、独裁に至る何らかのモメンタムが本質的に内在しており、自覚的政治行動を不断に行なっていなければ、国民主権や基本的人権などの権利も奪われてしまうだろうという認識が示されているのである。このような視座こそが、一九六〇年代まで、自民党政府に対する政治的示威行動を促し、政策過程の外側のイデオロギー過程を活性化させるものであった[10]。

一九八〇年代以降の同時代日本政治研究は、このような同心円モデルを否定する方向で進展した。それは、村松らの多元主義モデルの導入による。村松や大嶽秀夫は、それまでジャーナリズムの対象でしかなかった政策過程内部に分け入り、これをはじめてアカデミックな水準で論じた[11]。彼らは、政策過程が決して特定のエリート集団の独占的な決定過程ではないことを主張した。また、国家間比較の観点が導入され、それまで独裁とも目されてきた自民党長期政権も、一党優位政党制という民主主義体制の一類型として位置づけ直されることになった。政策過程の実証的な分析は、例えば、イデオロギー過程のアクターにとどまると思われていた野党も、政策過程で一定以上の役割を果たしていることを明らかにし、野党がイデオロギーに固執して反対のみを唱えるだけで政治に何ら影響力をもたないというイメージは、マスメディアが流布した表面的な印象に過ぎないことを論じた。

実際の政治過程においても、八〇年代以降の行政改革、九〇年代以降の選挙制度改革、二〇〇〇年代の郵政改革等々の諸改革は、国民の声を反映してなされ（たという外観を、少なくとも、伴っ）ている。これは、八〇年代以降、ポピュリスト的な政治家が多く出現したことの反映でもある。この結果、かつてのような二重同心円モデルで日本政治をとらえようとする見方は、一般的ではなくなっていく。

ところが、〈三・一一〉以後、いくつかの争点をめぐって大規模な政治的示威行動が生じた。憲法改正問題、原発再稼働問題、そして集団的自衛権問題である。これは、安倍晋三内閣の政策決定が、国民の意向を無視して強引に進められているという批判に導かれるものであった。つまり、野党・国民・マスメディアの声は、政策過程内部に及んでいないという認識が、このような直接行動を生んでいる。これには、〈三・一一〉において、日本を危機的な状況に追い込んだ政策決定過程への不信が影響している。このような日本の決定過程を叙述するモデルとして想起されたのが、丸山の「無責任の体系」論であった。

三 「無責任の体系」論の射程

1 「無責任の体系」論

「無責任の体系」とは、丸山が「軍国支配者の精神形態」論文（一九四九年）において、開戦を主導した日本の政治家たちの言説を取り上げ、日本が何故「ズルズルべったり」に戦争への道を進むことになったのか、解き明かそうとする中で用いた語である。丸山は、極東軍事裁判の記録を素材にして、日本政府内において巨大な権力を握っていたはずの軍人・政治家が、いずれも

①自らは開戦を避けたいと思っていた、
②しかし、自分にはそれを避けるだけの権限もなかった、
③情勢からは開戦はやむを得なかった、
④しかし、自分には、一人でそれを決定するだけの権限もなかった、

と応えていることに注目し、これを、「権限への逃避」「既成事実への屈服」と呼び、このような全体を「無責任の体系」と称した。

この「無責任の体系」論が〈三・一一〉後に想起されたのは、政治家も経済産業省も電力会社も、それまで幾たびも生じたほころびに目をつぶり、スリーマイルやチェルノブイリでの深刻な事故を見ていながら、日本でも起こりうる巨大な破綻の可能性からは目をそむけたまま、原子力発電を「国策」として進めてきたという事態への批判がある。実際に激甚な事故が発生すると、経産省は、それが電力会社によって進められたものであるといい、電力会社は、経産省の

指示・監督に従ってやってきただけであると答え、政治家は打つべき手もわからずいらだつばかりであった。福島原発が危機的な状況に陥っているにもかかわらず、政治家・官僚・電力会社幹部は、錯綜する情報を処理して適切な対応策を示すことができず、被害は拡大し、国民の不安を増大させることになった。これを七〇年前の戦争突入、そして、その無残な敗戦と重ね合わせる論調は、広く見受けられるものとなった。(12)

2 インクリメンタリズムとしての「無責任の体系」

ただ、丸山自身も認めているように、丸山が取り上げている「軍国支配者」たちの発言は、「法廷戦術」に基づいた発言となっていることは割り引いて考えなければならない。卑屈な責任逃れとも見える曖昧な答弁は、連合国からの責任追及をかわそうとするだけでなく、自分が守らなければならないと考えるものへ累の及ばぬようにするための戦術でもあった。そのような要因を念頭において、彼らの言説を見直すならば、ここにあるのは、自分は、組織内で、組織メンバーとして割り当てられた職務に務めただけである、という言い分である。彼はその与えられた職務に（時には、不本意ながら）忠実であったと語ることで、個人が「主体」として果たすべき（と、丸山によって想定されている）責任から解除されると主張している。そのように考えてみると、「権限への逃避」と指摘されるものも、組織内部で組織的役割分掌に基づく組織過程モデル（アリソンの第二モデル）の表現に他ならないのではないかと思われる。

組織過程での決定パターンを、多元的な決定過程に展開したものが政策決定過程のモデルとしてのインクリメンタリズムである。(13)「既成事実への屈服」も、それまでの政策遺産を前提にして判断しようとするインクリメンタリズムの発露であると考えられる。既成事実が、組織の既得権益として防衛の対象になることも、政治現象としては、頻繁に見られることである。また、丸山は、開戦にいたる決定に「自己欺瞞」「リアリズムの欠如」があったと批判しているが、これらも、限られた資源の下で限定的な問題解決を図ろうとするインクリメンタリズムに特徴的な問題処理方法であるとも見えるのである。(14)

つまり「無責任の体系」とは、無責任なアクターが政策過程に多数存在するという告発ではなく、第一次的には、〝それまで組織に蓄積されてきた政策遺産を前提に、組織のメンバーが、定められた職務の範囲内で、与えられたマニュアルに即して、（組織に対する強い責任感を持って）決定・執行している〟という組織的な体制を表現しているものである。これが「無責任」と呼ばれるのは、当該組織外にあるプリンシパルから見れば大きなエイジェンシー・スラックが発生するからである。このように「無責任の体系」論を同時代政治の分析モデルに変換してみると、「権限への逃避」や「既成事実への屈服」は、「超国家主義」国家日本にのみ見られる特異な現象ではないと考えることができる。

E・H・キンモンスは、東京裁判の公判で被告たちが見せた態度が、特殊日本的なものではなく、役人特有の態度というべきものであったとする。彼らは就職難の時代に青年であった世代であり、「リーダーの地位に到達するまでに、競争で生き残ること、自分のポストを守り、他の競争相手を追い払うことに何よりも心を砕くようになった」者たちである。「もし彼らが―丸山が呼んだように―矮小であるとすると、それは、エリートをめざす競争を抑止するもののない社会での、生き残りの圧力によって生じたものであった」。「戦時期のリーダーシップの矮小性は、日本社会の封建的側面に由来するのではなく、近代的側面から生じたのである」[15]。これは、今日の官僚たちや東京電力の経営者たちにも通じるところであろう。

組織過程モデルは、制度化された安定した組織において成り立つし、インクリメンタリズムも、決定過程内でのアクターが持続的・継続的な関係をもち、その交渉の回路が一定程度制度化されているときに成立しやすい[16]。「無責任の体系」で丸山が言及した政治家・軍人たちの弁明が、インクリメンタリズム・組織過程モデルによる決定パターンの表れであるとするならば、注目されるべきは、当該政治社会の全体が、それだけ体系的な組織に制度化されていると予想できるという点である。

いいかえれば、すべての責任がこのような組織内役割分掌に解消され、政治的主体が消失したという指摘が、丸山の「超国家主義」体制批判である。ここから問われるべきことは、自律的・主体的・政治的に行なわれるべきであった決定が、組織内執行の問題に解消されたのは何故かという問題である。そのためには、まず、この組織編制の特徴を解明しなければならない[17]。

3　政策変化の要因

インクリメンタリズムについては、それによって真の政策転換は可能なのか（あるいは、政策変化の幅はどこまで可能なのか）という批判があるが、多元主義者は、決定過程における均衡点の推移によって政策は漸変していくと見なしている。逆にいうと、インクリメンタリズムを生み出す組織編制の特徴は、政策変化の過程で浮かび上がってくる。

丸山の「軍国支配者の精神形態」では、「無法者」が、「役人」組織の外部から関与することで、（あるいは、そのような「無法者」ないしは外部勢力の圧力を口実に）「役人」が政策を進展させるとされている。[18]

日本の原発政策ではどうだったろうか。

一九五〇年代半ばに原発導入に向けて積極的な活動を展開したのは、中曽根康弘や正力松太郎であった。[19]彼らは、自民党権力の本流から外れているという意味で、丸山の図式の「無法者」と位置づけることができるだろう。[20]民間企業としての電力会社は、相互の競争関係の中でそれにのった。そして、それはオイルショック後、景気対策の柱となって政府予算の中に制度化されるようになり、電力会社も政府への依存を強める。こうしていわゆる「原子力村」が生まれた。この点で、「無責任の体系」モデルは、原発政策にもあたりそうである。

このようにして形成された強力で排他的な権力構造が存在するために政治は変わらないという認識が、〈三・一一〉以後の直接的示威行動の根拠付けになっている。ただし、村松が図式化したような一九七〇年ごろまでの日本政治認識と対比していうならば、日本の権力構造全般が特定のエリートに支配され方向付けられているというような認識が有力になっているわけではない。今のところ、特定の争点について、外部からの圧力に遮蔽的な政策領域が形成されているという個別事情の反映にとどまっている。[21]ここからすると、〈三・一一〉以後の大衆的示威行動の本質は、六〇年代までのような、独裁化への抵抗を掲げた民主主義運動とは異なり、特定の閉鎖的な決定過程を外部に開放することを要求するポピュリズム的運動であると捉えることができよう。[22]

そもそも、二〇〇〇年代以降の政権運営は、高い内閣支持率を保たなければ困難になっている。第二次安倍内閣にはそれがあったからこそ、原発再稼働や安保関連法制定をなしえたのである。仮に、これらの方針によって内閣支持率が低落していれば、安倍はそれを実現することはできず、退陣に至っていたはずである。[23]

他方で、日本の電力コストの高さが企業の国際競争力の足かせになっているという指摘は、既に一九九四年頃からあり、〈三・一一〉以前から通産省・経産省の内部で、電力自由化への模索は始まっていた。[24]この圧力は、今日のエネルギー政策を（インクリメンタルに）変化させる主要要因であり、この数年で加速化している電力自由化への動きは、その延長上にある。このような要因が政策変化を生じさせるのは、電力会社の組織的リソースが市場に依存しているからである。[25]仮に、ロシアや中国（の原子力発電所）から安価な電力が安定的に供給されるようになれば、国内の原子力発電所は、コスト面から維持しがたくなるだろう。

四　丸山への問い

1　「無法者」と「御輿」

丸山の「無責任の体系」論で、「無法者」が政策推進の起動因とされたのは、そこに「暴力」の契機が認められていたからである。リソースという点から考えると、正当な物理的暴力行使の独占を要求しうるところにその存立の根拠が認められるはずの近代国家において、この「無法者」のもつ暴力にそれだけ大きな意味が付与されたのは、国家の正当な暴力装置である警察や軍組織による暴力発動の機会に、恣意的に操作しうる余地があると予期されていたことを背景にしていよう。「無法者」が威嚇的に示す「暴力」の背後に、国家的に組織された暴力が連動的に行使される可能性があるという畏怖が、「無法者」のもつ「暴力」を、政治過程における重要な構成要素の地位に押し上げたといえる。その連動性は、両者が共に戴く「御輿」によって推測された。[26]

国家的暴力装置にそのような恣意的発動の余地が極小化した場合、「無法者」が政治過程において行使しうる影響力の主たるリソースは、「暴力」ではなくなるだろう。そこで、「権威」を仮託された「御輿」の機能の仕方を確認しておく必要がある。

原発政策で検討してみると、正力は一九五九年五月一二日、晴海の東京国際見本市に天皇を招き、アメリカ原子力委員会が出品した実験・訓練用原子炉を見せる。天皇は、「自分で原子炉の周りにあった柵をとり払って中に入り、階段を登って原子炉の炉心部を直接」覗き込んだ。この原子炉は出力〇・一ワットの超小型で、会期中の一八日間しか稼働しなかったが、「東京のど真ん中で、わが国で二番目に臨界に達した原子炉」であったという。[27] 翌月、天皇は、後楽園で読売対阪神のプロ野球試合を観戦する。そのロイヤルボックスの最後方には正力が座っていた（これが、唯一の「天覧試合」となった）。そして、正力は、一九六四年一一月、勲一等旭日桐花大綬章を受けている（ちなみに、同じとき、南原繁も勲一等瑞宝章を得ている）。この一九六四年は、新電気事業法が公布され九電力体制の維持が法制的に定着した年であり、原子力委員会が「原子炉立地審査指針」を制定した年である。[28] 六三年から六四年にかけて電力各社が発表した電力長期計画の中には、原子力発電所建設計画が盛り込まれていた。吉岡斉によれば、日本の原子力発電事業は一九六六年に「テイクオフ」する。[29]

2 「自粛」現象をどうとらえるか

丸山は現代政治における、すなわち国家的暴力装置から（いったん）切り離された天皇の権威という問題についてどこまで考えていたのであろうか。丸山自身、一九八八年末から八九年初めにかけての社会的「自粛」の動きを、天皇制の問題とは捉えていない。彼は「自粛の全体主義」は戦前には見られなかったものだといい、大正天皇「御不例」の折りには、「小さな村の祭りまで「自粛」するというような珍現象は私の記憶するかぎり全くなかった。言葉をかえていえばそのこと自体が柳田国男のいう「日本の祭り」の堕落—そのショウ化—を示している。病気の平癒を祈る臣下の内面的な心情が失われるのに反比例して、あたりを伺いながら「まあこの際うちもやめておこう」という偽善と外面的劃一化とが拡大したのが今度のケースなのである」と書いている。[30] だが、類似の「自粛」は、その二一年後にも起こる。

一九九五年の阪神での震災の際にこれほどの規模の「自粛」が見られなかったのは、メディアで示される大量の死の生々しさが関係していよう。神戸で多くの死者をもたらした火災の様子は、遥か遠くからの映像で報じられただけであるが、二〇一一年には、迫り来る濁流とそれに流されていく人々の姿が、TVやインターネットのメディアにあふれることになった(31)。もちろん、誰もが手軽に動画を撮影できるようになった時代だからである。しかし、だとすれば、メディアが全国津々浦々まで死の生々しい情報を滲透させたが故に全国規模での追悼としての「自粛」が起こったと考えなければならない。昭和天皇の臨終についても、その死に至るまでの詳細な情報が、定時及び臨時のニュース報道で全国に滲透していくのと平行して「自粛」が拡大していったのである。

そもそも、近所で、あるいは取引先で死者があったときに示される「追悼」であっても、「偽善と外面的劃一化」は重要な要因である。追悼とは、追悼する者が、その死者とどのように関係があると自認しているかにかかわる行事である。それ故、周囲から関係があると見なされる範囲に属すると自ら考える者、すなわち、追悼に加わらなければ不謹慎の誹りを受けるであろうと（そして、その誹りが自己にとって何らかに不利益をもたらすと）予想する者が、追悼に加わる。そこでも純粋な「内面的心情」が決定的要因でないことは明らかである。

問題は、このように国民の間で広範囲に認められる関係性の感覚とそれへの同調を促す社会的圧力がいったい何に由来するのかという点にある。それは、震災後の混乱時にも集団性を維持させ、略奪・暴行の抑制と相互扶助を可能にしたものではないだろうか（もちろん、それは、条件次第では、異分子の暴力的排除に転じうるものであることを見逃してはならない）。これは、近年の政治研究でなら、social capital と呼ばれうる要因であろうが、国家という機構の成立と運転を可能にする基礎的与件であるとも考えられるのではないだろうか(32)。

3 「無限責任」と支配論への展望

政策決定が組織内過程という特徴を強く帯びているとすれば、そこにエイジェンシー・スラックが生じるのは、理論的には自明の帰結である。考察されなければならないのは、日本の政治過程が何故それほど強く組織的に編制された特徴を示すのかという問いである。こう考えてみると、「無責任の体系」論におけるもっとも注目すべき指摘は、その裏側に「無限責任」が伴っているとされた点である。これは、一般的なインクリメンタリズムや組織過程モデルでは、(何らかの強力なサンクションの作用が認められない限り)十分説明できない現象である。

丸山は、「日本の思想」論文の中で難波大助の「虎ノ門事件」をあげて「無限責任」を論じている[33]。皇太子狙撃事件の発生によって、警視総監から難波の郷里の訓導までが責任をとって辞職したことが紹介されているが、このとき警視庁で総監に次ぐ地位にあって、この「一連の「責任者」の系列」のナンバー2として懲戒免官になったのが、ほかならぬ正力である(ちなみに、正力がその一ヶ月後読売新聞の社長になったため、経済部長丸山幹治は社を追われることになる)。この正力が戦後、原子力平和利用を掲げて(「役人」の外部から「無法者」として)「権力」へと接近する。このような吸引力は、いったい何に由来するのであろうか。

〈三・一一〉では、福島第一原発の現場で東京電力社員が見せた献身こそ、この「無限責任」の発露である。それは、一民間企業の通常の社員に職務として期待できるところをはるかに超えるものであった[34]。あれほどの危機的状況であれば、自らの命を守るために、全員がそこから逃げ出すのが、むしろ合理的な人間に予想される行動である。しかし、彼らには東電社員としてのプライドがあった[35]。それは、第一次的には、組織とその組織によって涵養された組織文化への献身である[36]。それが、今日否定されつつある日本型経営によって生み出されたものであることはいうまでもない[37](ちなみに、〈三・一一〉後、東京電力の各種スポーツチームは、実業団などの大会への出場を「自粛」している[38])。

丸山自身、この種の献身と無縁ではない。彼も、一九六八—六九年には、自らの健康を顧みず、東京大学法学部明治新聞雑誌文庫を守るために力を尽くした。彼の発揮した責任感も、大学組織の一教員に労働契約として課された職務を超えている。

これは、その「献身」に当人が納得しているか否かという主観にかかわる問題ではない。ウェーバーが「支配の正統性」を論じる中で述べているように、当人の主観においては自発的な服従、すなわち自発的な献身を生み出すところにこそ、「支配」という現象の核心がある。丸山は、一九四六年の「超国家主義の論理と心理」論文の執筆において、自らの内なる天皇制に正面から向き合った。[39]だが、我々は、(例えば)天皇制廃止論者になったからといって、あるいは、勲章を拒否したからといって、国家とその「支配」から自由になるわけではない。もし、〈三・一一〉以後の日本政治について、「無責任の体系」として論究されるべき政治学的主題があるとしたら、それは、この「支配」という問題ではないだろうか。〈三・一一〉に「無限責任」と組織への編制圧力を見、その裏側に、漸進的な政策変化の及ばない何か、大衆的世論によってはコントロールできない何かが予感されたが故に、再び、丸山眞男が想起され、大衆的示威行動が触発されたのだとすれば、それは、「原子力村」という構造の彼方に、国家による「支配」の姿が一瞬垣間見えたことによるものかもしれない。

日本の政治学は、一九八〇年代以降の制度化の進展によって、「支配」という論点への関心と方法を失っている。[40]しかし、例えば、「イスラム国」の運動が、西欧由来の国家というシステムに対して根底的な批判を突きつけている今日、我々には、この日本という国家が何故に可能になっているのかを問うべき課題がある。[41]丸山の「超国家主義」論文は、「支配」という現象が、自らを捉えていると思われる何ものかを限界状況において対象化することで、ようやく理論化できるということを教える。〈三・一一〉は、今日の我々がそれを再考察するための、重要なきっかけではないか。

この問いは、丸山自身では完成することのできなかった「正統と異端」研究の主題に深くかかわっているだろう。その探求は、同時代政治分析者が到底論じうるものではない。政治思想史家、政治理論家の今後の研究に期待するところ極めて大であると申し上げたい。丸山眞男が真に「役に立つのか」は、そこにかかっている。

「無責任の体系」モデル

(1) 組織内過程

①政策過程を、「御輿」「役人」「無法者」の三類型のアクターからなるトライアングルとして把握する。

②「役人」は決定と執行の組織であり、その内部過程は、組織過程モデル・インクリメンタリズムとして進んでいく。

③政策進展の起動因は、組織外部の「無法者」の圧力(に抗しきれないと組織メンバーが称すること)による。

④組織のメンバーは、「御輿」の意（とメンバーが推測するところのもの）を体して（と称して）、合理的な職務分掌の枠を超えて、無限定・無定量に献身する。
⑤以上の結果、重要な決定と執行にかかわったメンバーにおいても、それが自己の主体的決断によるものであると自覚されることがなく、責任の所在が確定されない。

（2）組織間過程
①このトライアングルは、政治社会の中で、フラクタル構造（各部分と全体が重層的な相似形をとる）をなして存在する。
②同じ階層の組織間では強いセクショナリズムがあり、その対立の均衡点の推移として政策は変化していく。
③しかし、その外部から見ると、複数組織は全体として強力に編制された一つの塊のように見える。

（1）拙著『現代日本政治研究と丸山眞男』（勁草書房、二〇一〇年）のⅠで検討した。

（2）例えば、近年でも、トクヴィルが様々な同時代政治分析のアイディアの源泉になっているのを見ることができる。

（3）そのような対立は、日本政治学界では、一九八〇年代の終わりに注目すべき形で現れた。前掲『現代日本政治研究と丸山眞男』第一章。アメリカ政治学界でも、政治科学の「科学性」への批判は、一九六〇年代から既に「お家芸」に近いものがあるが、九〇年代半ばには、合理的選択制度論をめぐって、日本におけるのと似たような激しい論争があった。

（4）丸山の同時代政治論をジャーナリスティックと呼んで、まともな学術的検討の対象としないという態度は、今日の同時代政治分析者には多く見られるが、一九四六年から四九年という時点において、それからわずか一〇年程度以内の出来事である第二次大戦下の日本政治を、手作りの枠組で分析しようとした三つの論文での努力（「超国家主義の論理と心理」「日本ファシズムの思想と運動」「軍国支配者の精神形態」）は高く評価されるべきであると思う。これが、同時代政治分析の先行研究として取り上げられないのは、同時代政治分析者が自己の研究対象と方法をかなり狭く限定しているからであろう。丸山自身も、一九六〇年前後に彼のいわゆる「夜店」を撤収するまでの同時代日本政治論については、「私自身の心構えとしては、それらの論文をジャーナリズム向きの「啓蒙的」な読み物として執筆したことは一度もなかった」としている（丸山「『増補版　現代政治の思想と行動』後記」一九六四年、集八、一八一頁）。

ただし、逆にいえば、六〇年代以降の彼の同時代政治についての発言は、この戦争直後の論文と同列には扱えないことになる点にも注意されるべきである。

（5）三人の高名な政治理論家が、異口同音に「無責任の体系」に言及しているのが、私には印象的だった。酒井直樹「「無責任の体系」三たび」『現代思想』二〇一一年五月号、姜尚中「「国策民営」の構造と病理を抉る」朝日新聞二〇一二年五月一三日（『福島原発事故独立検証委員会調査・検証報告書』への書評）、杉田敦「丸山眞男と日本社会」『両義性のポリティーク』風行社、二〇一五年（初出、二〇一四年七月）。

（6）村松『戦後日本の官僚制』東洋経済新報社、一九八一年、二八九―二九〇頁。

（7）丸山「「である」ことと「する」こと」（一九五九年）集八、二五―二六頁。

（8）鈴木禄弥『民法総則講義』創文社、一九八四年、二〇一頁。

（9）「「である」ことと「する」こと」二四頁。傍点ママ。

（10）丸山が制度化の進展に強い懸念をもっていたという点は理解できる（前掲『現代日本政治研究と丸山眞男』第三章）。しかし、基本的人権の制度化は、その後の世界では、丸山の予想とは異なる形で進んだ。今日では、公的地位にある者がそれをないがしろにしているという情報は、彼に政治的（時には社会的）致命傷を与える武器として用いられるようになっている。そもそも、基本的人権に「消滅時効」を認めるような利益衡量を行なって自らを正当化しなければならないような権力は、相当に弱体で末期的と言わざるを得ないのではないだろうか。

（11）それまでの政治学者であれば、官僚に直接「誰が権力を持っているか」とインタヴューし、その結果を統計処理して、日本で権力を持っているのは誰かを論じるというような発想は、ありえなかったであろう。

（12）例えば、船橋洋一『原発敗戦』文春新書、二〇一四年。

（13）拙稿「インクリメンタリズム再考」『東北法学』一一号、一九九三年。

（14）政策決定過程の叙述モデルとしてのインクリメンタリズムと、意思決定のテクニックとしてのインクリメンタリズムは、理論的に区別して扱われるべきものであるが、本報告ではこの点について十分に論じる余裕がない。前掲「インクリメンタリズム再考」や、真渕勝「A・ウィルダフスキーの予算編成論の研究」『法学論叢』一一三巻三号、一一四巻一号、一九八三年、参照。

（15）E・H・キンモンス『立身出世の社会史』（広田照幸ほか訳）玉川大学出版部、一九九五年、三〇五―三〇八頁。

（16）前掲「インクリメンタリズム再考」で検討した。

(17) これが日本の全体主義体制分析であるから、そこに強固な組織があるのは当然ではないかと考えるならば、「無責任の体系」論は今日の同時代政治分析にとっては(日本が依然として全体主義体制を維持していると考えない限り)「役に立たない」ことになるが、丸山の立論が、日本の「超国家主義」は(例えば)ナチの体制とは本質的に異なるという着眼に基づいたものであり、強権的な全体主義的統合という形では説明しきれないものを明らかにしようとしてなされたものであるという点に着目すると、この組織編制の原理の解明は、その後の日本政治の分析に「役に立つ」可能性が出てくる。

(18) ただし、中国での戦線の拡大から対米開戦に至る政治過程については、丸山の図式化は、現在の歴史研究の成果と必ずしもそのまま一致するものではないようである。例えば、植手通有『丸山眞男研究』あっぷる出版社、二〇一五年、一三七―一五五頁。

(19) 竹内敬二『電力の社会史』朝日選書、二〇一三年、五六頁。有馬哲夫は、正力が首相の地位をめざして、CIAの工作員とも連絡をとりながら「原子力の平和利用」政策にのめり込んでいく姿を描く(有馬『原発・正力・CIA』新潮新書、二〇〇八年)。吉岡斉は、特に、中曽根の果たした役割に注目している(吉岡『新版原子力の社会史』朝日選書、二〇一一年、第二章)。

(20) 正力は国務大臣も務めた実力者ではあるが、政界入りが遅かったため、地位上昇のためには、外部のリソースを積極的に動員せざるをえなかった。

(21) ただし、こうはいっても、このような決定過程が日本政治全体を何らかの意味で象徴するという論まで排除できるものではない。

(22) 安保法案批判の中で、これは戦争のための法律だという言説が見られたが、この法案は、その通り、戦争に対応しやすくするためのものであるから、そのような言説は何ら批判になっていない。〝政治権力の隠れた戦争への契機を告発する〟ことが政府批判になっていた七〇年頃までの視座と論拠の踏襲は、今や意味をなさなくなっているのである。

(23) 拙稿「解散権の行使と首相の権力」(新川敏光編『現代日本政治の争点』法律文化社、二〇一三年)での検討に基づく推定である。

(24) 竹内『電力の社会史』第七章。

(25) 大企業権力については、今日でも大嶽秀夫『現代日本の政治権力・経済権力』(三一書房、一九七九年)がまず参照されるべきである。

(26) 丸山自身は、「御輿」「役人」「無法者」という類型に、それぞれ「権威」「権力」「暴力」というリソースをあて、これが三層のヒエラルヒー構造をなすと見ている(集四、一四〇―一四一頁)。しかし、最高の暴力装置に立脚している国家権力が、非合法の恣意的・偶発的暴力行使に安易に屈服することはありえない。ここは、「御輿」を頂点とするこのようなトライアングルと解すべきだろうと判断した。
(27)この原子炉と天皇の訪問について詳しく記述しているのは、佐野眞一である(佐野『巨怪伝』文藝春秋、一九九四年、五六九—五七六頁)が、当時の読売新聞にも、天皇夫妻が見本市を訪問し予定時間を超えて滞在したと書かれているだけで(原子核エネルギーを直接電気エネルギーに変えるという、総重量二・三キロの「超小型原子力発電機」なるものの紹介記事はある)、「日本国内のすべての原発と主要な原子力施設の年表」を収めたという原子力総合年表編集委員会編『原子力総合年表』(すいれん舎、二〇一四年)にも、この原子炉の記述はない。ちなみに、日本で最初に臨界に達したのは、一九五七年八月二七日の原研東海研究所においてである。
(28)生前叙勲が復活したのは一九六四年の四月であり、正力や南原の叙勲は、復活二回目の機会である。四月の最初の受章者の中には、「電力の鬼」こと、松永安左エ門が入っている(勲一等瑞宝章)。九電力体制を構築するのに最大の貢献をしたのが松永である。松永については、大谷健『興亡　電力をめぐる政治と経済』産業能率大学出版部、一九七八年。
(29)吉岡『原子力の社会史』第四章。
(30)丸山「昭和天皇をめぐるきれぎれの回想」(一九八九年)集一五、一四—一五頁。
(31)ただし、日本社会で、被災地への大規模な(「国民的」)ヴォランティア活動が始まったのは、阪神の震災からではないか。
(32)追悼を媒介にした国家的統合という論点に関連しては、報告者は、戦死者をめぐる「物語」による戦後体制の形成という観点での考察を行なっている。これまで、南北戦争後のアメリカを対象にした「戦死者とナショナル・アイデンティティ」(明治学院大学『法学研究』九〇号、二〇一一年)と、第二次大戦後の日本を対象にした「戦いと尊厳の物語」(『法学研究』一〇〇号、二〇一六年)の二つの試論を公刊した。
(33)丸山「日本の思想」(一九五七年)集七、二一六—二一七頁。
(34)ただし、それにしても、第一次的には、あらかじめ定められていたマニュアルに即した対応がとられたのである。このような事態に対して最も有効だったはずの緊急炉心冷却装置(ＥＣＣＳ)の使用は、当時のマニュアルから外されていたため、現場で考慮されることもなかった。鳥賀陽弘道『福島第一原発メルトダウンまでの五〇年』明石書房、二〇一六年。
(35)例えば、門田隆将『死の淵を見た男　吉田昌郎と福島第一原発の五〇〇日』ＰＨＰ研究所、二〇一二年。
(36)斎藤貴男は、木川田一隆が高度成長期に東電の人材育成の拠点とした東電学園の教育方針に触れた上で、これによって「一人ひとりが企業の価値観に取り込まれ、身も心も捧げ尽くす生き方だけが求められる結果」となったのかもしれないというＯＢの言葉を紹介する。斎藤『「東京電力」研究　排除の系譜』講談社、二〇一二年、一四四頁。

(37) 戦後のレッドパージで電産の組合員が排除されたことで東電の企業内労使協調路線が進む。これを推し進めたのが、木川田である。奥村宏『日本の電力会社』七ツ森書館、二〇一四年、一五八頁。

(38) このような企業への献身は、最終的には、国家によって形成された権威の系によって誘導されているのではないかという仮説を立てたことがある。拙著『企業家の論理と体制の構図』木鐸社、二〇〇〇年、Ⅲ。

(39) しかし、その推論過程に重大な方法上の難点があることは、前掲『現代日本政治研究と丸山眞男』第四章で指摘した。

(40) 前掲『現代日本政治研究と丸山眞男』の第二章で検討した。

(41) 近代国家が西欧に固有の歴史的条件の上にのみ可能であったという点を論議する準備は、遺憾ながら、私にはまだない。国家という現象が、歴史上いかに例外的なものであるかについては、畠山弘文の一連の研究、『近代・戦争・国家』文真堂、二〇〇六年、「簡略簡便な国家史論」明治学院大学『法学研究』九〇号、二〇一一年、「「簡便簡略な国家史」論の社会科学的位相」『法学研究』一〇〇号、二〇一六年などに教わるところの大きいことを、ここでは触れるにとどめる。

追記

以上は、二〇一六年度政治思想学会研究大会「シンポジウムⅡ　政治学と政治思想」のために提出し、学会のウェブサイトで公開された原稿である。当日は、一の部分は、次に付す「読み上げ原稿」のⅠに差し替え、本文二から四は報告時間に合わせて簡略化した上、最後にⅤを付け加えて、報告とした。

【読み上げ原稿より】

Ⅰ　課題の設定

私は一九八〇年代の中葉に政治学の専門的な勉強に取りかかりましたが、そのころ、どういう政治学をやるべきか、深刻な対立があると感じられたものです。日本政治の現状に対して批判的に取り組むか、それとも、これをできる限り客観的に分析することを目的にするかということです。単純化していえば、前者は、戦後日本の政治学をリードしてきた丸山眞男の流れを汲む、ないしは汲まんと主張する立場であり、後者は、アメリカ政治科学の成果を積極的に日本にも当てはめようとする立場でした。この対立は、一九八六年には、朝日新聞で紹介されるくらいにまでなったのですが、その記事は、後者の立場が現状を肯定する保守的なもので、それが日本の知識人の保守化を現しているという観点によっていました。

その後、このような目に見える対立はなくなっているようです。学界内の世代交代ということはあります。日本の同時代分析は、戦後長らく、主に思想史のトレーニングを日本国内で受けた研究者によって担われていたのが、八〇年代以降、アメリカで政治科学的分析のトレーニングを受けた研究者によって展開されるようになり、それが、九〇年代に入ると国内でも制度化して、独立領域を形成するようになったのだといえます。いまや、思想史研究者の側でも、同時代政治分析という専門分野の存在を前提にした世代が、多数派ではないでしょうか。

しかし、今日でも、学会のパネルなどで両分野の方が統一テーマで議論するのを拝見すると、話の噛み合わないこと甚だしく、むしろ一層冷ややかな反目・反発があるようにも感じられることがあります。猪口孝らは一九八七年に、思想史研究者らの同時代日本政治論を、書斎にだけとじこもっている研究者の片手間の仕事であり、同じ主張を繰り返すばかりであると論難しています。このような批判は、今日の同時代政治分析者の中にも見られるように思います。

同時代政治分析と政治思想史研究とでは、認識目標が異なり、方法も当然異なります。対話を求めても無駄・無意味であるというお考えもあるかもしれません。しかし、今日は、「同時代政治論の作法」という土俵をあえてしつらえて、対話の可能性を検討してみたいと思います。

この報告では、丸山眞男の「無責任の体系」論を、実際の政治過程を素材にして検討することで、その同時代分析モデルとしての含意と射程とを明らかにしたいと思います。この論文は、彼自身の経験した直近の政治現象に意味を与えようとする真摯な努力でした。その点で、これは、同時代政治分析として検討することが可能であり、また検討されるべきものであったはずですが、その後の多くの同時代政治分析者は、この仕事を軽視しているように思われます。しかも、これに言及する政治思想史家たちの方でも、その思想的・思想史的意義を強調することはあっても、これが同時代政治分析としてもつ可能性については、まともに考察してこなかったのではないかと思います。

以下では、次の四点を論じたいと思います。

第一は、「無責任の体系」として言われたことが、〝日本の政策過程には無責任な連中がたくさんいる〟ということにつきるのであれば、それは何も言わなかったのと同じであるということです。

しかも、エイジェンシー・スラックの発生にすぎない現象を、第二次大戦以来の「無責任の体系」であると呼んでしまうと、原因探求の方向をねじ曲げることにさえなりかねないと思います。

第二は、「無責任の体系」論は、エイジェンシー・スラックの告発を目的とするものというよりは、政策過程のモデルに読み替えることでその意義が明らかになるのではないかということです。原稿の一番最後にこのモデルをまとめてあります。

第三は、このモデルの実証分析への示唆です。これまでの日本政治分析の成果に対して、新たな探査の方向性を示していると思われるということです。

第四は、このモデルは、我々を、権威や「支配」という主題に導くのではないかということです。この点で、政治思想史家・政治理論家が、これまでどのように丸山を役立ててこられたのかを、是非お伺いしたいと思います。

Ⅴ　結び

以上論述してきたことを以て、最後に私が皆様にお考えを伺いたいと思うのは、次の二点です。

第一は、丸山の論を、このように「モデル」化することは妥当であろうかということです。とりわけ、丸山思想の理解において、これが適切なものなのかどうかご検討を戴きたいと思います。

第二は、丸山の提示した「御輿」「権威」という要因は、その後の政治思想史学・政治理論研究では、国家論・支配論として、どのように検討され、展開されたのかということです。丸山自身は、自らの内なる天皇制への加担を剔出しようとして、「超国家主義」論文を執筆したのだと思いますが、同じような作法による研究は、その後、どのように積み重ねられてきたのでしょうか。もしそれがあるのであれば、〈三・一一〉で現れた、福島第一原発職員の献身、被災地での秩序、国中の自粛、そして、天皇巡幸の慰撫能力、といった一連の現象をどのように整合的に説明するのか、ぜひ伺いたいと願っています。

規範研究における実証研究の役立て方

――反照的均衡を中心に

●――松元雅和

「たとえば、もし、ひとが『軽い肉は消化がよく健康にいい』ということは知っていても『いかなる肉が軽いか』を知らないならば、このひとは健康を生ぜしめることはできない。それよりはむしろ『鳥の肉が健康にいい』ということを知っているひとのほうが、身体に健康をもたらすことに成功するであろう。／知慮《フロネーシス》は実践的なものゆえ、したがってそれの一般的な面と、個別的な面とが、ともに必要であり、あるいはむしろ、その個別的な面のほうがより多く必要でもあろう。」（アリストテレス[1]）

政治学をはじめとする社会科学の諸研究は、実証研究と規範研究に大別することができる。実証研究は「である」（事実）に関する客観的知識を獲得することを目指すのに対して、規範研究は「べき」（価値）に関するそれを獲得することを目指す。両者は一方で、それぞれ観察事実と価値判断という対照的な研究対象をもっているが、にもかかわらず他方で、それぞれの対象に関する客観的知識の獲得という類似した研究目標を抱いている。このように共通点と相違点を併せもつ両者の異同に関しては、これまで検討が進められてきた[2]。

本稿の課題は、実証研究と規範研究の異同ではなく、その関係である。両者の関係は、戦後政治学において実証科学化を目指す行動論革命とその批判のなかで繰り返し問われてきた(3)。わが国においても、井上彰・田村哲樹編『政治理論とは何か』（風行社、二〇一四年）や日本政治学会編『年報政治学』第二〇一五―I号（二〇一五年六月）の特集「政治理論と実証研究の対話」などで、両者の関係が考察されている。こうした研究史を踏まえつつ、本稿では、主として現代英米圏の政治哲学の観点から、規範研究の実施にあたり、実証研究から得られる知見がどのように役立てられうるかを検討したい。

現代英米圏の政治哲学において（唯一ではないが）標準的といえる方法は、J・ロールズ以降よく知られるようになった「反照的均衡《リフレクティブ・エクイリブリウム》」である。C・リスト／L・ヴァレンティーニが言うように、「少なくともロールズ『正義論』以降、反照的均衡は、政治理論においてもっとも広く用いられる方法のひとつになっている(4)」。実際、本論中で例証するように、現代の政治哲学者の非常に多くは、明示的あるいは黙示的にこの方法を採用している。そこで本稿では、規範研究の実践的方法として反照的均衡を位置づけ、その各段階で実証的知見がどのように役立てられうるかを検討したい。

本論に入る前に二点確認しておきたい。第一に、本稿が取り扱う規範研究の範囲は、現代英米圏の政治哲学における反照的均衡の方法という三重の意味で限定されている。政治哲学研究は現代英米圏のいわゆる「分析系」に限られるわけでもないし、反照的均衡がその唯一の方法であるわけでもない。さらには、規範研究は政治哲学のほかにも、例えば厚生経済学やゲーム理論のような、別のディシプリンに従って展開することができる。こうした広範な分野については、紙幅上および能力上の理由から、本稿ではまったく触れられないことをはじめに断っておきたい。

第二に、ここでいう「実証《エンピリカル》研究」とは、資料、統計、実験など、何らかの方法を用いて事実に関する客観的知識を獲得することを目指す研究の総体を指している。本稿ではそのなかに、政治科学はもちろん、社会科学・自然科学における様々な経験的事実を対象とする研究一般を含めることにしよう。「実証」という言葉は「実証主義《ポジティビズム》」にも通じる特定の認識論的・方法論的立場を思い起こさせるため、「経験的」という言葉を選んだ方が無難かもしれない。ただし、実際にこの分野に従事する研究者が「経験研究」よりも「実証研究」の呼び方を選ぶ傾向があるため、本稿でもさしあたりその慣例に倣うことにする。

一　現代政治哲学の方法——反照的均衡

規範研究とは、何らかの方法を用いて価値に関する客観的知識を獲得することを目指す。政治制度や公共政策のような特殊政治的事柄を取り扱う政治学において、現在こうした規範研究を引き受けている下位部門が政治哲学である[5]。それでは、こうした知識は具体的にどのような方法で獲得することができるのか。本節では、実証研究と規範研究の関係を考察するに先立ち、ロールズ『正義論』以降、現代英米圏の政治哲学で標準的に用いられている規範研究の研究プログラムを——先の意味でごく限られてはいるが——概観しておきたい[6]。

1　現代政治哲学の方法

先述したように、規範研究が得ようとする知識は、実証研究と同様に客観的であることを目標とする。すなわち、その知識はただの本人の主観的選好であってはならない。その知識が第三者に向けて説得的であるためには、ある価値判断を主張するだけでなく、それを支える理由を提示しなければならない。今日の政治哲学研究の基本構成のひとつは、この理由（r）・判断（s）の関係を一般的規範原理（r→s）として定式化・正当化することである。ここで、政治哲学の推論形式には自然・社会科学における科学的説明と同形の説明構造がある。すなわちそれは、ひとつ以上の規範原理（大前提）を含み、その原理から価値判断（結論）を演繹的に導出する推論形式をとる[7]。

政治哲学者は自らの営みについて、次のように描写している。

われわれはみな道徳的信条を有しており、これらの信条は正しいかもしくは誤っているかのいずれかである。われわれは、それらが正邪のいずれかであると考えるさまざまな理由を有しており、これらの理由や信条が系統化されて、体系的な道徳原理および正義の理論へと組織化されうる[8]。

われわれはまず、正しい行ないに関する一つの意見、あるいは一つの確信から出発する。……続いてそう思う理由を考え、その根底にある原理を探し出す。……それからその原理にそぐわない状況に直面して、混乱状態に陥る。……こうした混乱の力と、その混乱の分析を迫る圧力を感じることが、哲学への衝動なのだ[9]。

政治哲学者の役割のひとつは、個々の価値判断とそれを支える理由の関係を、一般的規範原理として定式化することである。私たちがこの世界で発見する「道徳的信条」あるいは「意見や確信」は、価値に関する基礎的データであり、それらのあいだの規則性やパターンを見出すことで、より体系的な知識のなかに組み込まれる。ロールズの言葉を借りれば、「ここでは、次のような一組の原理を定式化することが求められている。すなわち、……当該の諸原理を良心的かつ知性的に適用したならば、これらの判断を支持する理由をも挙げることができるような、そうした諸原理である[10]」。

しかしながら、個々の価値判断から一般的規範原理を定式化するだけでは、その原理が真であることの十分な正当化にはならない。なぜなら、規則性やパターンの見出し方は一通りではないからである。そこで「正当化は、構想全体に基づいており、そしてこの構想が反照的均衡における私たちの熟考された諸判断とどのように適合し、かつそれらをどのように組織化しているのか、ということに左右される[11]」。具体的に、規則的パターンとして定式化された規範原理が正当かどうかは、新たな基礎的データとの一致具合によって試されなければならない。それが価値に関する既存の知識の「混乱状態」を取り除き、代わりにその「組織化」に寄与すれば成功である。

一例を挙げよう[12]。高価なワインを楽しむために毎週百ドルを費やす人と、生まれつきの病気を抑えるために高価な薬に毎週百ドルを費やす人に対して、私たちは異なった感じを抱く。なぜであろうか。ひとつの説明はこうである。一方で前者は本人が統制可能な選択に基づく費用である（r_1）のに対し、後者は本人が統制不可能な運命に基づく費用である（r_2）。私たちは直観的に、前者には公的助成があるべきではないが（s_1）、後者には公的助成があるべきだ（s_2）と感じる。これらの価値判断とそれを支える理由の関係を一般化すると、責任平等原理（r→s）が得られる。ひるがえって、この原理は私たちが直面する新たな価値判断の場面で、その説明力を試される。

このように、政治哲学においてもまた、科学一般における仮説演繹法と同形の形式が見られる。すなわち、まず帰納的推論を用いて個別的価値判断から一般的規範原理を仮説として定式化し（発見の文脈）、次に演繹的推論を用いて別の価値判断を説明・予測するなかで当該原理を検証する（正当化の文脈）。判断→原理→判断……といったように、個別的知識と一般的知識のあいだを反射的に行き来する推論の過程は、政治哲学の著作の多くに共通して見られる。ちなみに、仮説演繹法とは若干誤解を招く名称だが、演繹的推論を組み込んだ帰納的論証の一種である(13)。

2　反照的均衡とは何か

こうした方法を現代政治哲学に普及させたのが、ロールズが一九七一年に出版した『正義論』における中心的方法である「反照的均衡」だと考えられる。事実、演繹的・帰納的推論を包含するその方法論的アイデアと仮説演繹法のあいだには、明らかな類似性が指摘されている(14)。もちろん、だからといってロールズ以前に反照的均衡らしき方法が存在しなかったというわけではない。彼自身、その方法が自らの独創ではなく、H・シジウィックの『倫理学の諸方法』、さらにはアリストテレスの『ニコマコス倫理学』にまで遡ると言及している(15)。ロールズの新規性は、それを規範研究の方法論として確立したことであった(16)。

それでは、『正義論』における反照的均衡の方法とは具体的にどのようなものであろうか。それは三段階に従って進められる(17)。第一に、価値に関する素朴な判断や確信を特定する。規範研究における価値判断は、実証研究における観察事実に当たるような世界内の基礎的データである。「その理論が推測する原理と照らし合わせうる事実の、有限だが明確な集合が存在している。この集合こそ、反照的均衡における私たちの熟考された判断にほかならない(18)」。ロールズはこうした価値判断のことを「熟考された判断《コンシダード・ジャッジメント》」と呼ぶ。「熟考された」には複数の意味が込められているが、ここでは「安定的に確信された」の意味であると捉えておけばよい。

第二に、これらの価値判断を説明するであろう正義原理を定式化する。「正義の構想は、私たちが日々積み重ねている判断がその諸原理と合致している場合の、私たちの道徳的感受性を特徴づける。こうした原理は、それらと整合・一致する判断にたどり着く論証の前提の一部として機能する」のだ[19]。規範研究の目的は、個々の言語実践の規則的パターンから一般的な文法を抽出するように、個々の価値判断の規則的パターンから一般的な正義原理を抽出する作業である。理想的には、ロールズを含めた政治哲学者自身もまた、反照的均衡の過程に倣い、基礎的データとしての価値判断を手がかりとして、何らかの一般的正義原理（ロールズの場合は正義の二原理）を定式化する。

第三に、定式化された正義原理を「論証の前提の一部として」辿り着く結論と、現在の価値判断を突き合わせる。反照的均衡が正当化の役割を果たすのはこの点である。両者が一致すれば問題ない。問題は、原理と判断のあいだに齟齬が見られた場合である。第一の選択肢は、判断に合わせて原理を修正することである。ロールズの直観主義批判に鑑みると[20]、これは直観に対する過度の譲歩に映るかもしれない。とはいえ、「どのような正義の構想であっても、ある程度まで直観に依拠せざるをえないことは、疑いようがない[21]」。定式化・正当化の段階の双方で、直観的な価値判断には規範原理と並ぶ一定の役割を果たすことが認められている。

しかし、正義原理と価値判断のあいだに齟齬が見られた場合、第二の選択肢として、原理に合わせて判断を修正することにより、均衡化をはかることもできる。価値判断はあくまでも「暫定的な定点」にすぎず、道徳的・非道徳的信念を含めたあらゆるレベルの背景理論との整合性の観点から修正される可能性を免れない。それゆえ、「道徳哲学はソクラテス的である。いったん熟考された判断を統制する原理が明らかにされれば、われわれは現在の熟考された判断を変更したいと思うかもしれない[22]」。実証研究とは異なり、規範研究は基礎的データである価値判断それ自体を修正するという批判的役割を担いうるのである。

このように、現代政治哲学が依拠する反照的均衡の方法は、①特定、②定式化を担う帰納的段階と、③正当化を担う演繹的段階に分けられる。反照に付される価値判断と規範原理は、これらの諸段階を辿るなかで、どちらが決定的に優位になることもなく、相互に調整されながら一定の均衡点を迎える。仮説演繹法における「発見の文脈」と「正当化の文脈」の用語を援用すれば、①②は前者に当たる段階、③は後者に当たる段階であると見なすことができる。それでは、以上の確認作業を踏まえて、次節以降では規範研究を具体的に実施する際、実証的知見がどのように役立てられうるかを探ってみたい。

二　実証研究の役立て方Ⅰ――発見の文脈

ところでロールズの方法に対しては、結局彼の主観的価値判断を彼の主観的規範原理へと組み立てたにすぎないとの批判が、刊行当初から提起されてきた[23]。ひょっとすると、政治哲学者が発見する「道徳的信条」あるいは「意見や確信」は、哲学者の思い込みか、哲学者自身のものでしかないのではないか[24]。もし論証の出発点となる基礎的データの客観的信頼性が揺らいでしまえば、規範原理や規範理論全体もまた砂上の楼閣に等しいものとなってしまう。それゆえ、反照的均衡の方法に依拠することの適切さを方法論的に示そうと思えば、政治哲学者はまずこうした批判に対処する必要がある。

ここでの要点は、政治哲学の著作において、しばしば厳密な証明抜きに、自明の事柄として示されがちな素朴な価値判断を、いかにして基礎的データとしての客観的信頼性の次元に高めるかである。実際、ロールズ以降の政治哲学者の一部は、この問題に対処すべく、様々な方面から実証研究との協働を模索しようとしている。本節では以下、具体的に三つの事例を取り上げつつ、反照的均衡における発見の文脈、すなわち個別的価値判断を特定し、そのなかから一般的規範原理を定式化する帰納的段階において、実証研究が果たしうる役割について検討しよう。

1　価値判断の捕捉――社会調査

例えば、『政治哲学への招待』や『リベラル・コミュニタリアン論争』等の理論的著作で知られるA・スウィフトは、同時に社会正義論や社会階層研究に関して社会学者との共同研究も活発に行っている[25]。具体的に彼は、東西ヨーロッパ、米国、日本など一二ヶ国を対象として、社会正義に関する人々の信念や態度を国際比較的に調査する「国際社会正義プロジェクト」（ＩＳＪＰ）に基づき、政治哲学者が議論してきた社会正義の観念を再検討している。[26] こうした社会調査の実証的知見を参照することは、信念の（非）一貫性や信念と態度の関係を明らかにすることを通じて、論証の出発点となる基礎的データの捕捉にも役立つというのだ。

スウィフトの問題提起は、社会正義の内実を同定するにあたり、特定社会において一般市民が抱く「社会的意味」を重視するコミュニタリアンと一定の親和性がある。実際、コミュニタリアンは自身の規範研究を、普通は実証研究として捉えられる「歴史学」「人類学」の一種として位置づけている。[27] ただしスウィフトによれば、社会調査を通じて確認された人々の日常的信念が、そのまま正義原理の内実を構成するとまで考えるのは行きすぎである。それゆえ彼は、実証研究と規範研究の密接な協働関係を模索しながらも、後者を前者に還元することについては否定的な立場をとっている。[28]

2 価値判断の捕捉——実験哲学

次に、社会学との協働を模索する試みとは別ルートから、実証的知見を重視する近年の実験哲学運動を紹介しておきたい。「実験哲学《エクスペリメンタル・フィロソフィー》」は、哲学者が自身の理論的証拠として引き合いに出す様々な直観的判断が、基礎的データとしてどこまで信頼に足るかとの批判的問題提起から始まる（いわゆる「肘掛け椅子哲学《アームチェア・フィロソフィー》」批判）。そこで実験哲学者は、質問紙調査などの手法を用いて、志向性や自由意志、ゲティアケースなどの伝統的な哲学的諸問題に取り組もうとする。このような手法により、直観的判断の所在を哲学者個人から一般の人々へと移すとともに、社会的属性間や異文化間で直観的判断がどれほど異なるか——ひいては、それが基礎的データとしてどれほど頼りになる／ならないか——を検証することが可能になるのだ。[29]

実験哲学運動は規範研究に関連する領域でも展開している。例えば、哲学・倫理学で有名な「トロリー問題」について考えてみよう。この思考実験においては、私たちが路面電車を分岐線に向けることには賛成する一方、太った男を橋から突き落とすことには反対することが半ば暗黙の前提となっているが、その前提的直観が本当に正しいかどうかが、様々な実験的手法により実証的に確かめられている。[30] 同様の手法は、R・ドゥオーキンの「オークション」の事例やR・ノージックの「経験機械」の事例、M・ウォルツァーの「時を刻む時限爆弾」の事例など、政治哲学における有名な思考実験についても転用することが可能であろう。[31]

3 価値判断の捕捉——規範的行動論

最後に、J・フロイドが近年提唱している規範的行動論について紹介しておこう。彼は、ロールズにおける反照的均衡の方法は、私たちがすでに抱いている価値判断や規範原理を解明しようとする点で、自然科学的な研究手法と並行関係にあると指摘する。そこでは、基礎的データとしての価値判断と、そこから導出される規範原理が、既存の価値判断を修正したり、新たな価値判断を導いたりする点で、「である」(事実)と「べき」(価値)の区別を架橋して、体系的な理論の一部を構成するのだ。フロイドは、ロールズの方法が以上の意味で「経験主義的」「自然主義的」でさえあると分析している。[32]

とはいえ、基礎的データとしての価値判断がしばしば不明瞭であったり、変化したり、互いに衝突したりすることも事実である。そこでフロイドは、判断ではなく行動《ビヘイヴィア》に依拠した規範研究を実施することを提案する。具体的には、仮想的思考実験について下される価値判断ではなく、現実の政治制度や公共政策に対する行動反応のパターンを基礎的データとして、規範原理を案出するのである。「特定の活動は、思考よりもより大きく、より明確に語る」というわけだ。規範的行動への注目は、はたして普遍的に受容された規範原理が存在するかという、文化相対主義の問題に対する手がかりをも示しうる。[33]

4 価値判断は価値命題か事実命題か

以上の三者は、それぞれ異なった仕方で規範研究と実証研究を接合することを試みている。しかしこうした試みには、根本的な疑問が呈されるかもしれない。はたして内省ではなく調査や実験により、規範研究の基礎的データとなる価値判断を捕捉することができるであろうか。例えば、調査や実験により、大半の人が「無辜の人を拷問するのは間違っている」と思っていることが分かったとする。しかしその事実は、「無辜の人を拷問するのは間違っている」ことの証拠になるのか。前者の証明に実証的に成功することは、後者の規範的証明にとってどれほどレレバントであろうか。このように、規範研究を実証研究と何らかの仕方で接合する試みには、D・ヒューム以来のイズ・オート問題が絶えず付きまとうのである(34)。

この問題に関して、以上の三者が適切に応答しえているかを個別的に検討することは本稿全体の趣旨から逸脱する。ともかくここでは、三者にとっても規範研究が実証研究に尽きるものではないという事実を確認しておこう。思うに、そのひとつの明白な理由は、両者の研究対象がもつ性質の違いに由来する。すなわち、世界内にすでに存在し、発見されることを待っている観察事実とは決定的に異なり、価値判断は多かれ少なかれ修正に開かれているということだ(35)。それゆえ、規範研究が価値判断を基礎的データとして扱う仕方は、実証研究が観察事実をそれとして扱う仕方とはどこまでも一致しない。だからこそロールズは、自身の方法に反照的均衡との固有の造語を与えたのである。

三　実証研究の役立て方Ⅱ——正当化の文脈

前節で見たように、個別的価値判断から一般的規範原理を導く帰納的段階（発見の文脈）においては、幾つかの科学的手法を用いることで、その確実性を高めることができる。逆に言えば、反照的均衡は一見するよりも決定的な局面で、実証研究の成果に依存しているかもしれないということだ。ロールズをはじめとして、従来政治哲学者の多くは、こうした実証的知見の役立て方およびその重要性に、それほど関心を払ってこなかった。しかしながら、その今日的展開のなかで、現在様々な方面から、実証研究と協働的に実施される規範研究の研究プログラムが提案されている。

実は同じことは、こうして特定・定式化された一般的規範原理を用いて、次に別の個別的価値判断を導く演繹的段階

（正当化の文脈）においても生じている。すなわち、政治哲学者が定立する何らかの規範原理を前提として、特定の状況における特定の価値判断を結論する推論の過程は、何らかの実証研究の成果によって媒介される必要があるということだ。実例は現代政治哲学の著作から幾多引くことができるが、以下では典型的事例として、リベラルな多文化主義とグローバル正義論の二つを取り上げよう。

1　実例――リベラルな多文化主義

具体的に、反照的均衡における正当化の文脈、すなわち規範原理から導かれる価値判断を私たちの日常的直観と照らし合わせて検証する演繹的段階において、実証的知見はどのように役立てられうるのか。その一例は、リベラリズムの規範的諸前提から多文化主義の政策的結論を導出する、「リベラルな多文化主義」のなかに見出すことができる。この理論を成立させるための論拠は、公正や自尊心など複数挙げることができるが[36]、なかでも同理論の主唱者であるW・キムリッカは、自律の観念を中心的に取り上げている[37]。

キムリッカに限らず、現代リベラルの多くは、人々が自らの人生計画を自ら決定しうる自律の観念を重視する[38]。それでは、人々が自律的存在となるためには何が必要であるのか。リベラルは伝統的に、その条件として言論の自由や結社の自由、教育機会の保障などを挙げてきた。しかし、キムリッカによればそれだけでは十分ではない。彼は、人々が自律を獲得し発達させるためには、かれらの帰属する文化の維持・繁栄が必要不可欠であると考えるのである。彼の議論を際立たせているのは、リベラルの多くが重視する自律の観念を、同時に文化保護政策の正当化理由としても提示していることである。

なぜか。その理由は、文化が個人の自律に必要な「選択の文脈」となっているからである[39]。いざ個人が自らの生を主体的に選択し、決断する状況に置かれたとしても、その手元に十分な選択肢が残されていなければ、選択の機会それ自体が意味を失ってしまう。そして、個々人が自律の能力を行使する際に有意味な生の選択肢を提供するものこそ、かれらの帰属する文化であるというのである。「豊潤で安定的な文化構造をもつことによってのみ、人々は、はっきりとした仕方で利用可能な選択肢を自覚することができ、理知的にその価値を測ることができる」[40]。

このように、自律の成就にとって個々人の帰属する文化の介在が不可欠であるならば、その帰属する文化が不利な状態にあり、あるいは消滅の危機に瀕することは——選択しようにも選択の幅が本人にとって決定的な仕方で狭められてしまうという意味で——個々人の自律にとって致命的である。そこで、自律を重視するリベラルであれば、「選択の文脈」を個人に保障するため、文化保護政策を進んで受け入れるよう導かれるであろう。リベラルが自律とその実現の方途に自覚的であればあるほど、かれらは同時に文化保護政策の必要性と正当性を認識しないわけにはいかない。以上がキムリッカの提唱するリベラルな多文化主義の骨子である。

以上の論証は以下の推論形式をとっている。

P1　人々は自律的であるべきだ（自律原理）
P2　人々は自律的であるために、「選択の文脈」として自文化を必要とする
ゆえに、
C　政府は少数派の文化を保護すべきだ

ここで決定的なのは、小前提（P2）に置かれた事実命題の真偽である。一方でJ・ウォルドロンは、この命題に対して否定的である。特定の文化が利用可能な選択肢として手元になくとも、代わりにその他多数の文化的選択肢が用意されているかぎり、人々の自律が特別に危険にさらされることはないという[41]。他方でキムリッカは、この命題に対して肯定的である。大半の人間にとって、自らの人生計画を自ら決定するとは、第一には自らの帰属する文化の内部で生きるということであり、かれらにとって自文化は依然として自らの人生計画の「必要物」であるという[42]。

キムリッカとウォルドロンのどちらも、大前提（P1）におけるリベラルな価値命題について意を異にしているわけではない。むしろ対立の焦点は、小前提（P2）における事実命題の当否である。そうである以上、論証全体の成否に

決着をつけるためには、その一部として実証的知見を頼りにせざるをえないであろう。規範研究は規範研究として閉じているわけにはいかない。例えば、先住民や移民の統合過程（とその困難）に関する実証的知見を頼りにすることで、この問いの答えを探ることは有益である[43]。続いては、T・ポッゲのグローバル正義論においても、同様の事態が生じていることを確認してみよう。

2 実例——グローバル正義論

これまで分配的正義の観点からグローバルな不平等の是正を唱えてきたポッゲは、近年危害原理に依拠したグローバル正義論を提案している。ポッゲが新たに危害原理に注目する理由は、それが分配的正義よりも合意の得やすい規範原理であるからである。国際社会はおろか国内社会においても、困窮者への援助は超義務や慈善の問題であり、正義の問題ではないとはねつける論者（例えばリバタリアン）は存在する。そこでポッゲは、リバタリアンでさえも否定しがたいような、より基礎的な原理原則から出発して、グローバルな不平等の是正がやはり規範的に要請されることを論証しようとするのだ。

具体的に、グローバルな不平等を危害の観点から捉えるとはどういうことであろうか[44]。例えば富裕国は、貧窮国支配層に借入の自由（国際的な借入特権）と資源管理の自由（国際的な資源特権）を与えていることにより、政治腐敗をもたらしている。また、富裕国は多くの場合、貧窮国から天然資源の締め出しを行い、植民地支配のような歴史的危害を加えている。こうして、ポッゲによれば、「豊かな国々の現行の政策やそれらが押しつけているグローバル秩序は貧しい国々での貧困や人権侵害に多大な貢献をしているのであり、それによって、多くの人々に深刻なまでの不当な危害を加えているのだ[45]」。

もしこれが事実であるならば、富裕国は分配的正義が成立するか否かにかかわらず、危害原理の観点から貧困問題に取り組むことを要請される。なぜなら、意図しようがしまいが、現今のグローバルな制度的秩序は、富裕国をグローバルな不平等の加害者、貧窮国をその被害者の関係に置いてしまっているからである。グローバルな不平等は、危害を加えられないという消極的権利の侵害であるがゆえに、それを是正する責務を伴う。富裕国に対して貧困問題への対処を求めることは、暴行犯に対して暴行を止めるよう求めるのと同じくらい、自明の要求なのである。

以上の論証は以下の推論形式をとっている。

Ｐ１　他人に危害を加えるべきではない（危害原理）

Ｐ２　富裕国はグローバルな制度的秩序を通じて貧窮国に危害を加えている

ゆえに、

Ｃ　富裕国はグローバルな不平等を是正すべきだ

以上の議論については、制度と貧窮の因果関係を特定しうるのかという問題がついて回る。同程度の不利な制度的立場に置かれながら、上首尾に発展を遂げた（元）貧窮国もある以上、現在のグローバルな不平等がすべて富裕国のせいであると断言することはできないかもしれない。例えばロールズは、ある国が貧窮に陥るかどうかを決定するのはグローバルな制度的秩序ではなく、その国の国内条件次第であると説いている。「このような違いをもたらす決定的に重要な要素は、政治文化、その国の政治的徳性と市民社会、構成員の誠実さと勤勉さ、その革新能力、その他である」[46]。

ここでも問題はやはり、富裕国が貧窮国にどの程度の危害を加えているのかという、小前提（Ｐ２）に置かれた事実命題の真偽に帰着する[47]。グローバル正義に肯定的なポッゲと否定的なロールズは、大前提（Ｐ１）の価値命題の次元で意見を異にしているわけではない。問題の本質は、小前提（Ｐ２）の事実命題の次元で生じている。例えば、政治文化と貧困の関係に関する開発経済学の実証分析が、グローバル正義の是非に関する規範研究に取り組むうえでの助けになるかもしれない。この点においても、規範研究は研究を完遂するために実証研究の成果を必要としているのだ[48]。

本節をまとめると、大前提から結論を導出する反照的均衡の演繹的段階においてもまた、とりわけ小前提の真偽を確かめるために、政治哲学者は実証的知見に訴える必要があることが分かった。たとえ自律原理や危害原理といった一般的規範原理が真であり、かつ論証が妥当であったとしても、そこに付される個別的事実命題の真偽が疑われるならば、辿り着く結論の真偽もまた疑われざるをえないのである。以上の意味で、規範研究の実施にあたっては、政治哲学者がたとえ自ら実証研究に従事することはなくとも、少なくともその知見を参照することが理論内在的に求められている。

四　実証研究の役立て方Ⅲ——広い反照的均衡

以上、反照的均衡における①特定と②定式化（発見の文脈）、③正当化（正当化の文脈）のそれぞれの段階において、実証的知見が役立てられる仕方について検討してきた。ところでロールズ自身は、反照的均衡の方法を導入するにあたり、実証研究と規範研究の協働について、とくに積極的に議論を展開しているわけではない。しかしながら、その協働の有益性については、彼もまったく無自覚ではなかったと思われる。その手がかりのひとつが、のちに「広い反照的均衡」として理論化されるようになった方法である。本節では最後に、この拡張版の反照的均衡においても、やはり実証的知見が一定の役割を果たしうることを示したい。

1　「広い」反照的均衡の二つの意味

ただしロールズは、少なくとも『正義論』の時点では、狭い／広いの区別を予期しつつも、明示しているわけではない。[49]むしろ、先述のロールズに向けられた主観主義批判を意識しつつ、この方法に含まれる狭い／広いの区別の意義に注目し、その方法論的意味を正面切って展開したのは、ロールズの高弟の一人N・ダニエルズである。実際、広い反照的均衡の是非が方法論的に論じられる際にも、その参照点はダニエルズであることが多い。そこで以下では、ロールズよりもダニエルズに依拠しながらその特徴を確認してみよう。

ちなみに、ロールズとダニエルズのあいだには、「広い」の意味をめぐって若干のズレが生じている。[50]一方で、ロールズにおける「広い」の意味とは、自分が受け入れていない正義原理をも考慮するということである。すなわち、狭い均衡が、あるひとつの正義原理と価値判断を相互参照して得られた均衡であるのに対して、広い均衡は、他に選択可能な正義原理も熟考したのちに得られた均衡である。[51] 彼が支持する当初の構想（正義の二原理）に加えて、功利主義やリバタリアニズムなど、考えられうる他の選択肢も均衡の候補に含めることで、その結果をより客観性の高いものにすることができる。

他方で、ダニエルズにおける「広い」の意味とは、価値判断と規範原理に加えて、背景理論という第三の要素もまた、均衡化の構成要素に含めるということである。「背景理論《バックグラウンド・セオリーズ》」は、それ自体事実的要素も価値的要素も含んでいるが、いずれにせよ狭い反照的均衡において均衡に付される価値判断とは独立の認知的地位から、規範原理（正義の二原理）の正当性を保証する（独立性制約）。均衡化の対象として、狭い反照的均衡の際に念頭に置いていたものよりも幅広い観点を含めることで、やはり均衡の結果をより客観性の高いものにすることができる。

それでは、実際に『正義論』を構成する背景理論とは何か。ダニエルズはその要素として、「人格の理論」「手続き的正義の理論」「一般的社会理論」「（秩序だった社会の理想を含む）社会における道徳の役割に関する理論」の四つを挙げている。[52]「これらの理論的考慮は、実証的でもありうるし、道徳的でもありうる。そこで、倫理理論の任務のひとつは、例えば社会科学の仕事が道徳的考慮にいかに影響するかを示すことである」[53]。規範研究としての『正義論』は、実はこうした幾つもの観点が網の目のなかに組み合わさりながら構成されているのである。

2 実例——ロールズの功利主義批判

以上を踏まえれば、政治哲学者間で生じがちなシビアな対立が、実は価値判断の次元でも規範原理の次元でもなく、背景理論という第三の要素の次元で生じていることもありうる。背景理論に示されるような、私たちが抱く理論的諸前提は、権利論、義務論、契約論、功利主義など、各々の規範理論の体系を作り上げるために採用された、私たちの認識を形作る観点のパッケージである。こうした理論的諸前提の違いに応じて、例えば権利論者と功利主義者は物事を別様に認識し、把握している。この類の対立は、政治哲学の著作において実は身近に存在している。

例えば、ロールズの功利主義批判について考えてみよう[54]。効用一元論を支持する功利主義に対して、ロールズは「人格の別個性」を理由とした批判を展開した。功利主義者が効用最大化の名のもとに行う価値のトレード・オフは、ある効用の増大を別の効用の減少に置き換えているだけではない。なぜなら、価値はつねに誰かにとっての効用であるからだ。逆に言えば、そこで想定される人間像は、共通通貨としての効用で満たされる単なる容器でしかない。ロールズの有名な言葉では、「功利主義は諸個人の間の差異を真剣に受け止めていないのである」[55]。

より重大な問題は、効用のトレード・オフが、人格内ではなく人格間で生じることである。実際のところ、全体的な効用の埋め合わせは、同じ人格の内部で生じるのではなく、異なる人格のあいだで生じる。ある効用を別の効用と取引することは、ある人格を別の人格と取引することにほかならない。この粗野な現実をオブラートに包むため、「社会全体」なる想定が引き合いに出される。これこそ、ロールズが功利主義に対して抱く疑問の根本をなしている。なぜなら、「別個独立の諸目的の体系を有する相異なる個人が複数存在するということが人間社会の本質的な特徴のひとつ」であるからだ[56]。

しかしながら、D・パーフィットは、これとは異なる人格の理論を提示している[57]。ある人格が同一であるといえる経験的事実としては、脳や身体のような物理的基準や、意識・記憶のような心理的基準があるが、これらの基準が徐々に変化するスペクトラムにおいて、ここからが自分であり、ここからが自分ではないという線引きを行うことはできない。それゆえパーフィットに言わせれば、ロールズが前提とするような人格の別個性は確固としたものでもないし、そもそも重要でもないのである。もし人格の別個性が重要ではないのだとすれば、将来のために現在の効用を犠牲にする人格内のトレード・オフと、他人のために自分の効用を犠牲にする人格間のトレード・オフの違いは、あるとしても程度問題でしかない[58]。

ここでロールズとパーフィットの対立は、価値判断や規範原理の次元というよりも、人格をどう見るかという背景理論の次元において生じている。このように、「哲学者がしばしば示唆してきたのは、幾多の一見したところの『道徳的』不一致は、実は別の非道徳的不一致に依拠しているということだ。……広い均衡は、不一致のこうした源泉と、同じく重要なことだが、一致の源泉に対して、複雑だがより一層体系的な構造を明らかにするだろう」[59]。とかく対立の収束点を見出せず、袋小路に陥りがちな価値命題の真偽に比べれば、人格の理論など背景理論の真偽は、自然・社会科学の実証的知見を参照しうる点では「（多分）より扱いやすい問題」であるかもしれない[60]。

＊＊＊

以上本稿では、規範研究における実証研究の役立て方を、幾分網羅的に示してきた。得られた結論は、政治哲学者が個々の規範研究を実施し、そこから有意味な示唆を得ようとするならば、多くの次元で、実証研究の成果を参照することが欠かせないということである。いわば「実証的転回」とでも呼ばれうる同様の試みは、隣接する倫理学においては応用倫理学（生命医療倫理学）を中心に展開され[61]、すでにわが国でも実施されている[62]。元来、実証研究に関してより厚い蓄積のある政治学においては、同様の試みを実施するのに一層適した状況にあるとはいえないであろうか。

その際、とくに強調したいことは、反照的均衡の方法と実証研究のあいだの親和性である。本論中で示してきたように、その帰納的・演繹的段階、背景理論のいずれにおいても、反照的均衡は実証的知見を取り入れやすい間口を備えているといえる[63]。とはいえ、冒頭で述べたように、本稿が取り上げてきた規範研究のタイプは幾重にも限定されたものであり、それゆえ本稿の結論もその域を越えるものではない[64]。それ自体の方法論的明確化を含めて、様々な規範研究のタイプなりの、様々な実証研究の役立て方を検討することが望まれる。

また、本稿の結論を敷衍すれば、逆に実証研究における規範研究の役立て方を示唆することもできるであろう。実証研究者が、自覚的であれ無自覚的であれ、ある種の規範的関心をしばしば抱いていることは確かである。実証研究者は、規範研究者とは異なり、価値ではなく事実を分析対象とするが、D・イーストンが強調していたように、「われわれが事実的状況を記述するとき、その諸命題は、いつでも、これらの諸事実を探求するようわれわれを導いた倫理的目的から流れ出てくるのである」[65]。そして、実証研究を導く「倫理的目的」の正確な意味や構造を明らかにすることこそ、

規範研究者がもっとも得意とするところなのだ。(66)

実証研究と規範研究の実りある協働関係は、わが国でも例えば社会学において先駆的に取り組まれている。(67) しかしながら、これらは概して実証研究者が規範研究のフィールドにも踏み込むという方向性であり、その逆ではない。たとえ、規範研究者が自身の研究の完遂のために、特定の実証的知見を必要とすることを声高に訴えるだけでも、実証研究者にとっては「そこに解明すべき事実が埋もれている」ことを知らせるレレバンス・シグナルになる。こうした相補的な協働関係を目指して、実証研究者と規範研究者のあいだの対話が一層促進されることを――自戒も含めて――期待したい。(68)

(1) アリストテレス『ニコマコス倫理学　上』高田三郎訳、岩波文庫、一九七一年、二三〇〜二三一頁。

(2) 松元雅和『応用政治哲学――方法論の探究』風行社、二〇一五年、第一章。

(3) 松元雅和「政治理論の歴史」、井上彰・田村哲樹編『政治理論とは何か』風行社、二〇一四年、一二七〜一五〇頁。

(4) C. List and L. Valentini, The Methodology of Political Theory, in *The Oxford Handbook of Philosophical Methodology*, eds. H. Cappelen, T. S. Gendler and J. Hawthorne, Oxford University Press, 2016, 525-53, p. 542.

(5) 松元『応用政治哲学』、第一章第一節。

(6) 以下の記述について、より詳しくは同、第一章第三節・第三章第三節を参照。

(7) もちろん、政治哲学的論証はすべて規範的大前提からの演繹という推論形式で述べられなければならないというわけではない。ここでの要点は、それは、もし必要であればこうした推論形式に書き換えることができるということである。

(8) W. Kymlicka, *Contemporary Political Philosophy: An Introduction*, 2nd ed., Oxford University Press, 2002, p. 6（千葉眞・岡崎晴輝訳者代表『新版　現代政治理論』日本経済評論社、二〇〇五年、一〇〜一一頁）。

(9) M. J. Sandel, *Justice: What's the Right Thing to Do?* Penguin Books, 2010, p. 28（鬼澤忍訳『これからの「正義」の話をしよう――いまを生き延びるための哲学』ハヤカワ文庫、二〇一一年、五二頁）。

(10) J. Rawls, *A Theory of Justice*, Belknap Press of Harvard University Press, 1971, p. 46（川本隆史・福間聡・神島裕子訳『正義

論　改訂版』紀伊國屋書店、二〇一〇年、六六頁).
(11) Ibid., p. 579（同、七六二頁).
(12) Kymlicka, *Contemporary Political Philosophy*, p. 72（邦訳、一〇六頁).
(13) 仮説演繹法が演繹的論証そのものでないことは、仮説の検証が論理的に妥当ではない形式（後件肯定）をとるのに対して、仮説の反証が論理的に妥当な形式（後件否定）をとるという非対称性が見られることからも確認できる。C. G. Hempel, *Philosophy of Natural Science*, Prentice-Hall, 1966, sec. 2（黒崎宏訳『自然科学の哲学』培風館、一九六七年); W. C. Salmon, *Logic*, 3rd ed., Prentice-Hall, 1984, sec. 30（山下正男訳『論理学　三訂版』培風館、一九八七年). この非対称性に基づいて、演繹主義を掲げるK・ポパーは「科学的知識の発展は検証ではなく反証によって果たされる」という有名な反証主義を唱えた。
(14) R. M. Hare, *Moral Thinking: Its Levels, Method, and Point*, Clarendon Press, 1981, pp. 14-5（内井惣七・山内友三郎監訳『道徳的に考えること――レベル・方法・要点』勁草書房、一九九四年、二三頁); J. Mikhail, *Elements of Moral Cognition: Rawls' Linguistic Analogy and the Cognitive Science of Moral and Legal Judgment*, Cambridge University Press, 2011, pp. 91-3, 287; 内井惣七「倫理学の方法」、『人文研究』第三四巻第七号（一九八二年)、三五九～三六一頁。
(15) Rawls, *A Theory of Justice*, p. 51 n. 26（邦訳、七一頁).
(16) ここでの議論は、『正義論』におけるもうひとつの柱である社会契約論――とくにそのなかの合理的選択理論――の要素を無視していると言われるかもしれない。これは事実そのとおりである。ただし今日、社会契約論が反照的均衡ほどに一般化された方法であるとはいえない。そこで本稿では、ロールズ方法論の研究としては不十分であるものの、現代政治哲学の方法的実践に照らし合わせて、反照的均衡の方法のみに注目することにする。ロールズ方法論の体系に関する検討としては、松元『応用政治哲学』、第三章を参照。
(17) T. M. Scanlon, Rawls on Justification, in *The Cambridge Companion to Rawls*, ed. S. Freeman, Cambridge University Press, 2003, 139-67, pp. 140-1.
(18) Rawls, *A Theory of Justice*, p. 51（邦訳、七〇～七一頁).
(19) Ibid., p. 46（同、六六頁).
(20) Ibid., sec. 7.
(21) Ibid., p. 41（同、五九頁).

（22）Ibid., p. 49.

（23）R. M. Hare, Rawls' Theory of Justice, in *Reading Rawls: Critical Studies on Rawls' 'A Theory of Justice'*, ed. N. Daniels, Stanford University Press, [1973] 1989, 81-107. 直観主義批判のバリエーションについては、松元『応用政治哲学』、二一頁も参照。

（24）それどころかロールズは、「本書のねらいに即するなら、読者と著者の見解だけが重視されることになる。そのほかの人びとの意見は、私たちの頭の中を明瞭にするためにのみ使われるに過ぎない」と半ば開き直っている。Rawls, *A Theory of Justice*, p. 50（邦訳、七〇頁）.

（25）ちなみに、D・ミラーの指導のもと書かれたスウィフトの博士論文は、『社会学的知見に基づく政治理論に向けて』（オックスフォード大学、一九九二年）と題されている。A. Swift, Social Justice: Why Does It Matter What the People Think? in *Forms of Justice: Critical Perspectives on David Miller's Political Philosophy*, eds. D. A. Bell and A. de-Shalit, Rowman and Littlefield, 2003, 13-28, p. 14. 遡ればミラーもまた、自身の博士論文を「社会学的観点における社会正義」と題する章で締めくくるなど、早くから実証研究と規範研究の架橋を意識していた。D. Miller, *Social Justice*, Clarendon Press, 1976, ch. 8.

（26）A. Swift, G. Marshall, C. Burgoyne and D. Routh, Distributive Justice: Does It Matter What the People Think? in *Social Justice and Political Change: Public Opinion in Capitalist and Post-Communist States*, eds. J. R. Kluegel, D. S. Mason and B. Wegener, Walter de Gruyter, 1995, 15-47.

（27）M. Walzer, *Spheres of Justice: A Defense of Pluralism and Equality*, Basic Books, 1983, p. xviii（山口晃訳『正義の領分――多元性と平等の擁護』而立書房、一九九九年、一四頁）.

（28）A. Swift, Public Opinion and Political Philosophy: The Relation between Social-scientific and Philosophical Analyses of Distributive Justice, *Ethical Theory and Moral Practice*, Vol. 2, No. 4（December 1999）, 337-63, pp. 348-57; Social Justice, pp. 15-25; Swift, Marshall, Burgoyne and Routh, Distributive Justice, pp. 17-25.

（29）実験哲学について、より詳しくはJ. Alexander, *Experimental Philosophy: An Introduction*, Polity Press, 2012; J. Knobe and S. Nichols（eds.）, *Experimental Philosophy*, Oxford University Press, 2008など、邦語研究としては笠木雅史「実験哲学からの挑戦」、『Contemporary and Applied Philosophy』第七号（二〇一五―一六年）、二〇～六五頁、鈴木真「実験哲学の展望」、『中部哲学会年報』第四三号（二〇一〇年）、九九～一一二頁などを参照。

（30）D. Edmonds, *Would You Kill the Fat Man? The Trolley Problem and What Your Answer Tells Us about Right and Wrong,*

Princeton University Press, 2014, pt. 2（鬼澤忍訳『太った男を殺しますか？——「トロリー問題」が教えてくれること』太田出版、二〇一五年）。

（31）ところで、原初状態を模した条件下で実施された複数の選択実験によると、ロールズの示唆とは裏腹に、大半の人々は格差原理を選択しないことが分かっている。H. M. Chan, Rawls' Theory of Justice: A Naturalistic Evaluation, *Journal of Medicine and Philosophy*, Vol. 30, No. 5 (November 2005), 449-65; N. Frohlich and J. A. Oppenheimer, *Choosing Justice: An Experimental Approach to Ethical Theory*, University of California Press, 1992, ch. 4.

（32）J. Floyd, Analytics and Continentals: Divided by Nature But United by Praxis? *European Journal of Political Theory*, Vol. 15, No. 2 (April 2016), 155-71; Rawls' Methodological Blueprint, *European Journal of Political Theory* (forthcoming). N・チョムスキー流の先験的な普遍文法規則に似た規則を道徳的直観にも見出しうると考え、ロールズによる倫理学と言語学の——必ずしも評判のよくない——類推を再評価するJ・ミハイルは、「ロールズ本人との直接会話に依るならば、私が本書で展開しようとしている、『正義論』第九節で概説された道徳理論の自然主義的構想は、彼のキャリアを通じて、その本質として彼が抱き続けたものであると私は思っている」と指摘している。Mikhail, *Elements of Moral Cognition*, p. 10 n. 11.

（33）J. Floyd, Normative Behaviourism and Global Political Principles, *Journal of International Political Theory*, Vol. 12, No. 2 (June 2016), 152-68.

（34）ただし、ヒュームのテーゼを——「である」から「べき」を導出することは論理的に不可能であるという——G・E・ムーアの自然主義的誤謬論を先取りしたものと見なすべきかについては論争がある。石川徹「自然主義的誤謬と『である—べきである』問題」、中才敏郎・美濃正編『知識と実在——心と世界についての分析哲学』世界思想社、二〇〇八年、一九六〜二二二頁、都築貴博「ヒュームのIs-Ought 問題、再考」、『哲学』第三五号（一九九九年七月）、五七〜七五頁。

（35）松元『応用政治哲学』、第一章第四節。

（36）松元雅和『リベラルな多文化主義』慶應義塾大学出版会、二〇〇七年、第二部。

（37）以下の記述について、より詳しくは同、第四章第二・三節を参照。

（38）とはいえ、自律をリベラリズムの核心とすることを否定するリベラルがいるのも事実である。例えばC・クカサスは、啓蒙主義に端を発し、自律の価値を重視するリベラリズムと、宗教戦争に端を発し、寛容の価値を重視するリベラリズムとを区別し、後者の方に賛同している。両者の異同および論争については、松元雅和「現代自由主義社会における寛容——少数派文化権の是非をめぐる一考察」『法学研究』第八二巻第八号（二〇〇九年八月）、四九～七六頁を参照。

（39）W. Kymlicka, *Liberalism, Community and Culture*, Clarendon Press, 1989, p. 166.

（40）Ibid., p. 165.

（41）J. Waldron, Minority Cultures and the Cosmopolitan Alternative, *University of Michigan Journal of Law Reform*, Vol. 25, No. 3-4（Spring and Summer 1992）, 751-93.

（42）W. Kymlicka, *Multicultural Citizenship: A Liberal Theory of Minority Rights*, Oxford University Press, 1995, ch. 5 sec. 4（角田猛之・石山文彦・山崎康仕監訳『多文化時代の市民権――マイノリティの権利と自由主義』晃洋書房、一九九八年）.

（43）キムリッカ自身も、自律からの論証に関する直接の検討ではないが、リベラルな多文化主義の是非を検討する際一定の実証的知見を頼りにしている。W. Kymlicka, Testing the Liberal Multiculturalist Hypothesis: Normative Theories and Social Science Evidence, *Canadian Journal of Political Science*, Vol. 43, No. 2（June 2010）, 257-71. ちなみに社会学者のA・ファヴェルは、「彼〔＝キムリッカ〕の著作は、正義基底的な規範的思考が、実証的事例研究の文献を参照する応用政治問題へとどこまで一般的に到達しうるか、そしてそれが哲学的関心と実証的関心を結びつける正しいやり方かどうかに関する、鍵となるリトマス試験となっている」と指摘しながらも、その成否については否定的である。A. Favell, Applied Political Philosophy at the Rubicon: Will Kymlica's Multicultural Citizenship, *Ethical Theory and Moral Practice*, Vol. 1, No. 2（January 1998）, 255-78, p. 256.

（44）T. W. Pogge, *World Poverty and Human Rights: Cosmopolitan Responsibilities and Reforms*, 2nd ed., Polity Press, 2008, ch. 4 sec. 9 and ch. 8 sec. 2（立岩真也監訳『なぜ遠くの貧しい人への義務があるのか――世界的貧困と人権』生活書院、二〇一〇年）.

（45）Ibid., p. 150（同、二二七～二二八頁）.

（46）J. Rawls, *The Law of Peoples*, Harvard University Press, 1999, p. 108（中山竜一訳『万民の法』岩波書店、二〇〇六年、一五八頁）.

（47）ただし付言しておくと、ポッゲのグローバル正義論の成否は因果的帰責性に尽きるものではない。「制度的秩序は、その設計が別の実現可能な設計と照らしあわせて不正義であることが示されれば、人々に害を加えていることになる」（Pogge, *World Poverty and Human Rights*, p. 25〔邦訳、五一頁〕）との――独特の制度的人権理解に基づく――彼の危害論は、必ずしも厳密な因果関係の特定を必要としないからである。

（48）J. Cohen, Philosophy, Social Science, Global Poverty, in *Thomas Pogge and His Critics*, ed. A. M. Jaggar, Polity Press, 2010, 18-

45. 実際ポッゲは、その後世界貧困問題に関して開発経済学者との共同研究も実施している。S. Reddy and T. W. Pogge, How Not to Count the Poor, in *Debates on the Measurement of Global Poverty*, eds. S. Anand, P. Segal and J. Stiglitz, Oxford University Press, 2010, 42-85.

(49) Rawls, *A Theory of Justice*, pp. 49-50（邦訳、六八～六九頁）.

(50) 伊勢田哲治『倫理学的に考える――倫理学の可能性をさぐる十の論考』勁草書房、二〇一二年、第一章第二節。

(51) J. Rawls, *Justice as Fairness: A Restatement*, ed. E. Kelly, Harvard University Press, 2001, sec. 10.3（田中成明・亀本洋・平井亮輔訳『公正としての正義――再説』岩波書店、二〇〇四年）.

(52) N. Daniels, *Justice and Justification: Reflective Equilibrium in Theory and Practice*, Cambridge University Press, 1996, pp. 23, 50, 138.

(53) Ibid., p. 6.

(54) 以下の記述について、より詳しくは松元『応用政治哲学』、第五章第三節を参照。

(55) Rawls, *A Theory of Justice*, p. 27（邦訳、三九頁）.

(56) Ibid., p. 29（同、四一頁）.

(57) D. Parfit, *Reasons and Persons*, Clarendon Press, 1984, pt. 3（森村進訳『理由と人格――非人格性の倫理へ』勁草書房、一九九八年）.

(58) Ibid., secs. 111-6.

(59) Daniels, *Justice and Justification*, p. 24.

(60) Ibid., p. 25.

(61) P. Borry, P. Schotsmans and K. Dierickx, The Birth of the Empirical Turn in Bioethics, *Bioethics*, Vol. 19, No. 1（February 2005）, 49-71.

(62) 高橋隆雄『自己決定の時代の倫理学――意識調査にもとづく倫理的思考』九州大学出版会、二〇〇一年。「実証倫理学」の研究動向について、詳しくはEmpirical Ethics: A Challenge to Bioethics, *Medicine, Health Care and Philosophy*, Vol. 7, No. 1（April 2004）; Empirical Ethics: Who Is the Don Quixote? *Bioethics*, Vol. 23, No. 4（May 2009）; Empirical Ethics, *Cambridge Quarterly of Healthcare Ethics*, Vol. 21, No. 4（October 2012）の諸論文も参照。

（63）A. W. Musschenga, Empirical Ethics, Context-sensitivity, and Contextualism, *Journal of Medicine and Philosophy*, Vol. 30, No. 5 (October 2005), 467-90, pp. 479-82; T. Schramme, On the Relationship between Political Philosophy and Empirical Sciences, *Analyse und Kritik*, Vol. 30, No. 2 (2008), 613-26, pp. 621-4.

（64）現代英米圏の政治哲学者のなかにも、規範研究の第一義的な課題は、実証的知見にかかずらうことではないと考える論者はいるであろう。いわく、「人間本性と人間社会に関する事実は、もちろん（一）特定の条件下で正義が私たちに命じることに影響をもつ。また、（二）私たちがどれほどの正義を手にしうるかをも教える。さらには、（三）私たちがどこまで正義に歩み寄るべきかとも関連する。しかし思うに、それは正義それ自体の性質そのものとは何の関係もない。」G. A. Cohen, *Rescuing Justice and Equality*, Harvard University Press, 2008, p. 285. 実証的知見の重視派／軽視派のあいだの論争については、M. Stears, The Vocation of Political Theory: Principles, Empirical Inquiry and the Politics of Opportunity, *European Journal of Political Theory*, Vol. 4, No. 4 (October 2005), 325-50を参照。

（65）D. Easton, *The Political System: An Inquiry into the State of Political Science*, Knopf, 1953, p. 224（山川雄巳訳『政治体系——政治学の状態への探求　第二版』ぺりかん社、一九七六年、二三〇頁）.

（66）スウィフトは、規範研究が実証研究に対して貢献しうる幾つかの道のりを示している。第一に、日常的価値判断に潜む一見したところの非一貫性を体系化すること、第二に、価値判断と非価値判断を峻別すること、第三に、異なった規範原理が同一の価値判断を導く可能性を指摘すること、第四に、曖昧な鍵概念を明晰化すること。Swift, Public Opinion and Political Philosophy, pp. 341-8. 例えば、社会調査の結果、人々は貧困層への所得再分配に批判的であることが分かったとする。この結果をどのように解釈すべきか。人々の判断は功績《デザート》の観念に依拠しているのかもしれないし、権原《エンタイトルメント》の観念に依拠しているのかもしれない。両者はしばしば同じ結論を導くため混同されがちであるが、哲学的にはまったく異なる。質問票の作成に始まり、調査結果の分析、政策的含意の提示に至るまで、事実の解明にあたっては、規範研究が提供する一定の解釈枠組みが欠かせない。スウィフト自身も、「何の平等か」をめぐる哲学的分析が、社会階層研究の対象を明晰化し、視野を拡大させる可能性について言及している。A. Swift, Class Analysis from a Normative Perspective, *British Journal of Sociology*, Vol. 51, No. 4 (December 2000), 663-79; Would Perfect Mobility Be Perfect? *European Sociological Review*, Vol. 20, No. 1 (February 2004), 1-11.

（67）土場学・盛山和夫編『正義の論理——公共的価値の規範的社会理論』勁草書房、二〇〇六年、米村千代・数土直紀編『社会学を問う——規範・理論・実証の緊張関係』勁草書房、二〇一二年。

（68）相補的な協働関係に関する実証研究者側からの近年の表明としては、J. Gerring and J. Yesnowitz, A Normative Turn in Political Science? *Polity*, Vol. 38, No. 1 (January 2006), 101-33を参照。とはいえ、「協働よりは噛みつくことを好む〈逸れグレイハンド〉としての本能は、規範的政治理論家には残るであろうし、このような性質を去勢すべきではないと思う」という指摘にも、本稿が取りこぼした別種の洞察が含まれているかもしれない。山岡龍一「逸れグレイハウンドの誇り？――規範的政治理論と経験的政治理論の分業について」、『政治思想学会会報』第三六号（二〇一三年七月）、一～六頁、五頁。

松下圭一における「政治学」と「政治思想」

●――趙　星銀

一　一九六〇年代半ばの時代状況

1　「政治思想家」の失業時代

歴史家萩原延寿（一九二六―二〇〇一）は一九六〇年代に、池田勇人内閣に関する多数の論考を書いている。その中に、『中央公論』一九六四年一二月号に発表した「池田時代の遺産」という文章がある。そこで、萩原はこう述べている。

池田政治の特徴は、私たちの裡にある「政治思想家」を絶望させる態のものであった、といってよいだろう。絶望という表現が強くひびきすぎるのならば、困惑という言葉でいいかえてもよい。池田内閣の時代に、私たちの裡にある「政治思想家」は、不本意ではあるが沈黙を余儀なくされるか、あるいは、思想的転進へと追いやられることが多かった、という意味である。かくして、この時期に、敗戦の日から岸内閣のころまでつづいた「政治思想家」の完全雇傭の時代はようやく終りを告げて、その大量失業の状態が現出しはじめたのである。同じころに、日本経

済が労働力過剰から労働力不足の時代に移行しはじめていたのは、歴史の皮肉である。(1)

池田内閣の特徴は、イデオロギー対立を引き起こすイシューにおいては「低姿勢」を標榜し、政治の争点を経済政策中心に転換したところにある。そしてそれがかつての保守政治とは異なる「革新的保守」としての池田内閣の性格であると萩原は述べている。思想の対立から経済政策の対決へ。政治におけるこのような争点の転換は、政治の問題をすべてイデオロギーの問題に還元して考える思考様式を指す意味での「政治思想家」を絶望させ、困惑させるものであったと萩原は評価する。

このような時代認識の背景には、アメリカとソ連の緊張が絶頂に達した一九六二年のキューバ・ミサイル危機と、そこで得られた米ソ対立のリスクとコストへの自覚による、冷戦構造の変容があった。一九五五年、ジュネーヴ会談で自由主義と社会主義の両陣営の共存方案が模索されて以来、「平和共存」の指針は一応名目上、持続していた。一九五九年にはフルシチョフがアメリカを訪問するなど、和解のジェスチャーを見せることもあった。しかし両陣営の共存への道が積極的に構築されたのはキューバ・ミサイル危機におけるリアルな恐怖を味わった後のことである。その後、核戦争の防止という共通の利益を前提にした上で、ヨーロッパにおける両陣営の勢力均衡が模索され、またそれによって中ソ間の対立が表面化するなど、国際政治の多極化現象が台頭するのが、一九六〇年代半ばの時代状況であった。

2 「政治の復位」と「現実主義者」たち

このような新しい国際秩序の中では、日本国内における政党政治＝イデオロギー対立の等式ももはや通用しなくなる。そしてそのような「政治思想家」の失業時代にこそ、真なる「政治の復位」が期待されるのだと萩原は考える。『中央公論』一九六四年三月号に発表した「日本社会党への疑問」の中で、彼はこう述べる。

「冷戦」状態の崩壊が意味するものは、何よりもまず、国際関係における「政治の復位」である。〔中略〕いいかえれば、外交が外交らしい機能を発揮できる、本来の国際社会の姿に復帰してゆくだろう。〔中略〕これから要求されるのは、国際関係を体制間の対立によって割り切るような、大雑把な「イデオロギー的」思考ではなくて、諸外国の国家的利益の測定と予測の上に基礎を置いた、綿密な「政治的」思考である。(2)

イデオロギー中心の思考に固執し、国際政治の現実を直視することを避ける行為は、「政治からの逃避」(3)にほかならない。それに取って代わるべき政治的思考は、「諸外国の国家的利益の測定と予測の上に基礎を置いた」ものでなければならない。つまり萩原はここで、「政治」と「政治思想」(=イデオロギー的思考)との区分を主張しているのである。

このような政治とイデオロギーの分極現象は、知識人のあり方にも影響を及ぼした。一方では、いわゆる「現実主義」の立場から、特に外交・安保の問題に積極的に発言する知識人たちが活躍した。例えば高坂正堯(一九三四―一九九六)、永井陽之助(一九二四―二〇〇八)などは、イデオロギー対立のヴェールをはぎ取った後に見える米・ソ・中の権力政治の構造を解明する多くの論考を発表し、論壇の注目を集めた。(4)

もう一つの変化は経済の領域で現れた。冷戦構造の解氷による流動化、そして国際政治における〝政治の季節〟の到来は、日本国内における池田内閣主導の〝経済の季節〟と絶妙な均衡をなしていた。(5)同時期の論考「日本の保守主義」の中で萩原は、池田内閣の政治が「日本の保守勢力の『進歩性』をとりわけよく象徴している」(6)と高く評価した。実際、池田内閣の争点転換の成功によって、革新勢力は財界と官僚機構の政策立案能力を後から追う形で、政策競争に飛び込むことになった。

要するに、巨大なイデオロギーの対立の融解に伴い、政治をめぐる二つの潮流が顕著になったと言えよう。一つは、財界と官僚機構の主導する、経済における目的合理性の追求である。もう一つは、「現実主義者」たちによる、外交・安保における目的合理性の追求である。

それでは、革新派の知識人たちはこの時代にどのように立ち向かったのか。一九六〇年代半ば、すべての革新知識人がイデオロギーの論理で武装したまま、応戦してこない敵を待っていたのではない。ここで、「政治思想家の失業」と

「政治の復位」の時代をもっとも鮮明に体現し、また活躍した革新派の政治学者として、松下圭一（一九二九―二〇一五）に注目したい。

3 〝常識〟をつくり上げた思想家

一九五〇年代初頭にジョン・ロック研究で助手論文を執筆し、五〇年代半ばからは論壇でも活躍した松下は、日本の戦後民主主義の理論と実践において多大な貢献を残している。

そもそも松下は、戦後民主主義を「戦後民主主義」と呼んだ、おそらく最初の人物である[7]。一九五八年に発表した論考「忘れられた抵抗権」（『中央公論』第七三巻第一一号、一九五八年一一月）の中で松下は、ヨーロッパ中世における君主に対する封建貴族の身分的特権の保守意識から暴君放伐（モナルコマキ）の思想が成立したことに照らしながら、抵抗権は「個人の私的利害を、公的政治へと転化せしめうる思想的なキリカエ装置[8]」であると述べる。そしてそのような抵抗権の思想が戦後日本の社会に定着すれば、それは「戦後民主主義の確保と民主主義自体の自己中毒（マス・デモクラシー化）に対する保障という機能[9]」を発揮しうると唱える。

新憲法によって獲得された諸権利を人民が守ることは、中世ヨーロッパの貴族が君主に対して身分的特権を守ろうとした際の保守感覚と同質な要素を持っている。そのような保守感覚を抵抗権の基盤として捉え直すことが、松下にとっては重要であった。つまりこの論考は一方において、当時〝不完全な民主主義〟として批判されていた「ブルジョア民主主義」を積極的に擁護するものであった。そしてもう一方においては、個人の意志の究極性を前提とするリベラリズムに基づく抵抗権を、全体意志の無謬性を原理とするデモクラシーに対抗させることを主張するものであった。「戦後民主主義」という言葉のおそらく最初、少なくとも極めて初期の用例が、権益保守性との関連において、さらには民主主義そのものに対する警戒の意味を含みながら登場したことには、注目する必要があるだろう。

松下の理論的な仕事を大きく二つに分けると、一方では、一九五六年の「大衆国家の成立とその問題性」（『思想』第三八九号、一九五六年一一月）以来の「大衆」論、そしてもう一方では、一九六六年の「『市民』的人間型の現代的可能性」

（『思想』第五〇四号、一九六六年六月）以来の「市民」論があると言えよう。そして一九五九年、最初の単行本『市民政治理論の形成』（岩波書店）の刊行以来、歴史、思想、行政、憲法、自治体改革などに関する三九冊の単行本を残している[10]。

このような幅広い分野における旺盛な活動にもかかわらず、松下の議論を〝天才的な、極めて独創的な思想〟と評する人は少ないだろう。それには、特に後期における彼の平明な叙述方式に一原因があるかもしれない。だがより決定的な理由は、今日において、彼の政治思想の多くの部分が、すでに〝常識〟と化しているからであろう。そしてそこには、松下自身が設定した理論家としての目標、すなわち「時代思想の総合」という目標が反映されていると思われる。一九八〇年代のロック論の中で松下は、独創的な天才ではなく、当時の時代思想を総合しそれを普遍化した思想家としてロックを位置づけた[11]。この評価はそのまま松下自身の仕事についても言えるかもしれない。

以下では、そうした「時代思想の総合」の側面を念頭に置いて、「政治学」と「政治思想」をめぐる考察を中心に、松下の初期から後期に至る変化を検討することにしたい。

二　ポリティカル・サイエンスの有用性

1　出発点としてのジョン・ロック

松下は一九五二年と五四年にロックに関する二つの論文を発表した。一九五二年の「ロックにおける近代政治思想の成立とその展開（一・二）」（『法学志林』第五〇巻第一・二号、一九五二年一〇・一二月）は、主にロックの「自然」論を取り上げたものである。そして一九五四年の「名誉革命のイデオロギー構造とロック」（『一橋論叢』第三二巻第五号、一九五四年一二月）は、ロックの「作為」論が中心となっている。

一九五二年の論文において、松下はロックにおける「自然」をこう説明する。

ロックにおける自然とは、ストア的意味においてロゴスと等値され、《本質》とみなされた自然、スピノザにおける自然natura naturansあるいはカントのいわゆる「偉大な芸術家としての自然」等のようなMeta-Physicalな存在では決してないのであって、それは《経験》されうる限りにおける自然、カント風に表現するならば「我々の感官の対象であり、従って経験の対象であるところの一切の事物の総体」という意味における自然に他ならなかったのである(12)。

ロックの経験論哲学は、まず客体を「実体」ではなく「対象」として限定的に捉えることから始まる。その限りにおいて、感覚的な認識の彼岸に存在する「本質」あるいは「実体」の究明ではなく、「《経験》を場とした外界の観念による意識内部への着実な翻訳が問題となってくる(13)」というのが、松下の理解である。つまりロックにおける「自然」は、感覚器官によって知覚可能な「対象」として「限定」されていることに、その最大の特徴を持つ。

さらにこのような自然観は人間の自然（human nature）、すなわち人間本性の理解にも反映される。松下の言葉を借りると、ロックにおける人間は「感性的存在としての人間」である。それは霊魂や彼岸の領域にその本質を持つものではなく、知覚可能な〝この世のもの〟として「限定」されている人間である。こうした認識を踏まえてこそ、人間における第一の原理を神に対する奉仕ではなく、自己の保存、そして労働による自己の延長物である私有財産の保存に定めることが可能になる。

さらにこの現世的な人間観から、そのような人間に相応しい実践的・機能的な「自由」の観念が成立する。ロックの自由は「具体的には自己の身体およびその身体の外化としての所有物を自己の合理的配慮にもとづいて現実的に処理しうる可能性に依存している(14)」と松下は述べる。その際、「合理性」に求められるのは、「整合性を誇る体系的完結性」ではなく「《経験》を場として現実の具体的な事物に関係づけられた役に立つserve to 理性(15)」の働きである。したがってロックは理性の仕事として「実際的知識」を重視し、それは何よりもまず「商業勘定の知識」を意味するものであると松下は説明する。「簿記的な計量的理性こそ生活に予測性あるいは合理性を与える鍵」であり、またそれは貨幣制度の定着によって生活の各要素の数量化が可能になった時代における、「生活の可計量性」を基礎とした思考様式である。[16]計量する理性によって、より多くの機能（できること）が確保される時、自由は増進する。このような松下のロック理解は、後の一九七〇年代、より多くの市民の自由を確保するために自治体が数量的な公準を設定することを唱えた「シビル・ミニマム」論につながる一つの伏線である。彼にとって「自由」は抽象的なfreedomではなく、究極的には〝数えられる〟諸権利としてのlibertiesなのである。

以上で確認したのは、現象的な自然、現世的な人間、機能的な自由の理解であると言えよう。それらに基づいて形成される国家観は、機能的な有用性にその最大の存在理由を持つ。松下は、ロックの「《国家》commonwealthとは、《自然状態》state of natureの不便inconveniencesの各個人の合意にもとづく止揚として構成される」[17]と述べる。それを理論化したのが近代の社会契約論であり、またそれは「社会」と「国家」を同時に生み出す理論である。一方では平等な契約主体である個々人の集合として「社会」が生まれ、もう一方ではその「社会」が行った契約行為によって「国家」が生まれるという理解である。

こうして「社会」による「権力」の「国家機構への信託[18]」が行われるにつれて、権力を運用する国家機構の様々な「作為」は、また独自的な発展を遂げる。それを論じた一九五四年の論文の中で、松下は政治学の二元的な構造について説明する。つまり政治学は、一方においては権力の「起源」に関する学問であり、もう一方においては統治の「技術」に関する学問である。言い換えれば、近代政治学は「政治正統性論」と「政治機構論」の二つの柱で成り立っている。

そこで松下が参照するのは、ロックの一七〇三年の文章「紳士の読書と学問についての考察Some Thoughts concerning Reading and Study for a Gentleman」の以下の箇所である。

　政治学Politicsは相互にまったく異なった二つの部分をもっている。一つは国家の起源originalあるいは政治権力の始源riseと能力extentの問題であり、他は国家における統治の技術artの問題である。[19]

そして後者の「統治の技術」論の一つとして、松下はヒュームの一七四二年の文章「政治学を科学たらしめるために That Politics may be reduced to a Science」にふれてこう述べる。

「特定の人間の偶然的な気質や性格」に左右されない政治組織の安定性、恒常性の問題をとりあげ、政治形態にかんする思考は「数学的諸科学と同様に一般的で確実」でありうるとしている。〔中略〕このことはおなじく国家の可測性をもった非人格的機構化、手段化の思惟の成熟とみることができるであろう。[20]

このような「科学としての政治学」は、近代の産物である。神的な秩序の反映として共同体秩序を受け止める「前近代的思考」の「ファタナリズム」からは、そのような思考様式は出現しないからである。政治機構論の成熟のためには「《市民社会》の展開にともなう国家＝社会の二元論の貫徹[21]」、そしてそれに伴う「作為的思考方法」の成立が必要であるとし、松下はそこからイギリス経験論の果たした一つの思想史的な役割を見出している。人間性から分離された、安定的な政治機構を構築・維持するための独自的な技術の学として、政治学を科学に「限定」しようとする動きが出現したことに、松下は重要な意義を認めているのである。

2　知性と政治との関わり方

政治学の科学化への志向、換言すれば「政治機構論」としての「ポリティカル・サイエンス」の意義への評価は、戦後日本における知性と政治との関わり方に関する松下の考察にも影響を及ぼす。一九五九年に発表した「社会民主主義の二つの魂」（『中央公論』第七四巻第一七号、一九五九年一二月）の中で、松下はこう述べている。

しかしながら、今日の大衆のエネルギーの空転は、またリーダーシップの不足のみならず現状分析・政策立案能力

> の欠除によっている。これまで日本では、このスタッフ的機能が不当に過小評価されていた。輝ける委員長が、今日でも、反対、反対を叫ばざるをえない実状は、大衆指導における致命的な弱さであり、それは一種の政治的痴呆にちかいものである。現在、日本の革新的知性は、一方では『資本論』の学習に、他方では「綴方運動」に分裂し、知性が政治へと結合される媒介項をうしなっている。この媒介項こそ現状分析・政策立案機能にほかならない。現状分析にささえられた政策立案能力は、万年社会主義革命論と異なり、一つ一つの政治行動における結果責任と結合して、政治的知性の倫理の確立となるであろう。(22)

社会主義理論の硬直した解釈に固執し、現状に対して「反対」だけを主張する革新知識人に対する松下の批判は、一九五〇年代から始まっていた。具体的な現状分析に基づいた政策立案能力を欠いている者は「政治的痴呆」にほかならないという厳しい批判である。政治行動と結果責任とを結合するためには、知性と政治の間に合理的な媒介項、すなわち政策立案機能を挿入する必要があると、松下は強調する。そしてその機能を育成するために要求されるのは、「概論」あるいは個々の局面の「解釈学」から脱皮し、多様な技術を駆使しながら政治を取り上げる、新しい形の政治学である。その際に有用な手段として、松下は「統計操作」などのテクニックを重要視する。(23)

　こうした松下の「政治学」構想の根柢には、（特に革新理論における）〝真理〟の追求が、むしろ政治的な無責任をもたらしているという診断がある。一九六一年の「社会党・交錯する二底流」（『朝日ジャーナル』第三巻第五三号、一九六一年一二月二四日）において、松下は「日本の革新理論には、『正しい綱領』、『正しい方針』さえあれば運動は自動的に前進するという主知主義がひろくみられる」と述べ、「その結果、これまで組織論的思考ないし具体的政治指導の責任意識をもつことなく、論争が綱領・戦略レベルの『大』論争を中心に不毛化」したと批判する。(24)

　正しい歴史法則に基づいた「正しい綱領」、つまり真理の探求は、より多くの人々のより多くの自由を確保するために、必ずしも有効ではない。その仕事は、実際の人口と産業の構成、所得と消費、そして生活様式の変化など、「現状」を正確に測定することから始まらなければならない。現状を測定し、その上で個々の諸権利の条件を具体的に設計していくために、政治学における統計学の活用は必須である。松下は、政治学における数量研究の意義を認め、また実際にそうした研究の成果を積極的に用いながら政治思想の課題を論じた、稀なタイプの戦後知識人である。

一九六二年、阿利莫二（一九二二―一九九五）、中村哲（一九一二―二〇〇三）、藤田省三（一九二七―二〇〇三）とともに参加した討論「現代政治学の状況と課題」（『法学志林』第五九巻第三・四号、一九六二年三月）の中で、松下は政治学の発展における統計操作の重要性に言及しながら、政治科学の具体的な成果を消化せずには、政治をめぐる問題設定自体が不毛化するのではないかと憂慮する。[25] つまり松下はここで、技術革新と経営合理化が進む高度経済成長期の中で、それに対応することのできる技術的思考を革新知識人に要求したのである。松下の考え方は、この討論の中で、そうした社会変化の中で行われる「人間」の変質を観察し問題視することにこそ政治学の任務があると主張する藤田の見解と、鮮明な対照をなしている。

三　ポリティクスの総合性

1　「政治とは何か」という問い

「ポリティカル・サイエンス」の有用性を強調した一九六〇年代半ばまでの松下の議論は、六〇年代後半以降、変化を示す。「ポリティカル・サイエンス」と異なるものとしての「ポリティクス」の構想の方に、「政治学」をめぐる考察の中心が移動するのである。

松下の一九七〇年代は、「都政調査会」などの活動を通じて自治体改革に積極的に関わった〝実践〟の時期である。ところが同じ時期に、松下が繰り返して「政治とは何か」を問い直したことは、興味深い点である。一九五〇年代以来、松下は常に実際の政治領域を注視しながら議論を展開した。その論じ方も、概念化・抽象化の方法よりは類型化・図式化といった〝科学的な〟方法によるものであった。そうした松下がそもそも「政治とは何か」のような巨大な問題に正面から取り組むようになるのは、一九六〇年代後半以降のことである。

たとえば一九六八年の『現代政治学』（東京大学出版会）の中で、松下は「政治」と「政治学」についてこのように述べている。

ところで政治は個人自由の制度的保障を課題とした人間の行動の組織技術である。しかしこの意味で、政治学は、たしかに「実証分析」を追求するscienceではあるが、なによりも自由の「戦略構成」というpoliticsでなければならない。したがって政治学が成立するためには、自由という「価値意識」が前提となるはずであろう。〔中略〕政治学は、特定体制の弁証あるいは価値意識なき権力循環の図式としては成立しえないのである。〔中略〕政治学は、polisすなわち〈政治体〉の学として、基本的な価値観念、ついでまたそれに対応する体制像と人間像を前提としてはじめて成立しうる。したがって政治学はたんなる実証科学にとどまりえない。伝統的にみれば自由という価値観念を前提として成立したものである。(26)

ここで松下は、人間行為に関する限り、価値判断を交えない理論は成立しえないというバーリンの言葉を引用し、政治学はある種の「価値の擁護」を前提にしない限り、成り立たないと主張する。松下の場合、その擁護すべき価値は「個人自由」であり、政治は個々人の「人間性の開花を可能とする制度的定型」を作り上げる「社会的組織技術」と定義される。あくまでも「個人自由」が目的として先行し、政治はそれを制度的に保障する「技術」として「限定」的に考えられているのである。

これは政治において何を目的とすべきかという価値判断、言い換えれば〝よりよい政治のあり方は何か〟という〝政治思想〟の問題を、政治学から切り離すのではなく、逆にそれを政治学の出発点として認め、明るみに出すことへの要求である。政治における価値判断は必然的に「党派性」に関わる。その「党派性」の排除を目指すのがポリティカル・サイエンスの特質であるが、それだけでは政治学の本然の任務、すなわちある政治体の特定の価値意識までを含む、総合的な全体像を提示することができないと松下は考えるのである。

2 「可能性の技術」の学

一九七七年、日本政治学会での報告「政治学の新段階と新展望」の中で、松下はポリティカル・サイエンスとポリティクスの違いについてさらに詳しく論じている。そこで彼は、戦前の政治学に対する反省から、戦後、「政治過程論」の形で実証研究が発展してきたことを評価する。だが同時に、個別の政治過程（地域政治、圧力団体、政党、選挙、政治意識、政治文化など）のパッチワークだけでは日本政治の全体構造を把握することができないと、その限界を指摘する。さらなる問題は、実証研究のみに依存しては政治における「未来構想」を導き出すことができないという点である。したがって松下は、ポリティカル・サイエンスのみで完全なポリティクスを構成することはできないと断言する。

個別の政治過程のパッチワークではなく、政治構造の全体像（統合の基本をなす骨組およびその未来像）を提示することが、松下の見る政治学の任務である。そのための作業は、政治体を構成する人間の特質、すなわち人間性の把握から出発しなければならない。そして現代の政治に関わる現代の人間性を説明するために、彼は「市民」という言葉を用いる。現代日本政治の全体にかかわる問題を「国家主権＝官治・集権政治と市民主権＝自治・分権政治との正統性対立」[27]に位置付け、そこから政治の全体像と未来像を見出しているのである。要するに、「市民型」人間の参画による自治体主導の政策提案が政治の出発点となり、「政策のヒロバ」としての議会の活動を通じて国家がそれらを調整することが、松下の考える現代日本政治のあり方である。

ここで注目すべき点は、松下のいう「政策」の性格にある。政策とは問題解決のための政治技術を指すと定義しながら、その第一の特性として松下が挙げるのは、他ならぬ「党派性」である。一九九一年の『政策型思考と政治』（東京大学出版会）の中で、松下は「政策の基本特性はその〈党派性〉にある。〔中略〕政策とは、まず党派の《政治技術》である」[28]と明快に述べている。

政治における現状分析の道具としてポリティカル・サイエンスは有用であり、また必要不可欠である。しかし政治学がある価値の擁護を前提にしている学問である限り、現状をその目標の方向に向かわせるための操作が必要となる。それが政治を「可能性の技術」たらしめる理由であると松下は考える。科学は政策の構想に寄与するものであるが、政策の決定は結局、党派間の「合意」を通らなければならない。そしてその過程は完全な科学ではありえない。それは「科学的な恋愛やスポーツまた戦争がありえないのと同型の問題[29]」である。価値判断と党派性に基づく〝よりよい政治〟の志向を政治学の任務として全面的に認めている松下において、「可能性の技術」の学としての政治学のあり方は、たとえばこのように現れる。

ポリティクスとしての政治学は、ポリティカル・サイエンスと異なり、対象が現実に成熟していなくても、現実のなかに予兆を発見し、その可能性を構想力によっておしひろげるという性格を宿命的にになっている〔中略〕これが予測性である。構想つまり予測としての政治学は、いわば未来のある時点において、「実証」あるいは「験証」されるはずなのである[30]。

ここでいう「予測」は、正しい歴史法則に基づいた未来の予言ではなく、また現状の自動的な延長線上で起こりうることに対する機械的な描写でもない。多様な党派が現状分析を行い、それを通じてある予兆を発見し、それをおしひろげる合理的な方法を政策として提示し、互いに説得しながら競争することを意味するのであろう。そのような意味において、ここでいう「現実のなかに予兆を発見し、その可能性を構想力によっておしひろげる」行為は、政治における主体性の言い換えでもある。戦後日本の政治思想における一つの大きな課題が、政治における主体性の確立であったことは、言うまでもない。主体性という政治思想の規範概念を結果責任に結合させ、実践と検証の可能な政治学の言語に翻訳しようとした一つの試みとして、政策立案をめぐる松下の議論を評価すべきであろう。

四　知識人と党派性

1　丸山眞男「科学としての政治学」（一九四七年）

以上の松下の政治学構想は、政治学と科学の問題を取り上げた丸山眞男（一九一四―一九九六）の戦後初期の文章、「科学としての政治学」（『人文』第一巻第二号、一九四七年六月）と、多くの側面で共通しながら決定的に異なっている。

丸山が指摘する戦前政治学の最大の問題点は、その「学」と「対象」との乖離にある。戦前の政治学は現実から離れて概念論争に傾いてしまい、実際の政治決定に対する批判としての効用を失ったという批判である。

しかし同時に丸山は、逆に現実政治にとって「有用」な政治学についても、その危険性を警告している。政治と距離を持たない政治学者の研究は、現実のイデオロギー対立に影響され、またそれに利用され易い。そこで要求されるのは、政治的思惟の存在拘束性を認めた上で行われるべき禁欲である。内面の「真理価値」を基準として絶えず自己監視・自己批判を行うことは、政治的人間であると同時に科学者である政治学者に与えられた宿命的な課題である。丸山はこう述べる。

> 政治学が特定の政治勢力の奴婢たるべきでないということは、明確な政治的決定を回避する「無欲」の「客観」主義者への献辞ではないのである。政治的思惟がその対象に規定され、又逆に対象を規定する結果、政治理論に著しい主観性が附着し、多かれ少なかれイデオロギー的性格を帯びることは、そのいわば「宿業」である。（中略）思惟の存在拘束性という厳粛な事実を頭から無視することと、他人のみならず自己自身の存在制約を謙虚に認めることといずれが果してよりよくその目的を達するであろうか。価値決定を嫌い、「客観的」立場を標榜する傲岸な実証主義者は価値に対する無欲をてらいながら実は彼の「実証的」認識のなかに、小出しに価値判断を潜入させる結果に陥り易い。之に対して、一定の世界観的理念よりして、現実の政治的諸動向に対して熾烈な関心と意欲を持つ者は政治的思惟の存在拘束性の事実を自己自身の反省を通じて比較的容易に認めうるからして、政治的現実の認識に

際して、希望や意欲による認識のくもりを不断に警戒し、そのために却って事象《ザッヘ》の内奥に迫る結果となる。(31)

認識の価値中立性を自負する者は、政治的思惟に附着する主観性の存在を「無視」しがちである。それに比べて自己の党派性と意欲を認め、把握している者は、そのような自己の立場を意識的に相対化することを通じて、政治的現実の認識における「くもり」を、より容易に警戒することができると丸山は述べているのである。

丸山も松下も、マンハイムのいう思惟の存在拘束性を認め、価値判断から完全に自由な、客観的な認識行為の可能性を疑う。そして自らの党派性を厳しく自覚することを政治学者に要求する点においても共通している。しかし丸山において、党派性に基づく「希望や意欲」は認識の「くもり」であり、したがって禁欲の対象とならざるを得ない反面、松下はそのような「希望や意欲」をむしろ前面に出して、政治学の出発点として認めることを主張する。丸山において、政治学者は内面における「真理」価値を基準として、党派性による認識の「くもり」を取り払わなければならない。しかし松下においては、ある党派的価値の実現のためにもっとも有効な手段を構想する「合理化」の媒介を通じて、党派性を政策に翻訳することこそが、政治学者の任務である。丸山が党派性を警戒する理由は、それが認識をくもらせる情念の毒を持っているからである。しかし松下にとって党派性は、それが実現可能性を欠いている時、空想的で未熟な、そのままでは無用なものである時に問題となるのであろう。

2 「政治ぎらい」の政治思想

政治的党派性に対して松下が示す、ある種の警戒の低さは、一方で、保革の対立が政治的な破局を招来するほど深刻化する可能性がだんだん低下してきた、一九七〇年代以降の政治を反映していると思われる。だがもう一方でそれは、松下の想定する人間観、そして文明観と深く関わっている。

一九七一年の論考「政治とは何か」(『別冊経済評論』第六号、一九七一年六月)の中で、松下は政治の「原型」と「変型」について論じている。そこで政治の原型とは、古来、帝王の秘術といわれ、現代においては戦略・戦術と言われる「術数政治」を指す。「この意味での政治とは、政治主体間の敵対的闘争をめぐって、各主体が相互に状況を自己に有利に操作する技術をいう[32]」。この術数政治の帰着点は敵対的な主体間の支配・服従の関係であり、またそれから構築される秩序像は、上からの統制による統合である。

しかしこのような術数政治とは異なる政治の発明が、古代地中海の都市国家において登場したことを松下は強調する。それが「共和政治」である。現代の「参加型統合」の母胎でもあるこの共和政治が、「術数政治」の強い影響下にあった明治期の日本にとっていかに奇異なものに思われたかを示すために、松下は福沢諭吉がイギリスで見聞した政党政治の様相を引用する。

又党派には保守党と自由党と徒党のやうなものがあって、双方負けず少からず鎬《しのぎ》を削《けず》って争ふて居ると言う。何の事だ、太平無事の天下に政治上の喧嘩をして居ると言ふ。サア分らない。コリャ大変なことだ、何をして居るのか知らん。少しも考の付かう筈がない。彼《あ》の人と此の人とは敵だなんと言ふて、同じテーブルで酒を飲んで飯を喰て居る。少しも分らない（『福翁自伝』岩波文庫、一二九―一三〇頁[33]）。

つまり「共和政治は、敵対的闘争関係（ゲーム）をできうるかぎり等質的競争関係（レース）に置換するという発明にほかならない[34]」。これが術数政治の「原型」に対する共和政治の「変型」である。だが「変型」は「原型」を完全に飼いならすことはできない。術数政治はプロの政治家の間にはもちろん、代表者として選ばれたリーダーと人民との間にも繰り返して現れる。これは民主主義が本源的に内包している二律背反であり、憲法においてそれは「緊急権」と「抵抗権」の矛盾として現れる。共和政治の中における術数政治の絶えざる復活は、政治の異常態ではなく、むしろ常態なのである。

このような術数政治への対処として、松下はそれを拒否するのではなく、むしろ術数政治の条件を市民に拡大し、市民がその技術を習得することを主張する。「すなわち私たち自身が術数政治を遂行しうるステーツマンになることにはじめて、かえって共和政治を実現し、参加型統合を実効あらしめることができるのである」[35]。

しかしそのために、市民が全人格を投入して政治に没頭する必要はない。松下にとって現代における政治の意義は、生活最低条件と諸権利の保障という二つの機能に限定されているからである。「人間は全体的であり、政治は人間にたいする機能にすぎない〔中略〕人間はうまれながら社会的動物ではあるが、けっして政治的動物ではない[36]」と松下は述べる。政治の世界は人間の世界全体、言い換えれば「文明」の中の限定された一部分に過ぎない。文明が発展すると、政治の形式と内容も変化する。「政治とは何か」という問いがつねに提起される理由、また繰り返して提起されなければならない理由は、その内容の可変性にある。

このような視座の端緒は、実は一九五二年のロック論「ロックにおける近代政治思想の成立とその展開（二）」の中にすでに現れていた。そこで松下は、ロックの想定する人間はアリストテレス的な意味における政治的動物ではなく、本質的に「非社交的存在ないし政治ぎらいStaatsfeindlichkeit である」と述べ、その意味についてこう説明している。

即ち国家は人間の特定の目的に基いて副次的に構成される機械にすぎない。それ故ここでは人間は決してアリストテレス的意味におけるような政治的動物であることは出来ないのであって、本質的に人間は、政治的には中性的な存在として考えられている。即ち近代市民社会における《私人》である。それは非社交的存在ないし政治ぎらいStaatsfeindlichkeit である。それ故この政治的に中性的な個人にとっては、国家とは絶対的な所与あるいは絶対的に必要な存在ではなくして、このような自己完結的な個人の特定の目的にとって――「政治は財産保持以外には何の目的も持たない」（Gov. II. §94）――相対的に必要とせられているネガティブな存在にすぎない[37]。

政治の原型が敵対的な闘争関係にあることを、松下は認める。しかし彼が強調するのは、人類の歴史がその「闘争状況」を「競争状況」におきかえる文化構造と政策・制度技術を発明してきたことである。現代の人間が原始時代の人間より大きく変貌してきたのと同様に、政治の方式もまたその原型より大きく変わってきたはずである。国家を人間の必要に応じて構成される機械として捉え、政治の機能を最小限に限定して行こうとする「政治ぎらい」のリベラリズムを、松下は人類文明における一つの到達点として受け止めているのであろう。彼の政治思想と政治学を根柢において支えるのは、啓蒙と合理化の勝利としての文明に対する揺るぎない信頼なのである。

＊本稿は、政治思想学会第二三回（二〇一六年度）研究大会（名古屋大学）のシンポジウムⅡ「政治学と政治思想」での報告を加筆修正したものである。シンポジウムの企画者、司会者、討論者の方々ならびに報告時にコメントを下さった方々に感謝申し上げたい。

（1）萩原延寿「池田時代の遺産」『萩原延寿集』第六巻、朝日新聞出版、二〇〇八年、一一四―一一五頁。初出は『中央公論』第七九巻第一二号、一九六四年一二月。以下、引用文中の傍点は原著者による。
（2）萩原延寿「日本社会党への疑問」同前書、六一―六二頁。初出は『中央公論』第七九巻第三号、一九六四年三月。
（3）同前、六五頁。
（4）いわゆる「現実主義者」と呼ばれる高坂、永井、神谷不二（一九二七―二〇〇九）、衞藤瀋吉（一九二三―二〇〇七）などの論者は、雑誌『中央公論』を中心に活発な言論活動を展開した。竹内洋は『中央公論』の販売部数が躍進を見せた一九六〇年代半ば、革新派の代表的な雑誌『世界』の販売部数は低迷したことを指摘している。それは「現実主義者」たちの議論が社会的に注目された一つの証拠でもあろう。竹内洋『革新幻想の戦後史』中央公論新社、二〇一一年、三三三頁。
（5）萩原延寿「首相池田勇人論」前掲『萩原延寿集』第六巻、八九頁。初出は『中央公論』第七九巻第七号、一九六四年七月。
（6）萩原延寿「日本の保守主義」同前書、七一頁。初出は『朝日新聞』朝刊、一九六四年五月八日・九日。
（7）都築勉『戦後日本の知識人』世織書房、一九九五年、二三八頁。なお「戦後民主主義」の他、松下は「地域民主主義」「シビル・ミニマム」など、戦後日本の民主主義に関する数多くの造語および概念整理に貢献した。
（8）松下圭一「忘れられた抵抗権」、『中央公論』第七三巻第一一号、一九五八年一一月、四八頁。
（9）同前、四四頁。
（10）松下圭一『松下圭一＊私の仕事――著述目録』（公人の友社、二〇一五年）参照。

（11）松下は「ロック自体に独創性はあるかと問われたならば、私もたちどまらざるをえません。すくなくとも天才ではなかったというべきでしょう。しかし、時代思想の総合もまた理論家の課題ではないでしょうか。ロックはイギリス革命の思想状況を総括してこれを普遍化し、イギリス革命自体をのりこえ、〈理論における近代〉をかたちづくったのです」と述べている（松下圭一『ロック「市民政府論」を読む』岩波書店、一九八七年、三三三頁）。
（12）松下圭一「ロックにおける近代政治思想の成立とその展開（一）」、『法学志林』第五〇巻第一号、一九五二年一〇月、六五頁。
（13）同前、六三頁。
（14）松下圭一「ロックにおける近代政治思想の成立とその展開（二）」、『法学志林』第五〇巻第二号、一九五二年一二月、五四頁。
（15）同前、五五―五六頁。
（16）同前、五六頁。
（17）同前、六三頁。
（18）松下圭一「名誉革命のイデオロギー構造とロック」、『一橋論叢』第三二巻第五号、一九五四年一一月、五六頁。
（19）同前、五九頁。
（20）同前、六〇頁。
（21）同前。
（22）松下圭一「社会民主主義の二つの魂」、『中央公論』第七四巻第一七号、一九五九年一二月、八三頁。
（23）松下圭一「大衆社会論の今日的位置」、『思想』第四三六号、一九六〇年一〇月、一二頁。
（24）松下圭一「社会党・交錯する二底流」『現代日本の政治的構成』東京大学出版会、一九六二年、二一一頁。初出は『朝日ジャーナル』第三巻第五三号、一九六一年一二月二四日。
（25）たとえば松下は「日本の政治学が、もう一歩前進するためには、概念とか、思想の問題と同時に統計操作の技術をどれだけ蓄積し得るかということも随分影響してくるんじゃないかと思う」と発言する。また「例えば社会党についていえば、一方では、社会民主主義だという批判がある。他方では、平和と民主主義をこれまで最低線において守ってきたという意味での過大評価もあるわけだ。だがしかし、実際に党員数ということになれば、四万五千という数が出てくるわけだろう。〔中略〕四万五千の党員で、票数を千何百万とれるのはなぜかという形で、問題を設定していかないと、いわゆる『右ヨリ、左ヨリ』論に足をすくわれてしまう〔中略〕そういう理論的訓練が、われわれにかけていた」と述べている（阿利莫二、中村哲、藤田省三、松下圭一「〔討論〕現

代政治学の状況と課題」、『法学志林』第五巻第三・四合併号、一九六二年三月、一九八―一九九頁)。
(26) 松下圭一『現代政治学』東京大学出版会、一九六八年、四―七頁。
(27) 松下圭一「政治学の新段階と新展望」『現代政治の基礎理論』東京大学出版会、一九九五年、二九一頁。
(28) 松下圭一『政策型思考と政治』東京大学出版会、一九九一年、一〇二頁。
(29) 同前、一〇三頁。
(30) 松下前掲「政治学の新段階と新展望」、二九八頁。
(31) 丸山眞男「科学としての政治学」『丸山眞男集』第三巻、岩波書店、一九九五年、一五〇―一五一頁。初出は『人文』第一巻第二号、人文科学委員会、一九四七年六月。
(32) 松下圭一「政治とは何か」、『別冊経済評論』第六号、日本評論社、一九七一年六月、七頁。
(33) 同前。
(34) 同前。
(35) 同前、一五頁。
(36) 同前、一六頁。
(37) 松下前掲「ロックにおける近代政治思想の成立とその展開(二)」、七一頁。

大韓民国憲法前文と大韓民国の正統性に関する議論

●――徐　希慶（訳：李　昤京）

一　序論

この研究の目的は、一九四八年に制定された大韓民国憲法前文と関連して提起された正統性問題についての考察である。[1]一九四八年の建国憲法前文によると大韓民国を建国したのは三・一独立運動で、その精神は「独立精神」である。ところで建国憲法前文には三・一独立運動の結果で大韓民国が成立したと定めているが、大韓民国が正確に大韓民国臨時政府のことなのかは明示されていない。そして四〇年が過ぎた一九八七年の憲法前文にようやく「三・一運動で成立した大韓民国臨時政府の法統の継承」と明示した。なぜこのような過程を経たのだろうか？　憲法前文の「大韓民国臨時政府の法統性の継承」問題は、今日における大韓民国の憲法理念と国家正統性の論議と直結しているといえる。[2]

アッカーマン（Bruce Ackerman）によれば、政治は憲政史の観点から二類型に分けられる。一つは通常の政治が行われる「通常政治」（normal politics）で、もう一つは憲法原理を形成または変革する「憲法政治」（constitutional politics）である。[3]またハンナ・アレントによれば「憲法」は二つの意味を持つ。国家形成以前の行為である「制憲行為」と成文化された文書による「立憲行為」がそれである。[4]「制憲行為」は憲法政治の時に、「立憲行為」は日常政治の時に行われる。政治と憲法をこのように分けてみると憲法についての韓国憲政史研究の問題点がより明瞭になってくる。これまで韓国憲政史研究は、一九四八年の建国憲法が極めて記述的で単純な過程を経て制定されたと認識してきた。すなわち李承晩（リ・スンマン）と韓国民主党（韓民党）の少数有力政治家、それに兪鎮午（ユ・ジノ）など法律専門家たちによって、かなりの短期間で政府の形態（大統領制 vs. 議員内閣制）を除いては大した異見なく制定されたと思われてきた。(5)

しかし憲法政治の時期は憲政認識と体制選択をめぐる葛藤が最も激しい時である。政治勢力ごとに憲政認識が異なり、様々な国家建設のモデルが熾烈に競り合っているからである。韓国の場合も一九四五年日本の植民地支配から解放された後どのような政治体制を成立させるかをめぐる熾烈な政治闘争があった。「解放三年」と呼ばれる一九四五から四八年はある意味では政治的に自然状態である憲法政治の時期であった。だからこの時期についての意味解釈は、当時はもちろん今日でも憲法理念と国家アイデンティティー論議における争点の核心となっている。具体的には「八月一五日」の歴史的意味が何であるか、(6)「大韓民国臨時政府（以下、大韓臨政）」をどのように受けとめるかという問題であり、理念的には民族主義と国家主義との衝突である。(7)

とりわけ二〇〇八年八月に起きた大韓民国の建国節制定をめぐる論争は、その代表的事例の一つである。従来の「八月一五日」とは日本帝国植民地統治から解放された「光復の日」という意味だった。これに対する反論は、その日が「建国の日」でもあるということである。すなわち「八月一五日が、自由民主主義体制下において大韓民国政府が最初に成立した日であるのにもかかわらず、光復節の記念にだけ限られ」ていて、また「一部の人たちが建国を「南側だけの分断政府の成立」という不幸なできごととしてみなして」いるがゆえに「建国の持つ価値と意味を見直さなければならない」と主張した。(8)一方、大韓民国建国節制定に反対する立場は八月一五日を建国日にすることは「大韓民国臨時政府を否定すること」であり、さらに「三八度線以南地域のみを対象に設立された政府だけ認めることになる」と主張した。(9)二〇〇八年八月一二日には歴史学界を代表する一四の学会が「建国六〇周年」記念事業を批判する共同声明を発表した（『連合ニュース』二〇〇八年八月一二日）。この声明は『光復節』の名称を『建国節』に取り替えた場合、大韓民国政府成立のみを慶祝することになり、結局民族解放のため闘った人たちよりも建国に参加した人たちの方がもっと重要だと考えること」になると主張した。「国の取り戻し」（独立運動）と「国作り」（建国）をめぐる争点は一九四八年に金九

（キム・グ）と李承晩の対立から始まり、その後国家正統性をめぐって争点となり続けている。結局二〇〇八年八月一五日「建国六〇周年」記念光復節行事は世宗路と白凡金九記念館の二ケ所で開催されることになった。

憲法理念と国家正統性の問題についてのもう一つの事例は、二〇〇四年以来続いている歴史教科書論争である。二〇〇四年一〇月に保守陣営は、検・認定教科書『韓国近現代史』が「大韓民国の正統性を否定して建国と近代化の意味を過度に低く評価し、左偏向的な視点で記述されているので青少年たちの歴史認識を誤らせている」と批判した（『東亜日報』二〇〇四年一〇月六日）。一方、教育人的資源部は二〇〇七年まで、従来の歴史教科書が教育課程と検定手続きに従って刊行されたので別に問題はないという立場を固守して来た。[10]これを改訂するために「教科書フォーラム」[11]は二〇〇八年三月『代案教科書 韓国近現代史』を出刊した。この本についてのマスコミの評価は分かれた。『OhmyNews』はこの本が「植民地近代化論を認めて、済州島四・三事件を左派勢力の反乱だと決め付け、李承晩・朴正熙（パク・チョンヒ）反共独裁政権を肯定した内容が含まれて論争を招いた」と主張した（『OhmyNews』二〇一三年六月二日）。一方の東亜日報は「これまでの歴史教科書は「大韓民国は生まれてはいけなかった国」だとして「恥ずかしい歴史」を浮きぼりにさせてきた反面、この本は「世界史に類例のない短期間に民主化と産業化の奇蹟を成した大韓民国の「誇らしい歴史」を併せて見なければならないと強調している」と紹介した（『東亜日報』二〇〇八年三月二四日）。その後二〇一一年には『高等学校 韓国史』教科書が新たに改編された。しかし保守陣営は相変らずこの教科書が「建国と分断、戦争についての偏った記述、李承晩についての低評価、大韓民国の成就についての否定的評価、北朝鮮に対する根拠ない友好的記述が改善されていない」と批判した。[12]数年にわたった中高校の歴史教科書の内容をめぐるこれまでの論争を検討すると両陣営間の異見を近づけることは大変難しい状況である。

この二つの論争を考察すると、核心となる争点は、大韓民国の正統性とアイデンティティーの問題である。一九四八年にこの問題をめぐって金九の大韓臨政勢力と李承晩・韓民党の大韓民国の建国勢力が対立した。今日、進歩（左派）と保守（右派）間の対立は、基本的にこのときの対立を受け継いでいる。理念的には民族主義と国家主義の対立である。すなわち、国家より民族を優先する歴史観と民族より国家を重視する歴史観の衝突である。二つの理念は大韓民国のアイデンティティーを成す最も重要な理念だが、民族主義は大韓民国の建国を否定し、国家主義は民族の分断を受け入れて国家建設のために徹底的に親日派を粛清することを留保した。

憲法理念と国家アイデンティティーの観点から見ると、このような対立は非常に深刻な問題である。この事実だけを見ても、一九四八年の憲法制定過程は決して技術的には簡単な道のりではなかった。ところが、憲法理念と国家アイデンティティーの安定化には長い時間が必要である。[13] このような対立と確執が鋭く露わになるところがまさに憲法の前文である。憲法前文の歴史は憲法理念と国家アイデンティティーをめぐる理念戦争の歴史とも言える。

本研究は以上の観点から、一番目は、解放空間〔一九四五年八月一五日解放から一九四八年八月一五日大韓民国成立まで――訳者注〕における、三・一独立運動と大韓臨政の正統性をめぐる議論を考察する。解放後はじめて行われた一九四六年の三・一節記念式は左右に分かれて開かれた。これは単なる不和ではなく、その後の大韓民国の運命を予見するかのごときことだった。具体的には、三・一独立運動の意味の解釈をめぐる解放空間での左右の対立、そして大韓臨政の法統性をめぐる論争を検討する。二番目は、一九四八年大韓民国憲法制定過程における三・一独立運動と大韓臨政をめぐる議論を考察する。この議論の過程を検討すると、建国憲法前文は大韓臨政の法統性を承認する形をとっている。しかし、大韓臨政が三・一独立運動によって成立した大韓民国を代表する政府なのかが明確に記されてはいない。これは政治勢力間の妥協の産物であり、民族と国家、独立と建国などの危うい共存を表わしている。つまり、解放空間と憲法制定過程で浮上した大韓民国の正統性論争が民族主義と国家主義、そして韓国憲政史と関連して如何なる含意を持つのかを検討する。

二　解放空間における三・一独立運動の解釈と大韓民国臨時政府の法統性論争[14]

1　解放空間における三・一独立運動論争

一九一九年に起きた三・一独立運動は、韓国独立運動の歴史においてだけではなく、大韓民国のアイデンティティーの確立にとってもっとも重要な意味を持つできごとだった。国家喪失後、朝鮮民族が「政治的主体」として「独立」という政治的目標の下にあらゆる違いを乗り越えて一つになったからである。ところが一九一九年から二七年が過ぎた一九四六年三月一日に、左右両派は解放後初めての三・一節記念行事を別々に開催した。行事の準備のために右派は「己未独立宣言記念全国大会準備会」を、左派は「三・一記念全国準備委員会」を結成した（『朝鮮日報』一九四六年二月二八日）。このできごとは、単なる不和ではなく新しい国家のアイデンティティーをめぐる根本的な亀裂が存在していたという点から考えれば、今後の大韓民国の運命を予見するものであった。

この際、左右両派はすでに一九四五年一二月のモスクワ三相会議の決定による信託統治問題で分裂していた。しかし、この日だけは一緒に記念式典を開こうという提案があったが、結局うまく行かなかった。右派側の三・一節記念式はソウルの普信閣で、左派側の式典はタプコル公園（現在のパゴダ公園）で開かれた。右派の大韓国民代表民主議員が開いた三・一節記念式の開会辞で李承晩は、三・一独立運動が「民族の魂」と「国家の魂」の根幹だと演説した。

> この日に生命と財産を捧げようという最も難しい決意をし、この決意で韓民族が民の魂を取り戻し、その後限りない苦難と苦しみの中で国の魂を強硬にすることで、その結果私たちの遠大な将来が目の前に開けます。国内で悪戦苦闘していたあなたたちと海外に亡命して独立に従事した私たちが太極旗の下で自由の日を自由に祝えることは二七年の間で今日が初めてであります。自由を得たことは連合国が戦勝した結果であるがゆえに……米軍将兵が勝利

した事実は私たちが永久に記念するでしょう（『大同新聞』一九四六年三月二日）。

以上から李承晩は三・一独立運動を通して主権者としての民が生まれ、その結果臨時政府が樹立され、もうじき新しい国家が建設されると話した。彼は大韓民国の歴史的正統性を三・一独立運動と臨時政府から導き出したといえる。さらに李承晩は三・一独立運動を「自由の日」と命名した。同日金九もまた「独立」と「自由」を強調した。金九は三・一節記念式で次のように祝辞を述べた。

三・一運動の偉大な意義は実にその統一性にあります。地域の東西がなく、階級の上下がなく、宗教と思想すべての限定された立場と態度を捨て、ひたすら国と民族の独立と自由を求める火の玉のような一念でこの運動を貫きました（『東亜日報』一九四六年三月二日）。

金九は、三・一独立運動が一九世紀末の東学党派と為政斥邪（鎖国）派、開化（開国）派などが進めた個別的独立運動ではなく、統一された指導の下で成し遂げられた統合運動であったことを強調した。とりわけ彼は、階級の見地から三・一独立運動を規定するのを拒否した。つまり右派は新しい最高の規範を「民族」「独立」「自由」とみなした。これは今日における大韓民国の国家アイデンティティーの基本概念である。

だが、左派の立場はこれと根本的に異なった。結論から言うと、三・一独立運動は「民族の魂」や「国家の魂」の根幹とならず、「朝鮮民族の優秀性」を強調するのは過大評価だという。朴憲永（パク・ホニョン）は「三・一運動の意義とその教訓から」で三・一独立運動の主体をより正確に理解するためには「民族」より「人民」の観点から見なければと主張した。朴憲永は、三・一独立運動が「土地改革のスローガンがひとつも挙がらなかった」人民解放闘争だったとみなした。(15) また、三・一独立運動が全民族的団結の結果ではないと主張した。帝国日本と妥協した地主と資本家まで一つの民族とみなすのはできないということである。つまり、朴憲永の階級的視点によると、三・一独立運動は「完全な一大革命」ではなく「不完全な革命」であり、ある意味「欺瞞的革命」であった。

さらに右派と左派は国際関係についての認識でも対立した。李承晩が三・一独立運動の「自由」の問題を米国に関連づけた一方、朴憲永はソ連と関連づけていた。朴憲永は「ソビエト・ロシアのみが世界の被圧迫植民地および弱小民族の真の援助者であり、親友」だと主張した。[16] 左派は朝鮮民族が完全な解放を成し遂げるためには米国を追い出さなければならないと考えた。このように解放後の三・一独立運動についての左右の解釈の相違は国際関係についての認識のズレへとつながっている。このような見解のズレはより根本的には体制選択という深刻な対立を孕んでいた。

一九四六年に三・一独立運動の記念式が別々に開かれたのは解放空間において民族の分裂を浮き彫りにする象徴的なできごとだった。これは一九二〇年代以後の左右分裂の延長であり、分断そして戦争へ突き進む予兆だった。三・一独立運動についての認識の食い違いはこのように憲政と体制の選択問題へまで延長されていた。李承晩は民族と国民に基づいた自由民主主義体制を、朴憲永は「人民」に基づいた共産主義体制をめざした。

2 大韓民国臨時政府についての法統性論争と李承晩、金九の路線

解放空間で提起された大韓臨政の法統性についての立場を検証してみよう。これらの立場は（1）左派の大韓臨政否定論、（2）金九など臨政勢力の大韓臨政の法統論、（3）李承晩の漢城臨時政府法統論・大韓臨政保留論、（4）米国の大韓臨政否定論などに分けられる。

まず左派の立場を考察してみよう。「人民」を中心に新しい国家を作ろうとした呂運亨（ヨ・ウニョン）[17]、朴憲永、許憲（ホ・ホン）などは「民族」を優先視する大韓臨政に賛成できなかった。呂運亨は一九一八年「新韓青年団」を組織して臨政を出帆させた主役の一人だったが、解放空間では臨政の法統性を否定した。

重慶の臨時政府が来たらすぐ朝鮮政府になれると観測する方がいるが、それはそうではない。臨時政府を支持し歓迎することにあたって、私は決して誰にもひけをとらない……そうだとして臨時政府のみを支持しなければなら

ないという決まりはないと思い、……私は海外にあるすべての政権を歓迎する（『朝鮮週報』一九四五年一〇月二二日）。

さらに呂運亨は臨政の人たちが「昼夜を問わず派閥争いをする無能無為な人たちだけだ」と主張した。[18] 許憲も一九四六年二月一五日開催された「民主主義民族戦線」の結成大会で「金九の一派が法統を主張するのは不当」だと主張した。「たった何人かが集まって上海臨時政府を作ったが、闘争もしつづけなかった」からだという。[19] 朴憲永は「三月に人民運動が全国的に展開されていることを見て、四月にはもう亡命家が集まって……後に主権を握る地位を得るための臨時政府を組織」したと批判した。[20] すなわち、臨時政府が出世主義者たちのたまり場だという話である。朴憲永はその証拠として「三三人中のほとんど全員が……結局親日派に寝返った」ことをあげた。[21] 左派は臨政の代わりに「人民の絶対多数が支持する人民委員会の政府」を構成しなければならないと主張した。その政治的結果が「朝鮮人民共和国の宣言」だった。

第二、金九など臨政勢力は、大韓臨政が全民族を代表する唯一の組織で、臨政の法統性はすべての政治的分裂を超える絶対的なものだと主張した。金九は、一九四六年一月に信託統治反対運動の勢いを駆って、米軍政の政権を接収するために國字第一号及び第二号の布告文（臨政内務部長の申翼熙（シン・イッキ）名義）を発表し、大韓臨政の絶対支持を訴えたことがある（『東亜日報』一九四六年一月二日）。米国は金九のこのような行動を米軍政に対するクーデターだとみなした。以後一九四八年五月三一日の国会開院時、記者が「国会開会式の時に李承晩博士が大韓民国臨時政府の法統継承を言明したが、これに対する主席の見解」を尋ねると、金九は「現在の議員形態としては大韓民国臨時政府の法統を継承する如何なる条件もないと思う」と答えた（『ソウル新聞』一九四八年六月八日）。またパリで開かれる第三次国連総会（一九四八年九月二一日）に政府代表とは別に金奎植（キム・ギュシク）を派遣して「大韓臨政を承認するように」訴えようとした。これは「韓国であれ北朝鮮であれ、他人が作った政府の代表にすぎないので、本当の民間の意思」を表明しなければならないという理由からであった（『東亜日報』一九四八年八月七日）。しかし金奎植はこれを拒否して消極的でありながらも新生大韓民国を支持した。一九四八年八月一二日金九は再び「臨政の承認を要請する」という所信を強く表明した。彼は「米ソ両国が韓国問題をこのように悪化させる政策を取らず、むしろ三八度線の障壁も思想的分立もなく国民の意思で組織された大韓臨時政府を認めていたら、民族統一はすぐに実現していただろう」と悔しがった（『ソウル新聞』一九四八年八月一三日）。要するに国内勢力だけではなく米国とソ連も大韓臨政の代表性を認めなければならないと主張した。金九にとって大韓臨政は韓国人の唯一かつ合法的な主権体であった。

第三、李承晩は臨政承認立場を翻して、臨政を奉ることを保留すべしと主張した。一九一九年以降、李承晩は漢城臨時政府の正統性を主張した[22]。とりわけ一九四八年五月三一日制憲国会開院式辞でも彼は「今日ここで開かれる国会は国民大会の継承です。この国会で成立する政府は一九一九年の己未年にソウルで樹立された民国臨時政府の継承」だと主張した（『京郷新聞』一九四八年六月一日）。このように李承晩が漢城臨時政府の正統性を主張する根拠は、ソウルで一三道の代表者が集まって国民大会という主権的手続きを経て成立した臨時政府だからである。その他の海外の臨時政府は独立運動の指導者自らが組織しただけである。それでも李承晩が大韓臨政の法統性を主張していないわけではない。彼は解放直前トルーマン米大統領に大韓臨政の憲法である「大韓民国臨時憲章」に従って「一年以内」に総選挙を実施して自治のための臨時政府の構成を主張し、その前段階として大韓臨政の承認を要請したりもした[23]。しかし李承晩は米国から帰国後の一九四七年四月二七日帰国歓迎国民大会席上で「米国政策の転換により私たちが米軍政と合作して私たちの問題を解決できるようになったので、もはや私たちは大韓臨政の法統にこだわる必要がなく、この問題は保留しておかなければならない」と演説した（『東亜日報』一九四七年四月二九日）。大韓臨政奉戴の保留についての李承晩の真意は一九四七年五月九日発表した声明書でより明確になっている。彼は次のように述べた。

この時に大韓民国臨時政府問題が全国各地で多くの同胞に異論を引き起こし、あるいは臨時政府を奉戴して総選挙を廃止しようと、またあるいは総選挙を行っても臨時政府の主張通りにしようと、またあるいは臨時政府で承認を得てその名義で統一を成すなど、メディアが一致していない状況なので……、ですから臨時政府の法統関係を今は問題にしないで、そのまま潜伏状態を維持しながら、正式政府が成立した後に、議政院と臨時政府の法統を委ねるのが正当であり、……すべての同胞は深く考えて正当な道へ共に歩むことを願う（『東亜日報』一九四七年五月一〇日）。

要するに、李承晩は解放以前の臨時政府の承認外交の過程において米国の臨時政府不承認を経験して以降、解放政局においても米国が大韓臨政を否認する政治現実を認識した。なおかつ一九四七年米国が対韓政策を変更すると、李承晩は大韓臨政奉戴保留論を提起した。しかし彼は上記の声明のように、後日正式政府が成立すれば、その時「臨時議政院と臨時政府の法統を正当に」継承しようと述べた。

第四、米国は大韓臨政を承認しなかった。解放後、米国務省は大韓臨政の帰国を認める条件として米軍政が朝鮮半島の南地域における唯一かつ合法的な政府であることを誓約するよう要求した。『白凡逸志』によると「米国務省においては北緯三八度線以南の地域が米軍の軍政下にあるという事実を認めて、軍政が終わるまで臨時政府は政府として統治をせず、米軍政当局の法と規則を遵守することに同意する」という誓約を金九・臨政側が受け入れるよう一方的に通知した。[24] 結局、金九と臨時政府は二六年ぶりに祖国へ帰って来る際に個人的な資格での帰国を受け入れるしかなかった。しかし、入国後に大韓臨政と米軍政の間に葛藤が絶えなかった。とりわけ一九四七年五月一二日にローチ（Archer L. Lerch）軍政長官は「南朝鮮にはただ一つの政府しかない。この政府に対立する別の政府を樹立して会合を計画するならば、それは不法で容認できない」と断固たる声明書を発表した。[25]

一方、李承晩は信託統治反対運動の渦中にて国際政治の流れを悟った。一九四六年六月三日李承晩は井邑で「南側だけの臨時政府、あるいは委員会組織が必要だ」と主張した（『ソウル新聞』一九四六年六月四日）。周知のように、井邑での発言は第一次米ソ共同委員会が頓挫した直後に単独政府の成立を公式化させたものである。いわゆる「四八年体制（南北分断体制──訳者注）」の始まりであり、この発言は歴史の流れを「独立運動」から「国家樹立」へ変えた。

信託統治反対運動の局面は臨政勢力にとって最も有利な政治的環境であった。信託統治は独立を願うすべての韓国人の希望と正面から衝突したので、臨時政府は一般大衆の信託統治反対の支持に励まされて政治的存在感を回復した。ところが、信託統治反対運動はある意味において外部勢力との対決であり独立運動の延長であった。これに比べて、単独政府成立路線は外部勢力の影響力を認めた現実主義である。可能な地域から先に自由民主主義の国家を成立させるということだった。要するに、単独政府成立路線は理想と現実、民族と国家、統一と体制の中のいずれか一つの選択を要求したことになる。[26]

解放後に米ソが朝鮮半島を分割占領したが、大衆はもちろんのこと、大部分の政治家もそのような状況が一時的で暫定的なものだと考えていた。[27] 一方、スターリンは北朝鮮において東ヨーロッパとほとんど同じ政策を進めた。これによって金日成（キム・イルソン）はすでに一九四五年一二月一七日に「革命的民主基地論」を公表し、建党、建軍、建国の課業を強く進めていた。一九四六年一月一五日にソ連は、モスクワ三相会議の決定に従い統一政府樹立のため、米ソ共同委員会代表団をソウルへ派遣した。しかし、まさにこの日、平壌に北朝鮮中央銀行が設立された。二月八日に北朝鮮臨時人民委員会と人民軍幹部養成士官学校である平壌学院が創設された。その後、大々的な土地改革と重要産業の国有化が断行された。これは国家なしには実行できなかったことである。いや通常の国家ではほとんど不可能で、強力でかつ革命的な国家のみが実行できることだと言える。要するに、北側の左翼陣営は初めから単独政府成立路線を歩んでいたのである。南側の信託統治反対運動は表面的には当時の政局の流れを圧倒していたが、実際の歴史の長期的な局面を決めていたのは水面下で進められていたこのような体制競争であった。

政治状況がこのように展開すると、李承晩と金九は建国という大業の方法をめぐって対立していた。李承晩は最初は国家建設の一つの案として臨政奉戴論を主張したが、国際関係によってこの案は無理だと判断すると、国民総選挙を主張した。彼はむしろ「国民総選挙という案が民衆の公意によって政府をつくる方式」で、このように「政府樹立後に臨政系統を伝えることが適法で当然な道理」であると主張した。したがって、「南朝鮮の総選挙を拒否して全く盲目的に単独行動にこだわることは孤立無援の途」であると批判した（『東亜日報』一九四七年九月四日）。

しかし、金九は臨政奉戴論を最後まで諦めなかった。それが民族の大義に符合したからである。金九は信託統治反対運動で米軍政を否定しようとして、それが失敗すると南北合作によって共産主義者たちとの協力を通して外部勢力の支配力を否定しようとした。南側だけの単独総選挙の可能性が見えた際に金九は「三〇〇〇万同胞に泣告する」という談話で「私の唯一の願いは、三〇〇〇万同胞と手を取り合って統一された祖国、独立した祖国の建設のために共に奮闘することだけだ。三八線に横たわって倒れても我が身のくだらない安易のために単独政府をつくることには協力しない」と述べた（『京郷新聞』一九四八年二月一一日）。この談話は民族路線の悲痛な絶叫であり、殉教を確約する誓いである。制憲国会で憲法案の審議が行われるころ、彼はまた「南北を統一した選挙を通して南北統一政府を樹立しなければならなく、現在の半分の政府では継承する根拠がない。政府を一つではなく一〇個作っても、法的な組織ではない政府は法統の継承ができない」と主張した（『朝鮮日報』一九四八年七月二日）。そして、大韓民国政府が成立された八月一五日に金九は「非憤と失望があるだけだ」と声明を発表した（『東亜日報』一九四八年八月一五日）。

植民地化、南北分断、朝鮮戦争など、一九世紀末以降における朝鮮半島の運命は、基本的に国際政治の枠の中で決められた。民族統合だけでは有効な解決策を見つけ出せなかった朝鮮半島の政治環境の中で、それを無視した政治行為は意図とは異なって悲劇を招く恐れもあった。国家成立の時期において金九と臨政勢力は体制選択をせねばならない状況に直面したが、それは同時に民族の分断を受け入れなければならない選択でもあった。ところが彼らは体制選択を否定して民族の名の下で体制を乗り越えようと訴えた。結果的に金九が大韓民国政府を否定したのは現実認識において痛烈な失敗だと言える。要するに、一九四八年の建国憲法は内容の上では大韓民国臨時政府の憲章を継承したが[28]、以上のような状況だったがゆえに憲法の前文において臨政の法統性を明示的に規定することができなかったのである。

しかし、民族統一の大義は至高なる歴史的課題である。それがゆえに金九と大韓臨政は挫折して傷つけられた韓国の民族主義の殉教者として歴史の殿堂に奉献された。大韓民国建国の否定でありながら同時に民族主義の殉教というこの逆説によって、大韓民国の憲法と国家正統性の議論にて大韓臨政をどう受け入れるかという難題が生まれたのである。

三　憲法制定過程における三・一独立運動と大韓民国臨時政府をめぐる議論

次に建国憲法制定段階で提起された三・一独立運動と大韓臨政をめぐる議論を調べてみよう。三・一独立運動についての議論は結局大韓臨政の正統性問題に直結し、ひいては新生大韓民国が何を継承しているのかという国家的アイデンティティー問題と直接関連している。この議論は一九四八年に開かれた制憲国会憲法起草委員会と本会議で行われた。

憲法起草委員会の憲法前文をめぐる議論は非公開で進められたため議論の内容を詳細に知ることはできない。しかし、憲法前文の内容と関係者たちの回顧録を比べてみると、「兪鎮午の憲法草案」が土台となり、憲法起草委員会に提出された憲法原案（兪鎮午・行政研究委員会の憲法案）の前文が作成されたことがわかる。兪鎮午によれば、一九四八年五月初め司法部法典起草委員会に憲法案を提出する時に黄東駿（ファン・ドンジュン）、尹吉重（ユン・キルジュン）の協力で作成した前文があった。しかし、前文を抜いて本文だけを提出したという。「本文は明確な討論対象になりやすかったが、前文は人によって異論がいくらでも出てきて、その異論を簡単に調整する方法もなかったからだ」[29]。兪鎮午は最初から前文についての合意はほとんど不可能だと考えていたのである。

まず、三・一独立運動を憲法前文に取り入れた兪鎮午の憲法草案の内容は以下の通りである。

> 悠久な歴史と伝統に輝く**我が朝鮮人民は私たちと我が子孫のために己未革命（三・一独立運動）の精神を継承し**正義と人道と自由の旗のもとに民族の国法を強固にし、民主主義の諸制度を樹立し、政治、経済、社会、文化のすべての領域において各人の機会を均等にして各人の能力を最大限発揮するべく……[30]

この草案において注目すべき点は、第一に「朝鮮」人民が三・一独立運動など己未年に起きた革命を継承してその「精神」を受け継いだとしたことである。そしてその精神とは正義、人道、自由の精神であり、その政治体制とは民主主義と機会均等を志向する共和制、すなわち民主共和制である。第二に三・一独立運動の政治的産物である大韓臨政について言及しなかったことである。要するに、新しい国家と大韓臨政の間には直接的でかつ政治的連続性は存在せず、単に三・一独立運動の精神を通して間接的・抽象的につながっていたと見なしている。

以後制憲国会の憲法起草委員会に提出された憲法原案、いわゆる「兪鎮午・行政研究委員会の憲法案」の憲法前文は以下である。「悠久な歴史と伝統に輝く**我が韓国人民は三・一革命の偉大な足跡と高潔な犠牲を偲びながら、不屈の独立精神を継承し今日自主独立の祖国を再建**し私たちと我が子孫のために正義と人道の旗のもとに民族の団結を強固にし……[31]」

この憲法原案は三・一独立運動の精神を「独立精神」に限定した。しかしもっと大きな特徴は「韓国人民」（表決後に大韓民国）が三・一革命の独立精神を継承し祖国を再建するという規定である[32]。大韓臨政の法統性という視点から見ると、これは兪鎮午の精神的継承より一歩進展している。ただ如何なる国家が「祖国を再建」することになるのかを明示していないだけである。

憲法前文における三・一独立運動と関連する制憲国会の本会議の議論を見てみよう。一九四八年六月二三日の本会議で趙憲泳（チョ・ホニョン）憲法起草委員が朗読した憲法草案の前文内容は以下の通りである。「悠久の歴史と伝統に輝く**我が大韓民国は三・一革命の偉大な独立精神を継承し今日自主独立の祖国を再建する**において正義と人道と同胞愛で民族の団結を強固にし……[33]」。

これと関連する一九四八年六月二六日の憲法案第一審議会で崔雲教（チェ・ウンギョ）議員は次のような質問をした。

> 五月三一日の開院式での議長の式辞の中で大韓民国臨時政府を継承しているという言葉があったが、それがここに書かれているのかを聞きたいのです。……臨時政府からすると過去に略憲憲法を定めて対外的に釈明し、そして三〇年間三・一独立運動を中心とした釈明を国外内に宣布してきたのです。そうだとすれば政治、経済、社会の三均主義を確実に明らかにせねばなりません。この憲法はその精神を継承しているのかを伺いたいのです（国会事務処、一九四八年、第一八号、八―九頁）。

崔雲教議員の質問の要点は五月三一日の李承晩国会議長の開院式の演説には大韓臨政を受け継ぐという明確な発言があったが、なぜ憲法前文は「三・一革命の偉大な独立精神を継承し」という曖昧な表現になったのかという問題であった。二番目に憲法案が三均主義の精神を受け継ぐかどうかの可否を尋ねた。結局大韓民国には大韓臨政の法統性があるのかどうかを尋ねている。これに対して徐相日（ソ・サンイル）委員長は憲法前文に大韓臨政の継承についての内容があるかについては回答せずに、三均主義についてだけ答えた。[34] ところで彼は憲法案の前文が「三均主義」よりもっと包括的な均等すなわち「万民均等主義」を示していると主張した。憲法案の前文における「政治、経済、社会、文化のすべての領域において各人の機会を均等にして」は、確かに個人間の均等のために政治、経済、教育の均等を主張した趙素昂（チョ・ソアン）の三均主義の影響を受けたのみならず、その内容を拡張したものである。ところで三均主義の代わりに「万民均等主義」との表現を使った理由は三均主義という表現を明示的に使いたくなかったからのように思われる。

その理由は前に検討したように、金九など大韓臨政勢力が大韓民国政府に反対するにもかかわらず、その核心理念を明示的に受け継ぐと一点の曇りもなく言うのは難しかったからであろう。しかし独立運動で右派の正統性を代表してきた大韓臨政の継承に明示的に反対するのも難しかった。徐相日議員の「私たちは臨時政府の精神を受け継ぐ」という表現はそのようなジレンマを避ける表現の一つであった。しかし「精神」が何を意味するかは曖昧である。これは兪鎮午が最初から使った戦略である。

金明東（キム・ミョンドン）議員はその模糊とした点をはっきりさせるよう要求した。彼は「それなら精神と言えば臨時政府の憲法があるにもかかわらず……新たに憲法を起草する必要がないと思うが、その点を詳しく説明して」欲しいと要請した。[35] ジレンマを解決するための徐相日議員の戦略は、「精神的」継承と「政治的」継承、「臨時」政府と「正式」政府を区分することだった。彼は次のように答えた。

臨時政府精神を継承するという話であって、臨時政府の憲章とか臨時政府のあらゆる制度を受け継ぐという話ではありません。それでは私たちが三・一革命の独立精神を継承するということを、すなわち言ってみれば三・一革命によってあの時臨時政府ができたので、その精神を受け継いで、さらにこれが新しい国会として、いわば正式国会としての新しい憲法を制定することが当たり前の順路であります。[36]

崔雲教議員、金明東議員の質問にこめられた意味は、大韓臨政と大韓民国の直接的で総体的連続性を主張しようとしたことである。しかし徐相日議員は大韓臨政と大韓民国の継続性を認めながらも同時に断絶性を主張した。すなわち大韓民国は大韓臨政と「精神的」に継続されているが「政治的」には断絶されている。がゆえに直接的ではなく間接的に継続して、総体的ではなく部分的に継続しているということである。これを通して徐相日議員は当時民族と国家の間に存在した強力な遠心力を緩和させようとした。

憲法前文第二審議会は一九四八年七月七日再開された。崔雲教議員ほか一四人は憲法前文のうち、三・一独立運動関連事項についての修正案を提出した。修正案の内容は次のようである。

悠久な歴史と伝統に輝く**我が大韓民国は、己未年三月革命によって大韓民国を樹立し世界に宣布したその偉大な独立精神を継承し、今独立民主政府を再建**するにおいて民族の統一を強固にしてすべての古来の悪習を打破して政治、経済、社会、文化のすべての領域において各人の機会を均等にして……(37)

この修正案の特徴は第一に大韓民国が三・一独立運動によって樹立されたことをはっきりと明らかにした点、第二に一九四八年の大韓民国は一九一九年の大韓民国の「再建」であると規定した点である(38)。第三に、民族の統一を強固にすることを再建大韓民国の第一目標にしている点である。すなわち、一九四八年建国された大韓民国は一九一九年の大韓民国を直接的に継承しているとみなしている。さらに大韓民国の目標として「民族」統一を強調している。これは金九と大韓臨政の立場に近い主張である。ただし一九一九年の大韓民国を代表する政府が上海の大韓臨政なのかは具体的に明示されていなかっただけである。

ところが崔雲教議員などの修正案は、李承晩が一九四八年七月一日開催された憲法第二審議会で提示した内容と類似している。

私が思うには総綱前の前文、これが大事な文です。そこにはすなわち私たちの国是、国体が如何なるものなのかが示されるでしょう。……「私たちは民主国の共和体である」と記することもできます。己未年に宣布された独立宣布の前文も記されています。その後政府が上海へ移っても南京に移ってもその間にもそれは独裁体制ではなく民主政権だということを書いているわです。この精神はすでに三五年前（二十九年前、筆者注）に世界に公布して明らかにしたものである。……私たちは、私たちの精神を我が憲法に入れるつもりなので申し上げます。それがゆえにここで私たちが憲法の前文に書き加えるものは「**我が大韓民国は悠久な歴史と伝統に輝く民族として己未年の三・一革命に決起して初めて大韓民国政府を世界に宣布したので、その偉大な独立精神を継承して自主独立の祖国を再建**することにした」と記したく、ここで提起するところであります。(39)

この李承晩の提議及び崔雲教などの修正案を、「兪鎭午・行政研究委員会 憲法案」の憲法前文と比較する際に、最も大きい相違点は、三・一独立運動によって成立した国家が「大韓民国」であることを明示していたことである。(40)これによって大韓民国が再建しようとする国家がまさに一九一九年の大韓民国であることが明らかになった。ただしその大韓民国が上海の大韓臨政なのかは明白にしていないだけである。そして崔雲教などの修正案は大韓民国政府を「宣布」したという表現を「樹立」へより明確に変えた。したがって李承晩の前記の提案はある種の最終妥協案として提示されたと思われる。

また前記の李承晩の発言を通して分かるのは、彼が一九四八年にすでに、三・一独立運動が韓国の民主共和主義の起源であり、以後日本帝国主義との闘争の中で韓国人が尽力し続けてきたことであり、大韓民国の建国がその最終結果だと主張していたことである。韓国の民主主義は、米国によって移植されたと見る立場が多数であった。しかし、李承晩は三・一独立運動が大韓民国の歴史的アイデンティティーの起源であり、また韓国民主主義の起源で、大韓民国はこれを継承する国家だとみなした。

最終的に白寛洙（ペク・グァンス）、金俊淵（キム・ジュニョン）、崔国鉉（チェ・グッキョン）、李鍾麟（イ・ジョンリン）、尹致暎（ユン・チョン）議員の五名を指名して午後の会議に議題を提出することを可決した。彼らは「悠久なる歴史の伝統に輝く我が大韓民国は己未年三・一運動によって大韓民国を建立して世界に宣布した偉大なる独立精神を継承し、今民主独立国家を再建するにあたって」という内容の修正案を提出した[41]。投票の結果、在籍議員の一五七名中、賛成が九一名、反対が一六名で可決された[42]。

以上の憲法前文内容を図で比較すると次のようになる。

〈一九四八年に提案された大韓民国憲法前文の比較〉

兪鎮午憲法草案（一九四八年五月初）	我が朝鮮人民は私たちと私たちの子孫のために己未革命の精神を継承しなければ……
兪鎮午・行政研究委員会の憲法案（一九四八年五月三一日）	我が韓国人民は三・一革命の偉大な足跡と高潔な犠牲を偲びながら、不屈の独立精神を継承して、今自主独立の祖国を再建し……
大韓民国憲法草案（一九四八年六月二三日）	我が大韓民国は三・一革命の偉大な独立精神を継承して、今自主独立の祖国を再建するにおいて……
李承晩の提議案（一九四八年七月一日）	我が大韓民国は……己未年の三・一革命に決起して初めて大韓民国政府を世界に宣布したので、その偉大な独立精神を継承して自主独立の祖国を再建する……
崔雲教他一四人の修正案（一九四八年七月七日）	我が大韓民国は己未年三月革命によって大韓民国を樹立し世界に宣布したその偉大な独立精神を継承し、今独立民主政府を再建するにおいて……
白寛洙他四人の修正案（一九四八年七月七日）	我が大韓民国は己未三・一運動によって大韓民国を建立して世界に宣布した偉大な独立精神を継承し、今民主独立国家を再建するにおいて……
大韓民国憲法最終案（一九四八年七月一二日）	我が大韓民国は己未三・一運動によって大韓民国を建立して世界に宣布した偉大な独立精神を継承して今民主独立国家を再建するにおいて……

要するに兪鎮午の憲法草案、そして徐相日議員の構図と比較する際に、一九四八年の建国憲法前文は大韓臨政の法統性を承認する形で構成された[43]。しかし、決定的に大韓臨政が三・一独立運動によって成立した大韓民国を代表する政府なのかが明確に明記されていなかった。それは当時の政治勢力間の妥協の産物であり、かつ民族と国家、独立と建国という二つのカテゴリの危うい共存を浮き彫りにしている。

四　結論――大韓民国正統性をめぐる論争の意味するもの

大韓民国正統性をめぐる論争を要約すると結局「大韓民国とは何なのか」である。この質問はまた「大韓民国はいつ誕生したのか?」、「一九四八年の大韓民国は正当なのか」という二つの主要な質問に分けることができる。すなわち、過去についての認識を通して現在の存在を理解しようとすることであり、未来の方向を決めることである。結局、大韓民国の自己認識であり方向模索である。

ところで、今日の左派陣営は概ね大韓臨政を支持し大韓民国を否定することが、正しい常識であり、合理的判断であり、歴史の正義だという見解を持っている。しかし、学問的に見た場合、これは「民族」と「国家」を平面的に同一視する理解から始まったと思われる。この問題を正当に評価するためには、解放空間における大韓臨政の政治的歩みを検討せねばならず、北朝鮮の共産主義政権の成立過程、そして朝鮮半島をめぐる国際政治を総合的に考察しなければならない。そのうえ、歴史の「理念」と政治の「現実」を共に考慮する両価的理解（ambivalent understanding）が必要である。

朝鮮民族が自ら独立を手にしたならば、国家樹立の必要性に直面して民族の大義を一時留保しなければならない悲劇はなかったはずで、大韓臨政と大韓民国の継承をめぐる対立もなかっただろう。大韓臨政は近代政治運動において最高の価値である「独立運動」に献身した政治勢力であるが、問題は彼らが「民族」の正統性を「国家」の正統性へ転換しなければならなかったときに発生した。一九四八年大韓民国の国家正統性は「独立運動の代表性」ではなく「選挙の代表性」によって新しく与えられた。李承晩はこの転換を受け入れて新しい代表性を手にした。しかし、金九ら大韓臨政勢力はこれを拒否した。国家形成と体制選択の時期に「国家」と「民族」が分裂したのである。

しかし、大韓臨政の代案が歴史の中で消滅したわけではない。解放後の政治理念の中で、民族主義は民主主義や自由主義、保守主義を規定する神聖な理念の地位を維持してきたがゆえに、金九と大韓臨政は民族主義の殉教者として認識されてきた[44]。国家の樹立と体制の選択のために民族主義が毀損されなければならなかったという点において次世代の負い目の意識も大きかった。単独政府路線が民族主義の罪人として断罪されてきたのも、李承晩についての低い評価もそのためである[45]。そのような負い目の意識こそ、今日の国家アイデンティティー論争の底に潜んでいる深い感情の一つである。

本来大韓臨政は誕生する時から民族主義と国家主義を目指し、この二つによって維持された。帝国日本からの解放を目標としていた点が民族主義であり、民主共和政という新しい国家を建設しようとしたという点が国家主義だった。しかし二つの理念の共存が潰され、それゆえに臨政の正統性は長い期間を通して憲法前文にあいまいに表現された。それによって一九四八年大韓民国は大韓臨政を受けいれることも放置することもできない局面に陥った。それ以降、大韓民国は民族主義を裏切って建国された国家だという汚名が着せられるようになった。さらに金九の死が民族主義のための殉教とされることによって、民族主義の悲しみと苦痛は巨大化された。その結果大韓民国の正統性問題は韓国現代史の恒久的な問題となった。韓国の民族主義者たちが一九四八年の大韓民国を否定して李承晩を批判した理由もここにある。

しかし韓国における民族主義の裏面には、民族はいかにして生存できるのかについての省察が欠如している。一九四七年九月に李承晩は「我々の現状を考えると三八度線以南どころか、たった一つの道や一つの郡だけでも政府を建てねばならないと力説した。民族は国家が無くては生存することはできない。生存はできても大きな苦難を経なければならない。これはイスラエル建国以前のユダヤ人や国が無いクルド人の運命を見ると良くわかることである。信託統治反対運動によって軍政の克服ができず、米ソ共同委員会が失敗した時に、金九は民族主義から国家主義へ転換すべきだった。どんなに遅くても一九四八年四月平壌での南北朝鮮諸政党・社会団体代表者連席会議※が失敗に帰してからはそうせねばならなかった。しかし金九は失敗を認めず、立場を変えることもしなかった。その結果彼自身の悲劇はもちろんのこと韓国人の人生に大きな荷を背負わせる結果を招いてしまった。

ところでこの遺産はある意味で知的な問題でもある。国家（state）と政治（politics）についての韓国人の理解を深め、成熟させることを阻んでいるからである。今日の韓国現代史をめぐる論争や歴史教科書論争もその延長線上にある。このような分裂と論争は国家の創造的エネルギーを根本的に傷つけている。私たちが歴史研究を通して知ることは、国家と政治についての理解が成熟しなくては人間の悲劇を食い止められないということである。そのような点からすると金九が残した否定的遺産は思いの他に深くて根本的なのである。

最後に大韓民国憲法前文をめぐる論争、そして建国節の制定と歴史教科書論争が韓国憲政史の成熟に大いなる寄与をしたという点を指摘しよう。周知のとおり大韓民国憲法は一九八七年の民主化以前までただ法律として存在してきた。しかしこの論争は憲法を「国民的語り」（national narrative）にした。韓国憲政史においてこれは史上初めての経験である。今や憲法は国家から国民の生活の中に入ってきて国民の生活感情が込められるようになった。これを裏返して考えれば、単純な生存としての国民の生活が憲法原理の観点から再省察されることでもある。これは共同体の生の精神的高揚でもある。憲政史的観点でこの論争を考察するメリットがあるとしたら、それはこの論争が扱っている歴史、政治、生活を憲法原理の観点で再省察することで、より高い次元で統合するきっかけの提供ができるという点であろう。

（1）本稿における正統性はlegitimacyとjustnessが混合された概念である。つまり、法律的な合法性と歴史的な正当性を同時に包括する概念で、宗教の正統性（orthodoxy）とも類似している。この概念が必要な理由は、韓国の「国家－歴史」論争を理解するためである。最近、韓国では、近代国家としての「大韓民国」（Republic of Korea）がいつ始まったのかについて意見が対立している。歴史的な正当性を強調している立場は、日本帝国主義に抵抗して樹立された一九一九年の大韓民国臨時政府を支持する。法律的な合法性を強調する立場は、国民総選挙で樹立された一九四八年の大韓民国を支持する。前者の立場から見れば、一九四八年の大韓民国は、分断国家であるから、歴史的な正当性（justness）が欠如している。後者の立場から見れば、一九一九年の大韓民国臨時政府は、人民の意思を確認するための政治的プロセスを経ていないので、法律的な合法性（legitimacy）が欠如している。これに関連して金聖昊（キム・ソンホ）は「正統性に鑑みると一九一九年、正当性に鑑みると一九四八年に大韓民国が建国」されたと主張した（『東亜日報』二〇〇八年八月一日）。

（2）憲法は何回かの改定を経ながら憲法改定の由来、制定の主体、民主的な社会の建設に関する国民的決議、そして平和統一の意思などへその内容が拡大された。今後進められる第一〇次憲法前文の改定についての見解は二つに分かれる。一方では「特定の歴史事件を削除して建国理念、国民的決議、憲法の基本原理及び制定（改定）過程」を記すべきだと主張する。他方では「東学党革命の民衆的意思と三・一運動の独立精神、四・一九民主理念、五・一六革命理念、五・一八光州抗争など民族史の性格を規定している歴史的事件などを最大限記すべきだ」と主張する。

（3）Bruce A. Ackerman, *We the People Vol.1: Foundations*, Cambridge, Mass: Belknap Press of Harvard University Press, 1991, 133-136.

（4）Hannah Arendt. *On Revolution*, Greenwood Pub Group, 2007（洪元杓（ホン・ウォンピョウ）訳『革命論』ソウル：ハンギル社、二〇〇四年、三二四頁）。

（5）徐希慶（ソ・ヒギョン）『大韓民国憲法の誕生：韓国憲政史、万民共同会から制憲まで』坡州：創批、二〇一二年、一八〜一九頁。

（6）一九四九年九月二一日大韓民国第一国会で「国家慶日に関する法律案」議論した際に「光復節」は当初政府原案で「独立記念日」として提出されたが、国会の法制司法委員会でその名称を「光復節」と決めたのである。当時の制憲議員たちはこのような変更に特別な異議がなかったが、これは両者を同じ意味で理解していたためと思われる。（国家事務処、一九四九「第五回臨時会議速記録」第三号、五、一〇頁）。

（7）この研究における国家主義とは国家建設（state building）と国民建設（nation building）問題を最高の価値とみなす理念を指し、また安全（security）保障と政治秩序（political order）などを維持させる効果的な政治制度を強調する。これは国家が消滅するはずであるというマルクスの主張や、市場経済の力が政府を不必要にするはずであるという右派の立場とは相反する。国家建設とは伝統的な支配体制や植民地を清算して近代的主権政府を成立する過程である。憲法制定と承認、政府の最高責任者及び代議員の選挙、政府構成と軍隊の設置などの公式的過程を主とする。国民形成は「私たちは同じ国民」という意識が貧弱な状況を乗り越えて国民意識と国家に対する忠誠心を確保する過程である。このために多くの国民統合政策を含む公式・非公式過六頁）。

程を包括する。Francis Fukuyama, *The Origins of Political Order: From Prehuman Times to the French Revolution*, Farrar Straus & Giroux, 2011（咸圭鎭（ハム・ギュジン）訳『政治秩序の起源』ソウル：ウンジン知識ハウス、二〇一二年、一四、三六頁）。

（8）二〇〇八年七月三日、ハンナラ党の鄭甲潤（チョン・ガビュン）議員などが光復節の名称を「建国節」と改称しようと「国慶日（祝日）に関する法律の一部改正案」を国会に提出した。この法案の趣旨説明に「大韓民国は民族統一を妨げて分断をもたらした正統性のない半分の政府」ではなく、「自由民主主義と市場経済という国家的アイデンティティーに基づいた自由と繁栄を成就してさらに志向する国家」だと記述されている。議案情報システム参照。（http://likms.assembly.go.kr/bill/jsp/BillDetail.jsp?bill_id=PRC_Q0S8S0M7U0Q3I1M0A2I1V3V1P2O3O1）

（9）大韓民国建国六〇年記念事業委員会設置及び運営に関する規定の違憲確認（2008憲마（ホンマ）五一七）決定要旨参照。二〇〇八年一一月に憲法裁判所は「大韓民国建国六〇年記念事業委員会設置及び運営が憲法に保障された国民の基本権を侵害する」という趣旨の憲法訴願を裁判官全員一致で棄却した。違憲訴願の請求書で主張している国民の個別的基本権侵害の可否を判断することは難しく、名誉権と幸福追求権の侵害の可能性及び法的関連性は認められないという理由であった。要するにこれに対する判断は「司法部の業務ではなく国民的同意が要求される政治の領域であり、それを裏付ける学界の課題」だと思われる。（http://www.ccourt.go.kr/cckhome/kor/event/selectrecentMainDecisionList.do）

（10）盧武鉉（ノ・ムヒョン）大統領在任期の二〇〇四年一〇月に歴史教育研究会、韓国史研究会、韓国歴史研究会などの歴史学会は金星出版社教科書についての偏向性の可否を公開検証した後、「第七次教育課程を十分に満たしている」という共同意見書を出したことがある（『ハンギョレ』二〇〇八年一〇月六日）。

（11）二〇一一年五月には「教科書フォーラム」のメンバーが軸になって韓国現代史学会を創立した。

（12）『韓国経済』二〇一一年四月一七日。検定審議を通った『高校韓国史』教科書八種類の執筆者五九名のうち進歩的傾向を持った教授や教師が三六名（六一％）であると把握された（『東亜日報』二〇一三年一〇月二一日）。

（13）フランスの七月一四日革命記念日は一八八〇年第三共和政にて制定されたが、政治党派間の複雑な論争の局面を経た後にやっと国家記念日として決定された。米国の「メモリアルデー」もまた国民的追悼日として決められるまで長い政治的対立の時間が必要だった。河相福（ハ・サンボク）「李明博政府と八・一五記念日の解釈」『現代政治研究』、第五巻第二号、二〇一二年、一一四頁。

(14) この節の内容は筆者の「憲法的争点と大韓民国のアイデンティティー(一九四五～一九五〇)」(『韓国政治学会報』第四八集第二号、二〇一四年)論文の第二章「民族アイデンティティーの分裂」と第三章「国家正統性の分裂」の一部の内容を修正・補完したものである。

(15) 而丁(イジョン)朴憲永全集編集委員会編『而丁朴憲永全集』第二巻、ソウル：歴史批評社、二〇〇四年、五七〇頁。

(16) 同右、五六九頁。

(17) ここでは呂運亨を人民の強調、臨政についての認識、そして信託統治についての立場などの基準で左派に分類した。呂運亨は一九四五年一〇月以来信託統治についての公式的な態度を保留していたが、一九四六年二月に信託統治の賛成を表明した。

(18) 許政(ホ・ジョン)『明日のための証言』ソウル：泉社、一九七九年、九七頁。

(19) 朴甲東(パク・ガプトン)『嘆きの丘で』ソウル：書堂、一九九一年、二〇六頁。

(20) 而丁朴憲永全集編集委員会編『而丁朴憲永全集』第二巻、五六七頁。一九四六年一月五日に『ニューヨークタイムズ』のジョンストン記者が「あなたは臨時政府を韓国の事実上の政府として受け入れられることを望まないか?」と質問したら、朴憲永は「私はそのような希望を持っていない。活動期間が長かったにもかかわらず臨時政府は実際に韓国民衆と何ら関係も持てなかった。」と答えた。また彼は「如何なる場合でも臨時政府を韓国民族の政府としてみなすことはできない」と述べた(而丁朴憲永全集編集委員会編『而丁朴憲永全集』第二巻、九三頁)。

(21) 而丁朴憲永全集編集委員会編、『而丁朴憲永全集』第二巻、五六八頁。

(22) 上海の大韓臨政は手続上の正当性を獲得できない状況下で組織されたため、代表性が問題になった。しかし漢城臨時政府と統合することでこの問題を解決しようとした。漢城臨時政府も選挙を経ていなかったが、一三道地域の代表が集まって政府を結成しようとしたという点で部分的な代表性を取り揃えていた。李承晩が上海臨政に先立って漢城臨時政府を強調するのはこの理由からである。それはもちろん李承晩が漢城政府の名簿に執政官総裁として選任されていたので自身の政治的立地においても有利だった。李承晩は漢城臨政の立場で上海臨政を理解して解放後の彼の臨政奉戴論もそのような解釈に基づいている。一方、金九は上海臨政の中心に他の臨政すなわち漢城臨時政府と「老令国民議会」を統合したのだと理解した。徐希慶『独立運動と政治』ソウル大学大学院政治学科修士学位論文、一九九三年、二〇～三二頁。

(23) NARA. RG 59. Internal Affairs of Korea. "Syngman Rhee-Frank P. Lockhart" 1945/07/25(アルム出版社編『米国務省韓国関係文書(Internal Affairs of Korea.1945-1949)』第八巻、ソウル：アルム出版社、一九九五年、三七六～七八頁)。

(24) 金九『白凡逸志』ソウル：トルベゲ、二〇〇三年、四〇〇頁。

(25) 孫世一（ソン・セイル）『李承晩と金九』第六巻、二〇一五年、七八二頁。

(26) 李承晩は一九四七年五月二〇日に、「大韓独立国民促成国民会」の中央常務実行委員会の場において、「米国式民主主義政府を作るのか、ソ連式民主主義政府を作るのかという問題を徹底的に規定しておかなくては、米ソ共同委員会に協力することは難しいだろう」と体制選択の問題を提起した（梁又正（ヤン・ウジョン）『李承晩大統領の独立路線の勝利』ソウル：独立精神普及出版部、一九四八年、一六〇〜一六一頁）。

(27) 左派の判断も同じである。朴甲東によれば、左派は「米国が帝国日本を打倒した連合国の主力であり、また朝鮮の情勢が安定するとソ連軍と共に米軍も撤退するだろう」信じていた（朴甲東『嘆きの丘で』ソウル：書堂、一九九一年、一五七頁）。呂運亨は「結果的には米国進駐軍の考えについて私たちの錯誤があった」と話した（『朝鮮週報』一九四五年一〇月二二日）。

(28) 建国憲法は臨時政府をはじめとする独立運動勢力が主唱してきた理想と理念を受け入れたものだった。主権在民の原則は無論のこと、個人の自由と平等、財産権の保護、権力分立など自由民主主義共和国の条件を網羅し、また教育と労働についての権利まで規定することで社会民主主義的福祉国家体制へ移行できる余地を含んでいた。李仁浩（イ・イノ）「大韓民国の建国革命史、フランス革命の成功と似ている」『New Daily』二〇一〇年一一月一八日。

(29) 兪鎭午『憲法起草回顧録』ソウル：一潮閣、一九八〇年、三七〜三八頁。

(30) 兪鎭午『憲法起草回顧録』、一〇九頁：高麗大学博物館編『玄民・兪鎭午　制憲憲法関係資料集』ソウル：高麗大学出版部、二〇〇九年、一四四頁。

(31) 兪鎭午『憲法起草回顧録』、二〇八頁。

(32) 憲法起草委員会で六月七日にもっとも争点になったのが国名の問題だった。表決の結果大韓民国が一七票、高麗共和国が七票、朝鮮共和国が二票、韓国が一票だった。李青天（イ・チョンチョン）など大韓独立促成全国青年総聯盟系は「大韓民国」を主張し、韓民党は「高麗共和国」を主張した（『朝鮮日報』一九四八年六月九日）。

(33) 国会事務処「大韓民国国会第一回速記録」一九四八年、第一七号、二頁。

(34) 国会事務処「大韓民国国会第一回速記録」一九四八年、第一八号、八〜九頁。

(35) 同右、一二頁。

(36) 同右、一二頁。

(37) 国会事務処「大韓民国国会第一回速記録」一九四八年、第二七号、五頁。

(38) 憲法案第三審議会で李載瀅（イ・ジェヒョン）議員が「己未の年に建立された国家を、いつ云々したものかといったような前後錯覚が生ずると思います。……もう独立国家建設にあたって「再建」（の文言——訳者注）を削除し、このようにすれば矛盾がなくなると思います」と主張したが、すぐ「前文をそのまま採用しよう」という同意があり、以後可否を票決した。国会事務処「大韓民国国会第一回速記録」第二七号、一九四八年、一四～一五頁。

(39) 国会事務処「大韓民国国会第一回速記録」一九四八年、第二二号、八頁。

(40) これと関連して梁東安（ヤン・ドンアン）は「建国憲法前文の該当内容と大韓民国という国号の採択は当時国会議長であり、初代大統領に選ばれると予想されていた李承晩の主導下で行われた」が、「しかし李承晩のそのような主張と行動は実際と符合しなかった」のであり、「李承晩は大韓民国が我が民族の独立運動を継承した国家であり、自分が独立運動勢力の嫡男という点を誇示しようとする意欲がありすぎて実際と符合しない主張と行動を取ったようにみえる」と主張した。梁東安「大韓民国はいつ建国されたのか」『大韓民国はなぜ建国を記念しないのか』ソウル：New Daily、二〇一一年、三〇頁。

(41) 一九四八年七月七日、第二七次会議で最終的に可決された修正案は「我が大韓民国」とされているが、以後字句修正過程で「我が大韓国民」と修正された。

(42) 国会事務処「大韓民国国会第一回速記録」一九四八年、第二七号、一五頁。

(43) 一九一九年当時多数の臨時政府の中で、「大韓民国」を国号に決めていたのは大韓臨時政府が唯一である。その他の政府は朝鮮民国臨時政府、新韓民国政府、漢城政府（後に称する）と称した。

(44) これに関連して韓寅燮（ハン・インソプ）は次のように話した。「金九先生はどのような方であり、彼と大韓民国の関係は如何なるものでしょうか。……金九先生は大韓民国臨時政府を数十年間主持してきた絶対的な功労があります。……ところが、その法統を守り抜いた金九先生を削除するということは歴史の抹殺であり、憲法の歪曲です。……『三八線に横たわって倒れても我が身のくだらない安易のために単独政府を作ることには協力しない』と話した先生の訴えはソロモン裁判にての本当の母親の気持ちと同じだったでしょう。……先生の生涯は大韓民国の基本であり象徴です。現実政治においての失敗にもかかわらず先生は明確な里程標を残しました」（韓寅燮「金九先生の大韓民国」『ハンギョレ』二〇一四年一〇月二六日）。韓国現代史における民族主義の神聖化（sanctification of nationalism）については姜正仁（カン・ジョンイン）『韓国現代政治思想と朴正熙』ソウル：アカネット、二〇一四年を参照。

（45）最近、全国八〇の小中高校の図書館にある本一二四万冊ほどを分析した結果、現代史の主要人物の中で金九臨時政府主席についての本が一、八六六冊で圧倒的に多いことがわかった。他方、李承晩をテーマにした本は三一冊で金日成（三四冊）についての本よりも少なかった（『朝鮮日報』二〇一三年一〇月二四日）。

※（訳注）一九四八年四月一九日から平壌で開かれた会議で、五六の政党・社会団体（南側から四一、北側から一五）代表六九五名が参加した。

マリアンネ・ヴェーバーにおける「新しい倫理」批判と倫理的主体の構築
――性をめぐる倫理／法／自然の関係

内藤葉子

一　はじめに――マリアンネ・ヴェーバー研究の現在

マリアンネ・ヴェーバー（Marianne Weber, 1870-1954）は、一九世紀後半以降のドイツの急激な社会的・経済的・政治的構造変化のなかで女性の置かれた状況を観察し、倫理的主体としての女性の在り方とその意義を学問的・実践的活動のうちに探求し構築しようとした人物である(1)。第二帝政期のドイツでは、性の問題をめぐって政治的・文化的コンフリクトが重層的に生じていた。とくに性科学、生物学、精神医学、優生学（人種衛生学）、ダーウィニズム、新マルサス主義などが性に関する「科学的」知を発展させ、それに連動して女性解放や同性愛に関わる性改革運動が活性化した(2)。本稿ではとくにマリアンネが、市民女性運動の急進派に位置づけられる人々によって唱えられた「新しい倫理（Die neue Ethik）」と批判的に対峙することで、結婚や性的共同体、女性のセクシュアリティや性愛等をめぐって、倫理と法と自然の関係をどう捉えていたかを考察する。それを通じて、自然科学的知の合理化がジェンダーに関する知をあらたに形成する時期に、倫理的主体としての女性の在り方を彼女がどのように構想したかを追究する(3)。

最初に第二帝政期までのマリアンネの来歴を簡単に述べておく。彼女は市民女性運動の中心組織であるドイツ女性団体連合（Bund Deutscher Frauenverein: BDF, 1894-1933）穏健派に属し、主著『法発展における妻と母』（一九〇七年、以下

『妻と母』と表記）により[4]、婚姻法・家族法の専門家、とくに夫婦財産法の専門家という評価を得ている。[5]またこの業績により一九二四年にはハイデルベルク大学より名誉博士号を授与されている。一九一九年にはドイツ民主党からバーデン州議会議員に当選し、一九一九年から一九二三年まで会長としてＢＤＦを率いた。一九二〇年の夫マックス・ヴェーバー（Max Weber, 1864-1920）の死後は彼の作品の編集者・伝記執筆者としても活動した。

彼女の研究史について俯瞰すると、一九五〇年代から一九六〇年代には彼女を直接知る人の追悼・追憶文を散見する程度であるが[6]、一九八〇年代よりドイツ女性運動研究、女性史研究、女性法学史研究が進展するなかで、マリアンネにも言及する研究が現れている。[7]しかしブーフホルツによると、法学研究分野（財産法・家族法・婚姻法）においても法制史研究分野（婚姻法史・家族法史）においてもその業績はとくに大きなものとはされておらず、ここでは彼女は「脚注的存在」とも評されている。むしろ二〇世紀初頭の婚姻法・家族法の文脈で女性政策に関わった「法政策家」として位置づけられている。[8]だが女性法学史研究においても、彼女は必ずしも目立った存在としては扱われていない。[9]

女性運動史・女性史研究の文脈において、八〇年代以後の研究に現れるマリアンネは、「保守的な」市民的結婚観・家族観を唱え、教養市民層と労働者階級の女性間の差異を強調した人物として紹介されている。グレーフェン＝アショフは、マリアンネの属する穏健派が労働者階級の女性の仕事を低く評価して、女性の家庭的役割を支持したことを取り上げ、マリアンネの議論のなかには「すでに階層に特殊な差異化が入り込んでいる」し、女性解放は「女性の家族的役割の新しい価値づけ以外のものを意味しなかった」と批判的に捉えている。[10]またギルヒャー＝ホルティは、マリアンネの女性解放論は教養市民層の文化領域に限定されたものであり、「女性の『教育』と『職業』についての彼女のイメージは精神労働者や教養市民層の男性によって刻印されていた」と述べて、公的領域における男女平等は十分には展開されず、教養市民層の規範と合致した範囲内での観念的・知的・エロス的関係における男女平等要請にとどまったという批判的理解を示している。[11]

さらにマリアンネの名前が頻出するのはマックス・ヴェーバー研究の領域においてであるが、そこでは彼女はもっぱら編集問題の根源であり、また夫の伝記の作者以上ではなかった。[12]しかもマックスの〈英雄化〉に寄与したとして批判されてもきたのである。

しかし一九九〇年代から二〇〇〇年代にかけて、おもに社会学やジェンダー研究の分野からマリアンネ自身に注目が向けられている。彼女とヴェーバー周辺の科学者たちとの問題関心の共有に注目する研究(13)や、とくにジンメルとの関係を扱う研究(14)、さらにマリアンネ自身に関する包括的な伝記的研究も登場している(15)。現在、マックス・ヴェーバー全集の刊行とともに関連資料が激増しており、家族史や伝記的研究を含めてマックス周辺の人物にも研究の裾野が拡大している。マックス・ヴェーバーの家族史を中心に、リベラルな教養市民層の特質に対する関心への一環として、マリアンネに対してもあらたな関心が寄せられているといえるだろう(16)。さらにマックスとマリアンネの知的影響関係についてもこれまで以上に精査する研究が現れている(17)。

本稿では、こうした一九九〇年代から二〇〇〇年代にかけての研究動向を踏まえて、彼女の知的活動が、マックス・ヴェーバー周辺の知的環境に共通する問題関心と連動しながら、とくに、女性特有の観点から文化科学への貢献の可能性を摸索したものであることに注目する。この関心に即して、とくにマリアンネが市民女性運動急進派の唱える「新しい倫理」に向けた批判の内容を明らかにする。自然科学的知の合理化が性やセクシュアリティに関する意味を変容させていく時期に、彼女自身があえて倫理の問題に関心を寄せたことを重視し、倫理的主体としての女性像を構築しようとした彼女の思想形成の特質をつかみ出すことを目的としたい。

以上から、まずマリアンネにおけるドイツ民法典に関する分析・批判と市民女性運動との関係を簡単に辿り、ＢＤＦ内部で起きた刑法の堕胎罪をめぐっての穏健派と急進派の対立について概観する（二）。次に、急進派の女性たちが中心となった母性保護連盟と「新しい倫理」をとりあげ、このグループへの優生学や新マルサス主義など自然科学的知の影響とその意義について検討する（三）。続いて、マリアンネによって為された「新しい倫理」批判を倫理と法と自然の関係において検討する（四）。さらに、マックス・ヴェーバーが彼の方法論を自然科学的知の一元論的流出を批判する形で形成したことをふまえ、マリアンネもまたそうした科学的方法論の影響を受けていることを明らかにする。最後に、彼女が性に関わる領域で自然概念と批判的に対峙することによって、倫理的主体としての女性像の構築に向かったことを明らかにする（五）。

二　ＢＤＦの動向

1　ドイツ民法典（Bürgerliches Gesetzbuch: BGB）とマリアンネの動向

主著『妻と母』は、女性運動の側からのドイツ民法典批判という時代背景のもとで構想・執筆された、マリアンネ初期の研究業績である。民法典家族法に対しては一八九五年にＢＤＦ第一回総会で、女性運動の側から見た法的問題点が行動綱領にくみこまれた。そこで提起された問題は、第一に夫婦財産制（別産制導入）、第二に親権（父母に共同かつ平等な親権）、第三に婚外子法（未婚の母への親権付与、父の扶養義務の適正化）である。積極的な運動が展開され請願書が提出されたが、この運動が成果をもたらすことはなかった。[18] 女性の問題意識や社会状況の変化が反映されないまま、一九〇〇年に民法典は施行される。

この時期のマリアンネに目を向けると、彼女は一八九三年にマックス・ヴェーバーと結婚し、翌年夫のフライブルク大学着任のためフライブルクへ、そして一八九七年に夫のハイデルベルク大学着任に向けてハイデルベルクへ引っ越した。そこで彼女は女子教育女子高等教育協会（Verein Frauenbildung-Frauenstudium）の会長を引き受けた。この協会は一九〇〇年にＢＤＦに加盟している。民法典編纂と施行にかかるこの時期、彼女は民法典家族法に対する批判をめぐって活性化する女性運動への関心から、双方の交錯するテーマとして法学領域に目を向けたと思われる。彼女は当時フライブルク大学とハイデルベルク大学で聴講生として哲学、認識論、国民経済学を学んでいたが、法学あるいは法史的講義は聴講していなかった。[19] なじみのない法学分野については独学に近い形で研究を進めたものと思われる。[20]

『妻と母』序論で彼女は、「以下の叙述は法規範をその論理的構造においてではなく、女性の状況に対する法の実践的意味において描写するつもりだ」と述べて、結婚の法史と文化史の交錯から結婚問題に取り組むことを告げている。家父長主義的要素を色濃く残した現行民法典を「女性の利害関心」から批判し、法的・歴史的・社会的・心理的・文化的に構築される性に基づく秩序化や差異化の構造を描き出した点で、現在の観点から見れば、ジェンダー研究と称されてしかるべき業績である。民法典家族法に内在する家父長主義はとくに第五章において徹底的に批判された(21)。

2　堕胎罪をめぐるBDF内部の論争

家族法と結婚制度への関心は、売買春問題や婚外子の法的地位の問題にも関連し、女性運動の関心は刑法改正問題に向かうことになる(22)。懲役五年以下の罰則を伴う堕胎罪を規定した二一八条をめぐって、BDF内部でC・イェリネクを中心にした法律委員会がつくられた。委員会は二一八条の削除案を提出した（ただしモイラーの指摘によると、委員会案は完全削除ではなく、妊娠後一定期間にかぎって中絶を法的に認めようとする期限付規制案（Fristenlösung）を内容としていた(23)）。一九〇八年のBDF第八回総会でこの問題について議論が為された。この問題をめぐってBDF内部で穏健派と急進派の対立が鮮明になった。穏健派は法律委員会案を拒否したが、急進派は擁護する側にまわった。とはいえ、急進派のなかでも自己決定権に基づく完全削除（中絶の完全自由化）に賛成する女性は、M・シュトリット、A・シュライバー、H・ドームなど一部にかぎられた(24)。堕胎罪削除案は長時間に及ぶ議論のあとBDF総会で否決された。BDF内部での穏健派と急進派の対立から、一九一〇年には急進派に属する会長シュトリットが辞任へと追い込まれ、穏健派のG・ボイマーへと会長が代わることになった。

エヴァンズはこの出来事をきっかけの一つとして、急進派の凋落と穏健派主導によるBDFの「右旋回」が起きたと評する。とくに穏健派は、一九〇八年の帝国結社法発効により大量の保守的な女性、とくにドイツ福音主義女性連盟のBDF加盟による得票数でもって、堕胎罪削除案を葬ることに成功したと強調する(25)。ディキンソンも一九〇八年の総会を、穏健派とドイツ福音主義女性連盟やユダヤ女性連盟との間の「新しい提携を強固にするのに役立つことになった会議」として、穏健派における「ユダヤ－キリスト教的基盤（the Judeo-Christian foundation）」を際立たせる(26)。水戸部もまた「堕胎合法化案」の否決が急進派の勢力を弱め、そのことが市民女性運動の女性解放思想を弱めることになったと指摘している。[27] しかしモイラーは、ＢＤＦの立場は創設時から一九二〇年代まで一貫しており、急進派から穏健派へと路線を変更したことはなく、宗派的女性団体の影響についても過大評価だと主張する。ＢＤＦは当時アメリカ、イギリスに次ぐ世界第三位の会員数を誇る巨大な女性組織であった。実際ＢＤＦに加盟した連盟や団体は多岐にわたり、ドイツ福音主義女性連盟はそのうちの一つにすぎない。[28] モイラーによると、福音主義女性連盟にとっては堕胎罪が議題に上る時点ですでに「敗北」であったし、カトリック女性連盟はそもそもＢＤＦには加盟していない。また、ドイツでは再統一後の一九九〇年代になってやっと中絶の期限付規制案が受け入れられたこと、急進派のなかでももっともラディカルな人々が唱えた中絶の完全合法化は現在も実現していないことを指摘する。[29] ＢＤＦはドイツ啓蒙哲学と結びついた個人主義的リベラリズムに基づいて女性の平等という「ラディカルなフェミニスト・プログラム」を要求した団体である。モイラーは、「ほぼ一世紀前に十分に『ラディカル』ではなかった女性たちに対して傲慢に（überheblich）振る舞う理由はほとんどない」として、とくに堕胎罪削除案の棄却を自由主義の放棄とみなすエヴァンズの見方を批判している。[30]

堕胎罪をめぐる問題は、当時のドイツ社会におけるシングルマザーと婚外子の問題、売買春問題とその国家規制の是非、男性側の性の二重道徳に関連するテーマでもあった。また民法典婚外子法は、シングルマザーと婚外子への民事上・刑事上の懲罰的扱いを組み込んでおり、[31] ＢＤＦ穏健派・急進派ともに婚外子法の修正を要求していた。実際の政策プログラムにおいて穏健派と急進派の立場は大きくかけ離れたものではなく、[32] 穏健派の多くは実際のところ性改革的課題に賛同していた――マリアンネはシングルマザーとその子どもたちへの支援、離婚法の改革による離婚の簡便化を唱えていたし、[33] Ａ・ザーロモンは母性保護を立法と社会福祉政策の課題だと主張した。[34] 両陣営の女性たちの性規範も大きく異なっていたとはいえない――急進派の女性たちも、売買春における男性の二重道徳、大衆文化のエロティシズムに嫌悪感を示した。[35]

ただし急進派は、女性の性に関する自己決定権に基づいて中絶の自由化、「自由結婚」を認めることを要請しており、この点で穏健派と袂を分かつことになる。両陣営の差異は、つきつめると女性のセクシュアリティをめぐる見解の差異であった。急進派の女性たちが所属していた一つの組織に「母性保護連盟」があった。この組織のイデオローグたちが唱えたものに「新しい倫理」がある。マリアンネは、『妻と母』第六章をはじめ一連の論文で急進派の女性が掲げた「新しい倫理」への批判を展開した。それでは母性保護連盟とはどのような組織であり、この「新しい倫理」はいかなる内容をもった主張だったのだろうか。

三　性改革運動と性をめぐる「科学的」知の連動

1　母性保護連盟（Bund für Mutterschutz: BfM）

世紀転換期頃から第一次世界大戦前のドイツにおいて活性化した性改革運動には、三つの特徴がある。第一に、一九世紀の思想潮流を引き継いだロマン主義・ニーチェ主義・一元論主義、第二に、唯物論的思考と結びついた社会民主主義との親近性、第三に、社会改革との結びつきである。[36]こうした諸潮流を受け継いで母性保護連盟がH・シュテッカー（Helene Stöcker, 1869-1943）たちを中心に一九〇五年一月にベルリンで設立された。それは、シングルマザーとその子どもたちへの社会的偏見の除去、経済的自立支援と母子寮の建設、母子保険、法的地位の改善を目的として掲げていた。[37]旗揚げの中心となったシュテッカーは、そうした母子のための社会的実践的活動と並んで、性の問題に関する啓蒙、性倫理の改革という目的も明確に掲げている。[38]

この組織の立ち上げには多様な分野から賛同者が集まった。BDF会長のシュトリットも含めて、フェミニスト活動家や女性医師たちのほか（堕胎罪論争では削除案を支持した層も重なる）、多くの男性会員が参加した。修正主義的社会民主党員H・ブラウン、E・ダーヴィト、左派リベラルに属するF・ナウマン、マックス・ヴェーバー、W・ゾンバルト、医師A・ブラシュコ、A・ナイサー、性科学者M・マルクーゼ、A・モル、I・ブロッホ、優生学専門家A・プレッツ、L・ヴォルトマン、精神医学者A・フォーレル、刑法学者F・v・リスト、福祉事業提唱者F・ドゥエンジンクなどが名を連ねていた。[39]

しかしこの連盟は最初から内部分裂と混乱を抱え込んでいた。急進派の女性たちによる運営が明確になってくると、多様な分野から集まった（主に）男性会員は自らの思惑とのズレにより連盟を去っていった。性科学者のマルクーゼはシュテッカーのニーチェ主義・ロマン主義的傾向に対して、より科学的プログラムを志向して脱会した。人種衛生学のA・プレッツはシングルマザーを支援するための厳格な優生学的基準を受け入れていないとして袂を分かった[40]。母性保護連盟立役者の一人であるR・ブレがシュテッカーとの対立から連盟を去り、L・ブラウン、H・ヒュルス、A・シュライバーら社会主義者の女性たちもまた去った。おそらく社会政策的関心から関与したであろうマックス・ヴェーバーも一九〇六年頃には脱会している[41]。

分裂と混乱の理由として第一に、シュテッカーがこの連盟を「個人的なプロジェクトと財産」とみなす傾向があったことが挙げられる。またシュテッカーとシュライバーの間に性愛にからむ人間関係のもつれから中傷事件も起きており、こうした混乱のなか、マルクーゼに率いられた男性医師たちが一九〇八年に連盟を去ることになる[42]。第二に、社会政策をめぐっての地方と中央の温度差である。地方支部は「新しい倫理」に基づく性改革の理念よりも、シングルマザーとその子どもたちの困窮に対する社会福祉事業に関心をもっていた。ベルリン指導部の混乱や、自由恋愛や自由結婚といった「新しい倫理」のイデオロギーは、貧しい母親の相談所や産院ネットワークなど地域に根差した福祉活動を進めていた地方支部にとってはむしろ苦々しいものであった[43]。

初期のメンバーの脱会、地方支部の脱会がつづく危機を、母性保護連盟は指導者をシュテッカーからM・ローゼンタールに交代することで乗り切った。母性保護連盟は一九〇九年から一九一〇年にかけて、ニーチェ主義的個人主義・ロマン主義的傾向から、生物学的・進化論的傾向を強めた。ローゼンタールが「慎重でプラグマティックな優生学や進化論へのアプローチ」によって性倫理を方向付けたのである[44]。それによって母性保護連盟はより「科学的な」装いをまとうことを印象づけることになった。この場合、科学的であるというのは生物学的・進化論的論理の前景化を意味するとみてよいだろう。

母性保護連盟に対する性科学と優生思想の影響は多くの研究者が指摘する点である。しかしこの陣営に集った女性たちは、男性医師や男性指導者との齟齬が明らかになるように、基本的にはフェミニスト的価値観に基づいて行動し思考し主張した人々であった。

2 「新しい倫理」

「新しい倫理」を強調するシュテッカーは、ニーチェやロマン主義の影響が強いフェミニストである。彼女にとって、性欲とは自然かつ本能的衝動であり、それ自体は道徳的でも不道徳的なものでもない。この観点から、自然衝動を抑圧するものとしてキリスト教道徳による禁欲や結婚観を批判し、また国家は男女の個人的生に関わるべきでないとして国家の規制する法律婚を批判した。自由な個人たる男女の愛に基づく結びつきとして「自由結婚」を提唱し、それを実践してもいた[45]。シュテッカーは急進派のなかでも女性の自己決定権をもっともラディカルに認める立場に立ち、中絶合法化、避妊知識の普及、産児制限を主張した。彼女の思想において、倫理的・人格的な男女による愛の関係は、その根底にある自然衝動の肯定と途切れずにつながっていたといえるだろう。

性改革者たちはあらゆる秩序や法的秩序を拒絶するアナーキストであったわけではないし、非道徳的であったわけでもない。彼女たちもまたきわめて道徳的であったし、そこで唱えられた男女関係は理想的かつ倫理的でもある。性改革者は「現実の性的道徳は性的自由の基盤のうえでのみ花開く」と考えた[46]。そうした男女間の新しい個人的関係や性倫理を正当化するには、キリスト教的性規範に代わる新しい権威を必要とする。彼女たちはその空白化した部分に最新の自然科学的知を、あらたな権威、あらたな宗教として導入したのである。

3 性に関する「科学的」知の影響

急進派の女性たちは、優生学、性科学、新マルサス主義といった性に関する科学的知を積極的に受け入れた[47]。この時期の市民女性運動が全般的に優生学や人種理論の影響を受けていたとして、シュテッカーへのこうした知の影響を慎重に見るべきだとする見解もある。[48] しかしそもそも穏健派主流のＢＤＦのなかで、優生学や社会ダーウィニズムや反ユダヤ主義は基盤をもたなかったとも指摘される。[49] 生物学的思考に対する態度の温度差には、穏健派主流のＢＤＦと、ＢＤＦに加盟することを拒否された母性保護連盟との見過ごすことのできない差異がある。

母性保護連盟は創設時から優生学者や性科学者や医師が関わる団体であったが、とくに一九〇九年以降生物学的・優生学的傾向を強めた。[50] シュテッカーは自分の運動を「性を研究する科学運動」と考えており、彼女の編集する雑誌『母性保護』で、Ｉ・ブロッホ、Ｈ・エリス、Ａ・フォーレルらの論文を紹介している。[51] また生物学的一元論者Ｅ・ヘッケルを中心とするドイツ一元論同盟の第一回大会（一九一一年）に、母性保護連盟代表として参加している。[52] 同年「国際衛生学展」と連携した第四回新マルサス主義大会に参加し、さらに「母性保護と性改革国際協会」を設立して第一回国際大会をドレスデンで開催した。[53] 一九一三年にはフロイトの招きでヴィーンの精神分析協会の会合にも参加している。[54] 一九二八年の講演論文「産児調節と人間経済学」において――掛川はこれを彼女の優生思想発展史のなかでの「ほぼ最終的な理論的到達点」と評しているのだが――シュテッカーは「自分の性的行動のための個々人の責任」を強調し、産児制限という手段を利用した優生学を「未来の宗教」と位置づけている。[55] ディキンソンの指摘によると、彼女の唱える責任は「性的結合の産物である子どもを通じた『人種（race）』への、人類一般への責任」を意味していた。[56]

シュテッカーは女性にも男性と同様に性欲を認め、女性の経済的自立を要求した。また貧しい母親の度重なる妊娠による疲弊から中絶の権利を求め、母性保護と産児調節による避妊技術を広めた。彼女は女性が自らの人生を設計できるように、身体を含めた自己決定権を尊重したのである。しかし、その観点から主張される産児制限や中絶の権利と、生まれてくるべきではない子どもの選別という考えを内在させる優生思想からの中絶は同質ではない。この齟齬はシュテッカー研究においても指摘されている。[57]

フェミニストの唱える自己決定権と優生思想が結びつく論理は何だったのか。この問いに対する一つの応答としてディキンソンは、性改革者たちが人間の「質」という優生学的カテゴリーに熱狂した理由に、彼女たちが民主主義者であり個人主義者であった点を挙げている。人種や人類の進化は民主主義的善であり、民主主義の進展は人種や人類にとっての善である。それは裏返せば、こうした善に貢献しない性やセクシュアリティは神聖でもなければ自由でもないのである。それゆえ実際のところ、女性解放も彼女らにとって最優先の課題ではなかったのだと彼は結論づけている。[58]彼女たちが優生学的言説に親和的であったのは、――彼女たちを擁護するとすれば――女性の自己決定権の強調が「放縦」と批判されることへの弁明という側面もあっただろう。しかし、人種や人類の進化といった（生物学的・進化論的）「全体」を善とするという価値に寄与するのだからそれは放縦ではないというレトリックを用いるならば、女性の自己決定権は「全体」にとっての一手段にすぎないという結論を招きかねないことになる。その思考に、女性の自己決定権と優生思想との根本的な差異に対する無自覚さがあったことは否めないのではないか。[59]

以上、第二帝政期における性をめぐるコンフリクトの一様相を母性保護連盟と「新しい倫理」を中心に素描した。マリアンネはこの問題に強い関心を抱き、「新しい倫理」を批判する論陣を張った。彼女はどのような観点と関心からこのイデオロギーを批判したのだろうか。

四　マリアンネによる「新しい倫理」批判――結婚をめぐる倫理／法／自然

1　結婚の倫理的価値

「厳しい性的緊張の時代[60]」において、性をめぐる問題にマリアンネは大きな関心を寄せた。その内容は多岐にわたっており、先述したように、政策的提言において彼女自身の主張は急進派と大きくかけ離れていたわけではない。だがマリアンネは「新しい倫理」に対しては明確に反対する立場をとった。そのさい彼女は遺伝や人間の質という議論を取り上げて批判したわけではない。彼女が批判の足場にしたのは法の領域であった。「新しい倫理」からの要請について彼女は、第一に婚姻締結の法的手続きを強制しないこと、第二に自由結婚に法律婚と同等の社会的承認を与え、その法的区別をなくすこと、第三に人間の性的契約の自由化要求としてまとめている。[61]以下では、彼女が法的観点から結婚を含む性的結合のあり方とその帰結をどのように考えたかについてみていこう。

マリアンネ自身の結婚に対する見方は、観念的側面と現実的側面がある。彼女は観念的には結婚をきわめて理想的かつ倫理的に捉えている。

〔……〕精神的かつ道徳的に完全に発展した二人の人格の統一、両者の互いへの、また生命を与えたところの子どもたちへの責任感情、世代の上昇と下降を通じた変遷における両親と子どもたちとの個人的な関係――性的関係の基礎のうえにあるこうした関係はまさに至高かつ疑いようのないものであり、倫理的価値を帯びた人生がわたしたちに与えてくれたものである。(62)

現代の女性たちは結婚を、〔……〕魂と感性の傾向を通じて、また完全な責任への意志を通じて作り出された生活共同体を、人間共同体の至高の理想として評価する。その理想は文化人の性生活について揺らぐことのない規準として存立している。(63)

彼女の唱える結婚観がきわめて高い倫理性を帯びているのは確かであり、その前提になっているのは高い精神性を帯びる文化人、すなわち道徳的に完全に発展した個人同士の結びつきである。そして法によって承認される「正当な結婚」(一夫一婦制の法律婚)はこうした倫理的要請にもかなう制度として擁護される。こうした結婚観から彼女は市民的結婚の熱心な擁護者とみなされてきた。しかし彼女は倫理と法とを明確に区別し、法の水準では結婚の意義についてきわめて現実的な観点から捉えていた点も強調されるべきであろう。

2　結婚をめぐる倫理と法の関係

マリアンネは結婚をきわめて倫理的に価値づけながらも、「無数の結婚の事実上の精神的内容は非常に低いもの」であり、平均的人間が経済的条件等に翻弄されることで、そうした理想を実現することは困難でもあると見ていた。[64] グレーフェン＝アショフによると、マリアンネは「大半の人間は自分の運命を自力で、国家の正当な制度による支えなしに、自分の運命を形づくる能力をもつとは信じていなかった」。彼女は、現実の家族関係が理想とは異なるために、その形式が保持されなくてはならないと考えていたのである。[65]

マリアンネによると、「法は第一に社会的制度である」。つまり、外面的行為を規制するのみであり、結婚の倫理的価値について何かを問うものではない。「倫理的理想が〔……〕『純粋に』法秩序に現れることはありえない」。それでは結婚に対する法の意義とは何か。彼女は、結婚という性的共同体が「夫婦間および両親と子どもの間の経済的かつ人格的な責任」を引き受け、とくに「成長する世代」の利害を保障するところに、法にとっての決定的で特殊な「社会的価値」があるという。母親のみならず父親にも子どもたちへの扶養と人格的な教育の提供を義務づけるために、国家は法律婚を社会的制度として他の性的結合より優遇する。[66] 法は道徳的影響力を及ぼすわけではないけれども、倫理的価値を帯びた理想的結婚の形式に現実の平均的な人々をつなぎとめる役割をはたすものと捉えられているのである。

さらに彼女は法のある機能を指摘する。

〔法の〕形式そのものは構成的＝道徳的力を備えていないにもかかわらず、それは、変革欲求と自然的エゴイズムの猛攻に対して、関係者には感じられ第三者には識別できる障壁を設定している。[67]

彼女は、法が婚姻外性的関係と法律婚とを「外的に認識可能な標識」でもって区別する点に注目する。この区別が意味するのは、「変革欲求と自然的エゴイズムの猛攻」から、結婚という形式で囲われた性的関係が法によって防御されるということである。自然の暴力性に対する障壁という法の機能がここでは高く評価されているのである。

3　結婚をめぐる法と自然の関係

ここで言われる自然的エゴイズムについては、一つには夫や父の暴力や支配が挙げられるだろう。彼女は、「正当な結婚」の形式が夫や父の恣意的力に対して正妻とその子に地位や財産や安全を保障するものであることを、『妻と母』を通じて論じている。もう一つは、「新しい倫理」の提唱する自然衝動を肯定した愛の関係という「理想」である。彼女はこの愛の関係にも自然の暴力性を見ている。

マリアンネは「新しい倫理」の要請をふまえて、もし自由結婚が正当な結婚と区別されずに承認されるとしたら法はどのように応答するのか、無条件的な「性的契約の自由」が法的に意味することは何かと問う。その場合、法は性的関係に関する諸契約の広範なカテゴリーに、法の保護を与えないという形で応答するという。その結果、自由な性的契約は「誘惑の技術への報償」や「愛の経済的搾取への報償」を意味することになる[68]。彼女は『妻と母』で扱った結婚の法史をふまえて、現代の自由結婚への要請を古代ローマ帝国の自由結婚になぞらえている。そこでは自由結婚が性的な相手を次々に交換したいという衝動のはけ口になったのだが、近代的文化人の「熱に浮かされた生への渇望（fieberhafte Lebensdrang）」が、それとよく似た形で自由結婚を濫用することになるという[69]。「新しい倫理」の主唱者が性衝動という自然を肯定し、そこから男女間の性関係の倫理性を引き出してくるのに対し、マリアンネは、現実の平均的人間にとっては理想の実現というよりも「感情生活の野蛮化」を引き起こすものであり、その場合女性自身が「粗暴さの犠牲」になると見ていた[70]。

同時に、このような契約の自由は、何よりも子どもの利益にとって望ましいものではない。どんな国家も、子どもの扶養・教育・相続請求権に関する処分を――結婚・非婚を問わず――親の任意の契約に委ねることはできない[71]。マリアンネは、子どもの利益の観点からも自由結婚を否定する。たしかに「精神的に無限に洗練され、道徳的には最高と考えられる程度で規律化された人間の集団」においては、理想の性的関係がありうるかもしれない。だが、「子どもの経済的運命へのあらゆる責任」をなくすことで、性的関係は「性衝動の単なる作用」へと低下してしまいかねない。このことは「粗野な本質をもつ大衆」にとっては逃れられない運命となるだろうと述べて、彼女は、法の保護がないことで下層の人々がいっそう自然の暴力にさらされやすくなる事態を懸念した[72]。

マリアンネは、「新しい倫理」が既存の法律婚と自由結婚との差異を無化し、法律婚制度の解体を唱えたことに対して、既存の秩序を破壊することが必然的に新しい秩序をもたらすという楽観的な立場には与さなかった[73]。「新しい倫理」が描く理想の性的関係は、法による弱者保護という機能を低下・廃棄することによって、男性にはより有利な形で、女性や子どもにはより不利な形で、男性の暴力や恣意が女性と子どもに及びうる事態に帰結する。法はそうした自然の「猛攻」を防御する「障壁」となって、女性や子どもの地位や経済状況を保障するのである。このようにマリアンネは法的観点から、「新しい倫理」が性衝動という自然を根拠に倫理的な性的関係を構築する可能性をはっきりと否定した。以下では、彼女が「自然」の何を問題視したのか、その自然概念批判をさらにみていこう。そのさいひとつの手がかりとして、マックス・ヴェーバーの方法論的立場に目を向ける。

五　自然概念批判と倫理的主体

1　自然科学に対する文化科学・精神科学

一九〇七年にマックス・ヴェーバーはエルゼ・ヤッフェ宛に、フロイトの弟子O・グロスの論文を『社会科学社会政策雑誌』に掲載することを拒否する旨の手紙を送った[74]。グロスは、近代的日常生活のなかに非日常的な愛を持ち込もうとすることで政治と文化の救済を唱え、その実践的帰結として「性の共産主義」といわれる一夫一婦制の否定を主張した人物である。

ヴェーバーは、グロスの思想が性科学やフロイトの精神医学の知見を一定の価値判断を伴って社会的領域へと転用したものであることを見抜いた。当時ヴェーバーは、自然科学的知が社会的・文化的領域へと一元論的に流入し「『世界観』の生産者[75]」たろうとする事態を強く警戒していた。ノーベル化学賞受賞者W・オストヴァルトを、「価値判断を自然科学的諸事実から導き出そうとする試み」の「典型」として、「『専門分野愛国主義的（ressortpatriotisch）』価値基準」を導出したと激しく批判したのもこの文脈においてである[76]。この批判が為された背景を拡大してみると、一八八〇年頃から一九二〇年代にかけて物理学の領域でE・マッハが引き起こした、力学的自然観中心の古典物理学批判からの認識論的変換がある。マッハの感覚要素一元論やオストヴァルトのエネルギー一元論の影響は、物理学の領域を越えて、芸術・文化・倫理・宗教・法学にまで及ぶ知的地殻変動を引き起こしていた。さらにマッハもオストヴァルトも、ダーウィン進化論のドイツへの紹介者である生物学者ヘッケルが中心となった一元論同盟に関与した。この同盟は「科学の名における新しい倫理運動」にまで発展し、キリスト教と対峙する「代替宗教」の様相を呈した[77]。

一元論の衝撃は大きく、ヴェーバーはH・リッカートの影響をうけつつ、価値自由に基づいた精神科学・文化科学の存在意義を確立することを喫緊の課題としていた。この文脈においてヴェーバーもリッカートも、主体の価値関心によって、知るに値する文化意義をもった現実のある一側面を抽出し、価値に媒介されてはじめて現実の事象は認識可能となると考えていた。この立場は、ヴェーバーによる精神科学・文化科学の方法論において科学的知の一元論的流出への牽制として現れてくる。『ロッシャーとクニース』（一九〇三―〇六年）ではヘーゲルに由来する観念論的一元論を流出論として批判し、「客観性」論文（一九〇五年）では、マルクス主義、文献学、生物学と並んで人類学にも「自己に対して無批判な認識に抜きがたくつきまとう一元論的傾向」に批判の矛先を向けている[78]。さらにこの文脈において、「人種」といった用語を用いて「社会理論」を構築しようとする動きを牽制した。

> 人類学では、歴史的な一切の出来事は「究極のところ」、先天的な「人種的資質（Rassenqualitäten）」が相互に対抗的に作用しあった結果であるという信仰が広まっている。そこでは「民族性」を無批判に記述するかわりに、「自然科学的」基礎の上に独自の「社会理論」を打ちたてようという、さらに無批判な企てが登場している。〔……〕文化事象の原因をもっぱら「人種（Rasse）」に求める類の因果的遡行は、たんにわれわれの無知を証するだけのこと

でしかなく、こうした状態は〔……〕方法的に訓練された研究によって、徐々に克服されることが望ましい。[79]

また『工場労働調査論』においては、労働適性の差異は遺伝的素質に還元できないと指摘し、遺伝性の仮説からアプローチすることを退けている。ヴェーバーは、遺伝的偏差の前に、伝統と社会的・文化的「環境世界」の影響など「社会的、文化的出自、教育や伝統の影響」を吟味し、これを尽くしてなお説明できない場合に遺伝的質の影響もとりあげられるだろうと主張した。[80]

一連の文献においてヴェーバーが、「人種」や「遺伝」といった用語を無批判に社会的分析に使用することに異議を唱えていたのは明らかである。それは第一回ドイツ社会学会（一九一〇年）におけるプレッツとの「人種」概念をめぐっての論争にも現れている。特定の社会秩序の成立をある人種の遺伝的素質に還元できるとするプレッツの立場にヴェーバーは徹底的に反論し、プレッツは主観的評価の領域に踏み込んでいると指摘した。社会を生物的な細胞組織になぞらえたプレッツに対して、ヴェーバーは、動物社会を調べるやり方で人間社会を把握しようとすることは、人間にのみ関わりのある認識手段を放棄することだと批判している。[81]ヴェーバーは自然科学的知が社会的制度や精神の領域にまで援用される傾向を流出論として批判することで、「生物学の思考モデルから意識的に手を切ろうとした」。[82]ここには、観念論的全体論と自然科学主義的一元論が、「人種」や「遺伝」や「民族」といった概念を通じて社会的事象に主観的評価をすべりこませ、場合によってはそれがある種のイデオロギーと化して価値の強制にいたる事態へのヴェーバーの強い警戒が見て取れるだろう。[83]

2　女性と科学研究

この点に関して強調すべきことは、マリアンネもまたマックス・ヴェーバーらとこうした知的関心を明らかに共有していたということである。彼女は一九〇四年の国際女性学会での報告を基にした論文で、精神科学・文化科学は自然科学とは異なる独自の存在意義をもつと主張した。

自然科学と違い文化科学の個性は、その現実の分析が、〔……〕価値観点（Wertgesichtspunkten）と文化的理想（Kulturidealen）にしっかりとつなぎとめられているという点にあるからである。そうした究極の価値理念（Wertideen）に目を向けないという意味では、歴史とあらゆる文化的考察の「客観性（Objektivität）」は一つの幻想である。もしそうであるならば、性の根本的差異を確信している人はまさに、人間の文化発展の学問的考察がもっぱら文化的人間の半分の眼鏡〔男性〕を通してのみ行われてきたということを、欠陥として感じるに違いないのである。[84]

価値観点と文化的理想に基づいて現実の事象を分析することが文化科学の個性であるという主張を、彼女は自然科学と対比させて明示する。ウォッベは「リッカートの弟子として彼女は、文化的現実の認識が対象の構成において、価値観点に基づいて方向づけられるということから始めている」と、マリアンネへのリッカートの影響を指摘している。[85] その影響は確かにあるが、ここでは彼が使った「価値」ではなく、マックス・ヴェーバーが用いた「価値理念」が用いられていることに留意したい。リッカートにとって普遍的・妥当的・超越的価値は唯一絶対に在るものだが、ヴェーバーにとって価値理念（Wertideen）は複数在るものだった。リッカートは他とは異なる個性的なもののうちに文化意義があると考えたが、ヴェーバーは、個性的だから文化意義をもつのではなく、人間が価値に基づいて個性的現実に文化意義を付与すると考えていた。[86] この文脈においてはリッカートよりもヴェーバーの影響がマリアンネに強く現れていると見るべきではないか。そしておそらくこの点は、彼女が「社会科学」研究への女性の貢献の意義を捉えようと試みていたことに関わる。

彼女は、文化科学が男性によってのみ為されてきたことを欠陥と認識し、女性特有の観点を度外視するかぎり学問の客観性を担保できないとして、「歴史認識の網の目のなかに新しい観点をはめ込むこと」によって、「これまで見向きもされなかったことが文化的意義をもつものとして認識される」ことの重要性を唱える。マリアンネは、「他者の感情世界に身を置き、その行為の動機を理解する」という女性の精神労働の特性は、「知の客体的秩序世界《コスモス》の要請」に応えることよりもむしろ「人格的なもの＝人間的なもの」に向いていると考える。人間の精神的文化は「知の途方もないメカニズム」によって硬直したり、単なる専門家集団の事柄に終わってしまったりするべきではない。彼女はその点で「即事的な文化と人格的な文化の間の隔たりを小さくすること」に、「女性の精神労働の文化的意義」の可能性を見いだそうとしていた[87]。

しかし同時に彼女は、女性が性的存在として自然の負荷を負った存在でもあることが、文化科学の領域に女性が参入するさいの足枷となることを十分に認識していた。

> 自然は女性的有機体に、男性は負わなくて済む重い類的義務を負わせた。〔……〕その結果として、女性が客観的文化に創造的に関わることは、男性におけるよりもいっそう狭く制限されている[88]。

彼女は科学研究という客観的文化の領域に女性が参入するために、女性を自然へと、性的存在へと落とし込む諸力を自覚し、それに抵抗するところに、女性独自の特性を自然とは切り離された形で模索していたのである。

マリアンネは「新しい倫理」の主唱者たちが自由結婚を唱えることに対して、法律婚の意義を論じることで批判した。そのさい、マックス・ヴェーバーのように、「遺伝」や「人種」概念に対して明確に批判を加えたわけではない[89]。しかし彼女自身、マックス周辺の科学者たちと問題関心を共有していたのは明らかである。それは、文化領域は自然には還元されないところに存立するという認識であり、文化科学・精神科学の独自性は、選択された価値に基づいて文化意義を個性的現実に付与することにあるというものだった。さらに彼女は女性による科学への貢献のあり方について、女性性の潜在力を自然と切り離されたところに見出そうとしている。こうした観点からマリアンネは、性に関わる領域において、自然概念を文化・倫理・精神・法といった言葉と明確に対立的に用いたのである。最後に、その自然概念批判をさらに検討することで、倫理的主体としての女性を彼女がどのように構想したのかという問いに向かう。

3　倫理と自然の関係――自然から倫理的主体は導かれるのか

「性倫理の原理的問題」（一九〇七年）で、マリアンネは「新しい倫理」を次のように論じている。その性倫理の〔キリスト教の性倫理や「市民道徳」への〕懐疑はまずもって、禁欲の理想を通じてエロティークを格下げすることへの反動である。その禁欲の理想にエロス的なものの美と高貴さへの信仰を対置し、そこからエロス的な感情の強さだけが性的関係の価値について決定を下すという見解に達し、それからこうした性的関係はただそれだけで、ただ長きにわたって、「自然的」衝動がその基礎を形成するように、「道徳的」なのだという見解に達する。[90]

自然な性衝動が基礎を形成する性的関係こそ道徳的だとする「新しい倫理」の見方に対して、マリアンネは「その『自然的な』形において、性衝動は精神的文化の主要な妨げである」と断言する。[91] 彼女は性衝動を無制限に解放するセクシュアリティの自然主義的理解を倫理・文化に対する妨げとして批判している。こうした見方は、セクシュアリティと性愛（Geschlechtsliebe）が区別される「性生活の形成力」（一九一八年）においても現れている。彼女によると、セクシュアリティとは「自分自身に委ねられた自然衝動」、「精神的・道徳的な全人格性から完全に分離された」性衝動のことであり、「人間を動物的なものに隷属させる危険性」を帯びるものである。それは「無制限性と選択の喪失」を特徴とするが、これに対し性愛は「選択と個人化」を通じて現れてくるものである。ここでは、性愛によるセクシュアリティの統御と統合の可能性が論じられるのである。[92]

マリアンネは女性を性的存在としてのみ捉える一面的な見方には批判的で、女性を単なる「性的存在」ではなく、「人間としての女性」「知的に完全に発達した、自立的に思考し行動する女性」でもありうることを強調する。[93] こうした彼女の立場は、結婚における夫婦間および子どもへの責任と義務を強調するように、「エロティークのみが、最終的審級において、性的共同体の価値を決定するわけではない[94]」という表現にも現れている。

シュテッカーら性改革者たちは、性・生殖に関わる自然を肯定し、かつそれを自己コントロールできると信じたところに女性解放の潜在力をみていた。中絶の完全自由化も、自由恋愛・自由結婚の要請もそこから生まれてくる。逆にマリアンネにとって、自然とは人間存在を動物的・生物的レベルに還元する力であり、女性は男性以上に身体性という自然の負荷をかけられた存在であった。彼女はセクシュアリティや自然衝動の肯定のなかに女性解放の潜在力をみようとはしなかった。それが道徳的な世界や感情の価値を育てるための手段になることは認めても、むしろ自然は「精神的文化」にとっての「妨げ」だと彼女は見ている。人間にとって性にまつわる自然は簡単に自己コントロールできるものではなく、それと格闘する葛藤の過程にこそ、人が「人格」となりうる根拠がある。

わたしたちは〔……〕倫理的文化の発展史が教えるところの基本的事実を心に留めておかねばならない。つまり、わたしたちの感性的＝精神的本質にある、存在（Sein）と当為（Sollen）とのあの暴力的で苦痛に満ちた争いが、精神的かつ道徳的文化が一般に追求されるところではどこにおいても、なんらかの形式で意識のなかに入り込むという基本的事実である。したがってその争いは明らかにわたしたちの避けられない運命であり、動物性に対するわたしたちの「人間の尊厳」の特別な標識であり、精神的洗練のもっとも重要な手段の一つである[95]。

こうした存在と当為の緊張関係のもとに「人間の尊厳」を見出そうとする視座は、女性にもあてはまると彼女は主張する。

自律的で道徳的な人格性の発展を、わたしたちのこの世における人生の絶対的に妥当する至高の目的として肯定する者は、その通用範囲を女性の上にも拡大しなければならない[96]。

女性もまた「その人格への権利と義務を彼女自身の良心に基づいて行うものと認識しなくてはならない時代[97]」にあって、彼女が客観的・精神的文化の創造に参加しようとするならば、「所与のものの多様性から選択する勇気、目的と価値を設定し承認する勇気[98]」が求められるのである。

こうした身体性に対する精神による克服を強調する議論は、結果的にはきわめて禁欲的な性規範に通じるだろうし、彼女の見解にはキリスト教的価値観が反映しているとみる見解もある[99]。実際彼女は、「良心の自由」が女性の権利の揺籃になったことや、性的純潔さを両性に要請したことが両性間の同志関係の基盤を作ったという点を挙げて、プロテスタンティズムが男女平等に残した遺産を高く評価している[100]。だが彼女は近代的文化世界においては、キリスト教的結婚観に硬直性と性倫理的懐疑の原因を見ており[101]、少なくとも彼女自身はそれを批判的に捉えていた点を確認しておくことは重要であろう。むしろ彼女の倫理的主体像はカントやフィヒテなどドイツ観念論哲学に根差したリベラリズムの影響のもと構築されていると考えられるが、これについては稿をあらためて検討する[102]。

六　おわりに

マリアンネは彼女固有の論理でもって、人格への権利と義務を備えた自律的な倫理的主体として女性を立ち上げるために、自然概念と対峙することを必須のものとした。彼女の「新しい倫理」批判は、それが性における自然を肯定するところから、性的関係を含む人間的・社会的諸関係を道徳的なものとして再構成するところに向けられた。この背景には、自然科学的知が社会的価値判断へと流入することを牽制しつつ、文化科学独自の方法論を形成したマックス・ヴェーバーたちに共通の科学的態度が認められる。

シュテッカーの議論にみられるように、性改革者たちにおいては自然が倫理に直結する。倫理と自然のあいだに中断をもちこむものが法であり、法は自然と結びついた倫理的生を妨げるものとして捉えられる。だがこうした立場は国家や法の権力への批判はなしえても、女性の自己決定権の主張が優生思想に結びつく回路を示した点で、生‐権力にのみ込まれる危険性を帯びていた。

対してマリアンネにとって——倫理と法のあいだに根本的な断絶を認めつつも——法は理想的結婚に達しえない平均的人間をその形式につなぎとめることで「社会的価値」をもつものであった。性改革者とは逆に、彼女は倫理と自然のあいだに法による中断がもちこまれることを重視する。法による保護がない場合、愛の関係は自然の暴力にさらされる場となるからだ。その場合、最大の被害を受けるのは子どもである。彼女は、自然が倫理へと直結しない障壁として機能する点で法を重視した。また倫理と自然を自覚的に切り離すのは、諸事象に対して意味を付与するのは価値を選択した主体によるものだと考えたからである。マックス・ヴェーバーと同じく彼女もまた、自然が無媒介に社会的価値の根拠として正当化される事態を受け入れなかった。

以上見てきたように、マリアンネは自然と自覚的に対峙するところに、文化的・精神的世界の存立可能性をとらえ、自律的な倫理的主体としての女性像を構想しようとした。さらに付け加えると、彼女は「人間から人間へのまったき個人的諸関係」に関わる規範は、「国家的かつ国民的理想の時間的被制約性」から引き出されることはできないとも考えていた。「子どもたちのための責任を負いうる結びつき」である性的共同体は、「どれほど重要であるにしても人口政策上の考慮からではなく」、その内容が考えられなくてはならない。彼女は、人口政策や国家的・国民的領域は「愛にとっては一貫して疎遠なもの」として、性愛の領域における固有価値を堅持しようとした[103]。ここには生-権力のみならず国家権力に対しても距離を保つ自律的な倫理的主体が想定されていると考えられるだろう[104]。性をめぐる言説や活動が保守的な層からラディカルな層まで分極化したドイツ第二帝政期にあって、マリアンネは、性に関する問題において倫理と法と自然、存在と当為とを峻別し、その緊張関係のなかで、女性もまた自律的な倫理的主体として構築される可能性を模索していたのである。

＊本研究は科研費（研究課題番号：15K01933）による研究成果の一部である。

（1）以下、彼女の表記はマックス・ヴェーバーと区別するため、「ヴェーバー」ではなく「マリアンネ」とする。また文中の〔　〕は著者による挿入である。

（2）Cf. E. R. Dickinson, *Sex, Freedom, and Power in Imperial Germany, 1880-1914*, Cambridge University Press, 2014.

（3）本稿では「ジェンダー」を、「性」や「性差」に関する知が性の諸現象を秩序化・差異化・階層化することで、個々人の規範や価値観や行動様式を作り出し、文化的・社会的制度に及んで構造を作り出すことを自覚的に捉える概念として用いる。

（4）Marianne Weber, *Ehefrau und Mutter in der Rechtsentwicklung*, J. C. B. Mohr（Paul Siebeck）, 1907. 以下、Marianne, EuM と表記。

（5）S. Buchholz, Das Bürgerliche Gesetzbuch und die Frauen: zur Kritik des Ehegüterrechts, in: U. Gerhard, hrsg., *Frauen in der Geschichte des Rechts: Von der Frühen Neuzeit bis zur Gegenwart*, C. H. Beck, 1997. S. Buchholz, Marianne Webers Bedeutung für die Rechtsgeschichte, in: B. Meurer, hrsg., *Marianne Weber: Beiträge zu Werk und Person*, Mohr Siebeck, 2004.

（6）M. Baum, Marianne Weber zum Gedächtnis, in: *Ruperto-Carola*, Jg. 6, Nr. 13/14, 1954. M. Baum, Der alte und der neue Marianne Weber-Kreis, in: *Der Marianne Weber-Kreis: Festgabe für Georg Poensgen zu seinem 60.Geburtstag*, F. H. Kerle Verlag, 1958. G. Poensgen, Zehn Jahre Marianne Weber-Kreis im Kurpfälzischen Museum, in: *Ruperto-Carola*, Jg. 17, Bd. 37, 1965.

（7）B. Greven-Aschoff, *Die bürgerliche Frauenbewegung in Deutschland 1894-1933*, Vandenhoeck & Ruprecht, 1981. I. Gilcher-Holtey, Modelle „moderner“ Weiblichkeit: Diskussionen im akademischen Milieu Heidelbergs um 1900, in: M. R. Lepsius, hrsg., *Bildungsbürgertum im 19. Jahrhundert, Teil 3: Lebensführung und ständische Vergesellschaftung*, Klett-Cotta, 1992. 若尾祐司『近代ドイツの結婚と家族』名古屋大学出版会、一九九六年。

（8）Buchholz（2004）, S. 163, S. 170.

（9）ブーフホルツは『法史における女性たち』（Gerhardt（1997））を編集したゲルハルトとのやりとりで、彼女が「あなたのマリアンネに対する特別な高い評価は分かります。〔……〕しかし女性運動における彼女の役割の点でわたしはいくばくか批判的なのです」と述べたことを紹介している。ゲルハルト自身はマリアンネがＢＤＦを「保守的な方向で刻印づけ影響を与えた」と評している（U. Gerhard, *Unerhört: Die Geschichte der deutschen Frauenbewegung*, Rowohlt, 1995, S. 348）。ブーフホルツはこの分野から「マリアンネは追放された者のようにみえる」とすら述べている。Buchholz（2004）, S. 164, S. 166.

（10）Greven-Aschoff, op. cit., S. 63-65.

（11）Gilcher-Holtey, op. cit., S. 178.

（12）Cf., W・シュルフター、折原浩『『経済と社会』再構成論の新展開』未來社、二〇〇〇年。Marianne Weber, *Max Weber: Ein Lebensbild*, J. C. B. Mohr（Paul Siebeck）, 1926（大久保和郎訳『マックス・ウェーバー』みすず書房、一九八七年）. 以下Marianne, Lbと表記。

（13）T. Wobbe, Marianne Weber（1870-1954）: Ein anderes Labor der Moderne, in: C. Honegger und T. Wobbe, hrsg., *Frauen in der Soziologie: neun Portraits*, C. H. Beck, 1998. T. Wobbe, Marianne Webers kultursoziologische und frauenpolitische Persktive, in: Meurer（2004）.

（14）K. Eckhardt, *Die Auseinandersetszung zwischen Marianne Weber und Georg Simmel über die ,Frauenfrage‘*, ibidem, 2000. 掛川典子「ゲオルク・ジンメルの女性文化論とマリアンネ・ヴェーバーにおける女性の文化的貢献論」『昭和女子大学女性文化研究所紀要』第二六号、二〇〇〇年。

（15）B. Meurer, *Marianne Weber: Leben und Werk*, Mohr Siebeck, 2010.

（16）G. Roth, Marianne Weber als liberale Nationalistin, in: J. C. Heß, H. Lehmann und V. Sellin, hrsg., *Heidelberg 1945*, Franz Steiner Verlag, 1996. G. Roth, *Max Webers deutsch-englische Familiengeschichte 1800-1950*, Mohr Siebeck 2001. W. Schwentker, Passion as a Mode of Life: Max Weber, the Otto Gross Circle and Eroticism, in: W. J. Mommsen and J. Osterhammel, eds., *Max Weber and his Contemporaries*, Allen & Unwin, 1987（厚東洋輔・森田数実訳「生活形式としての情熱　オットー・グロースをめぐるサークルとマックス・ヴェーバーにおける性愛と道徳」鈴木・米沢・嘉目監訳『マックス・ヴェーバーとその同時代人群像』ミネルヴァ書房、一九九四年）. C. Krüger, *Max & Marianne Weber: Tag – und Nachtansichten einer Ehe*, Pendo, 2001（徳永恂・加藤精司・八木橋貢訳『マックス・ウェーバーと妻マリアンネ』新曜社、二〇〇七年）. B. Meurer, *Max und Marianne Weber und ihre Beziehung zu Oerlinghausen*, hrsg. vom Marianne Weber Institut e.V., Aisthesis Verlag, 2013.

（17）K. Lichtblau, Die Bedeutung von „Ehefrau und Mutter in der Rechtsentwicklung“ für das Werk Max Webers, in: Meurer（2004）. E. Hanke, “Max Webers Schreibtisch ist nun mein Alter”: Marianne Weber und das geistige Erbe ihres Mannes, in: K-L. Ay und K. Borchardt, hrsg., *Das Faszinosum Max Weber: Die Geschichte seiner Geltung*, UVK Verlagsgesellschaft mbH, 2006. B. Meurer, Marianne Webers wissenschaftliche Arbeit und ihre Beziehung zur Wissenschaft Max Webers, in: Meurer（2004）.

(18) 三成美保『ジェンダーの法史学』勁草書房、二〇〇五年、二五〇―二六一頁。

(19) 当時ハイデルベルク大学はまだ女子学生の正式入学を認めていなかった（一九〇一年に全学部で入学が許可された）。聴講にはフライブルク大学では講師の、ハイデルベルク大学では学部の許可を必要とした。彼女はA・リール（哲学）、H・リッカート（哲学・認識論）、P・ヘンゼル（哲学）、マックス・ヴェーバー（国民経済学）の講義やゼミに参加している。法学関連科目に関して聴講の許可を試みたのか、聴講を許可されなかったのかは不明。Marianne, Lb, S. 215, S. 241（一六三頁、一八三頁）.

(20) 一九〇〇年前後マックスの病気の療養のために滞在していたローマで、マリアンネは女性の法的地位に関する著書を検討している。H. Jastrow, *Das Recht der Frau nach dem Bürgerlichen Gesetzbuch*, Berlin, 1897. これに加えて『女性運動便覧』（H. Lange und G. Bäumer, hrsg. *Handbuch der Frauenbewegung*, W. Moeser Buchhandlung, 1901）とL・ブラウンの本（L. Braun, *Die Frauenfrage*, S. Hirzel, 1901）に集中していた。Cf. Meurer（2010）, S. 158, S. 244.

(21) 内藤葉子「ドイツ民法典婚姻法批判にみるマリアンネ・ヴェーバーのフェミニズム思想」京都女子大学『現代社会研究』第八号、二〇〇五年。

(22) この問題については、若尾、前掲、三七三―三八一頁を参照。

(23) Meurer（2010）, S. 353.

(24) 若尾、前掲、三八〇―三八一頁、注一一。

(25) R・J・エヴァンズ「フェミニズム運動の右旋回」『ヴィルヘルム時代のドイツ』望田幸男・若原憲和訳、晃洋書房、一九八八年。

(26) Dickinson, op. cit. p. 291, p. 293.

(27) 水戸部由枝「ヘレーネ・シュテッカーと帝政ドイツの堕胎論争」日本西洋史学会編『西洋史学』第一九八号、二〇〇〇年。

(28) 例えばBDFの一九一八年の『年鑑』に掲載されている参加団体には、プロテスタントの女性団体の他にも、教師、看護師、教育者、芸術家、禁酒運動家、参政権運動家、社会福祉士、植民地社会、地方団体、ユダヤ人、国民学校教師、音楽教師、電信公務員、鉄道勤務者、女子大学生、服飾関係者、勤労者、助産師などの女性団体があった。E. Altmann=Gottheiner, hrsg. *Frauenaufgaben im künftigen Deutschland: Jahrbuch des Bundes Deutscher Frauenvereine 1918*, B. G. Teubner, 1918, S. 13.

(29) 現在の日本においても堕胎罪は存在し、母体保護法は特別法として一般法（刑法）に優先しているにすぎない。

(30) Meurer（2010）, S. 352-353. 姫岡は、母性主義を唱え男女の本質的違いを前提に活動した穏健派を「保守的」とする解釈に対して、「民族」と「母親」を結びつける右派女性団体が、ジェンダー秩序の破壊者として穏健派も急進派もひとまとめにして批判したことを指摘している。姫岡とし子「ドイツの女性運動と領域分離　ネイション・右派を中心に」姫岡とし子・川越修編『ドイツ近現代ジェンダー史入門』青木書店、二〇〇九年。

(31) 民法典婚外子法が婚外子とその母に法的不利益を課した内容は以下のとおりである。第一に、認知しても自然的な父子関係はあるが、法律上の父子関係は発生しない。第二に、母の親権については①身上監護権②財産管理権③代理権のうち、②③の財産上の権限を認めなかった。第三に、男性側に「不貞の抗弁」が認められた。第四に、父には子が一六歳になるまで母の生活状況に応じた扶養義務がある。だが扶養義務を免れるために男性はしばしば「不貞の抗弁」を表明した。三成、前掲、二五二―二五六頁。

(32) 若尾、前掲、三八三頁。A. Czelk, Frauenrecht und Mutterschuz-Der Bund für Mutteschutz als einzig wahre Interessenvertretung unehelicher Mütter?, in: S. Meder, A. Duncker, A. Czelk, hrsg., *Frauenrecht und Rechtsgeschichte: Die Rechtskämpfe der deutschen Frauenbewegung*, Böhlau Verlag, 2006, S. 354.

(33) Cf., Marianne Weber, Das Problem der Ehescheidung (1909), in: *Frauenfragen und Frauengedanken, Gesammelte Aufsätze*, J. C. B. Mohr (Paul Siebeck), 1919. 以下著書についてはFFと表記、所収論文は、Marianne (1909) という形で表記する。

(34) A. Salomon, Mutterschutz als Aufgabe der Sozialpolitik, in: *Frauenbewegung und Sexualethik: Beiträge zur modernen Ehekritik*, Verlag von Eugen Salzer, 1909.

(35) Dickinson, op. cit., pp. 195-196.

(36) Dickinson, op. cit., pp. 190-191.

(37) Aufrufe des Bundes für Mutterschutz, in: W. Schluchter, hrsg., *Max Weber Gesamtausgabe I/8: Max Weber, Wirtschaft, Staat und Sozialpolitik, Schriften und Reden 1900-1912*, J. C. B. Mohr (Paul Siebeck), 1998, S. 431. 以下MWGと表記。M. Marcuse, Die Gründung des Bundes für Mutterschutz, in: H. Stöcker, hrsg. *Mutterschutz: Zeitschrift zur Reform der sexuellen Ethik*, Jg. 1, J. D. Sauerländers Verlag, 1905, S. 45-48.

(38) H. Stöcker, Die Ziele der Mutteschutzbewegung (1905), in: *Die Liebe und die Frauen*, J. C. C. Bruns, 1906, S. 172.

(39) Dickinson, op. cit., pp. 191-192.

(40) Ibid., p. 193.

(41) Cf., Brief Max Webers an Robert Michels vom 11. Januar 1907, in: M. R. Lepsius und W. J. Mommsen, hrsg., *MWG II/5: Briefe*

1906-1908, J. C. B. Mohr (Paul Siebeck), 1990, S. 211.「特殊な母性保護連盟はまったく混乱したごろつき（Gesindel）です。わたしはシュテッカーやボルギウスらの無駄話のあと抜け出てきました。大いなる快楽主義や、女性を目的とした、男性にのみ都合がいいだけの倫理――それらはまるでくだらないことです。あなたはこうした粗野な俗物どものそばで何をするというのですか」。マリアンネは伝記のなかで、マックスのこの手紙の一部を書き込んだ。Marianne, Lb, S. 376（二八四頁）.

（42）Dickinson, op. cit., pp. 232-234.

（43）Ibid., pp. 234-235.

（44）Ibid., pp. 235-237.

（45）Stöker, op. cit., S. 175. シュテッカーについては以下の文献を参照。E・ハケット「ヘレーネ・シュテッカー　左翼インテリ、性改革者」R・ブライデンソール、A・グロスマン、M・カプラン『生物学が運命を決めたとき』近藤和子訳、社会評論社、一九九二年。田村雲供『近代ドイツ女性史』阿吽社、一九九八年、一三六―一四四頁。水戸部、前掲。Gerhard（1995）, S. 265-273.

（46）Dickinson, op. cit., p. 209.

（47）例えばシュテッカーとの争いによりすぐに連盟を去ったブレは、プレッツから影響を受けていた。プレッツはこの連盟が人種衛生的有用性と社会衛生的有用性と結びついて、「劣等者の特別の保護」を課題とはしないことを期待した。Aufrufe des Bundes für Mutterschutz, Editorischer Bericht, in: MWG I/8, S. 422. ハケット、前掲、一三二頁。急進派のシュトリットは、「職業義務と母親義務の両立」を支援することと、「最も役にたたないもの、出来が悪く有能ではない母親の素材の淘汰」を支援することは同じくらい重要であるとの認識を示している。Marie Stritt, Das Theoretisieren über die Mutteschaft, in: *Centralblatt*, Jg. 7, Nr. 15, 1905, S. 114.

（48）水戸部、前掲、四五頁、五四頁。

（49）Meurer（2010）, S. 364. Dickinson, op. cit., p. 112-113. 穏健派には優生学の女性医師A・ブルームがいるが、彼女は堕胎論争では堕胎罪削除案に反対した（若尾、前掲、三七五頁; Dickinson, op. cit., p. 291）。ディキンソンは、ボイマーが「文化の究極的目的ではない」として人種衛生学に懐疑的であったことを指摘している。

（50）Dickinson, op. cit., pp. 223-226, pp. 294-295. 組織の雑誌には優生思想に関する論文が掲載され、アメリカ諸州で断種法が通過したことが報告された。アメリカにおける優生学研究の進展や断種法をめぐる動きについては、米本昌平「イギリスからアメリカへ優生学の起源」米本・松原・橳島・市野川『優生学と人間社会』講談社現代新書、二〇〇〇年、三〇―三七頁参照。

（51）Cf. Stöcker（1905）.
（52）田村雲供「ドイツ・ヴァイマル共和国における「性・結婚相談所」の成立と消滅　「性」の民主化へのプロセス」同志社大学『社会科学』第七九号、二〇〇七年、三―五頁。
（53）田村（2007）、五頁。Gerhard（1995）, S. 275.
（54）Dickinson, op. cit., pp. 238-239.
（55）H・シュテッカー「産児調節と人間経済学」掛川典子訳『昭和女子大学女性文化研究所紀要』第三五号、二〇〇八年、一〇七頁、一一九頁。
（56）Dickinson, op. cit., p. 222.
（57）たとえば掛川は「人間の生命は本来『神聖であり、不可侵であり、最高善』であると断言するシュテッカーが〔……〕『無能者や弱者』の生殖の否定を要望できたのはなぜか」と問い（前掲、一一二頁）、田村もシュテッカーは「個人」という社会的存在を生物学的質にすりかえる理論的飛躍をおかしてしまったという（田村（1998）、一四三頁）。なかでも市野川は、シュテッカーが「低価値者」には自己決定権と法的権利能力が欠けていると考えたと論じて、性と生殖に関する女性の自己決定権論に潜在する危うさを指摘している（市野川容孝「性と生殖をめぐる政治」江原由美子編『生殖技術とジェンダー』勁草書房、一九九六年）。掛川は市野川の見方を一面的と批判しており、フェミニストとしての活動の意義もふまえた全体的関連のなかで彼女の優生思想を捉えるべきだという。水戸部（前掲）も同じ立場にたつ。しかしシュテッカーは国家的「権力」については批判したが、優生学の「権力」（生‐権力）には呑み込まれた問題について、シュテッカー研究の側からはまだ十分には応えられてはいないのではないか。
（58）Dickinson, op. cit., p. 213, pp. 223-232.
（59）ディキンソンは道徳的発展の進化論的見解に共通する「並外れた楽観主義（extraordinary optimism）」を指摘する。Dickinson, op. cit., p. 213.
（60）Marianne Weber, Sexual-ethische Prinzipienfragen（1907）, in: FF, S. 45. この論文は *Frauenbewegung und Sexualethik*（1909）にも所収。
（61）Marianne, EuM, S. 533, S. 539.
（62）Marianne, EuM, S. 572.
（63）Marianne Weber, Autorität und Autnomie in der Ehe（1912）, in: FF, S. 78-79.

(64) Marianne, EuM, S. 530.
(65) Greven=Aschoff, op. cit., S. 68.
(66) Marianne, EuM, S. 531-532.
(67) Marianne, EuM, S. 537.
(68) Marianne, EuM, S. 542.
(69) Marianne（1909）, S. 65.
(70) Marianne（1907）, S. 49.
(71) Marianne, EuM, S. 541.
(72) Marianne, EuM, S. 572-573.
(73) こうした彼女の思考は、売買春廃止論に関して国家の不干渉を唱える立場を批判した論文のなかですでに示されている。Marianne Weber, Die Aufgabe des Abolitionismus, in: *Centralblatt*, Jg. 5, Nr. 14, 1903, S. 105. ツェルクもまた、母性保護連盟の代表者たちが社会福祉政策による母子の国家的保護という主張を楽観的に唱えたのに対して、ＢＤＦの代表者たちは一八九〇年代からの民法典をめぐる法闘争の失敗を経て、例えば婚外子の父に対する子からの扶養請求権といった女性運動からの要請に対して、（男性）立法者たちの抵抗が予想されることを十分に認識していたと指摘する。Czelk, op. cit., S. 355.
(74) Brief Max Webers an Else Jaffé von 13. September 1907, in: MWG II/5, S. 393-403.
(75) Max Weber, Die »Objektivität« sozialwissenschaftlicher und sozialpolitischer Erkenntnis, in: *Gesammelte Aufsätze zur Wissenschaftslehre*, J. C. B. Mohr（Paul Siebeck）,［1922］1988, S. 167（富永・立野訳・折原補訳『社会科学と社会政策にかかわる認識の「客観性」』岩波文庫、一九九八年、六六頁）. Objektivität と表記。WL と表記。
(76) Max Weber, „Energetische" Kulturtheorien（1909）, in: WL, S. 401, S. 425（松井秀親・樋口徹訳「『エネルギー論』的文化理論」（一）（二）『商学論集』第五三巻第一号第二号、一九八四年、一六五頁（第一巻）、二三〇頁（第二巻））. Cf. 上山安敏『フロイトとユング』講談社学術文庫、二〇一四年、三五七―三五八頁。
(77) 上山、前掲、一四一―一五七頁、二六五―二七二頁、三五六―三五七頁。木田元『マッハとニーチェ』講談社学術文庫、二〇一四年、八二―一二五頁。宮嶋俊一「ドイツ民族主義宗教運動の「起源」　ヘッケルの優生思想と一元論宗教」『国際経営論集』第四一号、二〇一一年。

(78) Max Weber, Roscher und Knies und die logischen Probleme der historischen Nationalökonomie, in: WL（松井秀親『ロッシャーとクニース』未來社、一九八八年）. Weber, Objektivität, S. 167（六六―六七頁）.

(79) Weber, Objektivität, S. 167-168（六七頁）.

(80) Max Weber, Methodologische Einleitung für die Erhebungen des Vereins für Sozialpolitik über Auslese und Anpassung (Berufswahlen und Berufsschicksal) der Arbeiterschaft der geschlossenen Großindustrie (1908), in: *Gesammelte Aufsätze zur Soziologie und Sozialpolitik*, J. C. B. Mohr（Paul Siebeck）, 1924, S. 31-32（鼓肇雄訳「封鎖的大工業労働者の淘汰と適応（職業選択と職業運命）に関する社会政策学会の調査のための方法的序説（一九〇八年）」『工業労働調査論』日本労働協会発行、一九七五年、三六―三七頁）. 以下SSPと表記。

(81) Geschäftsbericht und Diskussionsreden auf den deutschen soziologischen Tagungen, Diskussionsrede dortselbst zu dem Vortrag von A. Ploetz über »Die Begriffe Rasse und Gesellschaft«, in: SSP, S. 458-461（中村貞二訳「ドイツ社会学会討論集　人種概念と社会概念によせて」『世界の大思想1　ウェーバー　社会科学論集』河出書房新社、一九八二年、二五四―二五七頁）.

(82) 市野川容孝「社会学と生物学　黎明期のドイツ社会学に関する一考察」『現代思想』第三五巻第一五号、二〇〇七年、一六六頁。

(83) 橋本直人「ウェーバーはなぜ「社会学」者になったのか　危機に対峙する選択としての方法論」『危機に対峙する思考』梓出版社、二〇一六年、一四八頁。

(84) Marianne Weber, Die Beteiligung der Frau an der Wissenschaft（1904）, in: FF, S. 5.

(85) Wobbe（2004）, S. 176.

(86) 向井守『マックス・ヴェーバーの科学論』ミネルヴァ書房、一九九七年、二四〇―二四一頁。

(87) Marianne（1904）, S. 6-9.

(88) Marianne Weber, Die besonderen Kulturaufgaben der Frau（1918a）, in: FF, S. 239.

(89) マリアンネは性道徳の揺らぎについて論じるさいに、「人種衛生的（rassenhygienisch）」という語を一か所用いている。文脈的には離婚の簡便化を主張する部分であり、優生思想に踏み込んだ内容は読み取れない。Marianne（1909）, S. 62. モイラーは「実体を認識した意味ではなく、流行語（Modewort）のように用いている」と見ている。Meurer（2010）, S. 366, Anm. 541.

(90) Marianne（1907）, S. 41-42.

(91) Marianne（1907）, S. 39.

（92）Marianne Weber, Die Formkräfte des Geschlechtslebens（1918b）, in: FF, S. 213-214.

（93）Marianne（1907）, S. 51.

（94）Marianne（1907）, S. 44.

（95）Marianne（1907）, S. 42.

（96）Marianne, EuM, S. 503.

（97）Marianne, EuM, S. 504.

（98）Marianne（1907）, S. 38-39.

（99）ディキンソンは性改革のラディカルな挑戦に対する穏健派の「ユダヤ－キリスト教的基盤」を強調する（Dickinson, op. cit., p. 293）。彼の見解はマリアンネの「性倫理の原理的問題」（Marianne（1907））を引用する形で補強されているが、この原講演が為されたのが福音主義社会会議であったことに依拠して穏健派の宗教的基盤を主張しているように思われる。しかしマリアンネは随所で現代世界におけるキリスト教的性道徳の限界を論じており（注101参照）、それを軽視することはできない。また彼は彼女の文章を引用するさいに「価値理念」の言葉を訳しておらず、彼女の文化科学の方法論的立場を捉えていない。このことも、穏健派の女性運動を「肉体に対する精神の支配を確実にする努力」とキリスト教的に解釈してしまう一因ではないか（ibid., S. 39; Dickinson, p. 95）。

（100）Marianne（1907）, S. 41. Marianne（1912）, S. 71.

（101）Cf. Marianne（1907）, S. 41. Marianne（1909）, S. 64. Marianne（1918b）, S. 210-211.

（102）マリアンネの思想形成に対するドイツ哲学の影響は無視できない。Cf. Marianne Weber, *Fichtes Sozialismus und sein Verhältnis zur Marxschen Doktrin*, J. C. B. Mohr（Paul Siebeck）, 1900. Marianne Weber, Die soziale Idee in den Weltanschauungen des 19. Jahrhunderts, in: *Centralblatt*, Jg. 13, Nr. 3（1 Teil）, Nr. 4（2 Teil）, Nr. 5（3 Teil）, 1911.

（103）Marianne（1918b）, S. 221.

（104）マックス・ヴェーバーが「中間考察」で描いた諸領域間の緊張関係を想起するが、彼はそこで性愛と倫理の緊張関係を先鋭化させたのに対し、マリアンネは倫理と性愛の調和の可能性を探っている。両者の思想の共通点と相違点についてはなお検討が必要である。

オーストロ・ファシズム確立過程の「合法性」と「正統性」

——アドルフ・メルクル、ロベルト・ヘヒト、エーリッヒ・フェーゲリン

高橋義彦

一　はじめに

オーストロ・ファシズム[1]の確立過程は、首相のエンゲルベルト・ドルフスが、一九三三年三月四日のオーストリア国民議会の危機に乗じ議会を閉鎖し、「命令（Verordnung）」による統治を開始した三月七日を始点とし、ハンス・ケルゼンもその起草に携わった共和国憲法[2]を改正して新憲法である「一九三四年憲法」（BGBl. II, Nr. 1, 1934）を制定した一九三四年四月三〇日を終点と画することができる。

この間、約一年にわたり、ドルフスはハプスブルク帝国時代に制定された「戦時経済授権法」（RGBl. Nr. 307, 1917）に基づいて統治を行い、議会による審議を経ることなしに多くの命令を公布した。その上、共産党、国民社会主義ドイツ労働者党（ナチス）、最大野党である社会民主党の活動を命令によって禁止し、社会民主党の欠けた残余議会を招集して、共和国憲法から一九三四年憲法への「憲法改正」を行った（当時、共産党とナチスは国民議会に議席を有していなかった）。立法府そしてその基盤にある国民意志を無視した「政府独裁」を、戦時経済授権法により基礎付け、さらに事実上の全面改正による新憲法制定をも旧共和国憲法の改正規定に則って行うことで、ドルフスは自らの政策の「合法的正統性」をアピールしたわけである。

当然ながら、政府の命令による統治、そして残余議会による憲法改正が「合法（合憲）」であるのか否かについては当時様々な議論があった。本論の主題は、こうしたオーストロ・ファシズム確立過程の「合法性（合憲性）」と「正統性」をめぐる論争の内容を明らかにすることにある。(3)

この論争は三つの陣営(4)に区分することができる。

第一の陣営は、政府の行為は共和国憲法上「違憲」であり、それゆえに「正しくない」とする立場である。社会民主党の理論家やウィーン大学教授アドルフ・メルクル(5)に代表される法学教授陣がここに属する（そして皮肉なことではあるが、オーストリアにおいては野党であったナチスとナチス系の理論家も、この立場からドルフス政権を批判した(6)）。

第二の陣営は、政府の行為は共和国憲法上「合憲」であり、それゆえに「正しい」とする立場である。政府や与党キリスト教社会党の理論家、中でも野党には政権の「桂冠法学者(7)」と批判され、ドルフス内閣の副首相であったフランツ・ヴィンクラーには「オーストリアにおける独裁の発展の法学的産婆役(8)」と呼ばれた政府官僚のロベルト・ヘヒト(9)らがここに属する。

第三の陣営は——これが本論が特に注目するものであるが——政府の行為は共和国憲法上「違憲」であるかもしれないが「正しい」とする立場である。この立場を代表するのがウィーン大学私講師のエーリッヒ・フェーゲリン(10)である。フェーゲリンは、政府行為の正統性を「合憲」、「違憲」という形でしか問えない第一・第二の両陣営を、実証主義法学のドグマにとらわれていると批判し、「合法性」とは異なる「正統性」に基づいてドルフス政権を根拠付けたのであった。

第一・第二の陣営に加え、この第三の陣営の議論を交えて紹介することで、ドルフス政権の政策が合憲か違憲かという「法律学」的な議論に加えて、「政治学」的観点も含めたオーストロ・ファシズムの「合法性」と「正統性」に関する議論の多層性を示していく。

本論の構成は以下のとおりである。

まず第二節では、「戦時経済授権法」による統治をめぐる論争を扱う。ハプスブルク帝国時代に制定された法律が、そもそも共和国においても妥当するのか、そして妥当するとして授権の範囲はどこまでか、というのが当時の論争の焦点であった。第二節では、この授権法それ自体の妥当性をめぐる議論と、授権法を根拠に公布されたいくつかの命令をめぐる議論を見ていく。

次に第三節では、「一九三四年憲法制定」をめぐる論争を扱う。共和国憲法から一九三四年憲法への「改正」をめぐっては、改正手続きを行った残余議会の構成と改正の内容（全面改正か否か）を中心に、そもそも旧共和国憲法の改正手続きの要件を満たしているのか否かが大きな争点であった。

第二・三節いずれにおいても、命令による統治や新憲法制定を、その「合法性」を軸に論争する第一・第二の陣営と、「合法性」を超えた「正統性」を持つ「革命」と解釈すべきと主張した第三の陣営＝フェーゲリンの議論を対比的に見ていく。

最後に第四節においては、まとめとして、オーストロ・ファシズム確立過程における合法性と正統性をめぐる議論を整理すると同時に、この論争が現在に与える視座を示したいと考えている。

二 「戦時経済授権法」による統治の正統性

一九三三年三月のオーストリア政治は非常に不安定な状態にあった。ドルフス政権を支える与党キリスト教社会党は、ファシズム政党である護国団との連立によりかろうじて過半数を保てている状態で、最大党派である野党社会民主党は攻勢を強めていた。[11] 隣国ドイツでは、一月にアドルフ・ヒトラーのナチス政権が成立しており、前年のオーストリア各種地方選挙の結果からも、解散総選挙を行った場合には、与党の敗北とナチスの躍進は確実な情勢だった。[12] 世界恐慌の余波を受け、オーストリアが依然として深刻な経済的危機にある中で、政府は思うような抜本的措置をとることができなくなっていたのである。

そんな中、ドルフス政権にとっては天佑ともいうべき「議会危機」が三月四日に生じる。この日国民議会では、三月一日に起きた鉄道職員のストライキに関して、スト参加者処分をめぐる法案を審議していた。政府与党は処分を決定する法案を、野党はそれぞれ処分を見送る法案を提出していた。その採決において、野党大ドイツ党の処分を見送る法案が、社会民主党も同党案に賛成に回ることで一票差で可決しまったのである。

ところが採決に際し、誤って別の議員の投票用紙を用いてしまった議員がいたため（ただし両議員とも同じ党派のため、採決結果自体は変わらない）、採決を有効とするか無効とするかで議場は大荒れになった。この過程で正副の三議長が全員辞職してしまい（議長職には当然ながら投票権がない）、議事進行が不可能なまま流会となってしまった。ドルフス政権は、これを議会の責任放棄、「自己閉鎖」としてとらえ、命令による統治を開始する口実としたのである。

三月七日に臨時閣議を開いたドルフスは、「戦時経済授権法」に基づく命令による統治を開始することを確認し、報道の自由を制限する最初の命令を公布することを決定し、同時に「オーストリア国民に寄す」と題された声明を採択した[13]。同声明の中で、政府は「議会の深刻な危機」を宣言し、集会やデモの禁止、「国家や国民を貶める報道の自由と公的な道徳への抵触の禁止」を明示した。その上で国民に対し、「いまや、政治的な扇動や、陰謀、誹謗中傷を行うときではない。同じ苦しみの中で、一緒に復活するために、協働することが大切なのだ」と呼びかけた。

この後、政府は戦時経済授権法による命令のみに基づく統治を行い、国民議会は新憲法制定のための議会が一九三四年四月三〇日に召集されるまで再開されることはなかった。そして新憲法制定とともに、国民議会の存在は消滅することになる。一九一八年一一月に始まったオーストリア共和国の議会主義・民主主義は、こんなにもあっけない幕切れを迎えたのである。

1　戦時経済授権法の「妥当性」をめぐって

それではまず、そもそもなぜハプスブルク帝国時代に制定された戦時経済授権法が、一九三三年の共和国においても妥当するのか、という問題について検討したい。

第一次世界大戦中の一九一七年七月二四日に公布された戦時経済授権法（RGBl. Nr. 307, 1917）は、第一条で次のように定めている。

戦争によって引き起こされた異常な状況が継続する間、政府は命令によって、経済的生活の保護と再建、経済的被害への予防、住民への食料品やその他の必需品の供給に、不可欠の処理を行う権限を授権される。

すなわち同法は、第一次大戦という「戦争」が引き起こした異常な状況から、国民の「経済」生活を守るために政府に命令公布の権限を授権する、という内容であった。

しかし意外なことではあるが、同法が共和国憲法下においても妥当することについては、一部を除いて、法学者の見解は一致していた。例えば、ドルフス政権に批判的な第一の陣営に属するメルクルも、同法が有効であることについては異論をさしはさんでいない(14)。

法学者の見解がこのように一致していた理由は、次に示す「一九二〇年憲法移行法」(BGBl. Nr. 2, 1920) 第七条二項と、第一七条二項の規定にあった。第七条二項は、次のように定めている。

戦争状態により引き起こされた異常な状況を契機に、経済領域に必要な命令を下すため、政府に授権した一九一七年七月二四日の法律(RGBl. Nr. 307) に従った権限は、個々の連邦閣僚並びに連邦政府に引き継がれる。

そしてより重要なのは、次の第一七条二項の規定である。

言及された異常な状況が除かれたと判断する時点は、連邦法律により画定される。

ここで定められた連邦法律は、一九三三年三月になっても制定されていなかった。それゆえ、戦時経済授権法による命令は、これまでも単発的に公布されたことはあったし、それ自体が「違憲」であるとは考えられなかったのである。

とはいえ、メルクルがそもそもオーストリア政治は命令による統治を必要とするような状況にあるのか、という前提条件に関する問いを投げかけていたことは注記しておく必要があるだろう。メルクルは、共和国憲法第一八条三項に定められた大統領命令権を類推適用する形で、政府には「そうした緊急命令の合憲的前提」[15]が欠けていることを指摘しているからである。

第一八条三項は次のように定めている。

国民議会が招集されていないか、すぐに招集できない、あるいはその活動が不可抗力により阻まれているときに、明白かつ再び償われえない公共の損害を防止するため、憲法上国民議会の議決を要する措置を即座に取ることが必要となる場合においては、連邦大統領は連邦政府の提議に基づいて大統領および連邦政府の責任の下に、法律を変更する暫定的な命令によって、こうした措置をとることができる。

メルクルは政府による命令公布の前提条件は、この大統領命令と同じ条件を満たすべきであると指摘する。それゆえに三議長が辞職したとはいえ、「国民議会が招集されていないか、すぐに招集できない」という状況下にはなく、むしろ「その活動が不可抗力により阻まれている」という事態が政府により押し付けられている現状——野党は議会の再開を求めていた——には、この条件は当てはまらない。戦時経済授権法の存在と、それを根拠にした命令の公布は合憲であるが、一九三三年三月のオーストリア政治にそれを適用することは不可能、というのがメルクルの考えであった。政府のとるべき道は、議会の再召集か、解散総選挙である。[16]

2　戦時経済授権法の妥当性の「範囲」をめぐって

戦時経済授権法はなお有効か、という前提問題の次に問題となるのが、果たして政府はどのような内容の命令まで公布可能か、という授権の「範囲」の問題であった。ここでは最初の命令「公共の静謐と秩序、安全に関係する経済生活の毀損を防ぐための措置に関する一九三三年三月七日の連邦政府命令」(BGBl. Nr. 41, 1933) を見ていこう。

同命令を取り上げる理由は、それが議会閉鎖後最初の命令であるということに加えて、その内容が「報道の自由」の制限という極めて重要なものであったことにある。同命令は連邦首相と所管大臣に、新聞社や印刷所に対して、頒布二時間前の提出を命ずることを認めるという、事実上の「事前検閲」を導入するものであった。

メルクルは同命令の内容は、明白に「違憲」であるという。その際メルクルは、命令公布の前提条件の欠如を指摘したときと同様に、大統領命令権の内容に関する憲法上の規定を類推適用する形で、戦時経済授権法による命令権限の範囲を制限しようとしている。共和国憲法第一八条五項は大統領の命令権限を次のように定めていた。

〔第一八条〕第三項で定められた命令は、連邦憲法法律の規定の変更を意味してはならず、連邦の恒久的な財政負担、諸州・郡・市の財政負担、連邦市民の財政的義務、国有財産の処分、第一〇条一一号に定められた事柄に関する措置、そして団結権や借家人保護の領域における措置を対象としてはならない。

つまり大統領の命令権に対してすら、憲法上このような制限が課されるのであるから、戦時経済授権法に基づく政府命令にも、少なくとも同程度の制限が課されなければならないとメルクルは論じているのである。[17]

この観点からして、憲法法律の変更を意味する報道の自由の制限は「違憲」である。なぜなら、オーストリアにおいては、一九一八年一〇月三〇日の暫定国民議会のいわゆる「検閲決議」[18]により、あらゆる検閲の廃止が宣言され、しかもこの決議は共和国憲法第一四九条により憲法的効力を持つものと規定されていたからである。大統領命令によっても憲法法律の変更は行えない以上、戦時経済授権法に基づく命令によって検閲を導入することは不可能なのである。[19] メルクルは、同命令が他のあらゆる自由権領域の制限の端緒になることを憂慮し、自由権に対し異議を唱えるのは「ファシズム」と「ボルシェヴィズム」のような「非ドイツ的政治潮流」であると批判する。そして「法的自由の濫用」よりも

「法的権力の濫用」のほうがよほど危険であると警鐘を鳴らした[20]。第一の陣営側の解釈に従えば、戦時経済授権法に基づく命令は、その名のとおり「経済」領域に限定されるべきである[21]。

これに対し第二の陣営、すなわち政府与党系の理論家は、命令の及ぶ範囲を非常に広く捉えていた。第二の陣営を代表する、ドルフス政権の桂冠法学者ヘヒトからすれば、メルクルのように大統領命令権との類推から戦時経済授権法の適用範囲を限定するのは不適切である。オーストリアの大統領命令権は、ドイツの大統領命令権のように議会の協働に拘束されず、その素材が限定されない強大なものではない[22]。それゆえ現状の危機に対応するために、政府は「他の可能な合憲的な途」を進む必要があった。それこそが戦時経済授権法であり、同法は大統領命令権とは異なる命令権限である。また同法は憲法法律であり、もし廃止を望むとしても、それには国民議会の三分の二の賛成が必要である[23]。

ヘヒトによれば、そもそも国家緊急権とは、国家の「生存権」、「自然権」である。個々人が緊急避難や自救権を行使する際に既存の法を乗り越える権利があるように、国家も緊急時には既存の法を乗り越えることができる。それゆえ、憲法法律である戦時経済授権法は、当然ながら法律変更的な命令（後述する「法に反する命令」）を公布することができる。それに加えて憲法改正的な命令を公布することができるかどうかについては議論があるが、ヘヒトは過去の判例も引きつつそれも可能であると述べる[24]。ヘヒトは「自然権」としての国家緊急権という解釈と、「憲法法律」としての戦時経済授権法という解釈を根拠に、戦時経済授権法に基づく命令権の範囲を限りなく拡大解釈したのであった。

3 フェーゲリンの解釈

それでは第三の陣営であるフェーゲリンは、この問題についてどのように考えていたのだろうか。フェーゲリンは、そもそも「戦時」経済授権法が、一九三三年の共和国において妥当している時点で、命令による規律が許される「素材」には「実務上予見可能な境界など存在しない」と述べる。すなわち一九一七年の立法意図が、一九三三年の共和国の生活状況を秩序付けるものと規定されていない以上、そこに「規範の意味の変遷」があったと解釈すべきというのである。確かに、同法の条文は命令権限を「経済」領域に狭く境界付けたもののようにも見えるが、「経済的生活の保護と再建」や「経済的被害への予防」といった非常に広く境界付け可能な文言も含んでいる。それゆえ、「このような要件事実を伴う因果連関の中に、多かれ少なかれ持ち込むことのできないような素材はほとんど存在しないであろう」[25]。

戦時経済授権法の対象となる素材をこのように広く解釈した上で、フェーゲリンは続いて授権法の妥当性の範囲について議論を進める。フェーゲリンが特に重視しているのは、戦時経済授権法が果して「法の外にある（praeter legem）」命令に加えて、「法に反する（contra legem）」命令への権限も付与するか否か、という論点である。

この議論をめぐっては第一の陣営、第二の陣営それぞれが憲法条文をたてに自説を展開していた。第一の陣営は、先に挙げた憲法第一八条三項をたてに、同条文にあるような法律を変更する権限が戦時経済授権法には明記されていないがゆえに、法律変更的な命令を政府は下せない、と主張していた。つまり大統領命令権よりも、戦時経済授権法には強度の制約がかかると解釈したわけである。法学者のマックス・ライアーは戦時経済授権法の適用範囲について論じる中で、同法について「純粋に法の外にある法命令を公布するための授権」であると明言する[26]。第二の陣営は、憲法上認められた別の命令権限――一九二九年憲法移行法第二条四項二[27]――に定められたような、「既存の法律上の規定に反する」ことはできない」という条文が、戦時経済授権法には存在しないがゆえに、「既存の法律上の規定」に反する命令をも政府は公布できる、と主張した。

だがフェーゲリンはこのいずれの立場をも「不十分な法理論の反照」であると批判し、そもそも法律変更的でない命令など存在しないと述べる。確かに言語フェティシズム的に捉えれば、言語的存在形態としての法律によって明文化されていない領域は存在するかもしれない。だが秩序が存在する以上、当該の領域も必ず何らかの形で規律はされている。それゆえ、命令を下すということは、たとえそれが「法の外にある」命令だとしても、それが既存の秩序に何らかの効力を発揮するとすれば、必ず現行の法律を変更する「法に反する」命令になる、とフェーゲリンはまとめる。この論争の欠点は、「法の外にある」命令と「法に反する」命令を区別できると考える言語フェティシズム的な法理論に内在するものである[28]。

このように実証主義法学を批判した上で、フェーゲリンは戦時経済授権法による命令の限界について論じている。先述のように、メルクルは憲法第一八条三項に定められた大統領命令権限の限界が、同じく戦時経済授権法にも当てはまると論じた。それに対してヘヒトは両権限を別のものとして論じ、戦時経済授権法には憲法法律を変更する権限さえあると論じていた。両者の主張は対立するが、少なくとも「共和国憲法」上の戦時経済授権法の命令権限の「合憲性」の限界を論じるという点では一致していた。フェーゲリンはこの観点からは自分の見解は特に述べず、少なくとも法学者の間では政府命令の多くが「全体的あるいは部分的に、法律違反あるいは憲法違反、もしくは両方に違反する」ものと解釈されていることを紹介するにとどめている。(29)

その上でフェーゲリンは、「純粋法学」的に「法ドグマティクの法理論」に基づいて考えれば、法ドグマティカーは法適用者としての憲法裁判所の観点から政府の命令を解釈することになり、その観点からすれば政府の行為は「違憲」と判断できるであろう、と認める。この点ではフェーゲリンは第一の陣営、すなわち政府命令「違憲」説に与しているようにも見える。しかしここからフェーゲリンは、政府命令を憲法裁判所の観点から解釈することは無意味であると述べ、政府命令の「合憲性」をめぐる議論を放棄してしまう。

フェーゲリンが政府命令の共和国憲法に照らした合憲性判断を放棄する理由は、一九三三年五月二三日に出された命令により、事実上共和国憲法は廃止されたと考えているからであった。この「一九三〇年憲法裁判所法を変更する連邦政府命令」(BGBl. Nr. 191, 1933)は、憲法裁判所の構成に関し、所属する裁判官が欠けた場合は審議を行うことができないという規定を、既存の法律に追加したものである。つまり同命令により、与党系の裁判官が辞職することで、憲法裁判所は命令の合憲性をめぐる審議を事実上行えない状態になってしまった。(30)

メルクルが指摘しフェーゲリンも認めたように、公布した命令に対し違憲判決を下す可能性の高い憲法裁判所を、政府はあからさまに廃止することはなかったものの、同命令を下すことで機能不全に追いやることに成功した。このように政府行為が現行の共和国憲法によって解釈することができなくなった以上、政府の命令はもはや戦時経済授権法に基づくものではなく、「政府の原初的立法権力」に基づくもの、と解釈すべきであるとフェーゲリンはいう。五月二三日の命令とは「『通常状態』を破棄する決断的徴候」を示すものであり、これにより「原初的な憲法制定権力の担い手」

となった連邦政府は、翌年四月の新憲法制定に至る長い憲法制定過程に入ったと解釈できるのである。[31]

このように第三の陣営にいるフェーゲリンは、一九三四年憲法の成立(オーストロ・ファシズムの確立)＝「革命」論を唱えているわけであるが、第二の陣営たる政府は一九三四年憲法制定の「合憲性」にこだわり、それを共和国憲法の「改正」手続きに則って行おうとした。それに対し第一の陣営は、政府の逆を行き、共和国憲法に照らしたその「違憲」性をなおも批判することになる。ここで節をあらため、一九三四年憲法成立過程をめぐる各陣営の論争を詳しく見ていこう。

三　「一九三四年憲法」制定過程の正統性

まず簡単に、一九三四年憲法制定に至るオーストリア政治の流れをまとめておく。

一九三三年五月に憲法裁判所を停止した後、最初にドルフス政権が直面したのは、オーストリア・ナチスによる反政府テロへの対処であった。六月半ばには各地で狙撃事件や爆弾テロが勃発し、その鎮圧のためドルフス政権はナチスの活動禁止命令を下すことを決意する(六月一九日; BGBl. Nr. 240, 1933)。この措置はドイツとの深刻な外交的緊張をもたらしたが、ナチスに対する断固たる態度は、オーストリアにおける非社会民主党系国民のドルフスへの支持を高めた。

他方、戦時経済授権法を根拠にした政党活動の禁止命令は「違憲」であると考える第一の陣営の社会民主党は、「オーストリアをナチ党のオーストリア支店に降伏させようとする」ことは許容できないと反ナチスの姿勢を明確にしながらも、この命令に反対した。[32] 社会民主党は、必要なのは国民議会の再開と憲法裁判所の復活であり、その上でなら暫定的にナチスの活動を禁止する憲法法律の制定——それには国民議会の三分の二の賛成が必要で、社会民主党の賛成が必須である——に協力することは吝かではないと決議した。[33] テロが頻発する中でも、社会民主党が求めたのは「真正な、力強い、創造的デモクラシー」であった。[34]

ナチスによる脅威がひとまず遠のいた後、いよいよドルフスは新国家建設に着手する。そのビジョンを、ドルフスは九月に行った二つの演説の中で明確にした。

まず九日に行われたカトリック集会の演説では、彼は次のように語った。

われわれは、故郷にキリスト教的でドイツ的な国家を打ち立てようとしています。現在の政府は、キリスト教的精神の内に国家と経済の刷新を軌道に乗せようと一致して結束しています。われわれは、シュテンデ的な形式とシュテンデ的な基盤を憲法の生命の基盤に置こうとしています。われわれのこの小さなドイツ国家は、教皇による回勅の呼び声を国家生活に現実にさせようとする気概を持った最初の国家なのです。(35)

ここで言及されている回勅とは、一九三一年に教皇ピウス一一世が出した『クアドラゼジモ・アンノ』のことである。ドルフスは新国家が教皇の回勅の理念に基づくものであること、具体的には「シュテンデ原理」を導入することを宣言したのである。

続いて一一日に、今度は官製愛国組織である「祖国戦線」の集会において、ドルフスは「デマゴギーとその形式性」ゆえに「自己閉鎖」し自滅した国民議会が復活することはないと宣言した上で、次のように語った。

資本主義的システムの時代、資本主義的＝自由主義的な経済秩序の時代は過ぎ去り、マルクス主義的人民指導の時代はかつてのものとなりました。われわれは画一化もテロも拒否します。われわれが望むのは、シュテンデ的基盤に基づき、強力な権威的指導下にある、社会的、キリスト教的、ドイツ的なオーストリア国家なのです。ここでいう権威とは恣意のことではなく、秩序だった権力のことであり、責任感ある人物による指導のことなのです。(36)

ここでは資本主義＝自由主義、マルクス主義、ナチズムを並べて否定した上で、先の演説と同様に、キリスト教原理、シュテンデ原理に基づく国家を作り上げることが宣言されている。そして当然ながら彼は、ここでいう「権威的指導」

を担うのは自分であると自負していた。

このようなドルフスの国家プランにとって最大の障害は、最大野党社会民主党の存在であった。閉鎖された国民議会において数の上ではキリスト教社会党を超える最大党派であり、事前検閲が導入されたとはいえ機関紙『労働者新聞』や『闘争』において政府を活発に批判する社会民主党は、まさに目の上のたんこぶであった。その障害を一気に取り除く機会は、一九三四年二月にやってきた。

二月一二日、それまでも政府による数々の活動の妨害に業を煮やしていたリンツの社会民主党組織が武装蜂起したのである。ウィーンの組織も呼応し武装蜂起を試みたが、優勢な政府軍を前に即日鎮圧され、オットー・バウアーやユリウス・ドイチュといった指導者たちは国外亡命を余儀なくされる。そして政府はついに社会民主党の活動をも、命令によって禁止するのである（BGBl. Nr. 78. 1934）。こうしてドルフスは、オーストロ・ファシズム確立の最終段階である新憲法の制定へと向かうことが可能になった。

1　一九三四年憲法の制定

一九三四年四月、新憲法の文案が完成した。オットー・エンダーらを中心に起草された新憲法は、その前文で次のように宣言している。

そこからあらゆる権利の由来する全能の神の名において、オーストリア国民はシュテンデ原理に基づく、キリスト教的・ドイツ的連邦国家のための憲法を受け取る。

同憲法は、新生オーストリアは「キリスト教的」国家であることを宣言し、共和国憲法第一条にあった国民主権の原理を、「神」の名において憲法を「受け取る（erhalten）」という原理に代えた。また国民議会は廃止され、新憲法の第四部に示されているように、シュテンデ原理に基づく四つの準備機関と一つの議決機関からなる連邦立法機関へと再編された。まさに前年のドルフスの演説内容どおりの憲法が完成したのである。

　ドルフス政権はこの憲法を、入念に二段階かけて制定した。第一段階は、戦時経済授権法に基づく四月二四日の命令（BGBl. Nr. 239, 1934）である。政府は一方的に「上から」憲法を、いわば「欽定」したわけである。だが新憲法制定の「合法性」――この場合は特に共和国憲法との「法的連続性」――にこだわる政府は、それに「国民議会の議決」による「下から」の承認という第二段階を加えた。

　前年三月四日以来停止していた国民議会は、一九三四年四月二四日の政府命令（BGBl. Nr. 238, 1934）により突如再開が可能になり、四月三〇日に召集された。国民議会は、それまで一年間に出されたすべての政府命令を承認し、加えて共和国憲法の新憲法への「改正」を含む授権法（BGBl. Nr. 255, 1934）を三分の二の多数の賛成で議決した。授権法第三条により、新憲法施行と同時に国民議会はその機能を終えることが明記されたので、これが最後の開会となった。それは与党キリスト教社会党系の新聞である『ライヒスポスト』が皮肉交じりに評したように、「少なくとも美しく死ぬため」の開会であった。[37]

　政府はこの新憲法制定が、共和国憲法に照らしてまったく「合憲」な手続きにより行われたことを誇った。[38]五月一日に新憲法を公布した翌二日、ドルフスは演説を行い、新憲法制定が「形式的に合法的」であること、そこには「絶対的に法的に異論の余地のない」ことを強調した。[39]同じく政府高官のヘヒトも記者団との懇談において、共和国憲法との「法的連続性」が依然妥当する戦時経済授権法と、国民議会による議決で「二重」に保たれていることを強調し、次のように述べている。

　　新憲法は、一九二〇年以来憲法が、しかも旧オーストリアの憲法が指示した道のりの上に成り立っており、前文に従って神の特別なご加護の下で成立した新しい憲法には、革命的起源というシミなどついていない（傍点引用者）。[40]

このように第二の陣営たる政府与党は、オーストロ・ファシズム確立の最終段階に至るまで、自らの政治行為の「合法的正統性」に固執したのである。[41]

2　一九三四年憲法制定をめぐって

もちろん、この憲法制定過程の「合法性」については、多くの疑義が唱えられた。ここでは特に二つの論点を見ていきたい。

第一の論点は、より形式的なものであるが、果たして新憲法の制定――政府からすれば「改正」――を議決した国民議会は、共和国憲法上「合憲」か、というものである。共和国憲法第四四条一項に従えば、「憲法法律および単純法律に含まれる憲法規定は、国民議会において、少なくとも議員の半数が出席し、投票総数の三分の二の多数をもってのみ議決しうる」。社会民主党が禁止された国民議会の存立の合憲性の問題と、この第四四条一項に照らした議決の有効性の問題が最初の論点である。

第二の論点は、より内容的なものであるが、一九三四年憲法への「改正」は共和国憲法の「全面改正」ではないのか、という疑義である。もし第一の論点がクリアできたとしても、国民議会の議決で事足りる部分改正とは異なり、憲法の全面改正には加えて国民投票が必要である。共和国憲法第四四条二項に従えば、「連邦憲法のあらゆる全面改正、および国民議会議員もしくは連邦議会議員の三分の一の要求があった場合にのみ部分改正は、第四二条の手続きを済ませた後、連邦大統領による公布の前に、全連邦国民の投票を経なければならない」。国民投票なき全面改正は、手続き上の要件を満たしておらず、一九三四年憲法制定の手続きは未完了ということになる。この「全面改正」か「部分改正」かという問題が、第二の論点である。

それでは第一の論点から見ていこう。国民議会再開にあたって最初の問題は、定数一六五のうち七二を占める社会民主党議員の扱いであった。先に見たように、一九三四年二月の蜂起の直後、二月一二日の命令（BGBl. Nr. 78, 1934）により、社会民主党の活動は禁止された。[42] 同命令の第一条により、社会民主党は活動を禁じられ、党組織の解散を命じられるとともに、第二条により党の意向に沿った議決権の行使も禁じられた。続いて二月一六日の命令（BGBl. Nr. 100, 1934）

により、社会民主党議員の議席が剥奪された[43]。さらに偽装離党をした社会民主党員が議決権を行使する可能性を排除するために、二月二七日にさらなる命令（BGBl. Nr. 118. 1934）が出され、離党した場合は議員権限が剥奪されることが明記された[44]。これにより、憲法「改正」に確実に反対するであろう、社会民主党議員の国民議会参加は不可能になった。

こうして社会民主党議員の排除を「合法的」に――もちろん、第一の陣営は社会民主党の議席剥奪は「違憲」であり、議決権は喪失していないと主張したのであるが[45]――達成した上で、政府が直面した次の問題は国民議会選挙法であった（BGBl. Nr. 367. 1923）。なぜなら共和国の選挙法第八〇条一項は、ある選挙区で半数の議員が欠員となった場合、残りの議員の議席も失われ、三ヶ月以内に補欠選挙を行わなければならないと規定していたからである。社会民主党議員の失職により、同規定に基づいた選挙は必須の課題であった。それに対し、議会は再開したいが選挙は行いたくない政府は、三月二三日の命令（BGBl. Nr. 182. 1934）[46]により、一九三四年末まで選挙を禁じ、選挙法第八〇条一項を削除したのである。

しかしこのようにお膳立てをして再開した四月三〇日の国民議会は、さらなる課題に直面する。なぜなら、憲法改正の議決には議員の「半数」、すなわち八三名の出席が必要であるが、再開された国民議会には七七名しか参加しなかったからである。社会民主党議員のように議席を剥奪されてはいなかったがドルフス政権を支持しない議員が欠席することで、社会民主党がいなくてもクリアできるはずだった定数を、四月三〇日の国民議会は満たすことができなかった[47]。憲法改正を行う授権法にはこのうちの七四名が賛成した。

この議決に対し、第一の陣営の法学者ノルベルト・ギュルケは、国民議会選挙法第一条が国民議会定数を一六五と定め、しかもこの条文が命令により廃止されていなかったことから、憲法改正の議決は無効と訴えた[48]。それに対し政府・第二の陣営は、社会民主党の議席の失効により事実上議員定数は九三になったのであり、過半数の出席と三分の二以上の賛成という要件は満たしていると主張した。政府はこの予期せぬ「合法性」の綻びを定足数の事実上の変化という「解釈」で補い、憲法改正を含む授権法の議決を正当化したのである。

それでは次に、共和国憲法の一九三四年憲法への「改正」が、「全面改正」か「部分改正」か、という第二の論点に移ろう。この論点は、戦時経済授権法に基づく政府命令による憲法の改正――憲法改正の第一段階――が合憲であると仮定し（この点をめぐる論争は第二節二項で論じた）、さらに憲法改正の議決を行う国民議会の構成――憲法改正の第二段階――の合憲性を認めた上で、なお残る問題である。

第一の陣営の法学者たちは、多くがこれを「全面改正」と解釈した。なぜなら国民議会にかわりシュテンデ議会が導入されることで「民主主義・議会主義原理」は廃され、連邦議会が改変されることで州権限も弱体化し、さらに共和国憲法では認められていた種々の基本権も制限されたからである[49]。メルクルも全面改正であることを示唆する[50]。もし政府が改正手続きの「合法性」にこだわるならば、共和国憲法第四四条二項に従い国民投票が不可欠である。

だが国民投票を避けたい政府は、同憲法への「改正」はあくまで「部分改正」であり、それゆえ国民投票は不要という解釈を強弁した。ヘヒトは記者との懇談の中で、全面改正に当たらない理由として、「共和主義的な国家形式」、「連邦主義的立場」、「民主主義的制度」、「国民投票の制度」などが維持されているからだと説明している[51]。確かに、新憲法においても帝政は復活せず、憲法前文に連邦主義原理が明記され、シュテンデに基づく代表体を選出する権利（第四四―五四条）は担保され、立法府が政府法案を拒否した場合の国民投票の制度（第六五条）も定められている。

しかし全条文が書き換えられ、共和国憲法の主柱にあった民主主義・議会主義原理が廃されてしまった以上、このヘヒトの主張はあくまでも「強弁」に過ぎないといえよう。メルクルは新憲法が、共和国憲法における議会主義どころか、ハプスブルク帝国の立憲主義にも反するものであると述べる[52]。国民に直接選ばれる立法機関が消滅してしまった以上、新国家における立法機関は従来の意味での議会ではないと考えられたのである。

現に政府は、全面改正という指摘に備え担保を用意していた。というのも、四月三〇日に国民議会が可決した授権法の第一条は、「連邦憲法第四四条二項は廃止される」と定めていたからである。政府は、その同じ授権法の第二条に共和国憲法を「部分改正」した新憲法の公布を定めていたにもかかわらず、同じ法律の第一条に――極めて不恰好な形で――「全面改正」に必要な国民投票規定の廃止を盛り込んだのである。それは新憲法の制定がそもそも全面改正であること、そして全面改正に必要な国民投票に勝つ自信がないことを政府が「白状」したも同然だった[53]。

3 フェーゲリンの解釈

憲法裁判所を機能停止に追い込んだ一九三三年五月二三日の命令において、政府は「原初的な立法権力」、「原初的な憲法制定権力」として現れたと解釈するフェーゲリンは、新憲法制定手続きは「形式的には疑わしい」ものでありえた――すなわち共和国憲法に照らせば「違憲」の可能性が高い――が、なんら問題がないと主張した。なぜなら新憲法制定という立法行為は、もはや共和国憲法に委任されたものではないからである。一九三四年四月三〇日においてもなお共和国憲法が妥当しているという第一の陣営・第二の陣営の前提をフェーゲリンは共有しない。それゆえフェーゲリンは、一九三三年五月二三日以降のあらゆる政府の立法行為は、そもそも戦時経済授権法による「合法性」の根拠付けすら不要であった、と述べるのである[54]。

フェーゲリンは、一九三四年四月三〇日の国民議会の議決能力をめぐる第一の論点について、第一の陣営も第二の陣営ももっぱら「形而上学的＝実証主義的」な路線の中で議論を行っていて、他の意味連関を考慮に入れていないと批判する。この日の国民議会の問題を、数量化された人間と行為の集積として捉えるのではなく「意味現象」として捉えるならば、この議会は共和国憲法の国民議会ではなく、「新しい立法機関」と解釈すべきである。それゆえ同じように第二の論点もそもそも意味を成さない。新しい憲法の制定は、その正統性を共和国憲法には有していない。一九三四年四月三〇日のオーストリア国民議会の議決は、「憲法改正過程の最終段階」であり、「革命過程の最終段階」だったのである[55]。フェーゲリンは「四・三〇革命説」を唱える[56]。

フェーゲリンによるとオーストリアが保持する新憲法は「権威的憲法」であり、「憲法制定権力」が政府にあることは明白である。にもかかわらず、政府＝第二の陣営はあくまで合法的正統性、共和国憲法と新憲法の法的連続性に固執し、戦時経済授権法による欽定と国民議会による議決という二段階の制定過程を踏んだ。彼はこのこだわりに、憲法制定は憲法規範によって理解されねばならないという、ケルゼン純粋法学の呪縛を見る。フェーゲリンからすると、「『規範』が国家秩序の源泉でなくてはならないという要求は、ノモスの生みの親たる無秩序を前にした不安の表現」に過ぎない。しかし新憲法制定の唯一可能な「正統化」は「合法性」（「法的連続性」）であるという考えが、オーストリア国民、そして政府にも共有されていたがゆえに、ある種「無意味」な手続きを要したと彼は考えている。[57]

そしてこのことは新憲法の前文に明らかである。本来、憲法の前文の目的とは「国家原理への憲法制定権力の儀式的な告白」である。そして前文は「憲法制定権力」、「憲法制定の根本原理」、「憲法制定をする関心の対象」の三つの要素からなる。しかし本節一項で引用した前文にあるように、新憲法がシュテンデ的・キリスト教的・ドイツ的原理を持ち、その対象がオーストリア国民であることは明らかだとしても、そこには「憲法制定権力」が明記されていない。「源泉は匿名のままである」[58]。フェーゲリンは政府支持派でありながら、政府＝第二の陣営がその正統化根拠を曖昧なままにしていることに批判的である。

それでは一九三四年憲法には「合法的正統性」を超える「革命的正統性」があるのだとして、フェーゲリンはなぜこのような主張が可能だと考えたのだろうか。というのは、第一の陣営のギュルケはドルフス政権のあり方を「法的正統化」に欠けるだけでなく、「政治的正統化」にも欠けると訴えていたからである。[59]解散総選挙から逃げ、憲法改正の国民投票からも逃げるドルフス政権は「国民意志」から乖離している、というのがその論拠であった。四月三〇日の国民議会において、反政府派のヘルマン・フォッパ議員は――ほとんどの議員が授権法に賛成する中ある種英雄的に――一年にわたる政府の超憲法的支配を非難し、それが国民の多数の支持を得ていないことを指摘した。[60]

だがここで注意しなければならないことは、共和国憲法の「合法性」に固執し、「国民意志」の重視を求めた第一の陣営の少なからぬ部分がナチスだったことである。一見極めて真っ当な彼らの「合法性」擁護論も、オーストリアにおけるナチス支配のための「手段」という側面があった。ここで名を挙げたギュルケはナチス系の法学者であり（彼はオットー・ケルロイターの女婿でもある）、フォッパもオーストリア・ナチスに入党する。彼らの議論は共和国の合法性の枠内でも、ナチスの政権奪取は民主主義により可能という見込みの下にあったのである。

フェーゲリンはこうした「憲法によって規範化された手続き」にさえ従えば、議会制民主主義から独裁への移行も「合法」的に可能となるという純粋法学的な実証主義的・形而上学的ドグマを厳しく批判した。[61]そしてオーストリアのナチス・ドイツへの合邦を望むような意志は、そもそもオーストリアの国民意志ではないと述べる。フェーゲリンによると、民主主義はその前提として「デモス」すなわち「国家とその実存への意志に満たされた政治的に統一された国民」を必要とする。[62]だがハプスブルク帝国以来、オーストリアにはこうした「デモス」が存在してこなかった。当然ながら、プロレタリア独裁を訴える社会民主党も、ドイツとの合邦を訴えるナチスも、こうしたデモスの担い手とはいえない。フェーゲリンは、オーストリアは真の意味での「国民国家（ネーションステート）」ではないと繰り返し指摘する。[63]オーストリアには民主主義の前提が欠けているのである。

それに対し、オーストリアの独立を訴え、新たな理念に基づいて「制度」を作り上げ、「権威的」に指導するドルフスは、真の意味でのオーストリア国民の代表であるとフェーゲリンは解釈した。[64]ドルフスが創設した権威的国家という新秩序は「オーストリア国家生成における実存的な歩み」なのである。[65]それゆえ、たとえ形式的な民主主義によって正統化されたものでなくとも、オーストリア国家意識を自覚し、国民を創出していく権威的指導こそが、むしろオーストリアを代表するものとして「政治的」に正統化可能とフェーゲリンは考えたのである。[66]

四　おわりに

ここまで見てきたように、オーストロ・ファシズムの確立過程をめぐる論争は三つの陣営に分類することができた。第一・第二の陣営はそれぞれ共和国憲法を根拠にドルフス政府の行為の「違憲」・「合憲」を争い、第三の陣営は共和国憲法を越えたドルフス政権の「革命的正統性」を擁護していた。しかし一九三四年四月三〇日に共和国憲法が「改正」されてしまうことで、政府行為の「違憲性」を糾弾する準拠点を実証主義法学者である第一の陣営は失ってしまう。政府への積極的支持を表明したわけではないものの、その後メルクルも一九三四年憲法のコンメンタールを執筆することになる[67]（そしてナチス系の学者は活動の拠点をドイツに移していく）。オーストロ・ファシズム正統化の根拠が異なるとはいえ、それを支持する第二・第三の陣営が勝利を収めたわけである。

これら三陣営はそれぞれの形でオーストリアのあるべき形を模索していた。第一の陣営＝メルクルは共和国憲法を「護憲」し、民主主義を維持することが重要であると考えていた。しかし、一九三三―一九三四年のオーストリアでこの立場に固執した場合――第一の陣営にナチスのシンパも属していたことからもわかるように――それはナチスの勢力拡大に利するものになる可能性が高かった。第二の陣営＝ヘヒトは国内外の危機に必要な措置をとるために「命令」による統治が重要と考え、それが共和国憲法上の「合憲性」の範囲内にあることにこだわった。しかしそれは詭弁的な「解釈」の積み重ねによるものであり、最終的には共和国憲法の改正に至った。第三の陣営＝フェーゲリンは、第二の陣営よりも論理的には明快な形で、新たな立法権力としてオーストロ・ファシズムを弁証した。しかしそれは民主主義の前提である同質的な国民、デモスを権威的指導により生み出すという、彼独特の議論に基づくものであった。

一方で、選挙による「合法的」政権奪取の可能性がなくなったオーストリア・ナチスは、一九三四年七月に武装蜂起しドルフスを殺害するものの政権奪取には失敗する。その後のオーストロ・ファシズム政権は、ドルフス政権の法相であったクルト・フォン・シュシュニクにより担われた。そして一九三八年三月、ナチス・ドイツ軍が国境を越え、ヒトラーが彼の故郷であるオーストリアに凱旋することで、オーストロ・ファシズム政権は終焉を迎える。ナチス・ドイツへの合邦後、メルクルは職を追われ、オーストロ・ファシズムの「桂冠法学者」であったヘヒトはダッハウに送られそこで自殺し、オーストロ・ファシズムの「革命的正統性」を主張したフェーゲリンはアメリカへの亡命を余儀なくされた。[68] 立場は異なれど反ナチスのオーストリア愛国者であった彼らは、それぞれの形で代償を払わされたのである。

それでは最後に、この論争が現代に与える教訓を考えてみたい。何よりもオーストリアの事例が示していることは、政治的「必要」を前にした「立憲主義」と「民主主義」の脆弱さである。ドルフス政権は、ナチス・ドイツによる合邦要求という対外的危機と世界恐慌後の経済状況の悪化という国内危機に直面し、憲法と国民意志を無視した統治を望んだ。国民議会での議論を避け、憲法裁判所の審査を避け、総選挙を避けることで、「危機」に「必要」な措置をとろうとしたわけである。先述の様に、オーストロ・ファシズム確立のそもそもの契機は、賃金をめぐる鉄道職員のストライキへの処罰をめぐってであった。ドルフスが出した命令は、「経済」領域に限っても、規制の緩和や賃下げなど、財界寄りの（今日的にいえば新自由主義的な）階級的性格を持っていた。[69]それに加えて、「命令」によって、経済領域を超えて、報道の自由、集会の自由、ストライキ権など、民主主義の根幹にある権利は制限された。

そしてその統治が「合法的」であることを糊塗するため、政府は「戦時経済授権法」に依拠し、最終的には新憲法を制定した。第二の陣営の議論に従えば、政府は共和国憲法に一切違反することなく無議会統治を行い、ファシズム憲法である一九三四年憲法へと憲法を「改正」できたのである。こうした「立憲主義」の棚上げを可能にしたのは、憲法裁判所の事実上の閉鎖であり、政府による憲法の解釈権の「独占」であった。

だが政府支持派のフェーゲリンがいみじくも論じているように、政府が既存の憲法を無視するとき、それはもはや「合法性」の枠組みを超え出ている。現に政府閣僚の中にも、ヘヒトら第二の陣営の議論を乗り越える主張をする者もいた。例えば国防大臣のカール・ヴォーゴワンは、一九三三年四月に現在の政治状況を「一九一八年に対するある種の反革命」であると語り、[70]副首相のエルンスト・リュディンガー・シュターレンベルクは同年九月に将来の国家形態を「独立したファシズム国家オーストリア」と呼んでいる。[71]政府は一方で政府行為への「合法性」の糊塗に奔走しながら、他方でその「超合法性」も十分認識していたのである。

確かに、フェーゲリンのようにそれを支持する立場からすれば、政府は「新しい立法権力」であり、政府の行為は「革命」と正統化できるのかもしれない。しかし、政府に反対する立場――共和国憲法を「護憲」する立場――からすれば、それは「クーデタ（Staatstreich）」に過ぎなかった。[72]一九三三―一九三四年のオーストリアの不幸は、政府行為は「違憲」であり「正しくない」という第一の陣営の立憲主義・民主主義的には正当な主張が、憲法裁判所の閉鎖と社会民主党の壊滅を経て、ナチスの主張に過ぎなくなってしまったことにあった。一九三四年四月三〇日の国民議会で、ドルフス政権の「違憲」性・「非民主」性を告発できたのは、ナチス系のフォッパ議員だけだったのである。共和国憲法を「護憲」しながら、国民意志に基づいてナチスに対抗可能なオーストリア政府を、二大政党であるキリスト教社会党と社会民主党は協働して作り上げることができなかった。確かにこの意味で、フェーゲリンがいうように、オーストリアには「国民」が欠けていたのである。

いつの時代にも、政治的危機に直面し、政府は法の乗り越えを試みる。それは「必要は法を知らぬ」という旧き格言に示されているし、ヘヒトはそれを国家の「自然権」と呼んだ。一方メルクルは、政府による非立憲的統治が開始された直後に、「端緒に抵抗せよ（Principiis obsta）」という別の旧き格言を対置している。[73] 立憲主義の意義とは国民の自由権の保障であり、国家権力の制限である。それが掘り崩されようとしているとき、国民は民主主義によって抵抗しなければならない。民主主義の支えなき立憲主義は脆いものである。国家が法を乗り越えようとする「端緒」――それはいつ始まるかわからない――に、国民は身構えていなくてはならないのである。

＊本文並びに注における略号は、以下の文書名の省略である。
RGBl = Reichsgesetzblatt, StGBl = Staatsgesetzblatt, BGBl = Bundesgesetzblatt.

（1）本論ではドルフス体制を「オーストロ・ファシズム」と呼称するが、同体制を「ファシズム」に分類するか、それとも「権威主義」に分類するかについては、研究史上において様々な議論がある。しかもこの点については学問的な判断に加え、論者の政治的立場も影響するので（概して保守系は権威主義と呼び、左派系はファシズムと呼ぶ傾向にある）、問題はより複雑である（細井保『オーストリア政治危機の構造――第一共和国国民議会の経験と理論』、法政大学出版局、二〇〇一年、二七五―二七七頁、村松恵二『カトリック政治思想とファシズム』、創文社、二〇〇六年、五八―五九頁［注頁］を参照のこと）。
本論の主題は、一九三三年三月から一九三四年四月にかけてのドルフス政権の政策の是非をめぐる国法学上の論争を、（一）「違憲」であり「正しくない」、（二）「合憲」であり「正しい」、（三）「違憲」であるかもしれないが「正しい」、という三つの陣営に整理し、それぞれの特徴をまとめることにあるが、ドルフス政権を「ファシズム」と呼ぶか否かというこの問題に関しても、各陣営は異なった対応をしている。

すなわち、第一の陣営では社会民主党がすでに議会閉鎖直後である一九三三年三月八日の段階で、ドルフス政権を「ファシズム」と「批判」し（Angriff auf die Freiheitsrechte, in: *Arbeiter Zeitung*, 8. März 1933, S. 1）、第二の陣営では一九三四年憲法の起草者のオットー・エンダー自身が、制定後のインタビューでそれをすすんで「ファシズム」とは呼ばずに「権威主義」であると述べ（Minister Dr. Ender über die Verfassungsreform, in: *Neue Freie Presse*, 29. April 1934, S. 5-6; Ein Meisterwerk der Gesetzsgebung, in: *Reichspost*, 29. April 1934, S. 2）、第三の陣営ではエーリッヒ・フェーゲリンが、一九三四年四月二四日の「命令」による憲法制定を「ファシズム＝権威主義的」と特徴付けた上で「正当化」を行っている（Erich Voegelin, *Der autoritäre Staat. Ein Versuch über das österreichische Staatsproblem*, 1936=1997, Wien, S. 180）。このように当時の論争においても、現代とは異なる形で、ドルフス政権を「ファシズム」と呼ぶか否かがひとつの論点になっていたことがわかる。

（2）オーストリア共和国憲法は一九二〇年に制定され（BGBl. Nr. 1, 1920）、一九二九年の改正（BGBl. Nr. 392, 1929）を経たものが、一九三三年当時妥当していた。

（3）この論争をめぐっては、本論で詳述するように、フェーゲリンがすでに同時代に論点の整理を行っている（Voegelin, *Der autoritäre Staat*. Kap. 7）。加えて以下の文献も参照のこと。Charles A. Gulick, *Austria from Habsburg to Hitler*, vol. II, University of California Press, 1948, pp. 1417-1423; Peter Huemer, *Sektionschef Robert Hecht und die Zerstörung der Demokratie in Österreich. Eine historisch-politische Studie*, Wien, 1975, S. 300-315; 細井『オーストリア政治危機の構造』（第四・五章）、奥正嗣「オーストリア一九三四年連邦憲法と職能身分制国家――オーストリアファシズム独裁制の時代（一九三三年―一九三八年）―（1）」（『国際研究論叢』27（2）、三三―五一頁、二〇一四年）。

　こうした先行研究に比した本論の特徴は、オーストロ・ファシズムの「確立過程」を対象に、特にドルフス政権の「合法性」と「正統性」をめぐる論争に着目し、その論争を三つの陣営に区分して整理している点にある。その際、「合憲」か「違憲」か、あるいは「支持」か「不支持」かという二項対立的な見方ではなく、法律的な判断と政治的な判断が複雑に入り混じっている点を明らかにした。

　なお本論においてはLegitimitätに関係する単語（Legitimierung, Legitimation）は「正統性」、「正統化」という訳語を当てている。

（4）本論では「陣営」という用語を使用するが、これはオーストリア政治史におけるいわゆる「陣営」問題――オーストリア国民のキリスト教社会主義（キリスト教社会党）、オーストロ・マルクス主義（社会民主党）、ドイツ・ナショナリズム（大ドイツ党）への恒常的な三分割――を意味するものではない（この通常の陣営問題については、細井『オーストリア政治危機の構造』四―五頁を参照のこと）。むしろキリスト教社会党出身のドルフス政権を同じく支持しながら、（本論でいう）第二の陣営と第三の陣営でその論拠が大きく異なるというのが論点の一つである。

（5）オーストロ・ファシズムとメルクルについては、Wolf-Dietrich Grussmann, *Adolf Julius Merkl. Leben und Werk*, Wien, 1989, S. 37-39を参照。アドルフ・ユリウス・メルクル（一八九〇―一九七九）は、ハンス・ケルゼンの下で学んだウィーン法実証主義学派の代表的な人物であり、当時ウィーン大学で教授を務めていた。

（6）それゆえ本論で「第一の陣営」としてまとめて扱う論者たちは、その党派において同一であるわけではない。本論では、ドルフスとオーストロ・ファシズム政権の（一）「戦時経済授権法」に基づく統治と（二）一九三四年憲法への「憲法改正」を、「オーストリア第一共和国憲法」に基づいて「違憲」であると批判している論者たちをまとめて「第一の陣営」と呼ぶ。それゆえメルクルのようなリベラルで反ナチス系の法学者も、後に論じるノルベルト・ギュルケのようなナチス系の法学者も同じ陣営として扱うことになる。

とはいえ、党派は違えど彼らは同じ陣営と呼ぶに値するほど類似した議論を展開していた。一九三三年にドイツで刊行された『行政アルヒーフ』（*Verwaltungsarchiv. Zeitschrift für Verwaltungsrecht und Verwaltungsgerichtsbarkeit*, Bd. 38, 1933）では、メルクルやギュルケなど反ナチス系とナチス系の理論家が相混じって、ドルフス政権の政策の「違憲性」を論じる特集を組んでいる。ナチス・ドイツと対立関係にあったオーストリア政府はこの特集に強く反発した。政府系の『ウィーン新聞』は、こうした第一の陣営の論評を敵であるナチス・ドイツを利するものとして、特集に参加した面々を名指しで厳しく批判している。国立大学教授ともあろう者が官吏の国家への忠誠義務を忘れるとは、と嘆いているのである（Quousque tandem…, in: *Wiener Zeitung*, 1. September 1933, S. 1-2）。

（7）Dollfuss macht Entdeckungen, in: *Arbeiter Zeitung*, 21, Dezember, 1932, S. 2. 同紙はここでヘヒトを、「彼はあらゆる国法上の問題に関して、政府に諮問を受ける男であり、戦時経済授権法復活の立役者である」と評している。ヘヒトはこの記事の書かれた一九三二年の段階で、議会が政府法案の可決を拒否した場合の戦時経済授権法による公布の可能性を唱え、野党側から強い批判を浴びていた。

（8）Franz Winkler, *Die Diktatur in Oesterreich*, Zürich, 1935, S. 113.

（9）オーストロ・ファシズムとヘヒトについては、Huemer, *Sektionschef Robert Hecht* を参照。ロベルト・ヘヒト（一八八一―一九三八）はウィーン大学を経て官僚になった人物で、ドルフス政権においてはその法律アドバイザーとして活躍した。また彼はもともとユダヤ系の家庭出身であったが、一八九九年にプロテスタント、一九二四年にカトリックに改宗した経歴を持ち、自らを「同化ユダヤ人」と認識していた。

(10) オーストロ・ファシズムとフェーゲリンについては、細井『オーストリア政治危機の構造』（二四三―二四九頁）、高橋義彦「エリック・フェーゲリンのウィーン――オーストリア第一共和国とデモクラシーの危機」（『政治思想研究』、第一二号、二〇一二年、三四二―三七〇頁）を参照のこと。エーリッヒ・フェーゲリン（一九〇一―一九八五）は、ウィーン大学においてハンス・ケルゼンの下で学んだ法学・政治学者であるが、師のケルゼンとは対照的な理論を展開した人物である。当時はウィーン大学で私講師を務めていた。

(11) 当時の国民議会（定数一六五）は一九三〇年の総選挙に基づくもので、その構成は以下のとおりである。社会民主党・七二議席、キリスト教社会党・六六議席、大ドイツ党・一〇議席、農村同盟・九議席、護国団・八議席。この内ドルフス政権の与党は、キリスト教社会党・農村同盟・護国団で、合わせて一票差の与党であった（細井『オーストリア政治危機の構造』一九三頁、付録二二頁）。

(12) 国防大臣だったカール・ヴォーゴワンは、一九三三年三月七日の閣議で、もし解散総選挙を行えば、キリスト教社会党は社会民主党、ナチスに次ぐ第三党に転落するだろうと予測したという（Huemer, *Sektionschef Robert Hecht*, S. 195）。

(13) An Österreichs Volk!, in: *Wiener Zeitung*, 8. März 1933, S. 1.

(14) Adolf Merkl, Die Verfassungskrise im Lichte der Verfassung, in: *Der oesterreichische Volkswirt*, 18. März 1933, S. 585; Adolf Merkl, Verfassungskampf, in: *Der oesterreichische Volkswirt*, 25. März 1933, S. 610.
とはいえ、メルクルは同法が存続していることについては批判的で、本文中で後述する一九二〇年憲法移行法が定める廃止法律が制定されるべきであったという立場である。同じく後述するように、彼の解釈は、共和国憲法第一八条が定める大統領命令権の範囲に戦時経済授権法の権限を包括することで、事実上戦時経済授権法独自の妥当領域を否定するものである。

(15) Merkl, Die Verfassungskrise im Lichte der Verfassung, S. 585.

(16) Merkl, Die Verfassungskrise im Lichte der Verfassung, S. 585.

(17) ここで論じた検閲を導入する命令以外にも、第一の陣営は共和国憲法第一八条五項で除外された領域に関わる政府命令を批判している。Max Layer, Ermächtigungsbereich des kriegswirtschaftlichen Ermächtigungsgesetzes, in: *Verwaltungsarchiv*, Bd. 38, S. 213.

(18) Beschluß der provisorischen Nationalversammlung vom 30. Oktober 1918 (StGBl. Nr. 3. 1918) は、その第一条で「あらゆる検閲は、国家市民の基本権に反するものとして、法律上無効なものとして廃止される」と定めている。

(19) Adolf Merkl, Die Suspension der Pressfreiheit, in: *Neue Freie Presse*, 9. März 1933, S. 2.
(20) Merkl, Verfassungskampf, S. 610-611.
(21) Layer, Ermächtigungsbereich des kriegswirtschaftlichen Ermächtigungsgesetzes, S. 214.
(22) オーストリア第一共和国憲法においては、第一八条三項に基づいて大統領命令を公布した場合、政府は命令を国民議会に遅滞なく送付すること、そして国民議会は四週間以内に命令を法律として議決するか、あるいは命令の失効を議決するよう、第四項に定められていた。政府、そしてヘヒトはこの国民議会の議決を避ける必要があったのである。
なお細井『オーストリア政治危機の構造』(二二〇—二二二頁)は、独墺の大統領命令権の相違について、ワイマール憲法第四八条とオーストリア共和国憲法第一八条の比較検討を行っている。
(23) Robert Hecht, Das Recht der Regierung auf Notverordnungen, in: *Wiener Zeitung*, 7. April 1933, S. 1-2.
(24) Robert Hecht, Das Staatsnotrecht in der neuen Verfassung, in: *Reichspost*, 27. März 1934, S. 1-2. だが第一の陣営のヘルマン・ラシュホーファーは別の判例を根拠に、戦時経済授権法で憲法の改正はできないと主張している (Hermann Raschhoffer, Österreichs neue Verfassung 1934, in: *Zeitschrift für ausländisches öffentliches Recht und Völkerrecht*, Bd. 4, 1934, S. 848)。
(25) Voegelin, *Der autoritäre Staat*, S. 159-161.
(26) Layer, Ermächtigungsbereich des kriegswirtschaftlichen Ermächtigungsgesetzes, S. 208.
(27) 条文は以下のとおりである。「一般的な安全行政の領域に対する、官庁の権限についての、連邦立法による規定が公布されるまでは、そうした業務の指導を委託された官庁は、人々の危険にさらされた身体の保護と財産の保護のために、自らの職務領域内で、危険を阻止するために求められる命令を下すことができ、それへの違反は行政違反と宣言しうる。そうした命令は、既存の法律上の規定に反することはできない。命令公布の根拠がなくなるや、それは廃止される」(BGBl. Nr. 393, 1929)。
(28) Voegelin, *Der autoritäre Staat*, S. 162-165.
(29) Voegelin, *Der autoritäre Staat*, S. 166.
(30) 憲法裁判所の閉鎖については、以下の文献を参照のこと。Huemer, *Sektionschef Robert Hecht*, S. 178-192; Gulick, *Austria from Habsburg to Hitler*, pp. 1074-1078.
(31) Voegelin, *Der autoritäre Staat*, S. 167-170.
(32) Eine Beleidigung Oesterreichs, in: *Arbeiter Zeitung*, 15. Juni 1933, S. 1-2.

（33） Die Sozialdemokraten über Notmaßnahmen gegen die Nazi, in: *Arbeiter Zeitung*, 22. Juni 1933, S. 1.

（34） Wie schlagen wir den Terror, in: *Arbeiter Zeitung*, 13. Juni 1933, S. 1-2.

（35） Die Rede des Bundeskanzlers, in: *Wiener Zeitung*, 10. September 1933, S. 3.

（36） Edmund Weber（hg.）, *Dollfuss an Oesterreich. Eines Mannes Wort und Ziel*, Wien, 1935, S. 30-31.

（37） Abschied von einer Illusion, in: *Reichspost*, 29. April 1934, S. 1-2.

（38） 授権法第二条では、「連邦憲法法律として今日妥当している連邦憲法［共和国憲法］の意味において」新憲法の法的存立の裏付けがなされていることが明記されている。

（39） Die Mairede des Bundeskanzlers, in: *Neue Freie Presse*, Abendblatt, 2. Mai 1934, S. 4; *Dollfuss an Oesterreich*, S. 228.

（40） Ein Meisterwerk der Gesetzgebung, in: *Reichspost*, 29. April 1934, S. 3.

（41） 政府がなぜそこまで「合法的正統性」、「法的連続性」にこだわる必要があったのかについてはいくつかの議論がある。例えば同時代においてはギュルケ、後代の研究においてはヒューマーが「外圧」説をとる。ドルフス政権は当時オーストリアに借款を行っていたフランスなど西側諸国の印象を良くする必要があったというわけである（Norbert Gürke, Die österreichische „Verfassung 1934", in: *Archiv für öffentlichen Rechts*, Bd. 25, 1934, S. 187-189; Huemer, *Sektionschef Robert Hecht*, S. 303）。一方でフェーゲリンは、本文中で後述するように、このこだわりにケルゼン純粋法学の呪縛を見る。

（42） 同命令は以下のように定めている。「第一条：オーストリア社会民主主義労働者党は、あらゆる活動を禁止される。同党の現存する諸組織は解散し、新たな組織の形成は禁止される。何人も同組織の外部においても、同党のために何らかの活動を行ってはならない。同党のマークの掲示も禁止される。第二条：社会民主党の意向に沿った議決権の行使は、社会民主党のための活動とみなされ、第一条の禁止事項に当たる（以下略）」。

（43） 同命令は以下のように定めている。「一九三四年二月一二日の連邦政府命令（BGBl. Nr. 78）第二条は、オーストリア社会民主主義労働者党のあらゆる活動を禁止するものであるが、それは次のような理解を含むものである。第二条（一）一般代表部における、オーストリア社会民主主義労働者党の選挙人名簿に基づきこの代表部に選ばれた、議員（補欠）の議席は失われる。その議席に基づき行われた行為は、オーストリア社会民主主義労働者党のための活動とみなされ、第一条の禁止事項に当たる（以下略）」。

（44） 同命令は以下のように定めている。「第一条（一）一般代表部の構成員（補欠）が、自身の選ばれた名簿の党派から除名されたり、離党した場合、その人物の議席・不可侵性・議席と結びついた他のあらゆる権利は、さらなる手続きなしに、失効したものとみなされる（以下略）」。

(45) Gürke, Die österreichische „Verfassung 1934“, S. 191; Raschhoffer, Österreichs neue Verfassung 1934, S. 846-847. ギュルケは共和国憲法第一四一条の規定により、議席の喪失には憲法裁判所による同意が必要であることを根拠に、政府の措置を批判している。

(46) 同命令は以下のように定めている。「第一条：一九三四年一二月三一日まで、一般代表体の選挙は、領域ケルパーシャフトによって公示されない。第二条：国民議会の選挙規則に関する一九二三年七月一一日の連邦法律（BGBl. Nr. 367）第八〇条一項は、遡及的に一九三四年二月一三日をもって効力を失う」。

(47) この「定足数」問題については、先述した選挙法第八〇条一項の規定により、社会民主党議員七二議席に加え、規定により同じ選挙区の議員の二〇議席が同時失職することから、そもそも国民議会に出席可能だったのは七三人の議員で、憲法改正に必要な「半数」の出席に満たないという異議も、第一の陣営から唱えられている（Raschhoffer, Österreichs neue Verfassung 1934, S. 850-851）。

(48) Gürke, Die österreichische „Verfassung 1934“, S. 190-191, 197.

(49) Gürke, Die österreichische „Verfassung 1934“, S. 192-193.

(50) Adolf Merkl, Die Wende des Verfassungslebens, in: *Wiener Neueste Nachrichten*, 1. Mai 1934, S. 1.

(51) Ein Meisterwerk der Gesetzgebung, in: *Reichspost*, 29. April 1934, S. 3; Sektionschef Hecht über Inkraftsetzung, in: *Neue Freie Presse*, 29. April 1934, S. 6.

(52) Adolf Merkl, Oesterreichs neue Verfassung, in: *Wiener Neueste Nachrichten*, 1. April 1934, S. 2.

(53) Gürke, Die österreichische „Verfassung 1934“, S. 195. 第三の陣営にいるフェーゲリンは、この全面改正・部分改正問題を無意味な論争としながらも、少なくとも国民投票規定の廃止と憲法制定を分けた方が「法学的」に正しかったであろうと述べている（Voegelin, *Der autoritäre Staat*, S. 179）。

(54) Voegelin, *Der autoritäre Staat*, S. 170.

(55) Voegelin, *Der autoritäre Staat*, S. 177-179.

(56) 当然ながらここでは、日本国憲法成立時の宮澤俊義の解釈を念頭に置いている。大日本帝国憲法第七三条に則った日本国憲法への「改正」を、宮澤は「政治体制上の根本的変革」であり「革命」と解釈すべきではないかと貴族院で論じたのであった（『官報』号外、一九四六年八月二七日）。この議論は同様に、ナチス・ドイツにおける一九三三年三月の授権法成立をワイマール憲法の改正ではなく、新しい暫定憲法の制定であると解釈したカール・シュミットの議論ともパラレルなものである（Carl Schmitt, *Staat, Bewegung, Volk. Die Dreigliederung der politischen Einheit*, Hamburg, 1933, S. 5-9〔『国家・運動・民族――政治的統一体を構成する三要素』、初宿正典訳、『ナチスとシュミット』、木鐸社、一九七六年、七―一五頁〕）。一九三四年憲法・日本国憲法・授権法はいずれも、それ以前に妥当していた憲法の形式に則って制定されたわけであるが、フェーゲリン・宮澤・シュミットはそうした形式的な合法性を超えた新憲法の正統性を論じている。

（57）Voegelin, *Der autoritäre Staat*, S. 152, 171.

（58）Voegelin, *Der autoritäre Staat*, S. 181-186; Erich Voegelin, Der autoritäre Staatskern, in: *Wiener Zeitung*, 13. Mai 1934, S. 1-2.

（59）Gürke, Die österreichische „Verfassung 1934", S. 193.

（60）Huemer, *Sektionschef Robert Hecht*, S. 310-311; Gulick, *Austria from Habsburg to Hitler*, pp. 1414-1415.

（61）Voegelin, *Der autoritäre Staat*, S. 150.

（62）Voegelin, *Der autoritäre Staat*, S. 175-177.

（63）Erich Voegelin, Die österreichische Verfassungsreform von 1929, in: *Zeitschrift für Politik*, Bd. XIX, 1930, S. 585; Voegelin, *Der autoritäre Staat*, S. 92.

（64）Voegelin, *Der autoritäre Staat*, S. 50-52.

（65）Voegelin, *Der autoritäre Staat*, S. 6.

（66）フェーゲリンのオーストロ・ファシズムの正統化については、注10の二文献を参照のこと。

（67）Adolf Merkl, *Die ständisch=autoritäre Verfassung Österreichs. Ein kritisch=systematischer Grundriss*, Wien, 1935.
なおメルクルの同書の執筆がウィーン大学法学部教授としての職業上の義務感によるものなのか、それとも一九三四年憲法とメルクル思想の間に内的な連関があるのかというのはメルクル研究において重要な論点であり、今後の検討課題である。

（68）Grussmann, *Adolf Julius Merkl*, S. 39-41; Huemer, *Sektionschef Robert Hecht*, S. 331-333; Eric Voegelin, *Autobiographical Reflections*, Revised Edition with Glossary, edited, with an Introduction by Ellis Sandoz, University of Missouri Press, p. 70-72（『自伝的省察』、山口晃訳、而立書房、一九九六年、五八―六一頁）.

（69）Huemer, *Sektionschef Robert Hecht*, S. 319-324.

（70）Heeresminister Vaugoin zur politischen Lage, in: *Wiener Zeitung*, 8. April 1933, S. 1.

（71）Umbildung des Kabinetts, in: *Neue Freie Presse*, 21. September 1933, S. 1.

（72）例えば、社会民主党は一九三三年三月八日の段階ですでに政府の行為を「クーデタ」と批判し（Angriff auf die Freiheitsrechte, in: *Arbeiter Zeitung*, 8. März 1933, S. 1）、カトリック系の知識人であるエルンスト・カール・ヴィンターも翌月に「クーデタ」と呼んでいる（Die Warnung eines katholischen Gelehrten, in: *Arbeiter Zeitung*, 2. April 1933, S. 4）。

（73）Merkl, Die Verfassungskrise im Lichte der Verfassung, S. 584.

＊本論を修正するにあたり、匿名の二人の査読者の先生方には非常に有益なコメントを頂いた。記して感謝申し上げる。

ハンナ・アーレントにおける「政治」と「責任」

――全体主義体制下における普通のドイツ人の責任について

石田雅樹

一　問題の所在

ハンナ・アーレントは「政治」と「責任」との関係をどのように考えたのだろうか。またその考察は、今日われわれが「責任」を論じる際にどのような寄与を行い得るのだろうか。前者の問いと後者の問いは一応別物であるが、これまでの多くの研究では後者の問いが前者のフレームを構築してきた。例えば日本では、戦争責任問題・従軍慰安婦問題を論じる文脈で参照され[1]、近年ではグローバルな連帯責任の文脈で解釈が行われてきた[2]。このような解釈の試みは、「なぜアーレントが重要か」Why Arendt matters ?（ヤング＝ブルーエル）という問いへの答えとして重要なのかもしれない。しかしながら現代政治というフィルター越しにアーレントを論じることによって、元々の問題設定とその限界が見過ごされたり、あるいは逆に元々存在しない何かが見つけ出されてきたのではないだろうか。

本論はこのような点を踏まえ、アーレント責任論の内実を問い直そうと試みるものであるが、具体的には以下の二点を明らかにするものである。第一に、アーレントは一貫して普通のドイツ人の責任を問い続けたが、そこで問われる「責任」の内容、とりわけ主体としての位置づけがどのように変化していったのかに関して、「法的責任」「道徳的責任」「政治的責任」の三つの視点から解き明かしていきたい[3]。普通のドイツ人たちの組織的殺戮への加担は、当初は「歯車」cog あるいは「自動人形」automaton という言葉で表され、その主体性を問う姿勢は必ずしも明確ではなかったが、『イェルサレムのアイヒマン』以後この「歯車」理論自体が放棄され、責任の主体的関与を強調する言説へと変化していく。[4] 本論ではまずその責任論の変質の経緯を辿っていくことにしたい。

第二に、『罪責論』*Schuldfrage* を記した師カール・ヤスパースとの比較を行うことで、アーレントの責任論の特徴を明らかにしていきたい。アーレントとヤスパース両者の責任に関する比較研究はこれまでにも存在するが、両者のあいだに存在する隔たりとその要因についてはこれまで十分に明らかにされてこなかった。[5] 本論では、アーレントの「法的責任」「道徳的責任」「政治的責任」という区分自体が、ヤスパースの区分と重なることを踏まえた上で、両者の親近性よりも異質性に注目して論じていくことにしたい。すなわちヤスパースがドイツ人として共同体の内部から責任を引き受けその「終わり」を志向するのに対して、アーレントが共同体の外部から責任を問い直し、共同体の一員ではなく個人として責任の「始まり」を促す点に大きな違いがあることを明示したい。

二　普通のドイツ人の責任の所在

1 「組織的な罪と普遍的な責任」——不透明な責任の「主体」

ハンナ・アーレントは、ナチス・ドイツが行った組織的虐殺に関して、どのような「責任」を問題として考えたのか。この点に関して、アーレントのテクストには明瞭な部分と不明瞭な部分が混在している。明瞭な部分とは、その責任問題の中心にあるのが、ナチス政権で虐殺を指示した者たちではなく（それは自明である）、その体制に加担した「普通のドイツ人」であるという点である。[6] ユダヤ人憎悪や反ユダヤ主義とは元々無縁であった友人たち、善良で温厚な隣人たちが、なぜ最終的にナチ体制の共犯者になってしまったのか。この問いこそ、アーレントが生涯問い続けたものであった。他方で、この問いに対する考察や議論の展開には不明瞭な部分も多い。例えば、この普通のドイツ人は全員一律同罪なのか、その責任をどのように分節化することができるのか、責任が問われる主体とはどのような者なのか、という点については、必ずしも定まっていない（とりわけアイヒマン裁判の前と後では大きな違いが見られる）。以下では議論の導入として、普通のドイツ人の責任をアーレントがどのように認識していたのかについて、代表的な論稿――「組織的な罪と普遍的な責任」（1945）、『イェルサレムのアイヒマン』（1963）、「独裁体制のもとでの個人の責任」（1964）――を中心に確認しておきたい。

普通のドイツ人の全体主義テロルへの加担については、アーレントが責任問題を取り上げた最初の論稿「組織的な罪と普遍的な責任」（1945、以下「組織的罪」と略記）から中心問題として論じられている。ここでは「ナチス」と「ドイツ」とを区分して前者に罪と責任を負わせ、後者を免罪する論法が通用しないという点から議論が始められている。というのも、ドイツ・ナチズムの終焉において、誰がナチ体制に積極的に加担し、誰が果敢に抵抗したのかという区分は、外部からは分からなくなっており、「死んだドイツ人」だけが「よいドイツ人」と言う極端な見方がリアリティとなっていたからである［OG: 124=168］。全体主義のテロルは、「行政的大量殺戮」administrative mass murder という形でドイツ国民全体を巻き込むものだったのであり、「この機構を作動させるためには、数千の人間、いや数万の選り抜きの殺人者でも足らず、国民全体が必要だと考えられ、また現に国民全体が利用されたのである」。それゆえ「あらゆる人が何らかの仕方でこの大量殺戮機構の作動に手を貸さざるをえないこと、このことが私たちの戦慄を惹き起こす」［以上、OG126=171］、とアーレントは語っている。

従ってこの論稿の第一の特徴は、「責任」の主体となる個々の対象を特定することの困難さ、「罪」が組織化されている（organized guild）状況で裁くことの不可能性を強調する点にある。この「行政的大量殺戮」に対しては、従来の正義や戦争犯罪の枠組みで責任を追及し罪を購わせることができないのではないのか。アーレントはそうした問題提起を行っている。

行政的な大量殺戮という犯罪に対しては人間の力の及びうる政治的解決は存在しない。まったく同じように、この大量殺戮に向けた国民の総動員に対して十全に対応することは、人間の持つ正義への欲求ではかなわないことである。誰もが罪に関与しているとすれば、結局のところ誰もが裁かれえない（Where all are guilty, nobody in the last analysis can be judged.）［OG: 126=172］。

この「誰もが罪に関与しているとすれば、結局のところ誰もが裁かれえない」というフレーズは、以後アーレントが「罪」と「責任」を論じる際の導きの糸となっていく。

それゆえこの時点での第二の特徴は、問われるべきものが「罪」なのか「責任」なのか、敢えて分節化されていない点である。アーレントは一方でヒトラーの政権獲得については、多くの普通のドイツ人に「責任」はあるが「罪」はないとしているが［OG: 125=170］、その他方で「行政的大量殺戮」についてはその「罪」と「責任」の分節化を意識的に行っていない。先述の「誰もが罪に関与しているとすれば、結局のところ誰もが裁かれえない」の後で、「というのも、この罪に対して単にうわべだけでも責任を取る振りをしたり、責任を取るよう見せかけたりすることすらないからである」［OG: 127=172］と続けており、「罪」も「責任」も自覚され得ない点が問題とされているのである。

またここでの第三の特徴は、加担した普通のドイツ人がいたって正常であり、彼らの多くが家庭の私的幸福のために「歯車」cog あるいは「自動人形」automaton として組織的虐殺に従ったと論じる点にある。すなわち、ナチ体制に加担した多くの普通のドイツ人たちは狂信者や倒錯者ではなく、まっとうな勤め人でよき父親であり、そうであるがゆえに、失業の恐怖から免れるため、あるいは「年金、生命保険、妻子の安全のためなら、その信条、名誉、人間の尊厳をたやすく犠牲にするということが明白になった」［OG: 128=175］。殺戮機構の「歯車」となったのは、「殺人」の責任を免れる口実として仕事と家族を与えられたまっとうな勤め人たる父親たちであり、その点にこそ全体主義テロルの真の恐ろしさがあったとアーレントは分析している。

アーレントはこの難問に対して、論稿の最後で「人類＝人間性」humanity の理念に含まれる「普遍的責任」に訴えかける。しかしこの「人類」を強調する「普遍的責任」はそれまでの議論展開と結びつくものではなく、唐突で説得力があるとは言いがたい。そしてアーレント自身、以後の議論ではこの曖昧な「人類」の「責任」に対して批判的になっていく(7)。

2 『イェルサレムのアイヒマン』――「事実」に基づく「法的責任」

以上のようにアーレント初期の責任論では、「ナチス」と「ドイツ」とを切り分け後者を免罪する議論を批判し、普通のドイツ人全般の責任を問うことに焦点が置かれており、同時にその責任を一律に負わせることの困難さが露呈されていた。しかしその後、ナチ体制下における様々な抵抗運動の実体を知るにつれて責任をめぐる論調にも変化が生じることになる。

例えば『イェルサレムのアイヒマン』(1963、以下『アイヒマン』と略記)では、これまで同様に、虐殺組織に加担した多くの普通のドイツ人の罪と責任が告発されているものの、それと同時にナチ体制に一貫して抵抗し続けた少数者についても言及されている。こうした終始変わらぬ抵抗者は、アーレントの師カール・ヤスパースのように著名な人物以外にも無数に存在した。「彼らは至る所に、あらゆる社会階層の中に見いだされた。庶民の中にも教養階級の中にも、すべての政党の中に、おそらくNSDAPの党員の間にすらも」存在していた。具体的には、ナチに入党することを拒んだ職人、ヒトラーの名による宣誓を拒否して大学職を断念した者、ユダヤ人を助けようとしたベルリンの社会主義的知識人グループ、そしてヒトラーを公然と「大量虐殺者」と批判したショル兄妹などが挙げられている[EJ: 103-104=82-83]。

この明確に抵抗を示した者の中には、信念とともに殉死した者も多数いるが、他方ではヤスパースのようにナチ体制を生き抜いた者もいたのであり、このことは先述の「よいドイツ人」は「死んだドイツ人」というテーゼへの反証を意味していた。アーレントはこうした少数の抵抗者と、それと類似する者たち――内心では反対していたと主張する「国内亡命者」や、ドイツの敗北を阻止するために行動した暗殺計画の首謀者たち[EJ: 126=100, 100=80]――とのあいだに一線を画し、この真の抵抗者を責任から免れる存在として評価している。

『アイヒマン』以後の責任論のもう一つの変化は、個人の行為が対象となる「法的責任」と「道徳的責任」とを峻別し、事実に基づく法の裁きの意義を強調する点にある。『アイヒマン』は「悪の陳腐さ」banality of evilというキャッチーなフレーズが注目されがちであるが、同書の中でアーレントが一貫して論じているのは、アドルフ・アイヒマンという男が実際に何を行ったのか／行わなかったのか、それがどのような法に照らして有罪／無罪なのかというシンプルな問題である。アーレントはこの裁判が、アイヒマンという個人の行為に限定するものであるがゆえに、「正義」の名において裁くことが可能であるとし、それ以外の要素は瑣事に過ぎないと主張する。つまり「裁判の対象はこの男の行為であって、ユダヤ人の苦難でも、ドイツ民族もしくは人類でも、反ユダヤ人主義や人種差別ですらもないので」［EJ: 5=3］あって、検察側が裁判の場で何度も持ち出す「ユダヤ人の苦難」という言葉を芝居がかったものとして切り捨てる。アーレントは、一方において裁判で提示された膨大な資料や文献資料から明らかになったアイヒマンの足跡を辿りつつ、また他方において、どのような法に基づいて裁きが可能なのかを吟味しながら（例えば、遡及的な法の適用への異議や、イェルサレム法廷の正当性への異議への反論を行いながら［EJ: 253-277=196-214］）、アイヒマン裁判の成功と失敗を冷静に分析する。こうした議論は、先述したように数少ない真の抵抗者たちと、それに類似した反抗者たちとを区分する議論と表裏一体の関係にあり、法の前で真に罪を告発し責任を問うべき者とそうでない者との間に明確な境界を設定しようと試みるものである。このように『アイヒマン』では、かつて責任の分節化を困難とした不可知論の立場を乗り越えようとする議論が展開されているのである。

3 「独裁体制のもとでの個人の責任」――「協調」における「道徳的責任」の問題

「有罪／無罪」を宣告する法の裁きは、当事者が行った事実行為の実証性に基づくという主張は、その後の「独裁体制のもとでの個人の責任」（1964. 以下「個人の責任」と略記）においても継承されている。ここでは『アイヒマン』に向けられた批判に対する応答の中で、普通のドイツ人の責任が改めて論じられているが、ここでも「法的責任」と「道徳的責任」との違いが強調され、「法的責任」においてのみ「罪」を裁くことに意味があるとされる。

例えば、「誰もが罪に関与しているとすれば、結局のところ誰もが裁かれえない」というテーゼは、かつては加担／

抵抗の境界の不透明さ、そこでの裁きのアポリアを意味していたが、ここでは逆に「集団的罪」という概念を明確に否定するために用いられる。つまり、全く無実の者たち（戦後生まれのドイツの若者など）が、ナチス・ドイツの「罪」を感じるという物言いは全く不適当であり、それは「集団的な罪を自発的に認めることは、その意図とは反対に、何かを実際に行った人々の罪を免除する上できわめて効果的に働いた」ことになるからである〔強調は原文、PR: 28=38〕。アーレントはこのようなかたちで本当に「罪」を負うべき者とそうでない者とのあいだの境界を強調する。

またこの論稿では「道徳的責任」に関しても、「脅迫」よりも「協調」(coordination)による加担を大きな問題として認識し、その責任を深刻なものとして取り上げている。アーレントは「脅迫」によって犯罪行為を強いられそれに従った場合、法的には責任がなくても道徳的には責任があるとして、「誰かがあなたに銃を向けて、〈お前の友人を殺せ、さもなくばお前を殺すぞ〉と言ったとすると、その人はあなたを誘っているのです」〔強調は原文、PR: 18=26〕というメアリー・マッカーシーの言に同意する。しかし全体主義テロルに加担した者の「道徳的責任」の問題は、彼らが単に「脅迫」に屈したからではなく、自ら進んで自発的に「協調」した点にあると語る。すなわち、

> 道徳の問題が発生するのは、「協調」の現象が発生してからのことです。恐怖に怯えた偽善からではなく、歴史の〈列車〉に乗り遅れまいとする気持ちが、早い時期に生まれるようになってからです。この気持ちが生まれたからこそ、生活の全ての分野において、文化の全ての領域において、公的な人物の大部分がまさに一夜にして、自分の意見を変えたのです。それも信じられないほど簡単に意見を変えたのです。それは生涯にわたる友愛の絆を断ち、破壊したのでした。要するにわたしたちを困惑させたのは、敵の行動ではなく、こうした状況をもたらすために何もしなかった友人たちのふるまいだったのです〔PR: 24=33〕。

先述したように、アーレントは初期の「組織的罪」の段階から、正常な普通のドイツ人の加担を驚きと共に論じたが、その加担に関しては私的幸福が奪われること（端的には失業）への防衛反応として語られ、あるいは「歯車」や「自

動人形」という点でその受動的文脈が強調されていた。しかしここでは「協調」という言葉で、不本意や受動性ではなく、自発性が強調されており（「歴史の列車に乗り遅れまいとする気持ち」）、より強く「道徳的責任」が追及されているのである。

この「道徳的責任」における「協調」について、アーレントはとりわけ公的な役職にある者たちの「協調」を深刻な問題として取り上げている。行政組織を動かす官僚の他に、社会のあらゆる領域――文化・芸術・学問・福祉・スポーツ・娯楽・広告・司法・ジャーナリズム［PR: 33=43］――での幅広い「協調」こそ、「道徳的責任」の問われるべき問題であった。アーレントに拠れば、全体主義体制はその体制自体が犯罪的であって、それゆえ公的生活への関与はその犯罪への加担を意味していた。そうである以上「内心では抵抗していた」という国内亡命論も、「さらに悪いことを防ぐためだった」という「より小さな悪」による正当化も認められるものではない［PR: 35-36=45-47］。先述したように、公的生活から退いて「協調」を拒む者も少数ながらずいたのであり、換言すれば、社会の指導的立場にある人物の多くが「協調」を拒めば、ナチ体制は機能しなかったとも考えられる。社会的に地位ある人物の多くはナチ体制に容易く「協調」し、またその崩壊後はいち早く以前の状態に復帰して何事もなかったように振る舞った。それほど「道徳」には何の規範も普遍性もなく、その語源である習俗や習慣mores のように、状況に応じて置き換わるテーブルマナーでしかないのか、とアーレントは問いかけるのである。

4　責任主体としての「アイヒマン」と「普通のドイツ人」

以上のようにアーレントは普通のドイツ人が負うべき責任について、「個人の責任」として「法的責任」「道徳的責任」に分節化し、その「責任」の所在を追及した。それは「組織的罪」で提起した問題、すなわち犯罪的な集団への加担／抵抗の境界が曖昧な場合、どのようにしてその者の罪と責任を問うのかという問いへの答えであるように思える。その際にアイヒマン裁判が一つの転機となったことについては既に見た通りであるが、ここでアーレントがアイヒマンを「責任主体」としてどのように描くに至ったのか、またそのアイヒマン像が普通のドイツ人とどのような関係にあるのかについて明らかにしておきたい(8)。

まずアーレントは、アイヒマンがその起訴理由（ユダヤ民族に対する罪、人道に対する罪、そして戦争犯罪）に対して無罪を訴えていること、直接ユダヤ人殺害を行ったことはなく、与えられた職務（ユダヤ人の大量輸送）を忠実に遂行しただけだと主張していることを確認する。だがその職務の遂行は、弁護側が言うように単に組織の「歯車」として関与したわけではない。むしろアイヒマン自身がその「歯車」として働く同僚たちを軽蔑しており［EJ: 57=45］、シオニズムに関する知見と類い希な組織能力・交渉力によって職務に熱心に打ち込んでいた。アイヒマンには大言壮語癖があり出世欲の強い野心家ではあったものの、ユダヤ人憎悪や反ユダヤ主義への固執などは全くなく、精神分析的には完全に正常であった［EJ: 25=20］。

当初「ユダヤ人問題」の解決は国外追放であり、その追放任務――代表的なものとしてはオーストリアからのユダヤ人退去――においてアイヒマンは「ユダヤ人問題専門家」として大きな功績を挙げた［EJ: 44=34-35］。「最終解決」として大量殺戮を知り、その実態の視察に際して非常にショックを受けたものの、職場放棄やサボタージュなどはせず、強制収容所への大量輸送がどのような意味を持つか十分に把握した上で職務を遂行した。いやむしろ、自らの「良心」と「義務」に従って――カント定言命法のナチス的読替「総統（フューラー）が汝の行動を知ったとすれば是認するように行動せよ」（ハンス・フランク）に従って――職務遂行に全力を尽くした［EJ: 136=108］。つまりアイヒマンは、単に「上官の命令に従った」のではなく、ヒトラーの「意志」を自らの「意志」として行動したのであり、敗戦間際に多くの上官や同僚が「最終解決」に及び腰になった際にも決して妥協せず、忠実に自己の職務を全うしたのだった。

以上を踏まえ、アーレントはアイヒマンが「責任」を負うべき主体であり、かつ情状酌量の余地がないことを一つ一つ検証していく。ユダヤ人輸送の結果を知りうる状況にあり、また輸送先の収容所の惨状に衝撃を受けながらも職務を遂行した者の「責任」。そしてそれは「差し迫った死の危険を逃れるため」でもなく、また「犯罪行為より生ずる結果の重大性を緩和するために」行ったものでもない――むしろ「勤勉」な仕事で逆に被害を増大させた――以上、情状酌量の余地はない［EJ: 91=72］。アーレントは裁判傍聴の中で、アイヒマンが官庁用語や決まり文句を多用し、同じ物事を同じ言葉で繰り返し語るその姿に驚き、その「無思考」な振る舞いを「悪の陳腐さ」という言葉で表現したが、ここで重要なのは「無思考」であることと、上司の命令に従い組織の「歯車」として行動することは一見同じに見えながらも大きく異なるという点にある。それゆえアーレントはこの「無思考」によって免罪はおろか、情状酌量の余地さえも認めていない。アイヒマンが思慮に乏しく想像力を欠いていたとしても、彼は組織の「歯車」でも「操り人形」でもなかった。そうである以上「責任」を負うべき一人の人間として法の前で裁かれるべきである、とアーレントは判断したのである。

さてアーレントがこのように描くアイヒマンと普通のドイツ人とはどのような関係にあるのだろうか。一方において、このアイヒマンは明らかに名も無き普通のドイツ人を代表する固有名詞として描かれている。例えば、アーレントは普通のドイツ人とアイヒマンとの類似性について以下のように記述する。

アイヒマンという人物の厄介なところはまさに、実に多くの人々が彼に似ていたし、しかもその多くの者が倒錯してもおらずサディストでもなく、恐ろしいほどノーマルだったし、今でもノーマルであるということなのだ。われわれの法律制度とわれわれの道徳的基準から見れば、この正常性はすべての残虐行為を一緒にしたよりもわれわれをはるかに慄然とさせる［強調は引用者、EJ: 276=213］。

しかし他方でアーレントはこの「悪の陳腐さ」を露呈させたアイヒマンの事例がありふれたものではなく、特異な事例であると以下のように論じている。

彼〔＝アイヒマン：引用者註〕は愚かではなかった。完全な無思考性――これは愚かさとは決して同じではない――、それが彼があの時代の最大の犯罪者の一人になる素因だったのだ。このことが〈陳腐〉であり、それのみか滑稽であるとしても、またいかに努力してみてもアイヒマンから悪魔的な深遠さを引き出すことは不可能だとしても、これは決してありふれたことではない［強調は引用者、EJ: 287-288=221］。

またその後の論稿でアーレントは、アイヒマンを一般化することを否定し、「われわれ全ての中にアイヒマンが潜んでいる」there sits an Eichmann in every one of usという理解は適切ではないと苦言を呈している［SQ: 59=75］(9)。

このように一見矛盾する記述をどのように理解すべきであろうか。本稿はこの点について、先述の「法的責任」と「道徳的責任」との区分を理解の手がかりとし、一方において「法的責任」については例外性が強調されるとともに、他方で「道徳的責任」においてはその類似性が論じられていると解釈したい。アーレントは「われわれ全ての中にアイヒマンが潜んでいる」への批判として「すべての人に罪があるなら、誰にも罪はない」というフレーズを持ち出すが、このフレーズは「法的責任」の範囲を明確化しようとするものであった。つまりアイヒマンはアイヒマンとして裁かれたのであって「誰もがアイヒマン」ではないのであり、各々個人はそれぞれ行った行為に基づいて法の裁きを受けるべきである。なるほど確かに多くの普通のドイツ人は、自ら「協調」したことを忘却し、以前の日常に容易く復帰していった。このことはアイヒマンとよく似た「無思考」の兆候であるかもしれないが、それで問われるべきは「道徳的責任」であって「法的責任」ではない。以上のように、アーレントは一連のアイヒマン裁判を通じて、一方においては「法的責任」を強調する立場から「誰もがアイヒマン」という短絡的な一般化を否定するとともに、「道徳的責任」における普通のドイツ人との近さを問題提起した、と言えるのではないだろうか。

三　アーレントとヤスパースにおける「責任」をめぐる対話

1　アーレント「責任」論――法的責任・道徳的責任・政治的責任

アーレントは「独裁体制のもとでの個人の責任」において、「法的責任」「道徳的責任」が「個人の責任」であり、「集団の責任」としての「政治的責任」とは異なるという主張も展開するが、この論点はシンポジウム報告「集団の責任」(1968)においてより詳細に取り上げられている。[10] ここではこれまでの議論も踏まえた上で、この「法的責任」「道徳的責任」「政治的責任」について簡単に要約しておきたい。

①「法的責任＝罪」……裁判での有罪／無罪の対象は、ドイツ人でもシステムでもイデオロギーでもなく個人であり、その個人が何を行ったのかという事実こそ裁定の基準となる。この個人の行為の事実性から「法的責任＝罪」を問う立場は、アイヒマン裁判以後アーレントの議論において重要な位置を占めるようになる。それゆえ「集団的罪」という概念は、「すべての人に罪があるのであれば、誰にも罪はない」ことを意味し、本当に裁かれるべき者の「罪」の相対化となるがゆえに、否定すべきものである。

②「道徳的責任」……「個人の責任」において「法的責任」は問われなくても「道徳的責任」が問われる場合がある。アーレントにとってそれは正常で真面目な普通のドイツ人たちがナチ体制に容易く「協調」したことにあった。社会的地位のある者もそうでない者も、テロルによる恐怖ではなく、自発的にナチ体制へ「協調」したこと、そしてナチ体制崩壊と共に元の日常に復帰したことこそ、「道徳的責任」として問われるべき問題であった。

③「政治的責任」……「法的責任」と「道徳的責任」が「個人の責任」であるのに対して、「政治的責任」は「集団の責任」であり、一義的には政府が過去の政府の行為(過誤も含む)に対して負うべき責任である。この場合「集団の責任」が成立するには二つの要件があり、それは第一に自分が実行していないことの責任が問われること、第二に、その集団・組織からの離脱が困難であることである［CR: 149=197-198］。

2　ヤスパース『罪責論』における「罪」と「責任」

さてこのようなアーレントの責任論をどのように位置づけ評価すべきだろうか。このとき一つの判断指標となるのは、師カール・ヤスパースの責任をめぐる一連の考察である。ヤスパースもアーレント同様に、戦後ドイツにおいて普通のドイツ人の「罪」と「責任」を問い続けた。アーレントはアメリカ亡命後の一九四五年一〇月からヤスパースとの交流を回復させるが、このとき両者はすでに責任をめぐる考察をそれぞれ独自に展開させていた。戦後書簡上で展開された両者の議論においても、この「責任」をめぐる対話は重要な位置を占めている。(11)

ここでアーレントとヤスパース両者の議論を比較する前に、ヤスパースが論じた「罪」と「責任」について、主として『罪責論』(*Schuldfrage*, 1946)での議論を確認しておきたい。ヤスパースはこの中で「罪」Schuldを「刑事的罪／政治的罪／道徳的罪／形而上学的罪」の四つに分類し、それぞれに対応する「責任」を位置づける[Sf: 19-23=53-60]。本稿では以下のように要約することにする。

①「刑事的罪」Kriminelle Schuld……法律に基づき客観的な事実を立証することで成立する「罪」。裁かれる対象となるのは告訴された個人であり、その有罪／無罪を判定するのは「裁判所」である。

②「政治的罪」Politische Schuld……国家の為政者が行った行為によって成立する「罪」であり、その「罪」の対象は為政者のみならず、国家の構成員としての国民全体に及ぶ。これを判定するのは「戦勝国の権力・意志」である。

③「道徳的罪」Moralische Schuld……命令によって強制されたものであろうとなかろうと、自己の行った行為を内省することで生じる「罪」である。これを判定するのは自己の「良心」であり、他者がこの裁定を強いることはできない。

④「形而上学的罪」Metaphysische Schuld……人間としての連帯関係それ自体に根ざすものであり、例えば犯罪が行われた場に居合わせながら、他者が亡くなり自己が生きながらえた場合に生じる「罪」の感覚である。これは道徳的に要求される義務とは異なり、判定するのは「神」のみである。

3 アーレント「責任」論の特徴と問題

(1)「責任」区分の境界設定と「政治」との関わりにおける違い

さて以上を踏まえた上で、アーレントとヤスパースとの責任論にはどのような共通点・相違点があり、またその対比から浮かび上がるアーレント責任論の特徴はどのようなものだろうか。

第一に、両者はともに「責任」を法的領域・道徳的領域（形而上学的領域）・政治的領域に区分し、それぞれの領域ごとに責任主体とその限界を論じている。そして一見すると、アーレント側がこの領域区分を厳密に捉え、特に「道徳的責任」と「政治的責任」とを峻別しようとするのに対して、ヤスパースがこれらの区分の相互連関を重視している点に大きな違いがあるように見える。しかしながらアーレントの議論を詳しく辿っていくと、ヤスパースとは別のかたちで「道徳的責任」と「政治的責任」とを連動させていることが明らかになる。

ヤスパースは、「罪」を四つに区分しながらも、その区分が便宜的なものであり、その相互の連関を意識して「われわれの罪」の有り様を吟味するよう促す。つまり「われわれは区分を通じて、結局は、言葉に表すことの全く不可能なただ一つの根源たるわれわれの罪に立ち返ろうとする」[Sf: 21=57] のである。それゆえこれらの分節化は、自らの「罪」を体よく逃れるための自己正当化や開き直り（自分には、刑事的にも・政治的にも・道徳的にも・形而上学的にも「罪」はない）ではなく [Sf: 56=128-129]、むしろその逆に、その「罪」の自覚と反省を通じてのみ、ドイツ人全体の「罪」が購われるとする。

ヤスパースは一方において、民族（Volk）全体を集団として「刑事的罪」や「道徳的罪」に問うのは不合理であるとするものの [Sf: 27=68]、他方において、言語と歴史をともにするドイツ民族として「共同の罪のようなもの」ein Analogon von Mitschuld が生じるとも語っている。そしてそれが「集団的罪」を構成し、「われわれは集団的な罪を感じるがゆえに、根源から人間的なあり方を刷新するためのあらゆる使命を感じている」[Sf: 61=141] と論じる。(12) そのためには、個人個人は外部からの非難に反発したり受動的に対応するのではなく、自発的に「道徳的罪」に向き合い、その自覚を通して責任を引き受けることが必要となる。そしてそれによってのみドイツ民族全体の「清め」Reinigung が可能になると主張する。

これに対してアーレントは「法的責任」「道徳的責任」「政治的責任」を峻別し、それらを安易に統合しない点がヤスパースとは異なるようにみえる。例えばシャープは、[13]ヤスパースが「罪」の清めを政治的に志向するのに対して、アーレントが「罪」を政治空間から遮断し、ヤスパースとは対照的に「政治」と「道徳」とを峻別している点に大きな違いがあると指摘する。シャープの指摘は『人間の条件』などの議論を念頭におけば首肯できるが、しかしこの一連の責任論に関しては妥当とは言えない。というのも、これまで見てきたように、アーレントが論じる「道徳的責任」は、体制への「協調」という文脈において「政治」と切り離されるのではなく、むしろ「政治」の前提条件として重要な役割を果たしているからである。つまり限界状況下においては、体制に「協調」せず、公的な生活への関与を拒むことこそ政治的に有効な抵抗手段となるのであり、その際には慣習・習慣としてのmoresに従うのではなく、むしろそれらを疑う「思考」と「意志」が必要になる。そして前述したように、暴力やテロルで服従を強いられたとしても、それはアーレントに言わせれば「服従」ではなく「支持」に過ぎず、「法的責任」を免れることはできても「道徳的責任」を免れることはできない。このように見ると、実際のところ、狭義の（集団的責任としての）「政治的責任」よりも「道徳的責任」の方が、「政治」の「責任」に関して重要な位置を占めているのである。

(2) 責任の「終わり」と「始まり」

このような点を踏まえて、アーレントとヤスパースの相違点として第二に注目すべき点は、両者が「責任」の「始まり」と「終わり」をどう論じるかの違いにある。先に見たように、ヤスパースの責任論では、ドイツ国民の「清め」という地点において、最終的に責任の「終わり」が明確に設定されており、その「終わり」を念頭に置いて責任の自覚という「始まり」が設定されていた。つまり外部からの強制や非難ではなく、内面的な自己変革を通じてドイツを再出発させることこそ「罪」の「清め」であり、その責任が果たされるべき終着点に他ならなかった。

これに対してアーレントは、「清め」を出口とするヤスパースの責任論に疑問を投げかける。ヤスパースとの書簡（1946/8/17付）においてアーレントは、そもそも「責任をとるということは敗戦とその結果を受け入れるだけにとどまらない」のであって、それ以上のもの、端的に言えば「犠牲者にたいする明確な政治的意思表明と結びついていなければならない」[A-J: 89-90=60-62]と批判する。この批判は裏返せば、ドイツ人のみの内面的な自己変革で「清め」が行われるとするヤスパースの責任論への異議申し立てとして読み取ることができる。(14)こうしたアーレントのヤスパースへの批判は確かに妥当なのかもしれないが、しかし逆から見れば、アーレントの一連の責任論には「責任が果たされた」と言える地点、その「終わり」の地点はほとんど明らかにされていない。つまりアーレントの強調点が責任の「終わり」ではなく「始まり」にあることが、ヤスパースとの対比から浮かび上がるのである。

先述したように、アーレントは法で裁かれるべき対象が集団ではなく個人にあるという点で「法的責任」の意義を強調したが、その場合その責任は「終わり」よりも「始まり」と強く結びついている。例えばアーレントが戦後ドイツのナチス裁判やアイヒマン裁判に言及する際、正義の実現(個人を慎重に裁くことで実現される正義)という部分が強調され、裁きと刑罰による罪の贖い、すなわち「法的責任」の「終わり」という部分にはほとんど関心が払われていない。もっぱら問題とされているのは、そもそも戦後ドイツで裁かれるべき者が裁かれていないという正義の不在であり、「法的責任」の「始まり」への期待と失望である。『アイヒマン』第一章ではその理由として、非ナチ化以後の司法官の連続性、地方裁判所の抵抗、そして一般ドイツ人の無関心が挙げられている。こうした状況を一変したのがアイヒマン裁判であり、これによってお座なりにされてきたナチス裁判への関心が高まり、「法的責任」の「始まり」が促された点にアーレントは注目している。(15)

そして「道徳的責任」における「始まり」の問題、すなわち責任を自覚し引き受ける帰責主体の問題も、先に見たように、アーレント責任論の出発点に位置するものである。この「道徳的責任」の自覚はどのようにして可能となるかという問いへの回答は、論稿「個人の責任」の末尾において「道徳的責任」と「良心」、そして「思考」との結びつきを論じる過程で提示されている。ここでアーレントは、ナチ体制に加担した者と最後まで加担しなかった者との違いについて、前者が「良心」をただ習慣《モーレス》に委ねたのに対して、後者が「良心」を習慣ではなく「思考」に委ね、それを絶えず吟味し続けた点にあると論じている。つまり「道徳的責任」の起点となる自己の「良心」は、「思考」における自己との対話、すなわち「一者の中の二者」two-in-oneでの対話から生じるものとされている。「汝殺すなかれ」という古い掟を守ることではなく、「殺人者である自分とともに生きることができない」と考え、自己と対話し続ける態度こそが、全体主義に最後まで抵抗する「良心」であるとされているのである［PR: 44=55］。

このように「道徳的責任」の起点としての「良心」と「思考」への着目は、アーレントがアイヒマンを「無思考」と見なしたことに通底しているが、ここで重要なのは、この「思考」が道徳や倫理的指針を必ずしも生み出さないばかりか、逆に既成の秩序を根本的に疑うことによって、その解体を促すかもしれないという点にある。この点について論稿「個人の責任」では、既成の道徳的基準に温和しく従う人たちよりも、その道徳的基準自体に疑問を抱く懐疑的な人たちの方が信頼できると語られており［PR: 45=56］、また『精神の生活』では「思考は価値を生み出さないし、何が「善」であるかを最終的に見つけ出すこともない。世に受け入れられた行動規則を補強するよりも、むしろ解体させる」［LM-I: 192=223］と論じられている。アーレントが全体主義の巨大な悪と対峙し、その加担者たちを観察する中で理解したのは、デモーニッシュな「思考」による確信犯的な悪よりも、罪や責任の「思考」なき無自覚な悪への加担の方が、政治的により深刻な問題であるということであった。それゆえアーレントが「思考」を「道徳的責任」の可能性として語るとき、それは飽くまで責任の起点となる「始まり」に限定しており、反省や懺悔や改心といった帰結を伴うものではなく、言わば不確実な賭けのようなものとして位置づけているのである。

このように「道徳的責任」を帰責の主体としながら、反省や懺悔や改心という回路を重視しない点において、アーレントの責任論はヤスパースのそれと大きく異なる。先述したように、ヤスパースの責任論では、個々人が外部からの強制ではなく自発的に「道徳的罪」と向き合い、その責任を自覚し引き受けることで、最終的にはドイツ人全体の「清め」への道が開かれるという点が強調されていた。このように責任から解放される明確な「終わり」を示す道筋は、アーレントの中には組み込まれていない。「思考」を重ねた結果、ある者は自らの罪と責任を深く反省し改心するかもしれないし、ある者は責任の存在を疑い否認するかもしれない。この点でアーレントは、事後的な反省や改心よりも、事前に体制へ加担しないために「思考」と「良心」に注目するが、こうした議論もヤスパースには希薄な論点である。(16)

ヤスパースもアーレントも共に、「道徳的責任」を担うべき帰責の主体を自己の内なる対話から導き出すそうとするが、その方向性には大きな隔たりが存在するのである。

ヤスパース、アーレント両者が共にナチ体制下における普通のドイツ人の責任を問題としながらも、両者のあいだに大きな隔たりがあるのは、責任を論じるスタンスの違いによる所が大きい。要するに、ヤスパースは飽くまでもドイツ国民の一員として「責任が果たされた」と言える地点、すなわち「清め」における責任の「終わり」を見定め、ドイツの再出発のために一連の議論を構想する。この点において、罪と向き合い責任を自覚することは個々人の問題に留まらず、最終的にドイツ民族全体の問題とされる。これに対してアーレントにはそうしたドイツの再出発という視点は希薄であり、むしろそのドイツ共同体の外部から他者の視点——亡命せざるを得なかったユダヤ人の視点——で責任の「始まり」を突きつける。そして全体主義という限界状況下では、共同体への安易な同調を拒絶するためにも、その外部の視座を個人が保持し続けなければならないと説く。このように両者は同じ問題を共有しながらも、異なる回答を提示するのである。

四　結語——アーレント責任論の限界と可能性

最後に、本論で明らかにしてきたことを簡単に確認しておきたい。

①アーレントは早い時期からナチ体制に関与した普通のドイツ人の責任について問題提起していたが、その際「主体」の位置づけは不明であった。その「主体」を問い直す転機となったのはアイヒマン裁判であり、ここで個人の事実行為に焦点を当てる「法的責任」が明示され、またその後「独裁体制のもとでの個人の責任」において脅迫ではなく「協調」という言葉でその「道徳的責任」の主体性が追求されることになる。

②アーレントは、一方ではアイヒマンと普通のドイツ人との近さを強調し、「無思考」を当時のドイツ人全体に共有

する問題としているが、他方ではアイヒマン自身の特殊性を強調し、「われわれ全ての中にアイヒマンが潜んでいる」という主張が誤解であるとした。この一見矛盾する記述について本稿は、前者が「道徳的責任」における両者の親近性を論じるものであり、後者が「法的責任」を対象としてその特殊性を論じるものであるという解釈を提示した。

③ヤスパースとアーレントの責任論を比較すると、前者が最終的にドイツ国民全体の罪の「清め」という視点から、責任の「終わり」を強く志向するのに対して、後者はその「清め」の在り方を批判し、「思考」に基づいて「道徳的責任」を引き受ける「始まり」を強調する点に大きな違いがある。つまりヤスパースがドイツ人共同体の内部において「責任が果たされた」と言える地点を見出すために議論を展開するのに対して、アーレントは共同体の外部からドイツ国民の責任を問い、共同体の規範自体を吟味し疑う「思考」を責任の出発点としており、この点に両者の責任論の隔たりがある。

さて、以上のように特徴づけられるアーレントの責任論は、どの程度一般化が可能であり、われわれが「責任」と呼ぶ事象と結びつけることができるだろうか。アーレントの責任論には、「全体主義体制下の普通のドイツ人の責任」に特化した特殊な議論があり、その点で厳密に言えば一般化できない部分も多い。またアーレント自身この特殊な議論をどう一般化するかについて適切な回答を提示していない(17)。例えばアーレントは、ナチの行政的大量虐殺とこれまでの歴史上の大量虐殺との違いを強調し、前者の新しさを訴えるが［PR: 42=52-53］、これを厳密に解釈するならば、この議論を下敷きにして一般の戦争責任（日本の戦争責任や原爆投下の責任問題）を論じることはできなくなるだろう。この点でアーレントの責任論は、全体主義という限界状況をモチーフとすることで鋭い政治的洞察を提示するものの、この限界状況の議論を一般化してしまうと元々の洞察の鋭さが失われ陳腐化しかねないジレンマを抱えている(18)。こうしたジレンマを見据えることこそ、現代政治においてアーレントの責任論を参照する際に忘れてはならない点であると思う。

さらに言えば、アーレントの政治理論、とりわけ「活動」actionと呼ばれる政治概念自体が「責任」という概念と折り合いが悪いことも確認しておく必要がある。例えば、「活動」として語られる政治行為は、自分の発した言葉が多方面へと波及し（非制限性）、その帰結を前もって予想できず（不可予言性）、そして深刻な事態に陥ってもそれを元に戻すことはできない（不可逆性）とされているが、この場合「活動」は「責任」の及ぶ範囲から大きく逸脱することになる。また先述したように、アーレントの政治理論では「罪」という概念を政治空間から切り離すべきであるとされており、「罪の告白」を政治の場で強制することは「徳のテロル」に陥るとされている。このことはアーレントが、政治領域における「仮面《ペルソナ》」の意義を強調することに対応しており、「本当に心の底から後悔し責任を感じるか」と問うこと自体が政治的に不毛であるとされている。

本稿はこのようなアーレント責任論の限界を見定めた上で、初めてその可能性を論じることができると考えている。先に見たように、アーレントにおける責任論は、多くの普通のドイツ人が罪や責任の自覚のないまま行政的大量殺戮に加担しことへの驚きからはじまり、また彼ら／彼女らが不承不承ではなく自発的に「協調」し後悔や自責の念のないことへの憤りへと結びついていた。要するに、自らの行為が他者に重大な影響を与え、その帰結を顧みて（反省まで至らずとも）心に留めることさえない場合、仮にある者が「法的責任」で処罰や賠償を言い渡されたとしても、その処罰は偶発的な災いとして――事故や自然災害のようなものとして――認知されてしまうだろう。そして「法的責任」自体問われない場合には、「罪を免れた」という感覚さえ生じないかもしれない。このように「責任」という言葉を「責任」たらしめる何か、「責任」の存在論とでもいうべき問いが、アーレント責任論の中核に位置しており、本稿はこうした考察にこそ普遍的意義があると考えている。

このような考察を踏まえることで、アーレントが論じなかった「活動」と「責任」との新たな関係性も見えてくる。「彼らには……する責任がある」という発話はその名宛人の「彼ら」に往々にして届かなかったり、素通りしてしまうことがあるし、あるいは最初から届くことよりも、声を上げることや人々を動員すること自体が目的となってしまうことがある。こうした「責任」という言葉が、絶えず生み出され消費され忘却されていく風景を我々は日の当たりにしている。だがそうした中でも、「責任がある／責任がない」というやり取りが空疎な言葉の応酬ではなく、新たに「人間関係の網の目」を結び直す場合も確かにある。つまり、これまで「責任」とは無関係と思い込んできた者たちや、頑なに拒んできた者たちがその「責任」と真摯に向き合うようになったとき、あるいはその逆に「責任」という言葉の呪縛に捕らわれてきた者たちがそれから解放されるとき[19]、「責任」という言葉は新たに「人間関係の網の目」を結び直すのであり、そのような政治的瞬間こそ「活動」と呼ぶべきものであろう。以上、アーレントの責任論の限界とその可能性を示すことができたとしたら、本稿の目的は一応達成されたと考える次第である。

・ハンナ・アーレント、カール・ヤスパースに関連する文献は以下のように略記した。訳文は邦訳書にほぼ従っているが、一部必要に応じて変更している部分もある。

・OG……Hannah Arendt, "Organized Guilt and Universal Responsibility", in *Jewish Frontier*, 1945, No. 12, pp. 19-23. → Jerome Kohn (ed.), *Essays in Understanding: 1930-1954*, Harcourt Brace & Company, 1994, pp. 121-132. = 「組織的な罪と普遍的な責任」齋藤純一・山田正行・矢野久美子（訳）『アーレント政治思想集成：（1）』みすず書房、二〇〇二年、一六五―一八〇頁。

・PR……――"Personal Responsibility under Dictatorship", in *Listener*, 6 August 1964, pp. 185-187, 205. → Hannah Arendt, Jerome Kohn (ed.), *Responsibility and Judgment*, Schocken Books, 2003, pp. 17-48. = 「独裁体制のもとでの個人の責任」中山元（訳）『責任と判断』筑摩書房、二〇〇七年、二五―六一頁。

・CR……――"Collective Responsibility", Discussion of the paper of Joel Feinberg, American Philosophical Society, 1968, December 27. → *Responsibility and Judgment*, pp. 147-158. = 「集団責任」『責任と判断』一九五―二〇八頁。

・EJ……――*Eichmann in Jerusalem: A Report on the Banality of Evil, Revised and Enlarged Edition*, Penguin Books, 1963 → 1965. = 大久保和郎（訳）『イェサレムのアイヒマン』みすず書房、一九九四年。

・LM……――*The Life of the Mind, vol. 1, Thinking, vol. 2, Willing*, Harcourt Brace & Company, 1978. = 佐藤和夫（訳）『精神の生活』（上：思考・下：意志）岩波書店、一九九四年。

・A-J……Hannah Arendt, Karl Jaspers, Lotte Kohler and Hans Saner (hrsg.), *Hannah Arendt Karl Jaspers Briefwechsel 1926-1969*, Piper, 1985. = Robert Kimber and Rita Kimber (tr.), *Hannah Arendt Karl Jaspers Correspondence 1926-1969*, Harcout

Brace & Company, 1992. ＝大島かおり（訳）『アーレント＝ヤスパース往復書簡集 1926-1969：（1）〜（3）』みすず書房、二〇〇四年（引用頁は独原文と邦訳）。

・A-B……Hannah Arendt, Heinrich Blücher, Lotte Kohler (hrsg.), *Briefe 1936-1968*, Piper, 1996. ＝ Peter Constantine (tr.), *Within Four Walls: The Correspondence between Hannah Arendt and Heinrich Blücher, 1936-1968*, Harcourt Inc., 2000. ＝大島かおり・初見基（訳）『アーレント＝ブリュッヒャー往復書簡：1936-1968』みすず書房、二〇一四年（引用頁は独原文と邦訳）。

・A-M……Hannah Arendt, Mary McCarthy, Carol Brightman (ed.), *Between Friends: The Correspondence of Hannah Arendt and Mary McCarthy 1949-1975*, Harcourt Brace & Company, 1995. ＝佐藤佐智子（訳）『アーレント＝マッカシー往復書簡――知的生活のスカウトたち』法政大学出版局、一九九九年。

・Sf……Karl Jaspers, *Die Schuldfrage*, Piper Verlag, 1946 → 1965. ＝橋本文夫（訳）『われわれの戦争責任について』ちくま学芸文庫、二〇一五年。

（1）例えば、齋藤純一「政治的責任の二つの位相」『政治と複数性：民主的な公共性にむけて』岩波書店、二〇〇八年、を参照。また「物語」というキーワードで戦争責任を論じたものとしては、岡野八代「現代における「希望」の在処：ハンナ・アーレントと「想起の政治」」『社會科學研究』第五八巻（二）、二〇〇七年、一六一―一八二頁、フェミニズムの視点から論じたものとしては、志水紀代子「ハンナ・アーレントの政治哲学（8）：戦争と性暴力：ジェンダーの視点から歴史的責任を問いなおす（上）」『追手門学院大学人間学部紀要』二〇〇一年、第一二号、二九―四一頁、参照。岡野・志水の論稿は、日本の戦争責任問題・従軍慰安婦問題について、アーレントを通じて問うものであるが、アーレント自身の責任論の文脈についてほとんど言及がない点に疑問を感じる。

（2）代表的なものとして、Iris Marion Young, *Responsibility for Justice*, Oxford University Press, 2011（岡野八代・池田直子（訳）『正義への責任』岩波書店、二〇一四年）参照。ヤングは、アーレントにおける「罪」と「責任」の区分に注目しながらも、そこで論じられる政治的責任の狭隘さを批判し独自の解釈を試みている。その批判自体には首肯できる点が多く、本稿でもヤングの研究から大きな示唆を受けているが、他方でその解釈には幾つか疑問も感じる。ここでは二つの疑問点を指摘しておきたい。

⑴第一に、ヤングはアーレントが一貫して個人の「罪」と集団の「責任」とを対比して論じているように扱っているが、この解釈は妥当ではない。註3でも論じているように、アーレントは初期の論稿「組織的罪」から「罪」と「責任」とを一応区分してい

るものの、この区分に基づいて一貫して議論を展開しておらず、区分は曖昧で議論はより複雑である。この点に関して、「罪」対「責任」というヤングの解釈枠組みから逸脱するアーレントのテクスト、典型的には「独裁体制のもとでの個人の責任」（強調は引用者）が排除されている点にも大きな難点がある。

⑵第二に、ヤングはこうした構図の下で、「罪」ではなく「責任」に政治的可能性を読み込んでいるが、それは元々のアーレントの責任論と大きく異なる。例えばヤングは、「罪」の自覚が内向的であり非生産的であるのに対して、「責任」の分有こそがより良き社会への変革を促すと語る（p. 118, 邦訳一七五頁）。しかしこうした理解では、アーレントが正義・道徳の全面的崩壊という状況での「責任」の可能性を問い直し、「思考」における内的対話を再出発点としたという重要な論点が捨象されている（この点に関しては、同書の緒言でヌスバウムが的確にヤングを批判している（pp. xix-xxv、邦訳 xxiv-xxxiv 頁））。またヤングが同書で掲げる「責任」論の構想、すなわちグローバルな社会問題に対応する新たな「責任」論の構想という点に関しては、アーレントの「普遍的責任」と重なる点も多いが、註7で指摘するように、この「普遍的責任」自体アーレントの責任論において異質であり、その後の議論ではあまり重視されていない。

再度付言するが、ヤングが行うアーレント責任論への批判は全く妥当であるし、それを乗り越えようとする試みも理解できる。だがヤング自身の責任論の文脈、すなわち現代のグローバルな「構造的不正義」を克服するための「責任の社会的つながり」という文脈と、アーレントの責任論とのあいだには大きな隔たりがあると私は思う。

⑶本論ではアーレントの「責任」responsibility への考察を、「法的責任」「道徳的責任」「政治的責任」の三つの視点から論じていくが、アーレント自身が responsibility について当初から一貫して legal-moral-political という区分を明示したわけではない。この区分は、論稿「独裁体制のもとでの個人の責任」（1964）でのアーレントの区分構図、すなわち「個人の責任」を法的なものと道徳的なものに区分し、また「個人の責任」とは異なる「集団の責任」として政治的責任を位置づけたことを整理したものである。これと平行してアーレントは「責任」responsibility と「罪」guilt とを区分して論じる場合もあるが、この区分も一貫しておらず本論では部分的に参照するに留めた。例えば本論でも示したように、初期の「組織的な罪と普遍的責任」（1945）から既に「責任」と「罪」とを区分する議論はあるが、この区分に基づいて一貫して議論を展開しておらず、重要な点においては「責任」と「罪」を一体的なものとして論じている。この両者の明確な分節化は、「集団責任」（1968）で行われ、そこで「罪」を個人的なもの（法・道徳）、「責任」を集団的なものとして対比的に論じている。しかし、ここで示される「罪」は、以前の「独裁体制のもとでの個人の責任」での「個人の責任」とほぼ一致しており、用語的に整合性がない。以上の点を踏まえて、本論では基本的に「責

任」を「法的―道徳的―政治的」に分節化した上で、「法的責任」と「罪」とが一致する文脈では「法的責任＝罪」と表記した。

（4）アーレントの責任論について、アイヒマン裁判が転換点であるという指摘はこれまでにも行われている。例えば、山本圭「ハンナ・アーレント、正義へのパトス：「われらのうちなるアイヒマン」再考」（『コロキウム』東京社会学インスティチュート）第四巻、二〇〇九年、一四四―一五七頁、参照。

（5）アーレントとヤスパースの責任論については以下を参照。山田正行「ヤスパースとアーレントの戦争責任論：罪と責任の概念をめぐって」『政治思想研究』（創刊号）、二〇〇〇年、一二三―一三七頁。Andrew Schaap, "Guilty Subjects and Political Responsibility: Arendt, Jaspers and the Resonance of the 'German Question' in Politics of Reconciliation", in *Political Studies*, 49 (4), 2001, pp. 749-766, Alan Norrie, "Justice on the Slaughter-Bench: The Problem of War Guilt in Arendt and Jaspers", in *New Criminal Law Review: An International and Interdisciplinary Journal*, Vol. 11, No. 2 (Spring 2008), pp. 187-231.

（6）本稿では「責任」をめぐるアーレントの論稿として、「組織的な罪と普遍的な責任」（1945）、『全体主義の起原』（1951）、『イェルサレムのアイヒマン』（1963）、「独裁体制のもとでの個人の責任」（1964）、「集団の責任」（1968）を主として取り上げている。これらの論稿に共通するのは、普通のドイツ人の責任問題が論じられている点であるが、アーレントはこの他にもユダヤ人評議会の責任や当時ナチス・ドイツと敵対関係にあった連合国の責任などについても言及している。ただ紙幅の制限上これら全てを論じることは困難であり、本稿では扱っていない。これらについては稿を改めて論じることにしたい。

（7）アーレントは「組織的罪」の最後において、全体主義テロルを単にドイツ国民のみの問題ではなく、人間が行いうる悪の問題として捉えるよう促している。そして「自分が人間であることが恥ずかしい」という感覚の共有による連帯を残された希望とし、それを「人類＝人間性」humanityという理念に含まれる「普遍的責任」としている。この「普遍的責任」の意義を重視する立場（齋藤、前掲書、一三四頁以下）もあるが、本論では以下のような点から問題があると考えている。

第一にこの「普遍的責任」は、「誰もが罪に関与しているとすれば、結局のところ誰もが裁かれえない」への回答になっていないばかりか、責任対象を「人類」へと拡大することで、一層収拾のつかない話となっている点に問題がある。実際、アーレントもこの点に気づき、後の「独裁体制のもとでの個人の責任」ではそうした「人類」へと責任を拡散させる話を批判している［PR: 21＝29］。第二に、この議論では既に「起こってしまった」問題をどう扱うかではなく、「これからどうすべきか」という点に論点がすり替えられており、さらにそれが願望や祈りのようなメッセージに変形し政治的考察とはほど遠いものになっている。以上のような点から本論では重要な議論として扱っていない。

(8) アーレントは一九六三年九月二〇日のメアリー・マッカーシー宛の手紙で、『全体主義の起源』の幾つかの論点が『アイヒマン』で修正された点について言及している。そこで、(1)「忘却の穴」の議論の撤回、(2)イデオロギーの過大評価の修正、そして(3)「根源的悪」から「悪の陳腐さ」への移行が、修正点として挙げられている[A-M: 147=280]。

この「忘却の穴」の撤回を、アーレントの思想的後退とする見方もあるが(髙橋哲哉「記憶されえぬもの 語りえぬもの」『岩波講座 現代思想』第九巻「テクストと解釈」岩波書店、一九九四年、二一五―二五二頁、参照)、本稿ではこれら三つの修正点は連動している点を踏まえて、むしろ思想的深化として評価すべきであると考えている。というのも、これらの修正は、責任を問うこと自体が困難であった『全体主義の起原』から、「責任」の問い直しを志向する『アイヒマン』への展開の中で生じた修正として読むのが妥当であると思うからである。

(9) この「われわれの内なるアイヒマン」というフレーズを普及させた者の一人は、アーレントの前夫ギュンター・アンダースであるが、アーレント自身はこの理解を批判している(山本、前掲論文、一四四頁参照)。

(10) 正確に言えば、この「集団の責任」[CR]では、前者の個人に関わるものが「罪」に、後者の集団にかかわるものが「責任」に置かれることになるが、以前の論稿との整合性を考慮すると煩雑になるので本論では省略している。これについては、註3を参照。

(11) 一九四五年一〇月にヤスパースからの手紙が亡命後初めてアーレントの元へ届き、これ以後両者の交流は復活するが、両者はこの交流以前からそれぞれ独自にドイツ人の責任問題について構想していた。アーレントは一九四五年一月*Jewish Frontier*誌上に「組織的罪」を掲載しており、またヤスパースはこの年に「罪責論」の草案を作成している。「罪責論」は翌一九四六年一・二月にドイツの大学で取り上げられ、その後出版されることになる。

(12) この点に関しては、山田、前掲論文、一二九頁も参照。

(13) Schaap, op. cit. この指摘は、『人間の条件』などの議論を踏まえれば首肯できるが、本論で見るように一連の責任論に関しては、こうした区分は妥当ではないように思う。

(14) ここでのアーレントの『罪責論』批判をどのように理解すべきだろうか。この前段でアーレントが、『罪責論』の主旨には概ね賛成するという文脈を踏まえて、この批判は両者の本質的な相違を意味するものではないと理解し、むしろ同書を切掛けにヤスパースの責任論がアーレントの議論に大きな影響を与えたという解釈もある(山田、前掲論文、一三二―一三三頁)。しかし本論ではこの批判の中に両者の大きな隔たりがあると考えている。

というのも、ここで提示された批判はアーレントとその夫ブリュヒャーとの対話から生じたものであるが、ブリュヒャー自身は『罪責論』を以下のよう厳しく批判しているからである。「ここで、とてもつらいことを述べなくはならない。ヤスパースの罪責論は、美点や気品も備わっているが、ヘーゲル亜流にしてキリスト教―敬虔主義の卑屈さで国民に向かうどうしようもない無駄口だ。すでにきみに述べてあるように、罪責問題などというものが役立つのはキリスト教的偽善のおしゃべりとしてだけで、勝者は自分自身のためによりよく利用し、敗者はひたすら自分自身とかかずらうことができるようになる（それが自己解明という高貴な目的だけのためであろうとも。）」（一九四六年七月一五日付［A-B: 146=109］）

これはブリュヒャーの批判的見解でありアーレントのものではない。またこのブリュヒャーの辛辣な批評にアーレントがどう反応したか記録は残されていない。だがこうしたやりとりの後で、先ほどの批判が「われわれ」wir という連名で行われている点を鑑みて、アーレントはブリュヒャーの意見に賛同しつつも、それを穏健に伝えようとした、と本稿では解釈している。

(15) アイヒマン裁判以前のドイツ社会がナチ裁判自体に消極的だったこと、またそれがアイヒマン裁判以後に大きく変化したことについて、アーレントは以下のように記述している。「アイヒマンのイェルサレム到着後七ヶ月で――裁判開始の四ヶ月前――ルードルフ・ヘスの後を継いでアウシュヴィッツの収容所長をしていたリヒャルト・ベーアが遂に逮捕された。すぐ続いて、いわゆるアイヒマン特務班のほとんど全員も逮捕された。……（中略）この人々の罪状の証拠は何年も前にドイツで本や雑誌に発表されていたにもかかわらず、彼らの内一人として偽名で暮らす必要を認めていなかった。終戦後初めてドイツの新聞はナチ犯罪者――そのすべては大量殺害者だった――に対する裁判の記事でいっぱいになった」［EJ: 14=10］。

(16) アーレントは、自己に帰せられる責任を疑い、場合によっては「無責任な」振る舞いも必要となることを以下のように述べている。「この意味では、独裁体制のもとで公共生活に参加しなかった人々は、服従という名のもとにこうした支援が求められる「責任」のある場に登場しないことで、その独裁体制を支持することを拒んだのです。十分な数の人々が「無責任に」行動して、支持を拒んだならば、積極的な抵抗や叛乱なしでも、こうした統治形態にどのようなことが起こり得るかを、一瞬でも想像してみれば、この〈武器〉がどれほど効果的であるか、お分かりいただけるはずです」［PR: 47=58］。

(17) ナチスに加担した普通のドイツ人の責任をどう考えるかについては、戦後のアメリカ法哲学でも多様な論者が議論を展開したが、それらの議論にアーレントは十分に対応していない。例えばアーレントのシンポジウム報告「集団責任」は、一九六八年のアメリカ哲学会でファインバーグ（Joel Feinberg）の問題提起（個人が負うべき集団の責任問題）に対する応答という形式になっているが、実際はファインバーグ自身の問題設定を踏まえたものではなく、従来の自身の議論を繰り返しているに過ぎない。Cf.

Joel Feinberg, "Collective Responsibility (Another Defence)", in Larry May and Stacey Hoffman (eds.), *Collective Responsibility: Five Decades of Debate in Theoretical and Applied Ethics*, Rowman & Littlefield Publishers, Inc., 1991, pp. 53-77.『責任と判断』訳者の中山元の「集団責任」訳注（二〇七—二〇八頁）も参照。

(18) この点については、例えばエリザベス・ヤング＝ブルーエルが、「悪の陳腐さ」というフレーズがメディアで流通する中でいつしか決まり文句となり、それ自体陳腐化していると指摘している（Elisabeth Young-Bruehl, *Why Arendt Matters*, Yale University Press, 2016, 矢野久美子（訳）『なぜアーレントが重要なのか』みすず書房、二〇〇八年、とりわけ序章を参照）。本稿では責任論でも同様の問題を指摘できると考えている。

(19) この「責任」の「終わり」は、アーレントが語る「赦し」と深く関連しているが、本論ではほとんど取り上げることができなかった。この点については稿を改めて論じてみたい。アーレントの「赦し」を論じた研究で注目すべきものとしては、森一郎「アーレントのイエス論（上／下）」（東京女子大学紀要『論集』第四九巻二号／第五〇巻一号、一九九九年）を参照。

[政治思想学会研究奨励賞受賞論文]

ジョン・ロックにおける所有とシティズンシップ

——政治共同体の内なる境界について

柏崎正憲

はじめに

本稿の目的は、ジョン・ロックにおける政治的帰属の議論をシティズンシップ理論として解読することにある。『統治二論』[1]でロックは、人が「政治共同体」（commonwealth）の「成員」（member）または「臣民」（subject）になる条件として、個人の意志、すなわち、各人が共同体に与える「同意」を強調している（2T: 119-122）。だがその一方で彼は、成員資格をボランタリーに獲得可能な地位としてではなく、一連の法的および道徳的な諸条件によって制限してもいる。こうした点に着目しつつ、ロックのテクストにおける政治的帰属のありようを解明することが、本稿の狙いである。

シティズンシップという語は、法的地位（国籍）を指すだけでなく、全市民がもつ共通の権利と義務の集合を、さらには政治共同体の一員としての市民に期待される能動的な参加や帰属意識をも含意する。とはいえ、これらの要素が一致すべきという見解が成立したのは、一九世紀以降のことにすぎない。それもあまり長くはつづかず、過去数十年間に、これらの要素の一致を自明視することは、しだいに困難となっていった。それは、私的生活に引きこもる大多数の市民の政治的アパシー、公的福祉に依存する人々にたいするスティグマ化、市民とほぼ同等の権利と義務を担っている移民を国籍から排除することなどをつうじて、シティズンシップの諸要素の矛盾が露呈したためである。そこに露呈しているのは、ある者が市民として包摂されるか、さもなくば排除されるかという問題ではない。むしろある種の人々が、一面では政治共同体に属していると同時に、他面ではそこに属さず、いわば内なる他者として排除されるという事態が問題になっているのだと言える。

こうした問題を考察するためには、シティズンシップの理念と実態のズレを問題とするに留まらず、シティズンシップの理念そのものを問いなおし、相対化する必要があるだろう。そのような相対化のために、ロックを参照することは有益だと思われる。というのも彼は、いま見たシティズンシップの諸要素の結合がまったく自明ではない歴史的位置において、しかしそれらの要素を独自のしかたで結びつけながら、政治的帰属の条件にかんする議論を展開しているからである。

第一節では、ロックの『統治二論』におけるシティズンシップ理論としての諸要素を、歴史的に文脈づけつつ浮かび上がらせる。第二節では、ロック自身による政治共同体の発展の歴史的説明を辿りながら、彼が市民間の法的平等と社会的不平等とを、同時に受け容れていることの理由を探る。第三節では、ロックのシティズンシップ理論が、誰を、どのようなしかたで排除するものであるのかを明らかにする。

一　いかにロックをシティズンシップ理論として読むか

本節では、一七世紀英国の成員資格と、近代的シティズンシップとのあいだで、ロックの政治的帰属の理論がどんな位置を占めているのかを探る。

まずは一七世紀英国の成員資格を見よう。中世以来イングランドでは「法的に「国に属する」ということ」が、コモンローにおいて「国王の臣民」という語で表現されていた。これは一種の「出生地主義」による国籍付与を意味したが、それは領土内で出生した者が「当該事実を以って自動的に国王に対する忠誠の義務を負う」という観念に根拠づけられていた。この観念が体系的なしかたで確認されたのは、イングランド・スコットランド同君連合の成立後の一六〇八年、スコットランド出身者のイングランド臣民としての地位を認めた、カルヴィン対スミス裁判である。その判決では、国王のliegeance（領土と忠誠の両方を意味する）のもとに生まれた者が「生来の臣民」であると確認された[2]。こうして、すでに一七世紀英国の成員資格は、ある種の一般化された法的地位としてのかたちをなしていたのである。

ただし、この「国王の臣民」という地位は、近代的シティズンシップの一要素としての法的地位（国籍）と、完全には同一視されえない。近代的な国籍は、ブルーベイカーがフランスにおけるその成立について論じているように「一般的な成員資格」であって、封建的な身分や団体ごとの「特別な成員資格」ではない。後者においては「都市に属していても都市国家には属さない人々」や「領土的な行政単位としての国家には属していても統治組織としての国家には属さない人々」がおり、またしたがって「市民と外国人」の区別も完全なものではなかった。もっとも、こうした封建的な身分を段階的に解体し、一般的な成員資格を準備したのは、絶対君主制であった。絶対君主が領内の法律と権力を一元化していくにつれて、「臣民になる条件もまた、より一般的、一律、かつ抽象的な観点において考えられるようになった」のである[3]。それでも、一七世紀英国は、ブルーベイカーの言う「特別な成員資格」が多分に残されている時代であった。そこでは、国籍そのものが王への人格的な忠誠という封建的な観念にもとづいていたのみならず、臣民はさまざまな身分と特権によって分割されていた。当時のシティズンシップという語は、都市に認められた地方的特権の請求資格をともなう、都市固有の成員資格（たとえばロンドンのシティズンシップ）を指すものでしかなかった[4]。

したがって、国家の一般的な成員資格を近代的シティズンシップの要素として見なしうるのは、それが封建的な身分ではなく、市民に共通の権利義務と結びつくところにおいてである。マーシャルのよく知られた歴史的説明によれば、そうした意味でのシティズンシップが英国において確立されたのは、身分的特権が「市民の平等」すなわち「権利と義務の均一な集合」に置き換えられていく過程をつうじてであった。そして彼は、この過程が、おおまかに言って名誉革命以降、市民的諸自由の次元においてはじまったと指摘している[5]。こうして成員資格は、共通の権利義務によって内容づけられるようになった。

冒頭で見た、もう一つのシティズンシップの要素、すなわち能動的な参加と帰属意識はどうか。この点についてしばしば、次のように言われる。近代的シティズンシップは、市民の私的個人としての権利を保障し、私的権利にたいする公的権力の不可侵を定める一方で、公共への能動的参加にはそれほど重きを置かない、リベラル・シティズンシップとして特徴づけられる、と。[6] これは一面では妥当な見解だが、しかしそれは、自由身分としての市民が発揮する公民的美徳という、古代や中世における都市国家の理想を反映した、共和主義的シティズンシップとの対比において、そう言えるにすぎない。

そうした公民精神の等価物とは言えないとしても、それに代わる国家と成員との精神的・道徳的紐帯を、近代国家は国民的アイデンティティとして醸成しようとする。もっとも国民意識を形成する要素は、国ごとにさまざまである。フランスでは、国民国家への市民の帰属意識は、大革命において、都市国家の伝統に属する共和主義的な公民精神として理想化された。[7] ドイツをはじめとする中欧・東欧では、言語を軸とした国民形成が領土国家の形成に先行した歴史を反映して、ヴィンクラーが「文化的国民」と呼ぶ民族的・文化的な国民意識が醸成された。[8] とはいえ、ナショナリズムは一般的には一八世紀末以降に発展していったものである。イングランドやスコットランドへの帰属をこえた英国人意識(Britishness)もまた、さほど早くから成立していたわけではない。それは一八世紀のあいだに、国家の敵としてのフランスへの対抗をつうじて、カトリック国家への対抗という宗教的意識から政治的な愛国主義への移行をともないつつ発展していったと指摘されている。[9]

ここまでをまとめたい。一七世紀英国の成員資格は、一般化された法的地位としての形式を整えていたとしても、いまだ封建的な身分秩序と並存している点では、近代的シティズンシップとは異なるものであった。つまり、全成員に共通の権利義務も、市民と国家の精神的・道徳的紐帯としての国民意識も、ほとんど未成立だったのである。

1　ロックの同意理論――一般化された成員資格

以上を踏まえつつ、いかにしてロックの『統治二論』をシティズンシップ理論として読み解くことができるかを示したい。

まず着目するのは、同意の理論である。ロックの同意理論は、政治共同体の創設にかんする哲学的仮説（社会契約論）であると同時に、政治的帰属の理論、すなわち国家の成員資格の理論としても読むことが可能である。ロックによれば「生来的に自由かつ平等で独立した」個人は「みずからの同意（consent）なしに……他人のもつ政治権力に服することはできない」。権力に服するということは、各人がもつ「自然の自由」の放棄を意味する。あえて人がそれをなすのは、「たがいに快適で安全で平和な生活を送る」という目的のため「他人と合意（agreeing）」して「一つの共同体に加入し結合する」かぎりにおいてである（2T: 95）。ここでは、ロックは同意という語を社会契約の意味で、つまり共同体創設の合意として用いている。

　その一方でロックは「統治のもとに生まれた自由人をその成員とする」のは「彼らの同意のみ」だと述べたうえで、この同意は、新たに出生した自由人が「順次別個に」与えるものでなければならないと主張している（2T: 117）。こうしてロックは、成員資格を取得する要件としても、同意のカテゴリーを設定しているのである。しかも、そのような同意を原理的には全成員にたいして確認する必要があると考える点では、彼は当時において独特であった。他の社会契約論者、たとえばプーフェンドルフやティレルは、政治共同体の創設行為としての同意を論じたとしても、次世代の各臣民にたいしても同意を確認する必要があるとは考えなかったのである。[10] このことの含意は、第二節で詳しく検討する。

　同意による成員資格の取得というロックの見解は、個人が生来の国籍を変更する自由の承認をも含んでいる。彼によれば、分別のつく年齢に達した個人は「どの統治に身を置こうと自由」である（2T: 118）。実際には、当時の英国臣民は、君主への忠誠を自由意志で解消することができず、したがって国籍離脱が不可能であった。それゆえに、国王は大権によって国外に脱した臣民を呼び戻すことや、たとえ臣民が外国の君主に忠誠を誓っても、それを無視して反逆罪を適用することができた。[11] そうだとすれば、ロックが臣民資格を取消・変更可能だと主張することは、彼が成員資格を人格的忠誠の観念から引き離し、抽象的な国家への帰属という観念に置き換えていることを示していると言える。そのかぎりで彼は、近代的シティズンシップの観念にいくぶん接近している。

2 同意と所有――共通の権利義務

近代的シティズンシップにおける第二の要素、すなわち共通の権利義務に相当するものが、ロックのテクストに含まれるかどうかを知るには、同意にくわえて所有の概念にも目を向ける必要がある。

政治共同体の創設の根拠であり、かつ成員資格の取得条件でもある同意は、ロックにとって、所有の保障という目的のためになされるものである。彼によれば「人々が政治共同体へと結合し、みずからを統治のもとに置く、すぐれた、かつ主要な目的は、彼らの所有（property）の保全にある」（2T: 124）。彼は所有という語で、物的な財産のみならず、各々の人間に属する固有のもの――「生命、自由、資産」（2T: 87, 123）という三つの語に代表される――を包括的に指示している。というのも「自然状態」において「完全な自由」と「完全な平等」を享受する人間は、「他人の意志に依存すること」なく「みずからの所有物および人格／人身（person）」を「自分が適当と思うままに」処理することができるはずだからである（2T: 4）。

なぜそのような人間たちを保全するために、政治共同体という手段が必要になるのか。その理由は、ホッブズにとっては明白である。彼において完全な自由とは「なにごとも不正ではありえない」状態であって、それゆえに自然状態における人間の生は「孤独で貧しく、不快かつ獣のようで、そして短い」ものとなる。[12] だとすれば、この状態が克服すべきものであることは論をまたない。

ロックにとっては、自然状態は「放縦の状態」ではなく、正と不正の基準を、すなわち、造物主の意志から推論される普遍的規範としての「理性」または「自然法」を含んでいる。彼によれば、人間は「神の欲するかぎりにおいて」地上に創造されたのだから、「自分自身の保存」を義務づけられていると考えねばならない。同じ理由から「他者の生命」や、その維持に役立つ「自由、健康、四肢、財など」への侵害も禁じられる（2T: 6; cf. 1T: 86）。こうしてロックは自然の自由を、自己保存のためにすべてをなしうるホッブズ的権利ではなく、自然法が定めた、自己保存をまっとうする義務として与える。さらにロックは、この義務に付随する自然の権力として、自然法を「執行する権力」を、すなわち、自己を侵害する者を各人がみずから「処罰する権力」を見出す（2T: 7）。

だがロックにおいても、この権力を万人が保持したままでいることは、やはり問題を引き起こす。彼によれば、人間は「とかく自分の身をえこひいきしがち」であり（2T: 125）、自然の処罰権はしばしば「不規則かつ無定見に」行使されてしまう。まさにそれゆえに、人は「すみやかに社会へと駆り立てられ」て、侵害者をみずから処罰する権力を「すすんで放棄」し、政治社会のもとに身を置くことを選ぶ（2T: 127）。

共同体の成員となった人々は、所有の保障を享受するかわりに、それが与える共通の法、公平無私の裁判官、公正な執行権力にたいする服従義務を負うことになる（2T: 124-126）。その一方で、政治共同体の権力もまた「すべての人間の所有」を保障するという基本目的による制限を受け、またそのために「制定された恒常的な法」によって統治することが要請される（2T: 131）。

こうしてロックは、政治共同体の成員に共通の、平等な権利（自由の保障）および義務（法の支配への服従）を導き出す。成員たちの権利の源泉である自然の自由は、市民的な諸自由へと、すなわち、人格／人身の自由（他者の意志への従属からの自由、またしたがって移動や職業選択など私的活動の自由）、私的所有権、政治権力による不当な侵害からの自由といった、一連の個人的な自由へと置き換えられている。義務のほうはと言えば、公務や兵役といった特別な能動的行為ではなく、共通の法律への服従という、個人の私的活動のなかで遵守可能なものが課されているにすぎない。そのかぎりで、ロックがリベラル・シティズンシップの起源と見なされる理由は大いにあると言える[13]。

もっとも、ロックにおける自由の概念は、一九世紀以降のリベラリズムにおける私的・経済的な自由とまったく同じものとは言えない。当時の、二つの市民革命のはざまの英国においては、市民の個人的自由がきわめて政治的な問題として設定された。スキナーが「市民的自由の新ローマ的理論」と呼ぶ共和主義者たち（ハリントン、ニーダム、ネヴィル、シドニーなど）は、自由とは強制の不在であるという見解を受け入れつつも、君主の善意にたいする臣民の依存それ自体が強制の一形態であると主張し、君主ではなく人民の意志によって作られる法のみが市民的自由を保障すると論じた[14]。ロックもまた、臣民資格を人格的従属の観念から切り離す点や、政治権力を所有の保全と法の支配という原理によって縛る点において、これらの共和主義者に近い自由の概念を提示したと言える。ただし山岡龍一が指摘するように、ロックの自由概念は、あくまで個人主義的な着想に立脚しており、個にたいする全体の優位という「全体論」的特徴をもつ「共和主義的思考様式」とは隔たっているかぎりで、共和主義に接近してはいても、やはりリベラリズムの圏域に属すると言える。(15)

こうしてロックのシティズンシップ理論が、全成員に共通の権利義務という要素を含んでいることを明らかにした。そのかぎりで、ロックは一般的な成員資格のみならず、成員間の法的平等を語ってもいるのである。だがこの平等は、他面における社会的不平等と両立しないわけではなかった。この点については第二節で詳しく検討する。

3　合理的に所有する個人——個人的かつ全体的な善としての勤勉

ロックの立脚する基本的価値が個人主義的なものであるとしても、他方で彼の理論には、共同体の構成要素としての個という全体論的契機もまた含まれているように見える。この全体論的な契機を、彼は経済の領域における私的活動に見出している。

先に見たようにロックは、広い意味での自己所有ないし自己保存を、人間の生まれながらの権利および義務として考えていたが、それとは別に、物的な財への排他的権利としての所有権についても論じている。彼によれば、自然の対象はさしあたり、神が人類に与えた「共有物」である。そのうえで、ある自然的対象を人が利用するにあたっては、それに先行して「なんらかの方法でそれらを領有する（appropriate）手段」が、すなわち「それにたいして他人がもはや権利をもちえない」ことを決定する手段が、存在するはずだとロックは仮定する（2T: 26）。この手段は、各人における「自己の人身への所有権」から派生すると、彼は主張する。つまり、みずからの身体が自己に属するように、自己の「手の働き」をもって自然から取り出された対象もまた、自己の正当な所有物になるということである（2T: 27）。

以上のような所有権の理論は、他者を排除した私的権利を正当化している点で、個人主義の範疇に含まれるように思える。しかしながら、ロックはさらに進んで、個人的自由を超える道徳的価値を、所有権に見出している。彼は次のように主張している。神は自然を、そこから人間が「生活上の最大限の便益」を引き出すために与えたのだから、世界を「いつまでも共有で未開拓のままにしておく」ことを望んだとは考えられない。またしたがって、神が人間に与えた自然は「労働」を「彼の権限」として自然を所有する「勤勉で合理的な人間」にのみ、与えられていると考えねばならない（2T: 34）。ここでロックが言う「最大限」とは数量的な意味で、そして「便益」は個人主義的ではなく全体論的な意味で、解されるべきだろう。彼はつづけて、たとえば「囲い込まれ開墾された一エーカーの土地」は、同じ広さの「共有地として荒れるに任されている」土地と比べて「少なく見積もっても」「十倍の」食料を産出するだろうという理由で、労働による土地の領有は「人類が共有する蓄えを減少させるどころか、むしろ増加させる」と主張しているからである（2T: 37）。こうしてロックは、労働による所有権に、二重の意味づけを与えた。第一に、みずからの労働による便益へのアクセスという意味では、それを彼は正として認める。そして第二に、合理的で勤勉な労働による便益の最大化という意味では、それを善として、しかも、個人的ではなく人類全体にとっての善として、評価し、奨励しているのである。

ここでロックが用いている合理性や勤勉という語には、いくつかの意味が読み取れる。第一に、不正でないこと。つまり、自然的または世俗的な法に背いたり、他者の権利を侵害したりせずに、便益を得ること。第二に、より効果的であること。つまり、可能な選択肢のなかから最善の対象や手段を選びとり、できるかぎり大きな結果を引き出すこと。第三に、公共的な価値や利益があること。個人にとって善であるのみならず、全体にたいしてもなんらかの貢献をなしていること。いずれの意味においても、ロックは人間一般の理性能力の検証というよりは、個人の社会行動と全体の利益との一致を問題にしていると解しうる。

このような意味での合理的行動への期待を、個人の経済的のみならず政治的行動にかんしても、すなわち先に見た、所有の保全を目的とした統治への同意という理論においても、ロックは抱いていることが、次節以降において明らかになるだろう。個人が政治共同体に服することは、ロックの観点では、正当なしかたで（自然および世俗の法に従いつつ）、より効果的に（より安全なしかたで）、そして公共にとっても望ましいかたちで（統治への個人の服従を確保しつつ）、所有の保全を合理的に享受することを可能にするのである。

以上に見た、所有への合理的関心をもつ個人という概念は、マクファーソンの言う「所有的個人主義」(possessive individualism) を筆者なりに修正・応用したものである。この概念によってマクファーソンは、ロックが市場に媒介された不平等な所有を正当化しているという仮説を、証明しようとした。つまり、ロックの政治理論は、市場における無際限な資本蓄積の自由を支える一方で、自己の労働力を売りに出す自由をもつにすぎない無産階級を道徳的にスティグマ化するものであると、マクファーソンは主張したのである。(16) 彼の主張は多くの批判にさらされてきた。ポーコックいわく、ロックは共和主義者にかなり接近しながら、商業と公民的美徳との緊張関係のなかで道徳観念を再考したのであって、ブルジョワ的所有権の擁護論を展開したのではない。(17) あるいはタリーやダン、加藤節によれば、マクファーソンはロックの所有理論の背景にある神学的な問題関心を不当に軽視し、私的・経済的な自己利益の道徳的正当化という誤った意図を読み込んだにすぎない。(18) ロックが市場経済を自覚的に擁護したというマクファーソンの見解が正しくないという点で、筆者はこれらの批判に賛同している。だがそれでも、ロックの人間像や政治観が、なんらかの意味で所有のカテゴリーに支えられているのはたしかで、しかもそれは市場と個人との関係よりも、政治共同体とその成員との関係において、そう言えるのではないかと考える。このことは、次節以降で詳しく示すことになるだろう。

ひきつづき第二節では、個人における所有への合理的関心から出発して、ロックが政治共同体の歴史的発展を描き出していることを見る。第三節では、ロックが勤勉および合理性を、共同体の成員に求められる道徳的資質として理解していることを考察する。これらのカテゴリーを、成員としての資質を疑われる人々を排除する基準としても、彼が想定していることが明らかになるだろう。

二　政治共同体における平等と不平等

本節では、政治共同体ないし政治社会の成員間における平等および不平等を、ロックがどのように考えているのかを探る。シティズンシップは、さまざまな次元における市民間の平等によって支えられるものだが、しかしながら社会的不平等を完全に解消するわけではない。このことは、たとえばマーシャルの、諸権利における市民の平等は階級的な不平等と両立可能かもしれないという見解にも反映されている。[19] ロックにとっては、万人が平等に服すべき法の支配をうち立て、共同体の堕落や腐敗を解決することが課題となっている。なぜ彼が法の支配を解決策として支持しているのかを理解するためには、政治社会の歴史的発展にかんする彼の説明を参照し、その結果として彼が導き出した不平等の形態と、そこから派生すると彼が考える諸問題について理解する必要がある。そのうえで、いかにして法の支配をつうじた成員間の平等が、成員資格の決定にかんするロックの議論のなかに反映されているのかを検討する。

1 土地所有から都市国家へ

ロックが描き出している政治社会の歴史的発展は、土地所有の起源にかんする彼の描写を前提としているので、土地所有から考察をはじめたい。前節で見たように、ロックは労働が財への排他的権利の源泉であると想定していた。ただしこのことは、自然の私的な領有が無際限に許容されるということを意味しない。一方では取得物を腐らせ無駄にしてしまわないかぎりで、他方では土地の場合、耕作者がその産物をみずから消費可能であり、かつ他人が利用できる十分な土地を残しておくかぎりで、排他的領有は是認されうるとロックは述べる（2T: 31-33）。

この自然的な所有の慣行は、しかしながら貨幣経済の開始とともに変化をきたす。食糧などの有用物と比べて、貨幣の原料である金や銀は非常に長い耐久性をもっているので、自己の生産物と引き換えに貨幣を取得し、それを「自分の手もとで一生保存する」としても、それは所有物を無駄にしたことにはならない（2T: 46）。またしたがって、余剰生産物を貨幣と交換するために「その産物を自分自身で利用できる以上の規模の土地」をもつことへの動機づけも生じる。こうして貨幣は、富（とくに土地）の排他的領有への自然的制限を解除してしまう。そのことをロックは、貨幣の使用とともに人類が与えた「地上のものの不均衡で不平等な保有」にたいする「合意」として説明している（2T: 50）。つまり、経済的不平等は一部の人間の飽くことなき貪欲のみによって生じたのではなく、むしろ貨幣という慣行が合理的なものとして、社会的に受け入れられていることの帰結として想定されているのである。

貨幣は経済的不平等だけでなく、財の相対的な稀少化、所有関係の調整の必要性といった問題をも引き起こす。自然が「所有の限度をたくみに定めていた」貨幣以前の時代においては、一人の労働によってすべてが取りつくされることはありえず、隣人には「同じくらい豊富な所有物が依然として残されて」いた。それゆえに「他人の権利を侵害すること」はありえず、労働による所有という自然の規範だけで人々は事足りたのである（2T: 36）。しかしながら時代が下り、貨幣が成立し、土地所有がはじまると、人々は「固定的な所有権」を確立するために「都市」を建設し、各都市における「領土の境界」および「隣国との境界」について合意を結び、そして都市の「内部における法」によって「同じ社会に住む人々の所有権を定める」必要に、迫られるようになる。こうして、

一部の地域（貨幣の使用にともなう人口と備蓄の増加により、土地が稀少となり、一定の価値を帯びるようになったところ）では、いくつかの共同体がそれぞれの領土の境界を定め、それぞれの法によって社会内部の私人たちの所有権を調整するようになった。そうすることで、労働と勤勉をもってはじまった（began）所有権を、契約と合意によって確定した（settled）のである。（2T: 45）

こうしてロックは、たんなる所有の保全というよりも、不平等な所有関係の保障という目的に、領土的な都市国家の成立根拠を導き出している。この所有関係そのものは、すでに自然法のもとで「はじまった」慣行だが、しかし都市国家を創設する「契約」によって、法的所有権および領土という制度的手段をもって「確定」されたのである。現実の都市国家がとる制度は多様であるが、自由市民と奴隷、貴族と平民など、成員の地位はいくつかに階層化されていることがほとんどであった。このことをいわばロックは、自然状態において開始された個人間の財産の不平等から、都市国家の内部における成員間の不平等への発展として、歴史的に説明しているのだと解しうる。

領土の成立にかんして検討すべきもう一つの点として、領土の管轄権または統治権がある。ロックは領土を土地所有

の保障手段として設定しているように読めるが、そのように理解する場合、領土とは成員たちが所有する土地のよせ集めということになる。しかし実際には、ロックはそれ以上のことを言っていると思われる。すなわち、個人が土地を利用し、その利益を享受する権利としての所有権——自然状態のなかではじまった——とは区別される、この権利を保全するために確立された領土を管理する権利と権力についても、ロックは論じている。彼によれば、政治共同体は「その領土のいかなる部分であっても、それが取り去られたり、共同体の成員以外の者がそれを共有したりすることを許さない」(2T: 117)。こうしてロックは、国家の領土管轄権との関係においては、領土が一つの不可分の全体として統治される、ということを確認する。

これにたいしてフランクリンは、領土管轄権が社会契約からは導き出しえないと主張している。というのも、土地の所有権と管轄権は別のものであり、しかも後者は自然法には含まれていないからである[20]。しかしながら、ここでロックが問題にしているのは、たんなる私有財産としての土地の総和ではなく、土地の所有関係を調整する共同体の権限が適用される一つの領土であると解するのが妥当だと思われる。

2　徳の喪失と法の支配

都市国家としての政治共同体において、成員たちは土地所有権の保障を得た一方で、ある別のものを、すなわち徳を失ってしまったと、ロックは考えている。それは不平等な所有の拡大によって、もはや取り戻しえないものとなっており、そのかわりに彼は、法の支配によって市民間の平等を作り出すことを主張する。このことを順に見ていこう。

ロックは家族を「最初の社会」と呼ぶが、それは「およそ政治社会には達しないもの」である(2T: 77)。ところが、ほとんど「気づかれない」(insensible)変化をつうじて「家族の自然の父親」が「家族の政治的な君主」へと転化することで、家族は一種の政治社会へと移行する(2T: 76)。彼は以下のように続ける。自然の親子関係においては、未熟な子供を自立の年齢に達するまで養い導くことが「自然法によって」両親に義務づけられている(2T: 56)。この義務から派生する親の権力は「統治する権力」ではない。ただし、人々が「所有者のいない土地」に散在しているところでは、子供にたいする父親の統治は、それが「どうにか変更なしに維持できそうである」かぎり、子供たちの成人後にも「彼らの明示または暗黙の同意によって」父親の手に残される（2T: 74）。「暗黙の」同意とは、父親の「寛大さと公平さ」にもとづく統治が「誰も傷つけない」ために、父親による統治に共同体の成員が黙従することを指す。「明示の」同意とは、いくつかの家族から「偶然や隣人関係や取引（business）」をつうじて、より大きな共同体が形成されることを意味する。後者の場合にも一者の統治は続く。この種の共同体の主目的は、未発達の所有権を個々人に保障することにはなく、むしろ「外敵の侵入や侵害」にたいする成員の集団的安全の保障にあったはずだ。それゆえに、戦争において指揮をとる「もっとも賢明で勇敢な男」の統治に同意が与えられることは必然であったと推察される（2T: 110）。

こうして、非領土的な政治社会における統治者は「善良で卓越した人間」であった。ところが、時代を経るにつれて「別な種類の」継承者が現れてくるとロックは述べる。そうした統治者のもとで、やがて人民は「彼らの所有が以前のようには安全でない」ことに気づくだろう（2T: 94）。この堕落した統治者の出現は、たんなる偶然ではなく、貨幣経済および不平等な所有の成立に、またしたがって領土的な国家への発展にともなう帰結として見るべきだろう。というのも、ここでロックは「虚しい野心、邪な所有愛、邪悪な貪欲が人々の心を堕落させてしまう」時代を問題にしているからである。彼によれば、それ以前には「より多くの徳」と「より善良な統治者」があった。ところが、所有愛や貪欲が人々の心を捉える時代においては、君主が「野心と奢侈」に走り、さらにはその腐敗が「周囲の追従」により助長され、その結果として君主は「人民から切り離された別個の利害をもつことを覚えるようになる」（2T: 111）。こうして、社会的・経済的不平等と身分的序列とが発展した時代においては、一者の統治は人民にとってしばしば危険となる。ひとたびこの危険が現実化したならば、所有の保全を、人民は政治社会のただなかで失ってしまい、それゆえに「政治社会のうちにあると考えることさえできなく」なるだろう（2T: 94）。

まさにこの状況、すなわち一者の統治の腐敗が、統治の改革の必然性と条件とを示す。いまや失われた人々の徳に代わるなにかに、新たな政治社会を根拠づけねばならない。それをロックは「立法部」（legislative）として提示している。この立法部によって制定される法は、あらゆる成員を平等、無差別に縛るものでなければならない。

この〔立法部の設置という〕手段をもって、すべての者が他人と、もっとも卑しい部類の人々（the meanest men）とも平等に、みずからが立法部の一部として設立した法に服するようになった。……政治社会においてはだれも、その法を免れることはできない。というのも、ある者が自分でよいと思うことを何でも行ってよく、しかも彼がもたらすだろう損害にたいする救済や安全を求めて訴える場が地上に存在しないとすれば、私は問うが、彼は完全ではないにせよいまだ自然状態のなかにおり、したがって政治社会の成員とは言えないのではなかろうか。（2T: 94）

こうしてロックは、統治者にも被治者にも徳と善良さを十分に期待できなくなった社会においては、その全成員にまったく同じ条件で法への服従を課すことが、所有の保全という基本目的を維持するための唯一の保障になると主張する。

ここでロックが「もっとも卑しい部類の人々」に言及していることに留意したい。一方でそれは、いま見たように、身分的序列とは無関係に、すべての臣民が一律に、同じ条件で、法への服従義務を負うことを意味している。だがその一方で、この新たに設立された政治社会においては、いぜんとして「もっとも卑しい部類の人々」が、つまり身分的序列が存在していることをも、それは示唆している。これと同様のしかたで、立法部が「個別の場合に応じて法を変えてはならず、金持ちにも貧者にも、宮廷の寵臣にも鍬をとる農夫にも、単一の支配を敷かねばならない」とも、ロックは述べている（2T: 142）。だとすれば、都市国家において成立していたであろう公式の身分的序列が、共通の法により一挙に撤廃されると考えることには無理がある。むしろ、一方では全成員が同等な服従義務および法的保護のもとに置かれながら、他方ではさまざまな身分や団体への帰属がいぜんとして残存しているような状態として、この新たな統治の人的構成は想定されるべきだろう。第一節で見た、一七世紀英国の成員資格の実態を想起してみても、そのように考えるのがロックの見解に近いだろうと思われる。

3　同意による成員資格の開始と確定

本節の最後に検討するのは、成員間の限定的な意味で平等な地位を輪郭づけている共通の法に、誰が、何をもって服従義務を負うかという点である。この法は、それに服従義務を負う個人を平等な成員として包摂するものである。その一方で包摂される個人の側からすると、この服従義務は、ロックの見解では、個人の同意をもって、しかも一人ひとりの成員について確認されねばならない同意をもって課される。問題は、いかなる形式における意志表示が、そのような同意に妥当するかである。

したがって、誰が成員かという問いは、ロック自身が述べているように、何をもって同意の「十分な宣言」と見なしうるのかという問いに置き換えうる（2T: 119）。ただし注意を要するのは、同意という語を、彼が複雑なしかたで、多義的に用いている点である。

成員資格の十分条件に値するとロックが考えるのは「明示の」（express）同意である。これに含まれる意志表明の形式として、明白な「合意」や「宣言」を、さらには「誓約」（engagement）や「約束」（promise）や「契約」（compact）を、彼は挙げている（2T: 121, 122）。そのような公式の意志表明こそ「政治社会の起源にかんして私が考えているものであり、人を政治共同体の成員にするところの同意なのである」（2T: 122）。だがそうなると、こうした要件を満たしていないであろう大多数の被治者の地位は、どうなるだろうか。

この問題については、ロックが同意を土地所有と関連づけている点に、ふたたび注目すべきである。成員資格と土地の関係が問題となるのは、遺産相続においてである。ロックによれば、ある統治のもとに生まれた子供は「どの政治共同体に服するかを自由に選んでよい」が、ただし親の遺産の相続を望む場合は、それに付属する「一切の条件」——たとえば親が属する共同体の成員になること——に従わねばならない（2T: 73, 116）。そのようなしかたで、成員の子供は「各人が成年に達したときに、大勢で一斉にではなく、順次別々に」同意を与える（2T: 117）。これをセリーガーは、財産相続により与えられる明示の同意と解釈する。彼によれば、財産相続は子の明白な意志表明であって、ただそれが

「個人的」かつ「日常的」に、また「財産をもつ成員の後継者が相続を拒否しない」ことで示されるために「気づかれずに見過ごされてしまう」だけなのである。[21] 他方で、シモンズおよび下川は、これを明示ではなく暗黙の同意に分類するが、やはり成員資格の十分条件と見なしている。[22] ただし注意を要するのは、財産相続が同意の指標であるとは言えても、その前提条件であるは言えないことである。[23] したがって、ロックが財産を同意の前提条件として設定することで、成員資格を「国内に財産を所有する者、または所有する期待のある者」だけに制限しているというマクファーソンの解釈は、支持できない。[24]

もう一つの同意の形式、すなわち「暗黙の」（tacit）の同意についても、その指標をロックは所有に見出している。ただしこの場合、彼は土地の「保有」のみならず「わずか一週間の滞在」や「たんに公道を自由に旅すること」すら、要するに「その統治の領土内に居ること」自体を、広義の所有として、すなわち領土内の財の享受として捉える。そのうえで、これを統治にたいする同意の表明として見なす（2T: 119）。理由はこうである。人は政治社会に入ることで、彼自身の身柄のみならず「彼が現にもつか、あるいは将来もつことになる」所有物をも、その統治に服させる。その逆もまた然りで、ある共同体に属する土地を保有または享受する者は、それに「管轄権」をもつ統治に服さねばならない（2T: 120）。ただし小城拓理の見解では、この一時的な土地の保有や利用も、国内出身者にかんしては事実上の「明示の同意」として、つまり成員資格の十分条件として解釈できる。[25]

このように、ロックにおける同意と成員資格の関係については、さまざまな解釈が提案されている。しかしながら、ロック自身が述べていない仮定や条件をあれこれつけ加えることは、あまり有益とは思えない。ここでは、ロックが述べていることを文字通り受け取って、彼は公式の明確な意志表明だけを成員資格の十分条件として認めていると解するべきだと考える。

フランクリンが指摘しているように、そもそも暗黙の同意を成員資格の十分条件と見なしたのはプーフェンドルフやティレルである。政治共同体の「創設者たち」以外の成員においては「明示の同意はもはや不要となる」と、彼らは想定していた。しかしロックはこの選択肢をとらず、すべての成員に共同体への「永続的服従」の宣誓を義務づけるべきと考えたのである。[26] その背景には、デン＝ハルトフが明らかにしたところによれば、名誉革命体制の正統性をめぐる問題があった。ウィリアム三世の「事実上の王位占有」への服従宣言と解しうるように、つまりトーリーにも受け入れやすいように、聖俗の官職保持者による王への忠誠誓約の文言を省略することを定めた、一六八九年四月の暫定議会の法をめぐる論争のなかで、急進的ウィッグは「すべての成人男性」への宣誓義務の拡張を主張し、さらには名誉革命を、君主の交代には留まらない「人民の構成的行為」による「新しい統治」の創設として意味づけるようになった。ロックもまた、当時のウィッグの「最左派」の位置に立つ。同年四月一三日付のE・クラーク宛書簡では、ロックは「統治者の権利」を臣民が「宣言して認めること」の必要性を強く主張していた。[27] 以上の経緯からは、名誉革命体制を新たに創設された統治として正統化するという、高度に政治的な課題ゆえに、明示の同意をロックが必要としたことが窺える。[28]

その一方で、暗黙の同意と成員資格との関係については、どう考えたらいいだろうか。このカテゴリーについても、ロックがそれを政治的文脈のなかで用いていたことに留意すべきである。暗黙の同意の利点は、忠誠宣誓の厳格な適用が招きかねない「解決不能な内乱や無秩序」を避けつつ、「平和を導くと同時に、人民および個人の同意を真剣に考慮する」という二つの要請をともに満たしうる点にあっただろうと、ジョセフソンは推察している。[29] この見解は説得的に思える。すでに見たように、ロックにとって政治的帰属の条件とは共同体への同意であり、また同意にともなうのは統治への服従義務である。ところで、彼が暗黙の同意者にたいして義務づけているのは「統治下にあるすべての人と同じように」法に服従することである（2T: 119）。したがって、暗黙の同意者と、明示の同意者とで、法の下における取り扱いに何も違いはないのである。

だとすれば暗黙の同意者は、いわば事実上の成員として理解して差し支えないように思える。所有権については、自然法のもとでの排他的領有の慣行を、ロックは所有権の開始として位置づけたうえで、後にはそれが領土国家のもとで法的所有権として公的に確立されるとしていた。それと同様に、ここでも彼は、ある国内出身者が明白な宣言なくして統治に服していることを、明示的な宣言や誓約によって公的に確定される前の、成員資格の事実上の開始として捉えていると解することができる。別な見かたをすれば、当時の英国における国籍付与の原則は出生地主義のかたちをなしていたが、これはすでに述べたように、領内での出生を君主への取消不可能な忠誠として自動的に見なすことを意味した。それゆえロックにとっては、暗黙の同意を十分な意志表示として捉えることは、強制的な国籍＝忠誠の認定への黙従を是と認めるという、自己矛盾に陥ることを意味しただろう。だからこそ暗黙の同意は、彼において成員資格の十分条件たりえなかったのである。

他方で、明示の同意による完全な成員にたいしてロックが唯一認めている特別な条件がある。それは、明示の同意者だけが統治への服従義務を永続的に負うことである。ロックによれば、暗黙の同意者には、土地を手放すかぎりで「いつでも〔領土から〕立ち去って他の政治共同体に身を置く自由がある」。その一方で、明示の同意者は、統治の解体や成員資格の剥奪がないかぎり「永遠かつ不可避に」成員でありつづけねばならず、もはや「自然状態の自由へとふたたび回帰することはできない」(2T: 121)。

こうしてロックは、個人の同意という基準を維持しながらも（それは当時の英国における君主への強いられた忠誠としての国籍の観念を回避するためだった）、すべての国内出身者を事実上の成員として扱うことを理論的に可能にしたのだった。そのかぎりで彼は、共通の法への服従義務という限定的条件においてのみ平等と呼べるような成員資格のなかに、原理上すべての国内出身者を包摂したのだった。

三　政治共同体の内なる境界

残る問題は、ロックの政治共同体の内なる境界、すなわち、事実上は国家の内部に存在していても、権利上は共同体の平等な成員として扱われない人々をめぐる問題である。

第一節の3で見たように、ロックは個人の合理性を期待し、勤勉を積極的に奨励している。これらの語は、個人が経済的な自己利益を追求しながら、同時に公的・全体的な利益にも寄与することへの、彼の期待を反映している。それにくわえて、本節でさらに明らかにしたいのは、ロックが政治的な観点においても、成員の合理的行動に期待をもっていることである。彼において合理性は、成員に要請される道徳的資質をもなしており、またしたがって、政治共同体のなかに包摂と排除の境界線を形成するカテゴリーでもある。この境界から締め出される人々のカテゴリーとして、一方における「怠惰な」貧民と、他方における自然状態の内的延長としての外国人とを、順に考察する。前者にたいしてロックが疑うのは、自己利益を自立的に追求する能力と意志〔勤勉〕であり、後者にかんしては、統治への自発的な服従である。

1 勤勉としての合理性、あるいは「怠惰な」貧民

ロックが政治共同体の内なる他者として扱っているのは「財産をもたない」階級であると、マクファーソンは主張している。彼によれば、ロックは階級間の格差を、経済的のみならず知的および道徳的次元においても認めている。無産階級が「政治的に考え行動するにはあまりにも低い〔経済的〕境遇に留め置かれている」がゆえに、市民として「十分に合理的」ではないと、ロックは信じていた。それゆえに彼は、この階級を対等な市民として認めなかったし、革命権を説いたさいにも「労働する階級もまた革命をなす権利をもっているかもしれない」と思い至ることはなかった[30]。

実際、無産階級の能力や素養にたいするロックの低い評価や偏見は、随所で確認されうる。たとえばマクファーソンが参照しているテクストで、ロックは次のように説明している。「労働者」はつねに「ぎりぎりの生存」の状況にあるので、彼らには「それ以上のことを考える時間や機会」がない。ただし、困窮が「彼らに敬意を忘れさせる」場合には、彼らは「全面的な騒乱」を起こして「金持ちに襲いかかり、すべてを一掃してしまう」だろう[31]。『アトランティス』と題された別のテクストでは、ロックは「下層民」について「無知は人を粗暴にし、学問は高慢にする」という警句を発している[32]。

しかしながら、ロックが無産階級に抵抗権を認めなかったというマクファーソンの指摘は正しくない。労働者の「全面的な騒乱」を論じた直後に、それが大半の場合は、統治者が「怠惰」であったか、統治の「やり方を誤った」せいだとして、ロックは騒乱の責任を統治の側に帰しているからである[33]。彼は『統治二論』においても、統治者が「その責務

を怠ったり放棄したり」することを、人民の抵抗が正当化される条件として挙げている（2T: 219）。だとすれば、ロックは労働者階級の「騒乱」であっても、それが統治者の怠慢や失政への応答であるかぎり正当なものとして認めていると解するべきだろう。

このように、ロックは無産階級をつねに、あらゆる面で非合理だと見なしたわけではない。むしろ彼はこの階級を、ある面では合理的で、ある面では非合理だと想定しているのではないか。この仮説を裏づけるのは、ロックが勤勉という語の異なる用法とともに、合理性への異なる意味づけを与えている点である。第一に、知識や能力を発展させる手段としての勤勉。第二に、経済合理的な行動としての勤勉。第三に、自然法が命じる自立の履行としての勤勉。これらのどれにも該当しないと彼が考える者を、ロックは「怠惰な」者と見なし、共同体の内なる他者として扱っていると思われる。

第一の用法、知識を発展させる手段としての勤勉は、たとえば『知性の正しい導き方』に見られる。その一節でロックは、すべての人間が「生来の理性的被造物」であるが、ただし各人の知的能力は「勤勉と専心」の度合いに応じてのみ発展すると述べている(34)。つまり、勤勉さの程度によって、知的能力には個人差が生じるということだ。そして、この意味では大部分の人間が勤勉ではないと、ロックは『人間知性論』で述べている。彼によれば「人類の大半」は「劣悪な生活状態がもたらす窮境の奴隷となって」いるために、「知識と探求の機会」に恵まれない。だが、どれほど日々の労働に忙しい者でも、知識を蓄える時間がまったくないことは考えられないから、結局のところ問題は、各人が「自己の霊魂」や「宗教上のことがら」にも関心を向け、知識の探求への「豊富な時間的余裕」を見つけ出すかどうかである(35)。こうしてロックは、知識を得る機会が経済的境遇に左右されることを認めながらも、最終的には知識の優劣を個人の責任に帰す。ロックが無産階級に属する人々を「みずから選んで堕落した」「怠惰な貧民」と見なしているとマクファーソンが指摘するとき(36)、彼はこのことに着目しているのである。だが、それだけが無産階級の知性にかんするロックの見解のすべてではない。

第二の用法、つまり経済的な用法においては、ロックはむしろ、無産階級の大半を合理的で勤勉だと考えている。この場合、合理的であるとは、人が生活上の必要に迫られて自発的に働くことを指す。彼によれば、労働者の「すべて」または「大部分」は、生活必需品を用立てられるよう、つねに「若干の貨幣を手元に残して」おくものであるから、彼らには「食糧、衣服、道具を買うのに十分な」報酬さえ与えれば「その仕事を十分に果たすだろう」と期待できる(37)。こうしてロックは、生越が指摘しているように、労働者はその境遇ゆえに「必然的に勤勉と倹約を身につけるようになる」と考えるのである(38)。

ロックにとっての経済合理性は、勤労への動機づけのみならず、生産性をも、つまり、より多くの富の産出をも意味している。第一節で見たように、ロックは労働による所有を、自然法に合致し、またそれが推奨する実践として考えている。ふたたび引用するならば、神は自然を「勤勉で合理的な人間」にこそ委ねていると、ロックは述べている（2T: 34）。したがって、より多くの富の産出に貢献する者は、経営者であれ賃労働者であれ、ロックにとっては称賛されるべき勤勉な者ということになる。だからこそ、土地所有者のそれと並んで、彼は労働者の利益を「政治共同体における不動の関心事」と見なしたのだった(39)。こうして、労働者の勤勉への好感と、その知的怠惰という偏見とは、ロックにおいて矛盾なく同居するのである。

経済合理的な実践としての勤勉を、ロックはまさに一種の市民道徳として、つまり、政治共同体のあらゆる成員に妥当し、また要求される道徳として、考えているようである。とくに彼が称えるのは、製造業者と土地所有者である。製造業については、その商品が「最小の貨幣」つまり生産コストで膨大な利益を生むという理由で、ロックは「もっとも重要」な部門と評価している(40)。土地所有者については、彼らが「王国の負担の大部分」を担うことを彼は称えているが、それよりも彼が重視しているのは、より多くの富を土地から産出することにたいする彼らの貢献であって、この貢献には「借地人の勤勉」も含まれている(41)。統治者ないし君主にすら、ロックは勤勉の美徳の尊重を求めている。彼は「人類の誠実な勤労」を奨励する「賢明で神のごとき君主」を期待する一方で（2T: 42）、先に見たように「怠惰な」統治者については、人民の抵抗を受けても仕方がないとしている。

このような意味での勤勉という基準から外れるのは、生産的労働に携わらない成員である。ロックは商店主にたいして「怠惰で働かない」と悪罵を投げかけ、彼らが多くの貨幣を「手元に保持している」ことを「賭博師よりいっそう始末が悪い」とまで言っている(42)。国内の貨幣量の増大（製品輸出）につながらない商業を非生産的とする、当時の重商主義的な価値観にそくして、ロックはそのように非難しているのだと言える。ただし、こうした人々にたいする道徳的非難は、彼らの成員資格を否定することと同義ではない。実際に成員としての扱いを否定されるのは、以下に見るように、むしろ自由で自立した人間としての地位を否定され、またそのことを非難されるような人々である。

第三の用法、すなわち自然法が命じる自立としての勤勉について。この文脈において合理的であるとは、自然法を理解すること、自然法に合致した行動をとることだが、第一節の2で見たように、もっとも基本的な自然の義務だと彼が考えたのは、各人がみずからの生命と自由を維持することであった（2T: 6）。この場合の自由とは、他者に支配されないことだけでなく、自分自身の労働によって生きること、つまり自立や自活をも意味している。そのうえでロックは、自然の義務を果たしえない者、つまり「その規範のなかで生きることができるような理性の程度に達しない」者は「決して自由人にはなれない」と断言し、そうした人々の例として「精神を病む者」や「極度の愚者」を挙げている（2T: 60）。こうした人々は合理的ないし勤勉ではないかもしれないが、かといって「怠惰」でもない。たんに、合理的に生きる能力をもたない（と見なされている）だけである。だが、そのような能力をもつのに、あえてそれを行使しない（と見なされた）者については、どうなるだろうか。自立して生きられるのにそうしない（とされる）者を、ロックはどう扱うだろうか。

その答えは、ロックの救貧論において明白である。まず前提として、ロックにとって貧民とは、かならずしも無産階級の全体を指す語ではない。彼は次のように述べている。もし貧民という語が「みずからの手によってでなければ自己を維持するものを得られない人々」を指すならば、貧民は「重荷」ではなく、むしろ「われわれの富は主として彼らに負うことになる」。他方で、それが「他人の労働にすがって怠惰に生きる人々」を意味するなら、貧民は「われわれの統治の恥」であり「欠陥」である(43)。そして、後者の意味での貧民と彼が見なす人々にたいしては、ロックはその品位を徹底的に否定する。こうした「無為な」「他人の労働に依存して生きる」「怠惰な浮浪者」たちには、教区外への自由移動の禁止、その違反にたいする重労働や収容といった懲罰、さらには耳の切除のような身体刑、子供の場合には就労学校への送致といった、厳格な措置をもって臨むべしと、ロックは提案している。また、やむをえない事情で物乞いになったと見なされる人々にたいしても、彼は「彼らが他人の労働にすがって生きる怠け者とならぬよう配慮する」ことが肝要だとしている。(44)

このように、ロックが提案する救貧政策は、救済の対象とされる貧民を徹頭徹尾、自由な人間の例外として扱うものである。ここで重要なのは、それを彼がどこまで宗教的慈善として主観的に信じていたかではなくて、救貧の対象とされた人々が、自由な個人という地位そのものを否定され、したがって同意にもとづく服従義務とはまったく異なる論理において統治されるべきと彼が考えている点である。したがって、救貧政策の対象者は、ロックの政治共同体における内なる他者の一類型であると結論づけられる。

2 自然状態の内的延長としての外国人

ここまでの考察から言えるのは、所有への合理的関心という仮定によっては説明できない行動様式を、ロックは非合理と見なしているということである。彼にとっては外国人もまた、この仮定においては共同体に包摂しえないカテゴリーをなしていると思われる。

外国人にたいするロックの基本的態度は、当時の英国の平均的姿勢（数度提出された集団帰化法案はすべて否決）と比べれば、かなりリベラルであった。大陸からの移住者の増大（一六八五年のナント勅令廃止による難民）を受けて、人口増加の利益を根拠に、彼は集団帰化の擁護論を展開した。そのなかで「怠惰な人間」が帰化するのではないかという反論にたいして、どんな人間も「他人の労働をあてにして暮らそうと願って異国に移住するはずはない」と彼は主張している。(45) このように、国益重視の観点においてではあるものの、彼は当時の英国における移民への先入観からは距離をとっていた。

しかしながら理論においては、ロックは国内出身者と国外出身者とのあいだに、明確な一線を引いている。たしかに彼は、ある領土内に一時的にせよ一生にせよ存在するすべて個人が、暗黙の義務を統治に与えていると見なしていた。だがこの点をもって、彼が事実上の成員資格（前節の3を参照）を国外からの移住者にも認めていると解釈することはできない。というのも、ロックは次のように述べているからである。ある外国人が国内の統治に服して「平穏に暮らし」ており、またなんらかの「保護と特権」を得ているとしても、しかし「そのことで当該の政治共同体の成員ないし臣民になるわけではない」（2T: 122）。もっとも、彼は同時に、外国人が「明白な約束と契約」によってのみ成員になりうることも認めており、すべての国外出身者を共同体から完全に排除しているわけではない。

だがこれとは別に、ロックはもう一つの分割線を、国内出身者と外国人とのあいだに引いているように見える。長くなるが、問題となる個所を引用する。

……ある君主や国家が、自国のなかで罪を犯した外国人に死刑や懲罰を下すことは、何の権利によって可能なのか。立法部の公布された意志による裁可をもってしても、君主や国家の法が外国人にまで及ばないことは確実だ。その法はこの外国人に語りかけないし、あるいは語りかけたとしても、彼は耳を傾けなくてもよいのである。……したがって、自然法への侵害を自然法によって、冷静な判断により必要と考えられる程度において処罰する権力を、各人がもつのではないとすれば、ある共同体の判事（magistrates）に、一人の外国人を裁くことが、どうすればできるのか、私には分からない。この外国人にたいして彼らがもつ権力は、各人が他人にたいして生まれながらにもつだろう権力であって、それ以上のものではありえないのだから。（2T: 9）

ここでロックは、外国人が異国の法に従う義務はないと前提したうえで、そのかわりに、自然状態において万人がもつ、みずから自然法によって侵害者を処罰する権力をもってのみ、外国人の処罰は可能だとしている。この主張はただちに疑問を引き起こす。第一に、ここでロックは、外国人も統治への服従義務を負うという（先に見たばかりの）彼自身の見解とは明らかに矛盾したことを言っているが、それはどういうことか。第二に、国家が自然法によって外国人を裁くというのは、どういう意味か。実際には国内法を適用するのか、それとも、実際に自然法のみに依拠して罪を認定し、処罰の内容を決定するのか。

第一の疑問、外国人における統治への服従義務について。問題の箇所の後半部で、ロックが「判事」（一定の執行権や司法権をもつ行政官）という語を用い、また引用からは省いたが「インディアン」に言及していることを踏まえると、ここでロックはアメリカ先住民と植民者との紛争を想定しているように見える――三浦永光もそう解釈している[46]。この場合に限って、つまり、本国における移住者――服従義務を負っている――の場合とは区別して、植民地における先住民だけを念頭に、外国人は服従義務をもたないとロックが述べているとすれば、矛盾は解消される。だがこの解釈は不可能だろう。問題の箇所の冒頭で、ロックは「自国のなかで罪を犯した外国人」を問題にしていると、はっきり断っているからだ。つまり、ここで彼は、本国への移住者と植民地の先住民とを区別せずに、非成員への司法的な取り扱いにかんする一般論を展開しているのである。

問題となっている諸節（2T: 9, 119, 122）の整合的な読解として唯一考えうるのは、ロックは外国人が統治に服従すべき根拠を理論的に導き出したものの、その現実的な効力にはかならずしも確信をもたなかったという解釈である。外国人の服従義務について彼が示した根拠は、国内出身者にたいする根拠と同じもの、すなわち、ある領土に属する土地や財を享受するからには、その統治に服さねばならないということだった。この根拠にたいして実際に人が（明に暗に）同意を与えることを彼が当然と見なしえたのは、所有する合理的な個人という仮定に彼が依拠しているためであった。しかしながら外国人については、この仮定が通用すること自体をロックは確信していないのではないか。

実際にロックは、労働人口としての外国人への期待をもつ一方で、彼の愛国的感情と結びついた、外国人への強い警戒心を抱いてもいる。『統治二論』には、「自由の法」をもって「人間の誠実な勤労」を「強国の圧迫[47]」から保護する「賢明で神のごとき」君主を、彼が待望している記述がある（2T: 42）。この記述は、チャールズ二世の親フランス・親カトリック政策への反対というロックの政治的立場を踏まえれば、自国に影響力を行使する外国の世俗的・宗教的権力（フランスでは両者が結びついていた）にたいする、彼の強い反感と警戒心の表れとしても読める。彼は『寛容書簡』でも、領内に「外国の支配の及ぶ場所」を提供しないよう、国外の世俗権力と結びついた教会（カトリックのような）を寛容の適用外として定めることを主張していた[48]。

このように、外国の利害関心が自国に及ぶことへの恐れと警戒にロックが囚われていたとすれば、彼は領内の外国人にたいして、所有への合理的関心という彼自身の仮定が妥当するとは確信できなかっただろう。この場合、外国人を非合理な存在として疑うことは、彼らの一部を、外国の利益あるいは規範の担い手として疑うことを意味する。ある外国人が外部の利益や規範に従っているのではという疑念にもかかわらず、この者が自己利益への関心から合理的に判断して、所有の保全を目的とし、世俗の規範と宗教的義務との区別を要求する、自国の統治様式に従うだろうとは、ロックは考えなかっただろう。

第二の疑問、国家が自然法によって外国人を処罰するという見解をめぐる問題に移りたい。まず、外国人に適用可能なのは自然法のみであるという解釈は、否定される。この解釈が正しいとすると、たとえば、土地所有権が未成立の地域からやってきた者が、不法侵入にかんする国内法の規定に触れたとしても、この者は放免されねばならないことになるが、そのような解釈をロックが認めるとは考えられない。だとすれば、外国人への国内法の適用をあくまで根拠づけるために、自然状態において万人がもつ処罰権をロックは引き合いに出した、ということになる。つまり、同意を与えていないようがいまいが、外国人にたいしては国内法を適用できると彼は考えていることになる。ロックが外国人を、同意による服従という彼自身の理論の例外として扱っていることが、ここにも見て取れる。

以上の解釈は、外交にかんするロックの見解との関連においても根拠づけることができる。彼によれば、ある政治共同体は、その外部にある「あらゆる他の国家や人間」にたいして「自然状態」にある。したがって、社会の一員と外部の人間とのあいだに争いが起これば、社会の「全体」がこれに対処しなければならない（2T: 145）。それを実際に執りおこなうのは統治（政府）であり、したがって統治は、外部における「すべての個人／人格および共同体」（all persons and communities）と交渉するための「連合権力」（federative power）をもつ（2T: 146）。この権力は「国内法」を「社会の内部で」執行する権力とは区別されるが、実際には後者と「結びついている」ことがほとんどである。そして、外国人との関連でなされるべきことは、外国人の行動や、そのさまざまな意図や利害関心に大きく左右されるものであるから、この〔連合〕権力を任された人々の深慮へと広範に委ねられ、政治共同体の利益のために、彼らの最善の技能を尽くして差配されるようにしておかねばならない。(2T: 147)

要するに、ここでロックは、共同体が外部の個人や国家にたいして自然状態にある(共通する上位の規範をもたない)ために、外交権を「連合権力」の担い手の裁量に広く委ねるべきことを主張している。彼はまた、この広範な外交的裁量を、その対象となる外国人が領土の外部にいるか内部にいるかに関係なく、妥当するものと考えているように思われる。連合権力が通常、国内の執行権力と「結びついている」のであれば、そうすることに制度的な障害も生じないだろう。

以上に見たのは、所有への合理的関心に従う個人という仮定が外国人には妥当しないのではないかという疑念をロックが抱いていることである。この疑念ゆえに、彼は国内の外国人を、いわば国内に延長された自然状態として捉えることで、外国人にたいする国内法の適用根拠を共同体の防衛という目的に見出したのだった。もっとも、他方でロックは、統治への服従義務を外国人にも課し、また明示の契約による成員資格の獲得を外国人にも認めているのだから、彼は外国人を永久に自然の他者として想定していると解するのは不正確だろう。あくまで彼は、ある外国人の「行動」「意図」「利害関心」が合理的に予測できないかぎりで、外国人を警戒すべき他者と見なしているのだと言える。

シモンズおよびカサリーニは、ロックが国内出身者と外国出身者を、基本的には対等な地位に置いていると解釈している。彼らが注目するのは、領内の外国人が「他のデニズン(denison)と同様に」服従義務を負うとロックが述べた箇所である(2T: 122)。彼らによれば、この「デニズン」という語でロックは「国内生まれの住民」を指しており、したがって外国人を基本的には自国民と同じ条件に置いている。(49) この仮説が支持できないことは、いまや明白であろう。むしろ実際には、ロックは国内の外国人を、同意による服従義務という彼自身の理論の、潜在的な例外として扱うのである。彼が使ったデニズンという語については、あくまで当時の英国における通常の意味で、すなわち、公式の手続き

（明示の契約）により一種の成員資格を得た外国人として解するべきだろう。(50)

おわりに

本稿は、ロックの『統治二論』を彼の他の諸テクストとともに、シティズンシップ理論として読み解く試みであった。それをつうじて解明されたのは次のことである。ロックは政治共同体の成員資格を、一般的な地位、法への平等な服従義務、一定の道徳的資質（合理性、勤勉、自立性）の三要素において条件づけている点で、近代的なリベラル・シティズンシップを完全に準備しているとは言えないにせよ、それにかなり接近している。彼は同意による政治共同体への帰属という、一見すると風変りなシティズンシップの理論を提示しているが、それによって実際には、国内出身者としての成員を、非人格的な国家への帰属という新たな原理のもとで余すことなく包摂している。だがその一方で、法への服従や道徳的資質といった側面において、ロックのシティズンシップ理論は望ましくない他者を括り出す内的境界をも構成しており、彼の政治共同体においては「怠惰な」貧民と外国人とが、恒常的な警戒の対象として扱われる。

以上の発見がわれわれにとって意味をもつとすれば、それは次の点においてではないか。ロックのシティズンシップ理論は、個人主義的でいくぶんリベラルだが、権利の面において薄く、身分的秩序と並存する、国民国家以前のそれとして特徴づけうる。そういうものとしてのシティズンシップの概念は、政治的帰属における人種、文化、民族といった要素を相対化して、それとは異なる次元での排除を、たとえば怠惰で依存的と見なされる市民や、あるいは公民的義務を共有しないと見なされる移民のような人々にたいする、市民や公共の名のもとでの排除やスティグマ化のありようを考察するために、役立つのではないだろうか。

（1）本稿ではロックの『統治二論』の第一篇を1T、第二篇を2Tと表記し、引用個所を節番号で示す。J. Locke, *Two Treatises of*

Government, ed. by P. Laslett, Cambridge Univ. Press, [1690] 1960（加藤節訳『統治二論』岩波書店、二〇一〇年）.

（2）柳井健一『イギリス近代国籍法史研究』日本評論社、二〇〇四年、三八頁、八六頁。

（3）R. Brubaker, *Citizenship and Nationhood in France and Germany*, Harvard Univ. Press, 1992, pp. 40-41（佐藤成基・佐々木てる監訳『フランスとドイツの国籍とネーション』明石書店、二〇〇五年、七四―七五頁）.

（4）中川順子「近世ロンドン社会における外国人受容と外国人の法的地位」、熊本大学『文学部論叢』第一〇七号、二〇一六年、一八頁。

（5）T H. Marshall, *Citizenship and Social Class and Other Essays*, Cambridge Univ. Press, 1950, p. 12, pp. 14-15（岩崎信彦・中村健吾訳『シティズンシップと社会的階級』法律文化社、一九九三年、一七頁、二〇頁）.

（6）D. Heater, *What Is Citizenship?* Polity Press, 1999, p. 4（田中俊郎・関根政美訳『市民権とは何か』岩波書店、二〇〇二年、六頁）.

（7）Brubaker, *Citizenship and Nationhood*, pp. 42-43（七七―七八頁）.

（8）H. A. Winkler, Der Nationalismus und seine Funktionen, in Winkler Hrsg. *Nationalismus*, 2. erw. Aufl, Athenäum Verlag, 1985, S. 7.

（9）L. Colley, *Britons: Forging the Nation 1707-1837*, Yale Univ. Press, 1992, pp. 1-6（川北稔監訳『イギリス国民の誕生』名古屋大学出版会、二〇〇〇年、一―七頁）.

（10）S. von Pufendorf, *Of the Law of Nature and Nations*, 4th ed., Lawbook Exchange, [1729] 2005, book 7, ch. 2, sect. 20; J. Tyrrell, *Patriarcha non monarcha*, Richard Janeway, 1681, pp. 76-77. Cf. J. Franklin, Allegiance and Jurisdiction in Locke's Doctrine of Tacit Consent, in *Political Theory*, Vol. 24, No. 3（1996）, pp. 414. ところで、ロックが成員資格を同意に条件づけている点について、当時の政治的な文脈も考慮せねばならないことは確かである。一六七九年の王位排斥法案をめぐるウィッグとトーリーの政争のなかで一六八〇年に出版されたフィルマーの『家父長制論』（*Patriarcha*）は、アダムの家父長的権力の継承者である絶対君主以外に、生まれながらに自由な人間は存在しないと主張したが、これへの反駁としてロックの『統治二論』も書かれたことを、同書の編者ラスレットは解明した。とはいえ、同様にフィルマー反駁のために書かれたティレルの上記著作は、成員資格を同意に根拠づけるところまでは進んでいない。それゆえに、成員資格の理論としての同意理論は、反フィルマーという文脈だけには還元されない、ロック独自の論点としても理解する必要があると考える。

（11）高佐智美『アメリカにおける市民権』勁草書房、二〇〇三年、一七—一八頁。

（12）T. Hobbes. *Leviathan*, Cambridge Univ. Press, [1651] 1996, p. 89, p. 90（水田洋訳『リヴァイアサン』第一巻、岩波書店、一九五四年、二一一頁、二一三頁）.

（13）Heater, *What Is Citizenship?* pp. 4-5（七—八頁）.

（14）Q. Skinner, *Liberty Before Liberalism*, Cambridge Univ. Press, 1998, p. 76, pp. 80-81（梅津順一訳『自由主義に先立つ自由』聖学院大学出版会、二〇〇一年、八四頁、八八—八九頁）.

（15）山岡龍一「共和主義とリベラリズム」、佐伯啓思・松原隆一郎編『共和主義ルネサンス』ＮＴＴ出版、二〇〇七年、二二九頁。

（16）C. B. Macpherson, *The Political Theory of Possessive Individualism: From Hobbes to Locke*, Clarendon Press, 1962, Part 5（藤野渉ほか訳『所有的個人主義の政治理論』合同出版、一九八〇年、第五部）.

（17）J. G. A. Pocock, *Virtue, Commerce, and History*, Cambridge Univ. Press, 1976, pp. 107-108（田中秀夫訳『徳・商業・歴史』みすず書房、一九九三年、二〇四—二〇五頁）.

（18）J. Tully, *A Discourse on Property: John Locke and His Adversaries*, Cambridge Univ. Press, 1980, p. 4, p. 46. J. Dunn, *The Political Thought of John Locke: An Historical Account of the Argument of the Two Treatises of Government*, Cambridge Univ. Press, 1983, pp. 214-228. 加藤節『ジョン・ロックの思想世界』東京大学出版会、一九八七年、一五四—一六〇頁。

（19）Marshall, *Citizenship and Social Class*, pp. 9（一三頁）.

（20）Franklin, Allegiance and Jurisdiction, pp. 417-418.

（21）M. Seliger, *The Liberal Politics of John Locke*, Allen & Unwin, 1968, p. 270.

（22）A. J. Simmons, *Justification and Legitimacy: Essays on Rights and Obligations*, Cambridge Univ. Press, 2000, p. 174. 下川潔『ジョン・ロックの自由主義政治哲学』名古屋大学出版会、二〇〇〇年、二二一頁。

（23）Seliger, *The Liberal Politics of John Locke*, p. 269.

（24）Macpherson, *Possessive Individualism*, p. 249（二七五頁）.

（25）小城拓理「ロックにおける暗黙の同意　明示の同意との区別について」、『イギリス哲学研究』第三五号、二〇一二年、三〇頁。

（26）Franklin, Allegiance and Jurisdiction, pp. 414-415.

（27）G. A. den Hartogh, Express Consent and Full Membership in Locke, in *Political Studies*, Vol. 38, No. 1 (1990), pp. 109-113. Cf.

E. S. de Beer（ed.）, *The Correspondence of John Locke*, Vol. 3, Clarendon Press, 1978, p. 604.

（28）『統治二論』は排斥法危機の時期に書かれたものの、同意と成員資格にかんする数節（2T: 119-122）だけは名誉革命後に加筆された可能性があると、デン＝ハルトフは指摘している（Den Hartogh, Express Consent and Full Membership, pp. 114-115）。

（29）P. Josephson, *The Great Art of Government: Locke's Use of Consent*, Univ. Press of Kansas, 2002, pp. 151-152.

（30）Macpherson, *Possessive Individualism*, p. 222, p. 224（二四九頁、二五一頁）.

（31）J. Locke, *Some Considerations of the Lowering of Interest and the Raising the Value of Money*, in *The Works of John Locke*, vol. 4, C. and J. Rivington, [1691] 1824, p. 71（田中正司・竹本洋訳『利子・貨幣論』東京大学出版会、一九七八年、一一一頁）.

（32）M. Goldie（ed.）, *Locke: Political Essays*, Cambridge Univ. Press, 1997, p. 254（山田園子・吉村伸夫訳『ロック政治論集』法政大学出版局、二〇〇七年、一五八頁）.

（33）Locke, *Some Considerations*, p. 71（一一一頁）.

（34）J. Locke, *Of the Conduct of the Understanding*, Thoemmes Press, [1706] 1993, p. 26（下川潔訳『知性の正しい導き方』御茶の水書房、一九九八年、二三頁）.

（35）J. Locke, *An Essay Concerning Human Understanding*, T. Tegg and Son, [1689] 1836, book 4, ch. 20, sect. 2-3（大槻春彦訳『人間知性論』第四巻、岩波書店、一九七七年、三三四頁、三三六頁）.

（36）Macpherson, *Possessive Individualism*, p. 226（二五三頁）.

（37）Locke, *Some Considerations*, p. 24（三四―三五頁）.

（38）生越利昭『ジョン・ロックの経済思想』晃洋書房、一九九一年、二八六頁。

（39）Locke, *Some Considerations*, pp. 28-29（四二頁）.

（40）Locke, *Some Considerations*, p. 29（四三頁）.

（41）Locke, *Some Considerations*, p. 36, p. 62（五五頁、九六頁）.

（42）Locke, *Some Considerations*, pp. 28-29（四二頁）.

（43）Goldie（ed.）, *Locke: Political Essays*, pp. 325-326（二九二頁）.

（44）Goldie（ed.）, *Locke: Political Essays*, pp. 184-189（三八―四四頁）.

（45）Goldie（ed.）, *Locke: Political Essays*, p. 324（二九〇頁）.

(46) 三浦永光『ジョン・ロックとアメリカ先住民』御茶の水書房、二〇〇九年、三〇頁。

(47) この「強国」(power)は「フランス」を指すと、伊藤宏之は推測している(『イギリス重商主義の政治学　ジョン・ロック研究』八朔社、一九九二年、七三頁)。

(48) J・ロック『寛容についての書簡　ラテン語・日本語対訳』平野耿訳、朝日出版社、一九七〇年、七六—七九頁。

(49) Simmons, *Justification and Legitimacy*, p. 160. B. Casalini, Denisons, Aliens, and Citizens in Locke's Second Treatise of Government, in *Locke Studies*, Vol. 8 (2008), pp. 109-110.

(50) 一六〇八年のカルヴィン裁判(本稿の註6を参照)で確立された英国の国籍概念において、外国出身者の国籍取得には、開封勅許状による「デニズン化」(endenization)と、議会の決定による「帰化」との二種類があった。後者は「臣民としての完全な地位」であった一方で、前者は一般の臣民における「私法上の一部の権利」のみを認められた(柳井『イギリス近代国籍法史研究』五一頁)。

〔政治思想学会研究奨励賞受賞論文〕

ルソーの市民宗教論における寛容

――近代寛容論への批判と発展

関口佐紀

一　序論

本稿は、ジャン＝ジャック・ルソー[1]の『社会契約論』第四篇第八章で説示された市民宗教について、それが寛容を支持する構想であることを明らかにするものである。

宗教改革以後のヨーロッパにおける喫緊の課題は、互いに異なる信仰を抱く人々が対立する中で、いかにして世俗的秩序の安定を維持するかにあった。諸宗教の衝突が共同体の統一を脅かしたことを受けて、人々の宗教的教義の実践に対してどれほどの自由を認めるべきかが模索された。こうした試みは「寛容《tolérance》」[2]の軌跡として歴史に刻まれている。さらに理性の力による蒙昧な精神の打破を唱道する啓蒙思想の発展と相俟って、とりわけ近代においては不寛容を後進性と同一視し、寛容を促進する動きが高まった。しかしながら、ルソーはその時代に文名を轟かせたにもかかわらず、寛容論の系譜に確固たる地位を築いているとは言い難い。同時代に活躍したヴォルテールや社会契約論者として同列に論じられるロックらと比較すると、ルソーの政治思想における寛容の議論は軽視されてきたきらいがある。寛容の支持者としてのルソーの一面が後景に退いている理由は、おそらくそのテクストに潜在する両義性に求められるだろう。

ルソーはしばしば宗教や信仰に対する問題関心から筆を執ったが、わけても寛容にかんする所論は慎重に吟味される必要がある。一七六二年に公刊された『社会契約論』の末尾で政治と宗教の関係性を主題に据えると、かれは不寛容の歴史が宗教の歴史と起源を同じくすることを示した。[3]ルソーの手で繙かれる歴史は、度重なる人間の争いが宗教的対立と軌を一にする様子をまざまざと物語っている。他民族による征服への屈従はすなわち、かれらの神への服従でもあった。[4]排他的で好戦的な古代の宗教とは異なり隣人愛を説く温和な宗教でさえも、その信徒たちを分裂や迫害から救うことは適わなかった。[5]それでは、宗教は人間や国家にとって災厄の種であるのか。たしかにルソーは既存の宗教のうちに有害な欠点を剔抉するが、それでもなお宗教が社会の紐帯であるという希望を放棄するわけではない。同書を「市民的秩序における正当で確実な統治の規則」[6]の探求に捧げてきたルソーは、「各市民に義務を愛するように仕向ける宗教をかれがもつことは、国家にとってきわめて重要である」と確信し、ひとつの信仰の形式を読者に示す。それが市民宗教の構想である。[7]この市民宗教は市民の道徳および義務に関わる限りにおいて有効であり、[8]その教義は「単純かつ数少なに、説明や注釈なしで精確に表明されなければならない」[9]。ここでルソーは市民宗教の否定的教義《les dogmes négatifs》[10]として不寛容を掲げ、それを明示的に禁止する。[11]しかしながら、こうして不寛容を斥けるはずの市民宗教をめぐって、いくつかの先行研究はそれが逆説的に不寛容を助長する危険を内包していると警鐘を鳴らす。

市民宗教の教義に疑義を呈する先行研究には、以下の二つの潮流が存在する。ひとつはルソーの思想全体と照らし合わせて矛盾を指摘する立場である。ルソーの宗教論にかんする浩瀚な研究書を著したP・M・マソンは、『エミール』で披歴された純粋に内面的な信仰と『社会契約論』で説示された国家の原理との不完全な綜合の帰結を市民宗教に見出し、各市民に市民宗教への帰依を拒否する余地が与えられていない限りにおいてそれが不寛容な構想であると主張する。[12]またルソーを中心として政治思想史上の市民宗教の系譜を再構成したR・ベイナーは、『社会契約論』に通底する共和主義的な要請が市民宗教の否定的教義のもたらす効果を相殺する可能性を指摘した。[13]別言すれば、国家が市民に要求する排他的な忠誠は国家の敵に対する不寛容さを必然的に伴うというのである。いまひとつの潮流は、他の寛容論との比較の下でルソーの立論における限界を指摘する立場である。ヴォルテールとの比較の下でルソーの主張を検討した

R・ポモーは、ルソーが寛容を支持していることは認めつつも、かれの権威主義的な要求は無神論者やカトリック教徒に対しては不寛容であると主張する。[14]さらにルソーの政治著作集の編纂者として有名なC・E・ヴォーンは、市民宗教が肯定的教義として「神性の存在[15]」を掲げる点に着目し、不寛容の禁止は無神論者に対しては適用されないと結論づけた。[16]ここでヴォーンは、表面的には不寛容への嫌忌を示しながらもその内実は不寛容であるルソーの矛盾を突き、思想および表現の自由の原則から無神論者を排除したミルトンやロックの延長にかれを位置づける。[17]

こうした先行研究の潮流に対し、本稿は市民宗教における不寛容の禁止が無神論者や狂信者など特定の意見ないし信仰を抱く人々の排除を要求するものではないこと、またその教義が他の政治的原理と矛盾するどころかむしろそれを補完するものであることを示す。ルソーの市民宗教における寛容の側面を支持する先行研究としては、以下の研究が挙げられる。たとえばB・バコフェンは、その否定的教義が専ら政治的な機能を担うと主張し、それによって国家への神学的寛容の許容が可能になると解釈した。[18]また、F・ゲナールはルソーの主要な関心が社会的紐帯の構築にあることを指摘し、それゆえに市民宗教は寛容の精神を醸成する機能を果たしていると主張する。[19]本稿はルソーが寛容を支持したと主張する点でこれらの先行研究と立場を同じくするが、本稿の特徴はルソーの不寛容批判に着目しつつ市民宗教論には近代寛容論の欠点を克服する契機が存することを論証する点にある。より具体的には、市民宗教論を『社会契約論』で説示された政治的原理に照らし合わせて解釈することにより、そこではいかなる思想信条を抱こうとも個人はその意見ゆえに排除されず、国家への統合および国家からの追放は社会契約の原則に還元されることを示す。

如上の目的に鑑み、以下の論述は次のように構成される。第二節では、ルソーによる不寛容批判の要点を析出し、さらにかれが同時代の寛容策のうちに不寛容な側面を看取していたことを明らかにする。第三節では、近代寛容論において特定の意見や信仰を抱く人々の存在がしばしば取り沙汰されることを確認するために、ロックとヴォルテールの議論を参照する。これにより、世俗秩序の安定を目指す寛容論においてはとくに無神論者や狂信者に対する寛容が留保される場合があることを審らかにする。第四節では、ルソーの市民宗教論における不寛容の禁止は無神論者や狂信者でさえも包摂しうる可能性があることを検討し、寛容や個人の自由の議論が市民宗教論をとおして社会契約理論へと接合されていることを示す。

本稿の考察をとおして、ルソーが市民宗教の構想に託した寛容の精神が浮き彫りにされるとともに、近代寛容論を批判的に継承し、それを自らの政治思想において発展させようとするルソーの企図が蘇るだろう。

二　ルソーにおける不寛容批判

本節ではルソーのテクストから不寛容への批判を析出することで、不寛容は——神学的なものであるにせよ市民的なものであるにせよ——国家の平和を脅かすのであり、まさにそれゆえにルソーはいずれの不寛容も許容されるべきでないと主張したことを明らかにする。

『社会契約論』第四篇第八章は、その論点が重層的であるがゆえにしばしば読者を混乱に陥れる。しかしながら、話題が目まぐるしく転換していく中にあってさえも、一貫して不寛容が国家と宗教の関係を論じる上でのひとつの指標として用いられている事実は強調されて然るべきである。

まず同章で読者の目を引くのは、歴史的な記述である。神権政治の時代に始まり、ローマ・ギリシアの異教時代、原始キリスト教やイスラム教の成立、イギリス国教会の設立へと至るまで、ルソーは宗教が政治体の基礎として存在してきたことを時代の変遷に即して記述する。たしかにかかる歴史的記述は、ピエール・ベールのように宗教は政治にとって無益であると主張する立場に対する反駁として有効である[20]。しかるに同章の冒頭における不寛容の起源への言及を考慮すれば、宗教にかんする歴史的記述は不寛容から生まれる争いの歴史としても読むことができるだろう。ルソーによれば、人々は人間の王を戴く以前には神々を王とみなしていた。この時分には「人民と同じ数の神々がいた」ことになる[21]。ところでひとはつねに自分が服従する首長以外の支配者に従うことはできないのだから、人民の対立はすなわち信仰の対立に等しかった。ここにルソーは不寛容の起源を見出す[22]。国家が固有の信仰の下で統一されている時分には、法律に従うことと神々に従うこととは一致していた。ところが度重なる戦争の結果、勝利した国家が敗北した国家を侵略していくにつれ、やがてひとつの領域内に複数の宗教が併存するようになる。すると、人民の従う法律と神々とのあいだに齟齬が生まれる。たとえばシリアの王への服従を拒むユダヤ人が迫害を受けたように[23]、法律への服従と神々への服従との不一致は国家に分裂をもたらす。こうしてルソーの手で紡がれる歴史は、人間の不寛容とそれに由来する争いの歴史でもある。

歴史を概観した後、つぎにルソーは宗教を類型化する。それは、至高の神性に対する純粋な信仰である「人間の宗教《 la Religion de l'homme 》」、ある政治体に固有の守護神を信奉する「市民の宗教《 la Religion du Citoyen 》」、人々に政治的権威とは異なる権威や法体系を与える「聖職者の宗教《 la Religion du Prêtre 》」の三類型である。さらにかれはそれぞれに欠点が見られることを指摘する。本稿の趣旨に鑑みて特筆すべきは、ルソーが「市民の宗教」のうちに不寛容な性質を認め、それゆえに「悪しき／誤った《 mauvaise 》」宗教であると判断している点である。この重要な一節を引用しよう。

しかし、それ〔市民の宗教〕は誤謬と虚偽に基づいているので、人々を欺きかれらを軽信的かつ迷信的にし、神性への真の信仰を空虚な儀式の中に埋没させる点で、誤っている。さらにまた排他的で僭主的になって人民を残忍で不寛容とするときには、それは誤っている。その結果、人民は殺害と虐殺ばかりを渇望し、かれらの神々を認めない者はだれでも殺して神聖な行為を行っていると信じる[24]。

ルソーは、「市民の宗教」がその信仰をとおして人々に国家への忠誠を促す点において優れていると評価するが[25]、国家を信奉するあまり排他的になり、国家の外の人々に対しては不寛容である点について批判的である。それは「かれらの神々を認めない者」への殺戮につながりうるからである。ここでもまたルソーは不寛容のうちに人間の争いの源泉を看て取っていることが分かる。

さらにルソーは、「市民の宗教」のみならず「人間の宗教」と「聖職者の宗教」についても同様に欠点を剔抉する。

前者についてはは「市民の心を国家に結び付けるどころか、それらを地上のあらゆる事物から引き離す」点が、後者についてはは「人々に二つの立法、二人の首長、二つの祖国を与え、人々を矛盾した義務に従わせ、信者でありながら同時に市民であることを妨げる」点が弁難される。[26] ルソーに従えば、人々が有徳な市民であるのを妨げるような宗教は国家にとって適切な宗教とはいえないのである。

ここまでルソーは、人間と宗教の関係をめぐる歴史的記述から宗教の類型化および評価へと筆を走らせてきた。第四篇第八章の主題である市民宗教は、これらの記述のあとにようやく登場する。したがって、最後の五段落で提示される市民宗教の教義はルソーによる宗教批判の文脈の下で理解されるべきである。

人々の関心を世俗から引き離して天上へと向けさせる宗教や不寛容ゆえに残忍な殺戮をも厭わない宗教を誤った宗教として斥けてきたルソーは、市民に「義務を愛するように仕向ける宗教」をもつことが国家にとって有益であると主張する。[27] それは「純粋に市民的な信仰告白」であって、その信仰箇条を定めるのは主権者の役割である。かれが読者に示すのは市民宗教が満たすべきいくつかの原則だけであり、かれはそれを肯定的教義と否定的教義とに区別している。[28] 前者に該当するのは、神性の存在や来世の存在、正しき者の幸福、悪しき者の懲罰、社会契約および法の神聖さといった、一般的な宗教に認められる教義や国家への市民の忠誠を醸成する教義である。後者の否定的教義として挙げられるのは不寛容である。というのも、「不寛容は、いまわれわれが排除したばかりの信仰に属するものである」[29] からだ。ここまで確認してきたとおり、ルソーは人間と宗教の歴史においても宗教の分類においても、一貫して不寛容を批判してきた。そしてその理由はそれが人間に衝突をもたらすからであった。このように第四篇第八章における一連の記述に照らして考察するとき、ルソーが提唱した市民宗教において不寛容が禁止されている意義がよりいっそう明瞭になる。

ルソーが別の箇所で述べているように、宗教は「信徒たちが互いに平和のうちに暮らすことのみを求める」ものであるはずだが、「支配的な党派が弱小の党派を苦しめようとするか、あるいは弱小の党派が原理的に不寛容であり、他のいかなる党派とも平和に暮らしてゆけない場合」に限っては、国家のうちに騒乱を招きうる。[30] 不寛容がもたらす悪弊を確信するルソーは、『社会契約論』の草稿中に不寛容の教義について次のような一節を書き残している。

救済されるためにはわたしと同じように考えなければならないというのは、まさに地上を荒廃させる恐ろしい教義である。都市からこの悪魔のごとき教義を取り除かない限り、公共の平和のために何もしていないのと等しい。これを憎むべきと考えないひとは、キリスト教徒でも市民でも人間でもありえない。それは人類のために葬られるべき怪物である[31]。

ルソーに特徴的な強烈な筆致で表現されたこの一節は、完成稿からは削除されたものの、不寛容の教義に対するルソーの批判が鮮明に表現された記述として興味深い。公共の平和を望むならば、人々のあいだに争いをもたらす不寛容を取り除かなければならない。かくして不寛容を有害とみなして論難するルソーは、かれの提唱する市民宗教の原則において不寛容を禁止条項に定めるのである。

このようなルソーの不寛容批判はかれが同時代の寛容策へ向けた批判にも現れている。不寛容を否定的教義として規定したあとで、ルソーは「市民的不寛容 « l'intolérance civile » と神学的不寛容 « l'intolérance théologique » とを区別する人々は、わたしの考えでは間違っている[32]」と断言する。というのもかれによれば、「神学的不寛容が認められているところではどこでも、それはなんらかの市民的効果を及ぼさざるをえない[33]」からである。ここで結婚の例が引き合いに出されているように、当時のフランスにはプロテスタントであるがゆえにカトリック教会から結婚の許しを得られない人々が存在した[34]。たしかに宗教改革以降、世俗的秩序を安定させるために暫定的な寛容策を導入することがあった[35]。それはある特定の宗派の人々に対し、教義上の相違は許容しえないものの、国家の法による恩恵を享受することは許容するという次善策である。しかしながら、たとえ異なる信念を抱く人々に市民的寛容を与えたとしても神学的な不寛容が残るならば、それは結局のところかれらの市民としての生活を妨げている。ゆえにルソーは、神学的であるか市民的であるかを問わず、不寛容それ自体を禁止する。

以上のように、ルソーは不寛容こそが人々の平和を脅かす争いの種であると同定する。同時にかれは、公共の平和を実現するためには不寛容それ自体を取り除かねばならず、限定的な寛容策ですら不寛容のもたらす弊害を免れてはいないと主張する。特定の立場への寛容を留保することなしに不寛容そのものを撤廃しようとするその姿勢は、具体的な事例に着目して近代寛容論と比較するとき、ルソーに特徴的な要素としてその意義が浮き彫りにされるだろう。

三　寛容論における不寛容な側面

前節ではルソーが不寛容の危険性を看破し、暫定的な寛容策に見られる不寛容すらをも批判した点を確認した。本節では、市民宗教論における不寛容の禁止がもつ意義をさらに鮮明にするために、ルソーへの影響がしばしば指摘される、ロックおよびヴォルテールの寛容論を検討する。(36) このとき本稿が着目するのはそれぞれの寛容論における無神論者と狂信者への寛容の留保である。これにより、世俗的秩序の安定を目指す寛容論には、世俗的秩序にとって危険な人々がその寛容の対象から排除される傾向があることを示す。

1　ロックの場合

(1) ロックの寛容論

まず近代の寛容論を論じるうえで避けては通れないのが、ルソーより一世紀ほど早く先んじて近代政治思想の礎を築いたジョン・ロックである。『十七世紀フランスおよびイギリスにおける寛容の哲学的基礎』（PUF、二〇〇二年）の編者Y・C・ザルカは、ロックが「寛容概念の最初の哲学的生成」に寄与したと評価する。(37) ロックは、『寛容にかんする書簡』（一六八九年。以下、『寛容書簡』）において政教分離の理論に先鞭をつけたとして名高いが、一六六七年から着手されたものの公刊には至らなかった『寛容論』の執筆過程をも考慮すると、その寛容思想は数十年に亘って洗練されたものであることがわかる。ロックの寛容論が現代に至るまで影響力を持ち続けているのは、国家と宗教とを分離させ、各人の良心の自由を不可侵の領域として確立した近代性の所以であろう。(38)

先に触れたとおり、寛容にかんするロックのまとまった著作は『寛容書簡』と『寛容論』が有名である。(39) 一六八九年に出版された『寛容書簡』[40]と比較すると、『寛容論』においては政教分離の原則が前面に押し出されているわけではない[41]。二十年余りに亘る構想の過程で、ロックの寛容思想は変遷を経ながら構築されていったのである。その中でも一貫しているのは、世俗的秩序の安定を最大の目的としている点である。ロックは、良心の自由をめぐる議論の応酬が熱を帯びて人々のあいだに憎悪を増長させる事態を目の当たりにして、宗教的な事柄にかんする見解の統一を強制することには危険が伴うと考えた。かれは迫害の歴史を援用しつつ、暴力的手段や強制の無意味さを説き、統治の安定を実現するためには寛容策こそ有効であると主張するに至ったのである[42]。

ロックが『寛容論』で確立した原則によると、統治者は専ら現世での公共的事柄のみに関与し、純粋に思弁的な見解（purely speculative opinions）および神の礼拝は寛容への絶対的かつ普遍的な権利（an absolute and universal right to toleration）をもつ[43]。この原則は、各人の良心の尊重を前提としている。というのも、神と私との関係について個人が抱く見解は、他者とのあいだの関係には影響を及ぼさないからである。同時に、統治者は各人の魂の配慮にも無関係である。世俗的な権威は、各人の生命、身体、自由という世俗的な財産の保護を目的として設立されるからである[44]。しかしながら、如上の寛容にかんする原則は無条件的に適用されるのではない。それが当人にとっては良心に関わる事柄であるとしても、社会への影響が懸念され統治にとって有害であると判断される場合には、「非本質的事項（indifferent things）」[45]とみなされ統治者の介入が許される[46]。なぜなら、人々が良心の自由を主張するすべての事柄において統治者が寛容を認めるとすれば、世俗法はまったく空虚なものとなるからだ[47]。その一例はクエーカー教徒による脱帽の拒否である。クエーカー教徒にとってそれは信仰の一形式だが、もし脱帽を拒否する多数の教徒たちが連帯するならば、そのときには統治者にとっての脅威となりかねない。したがって、クエーカー教徒に絶対的な寛容が認められない場合があるとしても、それは神学上の理由からくる迫害ではなく、世俗的秩序の安定を優先しての制約である[48]。

（2）ロックの寛容論における寛容の留保

以上のようにロックは世俗的秩序との関連で有害であると判断される場合には統治者の介入を認めるが、この点について教皇主義者と無神論者をめぐる言説をさらに検討しよう。教皇主義者については、かれらが他者に対する寛容を拒否すること、またかれらの信仰は迫害を肯定する傾向があり、その思弁的な見解は世俗の統治者にとって破壊的なきらいがあることを理由に寛容の対象から除外される[49]。無神論者については、その見解が道徳を破壊しかねないという理由から寛容の対象外とされる[50]。ロックは、世俗社会において寛容に限界が付されるべきである理由を次のように説明する。すなわち、「寛容は統治者によってかれの人民の平和と安寧を確立する基礎として設定されるが、この寛大さの便宜を享受するのみで、同時にその便宜を不当だと非難する者を寛容すれば、その統治者は、できる限り早急にかれの統治を妨害すべきだと公言する人々を大事にしているにすぎない[51]」からである。

ロックにおける寛容の留保について注意すべきは、「狂信者(fanatiques)」の位置づけである。『寛容論』において、ロックは寛容策を施行する対象を考察する際に、とくに教皇主義者の他に狂信者の存在に注意を促している[52]。ここで、狂信者の名は「他のすべての非国教徒たち(All the rest of dissenters)[53]」を指し示している。すなわち、イングランド国教会の掲げる教義とは意見を異にする人々はすべて狂信者として一括りにされているのである。ロックは、統治者の寛容が国家の福祉にどのような影響を及ぼすかを検討するためには国家に存在する諸党派を考察することなしにはありえないと前置きし[54]、その党派を教皇主義者と狂信者とに分類する[55]。しかし、教皇主義者については「寛容の便宜を享受すべきでない[56]」と明言する一方で、狂信者については「現存する政府にとって有用かつ支えとなるものに、そして可能な限り堅実なものにされることが、必要だ[57]」と述べるに留めている。つまり、ロックは国家の統一という観点から国家の支配的な宗教とは意見を異にする人々を憂慮するが、かれらが統治者に対して直接的な危害を及ぼさない限りはかれらを懐柔する姿勢を見せる。このような思想は後年の『寛容書簡』にも受け継がれ、さらに発展していく。そこでは「狂信者」の用語は一度も使用されていない。両テクストを詳細に比較検討した山田園子によると、ロックの非国教徒観は『寛容論』の加筆・修正とともに変化し、非国教徒の国教会への包容をも視野に入れた寛容論へと移行していくという[58]。「狂信者」をめぐるロックのこのような言説の変化は、強制的に服従させるよりも寛容政策によって包摂した方が統治者にとって好都合であるという確信に由来している[59]。

以上のように、ロックが個人の良心の自由を尊重した点において近代寛容論を大きく前進させたことは明らかである。とはいえ、そこでは世俗的秩序の安定が第一義的な目標に掲げられているため、国家にとって破壊的な意見をもつ特定の人々が寛容の便宜を享受しえないこともまた事実である。ロックが適切にも注意を促しているように、無神論者や狂信者の存在は政治的統一にとって克服されるべき難点であるといえよう。

2 ヴォルテールの場合

(1) ヴォルテールの寛容論

つぎにルソーとの直接的な交流もあったヴォルテールの議論に目を移そう。[60] フランスの啓蒙時代を代表する文人として名を馳せたヴォルテールは、とりわけ一七六一年に南フランスのトゥールーズで起こったカラス事件をきっかけに、寛容論の唱道者としての地位を恣にするがごとき活躍を見せた。プロテスタントとカトリックの対立が招いた悲惨な処刑事件を目にしたヴォルテールは、「宗教は慈悲深くなければならぬか、それとも無情でなければならぬかを検討すること」[61]が人類にとって有用であると考えるに至り、その成果を『寛容論』(一七六三年)として世に問うた。

ヴォルテールは社会の物質的ならびに精神的幸福のために不寛容を放棄するよう読者に呼びかけ、それが「諸国民の利益 « l'intérêt des nations »」をもたらすと明言する。[62] ヴォルテール曰く、「寛容は内乱を招いたためしは全くなく、不寛容が地球を殺戮の修羅場と化してしまった」[63]のである。ヴォルテールはヨーロッパから目を移し、世界の諸地域において宗教間の寛容が世俗的秩序の安定を支えている例を引証する。[64] とくにかれがロックの名に触れ、かれがその基本法の草案作成に参加したイングランドの植民地・カロライナの様子を報告している点は興味深い。そこでは公共的な信仰を設立する自由が広く認められているにもかかわらず、いかなる混乱も生じてはいない。[65] とはいえカロライナのような成立したばかりの植民地とフランスのような長い歴史をもつ国家とを同列に語ることはできず、同様の政策が必ずしも同じ効果をもたらすとは限らない。ヴォルテールがその例に言及する意図は、「寛容の可能な限り最大の過度がまったく取るに足らない不和さえも引き起こさなかった」ことを示すことにある。[66] つまり寛容を説くヴォルテールの主張は、たとえ互いに異なる教義を説く宗教が存立していたとしても、寛容を遍くいきわたらせれば世俗的秩序の安定をもたらすことができ、延いてはそれが諸国民にとっての利益になるという確信に由来しているのである。

(2) ヴォルテールの寛容論における寛容の留保

さらにヴォルテールの寛容論の特徴は、寛容への方途に顕著である。ヴォルテールは、人々が不寛容に陥っている状態を「無知の時代」と等置し、そこから理性が人間を「啓蒙する « éclairer »」ことをとおして寛容に向かわせると考えた[67]。たしかに、人々はときに異なる意見を闘わせて互いに有罪判決を宣告してきた。しかしその慣習は時代とともにやがて廃れる。それは、理性の進歩に伴い、過去の判断が間違いであると認められるようになったためである[68]。こうした人間精神の可謬性の認識から出発して相互に異なる意見の受容を促すことへ向かう立論は、ヴォルテールの手に成る別の著作『哲学辞典』の「寛容」の項目においてもまた再現されている。そこでは、「われわれはすべて弱さと誤謬からつくりあげられている」ことを認め、「われわれの愚行を互いに赦し」あうことが寛容の基礎であると説かれる[69]。なるほどたしかに人間は知性を備えているが、往々にしてそれは誤謬と情念によって制限されがちである。それが人々のあいだの意見の不一致、さらにそこから派生するもろもろの衝突の原因である。さまざまな意見の不一致に起因する争いを地上からできる限り少なくするためには、人間の精神が誤りうることを認める寛容さが要求される。

このようにヴォルテールの寛容論が人間知性の可謬性の認識に立脚しているとはいえ、寛容の便宜がすべての人々に開かれているわけではない。かれは「人々の誤謬 « les erreurs des hommes »」について次のような留保を付け加えている。

政府が人々の誤謬を罰する権利を持たないためには、これらの誤りが罪でないことが必要である。これらの誤りが社会の平和を乱すときにのみ、それは罪となる。それが狂信を示唆するやいなや、それはこの社会の平和を乱すのである。したがって、寛容に値するためには、まず人々は狂信者であるのを止めることから始めなければならない。[70]

寛容策の限界を把捉するうえで、これはきわめて肝要な記述である。ヴォルテールは同書第十八章において、「不寛容が人間の権利である唯一の場合」が存在することを認める。[71] それは、一部の宗派の人々が「神聖な熱狂のあまり逆上して[72]」破壊行為や殺人に及ぶ場合である。ヴォルテールは具体的にイエズス会士やルター派、ユダヤ教といった宗派を挙げ、たとえかれらが「自らの良心の動きに従っているのだ[73]」と主張したとしても、かれらの一部の行為は制限されるべきであると述べる。それが信念の命ずるところであれども、洗礼を受けない人々や他の宗教を信仰する人々の財産や生命を奪うことは許されない。つまりヴォルテールはある特定の意見や信仰を抱く人々に対しては、まさにその信念の危険性ゆえに不寛容を容認するのである。

ところでヴォルテールの特徴は、このような熱狂的な信者の狂信を「精神の病 « maladie de l'esprit »[74]」とまで極言し、狂信者を社会の平和にとっての敵とみなす点にある。そしてこの「精神の病」を治癒しうるのは、理性の力しかない。ヴォルテール曰く、「理性は緩慢ではあるが、間違いなしに人間の蒙を啓いてくれる。この理性は柔和で、人間味に富み、寛容へと人を向かわせ、不和を解消させ、徳をゆるぎないものにする[75]」からである。狂信者は理性の手で「治療」が施されない限り、寛容に値しないのだ。

ヴォルテールの寛容論における制限は狂信者の処遇において顕著であるが、狂信者ほど明瞭ではないにせよ、無神論者についてもいささかの留保が付されている。とくに『寛容論』では無神論者に対する危機の意識が散見される。たとえば、迷信が迫害をもたらしてきた歴史を叙述した第十章では、無神論は狂信と対を成すもう一方の極端に位置づけられている。ヴォルテールに従えば、無神論者は「自分たちが欺瞞によって規制されていたのを知って、真理の規制までをも斥け」てしまい、結果として「堕落に走ってしまう」人々である。[76] また第二十章においてヴォルテールは人々の生活における信仰の有用性を認め、人々に危害を加えない限りでは、信仰が人々の抑制として機能しうると述べる。このとき、なかにはあまりにも馬鹿げた信仰や迷信があるとはいえ、無神論へ陥るよりははるかに有益であるとして無神論の危険性に言及する。こうしたヴォルテールの危機感は、「もしある無神論者が理屈っぽく乱暴で力を振るうならば、血腥い迷信家と同じくらい忌まわしい災厄の種であるだろう」[77]という一文に集約されている。ここから、無神論者もまた世俗的秩序の安定にとって危うさを孕む存在と位置づけられていたことが看て取れるだろう[78]。

ここまでロックとヴォルテールの議論を概略し、それぞれの寛容論が公共の利益のために寛容を広く推し進めた功績を確認するとともに、ある特定の人々に対しては例外的に寛容が留保される点を明らかにした。要約すれば、ロックは世俗の統治者が個人の内面に干渉しないことを寛容の原則に据えるが、他方で迫害を肯定する教皇主義者や道徳を脅かしかねない無神論者に対する寛容は制限された。また国教会とは異なる意見を抱く人々も狂信者として憂慮され、かれらは統治に危害を及ぼさない限りにおいて包摂された。ヴォルテールも同様に公共の平和のために寛容の必要性を説くが、理性に訴えるかれの立論においては理性によって矯正されるべき狂信者や極端な堕落へ陥った無神論者は危険視される。ところで、秩序の安定のために人々の権利に一定の制限を課すことが要請されるとしても、ある特定の人々をその意見や信念のゆえに寛容の対象から除外することが果たして公共の平和を実現するだろうか。こうした困難に対し、限定的な寛容論を批判し不寛容を拒絶したのがルソーであった。

四　市民宗教論における寛容論の展開

第一節にて既述のとおり、ルソーの批判は不寛容そのものに向けられていた。本節では、この点を考慮に入れつつ、ルソーの市民宗教論においては各人が特定の信仰や意見のゆえに排除されないことを論証する。このとき、市民宗教の下では無神論者や狂信者さえも包摂されうる可能性があることを示す。さらに市民宗教論を『社会契約論』の政治的原理に照らして読解し、国家における個人の自由や国家からの追放は専ら社会契約の原則に収斂することを明らかにする。

1　無神論者の包摂可能性

寛容を説く一方でその対象に一定の留保を付す立場に対し、ルソーはその不寛容な効果を批判した。各人の抱く信念を問わずとも人々の結合が実現する共同体を目指すルソーの理想は、敬虔なキリスト教徒と無神論者のいずれをも「愛すべき」人物として描き、「和睦と公共の平和」の具現化した世界を夢見た書簡体小説『新エロイーズ』の構想によく現れている[79]。ルソーは、当時の社会において狂信的な人々と無神論者たちが互いに相手を弁難して衝突している光景を目の当たりにし、「双方に信望があって血の気の多い首長でもいれば内乱にでも発展したかもしれないが、どちらの側もきわめて残酷な不寛容さでは結局同じであるから、その宗教的な内乱がいかなる結果をもたらすかは神のみぞ知る[80]」と苦言を呈する[81]。そしてその状況を打破する方策として、小説の登場人物をとおして双方の長所や美徳を描いてみせ、両者の対立を解消する試みに挑戦したのである。しかしながら著者の思惑は外れ、それが無神論者に対する神学的寛容の思想を助長するものであるとして、フランス当局の検閲者マルゼルブから非難される[82]。澎湃たる糾弾に見舞われたルソーは、作品中で無神論者を善良な人物として描いた意図を次のように説明する。曰く、「わたしは不敬虔を説き勧めたいのではありません。……わたしは不寛容を非難するのであって、人々が無信仰者たち« les incrédules »をそっとしておくよう望みます[83]」と。ここから読み取れるのは、ルソーが無神論者に対する不寛容を斥けていること、そして支配的な宗教が存在する社会においてさえもそれを信仰しないひとの生活が侵害されないよう望んでいることである。かくしてルソーは、信念において異なれども他の人々と調和して生きる無神論者の途を自らの作品で示した。そのような無神論者の生き様は以下の引用中に簡潔に現れているだろう。

その人［無神論者ヴォルマール］は決して教義を説きませんし、われわれと一緒に教会へ行きますし、確立された慣習に従います。自分の抱いていないような信念を口にすることなく、躓きを避け、国家が市民に要求しうる一切のことを法によって規定された信仰に則って行います[84]。

このように、たとえ個人が国家の規定する宗教と相容れない意見を抱いているとしても、法がかれに市民として要求する義務を行う限りにおいて、かれは他の人々と生活を共にすることができる。敬虔なキリスト教信徒たちの中にあっても、この無神論者の存在はその意見ゆえに排除されることはない。それはかれが国家の法によって課せられた義務を果たしているからであり、ルソーがもっとも重視したのはこの要件である。他方で、この無神論者は「自分の抱いていないような信念を口にすることなく」生きているように、かれの良心の自由は守られている。ルソーが『新エロイーズ』で描いた理想的な共同体では、国家の構成員としての義務を果たしうる無神論者は市民たりえるのである。

とはいえ、『社会契約論』の文脈の下では同様の結論が直ちに導出されるわけではない。いくつかの先行研究[85]が指摘するとおり、市民宗教は肯定的教義として「力強く、知的で、慈悲深く、予見し配慮する神性の存在 « L'existence de la Divinité puissante, intelligente, bienfaisante, prévoyante et pourvoyante »」を挙げており、一見するとこの項目は無神論者の排除を意図しているように思われる。しかしながら、同時に否定的教義として不寛容が禁止されていること、市民的不寛容と神学的不寛容の区別が批判されていることを思い返せば、ここで無神論者の排除が意図されているかどうかについては検討の余地が残るだろう。解釈の不一致は、専らルソー自身による記述の少なさに由来する。肯定的教義として掲げられた「神性」は、いくつかの形容詞が付されているのみでそれ以上の説明は与えられていない。本稿は、まさにこの理由によって、市民宗教における「神性」はいかなる特定の信仰の神（々）とも同定されない点に意義があると解釈する。第四篇第八章では、古代の都市の神々、ギリシア人の神々、ローマ人の神々、イスラエルの神などさまざまな「神（々）« Dieu/dieux »」が登場するが、肯定的教義たる「神性」は特定の神と結びつけられてはいない。たしかに、ルソーが信仰したプロテスタントの神や『エミール』でサヴォワの助任司祭の口をとおして語られた自然宗教的な神が想定されていると解釈することもできようが[86]、しかしながらルソーが明示的になんらかの特定の信仰の神と同定する形式で提示していないことは強調されて然るべきである。

市民宗教論に見られる有神論的な思想について検討するために有効であるのは、『社会契約論』の公刊より六年程前に認められた『ヴォルテールへの手紙』（一七五六年）である。この手紙は、一七五五年のリスボン大地震の後に「すべては善である」という公理を批判的に再検討したヴォルテールに対する反駁の書であるが、そこには「一種の市民的信仰告白[87]」の草案が明かされるなどいくつかの点で『社会契約論』第四篇第八章の記述との共通項が見られる。本稿の論旨にとって重要であるのは、神についての記述である。ルソーは、神の存在について人々のあいだで意見が割れていると前置きし、「もし神が存在するなら神は完全であり、神が完全であるなら神は賢明で、力強く、正しい« sage, puissant et juste »[88]」と述べる。ここでもまたルソーは神についていくつかの肯定的な形容詞を用いて記述する。これらの形容詞が意味するところは、それに続く次の言明によって明らかになる。ルソー曰く、「神が賢く力強いならば、すべては善である[89]」。つまりルソーにおいては、「神の存在」という仮定から「すべては善である」という帰結が導き出されるのである。翻って、この世界（宇宙）が善であることを証明するためには神の存在の仮定を必要とするともいえよう。ただしルソーは、自らがこの命題を否定する立場ではないことを認めつつも、「賛成も反対も、この点については理性の光によって論証されているとは思わない」と慎重な態度を保持する。[90]厳密にいえば、ルソーは有神論者も無神論者もかれらの見解について十分な論証を与えていないと考えているのである。[91]またとくに無神論者について、「わたしはかれらについて厚かましい審問を行うのは差し控える。かれらは誠実な人々であるから、そのような審問は社会には無関係であるし、かれらが善意のひとであればかれら自身にも無関係であるからだ[92]」と述べ、神の存在への賛成を表明するよう強制することは決してない。したがって、たとえルソーが「神性の存在」を肯定的教義に挙げているとしても、無神論者が「善良な市民」でありさえすれば「これら［の信仰箇条］を信じるよう強制することはできない[93]」のである。

それではなぜ市民宗教の肯定的教義として神性の存在を挙げたのか。本稿は、「神性の存在」「来世の存在」「正しき者の幸福」「悪しき者の懲罰」という有神論的な色合いを帯びたこれらの項目が、「社会契約と法の神聖さ」の支柱としての役割を果たしていると解釈する立場を採る。[94]前述のように、無神論者が共同体から排除されないのはかれが法によって規定された義務を履行する善良な市民である限りにおいてであった。また市民宗教は「市民に義務を愛するよう仕向ける宗教」として提唱されており、「法と正義を誠実に愛することができず、緊急の際に義務のために生命を捧げることができない者」が「不信徒としてではなく非社会的な者として」追放されることに鑑みれば[95]、その肯定的教義において社会契約と法に関わる項目には特段の注意が払われて然るべきであろう。畢竟、ルソーは市民にそれらの重要性を理解させるには、宗教的な権威に訴えることが有用であると判断したのである[96]。以上より、肯定的教義は市民の義務を神聖化するために導入されたと解釈でき、無神論者の排除を意図しているのではないといえる。

2　狂信者の包摂可能性

つぎに狂信者にかんするルソーの所述を辿っていくと、無神論者と同様、単なる批判には回収されえない独特の見解が見出される。ルソーは狂信を「残酷な迷信、愚かな偏見[97]」と並列し、それらを弄して人々を導こうとする神学者たちを批判する。そしてかれはそのような「人民を破滅へと導く[98]」狂信や迷信に対抗すべく、『エミール』で敬虔な信仰のあり方を描いたという[99]。しかしながらそこでは狂信がその危険性ゆえに斥けられているわけではない。むしろそれを逆の方向へ導こうとする著者の姿がある。その証左として『エミール』第四篇に挿入された長大な脚註に注目したい[100]。宗教と道徳の関連に言及するルソーは「見せかけの懐疑論」を唱える人々が道徳を脅かしかねないことを警告しつつ、次のような興味深い所見を披歴している。

ベールは、狂信が無神論よりもいっそう有害であることを見事に証明した。そしてそれは疑いようがない。しかし、かれが述べようとしなかったことでやはり真実なことがある。狂信は血腥く残酷であるにせよ、それにもかかわらず大きく力強い情熱であり、人間の心を高め、死を軽蔑させ、かれに驚くべき原動力を与える。そしてそこから最も崇高な徳を引き出すためには、最もよくそれを導いていきさえすればよい[101]。

如上の一節における要諦は、狂信の害悪のみならずその克服可能性にまで言及している点にある。ルソーは、「狂信が無神論よりもいっそう有害である」ことを認めつつも、狂信は善い方向に導かれる可能性を有すると述べる。上記の引用文中でルソーが言及しているベールの見解[102]は、モンテスキューやヴォルテールもまた関心を示すものである。たとえばモンテスキューは、「問題は、ある人間またはある人民が宗教を全く持たない方が、自分のもっている宗教を悪用することよりもましであるかどうかを知ることではなく、人々が時として宗教を悪用することと、人々のあいだに宗教が全くないこととのいずれの場合に、害悪がより少ないかを知ることである」と述べ、ベールによる議論の不十分さを指摘している。[103]またヴォルテールは、狂信と無神論のどちらがより危険かを吟味しないベールの瑕疵を非難し、罪を犯させる限りにおいて狂信の方が無神論よりずっと有害であると主張する。[104]以上のような同時代的コンテクストと比較すると、ルソーの独自性がより一層際立つだろう。ルソーは狂信の脅威を指摘するだけにとどまらず、働きかけ次第ではより善い方向へ導くことができるとしてその変容可能性をも示唆しているのである。

ルソーが狂信に見出す変容可能性については、『社会契約論』の草稿中でも言及されている。かれは市民宗教についての断片のなかで、その主題へ入るまえの前置きとして人間の社会に宗教が必要とされてきた事実に言及する。「人民がかつて宗教なしに存続したことはなく、これからも存続することはないだろう」[105]と述べた後、ルソーは宗教の種類へと読者の注意を促す。国家と人民との関係の下で考察すると、すべての宗教が好ましいとは限らないのである。それでは、ルソーはどのような宗教が国家に有益であると考えるのか。その手掛かりを得るためには、草稿中の興味深い一節を引用するに如くはない。

その構成員に自らの生命を犠牲にするよう要求することのできるすべての国家においては、来世を信じていないひとは、必然的に臆病者であるか狂人 « un fou » である。しかし来世の希望が過度になると、狂信者 « un fanatique » がすぐに現世を軽蔑するようになってしまうのは、あまりに周知の事実である。この狂信者からその展望を取り去って、徳には報いが与えられるという希望を与えたまえ。そうすればあなたはかれを真の市民にするだろう。[106]

なるほどたしかにルソーは、人々に市民の義務を果たすよう仕向ける宗教こそが有用であると考えていた。国家が危機に瀕した際には自らの命を賭して国家の防衛に奉仕するよう説く宗教の下では、死後の救済こそが慰めとなるだろう。しかるに、人々が死後や来世の世界を重んずるあまり現世を軽んじてしまえば、市民としての義務も疎かになることは想像するに難くない。そこでルソーは、信仰に没頭する狂信者を国家に忠実な市民へと変容させるような信仰が国家にとって有益であると考えるに至り、そのような信仰として市民宗教を提唱するのである。そしてここには、狂信者を国家から排除しようとするのではなく、市民宗教をとおして国家に相応しい市民を形成しようとする、ルソー独自の思想が垣間見える。以上のように、無神論者および狂信者をその信念ゆえに共同体から排除することなく不寛容の禁止を推進したルソーの議論は、近代において目を瞠るものがあるといえよう。

3 市民宗教論における不寛容の禁止の意義——法と自由の観点から

これまで近代寛容論におけるひとつの争点であった無神論者と狂信者にかんする記述に焦点をあててきたが、さいごにルソーの政治思想の文脈ではこうした思想がどのように一般化されているかを確認しよう。

『社会契約論』第四篇第八章では、「主権者がその箇条を定める権限をもつ、純粋に市民的な信仰告白」[107]として市民宗教の教説が説示されるが、ルソーは重要な原則として以下の内容を強調する。ひとつは、社会契約によって与えられる主権者の臣民に対する権利は、公共の効用という限界を超えるものではないことである[108]。さらにここから、臣民は自らの意見が共同体に関与しない限り、その意見を主権者に向かって報告する義務はないという原理が導出される[109]。他方で、国家が各市民に自らの市民としての義務を愛させるような宗教を有することは望ましいが、それはあくまでも国家における道徳と義務に関わっている。したがって、「各人は自らの好むままの意見を抱くことができ、それは主権者の感知すべきところではない」[110]。この原則は、市民宗教の教説を正しく理解するうえで決して看過されてはならない。ルソーが述べるように、「臣民たちが現世において善良な市民でありさえすれば」、主権者はかれらが来世においてどうであろうと関心はないのである。つまりルソーの提唱する市民宗教の下では、臣民は死後の世界や魂の救済といった来世の事柄については自らの信ずるところの意見をもつことを認められている。要約すれば、ルソーは不可侵の原則として国家における各人の内面の自由を確保しているといえる。

しかるにルソーの政治思想における自由の概念は両義的だ。それは『社会契約論』に通底する原理でありながら、市民宗教論に潜在する困難の源泉でもある。より具体的にいえば、ルソーが市民宗教について「主権者は何人にもこれらの信仰箇条を信じることを強制できないが、それを信じない者はだれであれ国家から追放できる」と述べるとき、ルソーの自由の概念はある種の危険を孕んでいるのである。

この国家追放の規定をしてルソーの不寛容さを論難するのは性急にすぎる。市民宗教のうちに市民的不寛容を見出すP・M・マソン[111]に代表されるこうした解釈は、『社会契約論』で説示された自由および法の概念が市民宗教の教説においても同様に保持されていることを過小評価するきらいがある。これに対して本稿は、市民宗教における国家追放の規定が社会契約の原則と合致しており、それは不寛容な規定ではなくむしろ法への違背に対する処罰として妥当な規定であると解釈する立場[112]を支持する。以下にその論拠を示す。

第一に、市民宗教の信仰箇条を決定するのは主権者である[113]。同書第一篇第六章で明示されているように、国家の構成員たる各人は主権の参加者としては「市民」と呼ばれ、法に服従する者としては「臣民」と呼ばれる[114]。したがって各人は、一方で主権の参加者である市民として市民宗教にかんする決議に参加し、他方で臣民として市民宗教の信仰を受け入れる。つまり市民宗教の決議においては、ルソーの社会契約論の特徴である能動的な主権者と受動的な臣民という市民の二重の資格が再現されている。

第二に、市民宗教は国家の法と同等の位置づけにある。第二篇第六章によれば、法は「市民的結合の条件 « les conditions de l'association civile »」であり、それはとりもなおさず「社会の条件 « les conditions de la société »」でもある[115]。そしてその作成者は法に従う人民でなければならない[116]。他方でルソーは、市民宗教の信仰箇条について、それが厳密には「宗教の教義« dogmes de Religion »」ではなく「それなくしては善良な市民、忠実な臣民たりえない、社会性の感情« sentiments de sociabilité »」であると述べる[117]。したがって、市民宗教の信仰箇条を定めるのがそれを信仰する市民＝主権者であること、さらに市民宗教が市民の社会性に関係していることを勘案すると、市民宗教は国家の法に相当するといえる。

第三に、ルソーは法への服従のうちに市民の自由が実現すると考えている。第一篇第六章に従えば、社会契約は「結合した各人の身体と財産とを共同の力によって防御・保護する結合の形態」であり、そこにおいて各人は「自分自身にしか服従せず、［結合］以前と同様に自由である」という。(118) そして社会契約の本質は「われわれのうちのだれもが自分の身体と力とを共同にし、一般意志の最高の指揮の下におく」ことに存する。要約すれば、社会契約に合意するものはみな一般意志へ服従するのである。(119) 一般意志へ服従するとはいうものの、先の社会契約の原則に鑑みれば、各人は結合以前と同様に自由である。ゆえにルソーは、社会契約によって人間が得られるもののうちに「精神的自由« la liberté morale »」を数え入れ、それを「自らに課した法への服従」としての自由であると同定する。(120) これを考慮すれば、主権者がその箇条を定める限りにおいて、市民宗教をもつ市民は自由であるといえる。

第四に、市民宗教への信仰を表明しない市民が国家から追放される理由について、ルソーはかれが「法に対して偽った」からであると説明している。(121) ルソー曰く、「もしだれかがこれらの教義を公然と認めたあとで、それらを信じないかのように振る舞うとすれば、かれは死をもって処罰されるだろう。かれは最大の罪を犯した。法の前で偽ったのだ」。(122) そのため、かれが追放されるのは「不信徒」としてではなく「非社会的な、法と正義とを誠実に愛することのできない者」としてである。(123) ここから、市民宗教の不信徒に対する国家追放の宣告は、法への違背に対する処罰という社会契約の原則に由来する帰結であることが分かる。

これら四つの論点から、市民宗教を信じない者の追放は内面の自由の侵害ないし不寛容として理解されるべきではないと結論づけられる。かれはその信仰のゆえに断罪されるのではなく、主権者によって決議された法へ違背したために処罰されるのである。

かくして、ルソーの提唱する市民宗教が社会契約の原則に則って定式化されていることが明らかとなった。人々に市民としての義務を愛するよう促しつつ不寛容を禁止する市民宗教の教義には、人々の関心を世俗の事柄から切り離す宗教や不寛容を説く宗教に対するルソーの批判が反映されている。ルソーが重要視するのは社会契約に則った結合であり、その結合の統一性である。[124]したがって、そこに党派や分裂が生じるのを避けるためにも、神学的寛容と市民的寛容とを区別して限定的な寛容を認めるのではなく、不寛容そのものを撤廃することが国家にとっての利益である。以上の考察より、ルソーの市民宗教の意義は、不寛容の明示的な禁止によって寛容の限定を克服した点、さらに国家への結合および国家からの排除を——各人の信仰や意見の如何を問わず——社会契約の原則から導出することを定式化した点に求められよう。

五　結論

本稿は、ルソーによる不寛容批判を手掛かりとして、ルソーの市民宗教論における最も重要な教義は不寛容の禁止であり、そこでは個人の自由が実現していることを論証した。

膨張する教会権力や宗教改革以来の混乱に世俗的秩序への脅威を感知した思想家たちは、平和への方策として寛容の必要性を説いた。本稿で採り上げたロックは、世俗権力の及ぶ範囲と教会権力の及ぶ範囲とを明確に区分した政教分離の原則を唱えた。しかしながらロックは、純粋に宗教的な領域における絶対的かつ普遍的な寛容を標榜しつつも、公共の利益を優先するがゆえに寛容の制限を認めざるを得なかった。宗教的対立によって無辜の市民にもたらされる悲劇を憂いたヴォルテールもまた寛容の精神を遍くいきわたらせることを訴えたが、寛容の精神を分かち合えない狂信者たちに対しては不寛容な姿勢を貫いた。このような同時代の寛容論における欺瞞を鋭敏に察知していた人物こそ、本稿が焦点をあててきたルソーである。

ルソーの思想について強調すべきは、神学的なものであれ世俗的なものであれ、不寛容を徹底的に排除しようとした点である。ルソーが見事に剔抉したとおり、特定の意見を抱く人々に対し世俗的な便宜から市民としての権利を与えつつ、信仰に関わる部分については制限を課すといった暫定的な措置は、結果としてかれらの市民的生活を脅かしている。そしてこのような事態が折り重なれば、いずれは人々のあいだに不満と混乱が生まれるだろう。つまり公共の平和を目指したはずが、逆に公共の平和を荒廃させることになりかねないのである。限定的な寛容策の欠陥を看取したルソーは、自らの作品をとおしてそれを訴え、真の寛容へ至る道を模索した。それが市民宗教の構想に結実している。

ルソーの特徴は宗教をとおして市民に働きかけようとする点にある。とはいえ、主権者が各人の内面にまで踏み込むことは許されない。来世や死後の救済については、各人が思いのままに意見を抱いてよい。そしてこのとき、ロックやヴォルテールの寛容論には包摂されえなかった無神論者や狂信者でさえもその信念のゆえに排除されることはなく、しかもすべての人々は等しく自由である。なぜなら、市民宗教は『社会契約論』で説示された社会契約の原則に則って、一般意志に導かれた決議として市民が合意したものであるからだ。

しかるに、ルソーが個人の内面の自由および寛容の議論を社会契約理論へ接合したとしても、宗教を完全に世俗化したわけではない。たとえば現代フランスにおけるライシテの原則に見られるような政教分離とは異なり、かれはむしろ政治における宗教の積極的利用を認めているように見える。そのため、近代的な寛容の議論を推し進める一方で、政治と宗教の結び付きの点では古代へと逆行したきらいさえある。ルソーのこうした危うさはさらなる研究の余地を物語っている。このとき鍵を握るのはやはり無神論者の存在だろう。本稿では市民宗教の不寛容の禁止が無神論者でさえも排除してはいないと解釈しうることを論じたが、とはいえ社会契約や法に神聖な性格を付与して国家の統一を図るルソーの国家では無神論者の存在は両義的である。『新エロイーズ』を繙けば、ルソーの想像した理想的な共同体のうちに有徳な無神論者を見いだせよう。『社会契約論』の著者は宗教をとおして市民へ働きかけているが、はたして無神論者はルソーの理想的な共同体において有徳な市民になりえるだろうか。ルソーの政治思想の十全なる理解のためには、国家における宗教や個人の信仰の位置づけに留意しつつ、テクストを横断的に読み解いていくことが求められるだろう。ルソーにおける市民の形成と信仰の問題を今後の課題とし、本稿を締め括るとしたい。

謝辞：初稿に対して貴重なご指摘・ご意見をくださった匿名の査読者の方々に、ここで記して御礼を申し上げます。なお本稿は、日本学術振興会科学研究費（16J08061）の助成を受けた研究成果の一部です。

（1）ルソーの原典は、Rousseau, J.-J., *Œuvres complètes de Jean-Jacques Rousseau*, édition publiée sous la direction de B. Gagnebin et M. Raymond, I～V, Paris : Gallimard, Bibliothèque de la Pléiade, 1959-69（以下、*OC* と表記）を使用する。引用文について、旧綴字は現代表記に改めた。訳出に際しては『ルソー全集』（白水社、一九七八―八四年）をはじめとする既存の邦訳を参照したが、訳語・文体の統一を図るために訳文は原文に応じて適宜変更してある。ルソーの主要著作からの引用に際しては以下の略号を用いて示し、ページ数はプレイアード版ルソー全集該当巻のページを示す。

Conf. ：『告白』（*Les Confessions*）, *OC* I.

CS ：『社会契約論』（*Du contrat social; ou, principes du droit politique*）, *OC* III.

（引用箇所については該当篇をローマ数字、該当章をアラビア数字で併記する）.

Émile ：『エミール』（*Émile ou l'éducation*）, *OC* IV.

Julie ：『新エロイーズ』（＿）, *OC* II.

LàV ：『ヴォルテールへの手紙』（*Lettre de J.-J.Rousseau à M. de Voltaire*）, *OC* IV.

LCdB ：『クリストフ・ド・ボーモン氏への手紙』（*Lettre à Christophe de Beaumont*）, *OC* IV.

LEM ：『山からの手紙』（*Lettre écrites de la montagne*）, *OC* III.

MG ：『ジュネーヴ草稿』（*Manuscrit de Genève*）, *OC* III.

書簡からの引用には、*Correspondance complète de Jean Jacques Rousseau* : éd. établie et annotée par R. A. Leigh, Genève : Institut et musée Voltaire, 1965-1998を用い、書簡番号に続けて該当巻数と頁数を示す。

（2）« tolérance» は « tolérer » という動詞を名詞化したものであるが、その原義は「耐えること」や「我慢すること」、「甘受すること」（フランス語では « supporter », « endurer »）のような軽蔑的なニュアンスを含んでいた。フランスにおいてこの語の使用がとみに見られるようになったのは十六世紀に入ってからである。Cf. A. Jouanna, et al., *Histoire et dictionnaire des guerres de religion*, Paris : Robert Laffont, 1998, pp. 1332-3.

（3）*CS*, IV, 8, p. 460. 詳細は本稿第二節で詳述する。

(4)「したがって、各宗教はそれを規定している国家の法律に専ら結び付けられていたので、ある人民を改宗させるにはかれらを隷属させる以外の方法はなく……信仰を変える義務は被征服者の掟であるので、それを語る前に征服から始めねばならなかった」(*Ibid.*, p. 461)。

(5)「このような状況においてこそ、イエスが地上に霊的な王国を打ち立てるために現れた。その結果、政治の体系から神学の体系が切り離されたので国家はひとつであることをやめ、キリスト教徒の人民を揺るがしてやまない内的分裂を引き起こした」(*Ibid.*, p. 462)。

(6)ルソーは『社会契約論』を次のように起筆している:「私は、人間をあるがままの姿でとらえ、法をありうる姿でとらえた場合、市民的秩序のうちに正当で確実な統治の何等かの規則が得られるかどうかを探求したい」(*Ibid.*, I, p. 351)。

(7)*Ibid.*, IV, 8, pp. 460-9.

(8)「……しかしこの宗教の教義が国家およびその構成員にとって重要であるのは、道徳やその信仰を表明するひとが他者に対して果たさねばならない諸義務に関わる限りにおいてである」(*Ibid.*, p. 468)。

(9)*Ibid.*

(10)« négatif / négative » について、ここに含まれる「禁止」の概念をより強調するために、本稿は「消極的」ではなく「否定的」の訳語を採用する。

(11)*Ibid.*, p. 469.

(12)P. M. Masson, *La Religion de J.-J. Rousseau*, Paris : Librairie Hachette, 1961 [1916], p. 193.

(13)B. Ronald, *Civil religion: a dialogue in the history of political philosophy*, NY: Cambridge University Press, 2011, pp. 14-6. また、ルソーの市民宗教を直接的な考察対象としたものではないが、ベイナーが指摘したルソーの問題点から出発してそれを乗り越えようとする試みをフランス革命後の思想に見出す研究として、髙山裕二「未完の『市民宗教』—ピエール・ルルーとリベラルな社会主義の萌芽—」(『年報政治学』二〇一三—I、二〇一三年、一〇一—一二一頁)が挙げられる。

(14)R. Pomeau, « Voltaire et Rousseau devant l'affaire Calas », dans *Voltaire – Rousseau et la Tolérance* : Actes du Colloque Franco-Néerlandais des 16 et 17 novembre 1978 à la Maison Descartes d'Amsterdam, Lille : Presses Universitaires de Lille, 1980, pp. 61-76.

(15)「神性」の解釈については本稿第四節で再び詳論する。

（16）C. E. Vaughan, “Introduction”, in *The Political Writings of J.-J. Rousseau*, Oxford: B. Blackwell, 1962［Cambridge: Cambridge University Press, 1915］, pp. 87-95.

（17）*Ibid.*, p. 94.

（18）B. Bachofen, « La religion civile selon Rousseau : une théologie politique négative », dans. G. Waterlot（dir.）, *La théologie politique de Rousseau*, Rennes : Presses universitaires de Rennes, 2010, pp. 37-62.

（19）F. Guénard, « Faux delit, peine arbitraire: la procedure en question », dans B. Bernardi, F. Guénard, et G. Silvestrini（dir.）, *Religion, Liberté, Justice: Un commentaire des les Lettres écrites de la montagne de J.-J. Rousseau*, Paris : Vrin, 2005, pp. 87-105.

（20）*CS*, IV, 8, p. 464.

（21）*Ibid.*, p. 460.

（22）*Ibid.*

（23）*Ibid.*, p. 461.

（24）*Ibid.*, p. 465 ; 補足は引用者。

（25）*Ibid.*

（26）*Ibid.*, pp. 464-5.

（27）*Ibid.*, p. 468.

（28）*Ibid.*, pp. 468-9.

（29）*Ibid.*, p. 469.

（30）*LCdB*, p. 935.

（31）*MG*, p. 341.

（32）*CS*, p. 469. ただしルソーは具体的な論者の名前には言及しない。この点は寛容論の伝統を参照する必要があるため、ルソーの想定する論者については今後の課題としたい。

（33）*Ibid.*

（34）*Ibid.*, p. 469n. ルソーは結婚制度に潜む不寛容さについて他のテクストでも言及している。Cf. *MG*, pp. 343-4 ; *LdCB*, p. 979.

（35）*Dictionnaire universel français et latin : vulgairement appelé Dictionnaire de Trévoux*, nouv. éd., corrigée et considérablement augmentée, Paris : Par la Compagnie des Libraires Associés, 1771, « TOLÉRANCE » ; tome 8e, p. 77 ; Jouarna, *op. cit.*, pp. 1332-3.

(36) ルソーの寛容論に対するロックの影響を認める研究としては、cf. R. A. Leigh, *Rousseau and the problem of tolerance in the eighteenth century: a lecture delivered in the Taylor Institution*, Oxford, on 26 October 1978, Oxford: Clarendon Press, 1979. ヴォルテールとの関連については、cf. Pomeau, *op. cit.*

(37) Y. C. Zarka, « La tolérance ou comment coexister : anciens et nouveaux enjeux », dans Y. C. Zarka, F. Lessay, J. Rogers (dir.), *Les fondements philosophiques de la tolérance en France et en Angleterre au XVIIe*, Paris : Presses Universitaire de France, 2002, Tome I, p. IX.

(38) 出版当時のロック『寛容論』の評価とその後の影響について、H. Kamen, *L'éveil de la tolerance*, texte français de Jeanine Carlander, Paris : Hachette, 1967, pp. 232-5を参照のこと。

(39) 以下、『寛容書簡』からの引用については*A Letter Concerning Toleration and Other Writings*（edited and with an introduction by Mark Goldie, Indianapolis: Liberty Fund, 2010）を使用し、*Letter*と略記して該当箇所のページ数を記す。『寛容論』からの引用については山田園子による英語校訂版（*An Essay Concerning Toleration*, transcription from The Henry E. Huntington Library (Manuscript Dept.) HM 584 in comparison with the three other manuscripts by Sonoko Yamada）を使用し、*Essay*と略記して該当箇所の丁付けを記す。

(40) なお、その後一六九〇年と一六九二年にも同主題にまつわる書簡が刊行されている。

(41) 山田、前掲書、七四頁。この点に関連して、本稿が近代寛容論の限界と発展を視野に入れるならば端的にロックの『寛容書簡』とルソーの市民宗教論とを比較すべきであるとも考えられるが、本節の主要な目的はロックの寛容策において狂信者と無神論者とに留保が付されている点を示すことにあるため、のちに包容策へ転じていくロックの軟化も念頭に置きつつ『寛容論』と『寛容書簡』の両方を考察の対象とすることをお断りしたい。

(42) *Essay*, D8 (25), E4 (29).

(43) *Ibid.*, A3.

(44) *Letter*, p. 12, p. 48. 他方で、政教分離の原則の下、教会権力は規律違反者を破門する際にかれの市民的権利および財産を侵害してはならないと定められる（*Letter*, p. 19）。

（45）ただし、非本質的事項に含まれる項目――三位一体、堕落、化体など――については、手稿によって異同がある。詳しくは、山田、前掲書、一三一―一三三頁を参照のこと。
（46）*Essay*, A3, B5（4）, B7（6）, D2r（19）.
（47）*Ibid.*, B5（4）.
（48）*Ibid.*, C6（15）.
（49）*Ibid.*, D3r（20）, D4（21）. Cf. “several opinions, that are opposite and destructive to any government but the popes, have no title to toleration”（EXv）.
（50）これはとくに、現存する四手稿のうち早い段階で写されたと推定される、The Lovelace Collection, MS Locke c. 28, fols. 21-32（The Bodleian Library）において加筆された内容である。Cf. 山田、前掲書、一一八頁。
（51）*Essay*, D3r（20）.
（52）「寛容がこれらのことすべて［王国の福祉の促進］にどのような影響を及ぼすかは、現在われわれの間にいるさまざまな党派を考察しなければよく分からない。こうした党派は、教皇主義者と狂信者の二つにまとめられると理解してよいだろう」（*Essay*, D2r（19）［fo. 19^{r}］– D3r（20）［fo. 20^{r}］; 補足は引用者）。
（53）*Ibid.*, D5r（22）［fo. 22^{r}］. なお、“dissent”の原義は「意見を異にする」である。
（54）*Ibid.*, D2r（19）: “What influence toleration hath on all these can not be well seene without considering the different Partys now among us.”
（55）*Ibid.*, D3r（20）: “…which may well be comprehended under these two Papist and Fanatique.”
（56）*Ibid.*
（57）*Ibid.*, D5r（22）: “… it is neccessary the fanatiques should be made useful and assisting and as much as possible firme to the government…”.
（58）山田、前掲書、七三頁。ロックの非国教徒観の推移および寛容論の変化については、とりわけ同書第三章に詳しい。
（59）山田、前掲書、八三頁。
（60）以下、ヴォルテールからの引用に際しては以下のテクストを用い、略号に続けて該当ページ数を記載する。『哲学辞典』（*Dictionnaire* : *Dictionnaire philosophique*, chronologie et preface par René Pomeau, Paris : Garnier-Flammarion, 1964）、『寛

容論』（*Traité* : « Traité sur la tolérance », *Mélanges*, preface par Emmanuel Berl, texte établi et annoté par Jacques van den Heuvel, Paris : Gallimard, 1961）。

(61) *Traité*, p. 580.

(62) *Ibid*.

(63) *Ibid*.

(64)「トルコの皇帝は宗教を異にする二十の民族を太平無事に統治しているではないか。……インドに行こうが、ペルシアに行こうが、韃靼国に行こうが、そこでは同様の寛容と同様の平和とが見られるであろう。ピョートル大帝はその広大な帝国内で、あらゆる信仰の便宜を図ったが……国家はそのためになんの損害も被りはしなかった」（*Ibid*., p. 578）。

(65) *Ibid*., p. 580.

(66) *Ibid*.

(67) *Ibid*., p. 581.

(68) ヴォルテールは一例として、かつてはアリストテレスの範疇論に反する学説を唱えた者たちが有罪判決を受けたが、時代が進むにつれてかれらが罪に問われることはなくなった事実に言及している（*Ibid*., p. 582）。

(69)「しかしわれわれが互いに赦し合うべきであることの方がいっそう明らかである。なぜならば、われわれはみな脆弱で無定見であり、不安と誤謬に陥りやすいからである」（*Dictionnaire*, « Tolérance », p. 368）.

(70) *Traité*, p. 626.

(71) *Ibid*.

(72) *Ibid*.

(73) *Ibid*., p. 627.

(74) *Ibid*., p. 581. ヴォルテールは『哲学辞典』においても同様に狂信を比喩で表現する：「ひとたび狂信に脳を冒されるやほとんど不治の病となる。……この流行病の治療薬としては、おもむろに広まり、ついには人間の習俗を和らげ、悪の接近を防ぐ哲学的精神以外にはない」（*Dictionnaire*, « Fanatisme », p. 190）。

(75) *Traité*, p. 581.

(76) *Ibid*., p. 600.

（77）*Ibid.*, p. 630.

（78）ヴォルテールは無神論者が寛容の対象から除外されるべきであるとまでは明言しない。しかるに、たとえば『百科全書』中の項目「寛容」において「無神論者は自らのために寛容を請求してはならない」と断言されているように（*Encyclopédie*, vol. 16, « Tolérance » par Jean-Edmé Romilly, p. 394）、当時のフランスでは無神論者を寛容の対象から排除する風潮が瀰漫していた。Cf. R. Trousson, « Tolérance et fanatisme selon Voltaire et Rousseau », dans O. Mostefai et J. T. Scott（dir.）, *Rousseau and l'Infâme*, Amsterdam-New York, Rodopi, 2009, pp. 23-64.

（79）*Conf.*, pp. 435-6.

（80）厳密には、このとき問題にされている二つの党派は「キリスト教徒と哲学者たち « des Chrétiens et des philosophes »」（*Ibid.*, p. 435）である。「哲学者」を直ちに無神論者に置き換えて解釈することについて議論の余地はあるが、引用箇所はルソーが双方の立場を『新エロイーズ』のジュリとヴォルマールに託したことを説明する文脈であるため、ここで言及された「哲学者」を無神論的な主張を唱える党派と同一視しても差し当たり大きな齟齬は生じない。

（81）*Ibid.*

（82）「この項目およびそれにつづくいくつかの項目中［『新エロイーズ』第六部］で、著者はジュリとサン＝プルーの口から寛容の教義を語らせている。それは市民的寛容ではなく、神学的寛容である……。この教義はわれわれの間では否認されている……」（Lettre 1298, VIII, p. 121；補足は引用者）。

（83）Lettre 1262, VIII, p. 61.

（84）*Julie*, pp. 592-3；補足は引用者。

（85）Cf. Vaughan, *op. cit.*, pp. 90-1; J. Plamenatz, *Man and Society: a critical examination of some important social and political theories from Machiavelli to Marx*（London: Longmans, 1963）, vol. I, pp. 436-7.

（86）Cf. Masson, *op. cit.*, pp. 179-85. また白石正樹はルソーの宗教思想からすれば自然宗教の神や個人主義的傾向の強いプロテスタントの神が支持されることを示唆しつつも、「彼［ルソー］は、市民宗教を法律によって規定するにあたって、そうした神に限定するようなことをしていない」と主張する（『ルソーの政治哲学―その体系的解釈―』、早稲田大学出版部、一九八四年、下巻、四八〇頁）。

（87）*LaV.* p. 1073.

（88）*Ibid.*, p. 1070.
（89）*Ibid.*
（90）*Ibid.*
（91）*Ibid.*
（92）*Ibid.*, p. 1077.
（93）*CS*, IV, 8, p. 468.
（94）Flammarion 版『社会契約論』の編者であるB・ベルナルディは「神性の存在がここで提示されているのは、義務に神聖な性格を与える限りにおいてである」と註を加えている（J.-J. Rousseau, *Du Contrat Social*, présentation, notes, bibliographie et chronologie par Bruno Bernardi, Paris: GF Flammarion, 2012［2001］, p. 242）.
（95）*CS*, IV, 8, p. 468.
（96）ルソーは第二篇第七章で、人民に最適な規則を発見するには至高の知性が必要であるとして立法者の存在に言及している。立法者の理性はあまりに崇高で人民の理解を超えるため、かれは「神々の口を借りて」人民へ法を伝える（p. 384）。第二篇第七章で論じられる政治の道具としての宗教と第四篇第八章の市民宗教とが同一であるかどうかについては慎重に検討しなければならないが、差し当たりルソーが法に神聖な性格を認めているといえる。
（97）*LEM*, p. 695.
（98）*Ibid.*
（99）*Ibid.*, p. 694.
（100）*Émile*, pp. 632-5.
（101）*Ibid.*, pp. 632-3.
（102）ルソーはベール『彗星雑考』を度々参照する。Cf. *OC* IV, p. 1500n1 et p. 1599 n2.
（103）モンテスキュー『法の精神』、第五部第二四篇第二章。
（104）*Dictionnaire*, « Athéisme », p. 55.
（105）*MG*, p. 336.
（106）*Ibid.*

(107) *CS*, IV, 8, p. 467.
(108) *Ibid.*
(109) *Ibid.*, pp. 467-8.
(110) *Ibid.*, p. 468.
(111) Cf. Masson, *op. cit.*, pp. 191-5.
(112) Cf. Leigh, *op. cit.*; 白石、前掲書、四九三頁。
(113) 「それゆえ、純粋に市民的な信仰告白が必要であり、その箇条を定めるのは主権者の役割である」(*CS*, IV, 8, p. 468)。
(114) *Ibid.*, I, 6, p. 362.
(115) *Ibid.*, II, 6, p. 380.
(116) *Ibid.*
(117) *Ibid.*, IV, 8, p. 468.
(118) *Ibid.*, I, VI, p. 360; 補足は引用者。
(119) *Ibid.*, I, 7, p. 364.
(120) *Ibid.*, I, 8, p. 365.
(121) *Ibid.*, IV, 8, p. 468.
(122) *Ibid.*
(123) *Ibid.*
(124) *Ibid.*, I, 6, p. 361.

〔政治思想学会研究奨励賞受賞論文〕

大ブリテン構想と古典古代解釈
――E・A・フリーマンとアルフレッド・ジマーンのギリシャ愛好主義

馬路智仁

ギリシャ・シティズンシップの諸問題は我々にとって重大な意味を持つ。……なぜならギリシャ人の経験が我々の実体の一部となり、我々という存在の中に組み込まれているからである。――アーネスト・バーカー(1)

はじめに

ヴィクトリア朝後期およびエドワード朝時代のイギリス帝国思想において、古典古代(ギリシャ、ローマ)の権威的著作や歴史、政治文化はきわめて重要な役割を果たしていた。すなわちこれら古典古代の知的所産・実践は多様な解釈を通して、イギリス帝国の維持や再編成を擁護する同時期のイデオロギーの不可欠な基盤を形成していた(2)。さらにかかる古典古代とイギリス帝国思想の関係は、一方向的ではなく相互構成的なものであった。古代史かつ知性史研究者M・ブラッドリーが指摘するように、十九世紀後半から二十世紀初頭におけるイギリス帝国の将来像は「古典古代の模範を用いて」洗練され、正当化される一方で、そうした古代の模範や古代ギリシャ・ローマ研究それ自体「帝国の理念あるいは帝国主義的な理想によって」強く規定されていたのである(3)。本稿の目的はこのようなヴィクトリア朝後期からエドワード朝期における古典古代とイギリス帝国思想の相互構成の一側面を、二人の著名なギリシャ愛好的歴史家――E・A・フリーマン（Edward Augustus Freeman, 一八二三―一八九二）とアルフレッド・ジマーン（Alfred Eckhard Zimmern, 一八七九―一九五七）――に焦点を当てて分析することにある。(4)

フリーマンとジマーンは共に、古代ギリシャをプロトタイプとしてイギリス帝国の緊密な統合を構想した理論家である。古代史やイングランド政治史の権威として知られ、十九世紀末にオックスフォード大学近代史欽定教授を務めたフリーマンは、一八八六年『大ギリシャと大ブリテン』（*Greater Greece and Greater Britain*）を公刊し、古代ギリシャにおける植民の歴史を描写した。その過程で彼は、ブリテン島と世界に散らばるイギリス人移住植民地（カナダ、オーストラリア、ニュージーランド、南アフリカ）の統合を自らのギリシャ植民史解釈――古代ギリシャ人は地中海世界全体に及ぶ植民活動を通して、本国と入植諸都市から成る巨大な結合体を形成していた――に準えて正当化した。(5) ジマーンは世紀転換期のオックスフォード大学において、フリーマンが発展させた歴史学方法論や歴史哲学の影響下に古典学（Classics）を学び、古代史を教授した。(6) 彼もまたイギリス本国と移住植民地の統合を追求し、独自の解釈を加えた古代ギリシャの政治文化にそのような大洋横断的な大ブリテンのモデルを見出した。ただしフリーマンがギリシャにおける植民実践に着目したのと異なり、ジマーンは前五世紀の民主政アテネという単一の政治体を大ブリテンの雛形と措定した。すなわち彼は名声を博した著書『ギリシャの共和国』（*The Greek Commonwealth*, 一九一一年）の中で、ペリクレス期アテネの愛国的な共和主義シティズンシップを称賛と共に描出し、その古代の民主的実践をイギリスと移住植民地の公民が結束して発揮すべき帝国シティズンシップの範型と見なしたのである。(7) 本稿はこのようなフリーマンとジマーンにおける古代ギリシャ観と大ブリテン構想の密接な内在的結び付きを、両者の思想上の相違にも留意しつつ明確にする。

以上のような古代ギリシャ解釈への着目を通して、本稿は当該テーマをめぐる既存研究に見られる偏りの修正を意図している。十九世紀後半から二十世紀初頭におけるイギリス帝国思想と古典古代論の相互構成をこれまで検討してきた古典学者・知性史研究者は、主として古代ギリシャよりも古代ローマ、特に帝国期ローマの解釈の有り様を照射する。(8) 実際、当該時代のイギリス知識人の多くにとって地中海世界のみでなく中東やブリテン島にまで及ぶ広大な版図を有した古代ローマ帝国は、インドなどアジアをはじめとして世界のあらゆる地域や大陸に領土を保有する第二イギリス帝国を権威づけ、その秩序を構思する上で格好の準拠点であった。また同時に、そのように広大なローマ帝国がいかに衰退し滅亡したかは、ドイツやアメリカといった新たな帝国的権力の台頭に伴いイギリスの世界的指導力の低下が懸念され始める中、自国の帝国存続に向けた教訓を導き出す重要な対象と認識されていた(9)。しかし、当時のイギリス知識人が自国の帝国秩序の将来を構想し、弁明する際の歴史的準拠点と見なしたのは古代ローマのみではなかった。本稿は、古代ギリシャの歴史や政治文化もまたそのような正当化のための重要な拠り所であったと主張する。当時影響力をもった歴史家フリーマンとジマーンの大ブリテン構想を分析する作業は、古代ギリシャがいかなる仕方でイギリス帝国秩序の将来像の設計に際する拠り所となったか、その具体的な二つの型を示す試みとなる。

本稿の構成は次のとおりである。まず第一節ではフリーマンの大ブリテン構想を俎上に載せ、彼が大洋を跨ぐ巨大連邦国家論に対する批判の上に、人種的同胞感情や文化的共有物に基づく非政治機構的な緩やかな組織として、大ブリテンを描いたことを示す。またその行論の過程、彼がどのように(大ブリテンの構成員である)イングランド人をローマ的伝統から観念上切り離し、古代ギリシャの政治文化に繋留したかについて明確にする。そして最後に、フリーマンにおける非政治機構的な大ブリテンの構想が、同じく彼による古代ギリシャの植民実践の解釈と相似的・相互構成的に組み立てられていたことを論証する。続いて第二節では、そうした古代ギリシャと大ブリテン構想の結び付きの背後にある、フリーマンの歴史哲学を分析する。ここでは特に、彼がアングリカン自由思想(Liberal Anglicanism)より派生する、独特な循環的および律動的な(rhythmic)西洋史観の上に、古代ギリシャと現代の相似性を観念していた点を明らかにする。そのような律動的なヨーロッパ史観は、ジマーンにも継承されたものであった。第三節では、ジマーンがフリーマンと類似の歴史観を背景として、古代アテネの民主政と大ブリテン(ブリティッシュ・コモンウェルス)を相互構成的に描き出していた点を論証する。ジマーンにとって前五世紀のアテネは、自身の計画する大ブリテンを理論的に洗練させる実験場という意味合いを有していた。

一　フリーマンの大ブリテンとギリシャ植民史解釈

　ヴィクトリア朝後期からエドワード朝期におけるイギリスの政治思想は、通信・輸送技術の飛躍的発展に基づく巨大政治体への希求によって特徴づけられていた。D・ドゥドニーが「産業グローバル化の時代」と表すこの数十年間、諸大陸を結ぶ海底電信網の敷設、オーシャン・ライナーや自動車の導入、そして飛行機の登場といった相次ぐ技術革新によって人間活動の規模や速度が劇的に変革され、地球上の距離の消滅が叫ばれるようになった。(10) たとえばケンブリッジ大学の歴史家J・R・シーリーは、『英国膨張史』(一八八三年)の中で「現代世界において距離はほとんどその効力を失っている」とし、そうした地球空間縮小の認識を示している。彼は例証として大西洋を取り上げ、「十八世紀〔エドマンド・〕バークは大西洋に跨がる連邦はほぼ不可能と考えた」が、「しかしバークの時代と異なり、その大洋はもはやギリシャとシチリアの間の海と変わらないほどまでに縮小している」と続けた。(11) このような距離消滅の認識は、大陸と大陸を跨ぐ、あるいは世界全体に及ぶ巨大政治体の構想を強力に推進した。(12) 大ブリテン――ブリテン島と遠隔地・対蹠地に存在するイギリス人移住植民地から成る緊密な統合体――もそのように立案された政治共同体の一つである。十九世紀最後の四半世紀から二十世紀初頭にかけてシーリー、フリーマン、ジェームズ・ブライス、J・A・フルード、W・T・ステッド、チャールズ・ディルク、セシル・ローズなどの著名な学者や文筆家、政治家、またニューリベラリズムの理論家J・A・ホブソンやL・T・ホブハウス、さらにいわゆる「ミルナーの幼稚園」を中心に組織されたラウンド・テーブル運動といった多彩な人物・団体が、各々独自の内実をもつ大ブリテンを提唱し、その実現を目指した。(13)

　こうした大ブリテンの構想者はその多彩さの一方で、知的背景においてある共通項を有していた。すなわち彼らの多くは、歴史的例証を用いた弁明を重んずるヴィクトリア・エドワード朝期の人文学的教養文化に基づく高等教育を受け、歴史、とりわけ古典古代の歴史を現代世界に対する理解や判断を根拠づける知的源泉と捉えた者たちであった。(14) このような思想家にとって、歴史をいかに語るかはそのまま現代に対する介入、つまり同時代の政治・社会的係争をめぐる判断や主張をいかに基礎づけ、正当化するかという問題へ直接関わる事がらであった。再びシーリーを持ち出すと、彼はかかる歴史の肝要な役割を指して「イングランド人は政治の諸問題に際し、偉大な歴史的先例によって自らを導いている」と言明した[15]。フリーマンもまた現代の政治的諸問題をめぐる自らの主張・構想を、歴史的事例を用いて根拠づけた。フリーマンにおいてこうした同時代と歴史の結び付きは、さらに特定の循環的な歴史観に由来する。彼によると「人間の本性は時代を問わず同一である」ため、必然的に、相似的・類比的な事象が様々な時代区分を横断して看取される。それゆえ「我々は本質的に、『古代』と『現代』といった区別を放棄せねばならない」。加えて強調すべきことに、「我々が単なる物理的隔たりにおいて『古代』と見なしている時代の歴史以上に、真に『現代的な』――つまり我々自身の政治や社会のための実践的教訓に溢れた――歴史は過去に存在しない[16]」。

このような認識の下フリーマンは、大ブリテンを古典古代の歴史との相互作用の中で立案していく。彼の大ブリテン構想は、一八八二年『現代評論』に掲載された論考「もう一つの世界」(Alter Orbis, 以下「世界」と略す)に始まる[17]。この論考の中でフリーマンは、大陸ヨーロッパの諸民族とは異なるイングランド人の例外的な性質や政治文化を主張した。彼によると、ブリテン島を含むヨーロッパは歴史的に「テュートン人種」の支配領域であり、イングランド人も大陸諸民族も等しくこの人種系統に分類される。しかし一方で、島国というブリテン島の地理的条件によってイングランド人の性質は大陸の人種的同胞のそれから著しく分岐したものとなった。ブリテン島の住人は、「彼の島民としての境遇がそのようにさせる程度において、本土における彼の親族とは明確に異なっている」。フリーマンは続けて、「我々〔イングランド人〕は隔離されたテュートン人として、すなわち完全に島国的な特性を持つ民族として成長した。我々の島民としての特質は多くの点において、我々を大陸におけるあらゆるテュートン系民族から分離させた」と論じる[18]。さらにフリーマンは、島国という地勢はイングランドの政治文化も独特なものにしたと主張する。彼の見るところ、ドーヴァー海峡によってキリスト教を除くローマ文明の浸透が遮断された。かかる状況は、大陸諸国がその文明の影響下で発展したのと対照的であった。

ブリテン島は、紀元の初期より別の世界――もう一つの世界(*alter orbis*)――であり続けている。それは一般的なヨーロッパ世界、つまりローマ世界、の外部に位置していると感知される世界である。……我々はテュートン人として成長したが、いくつかの点で本土にいる我々の親族以上に純粋にテュートン的な存在である。それは我々がローマの法を決して受容しなかったからである。我々はイングランド民族の手によるローマ帝国なるものを決して目撃しなかった。……ローマの属領であったときでさえ、ブリテン島はそれ固有の民族的生活を、西洋における他のいかなる属領も為さなかった仕方で維持したのである。[19]

こうしたイングランド人を脱ローマ化する言明は、フリーマン自身の従来からの主張の延長線上に展開されたものであった。彼は「世界」公表以前にも、ブリテン島とローマ世界の懸隔を称道していた。たとえば自らの政治史・政治制度史研究における一つの集大成『比較政治学』(*Comparative Politics*, 一八七三年)の中で、フリーマンは「我々〔イングランド人〕は真のローマ的要素を何も具有していない」と論じる。「ブリテン島はスカンディナヴィアのように、独特な世界を成している。……そこはテュートン人征服者が足を踏み入れるより以前に、ローマ的であることを一切放棄した土地である」[20]。他方、脱ローマ化されたイングランド人を定立するフリーマンの主張は、「世界」におけるそれと従来とで二つの重要な点をめぐり明確に異なっている。

一点目に、「世界」において彼は、大陸諸民族と比べたイングランド人の例外性の裏付けとして(上述のように)島国という地理環境を幾度も強調した。「ブリテン島の歴史におけるより偉大な事実は、それが島であるという地勢的事実である。これは同地の歴史に関する他のあらゆる事がらの本質を規定してきた支配的事実に他ならない」[21]。このような島嶼性の高唱は、同論考の主要な執筆動機と深く結び付いている。「世界」公刊前後、イギリス人の鉄道実業家エドワード・ワトキンらによってドーヴァー海峡を貫くトンネル掘削事業が開始され、これに対し多くの軍人や一般大衆、マス・メディアがフランス軍侵攻の潜在的脅威という観点から反対論を提起していた[22]。フリーマンもワトキンらによるドーヴァー・トンネル事業を批判し、その中止を求めた。彼の場合その論拠は、(自らが確信する)イングランド人の非ローマ的独自性がトンネル事業によって——すなわちその完成が齎す、フランス人をはじめローマ的伝統を具現する大陸諸民族との交流の増大によって――浸食されかねないという点にあった[23]。フリーマンはそれゆえ、島国だからこそイングランド人のアイデンティティが成立していると訴求することで、ブリテン島を大陸に接合する同事業の廃止を要求したのである。

　以上のようにフリーマンは、イングランド人のアイデンティティをヨーロッパ大陸に対して防衛的に観念した。しかし一方で彼は、その同一のアイデンティティに根ざす政治空間が大洋に向かって開放的に、世界規模で広がっていると宣言する。すなわち、「世界」においてフリーマンはカナダ、南アフリカ、オーストラリア、ニュージーランド、そしてアメリカ合衆国を「より新しい、より巨大なイングランド」――つまり特殊なテュートン人種であり非ローマ的独自性を持つイングランド人の子孫によって建設された、ブリテン島と同質的な地域――と規定した[24]。加えて彼は、これら大洋を跨ぐ新しいイングランドと本国ブリテン島が共通の血統および文化に基づき、世界の他の地域と区分される一つの広域的集合を形成していると指摘した。このような大ブリテンの措定が、脱ローマ化されたイングランド人を定位する彼自身の従来の主張と異なる二つ目の点である。とりわけフリーマンは、アメリカ人とイングランド人の歴史的同根を照射し、民族としての両者の一体性を称道する。アメリカ市民の多数は元来「イングランド民族」(English folk)であり、彼らの性質はブリテン島におけるイングランド民族と同一である。その意味で「合衆国の人々も……実質的に島国人」なのである[25]。

　「世界」の中で表した大ブリテンの構想を、フリーマンは『大ギリシャと大ブリテン』(一八八六年、以下『大ギリシャ』)において洗練させていく。同書の中で彼は大ブリテンを、大洋横断的に世界に広がるイングランド民族という単一的存在を核心とし、その民族が具有する宗教(キリスト教)と人種的同胞感情によって結束が与えられる巨大な「組織」(system)と定式化した。フリーマンの見るところ、「遠方に散在している」イングランド民族は共有された人種血統とキリスト教を背景として、世界規模の「一つのナショナルな全体」(a national whole)を形成している。大ブリテンはかかる地理的狭隘さとは無縁の、統一的な民族的生活に依拠する組織である[26]。他方留意すべきことに、彼は大ブリテンを「いかなる政治的関係にも立脚するものでない」と特徴づける[27]。これは多分に、アメリカ合衆国をも大ブリテンの構成地域と見なすフリーマンの構想から帰結する規定と言える。彼は『大ギリシャ』において、たとえ同一の政治体を構成せずともアメリカ市民とブリテン島のイングランド人は共通の民族的生活を享有する点を、（自らが解釈するところの）古代ギリシャの植民に准えて主張する。

ギリシャの植民者にとって……彼の出身である母国の名称が示唆するのは、単に同胞関係（brotherhood）というものであり、そこに支配や従属といった観念は介在しなかった。アメリカにおけるイングランド人入植者の子孫、すなわちイングランド人の血と言語から成る広大なコモンウェルスの市民にとって、……イングランドという名は潜在的に、イギリスの君主に対する必然的な忠誠という意味合いを含んできた。……「アメリカのイングランド人」と「ブリテン島のイングランド人」、……両者共に全てのギリシャ人にとってきわめて明白であった真実を正しく理解できていないように思われる。それはつまり、二つあるいは多数の共同体は政治的目的に照らして完全に分離され得るが、しかしそれでも民族的生活の他のあらゆる目的に照らして、一つのネイションの構成体であり得るという真実である。(28)

前述のように、ヴィクトリア朝後期から二十世紀初頭にかけて多彩な知識人や団体が大ブリテンを提唱し、その具体的中身もまた多様であった。たとえばシーリーらは大ブリテンを、大洋を横断する巨大な連邦国家と観念し、それを既存の国家よりも上位の立法・行政・司法権力を有するものと特徴づけた。(29)また法学者A・V・ダイシーや歴史家かつ政治家であったジェームズ・ブライスは大ブリテンを、L・ヴェラッツィーニが名付けるところの「同位政治体」（isopolity）と構想した。すなわち彼らは大ブリテンを、上位権力を有さない非連邦的な共同体と規定する一方で、その共同体内において（主要構成員である）イングランド人は居・移住地域に関わりなく、共通の包括的な市民的および政治的権利の束を保障されるものと提起した。(30)またさらに他の者は、こうした二つのカテゴリーと異なり、それらが大ブリテンの構成地域各々における独自的発展を阻害するという理由から、一元的な法・権利上の制度や上位の超国家的権力の創設を拒否した。そのような制度的ミニマリストは、同じイングランド民族という共通のメンバーシップに由来する精神的・文化的な紐帯を重視するに留まった。

フリーマンの大ブリテン構想は、三つ目の制度的ミニマリズムに分類することができる。フリーマンは特に、巨大連邦国家としての大ブリテンを提唱する論者を厳しく批判する[31]。その大きな理由として彼は、かつて独立したアメリカ合衆国をそのような大ブリテン国家の一部に組み入れる実際的可能性がきわめて乏しい点を指摘する。フリーマンが最も憂慮するのは、そうした連邦国家の樹立によってアメリカ市民という「イングランド民族の最も力強い分派」を大ブリテンの軌道の外へ追いやってしまう事態である[32]。また彼は、巨大連邦国家が成立した場合、ブリテン島固有の伝統ある政治制度が衰退しかねない点についても懸念を表明する。大洋を跨ぐ連邦国家は「イングランドとその諸制度の低落――破壊とは言わないまでも――を意味する」。なぜなら超国家的政治権力の前では、ウェストミンスター議会は廃止されるか、あるいは「〔スイスにおける〕カントンの州民集会のような地位にまで沈下してしまう」からである[33]。

纏めると、フリーマンの構想する大ブリテンは包括的・一元的な法・政治機構ではなく、イングランド民族に備わる精神的絆（人種的同胞感情）や文化的共有物（キリスト教、言語）を通して緩やかに結束する、アメリカを含む世界規模の空間を意味していた。フリーマンは大ブリテンを構成する移住植民地による、イギリス本国からの独立を積極的に擁護する。というのも、彼が力説し重視するに、政治的自立を通してこそ、アメリカの連邦制に示されるような各構成地域独自の民主制度の発展が可能となるからである[34]。しかしフリーマンにとってこうした独立は、決して大ブリテンの崩壊を伴うものではない。一八八六年のオックスフォード大学での講演「ジョージ・ワシントン――イングランドの拡張者」の中で、彼は「同じ人種の間の真の同胞関係」に光を当て、次のように喝破する。合衆国に加えて、カナダ、オーストラリア、ニュージーランド、南アフリカも「イングランド人の独立した本拠地（homes）として屹立す」べきである。たとえ個別に主権を有すとしても、それら国々は「同胞関係という共通の絆によって互いに結合し、忠実な敬愛やそれと同等の絆によって〔ブリテン島のイングランド人という〕それら全ての共通の親へ結び付けられる」であろう[35]。

フリーマンは以上のような自らの大ブリテン構想を、（イングランド人と切り離した）ローマとは別のもう一つの古典古代、すなわち古代ギリシャにおける植民の解釈へ投影し、またそうした解釈に基づき正当化する。『大ギリシャ』の中で彼は、古代ギリシャにおける本国と植民都市の関係を自身の描く大ブリテンに准え、包括的な法・政治機構を何ら伴わないものと提示した。本国と入植諸都市は親子という血縁に基づく精神的絆、および共通の神の崇拝という文化を通して結合していた。

彼〔ギリシャ人植民者〕は彼が生まれた都市、つまり本国、彼の新しい本拠地の母国……とどのような関係を築いたのか。政治的絆は一切残されていなかった。そうした絆は諸都市の間の組織（system）の中に残存し得なかった。親と子は政治的側面において必然的に分離していた。植民者は母国においていかなる政治的権利も行使し得なかったし、母国の側も遠く離れた派生都市に対してその女主人であるとか女王であるという主張は一切しなかった。それでも、親ということに起因する愛や崇敬は全く欠如していなかった。記憶、血縁関係、宗教という絆はそれ自体非常に強力なものであった。したがって、いかなる政治的忠誠もそのような絆を強化するために求められてはいなかった[36]。

同様にフリーマンの見方に沿うと、古代ギリシャにおける植民諸都市は大ブリテンの構成地域がそうあるべき仕方で、本国からの政治的独立を享受していた。

ギリシャの植民者つまりある都市の市民は、また別の都市を建設した。自身の出身都市から――おそらくエウボイア島とシチリアを分かつような広大な海域によって、あるいはポカイアとガリアを分かつようなさらに広大な海域によって――切り離され、彼はもはやその元の都市の市民であり続けることはできなかった。彼は遠隔の地で、もはや〔その母国の〕市民としての義務を果たすことはできなかった。彼はもはや、昔のアゴラにおける討議や昔の神殿での崇拝に加わることはできなかった。しかしそれでも彼は、アゴラや神殿を必要とした。もはや母国における生を送ることのできない状況にあって、それでも彼は住むべき都市を、自由なギリシャ人としての生を営むべき都市を持たねばならなかった。それゆえ彼は都市を、自由な都市を、建設した。それはいかなる上位の統治者も支配的な国も知らない都市であり、また当初から、ギリシャ的なコモンウェルスの生にとって必要なものすべてが備わった都市、すなわちその設立時より、自由で独立した都市である。(37)

このようにフリーマンにおいて、古代ギリシャの植民論と大ブリテン構想は相似的であり、相互構成的であった。前者において彼は、本国と入植諸都市が地中海という海洋を跨いで、各々主権を有しつつ家族関係に基づく精神的愛着や宗教といった文化的共有物を通じて結合している姿を提示した。かかるギリシャ植民史の説明は、イングランド民族の非政治機構的紐帯を基礎とし、また世界の大洋を股にかける、フリーマン自身が描く大ブリテンを反映したものであると同時に、そうした大ブリテン構想を歴史的に弁明する上でのモデル――前述のように彼にとって古代は、現代への実践的教訓に最も充ち溢れた歴史である――を提供していた。すなわちフリーマンは、古代ギリシャの植民活動において入植諸都市が政治的自立を享受していたように、現代世界における移住植民地も各々独立した民主的政治空間を形成し、他方で全体として精神的・文化的紐帯に基づく緩やかな組織を構成し得ると主張した。斯くしてフリーマンにおいて「アングロ世界」(Anglo-world)、あるいは「アングロ領域」(Anglosphere)の歴史的アイデンティティは、(範型として提示された)古代ギリシャに帰せられた。(38)

二　背後にある律動的歴史観

フリーマンが古代ギリシャに現代の大ブリテンのプロトタイプを見出した背景に、アングリカン自由思想(Liberal Anglicanism)、とりわけトマス・アーノルドの思想に由来する彼自身の――循環史観を含んだ――独特な歴史の見方が存在する。(39)アングリカン自由思想の重要な提唱者アーノルドは、ドイツ・ロマン主義の影響を受けつつ人種を基調とした律動的な（rhythmic）西洋史観を組み立てた。一八四一年オックスフォード大学での近代史欽定教授就任講義において、彼は西洋史を三つの異なる局面に分割し、さらにこれら局面は全て共通の動態的サイクル（勃興→成熟→衰退）によって特徴づけられると主張した。[40] この三つの局面とは①古代ギリシャ文明、②古代ローマ文明、そして③今日「ヨーロッパの半分、またアメリカおよびオーストラリア全体」にまで拡散している「テュートン、つまりゲルマン種族」が君臨するローマ帝国崩壊後の時代全般、を指し示す。[41] アーノルドによると、こうした歴史の各局面はその衰退期に、続いて勃興する局面へ自らの文明的成果――古代ギリシャにおける「人間知性」、ローマにおける「法と統治の技法」――を手渡し、他方で後継の局面はそれ以前の全局面のそうした成果を自身の内部に総合する。このような各局面のサイクルと全体としての文明的進歩という二つを併せ持つ律動的な歴史の中で、現在ゲルマン（テュートン）人種は古代ギリシャ・ローマの成果を内包しつつ西ヨーロッパ、アメリカ、オセアニアという「文明世界のほぼすべての国において……その勢いを保持している」。[42] アーノルドは以上の古代ギリシャ人、ローマ人、ゲルマン（テュートン）人種と順に興隆し衰退していく西洋史の展開を、神意に基づく計画と観念する。彼の見るところ、イングランド人は現今の世界において最も盛栄かつ躍動的なテュートン人種の分派であり、それゆえ神の計画の最前線に位置する集団に他ならない。一方でアーノルドは、将来における人類の文明的進歩について相当程度悲観的であった。彼はテュートン人種の衰退後に文明の松明を担うに適した、活力ある他の人種を見出すことができなかった。「近代の歴史は古代より優れた段階であるのみでなく、最後の段階（*the* last step）のように思われる。それは時間の完遂の兆しを示しているようであり、あたかも将来の歴史は存在しないかのようである」。[43]

フリーマンは、アーノルドの律動的な西洋史観の影響を強く受けていた。[44] 彼も同様にヨーロッパ史を、各々サイクルを内在させる三つの局面（古代ギリシャ、古代ローマ、ローマ帝国滅亡後の諸世紀全体）に分割し、それぞれの文明的達成物が弁証法的に第三の局面へ統合される図式を提起した。しかし他方でフリーマンは、次の二つの重要な点でアーノルドから分岐した。一点目に、彼はアーノルドよりも諸局面における同一発展段階間の平行性（たとえば古代ギリシャの成熟期と古代ローマの成熟期の平行性）を強調し、ヨーロッパ史は革新や新奇さ以上にむしろ相似や類似性に満ちていると言明した。フリーマンは特に政治制度や政治実践の循環性、すなわち諸局面の同一発展段階において相似的な政治機構や政治的慣行が確立される傾向があることを力説する。[45] 彼によると、そうした政治機構・実践をめぐる世紀横断的な相似性・類似性のために、古代→中世→近代といった進歩論的な時代区分は本質的には何ら意味を持たない。『歴史の循環』（一八六九年）と題する論考の中で彼は、「きわめて後年の時代の諸制度が、きわめて早期の時代の諸制度へ、実質的に回帰するということもあり得る」と提起する。同様に、後年の時代の民族が中間的な時代における民族ではなく、さらに早期の時代の民族と「より実質的な類似性やより根本的な同一性を有することもある」。[46] フリーマンが前述のように、「『古代』の歴史以上に真に『現代的な』――つまり我々自身の政治や社会のための実践的教訓に溢れた――歴史は過去に存在しない」と主張したのは、以上のような循環的な歴史観、すなわち諸局面の同一発展段階期においてはそうした諸局面横断的に、したがって世紀横断的に相似的な政治制度や慣行が樹立され得るという歴史観を基礎としてのことである。

ただし明確にすべき点として、大ブリテンのモデルを古代ギリシャに設定するフリーマンの思考は、このような循環史観を背景としつつも、そこから直接的・即自的に帰結するものではない。仮に彼の循環史観に忠実に従うならば、第三局面におけるサイクル（勃興→成熟→衰退）の中のある一段階に当たるイングランド人の世界的膨張と類似の実践・慣行は、第一局面と第二局面のサイクルにおける同一段階期各々に存在するはずであり、したがって大ブリテンのモデルは本来的に古代ギリシャ、古代ローマの双方に見出されるはずである。しかしフリーマンは、イングランド人の膨張の範型をあくまで古代ギリシャに配置し、彼らを非ローマ的存在と規定し、一方で古代ローマを大陸ヨーロッパの諸民族へ宛がった。

こうした構図を支えているのは、イングランド人をテュートン人種の中で最も優れた民族と見なすイングランド例外主義的観念、さらにその例外主義を古典古代の表象を通して基礎づけ、正当化しようとする思考である。すなわちフリーマンは、古代ギリシャを理想的な民主政体が実現された場と描き出し、近現代のイングランド人を、その文明的成果を内部に統合した第三局面のテュートン人種の中でまさにその成果を最良に具現する民族と賞賛する。イングランド民族という分派は「我々の共通の祖先（原始的なテュートン人）が享有した財産」、つまり古代ギリシャの「自由で愛国心の横溢したコモンウェルス」を、大陸における「我々のいかなる親族よりも忠実に」継承し体現している。[47] それゆえフリーマンにとってイングランド人による世界各地での移住植民地の建設は、政治的自由の原理や民主政体の雛形をグローバルに運び、移植していくプロセスを指し示した。対照的にイングランド人以外の、大陸におけるテュートン系民族が具現するものと彼が割り当てたのが、古代ローマの非民主的な文明的成果――個々人の積極的な政治参加や自由の犠牲の上に成り立つ、広大な領域に対する帝国的支配の技法――であった。[48] フリーマンは「一つの時代におけるギリシャの創造と別の時代における大ブリテンの創造は、相似的な段階である」と喝破する。[49] こうしたモデルとしての古代ギリシャの植民への執着は、彼の循環的歴史観に加えてイングランド例外主義に基づく以上のような対抗図式、《模範的民主政体・ギリシャ・イングランド人》対《非民主的支配・ローマ・その他のテュートン民族》、に裏打ちされている。

フリーマンがアーノルドから分岐した二つ目の点は古代ギリシャ人、古代ローマ人、テュートン人の三者をめぐる人種的関係についてである。両者はこれら三つの集団が西洋文明の枢要な駆動者であるという点では一致していた。しかしアーノルドがこの駆動者の間に人種的な血縁関係を認めなかったのと異なり、[50] フリーマンは原初のアーリア人種(ur-Aryan race)という存在を観念し、それら三つの集団各々をこのアーリア人種直系の子孫と位置づけた。すなわちフリーマンにおいて古代ギリシャ人、ローマ人、テュートン人種は原初のアーリア人種を父祖とする兄弟――「我々が共通に属するアーリア家族の同胞(brethren)」――に他ならない。[51] したがって、三つの局面が弁証法的に連なる彼の律動的ヨーロッパ史は根源的に、上古からの血脈の共有で結ばれる単一のアーリア家族の歴史である。その歴史を現在最も力強く前進させているのが、(古代ギリシャにて実現された)民主政体の模範を世界各地へ移植している、テュートン人種の支脈イングランド人となる。

比較方法論(the Comparative Method)へのフリーマンの専心は、こうしたアーリア家族の歴史を牽引するイングランド人という観念と内在的に深く結び付いている。ヴィクトリア朝中期から後期にかけて流行した比較方法論はその唱道者たち――たとえばイギリスに移住したドイツ人言語学者マックス・ミュラー、イギリス人の人類学者E・B・タイラー、法学者ヘンリー・メイン――に対して、西洋の歴史における現在に至るまでの様々な社会を文明的進歩の段階に沿って分類し、配置図を作成するための道具立てを付与した。歴史家P・マンドラーが指摘するように、その方法は本質的に、「専制から自由へ」、「迷信から良識的判断へ」、あるいは（メインが提起したような）「身分から契約へ」といった予め想定されたところの進歩の道筋を、科学的に立証するという目的に適合していた。[52] フリーマンは従来、言語学や神話学、法学の分野で用いられていた比較方法論を政治制度の研究へ応用した。その背後には彼が展開する二つの主張、つまり①原初のアーリア人種の実在と②優越的なテュートン人種としてのイングランド人、を科学的に確証させようとする狙いが存在した。

『比較政治学』の冒頭、フリーマンは比較方法論の活用によって、古今東西あらゆるヨーロッパ人の共通の祖先である原初の人種の存在を浮き彫りにし得ると提唱する。彼によると様々な時代・地域の政治制度を体系的に分類し、その進歩の道筋を確定していく作業は、必然的に分析対象となる政治制度間の根本的な相違と同時に、本質的な類似点を特定する作業を伴う。そのように明確化された類似点は、「諸民族が分離する以前、彼らの共通の祖先が〔それら諸民族に〕共通する政治制度を発展させていた」ことの証となる。そして、政治制度の類似性・共通性を基準として樹形図のように歴史上の人間集団を配置することで、最終的にはかつて実在した原初的な集団、すなわち単一の「アーリア人種」が浮かび上がるであろう。[53] フリーマンにおいて、このようにヨーロッパ人の根源的な共通祖先の存在を立証することが、自ら比較政治学と呼ぶ研究分野の重要な目的であった。

四散の際、移住者の集団はそれぞれ、政治的生活における特定の原理や伝統、言い換えるとその家族全体が共有していた原理や伝統を携えていった。そうした原理や伝統は、その四散した諸民族の新たな本拠地において、各々それ独自の特徴を持つ政治制度へと発展し、定着した。しかし一方でそのような政治制度はすべて、一つの共通の蓄積からの派生物であるということを示すに足る十分な類似点を保持している。この種の類似点の出所を明らかにすることと、また共通の蓄積からの派生物であることを真に示す類似性を、他の種のいずれかの原因へより適切に帰責

される類似性から弁別すること……〔これらが〕私が思い切って比較政治学と呼ぶ研究の対象である。(54)

さらにフリーマンは、政治制度の古来からの歴史的継承関係を視覚化する同様の樹形図は、自ずとテュートン人種の中でのイングランド人の優越性を示すものになると主張する。つまり彼によると、そうした樹形図における時代降下の方向に着目すれば、彼らが他のテュートン系民族——たとえば「スカンディナヴィア人」、「オランダ人」、そして「ドイツ人自体」——よりも、古代ギリシャ由来の理想的な民主政体(「自由で愛国心の横溢したコモンウェルス」)を原始的テュートン人から最も忠実に継受している点が明瞭となる。ヨーロッパの諸議会の中でウェストミンスター議会が、「テュートン人種の初期の蓄えからの最も途切れの無い伝統」を基盤としていることが明らかとなるのである。(55)こうしたイングランド例外主義は、比較政治学という研究に外在するフリーマン自身のいわば先入見であり、比較政治学はそれを科学的に立証するものとして持ち出される。その意味で、彼にとってその学問分野は、当初から彼自身の主張を裏付けるイデオロギー的機能を纏っていた。

三　ジマーンのブリティッシュ・コモンウェルスとアテネ民主政解釈

アーノルドやフリーマンが提唱した律動的な西洋史観、およびフリーマンが強調した循環史観は、歴史研究における重要な伝統の一つとして長く影響力を確保した。(56)エドワード朝期のオックスフォード大学にて古代史を研究、教授したアルフレッド・ジマーンもその伝統を吸収した一人である。フリーマンが古代と現代の相似性を力説したように、ジマーンも古代ギリシャ・ローマと現代を互いに准え、現代世界における前者の多大な実践的有用性を称道した。オックスフォード大学でジマーンに師事した若き世界史家アーノルド・J・トインビーは、彼が定位するそのような世紀横断的な類比について証言している。

一九〇九年の夏に行われたジマーンの連続講義を聞いたとき、これこそまさに講義の模範であると私は認識した。その講師は古代史を生き生きとしたものへ蘇らせた。彼はそれを、ギリシャ人は実在の世界に住む実在の人々であったことを自明視することで行った。……ギリシャ人は真に我々の同胞とも言うべき人間であったのだから、彼らの歴史――彼らの思想、理念、成功、失敗、そして運命――は同じ地球に住む我々に対し必ず実践的な意義を与えてくれるに違いない。ジマーンはギリシャ人と我々の歴史の間にある時間の隔たりに幾つもの橋を架けることによって、この重要な主張の正しさを示した。ギリシャ・ローマ世界への彼の関心――それは私と同じくらい熱烈なものであったが――は現在の世界に対する同時進行の関心を除外するものではなかった。ジマーンという実例は、こうした二つの関心が一つの同じ精神の中で共存可能であること、そしてその内の一方は他方を明るく照らし、強化するものであることを私に示してくれた[57]。

ジマーン自身、古代とりわけギリシャの思想や政治文化と現代世界の類比に基づき、前者の後者に対する直接的価値を明言している。初期の主著『ギリシャの共和国』第二版の序文の中で、彼は主張する。「古代ギリシャの思想や古代ギリシャが与えてくれる霊感は……人類にとって最も重要な政治的課題であろう、民主主義とシティズンシップ、自由と法の意味や範囲を深め、拡張していく活動において、今日の我々に貢献し得る[58]」。さらにジマーンは、アーノルドやフリーマンと同様、古代ギリシャ・古代ローマ・ローマ以後の世界の三つの局面から成り立つ律動的なヨーロッパ史を組み立てた。その中でジマーンは、古代ギリシャ、古代ローマの文明的成果を現代において最良に総合する政治共同体として大ブリテン――彼がより好んだ名称を用いれば、「ブリティッシュ・コモンウェルス」――を措定する。そうした構想は、彼自身深く携わったラウンド・テーブル運動の機関誌『ラウンド・テーブル』上の論文「帝国の倫理」（一九一三年）に最も端的に示されている[59]。「政治的自由は古代ギリシャにおいて生まれた。しかし、ギリシャ都市国家の中で政治的アナーキーへ溶解していった。ローマ帝国は法を確立した。しかしそれは、官僚制や専制による自由の犠牲の上に成立していた」。樹立されるべき「結合した帝国」（united Empire）、すなわちブリティッシュ・コモンウェルスの「使命」は「それらの統合を実現することである」[60]。

ジマーンとフリーマンの大ブリテン構想は、複数の重要な共通点を持つ。一点目にフリーマンと同様ジマーンも、大ブリテン（あるいはブリティッシュ・コモンウェルス）を巨大連邦国家ではなく、非政治機構的な紐帯に根ざす制度的にミニマムな共同体と観念した。この点において彼は、ブリティッシュ・コモンウェルスを「帝国議会」や「帝国内閣」、成文の「連邦憲法」を兼ね備えた大洋横断的な連邦国家と立案する、ラウンド・テーブル運動の中核的指導者ライオネル・カーティスと見解を異にした[61]。ジマーンの制度的にミニマムなブリティッシュ・コモンウェルス構想は、一九〇五年のオックスフォード大学における講演「結合したブリテン」（United Britain）に遡ることができる。その中で彼は、イギリス本国と世界各地の移住植民地（オーストラリア、ニュージーランド、カナダ、南アフリカ）を纏めて「自治的（self-governing）イギリス帝国」と表現し、この帝国は「連邦（federation）のような厳格さではなく、しかし同盟（alliance）より親密なものによって」統合され、一体的な組織を形成し得ると主張した[62]。ここでジマーンが連邦国家を拒否した上で照射する「同盟より親密なもの」とは、自治的イギリス帝国におけるイングランド民族全体が具有すると彼が観念した文化的・精神的な伝統――「イングランド的な生活体系」（the English system of life）――を意味している[63]。

ジマーンとフリーマンにおける二つ目の共通点は、制度的ミニマリズムのコロラリーとして、こうした世界に広がる単一的なイングランド民族、およびそのメンバーシップの共有に基づく文化的・精神的絆を強調することにある。フリーマンの描く大ブリテンと同様に、ジマーンのブリティッシュ・コモンウェルスもそのような世界規模の民族的絆、すなわち大洋を越えた移住地においても決して消滅しない恒久の「イングランド的生活体系」――彼の定義に従うと、「習慣や愛着、先入見、慣習、依然残存する過去に根ざす現在、また現在の理想を満たすよう適合された、しかし決して棄却されることのない過去、の集積」――に依拠していた[64]。三点目に、フリーマンと同じくジマーンも、古代ローマではなく古代ギリシャ世界に自身の描くブリティッシュ・コモンウェルスを投射した。ただし後述するようにジマーンの場合、大ブリテンの範型はフリーマンにおけるようなギリシャの植民実践ではなく、前五世紀のアテネという単一の都市国家に設置された。

ジマーンとフリーマンの大ブリテン構想には、以上のような共通点のみでなく、幾つかの重要な相違点も存在する。第一に、ジマーンは（ブリティッシュ・コモンウェルスの構想を開始した）二十世紀初頭以降一貫して反人種主義的な立場をとり、人種という存在論的範疇そのものに対してもきわめて否定的であった。[65]そのため彼は、フリーマンが提起するような人種血統に基づく家族的同胞感情という精神的絆を拒絶した。ジマーンの反人種主義は、西洋をアーリア人種中心の文明と規定した親独の批評家H・S・チェンバレンへの断続的な批判などに見て取れるが、最も顕著には、一九一六年ニューリベラリズムの思想家J・A・ホブソンと交わした手紙の中に現れている。ホブソンに自らの描くブリティッシュ・コモンウェルスと「アングロ・サクソン人種」の関係を問われたジマーンは、人種というカテゴリーで人類を分類することへの拒否を表明し、コモンウェルスは専ら「公民的で普遍的なもの」を世界に広め、推進する政治共同体であると特徴づけた。ジマーンが続けて主張するに、ブリティッシュ・コモンウェルスは「アングロ・サクソン人なるものの実験ではなく、全世界的な実験（world-experiment）」、つまり「人種の諸原理ではなく、普遍的かつ根本的な諸原理を鍛錬する試み」に他ならない。[66]ジマーンが観念するブリティッシュ・コモンウェルスの精神的絆とは、それゆえ人種的な同胞関係ではなく、イングランド民族の恒久的な伝統や慣習の共有に基づく、互いに対する愛着や愛情を意味していた。

第二に、フリーマンが大ブリテンの構成地域の間に何らの政治的な糾合を求めなかったのと異なり、ジマーンはそれらの間に特定の政治的一体性を要求した。彼はブリティッシュ・コモンウェルスの構成地域がたとえ政治体として分離していたとしても、構成地域における市民（本国と移住植民地のイングランド人）はイギリス帝国全体の共通善を意識し、その実現へ向けた利他的献身を発揮し得ると主張した。一九〇五年の講演「結合したブリテン」の中で、ジマーンはコモンウェルスにおける市民が共同で顕示する、そのような帝国大の共通善への忠誠を「帝国的愛国主義」（imperial patriotism）と表現した。加えて彼は、かかる世界の大洋を跨ぐ規模の愛国主義を、将来的な（「二十世紀における」）「地球大の（planetary）愛国主義」の先駆けと見る。[67]ジマーンによると、そうした帝国的愛国主義という政治的な一体性の基盤となるのが、上述のイングランド的生活体系の共有に由来する互いへの愛着や愛情という、いわば非政治的な精神的紐帯に他ならない。フリーマンの大ブリテン構想との三つ目の相違点として、ジマーンは自身のブリティッシュ・コモンウェルスにアメリカ合衆国を含めなかった。その背後には彼の現実的な判断、すなわちこのようなイギリス帝国の共通善を中軸とする政治的な統合プロジェクトへ（イングランド人の子孫を含むとはいえ）アメリカ人民が参与することはあり得ないという想定が存在していたと考えられる。

ジマーンは影響力を持った初期の著書『ギリシャの共和国』（一九一一年）において、自らが提起する以上のような帝国的愛国主義を前五世紀のアテネ都市国家へ転置し、洗練させた[68]。J・モアフィールドが主張するように、ジマーンにとって前五世紀アテネの歴史や文化は、「政治的置換の場」としての役割を果たしていた。つまりそこは、「彼が歴史的隔たりという安全性に隠れて、イギリス帝国主義の困難な諸問題を詳細に検討することができた場」であった[69]。こうしたイギリス帝国をめぐる構想の古代アテネへの投射は、ジマーン自身の言葉によっても裏付けることができる。彼は『ギリシャの共和国』刊行の前年、同書の仕上げのためギリシャにて現地調査を行った。その最中彼は友人グレアム・ウォーラスへ宛て、自身の構想するブリティッシュ・コモンウェルスを「二十世紀のポリス」と形容した上で、次のように認めた。『ギリシャの共和国』で前五世紀アテネの民主政を示すことで、「私は何よりもまず、二十世紀のポリスの本質について人々に思案して欲しいと考えている」[70]。P・ローは、『ギリシャの共和国』における古代アテネは、「ジマーンが別の場所でイギリス帝国やコモンウェルスを特徴づけるために用いる術語ときわめて類似した術語に基づき描出され、擁護されている」と論じ、また、とりわけ「自由」がそのような古代と現代の政治共同体双方に通底する根本的な概念となっている、と指摘する[71]。かかるローによる相似性の指摘も、ジマーンが前五世紀アテネの描写の中に自らのブリティッシュ・コモンウェルス構想を投影している点を突くものである。

このように自身のブリティッシュ・コモンウェルスを表象する前五世紀アテネを、ジマーンはギリシャ都市国家の中で最も完全な政治体――「ギリシャの教育的模範」（education to Greece）――と特徴づけ、賛美した[72]。そこでは、「政治と道徳という民族および個人の生の中で最も深淵かつ最も強力な二つの力が手を携えて、完璧な国家における完璧な市民という共通の理想に向かって前進していた。人間生活におけるあらゆる高尚な物ごとがそれと軌を一にしていたように思われる。すなわち『自由、法および進歩、真理と美、知識と徳、博愛と宗教』、これらである」[73]。ジマーンによるとこの理想的な都市国家において市民は、共通善への奉仕を基軸とする政治的な徳（肉体と精神の自律、積極的な政治参加、公共精神）を充全に発揮していた。彼の見るところ、『ペロポネソス戦史』に記録された前四三一年ペリクレスの葬送演説の一節、つまり「彼ら〔アテネ人男性〕は身体をコモンウェルスへ捧げ、それによって永遠に色褪せることの無いであろう賞賛と名声を受け取った」という文言が、そのようなアテネ市民による共通善への献身を如実に表現していた[74]。ジマーンはこうした前五世紀アテネの「都市国家愛国主義」を、「ギリシャ人が後世に残した最大の遺産」と強調する[75]。

ジマーンにおいて、このアテネ市民が体現する都市国家愛国主義こそが、一九〇五年に「結合したブリテン」で提起した帝国的愛国主義の代理概念、言い換えると古代ギリシャ世界へ投射された後者の置換物を表していた。それゆえ「結合したブリテン」の後に着手、完成された『ギリシャの共和国』中のかかる都市国家愛国主義は、帝国的愛国主義と構造的に相似形を成し、かつより精巧な理論の上に基礎づけられた。具体的には、帝国的愛国主義がイングランド的生活体系という不朽の伝統に由来する非政治的な精神的絆（愛着・愛情）を基盤としたように、ジマーンは前五世紀アテネにおける都市国家愛国主義も、その愛国的シティズンシップ自体に先行する政治外的な親密な精神的結び付き――「友情」、「仲間意識」（fellowship）、「博愛」――に立脚していたものと特徴づけた[76]。彼が見るに、公民としての政治を支えるそのような精神的紐帯は、主として家族という社会単位内に保全されてきた古き部族共同体以来の伝統的な習俗・慣習に起因する[77]。裏返すとこうした永続する社会的伝統の共有が、共通善への奉仕を中軸とした、アテネ愛国主義という古代ギリシャにおいて最も理想的な共和主義シティズンシップに必須な条件であった。

> ギリシャ人は祖先から譲り受けた根源的な道徳（moralities）と彼らや彼らの立法者が最近案出した制度の違いを認識していた。彼らは前者を、計算ではなく「崇敬」に基づいて遵守した。そうした道徳は「理性の可謬的な考案物」ではなく、「そこからの逸脱は必然的に不名誉を伴う不成文的な慣行」であった。……それは理性では測り知り得ない深さに存在し、根底的な利他的精神――人間と人間の自然な関係の感覚――を具現するものである。かか

る利他的精神が、今日に至るまでの良きシティズンシップと同様、ギリシャ・シティズンシップの淵源であった。博愛はアナーキストの横断幕には収まりが悪い。真の博愛は、ギリシャでそうであったように、友情または家族という場所の素朴で原初的な感情から生ずる。[78]

ジマーンはさらに、このような政治的シティズンシップと社会的伝統に起因する政治外的な精神的絆という二元論を、エドマンド・バークが『現代の不満の原因に関する考察』（一七七〇年）の中で提示した私的道徳と愛国的政治の結び付きをめぐる理論によって枠付けた。バークは、同書においてキケロの友情（amicitia）観念を肯定しつつ、友情や愛着が「最良の愛国者」を支える主要な基盤であり、こうした私的倫理と政治的徳は「整序された等級付け（gradation）」の中に集約され、「相補的に支え合っている」と論じた。[79] さらにバークは敷衍する。

したがって我々の仕事は次の事柄にある。それは我々の本性に属するあらゆる種類の寛大で誠実な感情を入念に心の中に育むこと、それらを最も力強く最も成熟した状態にまで陶冶することである。またそれは、私的な生における高潔な気質をコモンウェルスへの貢献やその運営の中へ吹き込むことである。そしてこれらを通して、我々が紳士であるという事実を忘るること無く、愛国者として成長することである。[80]

ジマーンは以上のような、バークにおける友情やその他私的道徳が持つ政治的価値の擁護を引証しつつ、アテネの共和主義シティズンシップを描出した。[81] それによって彼は、同シティズンシップを支える仲間意識や博愛といった、前理性的で根源的な精神的紐帯の重要性を強調しようと努めたのである。

『ギリシャの共和国』刊行後ジマーンは、帝国的愛国主義の相似形として組み立てたかかる前五世紀アテネのシティズンシップを範型として、再びイギリス帝国における政治的統合を唱道していく。「帝国の倫理」（一九一三年）を例にとると、その中で彼は、ベンサムやミル父子、コブデンら「功利主義学派」の弊害へ対抗する形で、イギリス帝国全体の共通善やそれへの献身という公共的義務の肝要さを説いた。すなわちジマーンは、功利主義学派に帰責されると見なした利己的個人主義や商業精神の跋扈を憂い、帝国との精神的同一化によるイングランド民族の道徳的刷新、および帝国公民としての統合——帝国規模での「団体精神」(esprit de corps) の発揚——を希求したのである。このとき、ブリティッシュ・コモンウェルスへの愛国心に基づくそうした政治的一体化のモデルと彼が持ち上げたのが、自ら描出したところの「古代アテネにおける充実した公民的生」に他ならない[82]。このようなジマーンの帝国シティズンシップ構想は、D・ベルが定式化する「公民的帝国主義」(civic imperialism) ——すなわち帝国規模での「公共的義務、自制的な利他主義、有徳な愛国主義」を高唱する公民的共和主義——の伝統に分類することができる[83]。

さらに『ギリシャの共和国』で描いたアテネ・シティズンシップを範型とするゆえに、ジマーンは同書以降、帝国的愛国主義（帝国シティズンシップ）の特徴づけに際しバークの理論を援用していく。言い換えるとバークは、ジマーンにおけるアテネ・シティズンシップ論とその後の帝国シティズンシップ構想の内在的結び付きを裏付ける重要なメルクマールである。第一次大戦中の著作『民族と統治』（一九一八年）の中で、ジマーンは帝国シティズンシップが古代アテネにおけるものと同様、社会的伝統・慣習の共有に基づく非政治的な、根本的精神的紐帯に依拠していると規定した。彼はこの見方に即して次のように主張する。本質的にブリティッシュ・コモンウェルスは、「愛情や仲間意識といった支配的動機を基礎として計画されている組織である」。そのような「道徳的、精神的諸原理」が、このイギリス帝国組織における「愛国的政治」を支えることになる[84]。ジマーンによると、イングランド民族が具現するこのような二元論を最も明確に表したのがバークである。彼はバークの『現代の不満の原因に関する考察』から、上述の一節（の一部）を自身の主張の中に埋め込む。「倫理と政治の間の密接な関係、すなわち『私的な生における高潔な気質』とコモンウェルスの政策と運営の間の密接な関係の感覚は、我々の中にきわめて深く根を張り、我々の伝統を成している[85]」。

このように、ジマーンにおいてブリティッシュ・コモンウェルスは、前五世紀アテネ民主政との相互構成的な関係の中で洗練され、提起されていった。『ギリシャの共和国』に先立つ「結合したブリテン」の中で示された帝国的愛国主義は、ペリクレス期アテネに投射され、私的道徳と愛国者の結び付きをめぐるバークの理論によって枠付けられた共和主義シティズンシップへ置換された。『ギリシャの共和国』公刊後、ジマーンは今度はそのようなアテネ・シティズンシップを拠り所として、イギリス帝国における政治的一体化、帝国公民の形成を追求していくのである。

おわりに

本稿は、ヴィクトリア朝後期からエドワード朝期におけるイギリス帝国思想と古典古代研究の内在的結合という主題の下、当時重要な影響力を持った二人の歴史家フリーマンとジマーンの大ブリテン構想を吟味してきた。本論において論証したように、フリーマンは人種的ならびに文化的絆に基づき緩やかに纏まる大ブリテンと、古代ギリシャにおける植民実践を相似的なものとして描き出した。さらに彼は、独自の循環的・律動的なヨーロッパ史観に立脚し、そうした古代ギリシャ史を現代世界（同時代のイングランド民族）を導く最も肝要な歴史上の準拠点と位置づけた。ジマーンも同様に、古代ギリシャ世界に自らの構想する大ブリテン（ブリティッシュ・コモンウェルス）のモデルを見出した。彼は前五世紀アテネにおける共和主義シティズンシップと、ブリティッシュ・コモンウェルスにおける愛国的シティズンシップを相互構成的に観念した。これらをもって本稿が主張するのは、当該主題を扱う既存研究が主として焦点を当ててきた古代ローマ世界のみでなく、古代ギリシャの歴史や政治文化もまたイギリス帝国の将来像を立案し、擁護する際の重要な典拠であったというものである。フリーマンとジマーンの帝国構想・古代ギリシャ論はいかにそれらを拠り所としたか、二つのその具体的な形態を示している。

今後、同主題をめぐって検討すべき課題は多い。それらは大きく二つの問題群に分けられる。一つは、当時の他の有力な古典学者や古代史家、帝国思想家が、古代ギリシャとの関係においてどのようにイギリス帝国秩序を観念したか、分析対象とする人物の範囲を広げることである。たとえば、ケンブリッジ大学の古典学者かつ帝国・国際思想家であったG・ローズ・ディッキンソン（『ギリシャにおける生の見方』（*The Greek View of Life*, 一八九六年）の著者）や、ジマーンの同僚で著名なギリシャ古典学者・古代史家であったギルバート・マリーなどは重要な焦点となろう。[86] もう一つは、古代ローマを典拠とする帝国構想と古代ギリシャに依拠するそれとが、いかなる仕方で絡み合い、共存、競合関係を形成していたか、既存研究も活用しつつ検討することである。本稿は、これら大きな諸課題へ向かう一つのステップである。

フリーマンの『大ギリシャ』はジマーンの『ギリシャの共和国』と共に、ラウンド・テーブル運動の著作へ組み込まれ、同運動の影響力と相俟って、第一次大戦後に創設されるブリティッシュ・コモンウェルス・オブ・ネイションズの一つの知的起源を形作った。[87] 歴史家J・G・A・ポーコックは、このいわゆる第三イギリス帝国に関し、その土台を形成していたのはイギリス本国の市民と移住植民地に住まうネオ・ブリテン人が共に有した特定の「合意の観念」であったと指摘する。すなわち彼が懐古的意味合いを込めて主張するに、本国市民とネオ・ブリテン人の間には、一つの主権を共同で行使している対等なパートナーと互いを理解する強固な意識上の繋がり――「コモンウェルスの神話」――が存在していた。[88] このポーコックに引きつけるならば、大ブリテンの構想を古典古代との相互構成的関係の中で検討する本稿のようなアプローチは、そうしたコモンウェルスの神話の歴史的アイデンティティを明らかにする一助となろう。

【付記】筆者は本稿初稿の要旨を、社会思想史学会第四一回年次大会（二〇一六年一〇月、於中央大学）自由論題セッションにて報告する機会を得た。同セッションにおいて様々なコメントを下さった参加者諸氏、および初稿へ有意義なご指摘を下さった二名の本誌匿名レフェリーに深謝する。

（1）E. Barker, *Greek Political Theory: Plato and His Predecessors*, Methuen, 1918, p. 16.

（2）近年の重要な文献としてB. Goff ed., *Classics and Colonialism*, Duckworth, 2005; M. Bradley ed., *Classics and Imperialism in the British Empire*, Oxford University Press, 2010; S. Butler, *Britain and Its Empire in the Shadow of Rome: The Reception of Rome in Socio-Political Debate from the 1850 to the 1920s*, Bloomsbury, 2012; C. Hagerman, *Britain's Imperial Muse: The Classics, Imperialism, and the Indian Empire, 1784-1914*, Palgrave Macmillan, 2013; P. Vasunia, *The Classics and Colonial India*, Oxford University Press, 2013; D. Bell, *Reordering the World: Essays on Liberalism and Empire*, Princeton University Press, 2016, ch. 5.

（3）M. Bradley, Introduction: Approaches to Classics and Imperialism, in Bradley ed., *Classics and Imperialism in the British Empire*, pp. 6, 10. 勿論こうした相互構成は、他の時代にも相当程度当てはまる。たとえばL. Hardwick, *Reception Studies: Greece and Rome, New Surveys in the Classics*, Oxford University Press, 2003を参照。

（4）二人の経歴についてはF. Barlow, Freeman, Edward Augustus（1823-1892）, in H. C. G. Matthew and B. Harrison eds., *Oxford Dictionary of National Biography*, Vol. 20, Oxford University Press, 2004, pp. 920-4; D. J. Markwell, Zimmern, Sir Alfred Eckhard（1879-1957）, in Matthew and Harrison eds., *Oxford Dictionary of National Biography*, Vol. 60, pp. 993-5.

（5）なお後述するように、彼はアメリカ合衆国をも大ブリテンの一構成国として加えた。E. A. Freeman, *Greater Greece and Greater Britain*, Macmillan, 1886.

（6）T. Baji, Commonwealth: Alfred Zimmern and World Citizenship, PhD Dissertation, University of Cambridge, 2016（ケンブリッジ大学図書館所蔵）, ch. 2. ジマーンはオックスフォード大学を一九〇二年に卒業し、その後一九一〇年まで同大学ニュー・カレッジにおいて古代史のテューターおよび講師を務めた。

（7）『ギリシャの共和国』に対する同時代の高い評価についてはPaul Millett, Alfred Zimmern's *The Greek Commonwealth* Revisited, in Christopher Stray ed., *Oxford Classics: Teaching and Learning, 1800-2000*, Duckworth, 2007, pp. 175-7.

（8）N. Vance, *The Victorians and Ancient Rome*, Blackwell, 1997, ch. 10-11; P. Vasunia, Greater Rome and Greater Britain, in Goff ed., *Classics and Colonialism*; A. Rogers and R. Hingley, Edward Gibbon and Francis Haverfield: The Traditions of Imperial Decline, in Bradley ed., *Classics and Imperialism in the British Empire*; S. Goldhill, *Victorian Culture and Classical Antiquity: Art, Opera, Fiction, and the Proclamation of Modernity*, Princeton University Press, 2011, ch. 5; Butler, *Britain and Its Empire in the Shadow of Rome*; Hagerman, *Britain's Imperial Muse*, ch. 6-7など。

（9）このような古代ローマとイギリス帝国論の結び付きを、P・ヴァスニアは次のように要約している。「ローマ帝国とイギリス帝国の比較が、ローマ史研究の発展に影響を与えていた。それのみでなく、まさにこれらローマ史研究の著作に表された帝国のヴィジョンが、特定の形態の帝国主義を可能にしていたのである」。Vasunia, Greater Rome and Greater Britain, p. 39. また、支配・奢侈・公民的徳・衰退の関係をめぐる前世紀の大著エドワード・ギボン『ローマ帝国衰亡史』（一七七六―八八年）というレンズも、そうしたヴィクトリア朝後期からエドワード期における古代ローマ解釈の中で一定の重要な位置を占めていた。E. Gibbon, *The History of the Decline and Fall of the Roman Empire*, ed. David Womersley, Penguin, 1994［1776-88］.

(10) D. Deudney, *Bounding Power: Republican Security Theory from the Polis to the Global Village*, Princeton University Press, 2007, pp. 216, 219.
(11) J. R. Seeley, *The Expansion of England: Two Courses of Lectures*, Macmillan, 1883, pp. 296-7.
(12) ドゥドニーは、そうした国民国家を超えた巨大政治体の構想者を「産業グローバリスト」と呼び、ハルフォード・マッキンダー、シーリー、アルフレッド・マハン、フリードリッヒ・ラッツェルらを指名する。Deudney, *Bounding Power*, pp. 216-7. また S. Kern, *The Culture of Time and Space, 1880-1918*, Harvard University Press, 1983, ch. 6, 8も参照。
(13) 加えて、植民地協会（The Colonial Society）や帝国連邦同盟（The Imperial Federation League）といったアドボカシー組織も設立された（各々一八六八年、一八八四年）。前者はその後、複数回名称を変更した後、王立コモンウェルス協会（The Royal Commonwealth Society）として今日まで存続している。D. Bell, *The Idea of Greater Britain: Empire and the Future of World Order, 1860-1900*, Princeton University Press, 2007; T. Koditschek, *Liberalism, Imperialism, and the Historical Imagination: Nineteenth-Century Visions of a Greater Britain*, Cambridge University Press, 2011, ch. 4-6. またD. Armitage, Greater Britain: A Useful Category of Historical Analysis?, in *The American Historical Review*, Vol. 104, No. 2（1999）も見よ。
(14) C. Stray, *Classics Transformed: Schools, Universities, and Society in England, 1830-1960*, Clarendon Press, 1998, ch. 5-8.
(15) J. R. Seeley, Political Somnambulism, in *Macmillan's Magazine*, Vol. 43（1880）p. 32.
(16) E. A. Freeman, The Unity of History [1872], in *Comparative Politics*, 2nd edn, Macmillan, 1896, pp. 197, 218. フリーマンの歴史観については第二節にて敷衍する。
(17) E. A. Freeman, Alter Orbis, in *The Contemporary Review*, Vol. 41（1882）.
(18) Ibid., pp. 1047, 1051. なおかかる島国という地勢の強調の背後に、フリーマンによるより一般的な政治地理学の研究がある。E. A. Freeman, *The Historical Geography of Europe*, Longmans, Green, 1881.
(19) Freeman, Alter Orbis, pp. 1044, 1051-3.
(20) E. A. Freeman, *Comparative Politics*, Macmillan and Co., 1873, pp. 47-8.
(21) Freeman, Alter Orbis, p. 1044.
(22) この、今日の英仏海峡トンネルの歴史的前身に当たる事業は、そのような反対論の盛り上がりにより、一八八二年半ばに中断された。A. Travis, Engineering and Politics: The Channel Tunnel in the 1880s, in *Technology and Culture* Vol. 31, No. 3（1991）.

(23) Freeman, Alter Orbis, pp. 1053-4. フリーマンにおける大陸ヨーロッパとローマの観念的結合については、Freeman, *Comparative Politics*, ch. 3（The State）も参照。

(24) Freeman, Alter Orbis, pp. 1042-3.

(25) Ibid., p. 1043.

(26) Freeman, *Greater Greece and Greater Britain*, pp. 28-9, 44. フリーマンにおいて 'nation,' 'folk,' 'people' の間に明確な区別は存在しない。家族や血縁といった本源主義的意味合いの強い folk が他の二つと互換的に使用されるのは、人間集団を観念するに際し彼が、「血・人種」という要素を重視していることの現れと言える。

(27) Ibid., pp. 28, 44.

(28) Ibid., pp. 39-40.

(29) Bell, *The Idea of Greater Britain*, pp. 108-13; Deudney, *Bounding Power*, pp. 227-9.

(30) L. Veracini, Isopolitics, Deep Colonizing, Settler Colonialism, in *Interventions*, Vol. 13, No. 2（2011）. D. Bell, Beyond the Sovereign State: Isopolitan Citizenship, Race, and Anglo-American Union, in *Political Studies*, Vol. 62, No. 2（2013）も参照。

(31) ただしこうした論者として、フリーマンは具体的に特定の人物を名指してはいない。さらなる検討を要するが、『大ギリシャ』――一八八五年のエディンバラでの講演を基としている――における彼の帝国連邦国家構想に対する批判は、前年の一八八四年に発足し、シーリーも加わった帝国連邦同盟全体へ向けられていたと思われる。帝国連邦を企図した同アドボカシー組織については M. Burgess, *The British Tradition of Federalism*, Leicester University Press, 1995, pp. 50-70.

(32) Freeman, *Greater Greece and Greater Britain*, p. 38.

(33) Letter from Freeman to James Bryce（7 February 1887）, in W. R. W. Stephens ed., *The Life and Letters of Edward A. Freeman*, Macmillan, 1895, p. 359. Freeman, *Greater Greece and Greater Britain*, pp. 52-3も見よ。

(34) Freeman, *Greater Greece and Greater Britain*, pp. 15-6.

(35) E. A. Freeman, George Washington, the Expander of England, appended to *Greater Greece and Greater Britain*, pp. 70, 102-3.

(36) Freeman, *Greater Greece and Greater Britain*, pp. 28-9（傍点は原著のイタリックを反映）.

(37) Ibid., pp. 26-7.

(38) 両概念ともに、カナダ・オーストラリアなど世界各地のイギリス人移住植民地およびアメリカ合衆国を、他の諸地域から一定程度区分された一つの纏まりとして把捉するものである。J. Belich, *Replenishing the Earth: The Settler Revolution and the Rise of the Anglo-World, 1783-1939*, Oxford University Press, 2009; S. Vucetic, *The Anglosphere: A Genealogy of a Racialized Identity in International Relation*, Stanford University Press, 2011.

（39）アングリカン自由思想についてはD. Forbes, *The Liberal Anglican Idea of History*, Cambridge University Press, 1952; M. Grimley, *Citizenship, Community and the Church of England: Liberal Anglican Theories of the States Between the Wars*, Clarendon Press, 2004, ch. 1.

（40）T. Arnold, Inaugural Lecture［1841］, in *Introductory Lectures on Modern History*, 3rd edn, B. Fellows, 1845, p. 26.

（41）Ibid., pp. 26, 28.

（42）Ibid., pp. 27, 28-9.

（43）Ibid., pp. 28-9（イタリックは原著）. アーノルドにおける西洋史の見方については次も参照。T. Arnold, Rugby School: Use of the Classics, in *The Miscellaneous Works of Thomas Arnold*, B. Fellowes, 1845.

（44）彼は、上述のアーノルドによるオックスフォード大学での就任講義も聴講していた。S. Collini *et al.*, *That Noble Science of Politics: A Study in Nineteenth-Century Intellectual History*, Cambridge University Press, 1983, pp. 220-1（永井義雄他訳『かの高貴なる政治の科学――十九世紀知性史研究』、ミネルヴァ書房、二〇〇五年、一八八頁）.

（45）V. Morrisroe, 'Sanguinary Amusement': E. A. Freeman, the Comparative Method and Victorian Theories of Race, in *Modern Intellectual History*, Vol. 10, No. 1（2013）pp. 41, 43-9.

（46）E. A. Freeman, Historical Cycles［1869］, in *Historical Essays*, 4th series, Macmillan, 1892, p. 250.

（47）Freeman, *Comparative Politics*, pp. 47, 91-2. なお、重ねての検討を要するが、そのような古代ギリシャにおける理想的政体の典型としてフリーマンはアテネ民主政を念頭に置いているように思われる。ただしこの場合でも、後述するジマーンとの肝要な相違として以下の点を明記しておく。すなわち、ジマーンが大ブリテン（ブリティッシュ・コモンウェルス）全体のモデルを前五世紀・ペリクレス期アテネという一つの政治体に見出した（一対一対応）のに対し、フリーマンは一個の理想的政体（アテネ民主政）を雛形とする複数の植民都市の総体を大ブリテンに准えている点である。

（48）Ibid., pp. 42-4.

（49）Freeman, *Greater Greece and Greater Britain*, pp. 59-60.

(50) アーノルドによると、「我々の血」、すなわちテュートン人種に属するイングランド人の血は、ヨーロッパ文明の先駆者のものとは明確に異なっている。「我々は人種に関して、ローマと同時にギリシャに対しても異質な存在である」。Arnold, Inaugural Lecture, p. 26.

(51) Freeman, The Unity of History, p. 219. 同様に彼は、その三つの集団を「我々の共通の原初的同胞の成員たち」とも呼ぶ。Ibid., p. 196.

(52) P. Mandler, *The English National Character: The History of an Idea from Edmund Burke to Tony Blair*, Yale University Press, 2006, p. 77. 比較方法論についてはCollini *et al.*, *That Noble Science of Politics*, ch. 7（永井義雄他訳『かの高貴なる政治の科学』、第七章）も参照。メインもまた、西洋史をアーリア人種の展開の歴史と見ていた。K. Mantena, *Alibis of Empire: Henry Maine and the Ends of Liberal Imperialism*, Princeton University Press, 2010, ch. 2.

(53) Freeman, *Comparative Politics*, pp. 34-5. Ibid., pp. 11-16も参照。

(54) Ibid., p. 35. ここで言う「他の種のいずれかの原因」とは、先祖からの継承ではない単なる模倣や、（フリーマンが類似の政治制度を生み出す傾向があると主張する）似通った自然環境を指している。

(55) Ibid., p. 45.

(56) たとえば十九世紀末の著名な経済史家アーノルド・トインビー（世界史家アーノルド・J・トインビーの叔父）が、同様の律動的西洋史観を用いてイギリス産業革命史論を展開している。馬路智仁「社会改良と信仰理解――アーノルド・トインビー『急進派社会主義』論の思想史的考察」、『相関社会科学』第十九号、二〇〇九年、四〇―四四頁。

(57) A. J. Toynbee, *Acquaintances*, Oxford University Press, 1967, p. 49.

(58) A. Zimmern, *The Greek Commonwealth: Politics and Economics in Fifth-Century Athens*, 2nd edn, Clarendon Press, 1915, p. 5.

(59) ラウンド・テーブル運動、および同運動におけるジマーンの役割についてはJ. Kendle, *The Round Table Movement and Imperial Union*, University of Toronto Press, 1975.

(60)（Anonym,）The Ethics of Empire, in *The Round Table*, Vol. 3（1913）, pp. 498, 500-1. この論文は匿名で執筆されているが、実際にはジマーンの著によることが証明されている。J. Morefield, *Empires Without Imperialism: Anglo-American Decline and the Politics of Deflection*, Oxford University Press, 2014, pp. 60-62.

(61) L. Curtis, The Form of an Organic Union of the Empire [1911], unpublished (privately circulated), Bodleian Library of Commonwealth and African Studies, Rhodes House, Oxford.

(62) A. Zimmern, United Britain [1905], MS Zimmern (Alfred Zimmern Papers), Bodleian Library, Box 136, folio 124 (傍点筆者).

(63) なお、ジマーンはこうした自治的イギリス帝国に広く居住するイングランド民族を、「ブリトン人」とも言い表している。Ibid., folio 166.

(64) Ibid., folio 167.

(65) したがってジマーンは、政治共同体を構成する集団単位として'race'ではなく、主として'nationality'(民族)を用いた。Baji, Commonwealth, ch. 3.

(66) Letter from Hobson to Zimmern, 16 September 1916, Letter from Zimmern to Hobson, 29 September 1916, The Round Table Papers, Bodleian Library, MS. English History c. 817, folio 142, 153-4.

(67) Zimmern, United Britain, folio 126.

(68) 同書のインパクトについて、F・ターナーは次のように記す。それは「これまでアテネについて英語で書かれた書物の中で、最も注意深く、雄弁かつ喚情的であり、また心温まるものの一つであったし、その後の改訂と共にそのようなものであり続けている」。F. Turner, *The Greek Heritage in Victorian Britain*, Yale University Press, 1981, p. 262.

(69) Morefield, *Empires Without Imperialism*, p. 33.

(70) Letter from Zimmern to Graham Wallas, 5 January 1910, Graham Wallas Papers, London School of Economics Library's Archive, 1/46, folio 8.

(71) P. Low, *Interstate Relations in Classical Greece: Morality and Power*, Cambridge University Press, 2007, pp. 16-7.

(72) A. Zimmern, *The Greek Commonwealth*, 1st edn, Clarendon Press, 1911, pp. 186, 424. なお、本段落と次段落におけるジマーン『ギリシャの共和国』に関する分析は、本稿筆者自身による以下の論文・頁における論述と部分的に重なる。本稿がここで改めて『ギリシャの共和国』に関する分析を展開する理由は、その前稿における欠落点を補完するためでもある。すなわち、前稿では『ギリシャの共和国』刊行以前のジマーンの重要な未公刊原稿(「結合したブリテン」)を検討し、それと『ギリシャの共和国』との関係について論及することができなかった。前稿に対する本稿の独自性はこの点を、大ブリテン(ブリティッシュ・コモンウェルス)構想と古代ギリシャ解釈の相互構成という(本稿全体の)テーマの下で考察しているところにある。馬路智仁「それゆえコモンウェルスへ身体を捧げた――アルフレッド・ジマーン『ギリシャの共和国』と帝国共和主義」、『年報政治学』第六六巻第一号、二〇一五年、一九四―九九頁。

（73）Zimmern, *The Greek Commonwealth*, 1st edn, p. 426.

（74）Ibid., p. 202. ジマーンはトゥキュディデスが記録したところのペリクレスの演説内容を、当時のアテネの政治社会を文字通り証言するものと見なした。Morefield, *Empires Without Imperialism*, p. 55. なお彼はペリクレス演説を、ドイツ人文献学者ヴィラモーヴィッツ＝メレンドルフが編集したギリシャ語テキストに基づいて自ら翻訳し、『ギリシャの共和国』に挿入している。Cf. Ulrich Von Wilamowitz-Moellendorff, *Greek Reader* II, Clarendon Press, 1906, pp. 7-12.

（75）Zimmern, *The Greek Commonwealth*, 1st edn, p. 54. このような愛国主義は、自治のための直接的で能動的な政治生活への参加を意味する、いわゆる「エレウテリア」（eleutheria）としての自由を表現するものとも言えよう。H. F. Pitkin, Are Freedom and Liberty Twins?, in *Political Theory*, Vol. 16, No. 4（1988）を参照。

（76）Zimmern, *The Greek Commonwealth*, 1st edn, p. 57.

（77）Ibid., pp. 66-7.

（78）Ibid., pp. 67-8.

（79）E. Burke, *Thoughts on the Cause of the Present Discontents*, J. Dodsley, 1770, pp. 107, 108-10. 以下も参照。D. Womersley, The Role of Friendship in the Political Thought of Edmund Burke, in E. Velasquez ed., *Love and Friendship: Rethinking Politics and Affection in Modern Times*, Lexington, 2003, pp. 264-5, 273.

（80）Burke, *Thoughts on the Cause of the Present Discontents*, p. 115.

（81）Zimmern, *The Greek Commonwealth*, 1st edn, p. 77.

（82）（Zimmern,）The Ethics of Empire, pp. 489-91, 496-99.

（83）Bell, *The Idea of Greater Britain*, pp. 137-43.

（84）A. Zimmern, *Nationality and Government*, Chatto & Windus, 1918, pp. xx, 355-6. 彼はまた同様の精神的諸原理を、「同胞意識や友情といった様々な社会的絆」とも表す。Ibid., p. 13.

（85）Ibid., pp. xvi-xvii.

（86）マリーについては一定の研究もある。C. Stray ed., *Gilbert Murray Reassessed: Hellenism, Theatre, and International Politics*,

Oxford University Press, 2007. Cf. G. L. Dickinson, *The Greek View of Life*, Methuen & Co., 1896.

(87) L. Curtis ed., *The Commonwealth of Nations*, Part I, Macmillan, 1916, pp. 227-30, 594-5.

(88) J. G. A. Pocock, *The Discovery of Islands: Essays in British History*, Cambridge University Press, 2005, pp. 20, 191（犬塚元監訳『島々の発見――「新しいブリテン史」と政治思想』、名古屋大学出版会、二〇一三年、二五、二四八―九頁）. なお、「第三イギリス帝国」（the Third British Empire）という言葉を発明し、散布したのはジマーンである。A. Zimmern, *The Third British Empire: Being a Course of Lectures Delivered at Columbia University*, Oxford University Press, 1926.

［政治思想学会研究奨励賞受賞論文］

「革命」という持続と断絶
――「始まり」の後のハンナ・アレント

寺井彩菜

一　はじめに

「つぎの革命の結果として、その可能性もあるかもしれません」――一九七〇年に行われたインタビューの中でハンナ・アレントはこう語る。(1) インタビュアーはアレントがいわゆる主権国家に加えた批判に対し、アレント自身はどのような国家概念を提示するのかと尋ねた。その問いに答える形で、アレントは評議会制度に対する期待、さらには評議会国家なるものが実現する可能性について丁寧に語り、先の台詞にみられるような期待をにじませた。このように、アレントの革命に対する期待は『革命について』（以下、『革命』と表記）にのみ現われるものではない。このインタビューもそうだが、最晩年の著作である『精神の生活』の中でも彼女は革命について語っている。(2) つまり、彼女の革命に対する関心は一過性のものではない。また、評議会制度は彼女がこだわり、その制度構想として注目を集めてきたものだが、その着想もこの関心と否応なく結びついている。周知のとおり、それは革命（たとえばアメリカ革命）に見られた現象を例に論じられていたからだ。

しかしながら、アレントの代表作として『革命』が挙げられることはほとんどない。彼女の代表作は何かと問われれば、多くの研究者は『全体主義の起源』（以下、『全体主義』と表記）という最初の大著と『精神の生活』という最後の大著をまずは候補に挙げるに違いない。しかし、その間となるとどうか。従来アレント研究者は『人間の条件』(以下、『条件』と表記)を一つの頂点と考えてきたように思える。たとえば三章からなるエリザベス・ヤング＝ブルーエルの『なぜアーレントが重要なのか』の各章が、それぞれ『全体主義』、『条件』、『精神の生活』に充てられているのは、その分かりやすい例である。(3)また、『条件』は彼女の思考を測る物差しとしてその後の著作に当てられてきたともいえるだろう。『条件』はアレントの政治理論全体を読み解くカギとして、その中に登場する概念は動かしがたい枠組みとして、その後の著作の読解にも用いられてきたのである。

こうしたアレント解釈における『人間の条件』パラダイムには四つの特徴がある。この解釈枠組みにおいては、第一に、「行為(action)」、「制作(work)」、「労働(labor)」という三分類がアレント読解の中心に据えられ、「行為」こそが真に政治的な活動なのだとみなされる。(4)第二に、この真の意味での政治は「始まり」の問題だと理解される。ハイデガー的な「死」や「終わり」といった概念ではなく、「始まり」を理論的基礎とした点にアレントの独自性が存在する。(5)この「始まり」が概念的に独立した結果、「始まり」以外の時間は彼女の理論の中で副次的重要性しか有さない。第三に、この政治的な始まりの可能性を保証する人間の能力は、「出生」である。人間は「生まれる」ことによってこの世界になにか新たな始まりを持ち込む。最後に、始まりが「出生」という日常的な出来事と結びついていることからも分かる通り、このパラダイムが与件としているのは日常的な時間感覚である。つまりここでは、非日常的な、ある時間的一点を際立たせる「カイロス」ではなく、過去から未来へと流れる日常的な時間あるいは「クロノス」の中で把握されている。

これらの「行為」「始まり」「出生」「日常性」というキーワードによって特徴づけられる「条件パラダイム」の中で達成されたひとつの到達点は、森川輝一のアレント論である。彼は『全体主義』の版ごとの変化に注目しつつも、他方で、「出生」を解釈の中心に据え、そうすることで従来の「『矛盾』に満ちた『断片』として『区別』してきた解釈史に抗して」、「出生」概念によって統合されたアレント像を打ち出した。(6)けれどもこのために、『全体主義』や『アウグスティヌスの愛の概念』にも解釈の拠点があるとしても、そのアレント全体像の提示の仕方が「行為」「始まり」「日常性」「出生」にこだわる「人間の条件パラダイム」の典型例にもなっている。彼は「誰かが何か新しいことを『始める』ことと他の誰かがそれを『引き継ぐ』こと」、「この構造から（のみ）アーレントの活動の原理が理解される」と結論づける。[7]「出生」は我々の世界に生まれてくる他者の到来を予言するものであり、これに応えようとしてこの世界で新しい何かを始めようとする「行為」としての第二の誕生がある。これこそが、日常的に起こる「始まり」のモデルだといえるだろう。

「行為」とパラレルな「始まり」とされ、日常的な現象として解釈される、『条件』においての「出生」がアレントの政治理論においてもっとも特徴的かつ根本的な概念であるとされるとき、このような特徴を持つ解釈枠組みが『条件』だけではなく、それ以降の著作にも適用されることになる。逆にいえば、このような状況では、別の始まり、たとえば「革命」は概念としての重要性を見出されえない。実際に、このような解釈パラダイムが支配的となる状況で、革命論は十分に注目されてきたとはいえない。「出生」と「革命」のうち、「出生」が基本概念であり「革命」はそれを現実化した形であるとみなされてきた。要するに、概念的な議論と具体的な議論、『条件』が理論書であり、『革命』はそうした理論を適用するためのマニュアルに過ぎないと解されてきたのである。著名なアレント研究者であるマーガレット・カノヴァンは、アレントの政治理論は『条件』で完結するものではなく、「『人間の条件』に集中すべきではない」という主張のもと議論を展開するが、彼女の区別は『条件』を政治の人間的文脈、『革命』を政治そのものについての考察と見るもので、結局のところ革命論は『条件』の続編程度の扱いとなっている。[8]先に名を挙げたヤング＝ブルーエルの場合も方向性は同じである。『条件』は、彼女によれば、「公共のもの res publica をどのように考えどのように評価するかということについて（……）そしてどのように政治的な生を生きるのかということについての入門書」であった。[9]しかし『革命』は、それと同じ理念に導かれた『条件』の「随伴的ケース・スタディ」にすぎない。[10]

だが、こうした解釈によっていくつか見失われるものがある。第一に、革命論自体の重要性であり、第二に、革命論がアレントの思考に何をもたらしたのかということを追う可能性である。はじめに概略したようにアレントは「革命」の議論を必要としており、それは『革命』における「始まり」という現象の歴史的な例示に限定されずに『精神の生活』にいたるまで残っている。だからこそ、先に特徴を挙げたパラダイムは『条件』に当てはめるなら正当だが、それが『条件』以降の著作に対しても参照点とされるとなるとおおいに問題なのである。「出生」が概念的にアレントの「始まり」、そして「行為」の議論を象徴する存在であるとすれば、アレントの中で「革命」はいかなる位置をしめるのであろうか。あるいは、なぜ、彼女は「出生」だけではなく「革命」を必要としたのだろうか。

本稿は「人間の条件パラダイム」に対して「革命についてパラダイム」を示し、この問いに答えることを目指す。本稿が注目するのはあくまでも『条件』と『革命』を核に生じる相違であり、『精神の生活』それ自体を論じることはしない。とはいえ活動的生活と精神の生活のそれぞれ三つに分類された活動の中で「行為」と「判断」のみが政治的能力とみなされてきた、この図式については問い直すことにしたい。[11]「人間の条件パラダイム」が重視するのは「行為」、「始まり」、「日常性」、「出生」であった。本稿は、「制作」、「持続性」、「非日常性」、「革命」に注目する。『革命』は簡単にいえばフランス革命およびその「後継者」とみなされていたロシア革命に対して、アメリカ革命の重要性を示した著作である。[12]アレントは自らの構想する「自由の空間」たりうる政治のためのモデルとしてアメリカ革命を読者に参照させている。つまり、それは確かに自由にふさわしい現実的で具体的な制度の模索という一面を持っている。しかし、それだけではない。本稿が提示したいのは、「革命」はアレントの始まりの概念を「出生」とは異なる形で表象し、それゆえに持続性の議論にも『条件』を典拠とする場合とは別の形で展開されたものがあるということだ。

本稿の概略は以下のとおりである。まず、『条件』と『革命』の間で概念的な区別にどのような違いがあるかを見る。この違いは持続性、具体的には法、の議論をめぐって明らかになるが、このことで、我々はアレントにとって「制作」がいかに重要な課題であったかを理解できる。次に、アレントの物語についての議論に注目することでこの持続性の性格をさらに区別する。さらに、これらの法や物語の議論の前提となっているものとして、アレントの日常的な時間と非日常的な時間の使い分けがあることが示される。こうしてこれらの持続性の分析を通して、総合的に、二つの「始まり」、つまり「出生」と「革命」、が別々の参照点となっていることが分かる。最後には、これらの比較の結果として、「人間の条件パラダイム」と対置される「革命についてパラダイム」を解釈枠組みとして提示し、そのうえで、革命論とその後の著作の関係、および革命パラダイムの存在がどのような政治的インプリケーションを有するのかについて、簡潔に触れ、議論を終えることにしたい。

二　法――「制作」と持続性という課題

アレント解釈において政治が「始まり」だととらえられてきたのは、『条件』の三分類の中でアレントに政治的とみなされている「行為」が「始まり」をもたらす活動力だという意味においてである。アレントは『条件』の冒頭において、以下のように人間の活動を区別した。「労働」は、個体および種の生命を保障し、「制作」とその工作物は「死すべき生命の空しさと人間的時間のはかない性格に一定の永続性と耐久性を与え」、「行為」は、複数の人間の中に現われ、あるいは、それを目撃することで、「記憶の条件、すなわち歴史の条件を作り出す」（HC: 8）。アレント解釈は『条件』後の著作に対してもこの三分類を常に反映させてきたし、また、アレントの理論を現在の、あるいは具体的な、政治や社会のために論じる際にもこれらのカテゴリーを重用してきたといえるだろう。『条件』のこうした分類において、耐久性、持続性がみとめられているのは「制作」の活動である。そして「制作」的な政治は『条件』において批判の対象であったと言えるだろう。ゆえに、「人間の条件パラダイム」は政治的な議論は持続性を扱わないという前提を共有し、持続性について論じる際にも語り伝えという極めて限定的な活動に触れるにとどまっている。[13]

こうした分類は『革命』においても変わりなく機能しているのだろうか。

『革命』がアメリカ革命とフランス革命を対比させる基準として自由と必然を選んだ点に、『条件』からの連続と変化を見てとることができるだろう。『条件』でアレントが「行為」と対比しているのは「制作」や「労働」であり、「行為」「制作」「労働」の鼎立が分析されていたのに対し、『革命』において対立するのは自由と必然である。

アレントがロシア・フランス革命にみた必然性の議論と対応しているのは『条件』の中では「労働」の議論である。「労働」は『条件』において「人間の肉体の生物学的過程に対応する活動力」だと定義された（HC: 7）。たとえばギリシア人は労働を必要＝必然によって奴隷化されることと蔑んだという話が引かれている。労働が必然性と関わりが深いのはそれが生命過程に支配されているためである。ギリシア人とは異なって、フランス革命やロシア革命は革命をこの生命過程に仕えさせようとした。まず、状況としての貧窮があり、革命はそこからの解放を目指した。しかし貧窮といった必然が人々を駆り立てる力は「暴力よりもさらに強制力をもつ力」であり、自由とは相いれず、アレントは生命的必然性に革命を従属させたことをそれらの失敗の原因として批判する（OR: 53）。

『革命』の必然が『条件』の労働に対応するとすれば、『革命』の自由に対応するものは何だろうか。やはり「行為」だろうか。確かにアレントはアメリカ革命の「新しさ」を強調する。アメリカ革命は「ユニーク」で「新しい政治体の創設」であり、さらには「特殊な国民史の始まり」である。この「始まり」の性質を『条件』における「始まり」と比較検討するのは我々の最後の仕事であるが、さしあたって注目すべきことは、『革命』における新しさの強調である。この点からとらえるかぎり、『革命』の自由は『条件』の「自由であること」＝「行為」＝「何かを新しく始めること」という自由と行為と始まりを結びつける議論と一致するように見える。まさにアメリカ革命に見られたものこそアレントが『条件』で提示した「新しいものを始める人間の能力」で、それを実践させるために『革命』を書いたと結論づけたくなるところだが、しかし、そうであるとすれば三つの活動力のうち残りの一つ、「制作」は『革命』においてはどこに位置づけられるのだろうか。

『条件』において「制作」は持続性を担っていた。「制作」といわれるとその手段目的性や職人的な孤独（isolation）に目を向けがちだが、その第一の仕事は「死すべき生命の空しさと人間的時間のはかない性格に一定の永続性と耐久性を与える」ことであり、その条件は世界性である。「制作は、全ての自然的な環境とははっきりと別のものである、物の『人工的な』世界を作り出す。そうした世界の境界線の内部でそれぞれ個々の生命は安住するのであるが、一方で、この世界そのものはそれら個々の生命を超えて永続するようにできている」（HC: 7）。つまり、「制作」は『条件』の中で区別された活動的生活の中で人間的で可死的なものの持続に関して非常に大きな役割を担っているといえるのであり、具体的に「制作」にカテゴライズされる活動は具体的な机づくりから、より抽象的なものの作成まで様々であるが、「制作的なもの」はこのような持続性の追求にあるといえよう。

なかでも「制作」の中で重要なのが、法と物語である。物語については後の節で論じるので、ここでは法を中心に持続性と政治の関係について考察したい。というのも、法の議論において我々は、持続性の議論がアレントの中でどのような位置を占めているのか、そして『条件』と『革命』の間でそれがどのように変化したのかを分かりやすく理解できるからである。近年、アレントと法という問題系に注目が集まっているが、彼らによりまず示されたことは、彼女の法の見方は彼女の世界観を示してもいるということだ[14]。

『条件』においてアレントが描き出す法の性格は「立法と建築とが同じカテゴリーに属していた」古代ギリシアの法のとらえ方と一致する（HC: 195）。古代ギリシアにおいて、法（Nomos）は街と街、人と人の間に人が作り上げる「境界」であり、人々が行為を始める前に確保されるべき「都市を取り囲む城壁の如きもの」なので、ポリス外の他者との間に政治を不可能にしてしまいもする。つまり、ある人間集団が各々のための人工的な「世界」を作り上げる、「制作」的な営みなのである。さらに、この「壁」が人間の言葉やおこないが忘れられないということを保障する[15]。政治的共同体そのものを新しい世代へと受け継がせ、それが生き延びることを可能にするのは法の役割なのだ。こうして政治的な領域に耐久性や恒常性を与えるという点で、この法の在り方は「制作」的である。しかし、この法作成は「前政治的(pre-political)」なものであり、この意味で、こうした「制作」は『条件』においては「行為」がその真髄とされる政治的な領域と明確に区別されている。このように、『条件』に基づくと、法のような「制作」の議論は実際にそれが持つ重要さに比して後景に退いて我々の目に映ることになる。実際に、アレントの法的な議論については近年法学者によって注目されるまで研究の対象となってこなかった（脚注14を参照）。

しかし、持続性の議論であるということは本来、アレントの政治理論において、それが重要ではないという意味ではまったくない。「政治は人間というよりも、人間と人間の間に生起し、人間を越えて持続する世界についてのものである」とアレントは語る[16]。ここで言う世界とは、（ⅰ）自然界ではなく人工的に建設された空間を基盤とし、（ⅱ）私と異なる他者と共有されるものという意味でリアリティの次元を構成し、（ⅲ）死すべき人間の一生を超えて存続し続けるものである。[17] この世界概念は、『条件』の「制作」と密接な関係を有している。なぜなら、「制作」も自然の世界と区別された人工的な世界を作り出し、法によって「行為」のための空間を建設し、可死的なものに人間の一生を超えた永続性を与えるものだからである。

このように「制作」の担う持続性の課題と無関係ではない世界性の議論は、アレントの最初の政治的な関心、全体主義批判と密接に結びついている。『全体主義』第三巻において「世界」とはどのようなものとして描かれていただろうか。アレントは「共同生活の中に新しい人間の誕生が持ちこまれる」たびに「一つの新しい始まり、一つの新しい自由、一つの新しい世界が始まる」と言う（EUT: 735）。それとは逆に全体主義は、「あるがままの人間たちをそのような暴力によってテロルの鉄の枷のなかに押しこみ、そうして行動の空間、それだけが自由の実際の姿であるのだが、を消滅させてしまう」（EUT: 736）。すなわち、全体主義の支配の本質をなすものは「見捨てられていること（Verlassenheit）」、つまり人々の間に生じるべき、共有された「世界」の喪失である（EUT: 750）。この意味で、彼女の「政治」概念を支えている概念は「世界」であり、その持続が政治的な課題である。

『全体主義』においてこの世界性の維持は「行為」だけの問題ではなかった。確かに、政治を通じて得られるものである、他の人間と共にあるという基本的経験は、「行為」のものである。しかし、アレントは『全体主義』においおいに法という問題に関心を持っていた。たとえば『全体主義』第二巻において、アレントは全体主義を招いた国民国家の没落を法の没落という形で描き出している。[18] つまり、アレントにとって法は全体主義批判の中心的な論点であったのである。別の箇所でも、アレントは法について、新しい始まりを囲み、そのための空間を作り、そうした自由を保障するものとして描き出す。ここでアレントは法を、政治がもたらす「他の人間と共にある基本的経験」の可能性を保障し、さらには個々の人間を超えて継続するものである共同の世界がそれに先行することをも保障するものとして評価している（EUT: 735）。世界は「行為」だけでは維持されないのだ。

もちろんこの世界性の維持という課題は、『条件』において忘れられてしまったわけではない。しかし、世界性の維持について『条件』の視点から読み解くならば、まさに「行為」こそが世界性を維持すると思われることになるだろう。世界性は『条件』においても「制作」が人工的な世界を作り出すという意味で「制作」の範疇であるのだが、このことは次のように理解されてきた。政治それ自体はアレントにとって常に「行為」の空間であり、自発的な行為ができなくなったことによって「共通世界」は失われる。というのも、「制作」によってつくられた世界も人間との間にジレンマを引き起こすからであり、だからこそ世界性を維持するために「行為」は「制作」とは異なった役割を持つものとして取り上げるに値する。人間は被造世界の中に自らの世界を作るが、それが自らのものであっても保持し続けることはできず、それらは神に与えられた被造世界と同じものになってしまう。このために、人間は「制作」によるだけではその世界に安住することを望めない。そこで求められるのが、複数の人間の間で行われる「行為」によって「意味」という価値基準を得ることだ。このように理解されてきたために、『条件』においても世界の持続やそれを形作る法は一定の重要性を認められてはいるのだが、それらはあくまで非政治的なものとされており、さらにはそれらに意味を与える「行為」の強調の前にかすんでしまう。

このような『条件』の法の議論に対して、『革命』でのアレントの法の取り扱いに注目するとき、『条件』と『革命』の差異とその原因、すなわち「自由の空間」の持続性のとらえ方に関する変化、がより明確になる。というのも、『革命』において「制作」の議論は単純に批判対象であるフランス革命に結びつけられているわけではないからだ。アメリカ革命もまさに「制作」が担ってきた持続性を必要としている。しかし、『条件』の区分にしたがうかぎり、法的な持続性は政治の問題ではなかった。『全体主義』以来一貫して世界性の持続ということが政治的な課題であるということを見た後では、このことは意外なことに思える。だが、『革命』ではまさにそれが政治的な問題へと変貌を遂げる。見出されるべき変化は、『条件』は法的な持続性を政治的なものの外に退かせるのだが、『革命』で再びこの持続性が要請されているということだ。それは『条件』的な「人工的な世界に意味を与えて人間的なものにする」ということだけでなく持続それ自体であり、この持続性の際立った重要性が『条件』以降の著作に対して『条件』を参照する際に問題になってくる。

『革命』の議論の原型は一九五八年に発表された「自由とは何か」という論文に求めることができるだろう。とはいえ、アレントが「革命」についての講義を依頼されていたのは翌年のことであるし、『革命』の議論を特徴づけるlibertyとfreedomの区別についてもまだ不明瞭である。[19] しかし、少なくともこの論文における古代ローマの例示、「かれらの父祖が都市を創設することによって打ち立てた始まり」を引き継ぎ、担い、「増大」させることとしての「自由」の描写が、『革命』の議論に引き継がれることになる（BPF: 165）。このように、古代ローマの「政治」＝「始まり」＝「自由」は「創設」および「遺産」であり、このために『条件』においては政治的な活動からは区別されていた「制作」的な議論が『革命』ではまさに政治的な議論として展開されることになるというわけだ。

その例として最も分かりやすいのは、アレントの法概念の変化である。『革命』においては、『条件』と異なって、アレントは古代ローマ的な法概念を採用し、法を約束や契約と同様のものとみなしている。この法概念Lexは古代ギリシアのNomosと違い、市民の間だけでなく見知らぬものとの間でも成り立つとされるばかりか、このLexは都市の建設と同一視されて前政治的活動として政治から切り離されることもなかった。古代ローマにおいて法はもともと「関係」を意味し、つまり、「外的な環境のために寄せ集められた二つの物、あるいは二つのパートナーを結びつけるもののことであった」（OR: 179）。もちろんこれに対しては、『条件』においても「約束」が同じような役割を果たしていたではないかという反論が寄せられるかもしれない。なるほどこのNomosよりも流動的なLexはたしかに契約や約束をその性格としているが、『条件』の約束の議論の単なる反復というわけではない。『革命』においては、単なる「約束」という形ではなく、より法的な議論として検討されるようになっている。だからこそ『革命』のアレントは、「約束」という形では「世界」の安定と永続のためには不十分であると指摘することになる（OR: 174）。そしてそこでより重要なことは、アレントが『革命』において、憲法という空間的限定づけの議論を手放してはいないどころか、その必要性に直面している点である。それはまさに必然性から守られた、さらには永続的な、「自由の空間」を創設・維持するために他ならない。

『革命』においては、「政治」がより「制作」的な活動を含むものになり、創設や持続の問題に直面すると同時に、「法」は以前よりはるかに「政治的問題」となっている。なるほど彼女はここでも権力と法とは依然として違う階層を構成しているのだが、議論のそれぞれを比べれば『条件』における法の議論が持続性の必要の下で問い直されていることが分かる。アレントは「約束」が「永続性を保証するには十分ではない」という問題を権威の不在の問題として理解し、持続のためにそれを求めようとする。このときなされるのが法の議論であり、それも『条件』と異なって「前政治的」ではなく、むしろ契約によって構成された政治体の中に生じた権力、政治から生まれてこなければならない法である（OR: 174）。たしかにアメリカ革命は、法の源泉は人よりも高次の超越的な領域にあるとして、権力と法とを区別した（OR: 174）。つまり、法の源泉を「下」、すなわち神格化された人民に求めたフランス革命とは違って、アメリカ革命は人民と法の源泉とを切り離し、法と権力とを一致させることは望まなかった。けれどもこのときアメリカ革命によって参照されるのは依然としてNomosではなくLexであり、だからこそ権力に対して超越する法という当初の評価から想像されるものとは異なり、このような法の在り方が権威の超越的な源泉を必要としないことがアレントに評価されることになる。法が「それに妥当性を与える権威の超越的源泉、つまり人の権力を超えるべき起源、を必要とする」のは、（ローマ的な）同意や相互契約と無関係に服従を強いられる「戒律」と法を理解する場合である（OR: 181）。こうした権威に代わってアレントが求めているのは「革命」という始まりそのものが持つ権威を理解することであり、その権威を憲法に織り込むということであった。

ここまでの議論から分かる通り、アレントはアメリカ革命を、いわば法の政治化を成しとげようとした革命ととらえている。しかしながら、同時に彼女は、それが失敗に終わったという点も見逃していない。この悲観的展望は「自由とは何か」を発表した一年後の、さらにはアレントが「革命」についての講義をおこなった年である一九五九年に発表された論文、「権威とは何か」の中ですでに明らかにされている。この喪失の原因はこの論文のタイトルからも明らかなように「権威」の不在に求められている。この「権威」の不在が示すのは、我々が「神聖な始まりに対する宗教的信頼も、伝統的であるがゆえに自明な行動（behavior）の基準も欠いた状態で、人間の共生という根本的な問題にあらためて直面させられている」ということだ（BPF: 141）。それではアレントはこの「権威」をどのように求めようとするのか。アレントにとって、新しい政治体の権威の源泉は「創設の行為そのもの」であるべきであった。しかし、このことは理解されなかった。ジェファーソン以外の革命家たちにはそうした革命精神は当然のものに見えており、「革命精神をどのように保持するかという明白な問題」を問うものはいなかった。そのために革命後にもそれを守る仕組みを憲法に織り込むことができず、革命精神は失われていった。[20]「逆説的に響くかもしれないが、アメリカで革命精神が死滅しはじめたのは、実際、アメリカ革命の影響によるものだった。というのも、アメリカの人々からそのもっとも誇るべき財産を騙し取ったのは、彼らの最大の成果であるアメリカ憲法そのものだったのだ」（OR: 231）。

『革命』は、「持続性」を担保するため、「条件」パラダイムを修正して「行為」のみならず『条件』で「制作」にカテゴライズされていた要素も重視することになった。要するに、『条件』においては「約束」を含む政治＝「行為」は、持続のための法や物語＝「制作」や生命的な必然性＝「労働」とは区別されていたが、『革命』においてはこれらの「制作」的な営みが「行為」と区別されるのではなく、「必然」と「自由」とに区別され直されることによってアレントの「政治」理論に再統合されているといえるだろう。しかし、今見た通り、そこでの議論の結末は、アメリカ革命では優れた法が持続する代わりに「革命精神」そのものが失われてしまったというものだった。そこで彼女は、革命の失敗を受けて、「法」を離れ、『条件』において、もうひとつの「持続性」を担わされていた「物語」の議論を発展させるようになる。そして、実は、『条件』ではなく、この『革命』を契機として発展させられた物語論の系譜こそが、後の『精神の生活』へと繋がってゆくのである。

三　物語──詩人と「革命」の記憶

「物語」とは何か。一般的な意味においても、前節で見た『革命』における事例のように何かが失われたとき、それを記憶し、回想させることは「物語」の仕事である。この「物語」はしばしば「行為」の能力として理解されている。[21]それは、『条件』において「人が行為と言葉において自分自身を暴露する」営みも「物語」と明瞭に表現されており、このために「物語」が「行為」の性質をあわせもっていると考えられてきたからである。

何を目的にしているかという点から見れば、『条件』の物語は共通した性格を持っている。『条件』において、物語は何よりもまずはかない人間の生を超えて出来事を存続させるためのものだ。「非生物学的な意味における生、それぞれの人間が誕生から死までの間にもつ寿命は、行為と言論の中におのずと現われるが、この二つは、本質的な空虚さを人の生と分かち合う。『偉大なおこないをし、偉大な言葉を語』ろうとも、それは、いかなる痕跡も残さず、行為の瞬間と語られた言葉が過ぎ去った後にも存続するような産物も一切残さない」(HC: 173)。だからこそ、物語は「行為」を記憶し、後世に伝えようとする。

こうした物語は「行為」としてとらえられるべきものなのだろうか。

たしかにアレントは芸術作品の中でも演劇を特別視し、「行為」の領域に引き入れる[22]。演劇は「物語の筋を再演する俳優と語り手」によれば「物語そのものの意味、否、むしろ、物語の中に姿を現わす『主人公』の意味を、完全に伝達することができる」と考えられている(HC: 187)。この演劇の強調はアレントの政治理論の要である「人間は行為によって他者の間に現われる」という「行為」の暴露的性格が物語にも見出されていることに由来する。こうした『条件』の物語のベースにあるのはつまり、ポリスなど行為の空間の中で自己を暴露し、あるいは他者の行為を目撃し、評価し、偉大な行為に値すると判断されたものを物語などの形に遺して時の経過で忘れ去られないようにとどめ、未来においてそれを再現するという「行為と言論の生きた流れ」(傍点は筆者による)である。

とはいえこのことによって物語を「行為」とすることはできない。死すべき人間が必要とするのは「芸術家、詩人、歴史編纂者、記念碑設立者、作家の助力」であり、というのも「それらの助けなしには、彼らの活動力の唯一の産物、彼らが演じ、語る物語は、全く生き残らない」とアレントははっきり述べているからだ(HC: 173-4、p. 95, p. 173も参照)。「制作」が流れ去る時間の中での耐久性を与えることに優れていることによって「行為」は「世界」の中に残るための代償を支払う。「物語」は実は「制作」の営みであるのだ。

ただし、『条件』に依拠する限り、物語の「制作」的な側面にことさらに注目する正当性は得られない。実際に、『条件』において物語の「制作」的な性格に対するアレントの不満はあからさまである。行為者にとって、自分の行為の意味はその行為に続く物語の中にはなく、物語は行為が必ず生み出す結果であるとしても、それを「作る」のは行為者ではなく物語の作者になってしまう（HC: 192）。しかし、これに対してギリシア人の「独創的で前哲学的な救済手段」としてアレントが持ち出すのは結局ポリスの創設である。アレントはポリスという形で共生する人びとの生活が「行為（action）と言論の結果であるおこない（deed）と物語」を不滅にする（HC: 196, 198）というが、そもそもポリスは法によって創設されるものであった。公的空間は「ポリスの城壁や法の垣根のような安定した保護物なしには、行為と言論が続いている瞬間だけしか存続できない」（HC: 198）。このために法と物語とは密接に結び付く議論であり、その蜜月関係はNomosのもとにある。

だからこそ、前節で見たとおり『条件』と『革命』では法の議論が変化したことで、『革命』においては物語の議論もそれに応じた変化をせまられることになる。アメリカはその憲法と引き換えに革命精神を失ってしまったが、この「アメリカの記憶の失敗は、革命後の思考のこの致命的な失敗にまでさかのぼることができる」（OR: 212）とアレントは述べ、『革命』の物語は出来事の概念的結晶化の、つまり語り伝えることの、失敗として描かれる。ここでアレントに期待されている思考の役割は記憶であり、『条件』において物語に期待されていたものと同じである。「人々がおこない、耐えることから生まれてくる事件や出来事の経験や、その物語でさえ」も「その中で自らさらに発展しうるような概念の枠組の中に濃縮され、蒸留されるのでなければ、その記憶は保証されない」（OR: 212）。こうした記憶の道標をもたらす概念化は『革命』において新しく要求されたものであり、それが前提としているのはアメリカ革命における革命精神の喪失という法的な問題である。『条件』と同様に「生きている言葉と生きている行為につきものの空虚さ」（OR: 212）がここでは問題とされているのだが、単に形にして留める物化だけでなく、概念化が求められている。

『革命』の最終章でアレントはこの記憶の役割を詩人に求める。「われわれがそれによって生きるような言葉を発見し、つくることを仕事としている詩人たちが、記憶の宝庫を守り見張っている」（OR: 272）。だからこそ我々は法によって維持されなかった「失われた宝」の実際の中身が何であるかということにはっきりした表現を見つけることができる。

アレントによって言及される詩人の一人はソポクレスであり、その詩は「人びとの自由なおこないと生きている言葉の空間、ポリス」が「普通の人びとを生の重荷に耐えさせた」ことを記憶し、伝える（OR: 273）。ここに見られる転倒は重要である。『条件』においてアレントはポリスを「人々が自分たちの善いおこないや悪いおこないを、詩人たちに助けを求めることなく、永遠に記憶に留め、現在と将来にわたって称賛を呼び起こすためのもの」と描いた（HC: 197）。しかし『条件』のポリス論に見られたような法の保護を失った『革命』においては詩人によってポリスの経験が記憶されることになる。しかもソポクレスが口を借りるのは「アテナイの伝説的な創設者」で、このことも「制作」の重要性を示す。

このことが単に『条件』において「制作」に分類されたものの重要性を示すだけでなく、『革命』における物語の性質の変化であることを示すためにはもう一人の詩人が重要である。二人目の詩人は対独レジスタンス中に「行為」を経験したレジスタント、ルネ・シャールである。アレントにとってはレジスタンスの経験も革命と同列に語られていることが特徴だが、彼の挿話を引いて、アレントは次のように語る。彼はドイツからの解放が公的な任務からの解放でもあることを知っていた。そのために「私的な生活と労働の『陰鬱な重苦しさ』」に戻らなければならなくなるだろう。これらの記述は「意図せざる自己暴露、すなわち、曖昧さや自己反省なしに言葉やおこないによって現われることの喜びを証言している点で十分に意義深い」（OR: 272-3）。しかし、彼の挿話はその「宝」がどのようなものであったかだけでなく、それが失われてしまったこと、そしてそれが失われてしまう理由もまた示している。では、彼の「宝」はなぜ失われてしまったのだろうか。こちらの挿話は『過去と未来の間』にも受け継がれてさらなる展開を見せ、何が問題であったのかということを明確に示している。そこでは「現われやリアリティを予見させる伝統が存在せず、それを未来に受け継がせる遺言は何一つなかった」し、「指し示す伝統がなければ、遺言によって受け継がれる時間的連続もなかった」のである（BPF: 5）。

このような人びとの間での伝達や理解の難しさの認識は明らかに『革命』の議論を受け継いでいる。『革命』において記憶の難しさは以下のように語られていた。「革命」のような「創設」は「それまで数千年のあいだ創設伝説の対象にすぎず、想像力だけが過去と記憶の届かない出来事を探ろうとしていた」そのようなものだった（OR: 197）。こうした想像力がアメリカ革命の人々に対してもたらしたのはイスラエルのエジプト脱出とウェルギリウスによって描かれたアエネアスの放浪であっただろうとアレントは推測している。しかし「革命」のもたらすような「始まり」はこれらの再現であると言うこともできない[23]。というのも、「西洋の政治を永遠の都ローマの創設にさかのぼって結びつけ、この創設をさらにギリシアとトロイの歴史以前の記憶にさかのぼって結びつけていた連続の糸は断ち切られて、もはや、それを結びなおすこともできない」のだから（OR: 204）。

こうした状況に応える、革命論の系譜に連なる物語論は詳しくは『革命』の後にさらに展開される。この物語論はたとえば『暗い時代の人々』の中のベンヤミン論として表出した[24]。その中でアレントは伝統の断絶における詩人の役割について語っている。この詩人は『革命』の議論を継ぐ、『過去と未来の間』の「過去と未来の間の時間の裂け目」、『精神の生活』の「断絶（hiatus）」（LM2: 204）と同様の「伝統の破損」によって生じた「こなごなの破片（debris）の山」から貴重なものを見つけ、記憶と回想を行う存在である[25]。

『革命』は我々の居合わせなかった政治的経験に対する記憶と回想の議論であり、それは本質的に伝統や（戒律的な）権威といった種類の持続性と相容れない。だからこそそれを「詩的に思考する才能」が必要とされ、さらにはこの詩人の仕事は「われわれに生命を与える言葉を発見し、つくること」になる（OR: 272）。このことは『条件』と同じく古代ギリシアに依拠して歴史について論じる「歴史の概念――古代と近代」において「偉大なおこないや偉大な言葉はその偉大さにおいて石や家と同じくらいに現実的であり、そこに居合わせる人すべてが見聞きしうるもの」であり、「詩人（後に歴史編纂者）は、本質的にむなしいそれらの栄光を保存するだけで」よかったこととは対照的であるといえよう[26]。

『条件』と『革命』の間の物語論の変化とは以下のようなものだ。『条件』において、物語は「制作」と「行為」にまたがっており、主人公が行うことを目撃したものが語り伝えた。しかし、革命論では「主人公」はもう既に去った存在である。ルネ・シャールの挿話もそうした自由な「行為」の経験が「忘却に委ねられ、つまり記憶されずに完全に葬られた」ことを語るものであった（BPF: 5）。革命論の求める物語とは、すなわち、称賛を受けることなく語り継がれず失われてしまった「行為」について回想する、ということなのだ。

こうしたことから分かるのは、『革命』以降、アレントは直接の目撃者にはなり得ない出来事、既に失われたか忘れられた出来事、に対する注目の度合いを強め、そのために物語るものはその場に居合わせた者からその場にいない観想者ととらえられるようになり、その結果「思考」の重要度が増してゆくということだろう。したがって本稿は、アレントが革命を時代観察として分析した際に「思考」の政治的重要性が高まり、「行為」と「判断」のみが政治的能力とされるべきでなく、「革命」を経由し、「思考」は革命を物語るためにそれと結びついていることで政治的な一つの空間を作り上げ意義を持つと主張する。[27]

確かにアレントは評議会国家を夢見ていた。事実、これは『条件』で概念的に論じられたことに対応し、それを実現する具体的な制度といえなくもない。だがしかし、それだけに還元できるものでもない。評議会制度とは政治的なものの持続の問題に関わるのであって、単に「行為」のための場を提供する制度設計の話ではない。というのは、場を与えても、歴史に現われたあまたの評議会と同じように現われては消えるだけで、政治的なものの持続を保証できるものではないからだ。評議会はもともと歴史においてときたま現われてきたものとされている。ハンガリー革命、アメリカ革命はもとより、アレントに批判的にみられているフランス革命やロシア革命においても評議会的な場は観察されている。[28]『革命』に端緒を持つ持続性の議論が問題にし、なかなか答えを出せずにいるのは、どのようにこの偶然性を乗り越えることができるかということの方なのである。

しかし、『条件』の議論に戻ることはできない。『条件』において持続性は政治とは区別された「制作」に託されていた。この点で、『条件』は政治的な「行為」を「労働」や「制作」と区別するようでありながら、これらの三種の能力は一種の共存関係にあったといえるだろう。持続性という問題が『革命』において切実な政治的な問題になるのは「自由」という根本的な概念の登場によって、この互恵関係が崩されたためである。そして、我々が見てきたように、この相違は『条件』の議論を変質させていったのだ。

法においても物語においても『条件』と『革命』の議論は異なっているが、本節で見た物語の議論と前節の法の議論のつながりをより正確に理解するためには、さらにその背後にある『条件』と『革命』の時間意識の違いを把握する必要がある。法と物語とはその時間感覚において議論の連続性を持ち、さらにはこの時間感覚によって『条件』と『革命』の議論はそれぞれより明確に特徴づけられることになるからだ。次の節ではこの法と物語を結び付け、『条件』と『革命』を区別する、そうした時間意識の違いについて論じたい。

四　時間――「革命」という持続と断絶

法と物語の議論は両方とも持続性を問題にしているが、『条件』、『革命』それぞれにおいてその機能についてではなく時間性について議論の連続性を持っている。そしてこの時間性の差異が『条件』と『革命』のどちらの流れを組む議論か判断することを可能にする。

『条件』の時間性をクロノス的な時間性と呼ぶとすれば、『革命』の「裂け目」はカイロス的なものといえるだろう。過去から未来へと途切れ目のない我々の日常的な「時間」のとらえ方であるクロノスに対し、カイロスは「時間」ではなく「時刻」であり、「好機」という性質を強く持つ。法と物語の議論から分かることには、『条件』の持続性は現在から連続したものとして過去や未来をとらえており、意識の中で過去から未来への流れが想定されている点が最大の特徴であるといえるが、『革命』の時間はそうした連続性を断ち切る。

『条件』の場合、「行為」はアレントのいうところの「過程性」を特徴に持つ。その時間性は断絶とは異なった連続性のもとでとらえられ、始まりをもたらすものではあるけれども必ず時間的な幅を持っている。アレントは「行為」それ自体にも耐久性を認めるが、この耐久性はまさに「行為」の時間的に区切りのない性格による。(29)『条件』の議論で「行為」を「制作」から巧妙に遠ざけているものはこの過程性である。アレントに演劇が評価されるのも、それが「行為」の時間的な流れをそのまま再現することができるからであった。

これに対して、『革命』における時間性は過去から未来への連続性を前提としてはいない。分かりやすい表現を引くならば「革命」という「始まり」は「断絶」として描き出され、『革命』では「出生」さえこうした「断絶」のもとで理解される（OR: 203-4）。それは「古い秩序の終わりと新しい秩序の始まりのあいだにある裂け目」であり、そして、「この裂け目は明白に、時間を連続的な流れとして考える普通の時間観念からは逸脱している今までにはない思索のなかに入りこんでいる」のである（OR: 197-8）。確かに『革命』で論じられているのは「自由」の出現する過程とそれを破壊させずに持続させる制度であるが、それは単に『条件』的な自由な「行為」の空間の始まりと安定の実践的過程を論じるものではない。『革命』において、革命には「安定性にたいする関心と新しいものの精神」という矛盾する二つの欲求が共存していると語られている。より重要なことは、政治的な「自由」の始まりが特殊な「裂け目」にあるとされていることだ。『条件』と『革命』の間にある差異は、後者はこの特殊なものを扱っているということに他ならない。

こうした二つの著作の時間感覚の違いや、それに応じた「始まり」の在り方の違いが、二つの対照的な解釈を生み出してきた。一方で森川に代表されるような、アレントの政治を日常的なものととらえる解釈がある。『条件』の過程性を重視する議論を受けて、アレント解釈は政治を「不確かで危険を孕んだ人間の世界を、暴力ではなく言葉の力によって支え保ち、絶えず新たに到来してくる新しい者たちに引き継いでゆく営み」、あるいは始まりを「平板に流れゆく時を切断するが如き時の裂け目」ではなく「我々が我々の世界で何か新たな出来事を始めること」ととらえるようになった[30]。また、人間の自発性をすでにある共同体の中に存在する複数の人間という枠内で方向づける共和主義的解釈も、このような日常性の観点からの読解といえるだろう[31]。「出生」をアレントの理論的基礎におく解釈は、創始者の特権的な現在ではなく、日常的で連続的な時間に「行為」を位置付けるという形で政治の「制作」化を逃れようとしている。このような行為論はいわば後世の人間のために（「制作」ではなく）「行為」によって「世界」を維持しようとし、「世界」は「出生」によって常に変容させられる可能性を持っているという訳だ。これと対照的なのはアレントの政治概念に非日常性を見出す議論である。たとえば川崎修は「過去との連続性の徹底的・意識的な断絶と、全く未知なるものへの新たな出発点となるべき『現在』への賛美」という「モダニズムの精神」をアレントに読み込む[32]。この現在主義的なアレント解釈はジェイに代表される実存主義的解釈を受け継いだもので、こうした解釈にとってアレントは政治的活動を「活動的生活の他の様態への従属から解放すること」を企てており、その政治が社会・経済的諸力に還元不可能であること、最大限の自律性が求められていることを根拠にいわゆる「決断主義」の立場に位置づけられさえする。[33] このような「始まり」の際立った強調も、前者の立場の「政治」解釈が実際には「制作」に大きく負うものがあることに注目しないのも、「条件パラダイム」の影響力を示すものである。というのは、『条件』のおこなった分類に基づくことで、「行為」が「労働」や「制作」から独立した活動であることが強調され、同時に、「制作」の本領である持続性という課題が二次的なものとされることになるからだ。このような状況のなかで、本稿が注目しているのは、二つのベクトルの存在、そしてそれらが『条件』と『革命』のそれぞれをアレント解釈の規範として採った場合の相違として理解されるべきでなのではないか、ということなのである。

しかしどちらもアレントの全てを説明できるわけではない。それぞれの時間感覚があり、この時間感覚にしたがってそれぞれの著作が特定の領域を占めることになる。

したがって、問題は、『革命』以後の著作が、そのどちらの領域に属するのかを決めることである。このように問いを立ててみると、晩期アレントが主題とした多くの事柄は、革命の系譜上に位置づけられることが分かる。『革命』は最終的には『精神の生活』において分析されるような「思考」の時間性に関する様々な主題を先取りしている著作であるといってもよいだろう。実際に、「過去と未来の間の裂け目(gap between past and future)」という議論は『過去と未来の間』の序文を経て、『精神の生活』の上巻にまで展開されており、下巻においてその裂け目が革命に見出されているものと同じだということが示唆される。『革命』の末尾に出現する「失われた宝(lost treasure)」という主題は『過去と未来の間』の序文に引き継がれ、『革命』の第五章は『精神の生活』の下巻「意志」の第十六章と章題すら共有している。アレントは『革命』の中で「革命」を「終わりと始まり、もはや存在しないもの(no longer)とまだ存在しないもの(not yet)との伝説的な裂け目」とみなしているが、この記述は「思考」の議論に受け継がれることになった(OR: 198)。また、四十年代の論稿をみるとこの〈もはやない〉過去と〈まだない〉未来という表現がヘルマン・ブロッホに依拠した文学的表現であることが分かるが、『革命』において繰り返される際に政治的な含意を強め、だからこそ六十年代にアレントがさらに議論を充実させる際にはこの裂け目が「政治的リアリティ」として描き出されることになる

(BPF: 13)[34]。

アレントは、この断絶を含んだ時間感覚、すなわちカイロスとしての時間感覚を、『過去と未来の間』やカフカ論の中で詳しく展開している。アレントが時間性に新たな関心を持つのはちょうど『革命』(米初版の出版は一九六三年)と『過去と未来の間』の序文(一九六八年)が書かれる間(一九六七年)のことだが、これは『革命』の議論とこの時間についての議論の連続性を示すものである。実際に、『革命』においてアレントは革命精神の喪失を思考の失敗に責を負わせていたし、またそれ以上に、前二節で触れたように、思考する詩人に対する期待は一九五八年には見られず、さらに共生のための権威の喪失という問題が一九五九年に改めて生じたことから、これらの議論の展開が「革命」についての講義の依頼を契機としていることが推測されよう。こうして『革命』に始まる持続性の議論は、法や評議会といった実体的な制度の議論にとどまらず、より不定形な持続の議論として展開されることになった。『過去と未来の間』の序文においてアレントは印象的な分析を行っている。それは、伝統の断絶したところで過去を拾い上げ、記憶し、伝えるための思考とその時間性に関するものだ。この着想はカフカの寓話の「発見」に起因する。ハイデガーへの手紙や、『思索日記』での記述から、アレントが新たな時間性に着目し始めたのは、一九六七年頃であることが分かる[35]。アレントは一九四四年にもカフカについての記念論文を発表しているが、この論文において『過去と未来の間』において重視されているようなカフカの時間感覚に触れられることはなかった[36]。アレントは「裂け目」を描き出すためにカフカを引用するが、これはこの時期の新たな「発見」であったのだ。

この時間性とはどのようなものであっただろうか。アレントはカフカを引用しながら「過去と未来の間の裂け目」について以下のように解説する。時間の持続は限られた人生を持った人間、「彼」が登場することで過去・現在・未来という時制の中に解体される。これはその時間の持続が直線運動と見なされるか、円環運動と見なされるかとは無関係である。そして狭間にある現在において、自分自身が「起源」としての誕生と終了としての死を持ち、そのためにいつでもその狭間にいる人間は、〈もはやない〉過去と〈まだない〉未来に抵抗する存在である。このような時間性は、人の意思とは無関係に流れるクロノス的な時間性とは異なって、主観的でいわば非時間的なものだ。けれどもアレントの場合このカイロスは延長する。だからこそ時間を断ち切るのみならず別の時間性として展開する。

アレントはカフカの物語に欠けているものとして「思考が人間的な時間から飛び出ることを強いられずにはたらきうる空間的次元」を指摘する（BPF: 11）。それは過去と未来の双方に抵抗する現在であり、時間の連続性に回収されることなく抽象的ではあれども空間的な次元を構成する。一方で、それらに対する抵抗という形で過去と未来に対抗する現在という地点に根を持つことができ、いわゆるイデア界を観想する場合のように人間的な時間を離れてしまうということはない。アレントは、この非-時間の小道について「自分たちのための現在、あるいは、無時間的な作品を作り出し、それによって自分たちの有限性を超越してしまえる、一種の無時間的時間をもうける」ことだと言う（LMI: 211）。この「思考」の時間は連続したものと考えられる日常的な時間とも超越的な「永遠」とも異なっており、『条件』の連続的な時間感覚がここでは破棄されているということを示している。

しかしこれまで、アレント研究者たちは、こうした断絶の時間感覚を、晩期の「思考」概念にのみあてはまるものと考えてきた。その場合は、この時間意識の「起源」は、彼女が思考の重要性を強調し始めた「アイヒマン」に求められることになるだろう。[37]もちろんそれによって見失われるのは、「革命論」の重要性である。これまで何度も強調してきたように、こうしたカイロス的な時間性は、思考に注目した結果として生じたわけではない。逆に、「革命」における時間感覚こそがこうした「断絶」についての考察を生んだのである。

この時間性がまず政治的なものとして誕生したことが理解されなければならない。アレントの「革命」に対する注目は彼女の考察に何をもたらしたのだろうか。「革命」は第一に連続性を断ち切るような新しさをもたらす。それは「直接的かつ必然的に我々を始まりの問題に直面させる唯一の政治的出来事」と定義されるのであり、党派闘争（スタシス）のような混乱や統治形態の変化や循環といったものとは明確に区別されている（OR: 11）。それは「古い秩序の終わりと新しい秩序の始まりのあいだにある裂け目」であり、そして、「この裂け目は明白に、時間を連続的な流れとして考える普通の時間観念からは逸脱している今までにはない思索のなかに入りこんでいる」カイロス的なものなのだ（OR: 197-8）。

要するに、ここで代わって、『条件』の日常的にとらえられた連続性とは異なって、政治的な時間として基盤となっているのは非日常性である。本節が時間性の議論を通して示したのは、アレントの革命論に目を向ければ、彼女が特殊な「断絶」という形での「始まり」の要素を手放していないことだ。そしてこのために本節の前半において日常的な解釈と呼ばれた過程性の実現のみを「行為」の時間感覚と呼ぶことはできないことが分かるだろう。しかし一方で、非日常的な解釈が前提とする「断絶」は世界性の持続を放棄していない。

本節は法と物語の議論に前提されている二つの持続性の存在、そしてそれらの持続性を分裂させた二つの始まりの存在を指摘した。第一の時間感覚は日常的な時間感覚と同じく、現在から連続したものとして過去や未来をとらえ、意識の中で変化の流れが想定されている点が最大の特徴である。こちらは『条件』における「出生」の概念と親和的であり、ここでの「行為」は「制作」と同様に過去から未来へと受け継がれることを前提にして考えられている。他方、第二の時間感覚は、第一の「行為」の前提する日常的な時間を離れ、過去と未来の間に「断絶」をもたらすものとして生じる特殊な裂け目に始まり、現在を過去や未来から切り離されたものとして考える。第一の時間感覚においては「行為」の時間軸と持続の時間軸は一致していた。この「断絶」においてはこの二つの時間軸は重ならないため、忘却が普通になる。我々が単に生まれた場所の時間軸は過去から未来へと進み、その流れにそって物事を経験する。しかし、回想と記憶＝意味づけの時間軸は過去と未来に抵抗することで生まれる思考の時間軸に一致する。そして、この場合には「権威」を回復する可能性として議論に用いられることになる「出生」さえもその現象が持つ連続的な世界観を必然的に失うことになる。これらの時間感覚の差異はこれまで見過ごされてきたのであり、その一因はアレント解釈においては「始まり」ばかりが注目されてきたことにあるといえよう。しかし、時間は始まりによってのみなるものではない。

これらの時間性の考察から、『条件』から『革命』を一連の継続的作品とみなすには、『革命』は革命的すぎるということが理解されるだろう。つまり、『革命』を『条件』の実践的具体化と解するのは困難だということである。法や物語の具体的な議論だけでなく、時間性という世界観において二つの著作は異なっている。『革命』の「革命」と「始まり」の分析を同一にするこちらの非日常的な時間性は、我々が当たり前のように考えている過去から未来へと受け継がれてきた連続性を断ち切る。しかしながら、アレントはそれでも世界性の持続という課題を手放してはおらず、「思考」の営みによって持続性を求めようとしていた。そして、この別の持続性の議論が、まさにこの「断絶」によって「出生」と「革命」を区別し、「行為」と「思考」を結びつけることで晩期の思考論を展開してゆくのであり、時間の連続性を前提とする『条件』の「出生」のみを「始まり」とみなして「革命」に目を向けないことはアレントの『革命』以降の著作を解釈するうえで大きな問題になる。

五　むすびに代えて——「革命についてパラダイム」

今、最初の問いに戻ることができる。アレントの中で「革命」はいかなる位置をしめるのだろうか。なぜ彼女は「出生」だけではなく「革命」を必要としたのだろうか。

ここまで見てきたように、『条件』と『革命』の間にある相違はアレントの「変化」の契機を指し示していた。アレントは伝統的な過去から未来に至る持続性を破棄する一方で、本来時間とも呼べないような瞬間的な出来事であるカイロス的な始まりにどうにか持続性を与えようと試みてきた。しかし『条件』の議論が政治は「行為」の問題であるという簡潔なテーゼを示し、『革命』が一見したところ悲劇的な結末を迎えるために、『条件』が成功した理論とみなされてきた。しかしながら、実際のところ『革命』は『条件』の問題設定を上書きしており、だからこそ、『革命』のペシミスティックな側面、持続性についての問いかけは、『革命』を超えてそれ以降、最晩年の著作まで残り続けることになったのだ。

本稿は、「始まり」をキーワードとし、「労働」「制作」「行為」の三分類を基盤に据えて、「行為」と「出生」を軸とする読み方を「人間の条件パラダイム」と呼んだ。『革命』以降の著作を読む際に、このパラダイムは、法や物語を政治的ではないものの領域に置くことで、それらの政治性を論じにくくし、それらについての議論を二次的なものにしてしまう。その結果、アレントの議論の別のベクトルを解き明かすための軸となる「革命」を「出生」のヴァリエーション、具体化したもの、と見てしまうような革命論の軽視が生まれる。
しかしながら、『条件』を『革命』に移し替えようとする解釈、つまり『条件』という理論書を実践的な形で言い換えたのが『革命』であるというような解釈は、持続性についての議論をめぐって限界が明らかになる。『革命』を端緒に持つ革命論は持続性についての理論的な考察を形成しているといえよう。『革命』で行われた政治的、具体的考察（「ケース・スタディ」と表現されるような）はマニュアルの作成に失敗し、むしろ『条件』で論じられた理論の方を修正することになる。たとえば、『条件』では「行為」からは区別されていた持続性を担う「制作」が『革命』では政治的な論点になり、アレントが「出生」を礎に『条件』で描き出したポリス観を打ち崩し、物語論は「行為」的な範疇を出て複雑化していた。この理由にはアレントの理想とする政治的なものの持続という問題が大きく関わっている。アレントの政治的な議論の第一の課題はあくまでも世界性の維持なのである。

したがって、『条件』のみに依拠し、共通世界の創設と維持について問題を矮小化してしまうことは、アレント解釈として問題がある。というのは『条件』がこの持続の問題を「行為」の外の非政治的な問題ととらえることでその難しさを認識しないためである。『条件』は一般的な能力の例示を求めて歴史を遡っているために、『全体主義』と『革命』が直視させられていたリアリティの喪失という問題から出発していない。だからこそ、『条件』に依拠して解釈すれば、世界性やその世界に対するリアリティの感覚が失われるのは『条件』の提示する三つの活動力の区別とその階層化に失敗したせいだということになる。だが「行為」による政治モデルに一見当てはまっているように見えるアメリカ革命さえ「制作」的な課題を抱え、この世界性を十分な形で持続させていないことが『革命』に目を向けることで分かった。全体主義という問題の底にあるのはこの世界性とリアリティの喪失であるのだから、「制作」と「行為」、あるいは「行為」と「思考」の区別はこのような高次の課題の下で理解されるべきであり、これらの関係について議論することを可能にする革命論はアレント思想を見るうえで重要な役割を占めるべきものである。だからこそ『革命』は『条件』を修正した理論的書物として読まれなければならないし、その意義があるのだ。

アレント解釈における「人間の条件パラダイム」に対し、本稿で私が示したのは「革命についてパラダイム」である。革命パラダイムは『条件』の鼎立よりも自由と必然の区別を重視し、持続性を非政治的なものの領域に除くのではなく政治的なものとして分析する。アレントの革命論は現在という時間の「断絶」を特徴としながらも世界性の維持という目標を変えずに保っていたし、『革命』以降の著作では政治的活動は「労働」とは終始区別されているとはいえ「制作」や「思考」とは分離しがたいものになっているといえるだろう。

革命パラダイムが条件パラダイムに対して打ち出す論点は断絶と持続性の両立であり、「行為」の空間的な共有よりも時間的な共有を中心的な問題にしている。そしてそれは公的精神や革命精神といった自由の精神性のみに関わる問題ではなく、法や物語の具体的な議論の変化をもとにしている点で、「出生」の議論には回収しきれない別の議論の軸を構成するものである。そこでは断絶から持続への転換という法的な議論と、そのために必要な断絶における行為の意味づけや評価としての物語の議論が問題にされている。さらには、『革命』に理論的な意義を見出すことは、『過去と未来の間』や『暗い時代の人々』といった論集をアレントのひとつの思考の流れの中に位置づけることを可能にするだろう。

アレントの政治理論にとって重要な「始まり」を象徴的に示す概念は「出生」だと考えられてきた。しかし、「革命」はその単なる「現実化」ではない。「革命」という概念は「出生」とは異なる非日常的な「始まり」を我々に示し、そしてこの非日常性のためにその持続の議論において一度「出生」を離れ発展する。だからこそ「人間の条件パラダイム」と「革命についてパラダイム」とは対立し、双方がアレントの議論を支配することになる。

この分裂を意識することは、後期の著作の解釈、判断力と思考のそれぞれに何ができるかということについても影響を与えるだろう。[38]『革命』の議論は出来事とリアリティの関係を『条件』とは違う視線から問うことで、出生と判断力の結びつきではなく、まず「思考」と「行為」の関係を密接にしたからだ。つまり、出生から判断力へとアレントの議論はまっすぐに流れ込むのではなく、革命から思考への議論の流れを一度経由する。思考と判断力の生み出す関係は微妙なもので、二つのパラダイムのバランスの中で変化する。[39]

たしかに、『精神の生活』では思考と判断力は完全に意識的に区別されることになり、革命については「意志」についての巻で論じられ、この失敗については出生と判断力に期待が託される（LM2: 217）。そしてかつて革命精神の喪失を補っていた思考の分析は「思考」についての巻におさめられている。もちろん革命の議論が最終的に出生、そして判断へと展開されるのは革命と思考では不十分なものがあるということに他ならない。しかし、法の失敗や物語の限界についての考察を経て「出生」が再び導入されるならば、その意味するところはそれらについて考慮しない場合とは異なって、少なくとも、「出生」を原理として用いた場合に求められる判断の能力は「市民的不服従」の法や本稿が注目した思考と同様に持続の選択肢の一つとして解釈されるべきものということになる。[40]同時に、「出生」は現象としての連続性を保証せず、革命と同様に始まりの権威を示すものとして理解される。「出生」から判断力へと直接議論がつながっているならば、非日常性を特徴とする『革命』の議論は例外的なものとなるだろう。[41]しかしこのように持続性の議論を詳らかに見ていると、むしろ『条件』の特異性が際立ってくる。『革命』の認識したような「断絶」がもたらす持続についての課題を「出生」と「判断」の議論で補てんできるものだろうか。

このためにも、アレント解釈において「人間の条件パラダイム」が見直されなければならない。我々は『革命』を中心にして革命論と物語論が作り出す「革命」の系譜を拾い出す必要があるのだ。それこそがアレント独自の持続性の議論を拾い出す道である。

これは単にアレント解釈における問題ではない。もし本論文で述べてきたように、アレントには、「条件パラダイム」に回収されえないものが存在し、しかもそういったものこそ、アレントが『条件』の後に考え続けたテーマであるとすれば、『条件』に依拠した政治理解という試みは、逃れがたいジレンマにとらわれることになる。「人間の条件パラダイム」は、多くの解釈者が指摘してきた通り、アレントの独自性がもっともよく発揮されたものである。それゆえに、様々な政治観を整理し対照させるために、「行為」こそ政治だという彼女の見解は、今日の政治議論において何ものにも代えがたい地位を占めている。

だがアレントにとってみれば、おそらくこれは慶賀すべきことではない。彼女は明らかに『条件』の理論に限界を見出しており、それを乗りこえるために、「制作」や「思考」という彼女にとっては政治的ではなかったはずのものを求めなければならなかった。それはアレントの独自性を掘り崩す可能性を帯びた危険な試みである。しかし、そのかいがあるのは、「革命」に賭けられたものこそアレントにとって「政治」の持続だったからである。

引用略号
以下のアレントのテキストについては以下の略号を用いる。
EUT: *Elemente und Ursprünge totaler Herrschaft*, Frankfurt am Main: Europäische Verlagsanstalt, c1955.
HC: *The Human Condition*, second edition, Chicago: University of Chicago Press, 1998.
OR: *On Revolution*, New York: Penguin Books, 2006.
BPF: *Between Past and Future: Six Exercises in Political Thought*, New York: Penguin Books, 2006.
LM1, LM2: *The Life of the Mind*, one-volume edition（one: thinking; two: willing）, New York: Harcourt Brace Jovanovich, 1978.

（1）Hannah Arendt, "Thoughts on Politics and Revolution: A Commentary", in *Crises of the Republic*, New York: Harcourt Brace Jovanovich, 1972, p. 233.
（2）"The Abyss of Freedom and the Novus Ordo Seclorum", in LM2, pp. 195-217.
（3）Elisabeth Young-Bruehl, *Why Arendt Matters*, New Haven: Yale University Press, 2006.
（4）アレントの「action」、「work」、「labor」の訳語は訳者により様々である。本稿においては「action」を「行為」、「work」を「制作」、「labor」を「労働」と訳す。「action」をより一般的な訳語である「活動」ではなく「行為」と訳すのはこの三者をまとめる場合の「活動力」や「活動的生活」という意味での「活動」との混同を避けるためである。
（5）この観点からのアレント研究として、森一郎『死と誕生――ハイデガー・九鬼周造・アーレント』東京大学出版会、二〇〇八年、を参照。
（6）森川輝一『〈始まり〉のアーレント――出生の思想の誕生』岩波書店、二〇一〇年、五一頁。
（7）森川『〈始まり〉のアーレント』、三七四頁。
（8）Margaret Canovan, *Hannah Arendt: A Reinterpretation of Her Political Thought*, Cambridge: Cambridge University Press, 1992, pp. 15, 250.

（9）Young-Bruehl, *Why Arendt Matters*, p. 80.

（10）Young-Bruehl, *Why Arendt Matters*, p. 80.

（11）活動的生活は「労働」「制作」「行為」、精神の生活は「思考」「意志」「判断」と区別されるが、活動と観想のように活動的生活と精神の生活が対立するということも精神の生活が非政治的なものであるということも自明ではない。しかし「行為」と「判断」だけが政治的能力とみられる傾向にあった。判断を行為の道徳的基礎づけとみる議論は枚挙にいとまがないがたとえばSeyla Benhabib, "Judgment and the Moral Foundations of Politics in Arendt's Thought", *Political Theory*, Vol. 16, No. 1, 1988, pp. 29-51など。

（12）アメリカ革命に対する当時の政治思想史的関心の中でアレントの革命論の独自性を示したものに、千葉眞『アーレントと現代——自由の政治とその展望』岩波書店、一九九六年がある。

（13）「物語ること（storytelling）」に注目する解釈者としてはセイラ・ベンハビブやエリザベス・ヤング＝ブルーエルがいる（Seyla Benhabib, *The Reluctant Modernism of Hannah Arendt*, new edition, Lanham, Md.: Rowman & Littlefield, 2003; Elisabeth Young-Bruehl, "Hannah Arendt's Storytelling", *Social Research*, Vol. 44, no. 1, 1977, pp. 183-190）。文学作品の影響についてはBérénice Levet, *Le Musée imaginaire d'Hannah Arendt : parcours littéraire, pictural et musical de l'œuvre*, Paris: Stock, coll. « Les Essais », 2011.

（14）たとえばKeith Breenはこの二つの法概念が全政治生活の基礎にアレントが置く「共通世界」の二つの特徴を反映しているととらえ、双方をアレントにとって重要な概念としたうえでその性格を分析している。Keith Breen, "Law beyond Command? An Evaluation of Arendt's Understanding of Law", in *Hannah Arendt and the Law*, Marco Goldoni and Christopher McCorkindale (eds.), Oxford: Bloomsbury Publishing, 2013, pp. 15-34. また、この流れを受けて法に注目した邦語論文として毛利徹「アレント理論における法」、『理想』六九〇号、二〇一三頁、一〇五―一一八頁。

（15）Christian Volk, "From Nomos to Lex: Hannah Arendt on Law, Politics, and Order", *Leiden Journal of International Law*, Vol. 23, 2010, pp. 759-79.

（16）Hanna Arendt, *The Promise of Politics*, Jerome Kohn (ed.), New York: Schocken Books, 2005, p. 175.

（17）石田雅樹『公共性への冒険 ハンナ・アーレントと《祝祭》の政治学』勁草書房、二〇〇九年、二六二頁。

（18）Volk, "From Nomos to Lex", p. 777.

(19)『革命』の前身となる講義は一九五九年と六一年に行われた。それらの原稿を手に入れることができない事情により講義版の内容については本稿では推測的範囲にとどまる。

(20)一九七〇年の「市民的不服従」論はアレントのアメリカ連邦憲法解釈における第二(そして最終)段階であり、好意的なものである(George Kateb, "Death and Politics: Hannah Arendt's Reflections on the American Constitution", *Social Research*, Vol. 54, No. 3, 1987, p. 610)。この背景には当時活発になっていた市民運動や学生運動に対するアレントの称賛がある。しかし、この論考は『革命』の法の議論に対する十分な解答とはいえない。というのも、彼女の評議会の例示は特殊アメリカ的なものではなく、その持続がアメリカ的なものの特質(「法の精神」)に依拠するのでは不十分だからである。

(21)たとえばベンハビブは行為が物語(narrative)から成ると考え、「アレントにとって人間関係の網の目と作られた物語が人間の出来事の、現象学的な意味での地平を作り上げる」と考察し、この二つの視座からあらゆる物語をとらえている(Seyla Benhabib, *The Reluctant Modernism of Hannah Arendt*, New edition, Lanham, Md.: Rowman & Littlefield, 2003, p. 112)。

(22)アレントは芸術作品を高く評価しており、「芸術作品は、おこないや功績を称賛し、変形し、圧縮することで、特異な出来事の完全な意味を明らかにする」と述べる。しかし「行為者と話者をあらわにするという、行為と言論に特殊な暴露的性格は、行為と言論の生きた流れと解きがたく結びついているから、この生きた流れは、一種の反復である模倣によってのみ、表現され、『物化され』る」という点で演劇は特に優れる(HC: 187)。

(23)この裂け目に対するかつての対処、「荒野でのイスラエルの民のあてどもない放浪によって埋められるのか、それとも、アエネアスがイタリアの海岸に辿り着く前に彼にふりかかった冒険と危険によって埋められるのか」ということは重要でない(OR: 197)。

(24)*Men in Dark Times*, New York: Harcourt Brace & Company, 1970. このヴァルター・ベンヤミンについての論考は『メルクール』に一九六七年に発表されたもの。

(25)*Men in Dark Times*, p. 200. ベンヤミンが示すのは「詩的に思考するという天賦の才能」であり、こうした能力は現在に触発されて「思考のかけら(thought fragments)」を過去からはぎとってくるが、過去の再現を目的にしてはおらず、ただ腐朽の過程と同時にある結晶化の過程で結晶となったものを集め、現在に示すものである(pp. 205-206)。

(26)"The Concept of History: Ancient and Modern", in BPF, p. 52. このエッセイ「歴史の概念——古代と近代」は一九五八年に *Review of Politics* に掲載された。

（27）アレントと社会契約について論じる森分大輔もアレントの社会契約論において要請されていた「契約を保証する権威」、「『原理』に同意することを可能にする人間的能力」として革命論から判断力へと議論を展開する（森分大輔『ハンナ・アレント研究――〈始まり〉と社会契約』風行社、二〇〇七年、二三六頁）。彼はつとめて判断力と思考とを区別し、思考の政治性は構想力という判断力との共通点にしかみとめられていない。このような判断力を重視する視点からは思考の役割は判断力を解放する点で政治的である（山本圭「アーレントにおける思考の政治化」『多元文化』第六号、二〇〇六年、五一頁）。

（28）「評議会に共通する一般的な特徴の中でとりわけ目立つのは、もちろん、それが自発的に生まれてきたという点」であり、「この現象に際立って類似している点は、まさに連続性、伝統、組織的な影響力といったものの欠如である」（OR: 254）。

（29）「人間的な事象の領域の中で持続するのは、これらの活動過程である。この活動過程の耐久性は、人類そのものの耐久性と同じく無制限であり、それと同じくらい物の腐敗可能性や人間の可死性から自由である。（……）ただ一つのおこないの過程も、文字通り人類そのものが終わりに至るまで永遠に続く」（HC: 233）。

（30）森川、『〈始まり〉のアーレント』、三七六、二八九、三七三頁。

（31）たとえばRonald Beiner, "Action, Natality and Citizenship: Hannah Arendt's Concept of Freedom", in *Concept of Liberty in Political Philosophy*, Zbigniew Pelczynski and John Gray (eds.), London: The Athlone Press, 1984.

（32）川崎修『ハンナ・アレントと現代思想　アレント論集Ⅱ』岩波書店、二〇一〇頁、二一七頁。

（33）Martin Jay, *Permanent Exiles: Essays on the Intellectual Migration from Germany to America*, New York: Columbia University Press, 1986, pp. 241-2.

（34）「〈もはやない〉と〈まだない〉」『アーレント政治思想集成2――理解と政治』ジェローム・コーン編、齋藤純一・山田正行ほか訳、みすず書房、二〇〇二年、二一四―二〇頁。一九四六年にブロッホの『ヴェルギリウスの死』の米版に書評として発表された。

（35）『アーレント＝ハイデガー往復書簡 1925-1975』ウルズラ＝ルッツ編、大島かおり・木田元共訳、みすず書房、二〇〇三年、一二九―一三三頁。『思索日記Ⅱ 1953-1973』、ウルズラ・ルッツほか編、青木隆嘉訳、法政大学出版局、二〇〇六年、二八〇―八四頁。

（36）「フランツ・カフカ 再評価――没後二〇周年に」『アーレント政治思想集成2』、九六―一一一頁。初稿は一九四四年に『パルティザン・レビュー』に発表された。

(37) 矢野久美子はアレントの「政治的思考」の歩みを「跡づける」ことを企図し、アイヒマン論争にアレントがどのように「応答」したかを詳らかにしている。矢野久美子『ハンナ・アーレント、あるいは政治的思考の場所』、みすず書房、二〇〇二年。

(38) たとえば出生から判断へと至る解釈は、『精神の生活』におけるそれらについての議論が始まりではなく持続の議論であることに目を向けないことになるだろう。出生は思考に託された回想や法の精神と同様に持続のための原理として求められている可能性の一つであり、判断力も「自由が好ましい」ということを判断するよう求められている。

(39) たとえばアレント自身は判断力を目の前にある特殊なものについて、思考はそこにはない一般的なものについて行使されると定義したが、ロナルド・ベイナーは判断力が前期と後期では性質を異にし、後期の判断力が観想的な性質を帯びていることを指摘している（Ronald Beiner, "Hannah Arendt on Judging", in *Lectures on Kant's Political Philosophy*, Ronald Beiner (ed.), Chicago: The University of Chicago Press, 1989, pp. 89-156を参照）。また、アイヒマン裁判以降の道徳的な主題に関する議論においてもアレントは思考と判断について自明な区別をしていない。

(40) 『精神の生活』においてアレントは「出生」が単に「自由たるべく運命づけられている」ということしか示さないという袋小路を「何が我々の快・不快に含まれているか」を明らかにするであろう判断力に訴えることで打破しようとする（LM2: 217）。

(41) 伊藤洋典はアレントの「行為」の議論を通して日常性と非日常性の混在という問題にたどり着くが、これを「始まり」の問題として考える。かくして「新たな世界の樹立という自由と、共和国内部における自由という二つの次元」においてアレントの自由は語られることになる（伊藤洋典『ハンナ・アレントと国民国家の世紀』木鐸社、二〇〇一年、一六三頁）。しかし、この二つの次元は持続性のレベルにおいても異なっているのである。

［政治思想学会研究奨励賞受賞論文］

無関係な人びととの間の平等主義的正義は何を意味するのか
——グローバルな運の平等主義の批判的検討

上原賢司

一　序文

1　問題の所在——グローバルな正義への（非）関係論的アプローチという論点

国内社会を越えて正義を問うグローバルな正義論が、現代政治理論の主要なテーマの一つとみなされてすでに久しい。その中でも、国内的な社会正義構想をそのまま拡大したグローバルな正義構想を擁護する立場と、それとは別種のものとしてあくまでグローバルな正義構想を展開する立場との間では、今も活発に議論が交わされている[1]。そうした研究蓄積の中で、「どうしてグローバルな正義が求められるのか」という問いへの応答に関する二つの異なる根拠づけによる分類が、いまや十分に認識されている。それが、グローバルな正義への関係論的アプローチと、非関係論的アプローチという分類である[2]。

本稿で検討を試みるのは、後者の非関係論的アプローチにもとづくとされる正義構想の一つである運の平等主義（Luck Egalitarianism）が、どのようなグローバルな正義構想を展開することになるのかを明らかにすることである。この正義構想への批判的検討を通して、本稿では、運の平等主義がグローバルな平等主義的分配を、たとえ世界中の人びとの間に具体的な関係性が見いだされなかったとしても、正義として要求するのか、要求するとするならばそれは何を意味するのかを示していく。

はじめに二つのアプローチの特徴を説明し、それによって問題の背景を明確にしたい。関係論的アプローチとは、人びとの間に何らかの実際の関係性(制度やルール、慣行の共有、強制力の行使関係、相互影響)があってはじめて、そうした人びとを対象とした正義が存立する、と考える立場である。つまりこのアプローチは、これらの関係性が正義の前提条件であること、これらの関係性があるがゆえに正義の要求が生じることを理論前提に据える。その場合グローバルな正義への関係論的アプローチは、世界中を覆う何らかの制度なり影響力なりを根拠として、自らの正義構想を展開することになる。

それに対して非関係論的アプローチとは、人びとの間に何らかの関係性が存在しなかったとしてもそうした人びとを対象とした正義が存立する、と考える立場である。つまりこのアプローチでは、関係性の有無は正義の前提条件とは無関係な要素とみなされる。実際の関係性がなかったとしても、それとは別の共通の特徴(たとえば人間本性)を根拠とした正義構想がこのアプローチからは展開されることになる。

従来のグローバルな正義の主要な論争——国内的な社会正義とグローバルな正義との異同——においてはもっぱら、前者の関係論的アプローチのグローバルな正義論の妥当性が焦点となっていた。というのも、人びとの間の不平等、分配状況を正義の問題とみなす分配的正義論を、国内社会を越えてグローバルな正義として論じることができるのかどうか、すべきなのかどうかが根本的な論争点であったからだ。(3) この論点からすれば、国内社会で問われるべき分配的正義がグローバルにも問われるべきであること(あるいは問う必要のないこと)を論証するにあたって、同一国家の市民間にある関係性と同種のものをグローバルにも想定できるかどうかが重要となってくる。分配的正義の問いは国内社会においてのみ成立するのか、それともグローバルなレベルで問われるべきものなのかという、いわゆる国家主義(statism)とコスモポリタニズムとの対立はそこで、当の分配的正義の前提条件となる関係性が国家を越えて存在しているのかいないのかという点での、見解の不一致にもとづく対立であったのだと理解することができる。

それゆえグローバルな正義への関係論的アプローチは、突きつめていくと、実際の世界の関係性はどうなっているのかという経験的な事象に、その規範的な妥当性が左右されることになる。関係論的アプローチから国家主義の立場を擁護している論者であるM・ブレークは、この点を踏まえて、グローバルな正義を論じる際の経験的な探求の必要性を強調している。「グローバルな正義への適切な取り組みは、規範的理論家と記述的理論家との実際の取り組みを必要とし、そして実際の協同的な仕事を必要とする」(4)。つまるところ、グローバルな正義への関係論的アプローチは、国内同様の分配的正義構想を主張するコスモポリタンにとってはとりわけ、正義の射程がグローバルであることを論証するにあたって世界中の人びとがどういった関係に実際あるのかについての経験的で（論争的な）説明を要する、手間のかかるアプローチであるとみなすことができる。

これに対して非関係論的アプローチは、関係性についての何の説明も必要とせずにグローバルな正義構想を展開することができる。道徳的な人格であれ人間本性であれ、同一の特徴が認められるのならば、人びとの間の実際の関係性がどうなっているのかを考慮する必要はない。まさにそれは「無関係な人びとの間の正義」を主張するものである。

一つの仮想例として、二つの孤島とそれぞれの島民を想定してみよう。孤島Aは水や食料といった豊かな自然に恵まれ、それゆえ島民も豊かな暮らしを享受している。それに対して孤島Bでは同じ量の水や食料を手に入れるのにも多くの労苦を要し、それゆえ島民の暮らし向きは劣悪である。はたして正義は二つの孤島の島民間で再分配を要求するのだろうか。関係論的アプローチであれば、島民間の相互関係の有無が正義を論じるにあたり重要となる。島民間で継続的な交流はなされていたのか、Aの島民によるBの島民への加害関係はあるのかどうか（有害な廃棄物を海に流すなどして、Bの島民の暮らし向きに実際に悪影響を与えているという事実が存在するのかどうか）、異なる島民の間に同朋意識は存在するのか……、いずれにせよ関係論的アプローチにおいては事実にもとづく説明が必要となる。しかし非関係論的アプローチであれば、同じような特徴を有する人間がたまたま別の場所に住んでいるという平易な前提から、複雑な説明を迂回して、二つの孤島の島民間の正義を主張することが可能である。

この例からもわかるように、非関係論的アプローチからすれば、現実世界の複雑な相互関係にまつわる事実も、遠く離れた豊かな人びとと貧しい人びととの間の因果的説明も、そうした人びとの間の正義を主張するための根拠づけとしては全く必要とはならない。すなわち非関係論的な正義構想は、必然的に、グローバル（突きつめていけば宇宙的）な射程を有するといえる。それでは、このような非関係論的な正義構想は、これまでも盛んに論じられてきた関係論的なグローバルな正義構想と比べて、どのようなものとして理解することができるのだろうか。

本稿では以上の問いを踏まえて、非関係論的で平等主義的な正義構想としてしばしば擁護される運の平等主義のグローバルな正義における含意を検討していく。仮にグローバルな運の平等主義が、関係論的なコスモポリタニズムの論者の多くが主張してきた平等主義的な分配的正義構想を、共通の制度や相互影響などに言及することなく正当化できたとしよう。その場合、現今の世界の不平等を深刻な不正義として論難しその是正を促すための有力な論拠を、この運の平等主義は、事実関係にまつわる複雑な論争や反論に煩わされることなく、提供することになるだろう。しかし、平等論の文脈における多くの研究蓄積と比べて、[5] グローバルな正義論の文脈においてこの運の平等主義の研究が十分になされているとは言いがたい現状において、そのように結論づけるのは早急すぎる。[6] そのため、運の平等主義のグローバルな正義における意義と限界を見極めていく作業が必要となる。

2 グローバルな運の平等主義の特徴、本稿の主張、論文構成

本稿ではこれまで述べてきたとおり、非関係論的アプローチの中でも、運の平等主義にもとづくグローバルな正義構想を検討対象としていく。[7] そこで、運の平等主義とはどのような正義構想であるのか、なぜそれを検討対象とするのかについて説明したい。

運の平等主義とは、人びとの不運によって生じた不平等を不正義とみなす正義構想である。ありのままの不運（brute bad luck）によって生じた分配の格差は平等な状態からの逸脱を正当化するものではないと考える点で、運という要素に着目した、平等主義的な分配的正義構想であるといえる。[8] すでに論じられているように、運の平等主義を擁護する論者間においても、運と、それと区別される選択（そして選択による運（option luck））との適切な境界線についての論争、何

が分配されるべき財とみなされるかについての論争など様々な違いが存在している[9]。また、運の平等主義に対する批判も多く投げかけられている[10]。ここではあくまでグローバルな正義という正義の範囲に着目する形で、運の平等主義の議論を検討していく。

それではなぜ運の平等主義を取り上げるのか。少なくとも以下の二点の特徴から、この正義構想を検討に値するグローバルな正義構想とみなすことができる。

一つめは、各人の選択に起因しない不運に着目するという原理から由来する、普遍的でグローバルな原理としての自明性である。先の孤島の例をみてみよう。ある人の生まれ落ちた島が孤島AとBのいずれかなのかは、当人にとってはどうすることもできなかった運、不運の問題である。それゆえ運の平等主義に従えば、Bの島民の暮らし向きの悪さはそれだけで不正義とみなされる。代表的な運の平等主義者の一人であるR・アーネソンが述べるように、「運の平等主義の観点からすれば、分配的正義の責務を生じさせるのは、ある人たちが避けようがあるのに悪い生活を送っているという全くの事実である[11]」。そして、「運の平等主義の説明において、正義にもとづく援助義務を生じさせるために、社会的文脈や共同体的な関係が導入される必要はない[12]」。すなわち運の平等主義は、何ら特別な説明を加えることなく明白に、グローバルな正義に対して非関係論的にアプローチする正義構想であるとみなすことができる[13]。

二つめは、運の平等主義は「現実のグローバルな不平等はどのような意味で正義の問題となるのか」というグローバルな正義論の重要な課題を前にして、不平等自体を直接的に不正義とみなす視点を提供するという点にある。運の平等主義の含意は財の分配状況全般を考慮するということ、換言すれば、人びとが満たすべき最低限の基本的ニーズの充足といった十分主義的な主張に留まるものではないという点が重要である。孤島の例でいえば、運の平等主義は、Bの島民の暮らし向きがまっとうな生活もままならないほど劣悪だからではなく、単なる不運によってAの島民と比べて劣悪である点が不正義とみなされる。運の平等主義に着目することで、国家主義とコスモポリタニズムの対立軸においてもあまり異論が投げかけられない十分主義的な主張（言うまでもなくどこまでが十分なのかは極めて論争的だが）を論点から捨象しつつ、中心的な主題であった分配的平等に関する関係論的アプローチと非関係論的アプローチとの距離を見極めることが可能となる。
この二つの特徴から運の平等主義は、無関係な人びとを考慮対象とする非関係論的かつグローバルな範囲を明白に持ち、人びとの間の不運に起因する不平等自体を不正義とする正義構想――非関係論的でグローバルかつ平等主義的な分配的正義――であるとみなすことができる。こうした正義構想の有する特徴に関して、その擁護者の一人であるＰ・ジラベルトはこう述べている。

もしもグローバリゼーションという事実が、〔アソシエーティヴィスト〔本稿でいう関係論的アプローチの論者〕の根拠にもとづく〕グローバルな要求をすでに生じさせていることにはならなかったとしても、そこでグローバルな平等のいくつかの要求を達成するための発展が可能であるとするならば、その場合、ヒューマニスト〔本稿でいう非関係論的アプローチの論者〕とアソシエーティヴィストとの見解は顕著に異なる帰結をもたらすことになる。前者が要求する一方で後者は単に許容するだけの政治的プロジェクトがありうるだろうし、前者が要求する一方で後者は禁止してしまう政治的プロジェクトさえあるかもしれない。(14)

つまり非関係論的アプローチから平等を要求することによって、遠く離れた人びとの間の相互関係や相互影響の事実の論証を迂回できるのみならず、グローバルな現在の事実に依拠する関係論的アプローチのコスモポリタニズムと比べても、グローバルな分配的平等という望ましいゴールを確固として設定することができる。運の平等主義はまさにそうした形で望ましい分配状況を規定する正義原理の一つである。(15) グローバルな事実や人びとの関係性はそこで、正義の前提としてではなく、分配的正義に照らしてその不正義を克服すべく変革、構築されるべき対象とみなされる。(16) かくしてグローバルな運の平等主義の見解に依拠するならば、従来の国家主義対コスモポリタニズムというグローバルな正義論の最も主要な論争軸は、後者の立場に軍配を上げる形で克服されることになるだろう。
以上の点から、運の平等主義は、グローバルな不平等に取り組む際に魅力的な参照点となる正義構想――世界中の無関係な人びとの間で平等を希求するコスモポリタン的な正義構想――として検討に値するものであるといえる。しかしながら本稿では、このグローバルな運の平等主義への批判を通じて、次のように主張する。グローバルな運の平等主義は結局のところ、関係論的なグローバルな正義論の枠組みの中におさめられてしまうか、あるいは、それに反する不平等に対して他の事情が等しければ縮減されるべきだということのみを要求する、きわめて限定的な原理のみを意味することとなる。前者の立場をとるならば、関係論的な従来のグローバルな正義構想と大きく異なるものとはならない。後者の立場をとるならば、そこで運の平等主義の原理は、この原理を参照することで分配状況の正義／不正義を指し示すだけの、規範的基準の提示に留まることになる。いずれにせよ、無関係な人びとの間の不平等の積極的是正を促す正義構想とはならない。

本稿では、近年、運の平等主義を積極的に擁護してグローバルな正義を論じているK・C・タンの議論が前者の立場に陥り、そこでは運の平等主義の主張が望ましいものとはならないことを明らかにする（二）。続いて、運の平等主義を事実非感応的な正義の原理に位置づけているG・A・コーエンの議論が後者の立場に陥ることと、そのグローバルな正義における含意を示すことで、上記の主張を論証していく（三）[17]。そして最後に結論で本稿の議論をまとめていく（四）。

二　制度的な運の平等主義――K・C・タンのグローバルな正義論

ここでは、グローバルな正義論として運の平等主義を積極的に主張しているタンの議論を検討する。まず彼の正義構想――制度的な運の平等主義――の特徴を概観し、そこからどのような形で運の平等主義がグローバルに展開されているのかを見ることで、それが運の平等主義の擁護であるにもかかわらず、関係論的アプローチとなっていることを確認する。そこで、こうした特殊な正義構想の主張が、二つの根拠づけの違いに立脚していることを示す。その上で、運の平等主義を関係論的に構想することの問題点について、運の平等主義自体からの観点と、関係論的なグローバルな正義構想という観点とから批判する。

1　制度的な運の平等主義とは何か

はじめに、タンが制度的な運の平等主義としてどのような正義構想を主張しているのかを簡単に確認したい。その特徴を端的に述べるとすればそれは、制度を媒介として各人の有利／不利へと転換される運／不運だけを分配的正義の考慮事項とみなす正義構想である。「制度的な運の平等主義は……、人びとにまつわる恣意的な事実にもとづいて、当人たちへ異なる利益を付与してしまう共通の制度的な仕組みが存在するときはいつでも、分配的平等を問題とみなす。すなわち、制度的な運の平等主義の見解においては、人びとにまつわる自然的事実を当人たちの不利益に変換してしまう影響力を有する制度が存在するときに、分配的平等主義のコミットメントが発揮されることになる〔強調点は原文〕」[18]。分配的正義としての運の平等主義のターゲットを、あらゆる不運の埋め合わせや運の無力化に向けるのではなく、それを現実の分配状況に反映させてしまう制度に限定するのが、制度的な運の平等主義である。

この制度的な運の平等主義は、平等主義的な分配的正義に関連する三つの重要な問い、この正義はどこに適用されるのかという適用対象（site）をめぐる問い、この正義はなぜ重要なのかという根拠づけ（ground）をめぐる問い、そしてこの正義は誰を対象とするのかという範囲（scope）をめぐる問いに対する独特の応答を示すものであるとされる。すなわち制度的な運の平等主義は、人びとの日常的な行為に対してではなく制度、ルールを適用対象とし、運と選択との区別を重視する運の平等主義を根拠とし、そして、特定の国家の成員ではなく世界中の人びとを対象範囲とするグローバルな分配的正義構想となる[19]。

それではなぜこうした独特な応答、制度に焦点を絞った運の平等主義という応答が必要となるのか。タンの狙いは、運の平等主義の根底にある直観――彼の理解によれば選択（とそれにまつわる運）の尊重とありのままの不運にもとづく不利への配慮――を保持しつつも、それが含みかねない反直観的で過酷な要求を避けつつ、（正義以外の道徳的価値も積極的に是認する）道徳的多元性を尊重することにある。運の平等主義の適用対象を制度とそれがもたらす分配状況の正義に限定することで、自らの選択のせいで悲惨な状況に陥った人に対する援助の人道的義務が存在することを否定せずにすむ[20]。そして制度に焦点を絞ることで、制度と、その下で活動する個人との間の分業――一方で分配的正義（運の平等主義）を制度の正義として追求しつつ、その下で個人が自由に人生を送ることも肯定される――が可能となり、道徳的多元性も尊重されることになる[21]。

それではこの制度的な運の平等主義が、範囲においてグローバルな正義構想となるのはどうしてなのか。ここでも制度が重要な役割を担っている。タンは、非関係論的アプローチに立つ運の平等主義（つまり次に取り上げるコーエン的な運の平等主義理解）を「伝統的な説明」として自らの立場と明確に区別して、制度的関係性に着目したグローバルな正義構想としての運の平等主義を主張している。

> これ（制度的な運の平等主義）は、人びとにまつわる恣意的な事柄を彼らの人生の機会における深刻な差異へと変換させてしまう、グローバルな制度ないしは慣行の存在に依拠している。……〔改行〕……運の平等主義への制度的なアプローチは、グローバルな不正義の源泉をより明示的に位置づけている点で伝統的な説明と異なっている。私の説明においては、地球上の資源の分配という自然の事実や、人びとの地理的な居住地という単なる事実が不正義の原因となることはない。しかし現存する社会的、政治的制度や慣行がこれら自然的で偶然的な事実を人びとにとっての社会的な有利、不利に変換してしまったという事実が、不正義の原因ということになる（強調点は原文）[22]。

自然的事実の偶然性それ自体を考慮事項としないというタンの制度的な運の平等主義の特徴は、このように、正義の適用対象のみならず範囲においても見出される。かくしてタンの正義構想は、グローバルな正義の文脈において、無関係な人びとの間の運／不運を問題とみなすようなものとはなっていないということが、ここから確認できる。

ところがこうしたタンのグローバルな正義構想は、運の平等主義の観点からすれば伝統的な見解とは区別されうる独特なものであるかもしれないものの、関係論的なコスモポリタニズムの論者による主張と全く同種のものである[23]。つまり、前制度的に構想された運の平等主義という分配的正義に照らして現今の制度やその不備を問題として把握するのではなく、現今の制度を対象としてそこで生じた分配状況に対してのみ、運の平等主義の視点から正義／不正義が問われるという構図になっている。

それではなぜタンは、非関係論的アプローチを取ることになるはずの運の平等主義を分配的正義の原理として擁護しつつも、それを関係論的な形で主張することとなったのか。この点を理解するためには、彼が運の平等主義を採用するとした正義の根拠づけ、「分配の平等がなぜ問題となるのか」という問題設定を分節化する必要がある。つまり、「なぜ分配状況が正義の問題となるのか」という分配的正義についての根拠づけと、「なぜそれが平等主義的な解でなければならないのか」という平等主義についての根拠づけとを分ける必要がある[24]。タンが正義の根拠づけとして運の平等主義を擁護しているのはあくまで、後者の平等主義についての根拠づけについてである。これは、人びとの平等な関係性から派生して分配的正義を構想する、いわゆる「民主的平等論」とタンの立場とを隔てるものとなっている[25]。しかしそのことは、タンの議論が示しているように、運の平等主義をグローバルな正義の中で擁護するにあたって、非関係論的アプローチを必然的に取らざるをえないことを意味するものではない。運の平等主義を平等の根拠づけとして擁護しつつも、分配的正義の根拠づけとして否定することは、運の平等主義の「伝統的な説明」からすればきわめて奇妙であったとしても、可能ではある。

以上の検討をいったんまとめよう。グローバルで制度的な運の平等主義は、分配的正義に対して関係論的アプローチを取りつつ、運の平等主義の観点から平等主義的な分配的正義を主張する正義構想であると理解することができる。それは特定の関係性で結ばれた人びとの間の分配を正義の問題とみなし、運／不運に着目する形でその制度で生じる有利／不利に対しての平等主義的な応答を用意する。タンの議論は、原理それ自体からすれば非関係論的であるはずの運の平等主義もまた、グローバルな文脈において関係論的な分配的正義構想として提示することが可能である、ということを示す試みとなっている。

2　グローバルで制度的な運の平等主義の難点

以上で見てきたように、関係論的アプローチからのグローバルな運の平等主義という特殊な正義構想をタンは主張している。しかしこの方向性は、運の平等主義をグローバルに擁護するにあたって、必ず取らなければならない道、そして望ましい道なのだろうか。以下では、タンの正義構想を運の平等主義の観点と関係論的なグローバルな正義構想の観点とから批判することで、グローバルで制度的な運の平等主義がどちらの観点からしても必要でも望ましくもないことを明らかにする。

はじめに運の平等主義の観点から生じるだろう批判を見ていく。そのためにもまず、タンが運の平等主義にコミットしつつも、それを無関係な人びとの間の正義としてグローバルに展開することをしなかったのはなぜなのかを確認したい。彼の考えるところ、こうした非関係論的な分配的正義は次の背理法的反論（*reductio ad absurdum*）に直面し、そこで過度な要求を結論として導出してしまうがために、避けられるべきものだとされる。

その反論はしばしば、宇宙人への限界なき再分配というたとえをもって論じられる。私たちが地球外の惑星に人類と同様の性質を有する宇宙人を発見し、彼らが私たちの暮らしと比べて貧しい生活を営んでいたとしよう。その宇宙人が地球とは別の惑星で生まれ育ったのはまったくの偶然であるのだから、それは不運とみなされる。それゆえ運の平等主義からすれば、この貧しい宇宙人に対しての再分配が正義に適ったものとなり、私たち地球人には（この宇宙人を発見する前には存在しなかった）それに応じた犠牲が要求される。しかしこれはあまりにも馬鹿げた結論であるように思える。それゆえ、前提とされている運の平等主義の妥当性が疑問に付されることとなる。以上が運の平等主義を含めた非関係論的アプローチに対してしばしば投げかけられる、背理法的反論である。

タンはこの反論に対し、制度的な運の平等主義が、この反論の示唆する結論が馬鹿げたものとなること自体は受け入れつつも、それを正当に拒絶できる点を強調している。というのも、単なる自然的事実ではなくその制度的変換を問題とするタンの正義構想は、地球人よりも貧しい宇宙人がいるという偶然の事実だけを根拠として再分配の要求を引き出すことはないからだ(26)。にもかかわらずタンの正義構想は、グローバルな制度という現実の関係性を根拠とすることで、運の平等主義をグローバルな範囲で主張することが可能となっている。つまり制度への着目は、反論に抗しつつもグローバルな正義構想として運の平等主義を展開していくために必要な要素とみなされている。

ところがタンの議論は、運の平等主義は関係論的アプローチを採用することによってのみ、先の背理法的反論に抗することができる、ということを示したものとはなっていない(27)。特に先の背理法的反論は、およそその存在が自明ではない宇宙人を明白に存在する地球人と同種のものとしてたとえに用いている点で、グローバルな正義の非関係論的アプローチの吟味という文脈においては恣意的なものであるようにも思える(28)。制度的な運の平等主義はあくまで、その結論が馬鹿げたものとなることに同意した上での一つの応答であって、この結論はグローバルな正義——遠く離れた無関係な人びとの間の再分配——にかぎってはまっとうなものとなる、といった形で応答することも十分に可能なはずである。

これと関連してより重要なのは、制度的な運の平等主義は、非関係論的な運の平等主義の観点からすれば望ましくない結論をもたらしてしまうという点だ。このことは、先の反論で用いられた宇宙人と地球人のケースを、本稿で用いた二つの孤島の島民のケースとして想定してみれば容易に見て取ることができる。そこで島民間に過去から現在に至るまで何ら交流もなく、互いにその存在すら認識していなかったとしても、二つの島民間に自然の産物の多寡に由来する暮らし向きの差異が存在するのならば、その分配状況を不正義とみなすのが非関係論的な運の平等主義の立場であるはずである。ところが制度的な運の平等主義は、まさにそうした関係性がたまたまこれまで存在していなかったということをもって、この分配状況、そこでの運／不運のもたらす差異に目をつむることになる。つまりタンの議論は、運の平等主義を批判から擁護しようとするあまり、運の平等主義が本来適用されるべきケースを過度に切り詰めてしまっている。

もちろんタンからすれば、宇宙人のケースとは異なり孤島のケースにおいては、制度的な運の平等主義でも十分に考慮可能であると反論することもできるだろう。たとえば、二つの島で島民の生活圏が完全に隔てられているという事態は、「各島の島民は独立した生活圏を営むべき」という国際慣行の所産とみなされ、互いの存在を認識しないで生活し続けることもまた一つの慣行であるのかもしれない。その場合、二つの孤島に分配的正義で問われるべき状況が成立しているとみなしうるかもしれない。しかしその場合、どこまでが問題とされるべき制度や慣行で結ばれた関係性で、どこまでがそうでないのかを説明する必要が生じてくる。批判に応えるべく、運の平等主義が問題とすべきまったくの運／不運をより多く考慮すべく制度の意味を拡大していったとすれば、それだけ、「制度的な」運の平等主義としての特殊性は失われてしまう。(29)

次に、関係論的アプローチをとるグローバルな正義構想からしても、制度的な運の平等主義が必要でも望ましくないことを見ていきたい。まずその必要性がない理由として、グローバルな関係性がもたらす現実世界の分配状況を不正義と論じるにあたって、それが個人の選択を反映していない、まったくの不運によって形成されている分配状況だからだとみなす必要がないという点があげられる。もちろん現実世界においては、選択したわけではない出生地や国籍をはじめとした様々な属性によって、多くの貧しい人びとの人生の見込みは大きく左右されている。また運と区別される選択は、個人の自由の観点からして尊重されるべきものだろう。しかしながらこれらのことは、グローバルな分配的正義の内容は運の平等主義でなければならない、ということを意味するものではない。すでにコスモポリタニズムの論者によって論じられているように、グローバルな制度を共有する人びとの間の関係性を「民主的平等論」の立場から把握し、そこから理にかなった分配的正義構想を案出し、その中で一定程度各人の選択や運を考慮していく、といったグローバルな正義構想は十分に可能である。(30)

そしてより重要なのは、運の平等主義はグローバルな背景的正義を達成できる分配的正義構想とはなりえないがゆえに、関係論的アプローチからしても望ましい正義構想とはならないという点である。背景的正義とは、個人や集団の自由な行為の集合的帰結が正義そのものを掘り崩すことのないよう、制度によって正義を維持し続けることを意味する。(31)タンもまたこの背景的正義を、制度を適用対象とする際の重要な要素とみなしている。グローバルな正義においては特に、各ネーションの集団的自己決定も十分に尊重するという狙いから、グローバルな運の平等主義が背景的正義としての役割を担うことが期待されている。(32)そこで彼は背景的正義を、運と選択との区分をもって理解している。すなわち、制度的変換を経たありのままの運／不運に由来する有利／不利の平等化を背景的な条件とみなし、その条件下での個人の選択や責任を尊重することをもって、運（環境）に非感応的で選択に感応的な運の平等主義を自らの制度的な正義構想が体現していると理解している。[33] しかしながら、個人の選択を正義に適った分配を規定する要素として組み込む運の平等主義は、当の選択から生じる分配結果を是正する原理を内に含めることがそもそもできない。[34] 選択と運との区別を分配的正義の中で絶対視することのない民主的平等論との大きな違いはまさにそこにある。[35] おそらくタンにおいても、背景的正義の達成のためには運の平等主義とは別の原理（たとえば自らの選択の結果、絶対的に貧しくなった人びとへの人道的義務）が実際には参照されることになるだろう。これはまさに、分配的正義としての運の平等主義が背景的正義たりえないことを意味している。

以上の議論をまとめよう。タンの提示するグローバルで制度的な運の平等主義は、運の平等主義の観点からしても関係論的アプローチからしても、そうした特殊な正義構想を採用することは必要でもないし望ましくもない。制度への着目をもって運の平等主義の中心理念を擁護しようとするタンの試み自体は興味深いものであるしより多くの検討を要するだろう。しかしグローバルな運の平等主義の主張としては、それを関係論的アプローチとして展開しうる可能性と同時に、その方向性が含む難点をも示した結果となっている。

三　事実を理論前提としない運の平等主義——G・A・コーエンによる平等＝正義論

ここでは、純粋な非関係論的アプローチとしてのグローバルな運の平等主義がいかなるものとなりうるのかを明らかにするために、運の平等主義の擁護者であるとともに事実と原理との関係についても論争的な主張を展開してきたコーエンの議論を検討していく。[36] はじめに、彼による事実非感応的な原理としての正義の把握が、グローバルな正義への非関係論的アプローチに適合的なものとなることを確認する。次に、そうした正義がどのように位置づけられているのかを、根本原理（fundamental principles）と統制のルール（rules of regulations）との区別に着目して明らかにしていく。最後に、彼の議論から導きだされうるグローバルな正義の含意を検討することで、非関係論的アプローチによるグローバルな運の平等主義の意義を見定めていく。

1　事実と原理の峻別——事実非感応的な原理としての分配的正義

分析的マルクス主義者として著名であったコーエンは晩年、ロールズの『正義論』——特に格差原理——への批判を通じて政治哲学的な議論を行ってきた。その批判の根底には、人びとの動機づけをはじめとした様々な事実を考慮する形で正義の内容が誤って規定されてしまうという、事実と（規範）原理との関係性をめぐる疑義があったと理解することができる。たとえば、格差原理が不当なインセンティブを許容してしまうことへの批判は、才能に恵まれた人びとはより多くの対価（インセンティブ）に反応してようやくその才能を十全に発揮する気になるという、人間の意欲に関する特定の事実を、正義の原理であるはずの格差原理の理論前提に組み込んでいることへの批判を意味している[37]。

事実と原理との関係性についてのコーエンの中心的主張はこうである。「事実を反映する原理は、事実を反映させるために、事実を反映していない原理を反映しなければならない[38]」。つまり、ある事実を理論前提に据える原理（P）がたとえ存在するとしても、その原理がどうしてこの特定の事実を反映すべきなのかを説明するためには、当の事実とは無関係な原理（P1）を参照しなければならない。そしてその推論を重ねれば最終的には、事実非感応的な根本原理（Pn）に到達する。正義の原理はまさに、そうした根本原理として理解されなければならない[39]。

それでは根本原理としての正義とは何を意味するものなのか。彼は「各人にふさわしいものを与える」という正義概念にもとづく分配的正義を平等の要求として捉え、次のように述べている。「ある不平等な分配は、関連し影響を受けている行為主体による選択、失敗、功績の（いくつかの）要素にもとづいてその不平等が擁護することのできないものであるならば、不公平であり、それに関する限り（pro tanto）不正である[40]」。平等な分配を基軸としつつ選択など当人の責任による逸脱のみを認める原理であることからも明白なように、これはまさに運の平等主義による分配的正義である[41]。

コーエンの分配的正義がいかなる事実にも左右されえないものであることを確認するために、ここでは「正義の情況（circumstances of justice）」に対する彼の議論に着目したい。これはヒュームにさかのぼる概念であり、簡潔に言えば、人びとの利他性の限界と財の緩やかな希少性という二つの事実を意味する。そしてそうした一般的事実の下での利害関心の対立から分配的正義の問いが生じてくるということが、たとえばロールズにおいて想定されている[42]。しかしコーエンからすれば、そうした情況があろうがなかろうが、成立し続けているのが事実非感応的で根本原理としての分配的正義である。

どうしてそうなるのか。コーエンはそれを説明するために、分配的正義に関連する問いを四つに分節化している。「(1)正義(の達成)が可能ないし必要とされるのはどういう情況下なのか。(2)正義の問いが生じるのはどういう情況下なのか。いつどこで正義(および不正義)の判断は適切なものとなるのか。(3)正義とは何か。(4)(3)への応答は(1)と(2)の問いへの応答に依存しているのか」[43]。コーエンの理解するところ、ヒュームのいう正義の情況とはあくまで正義の徳を個人が発揮するための必要性と不要さを論じたもの、つまり(1)の問いを扱ったものであって、それ以外の問いへの応答を規定するものとはならない[44]。分配状況への正義をめぐる問いが成立することと、その正義を人々が必要(または不要)とし、実現可能とするのはどのような情況下なのかという論点との区別が、ここで求められている。

かくして分配的正義は、正義の情況という一般的事実とすら無関係に成立する事実非感応的な原理で示される。分配的正義が実現可能であろうがなかろうが、そしてその実現を人びとに課すことが必要であろうがなかろうが分配状況自体は存在する。そして分配状況は分配的正義の原理から見て正義か不正義のいずれかであり、正義そのものが存在しないということにはならない[45]。正義とは何かという問いとその応答となる原理は、たとえ現実が正義の情況から外れた異常な事態であったと仮にしても、そうした事態からは何ら影響を受けることなく妥当なものとなる。

以上のことからコーエンの把握する分配的正義が、グローバルな分配的正義への非関係論的アプローチと重なることは明白であろう。というのも、利他性の限界や財の希少性という広く認められうる一般的事実すらその正義の内容とは無関係なのだから、当然のこととして、人びとの間のいずれかの関係性の有無という事実も問題とはならないからだ。そしてその正義の内容は運の平等主義であるのだから、世界中の無関係な人びとの間にある運に起因する不平等はまさに不正義とみなされる。先に触れたアーネソンをはじめ、タンを例外とする多くの運の平等主義者はまさに、原理としての運の平等主義の内容および射程は人びとの関係性という一定の事実を前提とせずに妥当するという、コーエンに典型的にみられる立場をグローバルな正義においても主張している。(46)

2 正義の根本原理と統制のルールの区別――その含意

ここまではコーエンの掲げる根本原理としての分配的正義が非関係論的アプローチと合致することを見てきた。次に検討すべき課題は、このような正義の理解が実際に何を意味するのかを明らかにすることにある。

それにあたってまず指摘しておきたいのは、コーエン的な分配的正義の原理が極度に理想的な政治哲学の代表例としてしばしば理解されているという点である。(47)事実と原理との区別は、先に論じたように、正義の情況とも無関係に分配的正義が存在することを意味する。実現可能性や必要性を無視して正義とは何かを問うことは、現実世界がどのような状況であれ理想としての正義を論じるよう要求する。そしておよそ現実に実現できない正義を探求するならば、それは、その実現に向けて人びとを動機づける道徳的指針を示しえない「嘆きの政治哲学」と揶揄されるべきものとみなされてしまう。(48)この事情はグローバルな正義論においても同様である。正義とは何かという問いへの探求に専心するコーエンの議論は、私たちが何をなすべきかという実践的な問いとかけ離れたものであり、それゆえグローバルな正義特有の問題を検討する際の参考とはならない。(49)

ここでの問題は、現実と乖離したコーエン的な分配的正義が現実世界の私たちには到底担いえない過度な道徳的要求を課してしまうのではないか、という点である。先に見たように、タンによる関係論的アプローチの採用の背景にも、事実と全くかけ離れた運の平等主義が宇宙人への再分配といった要求を結論づけてしまうことへの懸念があった。

しかしながら、コーエンが正義の根本原理を、事実感応的な原理との区別のみならず、統制のルールとも区別していた点を考慮するならば、正義(の実現)と理想との関係が一見するほど単純なものではないことが明らかとなる。この統制のルールとは、私たちを取り巻く事象を統制するために利用、適用されるルールのことを意味し、私たちの根底にある道徳的コミットメントを表明する根本原理と区別されるべきものである[50]。私たちが現実の世界においてどのような形で共生していくのかといった論点は、まさに統制のルールの問題である。この点で、この問題関心から正義の内容を構成しようと試みる構成主義――ロールズやT・スキャンロンらによる契約論――は、正義とは何かという問いに対しては不適切な応答を示さざるをえなくなる[51]。

この統制のルールと根本原理との区別は、事実と原理との区別と一定の相関関係を持っていることも確かではある。すなわち、根本原理はあくまで事実非感応的なものである一方で、統制のルールはその目的上、様々な事実を反映しなければ形成されえない。統制のルールと正義との同一視はまさに、本来捨象されるべき事実を正義の内容を規定するものとして持ち出すことを意味してしまう[52]。

しかしながら統制のルールと根本原理との区別の意義は、事実とは無関係な正義の擁護に留まるものではない。コーエンの論じる分配的正義と統制のルールとの関係についての二点の特徴を指摘することでその意義を示していく。

第一に、統制のルールにおいて考慮されるべき原理は分配的正義のみではないという点があげられる。ここでコーエンはタンと同様に道徳的多元性を前提としている。共生を目的として統制のルールを定めるにあたって、正義の原理の適用が事実を加味して検討されるのだが、それとともに、正義とは異なる諸価値や原理もまた考慮される必要がある[53]。その他の価値として彼は、効率性や一般的福利の増進、公知性（publicity）、安定性といったものをあげている[54]。構成主義の問題点とは、反映されるべきではない事実を考慮してしまうのみならず、こうした分配的正義とは区別されるべきその他の考慮事項を「正義」として表出してしまうからでもあるのだ[55]。

第二に、統制のルールの中において分配的不正義であることが積極的に肯定されうるという点があげられる。コーエンの議論からはこうしたケースとして、分配的正義それ自体への考慮から不正義が認められる例と、その他の価値、原理の観点から不正義が求められる例とを見て取ることができる。

分配的正義それ自体への考慮からの不正義というのは、運の平等主義がまさに、個人の選択として責任を付与することのできる運／不運から生じる不平等は認めざるをえないという点に起因する。コーエンは、正義に適った平等な分配状況と、その状況から人びとによる選択の運／不運の結果として生じた不平等な分配状況とを区別し、後者を分配的正義ではなく「正統性」という言葉でもって表現している。これは、この不平等な状況に対して不平不満を訴えかける権利を誰もが有していないことを意味する。[56] しかしそうした選択によってもたらされた不平等は、たとえ正統であったとしても、初期の平等な分配状況を正義とみなした当の原理からすれば不正義でしかない。この区別の重要な点は、分配的正義から出発した正統な取り分も実のところ分配的不正義を含有してしまうという、批判的視座を持つことを可能とする点にある。[57] しかしながら、コーエンが別の箇所で論じているように、自らに認められた権利を行使するという正統な期待を侵害することは（分配的正義とは別の意味での）不正義である。[58] そうである以上、正統な期待から生じた分配的不正義が、その期待はそもそも分配的正義にもとづいて形成されたのだという点を考慮することで、統制のルールの中で認められることは十分に考えられる。

その他の価値、原理の観点からの不正義とは、分配的正義と、互いが互いに配慮するという「コミュニティ」の価値との衝突に特に起因する。コーエンの論じるところ、正義の是認する平等主義的な原理である社会主義的な機会の平等原理（つまり運の平等主義）において認められる不平等は、それが巨大な不平等となる場合、このコミュニティという価値と矛盾してしまうがために是正されるべきものとなる。[59] そこでもやはり、分配的正義にもとづく正統な取り分の是正が求められる。正義とコミュニティとの衝突を前にして彼は次のように述べている。

> 社会主義的な機会の平等の名においては禁止されることのない一定の不平等が、コミュニティの名において禁止されるべきだということを私は確信している。しかしこれは、こうした不平等を生じさせる取引を禁止してしまうという一つの不正義な̇のだろうか。そうした妥当な禁止は、正義が作用するための条項を単に規定しているだけなのだろうか。それとも、これらはときに（正当化される形で）正義と矛盾するのだろうか。こうした疑問への応答について私はわからない（もちろん、コミュニティと正義とが潜在的に両立不可能な道徳的理念であったと結論づけなければならないとすれば、それは極めて残念なことであろう）〔強調点は原文〕。[60]

ここでコーエンは、コミュニティという価値の尊重が不正義を必ず意味する、とまで断言することを避けている。しかし、分配的正義の原理のみを参照するならば不正でしかない状態が、他の価値の考慮の結果、理想としても望ましいとされているのは明らかである。先に見たように、統制のルールにおいては諸価値の比較考量が求められる。しかしここでの議論が示しているのは、非理想的な現実においては他の価値を優先するために正義（の実現）はしばしば後回しにされなければならないといった、実現可能性の問題ではない。そもそも統制のルールの目的を正義に適った状態の実現のみに設定すること自体が望ましいことにはならないのである。それゆえ彼からすれば、ロールズとは全く異なり、「正義は社会制度の（唯一で）第一の徳ではない〔強調点は原文〕」のだ[61]。

以上の点を踏まえるならば、事実との乖離から理想主義的すぎるとされているコーエンの分配的正義が、統制のルールに対してその原理に照らした正義の実現や不正義の縮減を否応なく要求するものではないことは明白であろう。根本原理である分配的正義が、その他の価値や原理、そして事実との関連の中で考慮されなければならないのは、全てを考慮に入れること（all things considered）が求められる統制のルールにおいては当然のことである。裏を返せば、他の事情が等しければ（other things being equal）、そこではじめて分配的正義の根本原理から、分配的正義は増進されることが望ましいといった道徳的要求を導出することが可能となる[62]。そしてそれ単独を取り出してみれば望ましい分配的正義もまた、当の正義それ自体やコミュニティの価値といった観点から、その不正義こそが求められることになりうる。

3　コーエン的な運の平等主義にもとづくグローバルな分配的正義は何を意味するのか

それでは以上のコーエンの議論を改めてグローバルな分配的正義論として位置づけていこう。コーエン的な運の平等主義が非関係論的アプローチと整合することはすでに論じた。しかしそこから、運の平等主義に照らして不正義とみなされるグローバルで不平等な分配は、否応なく是正、縮減されるべきであるという、強い道徳的要求が必ずしも導出されないことはもはや明らかであろう。自然的事実にもとづく不平等は、確かにその分配状況自体は不正である。分配だけに焦点を絞るのならば、そうした不平等がなければそれは望ましいことである。しかしそのことは、その他の事情を考慮に入れてもなおそうした不平等は縮減されるべきだという道徳的要求を、新たな根拠を何ら付け加えることをせずして、導き出すものとはなりえない。むしろ（コミュニティのような）他の諸価値を勘案するならば、その正義に適っていない世界こそが望ましいとされることはおおいにありうる。

かくしてコーエン的な正義の理解に立てば、無関係な人びとの間にグローバルな運の平等主義という分配的正義を主張することは確かに可能となる。しかしそうして把握された不正義に対しては、誰がその是正をすべきなのかという責任の割り当てをはじめとした実現可能性の問題以前に、そもそもその是正が望ましいのかどうかも自明なものとはなっていない。道徳的多元性は、国内で想定されているのならば、グローバルなレベルでも同様に想定されるべきである。だとすれば、世界中の人びとが共生のために互いに負っている義務を勘案するにあたって、事実とは無関係に存在するこの分配的正義が理想としてもどの程度尊重されるべきなのかは、全くもって判然としない。

以上の議論は、非関係論的でグローバルな正義と道徳的義務との関係に関する次の単純な推論に深刻な疑問を突きつける。非関係論的アプローチからグローバルな平等を擁護する議論においてはしばしば、国家主義への批判という文脈から、平等という分配的正義を実現、促進するためにこそグローバルな制度は手段として必要とされるのであり、そこで正義に適った制度を新たに構築、維持していくという正義の自然的義務を世界中の人びとは負っている、といった主張がなされてきた(63)。正義の自然的義務自体は、関係論的アプローチにおいても想定されうる以上、ここで論点にする必要はない。問題となるのは、コーエンの議論から導き出される非関係論的な分配的正義の原理は、構築されることとなるグローバルな制度の内容を規定すべき唯一の、そして至高の原理とみなされるべきではないという点である。つまり、運の平等主義にもとづく分配的正義がグローバルに存在するという指摘のみを単に根拠とすることで、現実の不平等を縮減すべくこの正義に照らした制度構築を無関係な人びとに義務として課していくという推論は、グローバルな制度というまさに統制のルールとして考慮されるべき問題において運の平等主義という分配的正義が第一に考慮されるべきだという主張を内包することで、この問題に対して論点先取を犯している。

もっとも本稿のこうした主張に対しては、コーエン的な正義理解にもとづく運の平等主義と、運の平等主義全般とを混同すべきではないという反論が想定されうる。たとえばP・ヴァレンタインは、コーエンの運の平等主義はあくまで分配状況に対しての正しさに限定されるとした上で、運の平等主義そのものは、それに照らしてより多くの財を享受している人びとに対してそうでない人びとへの再分配の義務を課すといった、私たちが互いに負っている義務を規定する原理となりうるという指摘をしている。[64] しかしながら運の平等主義が、道徳的多元性の中で道徳全般を規定する単一の原理ではないという点は、多くの論者によって共有されている。[65] そうである以上、私たちが互いに負っているものとして運の平等主義を考慮していくことがたとえ可能であったとしても、この原理のみを手がかりとして、それだけを目的としたグローバルな制度構築の義務を負っていると主張することはできない。そこでも、「なぜ運の平等主義をとりわけ考慮すべきなのか」という理論的正当化が必要となる。

それでは本稿の主張が正しいとするのならば、単にその正義がグローバルに存在することのみを指摘するだけの非関係論的アプローチによるグローバルな運の平等主義は、結局のところ、真剣な考慮に値しないものとなってしまうのだろうか。最後にこの正義構想の持つ実践的意義について触れたい。一つ強調すべきなのはこの原理は確かに、現実のグローバルな不平等に直面するにあたって、それを不正義という観点から比較考量する際の一助となるだろうという点である。他の事情を脇に置いておくことができるのならば、より正義に適った世界は望ましいと判断すべきであるし、その実現をもたらしうる制度構築を支持する理由の一つを提供することとなる。これは特に、「天からのマナ」としてたとえることの可能な天然資源の分布や、自然災害による不利について判断する際に、適切な規範的基準となりうるかもしれない。その他にもこの原理は、(世界全体の富が増大するといった)一般的に好ましい世界への展望が開けたとしても、そこでの不正義、欠損に光を当てるための批判的視座を提供することができる。非関係論的でグローバルな運の平等主義は、たとえそこからその実現に向けて人びとを義務づける強い道徳的要求を導出することができなかったとしても、制度構築への比較評価や批判をはじめとした実践的意義を少なからず持つことは確かである。[66]

四　結論

本稿の議論をまとめよう。ありのままの不運に起因する不平等を不正義とみなす運の平等主義は、世界中の人びとの間にたとえ有意な関係性を見出すことができなかったとしても、グローバルな不平等を直接的に不正義とみなすことのできる、一見すると魅力的な正義構想となっている。しかし実際には、タンの議論の検討においてみてきたように、制度的関係を媒介とした有利／不利のみを考慮事項とみなすという、関係論的な正義構想として提示されている。これは運の平等主義という原理そのものからしても、関係論的アプローチとしても欠点を抱えるものとなってしまう。続いて、非関係論的アプローチとしての運の平等主義が一体どのようなものとなるのかについて、コーエンの議論を手がかりに検討してきた。そこでは、たとえ運の平等主義が事実非感応的な原理としてグローバルに妥当したとしても、それが不正義根絶への道徳的要求を必ずしも伴うことにはならないことを示してきた。そこで、この分配的正義の存在だけを根拠としてその正義に適った制度構築を義務づける議論を批判するとともに、この正義の意義が限定的なものとなると論じてきた。結局のところグローバルな運の平等主義は、これまでの理論状況からみて、共通の制度や相互影響の指摘から世界中の人びとの間の分配的正義の導出を試みてきた従来の関係論的なコスモポリタニズムと比べても、グローバルな正義の今の論争状況を劇的に進展させうる魅力的な正義構想を打ち出すことはできないのではないか、というのが、この正義構想を検討してきた本稿の結論となる。

もちろんこの結論は、非関係論的アプローチ全般に対する関係論的アプローチの優位性を論証したものではない。しかし、運の平等主義的な根拠だけをもってして、無関係な人びとの間にも平等主義的正義が想定できる以上、そうした正義を実現すべくできる限りグローバルな制度を構築、積極的に変革していかなければならないといった、非関係論的アプローチから平等主義的正義を主張するグローバルな正義論が、きわめて単純化された推論から成り立っていることはもはや明らかであろう。この推論を正当化するためには、運の平等主義をはじめとした平等主義的な分配的正義の原理と人びとを取り巻く関係性とを結びつけていく（単なる実現可能性への考慮には還元されえない）理論的作業が、たとえそれが複雑で厄介な作業であったとしても必要となる。これはつまり、コスモポリタニズムの立場からしても、今後とも関係論的アプローチにこだわるべき必要性、ならびに同じ前提に立つ国家主義からの反論に正面から応答していく必要性があることを意味する。本稿で論じたように、運の平等主義を強調したタンの試みが多くの難点を抱えてしまうのであれば、運とは別の観点からグローバルな分配的平等を導出する理論構築が、今後の関係論的アプローチにおいての課題の一つとなるだろう。同時に、非関係論的な形で運の平等主義をあくまで主張していくにあたっても、グローバルな正義論においてはそれと並行的に、人びとの間の関係性への着目とそれがもたらす理論的含意の明確化が必要となってくる。[67] 本稿の議論が成功しており、以上のような示唆が導き出されているとするならば、本稿は、グローバルな運の平等主義の明確化という課題への応答としてのみならず、これまでのグローバルな正義論や、関係論／非関係論をめぐる政治理論全般に対して、理論的意義を持つものとなるだろう。

（1）近年の代表的な論文集として G. Brock (ed.), *Cosmopolitanism Versus Non-Cosmopolitanism: Critiques, Defenses, Reconceptualizations*, Oxford: Oxford University Press, 2013.

（2）この区別を用いてグローバルな正義を論じたものとして A. Sangiovanni, Global Justice, Reciprocity, and the State, in *Philosophy & Public Affairs*, Vol. 35, No. 1 (2007), pp. 3-39; C. Armstrong, *Global Distributive Justice: An Introduction*, New York: Cambridge University Press, 2012、伊藤恭彦「グローバル・ジャスティス――公正な地球社会をめざす規範」、川崎修編『岩波講座　政治哲学6　政治哲学と現代』岩波書店、二〇一四年、二二三～二四四頁を参照。関係論的なグローバルな正義論に焦点を当てた最近の邦語による研究として、山田祥子「グローバルな正義論における「現実」の意味（1）――制度主義を中心に」、『法政論集』第二六四号、二〇一五年、一一七～一四二頁。

（3）周知のように、J・ロールズが、国内社会における分配的正義論を主張しつつも国外的には同種の分配的正義を否定したことが、グローバルな正義論の活発化の端緒の一つとなっている。J. Rawls, *The Law of Peoples: with "The Idea of Public Reason*

Revisited", Cambridge: Harvard University Press, 1999（中山竜一訳『万民の法』岩波書店、二〇〇六年）. 関係論的なコスモポリタニズムの代表的な主張においては、まさにこのロールズが国内において前提としている制度――社会の基本構造――がグローバルにも存在することを根拠の一つとして、グローバルな分配的正義を導出してきた。C. Beitz, *Political Theory and International Relations: With a New Afterword by the Author*, Princeton, NJ: Princeton University Press, 1999（進藤榮一訳『国際秩序と正義』岩波書店、一九八九年）; T. Pogge, *Realizing Rawls*, Ithaca: Cornell University Press, 1989.

（4）M. Blake, Global Distributive Justice: Why Political Philosophy Needs Political Science, in *Annual Review of Political Science*, Vol. 15（2012）p. 134.

（5）運の平等主義についてはすでに日本においても多く研究がなされている。さしあたり、飯田文雄「運命と平等――現代規範的平等論の一断面」、『年報政治学 2006-I　平等と政治』二〇〇六年、一一～四〇頁、広瀬巌「平等論の展開――ロールズ以降の「運の平等主義」の基本問題」、『岩波講座　政治哲学６』二九～四八頁を参照。その他、運の平等主義の立場を包括的に説明したものとして、C. Knight, Luck Egalitarianism, in *Philosophy Compass*, Vol. 8, No. 10（2013）, pp. 924–934. K. Lippert-Rasmussen, *Luck Egalitarianism*, London: Bloomsbury, 2016を参照。

（6）非関係論的なグローバルな平等主義的正義構想を論じたとされる代表的な議論として、S. Caney, *Justice Beyond Borders: A Global Political Theory*, Oxford: Oxford University Press, 2005; P. Gilabert, *From Global Poverty to Global Equality: A Philosophical Exploration*, Oxford: Oxford University Press, 2012 を参照（ただしS・ケーニーは正義の内容が実践の中で形成されることを認めている。S. Caney, Cosmopolitanism and Justice, in T. Christiano and J. Christman（eds.）, *Contemporary Debates in Political Philosophy*, Oxford: Blackwell Publishing, 2009, p. 399）。また、非関係論の立場からすればその範囲が国内に留まらないことは自明である以上、グローバルな原理の中でどうして各国家といった分業が正当化されるのかといった面からの検討が中心となっていた。この点については、R. Goodin, What is So Special about Our Fellow Countrymen?, in *Ethics*, Vol. 98, No. 4（1988）, pp. 663–686、瀧川裕英「コスモポリタニズムと制度的分業」、『法哲学年報 2012　国境を越える正義――その原理と制度』二〇一三年、七二～八八頁を参照。運の平等主義についても、グローバルな正義論の文脈の中でいくつか検討がなされてきたが、そこではナショナルな自己決定との緊張関係が論点となっていた。C. Fabre, Global Distributive Justice: An Egalitarian Perspective, in D. Weinstock（ed.）, *Global Justice, Global Institutions*, Calgary: University of Calgary Press, 2007, pp. 139–164; D. Miller, *National Responsibility and Global Justice*, Oxford: Oxford University Press, 2007（富沢克他訳『国際正義とは何か――グローバ

ル化とネーションとしての責任』風行社、二〇一一年）．その他、関係論的アプローチを擁護する立場から、グローバルな運の平等主義では加害責任を問うことができず、実践の中で道徳的指針を示すこともできないと批判した希少な研究として、C. Schemmel, On the Usefulness of Luck Egalitarian Arguments for Global Justice, in *Global Justice: Theory Practice Rhetoric*, Vol. 1 (2008), pp. 54-67 を参照。この研究と本稿との大きな違いの一つは、本稿は、コーエンの議論やグローバルな運の平等主義のより直近の研究を論じることで、そこからどのような道徳的要求が導出されるのかをより明確に示している点にある。議論を先取りする形になるが、運の平等主義は現実において妥協を容認するという以上に、理想としてもその実現が望ましいかが自明とはならないことが、本稿の強調点となる。

（7）その他の有力な非関係論的アプローチとしては、P・シンガーに代表される功利主義 P. Singer, *The Life You Can Save: How to Do Your Part to End World Poverty*, New York: Random House Trade PaperBacks, 2010（児玉聡・石川涼子訳『あなたが救える命——世界の貧困を終わらせるために今すぐできること』勁草書房、二〇一四年）、H・スタイナーに代表される左派リバタリアニズムがある。H. Steiner, Just Taxation and International Redistribution, in I. Shapiro and L. Brilmayer (eds.), in *Global Justice*: NOMOS XLI, New York: New York University Press, 2002, pp. 171-191. ここでは議論の単純化のためと、平等主義的な分配的正義をグローバルに拡大する際の根拠による違いに焦点を当てるため、それらの議論を取り上げることはできない。

（8）以上の運の平等主義の説明は、Lippert-Rasmussen, *Luck Egalitarianism*, pp. 1-6 による定義を参考にしている。

（9）これらの論争については、注（5）で記載した先行研究を参照。

（10）「運の平等主義」という呼称が最初に用いられた代表的な批判としてE. Anderson, What is the Point of Equality?, in *Ethics*, Vol. 109, No. 2 (1999), pp. 287-337. その他の主要な批判としてJ. Wolff, Fairness, Respect, and the Egalitarian Ethos, in *Philosophy & Public Affairs*, Vol. 27, No. 2 (1998), pp. 97-122; S. Scheffler, *Equality and Tradition: Questions of Value in Moral and Political Theory*, New York: Oxford University Press, 2010, pp. 175-207 を参照。近年の日本における運の平等主義への批判としては、木部尚志『平等の政治理論——〈品位ある平等〉にむけて』風行社、二〇一五年、八五～一一五頁、宮本雅也「分配的正義における功績概念の位置づけ——ロールズにおける功績の限定戦略の擁護」、『政治思想研究』第一五号、二〇一五年、三三五～三六五頁を参照。

（11）R. Arneson, Luck Egalitarianism —A Primer, in C. Knight and Z. Stemplowska (eds.), *Responsibility and Distributive Justice*, Oxford: Oxford University Press, 2011, p. 44.

（12）Arneson, Luck Egalitarianism, p. 45.

（13）ここで注意を要するのは、代表的な運の平等主義者とされるR・ドゥオーキンは、ここで特徴づけしたような運の平等主義論を展開してはいないという点である。彼はあくまで、政治共同体の成員の平等な配慮という問題関心から、運の平等主義を擁護している。R. Dworkin, *Sovereign Virtue: The Theory and Practice of Equality*, Cambridge: Harvard University Press, 2000, p. 6. それゆえ分配的正義に対して非関係論的なアプローチを採用しているわけではない。Arneson, Luck Egalitarianism, pp. 47–48. ドゥオーキンの理論のグローバルな拡大可能性を検討したものとしては、A. Brown, Are There Any Global Egalitarian Rights?, in *Human Rights Review*, Vol. 9, No. 4（2008）, pp. 435–464 を参照。

（14）Gilabert, *From Global Poverty to Global Equality*, p. 287. 二つの立場の差異についてのより詳細な説明は、Gilabert, *From Global Poverty to Global Equality*, pp. 182–186 を参照。

（15）ジラベルトの議論においては、非関係論的な平等主義的原理として運の平等主義を想定していることが見受けられるものの、そこで運の平等主義自体への考察が十分になされているとは言いがたい。Gilabert, *From Global Poverty to Global Equality*, pp. 199–202.

（16）Gilabert, *From Global Poverty to Global Equality*, pp. 222–223, 247–248.

（17）コーエン自身は明示的にグローバルな正義を論じてはいないが、運の平等主義的な理論家がこの正義を論じる際、彼の議論を多く参照している。Caney, Cosmopolitanism and Justice, p. 392; Gilabert, *From Global Poverty to Global Equality*, p. 22 n.7.

（18）K-C. Tan, *Justice, Institutions, and Luck: The Site, Ground, and Scope of Equality*, Oxford: Oxford University Press, 2012, p. 144（以下*JIL*）.

（19）*JIL*, pp. 2–4.

（20）*JIL*, pp. 119–120.

（21）*JIL*, pp. 26–31. この正義の適用対象をめぐる論点は、次に取り上げるコーエンによるロールズの社会の基本構造論批判をはじめとして、様々に論じられている。コーエン以外の代表的な議論として、L. Murphy, Institutions and the Demands of Justice, in *Philosophy & Public Affairs*, Vol. 27, No. 4（1998）, pp. 251–291; Scheffler, *Equality and Tradition*, pp. 129–159 など。つまりここでタンは、ロールズの立場をコーエンの批判から擁護していることになる。この点を含めたタンの議論に対する批判として次を参照。Lippert-Rasmussen, *Luck Egalitarianism*, pp. 170–172; R. Nath, Against Institutional Luck Egalitarianism, in *Journal of Ethics and Social Philosophy*, Vol. 8, No. 1（2014）, pp. 1-19; C. Schemmel, Luck Egalitarianism as Democratic Reciprocity? A Response to Tan, in *Journal of Philosophy*, Vol. 109, No. 7（2012）, pp. 435-448、井上彰「運の平等論とカタストロフィ」、『立命館言語文化研究』第二六巻第四号、二〇一五年、二三一～二四七頁。

（22）*JIL*, p. 153.

（23）タン自身、自らの主張を、グローバルな制度とそれに対する分配的正義論を展開したC・ベイツらの議論の延長に位置づけている。*JIL*, p. 152.

（24）ここからさらに推論を重ねて、なぜ「平等」そのものに価値を置くべきなのか、という点での根拠づけが求められるかもしれない。この点を探求した論考として、井上彰「平等——なぜ平等は基底的な価値といえるのか」、橋本努編『現代の経済思想』勁草書房、二〇一四年、一七三～二〇一頁を参照。

（25）なお、ロールズが代表的な論者であるとみなされるこの「民主的平等論」も平等論の文脈においてしばしば「関係論」として表現されている。本稿では正義の前提条件に関する関係論的アプローチとの混同を避けるために、この表現を用いる。この二つの主張はしばしば重なり合うが、ここで確認したように、その問題関心は異なっている。

（26）*JIL*, pp. 168-169.

（27）タンは、先の背理法的反論の結論が馬鹿げたものであること自体を否定する応答があることを認めた上で、自らの立場が説得的なものであると考えている。*JIL*, pp. 167-168.

（28）Caney, Cosmopolitanism and Justice, pp. 397-398.

（29）この点についてはNath, Against Institutional Luck Egalitarianism, pp. 6-15におけるタンの制度理解に対する批判的分析を参照。

（30）この記述に沿う「民主的平等論」の擁護として、宮本「分配的正義における功績概念の位置づけ」を参照。運の平等主義と同様、ロールズの正義構想も個人の責任を尊重するものであるという点については、T. Scanlon, Justice, Responsibility, and the Demands of Equality, in C. Sypnowich（ed.）, *The Egalitarian Conscience: Essays in Honour of G. A. Cohen*, Oxford: Oxford University Press, 2006, pp. 70-87を参照。ロールズの議論を下敷きとして「民主的平等論」からグローバルな分配的正義を主張しているものの一つとして、D. Moellendorf, *Cosmopolitan Justice*, Boulder: Westview Press, 2002を参照。

（31）J. Rawls, *Political Liberalism*, expanded edition, New York: Columbia University Press, 2005, pp. 265-266.

（32）*JIL*, pp. 178–179. なおタンはかねてより、ナショナルな自己決定の尊重とグローバルな分配的正義との両立を主張している。K-C. Tan, *Justice without Borders: Cosmopolitanism, Nationalism and Patriotism*, Cambridge: Cambridge University Press, 2004.

（33）*JIL*, pp. 77–79.

（34）同様の批判として、Nath, Against Institutional Luck Egalitarianism, pp. 15–16 を参照。この点については、次に取り上げるコーエンが注意深く論じている。また、グローバルな背景的正義の問題は、ナショナルな自己決定も個人の選択もともに運の平等主義の立場から尊重しようとするタンの議論に対し、集団的自己決定に従って分配を規定することはその内の個人にとっては真正な選択とはならないという、厄介な課題を突きつけることにもなる。運の平等主義における集団と個人の問題を扱ったものとして、K. Lippert-Rasmussen, Luck Egalitarianism and Group Responsibility, in *Responsibility and Distributive Justice*, pp. 98–114 を参照。

（35）民主的平等論における背景的正義においては、各人の正しい選択の積み重ねであっても人びとの平等な関係性を損なう分配結果が生じてしまうという点こそが問題とされている。Rawls, *Political Liberalism*, p. 267.

（36）コーエンの政治哲学は近年、日本においても多く取り上げられている。小田川大典「平等論の分析的展開——ジェラルド・コーエンについての覚え書き」、『岡山大学法学会雑誌』第六四巻第三・四号、二〇一五年、六一～七五頁、園辰也「G・A・コーエンのロールズ批判に関する批判的考察：個人の選択と社会的エートス」、『哲学・思想論叢』第三二号、二〇一四年、一〇六～九一頁、森悠一郎「高価な嗜好・社会主義・共同体——G・A・コーエンの運の平等主義の再検討」、『法と哲学』第二号、二〇一六年、二五～五八頁。

（37）Cohen, *Rescuing Justice and Equality*, Cambridge: Harvard University Press, 2008, pp. 68–86（以下 *RJE*).

（38）*RJE*, p. 232.

（39）本稿では紙幅の都合上、事実と原理とをめぐるコーエンの議論を詳述することはできない。この点については、井上彰「ロールズ——「正義とはいかなるものか」をめぐって」、齋藤純一編『岩波講座　政治哲学5　理性の両義性』岩波書店、一五一～一七二頁を参照。コーエンへの批判としては他に、S. Freeman, Constructivism, Facts, and Moral Justification, in *Contemporary Debates in Political Philosophy*, pp. 41–60; T. Pogge, Cohen to the Rescue!, in *Ratio*, Vol. 21, No. 4 (2008), pp. 454–475 を参照。

（40）*RJE*, p. 7.

（41）*RJE*, p. 8.

（42）J. Rawls, *A Theory of Justice: Revised Edition*, Cambridge: Harvard University Press, 1999, pp. 109–112（川本隆史他訳『正義論』紀伊国屋書店、二〇一〇年、一七〇～一七四頁）.

（43）*RJE*, p. 331.

（44）*RJE*, pp. 331-332.

（45）正義の情況はマルクス主義との関係で以前にも論じられている。そこで分配的正義はマルクス主義においても超越されるものではないことが強調されている。G. A. Cohen, *Self-Ownership, Freedom and Equality*, Cambridge: Cambridge University Press, 1995, p. 143（松井暁・中村宗之訳『自己所有権・自由・平等』青木書店、二〇〇五年、一九三頁）.

（46）この点は特に、国家主義の立場への批判としてしばしば表明されている。R. Arneson, Against Relationalism in Global Justice Theory, in *Ethics & International Affairs*, Vol. 28, No. 4（2014）, pp. 477–484; P. Gilabert, Global Moral Egalitarianism and Global Distributive Egalitarianism, in *Ethics & International Affairs*, Vol. 29, No. 3（2015）, pp. 269–276.

（47）コーエンの政治哲学は、理想的な理論前提の下で理想的な社会を描くいわゆる「理想理論」において、最も理想主義的なものとして理解されている。C. Farrelly, Justice in Ideal Theory: A Refutation, in *Political Studies*, Vol. 55, No. 4（2007）, p. 847、松元雅和『応用政治哲学――方法論の探求』風行社、二〇一五年、一二六～一二七頁、一四一～一四四頁。

（48）D. Miller, *Justice for Earthlings: Essays in Political Philosophy*, Cambridge: Cambridge University Press, 2013, pp. 237–238.

（49）L. Valentini, *Justice in a Globalized World: A Normative Framework*, Oxford: Oxford University Press, 2011, pp. 28–32.

（50）*RJE*, p. 21.

（51）*RJE*, p. 335.

（52）ただし統制のルールによる区別は、たとえ正義が事実感応的な原理であったとしても妥当するとコーエンは考えている。*RJE*, pp. 278–279.

（53）*RJE*, p. 283.

（54）*RJE*, pp. 285–286.

（55）*RJE*, p. 301.

（56）G. A. Cohen, *On the Currency of Egalitarian Justice, and Other Essays in Political Philosophy*, M. Otsuka（ed.）, Princeton: Princeton University Press, 2011, p. 128.

(57) Cohen, *On the Currency of Egalitarian Justice*, p. 141.

(58) *RJE*, p. 289.

(59) G. A. Cohen, *Why Not Socialism?*, Princeton: Princeton University Press, 2009, p. 34.

(60) Cohen, *Why Not Socialism?*, p. 37.

(61) *RJE*, p. 303.

(62) この点についてのロールズとコーエンとの異同については Scanlon, Justice, Responsibility, and the Demands of Equality, pp. 85–87 を参照。コーエンもまた、正義の原理そのものと全てを考慮した道徳的要求とが異なることは十分に理解した上で、あくまで正義と他の諸価値との混合を批判している。*RJE*, p. 305. ロールズの見解としては、Rawls, *A Theory of Justice*, pp. 299–301（四五〇～四五三頁）を参照。

(63) Gilabert, *From Global Poverty to Global Equality*, p. 255. 非関係論的アプローチではないものの、グローバルな分配的正義の道具的手段としてあくまで制度を捉える議論については、A. Abizadeh, Cooperation, Pervasive Impact, and Coercion: On the Scope（not Site）of Distributive Justice, in *Philosophy & Public Affiars*, Vol. 35, No. 4（2007）, pp. 318–358 を参照。

(64) P. Vallentyne, Justice, interpersonal morality, and luck egalitarianism, in *Distributive Justice and Access to Advantage: G. A. Cohen's Egalitarianism*, Cambridge: Cambridge University Press, 2015, pp. 40–49.

(65) Lippert-Rasmussen, *Luck Egalitarianism*, p. 3.

(66) 以上の点は、政治哲学の実践的意義についてのコーエンの記述を参照。*RJE*, pp. 307–309.

(67) 正義と人びとの関係性との双方を考慮することの重要性は、分配状況の正義を意味する運の平等主義と、人びとの間の一定の関係性を前提とせざるをえない「搾取」とを並列的に論じたコーエン自身の議論の中にも見て取ることができる。Cohen, *On the Currency of Egalitarian Justice*, p. 5. この点およびその範囲が判然としない「コミュニティ」の議論と分配的正義との関連についての詳細な検討は、別途の課題としたい。

〔政治思想学会研究奨励賞受賞論文〕

戦時期恒藤恭における民族認識の特質と展開

——一九三〇年代後半期を中心に

久野譲太郎

はじめに

法哲学者である恒藤恭（一八八八—一九六七）は、一般に戦前戦中は戦時体制とファシズムに抵抗し、また戦後は憲法と民主主義を擁護して活動しつづけたリベラルな知識人としてその名を留めている。しかしながらこうした評価のゆえに、従来恒藤の思想を検討する場合には、彼の合理的で普遍的な価値志向の側面、すなわち人権や個人の尊厳を尊重する態度(1)、ないしはその平和主義や世界市民主義的立場が強調されることとなり、結果としてその本性上非合理面を有するナショナルなものに対する彼の態度と位置づけに関してはほとんど視圏の埒外に貶置されるという事態を生んできた(2)。しかしながら彼は決して民族や国家といった問題を無視していたわけではなく、そこには戦時期を通じてかような問題、とりわけ民族の問題をめぐっては深い思索を展開していた形跡すら認められる。

たしかに恒藤は一九二〇年代にあっては世界市民主義と平和主義の立場を宣揚し、ナショナリズムをその排他性ゆえに排却していた(3)。しかし、彼は戦後になると逆に国際平和を作り上げてゆくための主体として民族を積極的に評価するまでに至っており(4)、ここには戦時期を通じたナショナリズム問題への深い沈潜があったものと忖度されるのである。よく指摘されるように、恒藤が自己の理想を抽象的理念に終わらせることなく、その実現を現実のなかで学問的に模索しようとする法哲学者であった以上、[5] その合理的な理想は現実のナショナリズム問題との対決を避けては通れなかったであろう。そしてそうである以上、かかるナショナルなものに対する認識の深化、およびそれが有する彼の合理的志向性との関係性を理解しておくことは、彼の世界主義や平和主義の内実を内在的に見極めるためにもきわめて重要な課題であると言わざるをえない。まして周知のとおり、一九三〇年代後半期とはファシズムと戦時体制の進行に伴って非合理な民族主義や国家主義が覇権を握りつつあった時代である。この点で特に、かかる状況下にあって恒藤がナショナルな存在をいかに思惟し、どのような認識を展開したかということは、広川禎秀も指摘するように恒藤の「平和主義の真価を問う問題」[6] と言いうるばかりか、ひいては、単に恒藤個人の問題には留まらず、戦前戦中を中心とした近代日本におけるナショナリズムと平和主義思想の実態、またその両者の関係そのものの在り方を問ううえでも非常に重要な問題であるといえよう。本稿が課題とするのもまさにこの点である。

ただし、ここでは本稿への導入として、まずは三〇年代前葉での恒藤の認識をごく簡潔に概略しておくこととしたい。広川も述べているとおり、恒藤は三〇年代初頭、法哲学者として「非常時」化する時代と対峙したが、そうしたなかで、近代資本主義の発達を前提とした抽象的個人主義の限界を見据えて「歴史」や「社会」の観点を導入、個人がそこにおいてこそ真に活きうる全体社会を探求してゆくこととなる。[7] それは換言すれば、彼が二〇年代以来追求してきた平和や人権といった人類的理念たる「合理性」を単に個人にのみ求めるのではなく、それらをその存立基盤たる社会や歴史のなかで把え返そうとする試みにほかならなかったが、まさにこうした文脈のなかでこそ、歴史的集団たる民族の意義にもまた注意が払われていったものと考えられる。[8] 恒藤はそこでカント的な抽象的個人主義を超える以後のドイツ観念論や唯物史観、サヴィニーら歴史法学の思想を批判的に摂取し、その過程において、歴史法学とヘーゲルの「民族精神」概念への留目を介し「民族」を歴史の形成主体として理論的に承認してゆくようになる。しかしここで同時に忘れてはならないのは、恒藤がそこにおいても未だカントあるいは新カント派的な理想主義の立場までは放棄していなかったということであろう。恒藤はあるべき真の全体社会を原理的に探求しつつも、しかしこれを未来に措定して現在する世界とは一線を画した。ここには依然として新カント派的な価値二元論の影像を観取しうる。そして彼はかかる当為としての全体社会を目指しつつ、現在世界に制約されながらもかえってこれを行為によって変革してゆく主体としてこそ、個人とともに民族を積極的に評価したのである。その点でそれは、たとえば民族精神を法生成の根源に据える歴史法学的な非合理主義とも、あるいは全体社会と国家を同定するヘーゲル的な国家主義とも異なって、そこでは民族はあるべき全体社会としての「世界」に方位づけられた相対的なしかし合理的な進歩の主体として再定位されていたといえよう。従ってその意味では、それはまさに恒藤による世界主義や理想主義、ひいては平和主義の内へのナショナリズムの原理的包摂にほかならなかったとも言える。

しかしながら、そこではあくまで三〇年代前葉における民族認識の理論的形成場面に迫ることに目標が限定されていたため、それがその後三〇年代後半という戦時下にあってどのような展開をみせたかということにまでは論域が及んでいなかった。しかるに一九三〇年代も半ばから後半に至ると、現実の世界状勢の緊迫を背景としていよいよ独善的な民族主義的言説が勢いを得るようになる。そのため、恒藤のナショナルなものへの視座をその平和主義との関係で十全な意味で明らかにするためには、むしろかかる後半期での認識をこそ見定めておくことが必要な課題とならざるをえないであろう。よって本稿では以上の点をふまえながら、主に三〇年代中葉以降の恒藤法理学に焦点を当てつつ、順次その認識が時代と対峙するなかで展開する様を明らかにすることとしたい。もって、併せて戦時期日本におけるナショナリズム認識の一斑を闡明する次第である。

一　一九三〇年代後半の時代状勢と恒藤恭の全体社会認識

一九三〇年代後半とは一般にファシズムの完成期と見做されるごとく、日本、ヨーロッパともにファシズムが勢力を増大、総力戦への隘路へと追い込まれるに従い、時代はいわゆる「暗い谷間の時代」へと向かいつつあった。こうした時代状勢に関しては今更贅言を要さないであろう。しかしながらこの時期、戦時色が濃厚となるに伴って、世界的に排外的な民族主義や国家主義の潮流が勢いを獲得しつつあったことにはあらためて留意をしておかなければならない。なぜなら恒藤の民族認識の発展を観る場合にもまた、そのような思想的背景が密接に関わりあっていると思われるからである。

周知のとおり、日本では三〇年代の当初より、従来の「階級」に代わって「民族」への注目がなされるようになってきていたが、後半期に入るとかかる傾向は対外的危機意識の昂揚とともに一層顕著となった。[9]しかもこのような民族意識の高まりは当時日本においてのみならず世界、特に同盟関係を結ぶドイツにおいても著しく、ドイツではナチス政権下、民族共同体の一体性が主導されていたことは既知の事柄であろう。そしてかような時代状勢を背景としつつ、思想界や学界では民族主義的イデオロギーを学理的に基礎づけ、擁護せんとする「民族理論」が抬頭しつつあった。当時京都帝国大学の大学院学生として恒藤とも接触のあった美学者の中井正一は、三〇年代の同時代的情況を、真理や理論をして「民族性」に基礎づけようとする考え方が現れてきた時代だと指摘している。[10]恒藤の属する法学界でも事情は同様であり、以後四〇年代まで法や法理に日本固有の民族性を強調する理説が展開されてゆくこととなる。もちろん恒藤自身こうした情況については敏感に反応しており、彼は各国における閉じたナショナリズムの昂揚を危機感をもって観察していた。[11]三〇年代初頭、普遍的なあるべき全体社会の実現を最終的な目標とし、その立場から民族の合理的主体性を肯定しようとした恒藤にとり、このような跋扈する非合理的民族主義イデオロギーと向き合うことはまさしく喫緊の課題になっていたといえようか。そしてかような事態をふまえつつ、恒藤は自らの法哲学研究において民族ないし国家理論と自覚的に向き合い、これを学理的に批判する形で時代への対決姿勢を打ち出してゆくこととなるのである。そこで以下では、恒藤の排他的言説への挑戦を観るとともに、同時にそのような対質を潜り抜けるなかで深化を遂げる彼の民族認識の展相を追尋してゆくこととしたい。ただしここではそれに先立ち、まずは三〇年代中葉における恒藤の全体社会認識を簡潔ながら概観することによって、前葉での全体社会観の構図がある程度継受されている様を確認しておくこととしよう。それにより、後半における民族認識の深化を前葉以来の全体社会認識の枠組みにおいて把捉することも可能となるであろうからである。

すでに先にも触れたとおり、恒藤は三〇年代前葉、より普遍的な真の全体社会を展望する脈絡のなかにこそナショナルな存在を位置づけ、評価していたが、そのような認識は中葉に入ってからも連続して認めることができる。たとえば一九三五年の論文「法の本質」では、「国家の領域を限界として成り立つ全体社会を「国民社会」とよぶときは、（中略）世界における一切の国民社会は互ひに結合して包括的・普遍的なる世界社会をかたちづくつてゐる」とある。[12]またかかる見解は翌三六年の「世界法の本質と其の社会的基礎」（以下、「世界法」論文）では一層立ち入った展開がなされ、恒藤はそこにおいて国家、国際社会、世界社会の関係について論じつつ、次のように述べている。

世界社会とは国際社会よりも一層高き次元において成り立つものとみとめざるを得ない。すなはち、世界社会は、一方では、局限的全体社会としての諸国民社会の全部を内面に包容すると共に、他方では、別の種類の局限的全体社会たる国際社会を内面に包容するところの普遍的全体社会たるものと言ふべく、これと照応して、世界社会の実質的内容をかたちづくる世界法、世界政治及び世界経済は、それ其れ国内法と国際法との総合体たり、国家政治と国際政治との総合体たり、国民経済と国際経済との総合体たる性格をもつものと考へられるのである。[13]

恒藤はここで、「国民社会」も「国際社会」もそれ自体としては「局限的全体社会」であるに留まり、真の「普遍的全体社会」とは「世界社会」だと規定している。つまりそこでは小林啓治も指摘しているように、「国民社会」・「国際社会」・「世界社会」という三項が単に同心円を描かず、最終項（世界社会）はより高次の存在と把握されているわけである。[14]恒藤は二〇年代には世界主義を国家主義と国際主義を同時的に相対化する概念装置として提示し、また三〇年代初頭には国家と全体社会とを同一視するヘーゲルの全体社会論にも批判の鋭鋒を向けていた。[15]かような背景に照らせば、ここにも依然として恒藤の「世界」を志向する理想主義的な全体社会論の枠組みが維持されていることを感ずることができるであろう。もちろん、小林や桐山孝信も言うとおり、ここに言う「普遍的全体社会」としての「世界社会」とは、世界法存立の社会的基盤を探るという意図からして、それは世界認識上の「理念型」や空想上のユートピアとしてではなく、ひとつの「実在」として想定されている。[16]よってその点ではこれは考察対象の比重を超経験的な価値から経験的な実在へと移した三〇年代恒藤の社会科学方法論上の姿勢を反映するものであり、二〇年代の図式とただちに同一のものではない。しかし同じく先に小林が指摘していたように、その「世界社会」概念が国家によって構成される国際社会概念とは截然と区分され、次元を異にした存在として把捉されている以上(17)、そこでは現行の国際社会とは異質な類的共同体が志向されていると言わざるをえず、その意味でそれは恒藤独自の理念的構成物としての性格を色濃く残存させている。従ってそれは依然、必然的に現実の「国民社会」や「国際社会」を同時的に制約する概念となって現れており、この点で二〇年代以来の理想主義的全体社会論の系譜をひくものと言えるであろう。ただし上記小林の見解もまた、「国民社会」の把え方をめぐってはただちには首肯しかねる問題を包蔵している。しかしその点の議論は後段に譲ることとして、以下ではいよいよ、かかる理想主義的な全体社会認識を懐く恒藤が当時軒昂であった民族主義的言説といかに向き合い、またその過程でいかに自身の民族認識を発展させたのか、この点を通覧してゆく心算である。

二　民族主義的言説への挑戦——「法の主体」をめぐって

「民族理論」と向き合うにあたって、法哲学者である恒藤が具体的な対象としたのは、当時ドイツ法学界で隆盛しつつあった「新ヘーゲル派」の法学説であった。新ヘーゲル派は一九三一年のヘーゲル没後百年を記念して日本を含む世界各国で「ヘーゲル哲学復興」の機運が高まったに際し、法哲学の方面においてユリウス・ビンダーやカール・ラーレンツらによって主導されたシューレである。しかし彼らは当時ナチズムへの接近を示しており、その学説には全体主義的色彩が非常に濃厚であった。加えて、この時期にはヨーロッパ全体、とりわけファシズム陣営国家の学界においてはヘーゲルの法哲学解釈それ自体が左右両陣営のイデオロギー的対立を反映する主要なテーマともなっていた。たとえば当時イタリアにおける学界情勢をヘーゲル研究者は次のように紹介している。

イタリアの一九三〇年代には、ヘーゲル復興を示す様々な解釈上のヴァリエーションが登場した。ここで非常に簡略化した図式を示すなら、二〇世紀初頭の「新ヘーゲル主義」の展開においては、主にヘーゲル哲学体系全般をめぐる議論が活性化した。二〇年代半ばになると、ファシズム体制の成立という情勢の急変を反映してか、主にヘーゲル「法」哲学への関心が高まった。三〇年代に入ると、ちょうど三一年がヘーゲル百年忌ということもあり、ヘーゲル研究という一見地味な研究テーマが、ファシズム統治下でじつは左右の思想家たちが激突する熱い舞台となった。主要な問題関心はやはり「法」哲学であった[18]。

すなわちこの時期、思想界においては実に、ヘーゲルの法哲学解釈をめぐって世界的なアレーナが開けていたのである。そしてかかる情況は当然ながらラーレンツらの活動するドイツにおいてもほぼ同様であった[19]。そのため、恒藤はここで新ヘーゲル派の学説を「法の主体」の観点から考察、批判を展開することを通じて、文字どおり「左右の思想家たちが激突する熱い舞台」へと自らアンガージュしたのだといえよう。

そこで以下順に恒藤の学説批判を追跡してゆくと、恒藤がこの時期新ヘーゲル主義の法哲学を中心的に論じた論文は二本ある。最初に取り上げたのは三六年に執筆した「法の主体としての民族と国家」（以下、「主体」論文）である。恒藤はまずそこで、新ヘーゲル派興隆の要因としてヘーゲル哲学復興の機運が高まったことをふまえつつも、しかしそのうえで「しかも最近において、それが著しく活気を呈するに至ったのは、ナチス政権の発展につれていわゆる全体主義の傾向をもつ法律哲学や政治哲学が要求されることとなった事情にもとづくのである[20]」と、ナチス政権との連動性を指摘する。恒藤は新ヘーゲル派がナチスイデオロギーに呼応する御用理論になっていることを鋭く看破していた。そしてそこから学説批判も展開されることとなる。

けれども、翻って考えると、ヘーゲル哲学の根本特色を成すところの濃厚なる合理主義的・主知主義的傾向は、果してナチス政権の立場からして需要されるような、非合理主義的国家観及び法律観と矛盾することなく、歩調を合わせうるものであろうか。恐らく、それは不可能のことである、と言うべきであろう。（中略）そこで、――いかなる動機にもとづくのであるかは別問題として――ラレンツのごときは、むしろ民族を以て法の主体たるものとみとめるような主張をなすに至り、したがって、その新ヘーゲル主義の法律観のうちに何ほどか歴史法学の根本見解を加味せる観がある[21]

新ヘーゲル派は歴史法学的に「民族」をもって法の主体たるものと主張したが、しかし元来、体系期以降のヘーゲルにとっては「国家」こそがすべての個別と普遍とを止揚する「具体的普遍」なのであって、「民族」とはその前段階に属するより低次のものにすぎない。よって、本来仮にもラーレンツら新ヘーゲル派がヘーゲル哲学に則る以上、十全なる意味における法の主体とは客観的精神の最も充実した具現たる「国家」にこそ求められねばならないはずであった。「いかなる動機にもとづくかは別問題として」という箇所は暗にナチスへの迎合を示唆していると思われる。恒藤はこれに先立つ二〇年代のヨーロッパ留学中からナチスの動向には関心を懐いていたが、彼はそのファシズム的性格に明らかに批判的であった[22]。従って小林も指摘しているとおり、恒藤はここでヘーゲルの合理主義的性格がナチス政権の求める非合理主義的法律観と矛盾する点を鋭く指摘し、ヘーゲル哲学に則りながら歴史法学的非合理主義の見解を取り入れることで「民族」をもって法の主体となし、ナチスの民族主義を擁護する新ヘーゲル派を強く批判したのである[23]。恒藤には二〇年代から三〇年代前半を通した深いヘーゲル理解があった。つまり恒藤はここでヘーゲルそのものに還ることで、新ヘーゲル派の学的悖理を原理的に批判したといえよう。

しかし、かような問題提起をおこない新ヘーゲル派を批判した恒藤ではあったが、そこでは未だ具体的な批判が展開されているとは言いがたかった。そこで恒藤は更に、翌三七年には「新ヘーゲル主義の法律哲学の一批判―法的主体性の問題を中心として―」(以下、「批判」論文)を執筆することでより具体的な批判を試みることとなる。そこではまず斯学派の中心的存在としてビンダーの紹介がおこなわれたうえで、その追随者たるラーレンツの学説が取り上げられ、それがナチズムに順応するものであることが端的に指摘される。

しかるに、ナチス政権の確立以後においては、新ヘーゲル主義の法律哲学とナチス的イデオロギーとの間に何程かの交渉が観取されるようになった。ことに近時におけるラレンツの諸述作には、ドイツ的国民社会主義の根本主張と脈絡を通ずる法律哲学的理論を展開せんとする意図があらわに観取される。[24]

そして恒藤は該学説を批判の俎上に上せ、主にその法的主体理論をめぐって追及した。

ラレンツによれば、あらゆる人間に帰属する能力としての、言いかえると、あらゆる思惟しうべき権利の可能的持ち主としての人格者の代りに、民族の成員の具体的なる法的能力が、新しき体系の中心に置かれるべきである。而して法的能力は、特定の法的地位に立つ能力として理解されることを要する。すなわちそれは、権利の能力ではなくて、法の能力であり、共同体の法律生活に参加する可能性を指すものに他ならない。[25]

つまりラーレンツに従えば法とは民族共同体の生活秩序であり、共同体こそが法の根源である。そして彼はその立場から、新しい私法学の基礎概念として抽象的人格者概念に代えて「法の仲間としての民族の仲間の概念」を定立する。すなわち人が権利義務を有するのは、自然法学的に思惟された理性的存在者としての個人が人間であることによって即自的に有するのではなく、あくまでも「民族共同体の一成員」として存在することによるのであり、「法の仲間たること、言いかえると、法のうちに生きて、一定の持ち場に立つということは、民族の成員たる者の特権であ」り、「それは人間自体の特殊の資格ではなくて、民族の成員の特殊の資格であり、民族の仲間たる者だけが法の仲間」となる。それゆえそこでは「民族共同体の外部に立つ者は、法のうちに立たず、法の仲間たるものではない。外国人はさまざまの関係において客人として法の仲間と同じように待遇されるに過ぎない」こととなるわけである。[26]

恒藤はこれに対し大きくは三つの論点を剔抉して批判をおこなったが、その主眼はラーレンツが「民族主義の法律観を固執して、外国人の法的地位をいわゆる賓客の法（Gastrecht）の観点から説明しようとしている」[27]ことに焦点化されている。恒藤はそこでラーレンツの考え方を「あまりに現代の法律生活の実情を無視した説明[28]」と厳しく攻撃した。そして、各人が人間であること自体に基づいて法的人格を有するとは言われえないが、しかし各人が人間であること自体に基づいて法的人格者として取り扱われる「べき」であるという当為的要請は否定されるべきでないとして、普遍的立場よりラーレンツ学説の排他性を批判した[29]。そしてこのとき、ここで恒藤が展開する論理が、ベルクソンが用いた「閉じた社会」と「開かれた社会」の概念を援用した論理であり、広川ならびに小林も注目するように[30]、これこそは彼の民族認識を観る場合にもとりわけ重要となるものである。

（ラーレンツの見解は、――引用者）ひとえに、かのベルグソンのいわゆる「閉じた社会」の道徳の立場のみによって法的主体性の超法理的根拠を説かんとするものである。もとより、他の極端に走って「開かれた社会」の道徳の立場のみによって法的主体性の超法理的根拠を説こうとする自然法学的合理主義の見解も、ひとしく抽象的・一面的たることを免れず、開かれた社会の道徳も閉じた社会を現実の基盤とすることによってのみ、成立し展開し能うものたることを知らねばならぬ。すなわち閉じた社会としての性格を多分にそなえる民族共同体の生活も、単に閉じた社会の道徳のみによって制約されるものではなく、歴史的発展の経過につれて、次第に開かれた社会の道徳によっても制約されるに至るのであり、閉じた社会の道徳と開かれた社会の道徳とは互いに交錯し融合して、現実の民族共同体の道徳をかたちづくることとなるのである[31]

恒藤は民族とは「開かれた社会」としての側面と「閉じた社会」としての側面の二面を持つものであり、非合理な「閉じた社会」の論理だけで民族という共同体を把えることは一面的であると批判、合理的な理性的個人との関係において民族の合理的側面をも照射しつつ、法的主体性をめぐるラーレンツの謬説を排却した。

民族共同体の法律秩序において、民族の構成員が法的主体としてみとめられるのは、開放的社会の道徳から絶縁された、純然たる閉鎖的社会の道徳にもとづくのではない。個人は理性の持ち主たる性格において民族共同体の生活にあずかるのであり、民族共同体はかかるものとしての諸個人を包容しつつ成り立つのであるから、民族共同体そのものも合理主義的要素を必然に内含せざるをえない[32]。

恒藤はベルクソンを用いつつ民族の性格を上のように二元的に論理化することで、それが独善的に実体化されることをここで防遏したのだといえよう[33]。しかもここで重要なことは、恒藤が一方で「開かれた社会」の立場にのみ立つこともまた抽象的で一面的であると説明したことである。恒藤はかつて二〇年代には民族や国家を消極的にしか評価しない世界主義の立場に立っていた。しかし三〇年代前葉の民族認識を通じて世界史における民族の役割を観念的に認めるようになった恒藤は、世界主義のように「開かれた社会」の論理にのみ定位すれば個人から世界へと一気に飛躍する反歴史的抽象性を免れえず、そこには現実の世界状勢に対峙するための実践性がかえって失われることをよく理解していた。そこで恒藤は民族の持つ性質を上記のように「開かれた社会」の性格に制約されながらも「閉じた社会」の性格に立脚するという相互制約関係において把えることにより、民族がその行為主体性を保持したままに、同時に独善性へと陥ることを抑止したのである。

開かれた社会は閉じた社会から遊離してそれだけで存立するものではなく、必ずや閉じた社会を現実の基盤として存立するのであるが、閉じた社会も何ほどか開かれた社会の性格を併せそなえつつ存立するのであって、純粋なる閉じた社会というごときものは、歴史的社会においては到底見出されるべくもない[34]。

最初にも触れておいたとおり、恒藤は三〇年代初頭、主体が現行世界からの制約を被りつつも主体的契機を損なうことなく、その行為によって形成すべき普遍的な全体社会を展望していた[35]。彼がここで「閉じた社会」と「開かれた社会」と言うとき、それがかかる論理の延長線上にあるものであることは明らかであろう。それは逆に言い換えるならば、かような「開かれた社会」の倫理、すなわち「世界」という「普遍的全体社会」の理念によって制約され、それを目指す限りでは、まさしく民族というナショナルな存在もまた歴史的発展の主体としてありうることを意味していたと言える(36)。ここには法哲学者として排他的な民族理論と向き合い、それとの対決を潜り抜けるなかで一層論理化されてゆく、恒藤の世界およびナショナリズム認識の深化を観ることができるといえよう。

三　戦時期恒藤法理学における民族認識の到達点

1　一九三〇年代末葉における理論的展開

さて、前章で観たように、三〇年代後半、民族理論への挑戦を通して民族の持つ性質を二元的に論理化、「開かれた社会」との関係性においてその合理的側面を強調した恒藤であったが、それでは彼のこうした民族認識とはその後いかなる内実を持ちつつ発展を遂げていったのであろうか。本章では戦時下恒藤の民族、ひいてはナショナリズム評価の実相を照射すべく、この点をもう少し具体的に追尋しておくこととしたい。ただし、戦時下にあって民族や国家の問題を主題化することはそれが時局迎合的なものでない限りは困難を伴い、従って恒藤もまた当時この問題を殊更明示的に論じたというわけではない。しかしながらそれでも彼の著作を丹念に追いかけるとき、そこにはたしかに民族認識についての重要な発展を窺うことができる。しかもそれがやがては戦後において積極的に主張されることとなる民族認識への視圏を拓いていることもまた明らかなのである。よってここでは三〇年代末葉に誌された彼の著作の分析を通じて、その発展をより詳しく跡づけることとする。

そしてその際、恒藤自身言うように決して十分なものではないが、しかしこの点に関して一層立ち入ったものとして参考になるのが、一九三八年に書かれた「国家の全体性について」（以下、「国家」論文）と、それと相補的関係にある「社会における学生の地位」と題された論文（以下、「地位」論文）である。後者は前者執筆の合間に書かれたものであり、当時河合栄治郎を中心として学生向けに編纂され絶大な支持を受けていたシリーズ『学生叢書』の一部として執筆されたものである。従ってそのようなやや通俗的な出版物の性格からして当然その内容は平易であり、かかる容易さと読者層の広範さのため言論統制に抵触する危険性も高く、それを回避するために両義的表現を余儀なくされたと思われる箇所が散見する。これに対して前者の「国家」論文は、古代から中世ヨーロッパにおける国家理論の成立をその社会的背景との連関において考察する非常に抽象的な学術論文であり、そのゆえに読者の広袤もおのずと限定されたはずである。そのため、恒藤はここで、「地位」論文を執筆する一方、「国家」論文を同時に執筆することによって、学問的に韜晦しつつ全体として真意を語ろうとしたものと思われる(37)。

そこではじめに「地位」論文のほうから観てゆけば、恒藤はそのなかでまず「社会」について主題化し、その性格を主体的、客体的側面に分かつことから始めている。それによれば、「主体的社会」とは「個人の存在を自己のものとして同化し、これをより普遍的な自己みづからの存在の成分として摂取する」ものであり、「この方向においては、個人は社会の内面に在ると同時に、社会もまた個人の内面に在る、と言はれ」、それはいわゆる「社会集団」を指すとされる(38)。更にこうした社会集団は組織的集団と非組織的集団とに分けうるとされるが、それらをふまえつつ、恒藤が何よりここでかような「社会」の観点から指摘するのが、「公共的立場」の重要性である。

> 公共的立場とは、諸々の個人を包含する主体的社会の全体性の立場に他ならず、したがつて、正しい生活態度をとりながら生きることも、充実した生活内容を生きることも、さらに力強く生きて行くことも、主体的社会の全体的連関の中に立ちながら生きることによつてのみ可能とされるのであつて、斯かる全体的連関から離脱した個人がさうした仕方で生きること、言ひかへると、充分なる意味において善き生活を実現することは到底不可能たらざるをえない(39)（傍点原著者）

ここに、個性的内容も全体社会との連関のなかで成り立つがゆえに、かかる相互連関ないし緊張関係のなかでこそ真の全体性を追求しようとした三〇年代前葉以来の恒藤の枠組みを確認することは容易であろう。しかしそれではは たして、そのような「全体的連関」とはいかなる社会集団を通じてこそ与えられるものなのか。これこそが重要な問題となるはずである。そしてここで逢着するのが、まさしく国家と民族の問題にほかならない。

恒藤はこれに対し、テンニエスの概念である「ゲマインシャフト」と「ゲゼルシャフト」を援用、民族を前者、国家を後者へと分類しつつも、しかも両者が結合した「民族国家」にこそその解答を見出している。理由は以下のごとくである。

『個人は主体的社会における全体的連関の中に立つことによつてのみ善き生活を実現し得る』といふときに謂ゆる主体的社会は、目的社会的共同社会たる性格をそなへると共に、歴史的発展の主体として存立するものでなければならぬ。ところで、歴史的発展の主体としては民族が先づ想ひうかべられるであらう。(中略)だが、民族は単に民族として存立するといふだけであつては、充分なる意味において歴史的発展の主体たるものではなく、そのためには、組織なき社会集団としての民族が、組織づけられた社会集団としての国家を通して自覚的活動をいとなむのでなければならぬ。すなはち一の民族が国家をかたちづくるときは、又は一の民族が国家において中心的地位に立つときは、民族は単に歴史的発展の所産たるに止まらず、進んで歴史的発展の能動的主体たる性格を充分にそなへるのである。かくて、個人が善き生活を生き得るために参加すべき全体的連関は、民族国家の内面において成り立つものたることが知られるのである。(40)

恒藤は三〇年代前葉からの視点を受け継ぎ、民族に歴史的発展の主体を見たが、ここでは更にそれが組織的かつ自覚的形態をとった「民族国家」にこそ能動的主体性は存立するとされている。言うまでもなく、当時の「帝国」日本が「日本民族」を中心としていわゆる「東亜協同体」ないしは「大東亜共栄圏」という広域圏を形成していったことに鑑みれば、この文言だけを把えるならば、恒藤のかかる言説は往時の独善的民族主義と接近的であるようにも映る。たしかにそこには、「戦中期の日本に特徴的なゲマインシャフト的思惟の響き」[41]を聴き取ることもできよう。しかしながら恒藤の真意がそこにはなかったことは論説全体からして証される。なぜなら全体をよく読むとき、そこでは依然としてかかるナショナルな存在が「個人」と「世界」という二つの視点からきわめて抑制的に把握されていることがわかるからである。まず個人という点で言えば、恒藤はここで、個人が国家における自己の地位を認識し、直観的自己をそこに置いて祖国の全貌を把握するとき、国家は単に権力機構や文化機関ではなく、歴史的発展の主体として存立し、個人に対して「真に善き生活を生き得るための社会的地位」を与える目的社会的共同社会の形相において現れるとしながらも[42]、しかもそのためには、「外的強制力への盲従的服従は決して国家のために奉仕する真実の態度ではなく、国家の歴史的使命の何たるかを認識し、その実現の方向へと自己の分に応じて自覚的に努力することによってのみ、国民としての任務を正しい仕方で尽し得るものである」[43]と、理性の力に訴えた科学的精神養成の必要を説くことで、個人に対し国家の権威を内在的に相対化した。かかる考え方は民族を構成する理性的個人の割合に民族全体の合理性の度合を相関させた先の「批判」論文の視点とも対応しているが、それはまた該叢書の編者であった河合の「批判的愛国心」と共鳴するものでもあったといえよう。[44]そしてそのうえで更に恒藤は、民族国家の位置づけに関しても依然「世界社会」の観点に定位することによって「世界」の方向から外在的にもそれを相対化している。換言すれば恒藤はここで、「個人」と「世界」両方向の視点から民族国家を相対的に把えることで、その存在を内と外より、いわば二重に相対化したのである。

自己の属する国家の歴史的使命の何たるかを認識するためには、世界社会はいかなる構造をそなへつつ存立するものであるか、その内面において自国はいかなる地位を占めるものであるか、世界史の現在の発展段階において自国はいかなる役割を演ずるものであるか、等々の問題につき考究し、理解するところがなければならぬ。それはまた、世界社会の観点から国民としての自己の地位を反省する所以でもある。[45]

つまり恒藤はここで国家を民族の組織的かつ自覚的形態として把えることで、あるべき全体社会を創造してゆく主体として積極的に認めたが、しかしそれはあくまでより大きな世界史の進歩という合理性ないし世界主義の枠組みにおいてこそ評価されるものであって、世界市民主義の立場はこれを堅持したといえよう。そしてそのような見地に基づいて、よりその真意を明確とするため同時期に執筆されたものが「国家」論文であった。そこで次に「国家」論文のほうに目を移してゆけば、恒藤が特にこの時期国家について論ずるのは、彼自身評したように、以前には「社会」が盛んに議論されたのに対し昨今は「国家」の問題への意識が社会全体に高まっているという事情が背景にあったからと思われる(46)。しかしこの時期に「国家の全体性」を論ずることがいかに危険であるかは今更絮語するまでもなく、さなきだに言論の自由は封殺され、わずかでも時局にそぐわぬ発言をおこなえばすぐさま弾圧の対象となった。恒藤はそれをすでに三三年段階において滝川事件を通じリアルに認識していたはずである。しかしかと言って、時局に迎合した形で国家を論ずれば全体主義的言説のなかへと呑み込まれる危険性を有していたこともまた明らかである。それにもかかわらず、ここでなお恒藤が敢えてこの問題を論じたのは、「地位」論文における真意の所在を明確にしておく必要があったと同時に、またそれ以上に当時世間や学界で論議されている国家論が「国家の全体性の何たるかについての明瞭な認識を欠いたままに、無造作に論じている場合がすくなくない(47)」と判断したためであった。そこに恒藤の抵抗もあった。恒藤はそのため、世間に流布する国家学説を批判すべくここで自己の国家理論を具体的に展開することとなったのである。ただし当然ながらこの論文は言論統制を強く意識して書かれるため、そこでは一見古代から中世の各国家学説を紹介、検討することに終始する姿勢をとりながら、実はそこに自己の見解を滲ませるという手法がとられることとなる。そのこと自体、当論文が時代への批判意識を内包していることの証左とも言いえるが、しかしその総論部分においては、恒藤の見解が比較的はっきり表出していると思われる。恒藤の全体性についての見解は以下の部分に集約的に表現されているといえよう。

全体はつねに複数の部分を包含するのであって、単一の部分が全体を形成するということはあり得ない。二個以上の事物を寄せ集めることによって成り立つ「総括態」を「全体」という場合もなしとせぬけれど、全体性の命題においていわゆる全体は単なる総括態とは異なるものであり、後者が単なる「多」として成立するに反して、前者は「多における一」たることをその本領とする。（中略）複数の部分から成り立つ全体においては、諸部分は互いに連関なしに又は混沌たる集積状態をかたちづくったままに全体のうちに包容されているのではなく、一定の原理にしたがって秩序づけられつつ部分としての地位に立つのであり、かような統一的秩序に参加するものとしては、諸部分は「一における多」をなすのである。[48]

これによれば恒藤にとっての「全体」とは単なる代数和的集合とは区別され、それは統体性を保有する「一即一切」(hen kai pan) たるコスモスとして把えられている。[49] そこにおいては各部分とは、同一の全体に寄り、且つ寄与すること、ならびに諸部分相互の間に全体への共属関係の成立することとが総合される限りにおいて存立しうるものとされる。しかしながらそこでは、全体の部分に対する構造上の優位は示されるものの、「批判」論文での理論構成がそうであったように、個に対する全体の論理先行性は明確に否認されている。[50] そして更につづけて恒藤は、「全体と部分とを対照して考えるとき、我々はおのずと何らかの量的な差異を連想しがちであるが、部分は全体の縮小されたもの、言いかえると、小さき全体である、というように思惟すべきではない[51]」としつつも、しかし部分が独自の全体性をそなえていることはありうるとして言う。

ある全体的なるものを形成する一切の部分がそれ自身全体性をそなえるものであるときは、「部分的全体」を包含する「全体的全体」があたえられている、と言いうるであろう。そして、かかる「全体的全体」がさらに他のより包括的なる全体的全体の内面において部分的全体としての存立を有する場合があるとともに、前の場合に「部分的全体」として存立せるものが、それ自身諸々の部分的全体を包含する全体的全体たる場合がある。かような仕方で、数多くの全体的なるものが互いに包容しつつ、また包容されつつ、相ひきいて一の全体的組織または一の全体的体系を合成している場合が考えられるのであり、――実は、いかなる全体的なるものも他の諸々の全体的なるものから全く離隔して孤立することはあり能わず、つねに何らかの全体的組織または全体的体系の内部においてのみ全体としては存立し能う[52]

小林も指摘するように恒藤はここで国家をそれ自体全体的なものでありながら、同時に他の国家とともにひとつの全体的組織を構成しつつ、その内部でのみ全体として存立しうる相対的なものと見ている。[53] ここで言う「全体的全体」、「部分的全体」が「世界法」論文に観られた「普遍的全体社会」と「局限的全体社会」の概念にある程度対応していることは明らかであるが、恒藤は「個人」もまた全体的存在と把えていることからして、[54] ここには、便宜上京都学派の哲学者である田辺元の言葉を借用すれば、「類」―「種」―「個」というトリアーデを観取しうるといえよう。しかし注目すべきは田辺にとっての「類」が究極的には「種」としての「民族」を止揚した「国家」であったのに対し、恒藤の場合、「国家は社会的集団の一種である」[55]とされていることである。いずれの「全体的全体」もそれを更に包摂する全体のなかでは「部分的全体」となるが、その究極的な「全体的全体」とは当然「開かれた社会」たる「世界」へとゆき着くこととなろう。つまり恒藤においては「国家」は「民族」とともに「種」的位置づけをなされると同時に「類」はその国家をも包容する「世界」を指すこととなる。ここには民族や国家の全体社会性ならびにその行為主体性を是認しながらも、しかしそれが独善的に物象化されることはあくまでこれを否定する、恒藤の「世界」という渝わらぬ定点を認めることができよう。暗い時代にも依然世界主義の合理的理想が背後に息づいていることを知らせる理論展開と言える。

しかし注意しなければならないのは、だからと言って、このような三〇年代末葉の認識をそのまま二〇年代当時に観られる個人主義的な国家認識と同一文脈で把えることは適切ではないという点である。たとえば小林は「世界法」論文や「国家」論文を二〇年代における認識の延長線上に位置づけ、それをもって「近代的・個人主義的法律意識からみた市民社会を説明したもの[56]」としているが、かかる見解がただちに妥当的であるかは疑問と言わざるをえない。なぜなら、たしかに二〇年代、「世界民」の立場―「個人的・人間的正義」の立場―より国家を否定しないままに国家とその関係として成立する国際主義を一挙に相対化し、「国家主義と国際主義を同時に超えようと」した恒藤ではあったが[57]、しかしその時点での国家（民族）認識と「国家」論文当時での国家（民族）認識ではそこには決定的な差異も認められるからである。恒藤は「国家」論文において、古代ギリシアより論議されきたった国家学説を検討するなか、「個人」の見地からのみ国家を定立する「個人主義的国家観」を、「あたかも「森の中の一つ一つの樹木に眼を注ぐ者は全体としての森を見ない」といわれるように、国民たる個人を重く見るために、ややともすれば全体としての国家の存在を見うしないがち[58]」なものとして批判、単純に個人の観点からのみ国家を論ずることには消極的態度を示した。つづく学説検討も「国家のそれ自身としての存在意義を肯定する[59]」超個人主義的国家観の検討に比重がある。これは「地位」論文にて「具体的形相において直観された国家は、かの原子論的・個人主義的国家観の立場から構想された国家とは、根本的に趣を異に」し、それは「個性的・有機的・人格的個人の複数が有機的・内面的法則によって規律される処に成り立つ」ものだとした箇所[60]にも対応している。また恒藤はすでに触れたとおり、三〇年代初頭、自由な集団的行為主体を、世界に制約されながらも「行為」を通してそこへ関わることにより一層高次の普遍的全体社会を形成してゆく主体と見做していたが、かような視座は、「全体的なるものによって規制され、拘束されながら、全体的なるものを制作し、産出するところの実践的活動、言いかえると、行為についても、それが特有の全体性をそなえるものたることが知られるであろう[61]」と、「国家」論文においても見事に受け継がれている。二〇年代の認識においては国家は単に世界市民の理想実現のための手段にすぎぬものと見做されており、かかる態度は同じく国家の存在を認めるとはいっても、その積極性の点でまったく対蹠的なものである。そもそも、恒藤の三〇年代における問題意識とは資本主義に立脚する近代個人主義原理の超克にあった。そこでは小林が言うように究極的には人類の類的な結合が目指されていること自体は間違いないが、しかしそれは単に抽象的な個人による人格的結合にのみ留まるものではなく、「国家」もまた「世界」に制約されつつ、「個人」と関係しながら普遍的全体社会という類的共同体を実現するための主体として独自の積極的役割を承認されていると言うべきである。この点で三〇年代前葉に端を発する、ナショナリズムに独自の意義を認める恒藤の考え方は後半期にも継受され、より理論的に精錬されつつ、世界主義や合理的な理想へと接近、方位づけられる形で評価されているといえよう。

そして恒藤のかような認識は、翌三九年に公表された論文「文化」（以下、「文化」論文）において一定の到達をみせることとなる。そこでは恒藤は、文化の本質について語りつつ、その性格を、「文化は単に個々の人間の生と連関して、彼れの個人的教養の客観的基礎をかたちづくるに過ぎぬものではなく、社会集団とりわけ民族の生活とふかく連関することによって、その特有の構造的統一性を保有し、真に文化としての存在性格をあらはす」と規定、文化は「民族の生活との交渉関係を検討する立場からしてのみ正しい解決をあたへられる」として文化を担う社会集団としての民族の意義を高く評価した[62]。

戦時色深まるこの時期にはもはや率直な反体制的語りは許されず、恒藤もまた同年には弾圧を回避しながら真意を語る両義的文章を執筆しているが[63]、「文化」論文にも同じく真意を韜晦するような表現が散見する。しかしこの論文での恒藤の趣意は、今次の戦争を機に社会で日本的な「文化」が見直されるようになったものの、そのときに言う「文化」の解釈が適当ではないと批判、自ら「文化」についての論考を展開するところにこそあった。そしてそのようななか、恒藤は「文化の本質に関する理解をすすめて行くためには、文化の構造的統一性と社会集団の統一性との間に緊密な関係が存する点に着眼することを要する」[64]と主張、特にそれは「民族」との連関において把えられるべきであるとして、文化主体としての個々の民族が持つ意義をきわめて高く評価したのである[65]。しかしまたそれと同時に恒藤は、それらの民族が互いに交渉しあうところにこそはじめて旺盛な「文化」の発展はありうると述べることで、偏狭な民族主義の主体としての側面はこれを却けた。言うまでもなく、この論理は三七年の「批判」論文で展開された「閉じた社会」と「開かれた社会」の相互連関という論理に吻合するものである。

文化の統一的・全体的構造の成立が元来永き期間にわたる歴史的発展によってもたらされるものであると同様に、一旦統一的・全体的構造において形成された文化は一の年代から他の年代へと、それの主体たる民族又は国民と共に絶えざる歴史的発展を遂げるのである。民族又は国民的文化の歴史的発展に関しては、他民族又は他国民の文化との交渉・接触による相互的もしくは一方的影響が重大なる意義をもつものであり、一般的に観て、異なる諸民族又は諸国民の文化相互の間に頻繁に且つ活発に交渉・接触が行はれる場合においてのみ、文化の旺盛なる成長、優秀なる文化内容の展開は可能とされる(66)

そして恒藤は上記箇所の注として、「文化は、究極において、世界的または人類的社会をその地盤として予想する」と附け加えることを決して忘れはしなかった(67)。当論文は当時の文化情況を睨みつつ、「文化」の観点より「民族」を把え返したものであるが、そこには簡潔ながらも従来論じきたった恒藤の合理的な歴史形成主体としての民族という認識が集約的に表現されており、それは一九三〇年代恒藤の民族認識発展の到達点を示していると言っても過言ではない。恒藤は戦後間もなく、同論文を「文化の本質」と改題してこれを刊行したが、そこではそれは戦中真意を韜晦したわずかな個所を削除したほかはほぼそのままの姿で刊行されている。これはこの「文化」論文の内容が戦後世界においても十分通用する射程を持つものであったことを証示している。事実、戦後恒藤の民族評価はこうした線に沿って更なる発展を遂げてゆくこととなるのである。その意味でも、恒藤の戦前における民族認識のひとつの到達点を三〇年代の末葉に見出すことは許されるであろう。

2　民族と国家との関係

以上の論究によって、三〇年代後半期における恒藤の民族認識の展開相と要諦についてはほぼ明らかになったことと念う。ただしそこでは行論の都合上、主に「世界」や「個人」との関係性のなかで把えた民族認識に焦点が当てられ、そのため検討されるべき重要な論件が敢えて留置されたままであった。それは絮言するまでもなく、恒藤における「民族」と「国家」の関係である。国家と民族とはいずれもがナショナルな存在と言いえ、また恒藤は両者をともにより普遍的な全体社会と個人との中間に位置する「種」としての「社会的集団」に配置していたが、それではかかる恒藤にとり、それら両者の関係はどのように把えられていたのであろうか。ここではやや補足的ながら、この残された課題にまで若干論及することで、恒藤の民族認識の全体像を一層明らかにするための一助としておきたい。

もっとも、恒藤がこの時期両者の関係について明示的にその見解を開陳したものは見受けられない。しかし彼が当時誌したメモの断片や論文の理論構成からしてある程度の関係認識を掬い上げることは可能である。それによれば、恒藤は当時国家と民族を別の概念と見做したうえで、民族のほうにこそその価値の基盤を見ていたと思われる。そのような推測を裏づける事例を恒藤の著作に探すならば、たとえば一九三七年の日記に誌された文化と民族についてのメモをそのひとつとして挙げることができるであろう。そこで恒藤は日本の歴史を「国家哲学」や「国史」、「神話」によって「理想化サレタ国家生成過程」などと誌し、そうした言説以前の日本民族の特徴や性格を古代にまで遡って列挙している(68)。断片的なメモではあるが、恒藤はおそらくここで、天皇制イデオロギーを基軸に国史や記紀神話などによって作り上げられた明治期以来の「国家」像とは異なる、本来的な民族の姿を探求しようとしたものと思われる。ここには彼における近代的な「国家」と「民族」差異化の志向性を観て取ることができるのではなかろうか。

そしてこうした事態とは更に、先にも取り上げた三八年の「地位」論文と「国家」論文とを同時に併せ読んだ場合には一層浮き彫りにすることができる。すでに観ておいたとおり「地位」論文においては、「国家」はゲゼルシャフト的性格を持つものとして把えられ、それは「民族」が組織的かつ自覚的形態をとったものと把えられていた。しかしそれは決して民族に比して高度に弁証され、絶対化されたものとしてではなく、あくまでも民族の延長線上に把えられる「目的社会的共同社会」という意味での「民族国家」だとされているにすぎない。そこにおいては国家は単に民族が政治的、自覚的に「組織化」されたものにすぎず、歴史的主体としての基盤は「目的社会」(国家)にではなく「共同社会」(民族)のほうに置かれていた。しかしながら一方で、その論理が並行する「国家」論文をふり返れば、そこでは、「国家の全体性の問題との間に密接な連関をもつものに、社会の全体性の問題および民族の全体性の問題がある」として「国家」と「民族」ならびに「社会」とが異なる概念に分けられたうえで、しかもそれは社会と国家の差異が認識されるようになった近代以降の問題であるがために、「現代の立場から考察されるべき国家の全体性の問題は、以前の時代に比して一層複雑な内容をもつものとなり、したがってその取り扱いも一層周到な用意を必要とするに至った」と述べられる[69]。これは言うまでもなく「国家」と「市民社会」の区別を発見したヘーゲルの議論をふまえてのものであろうが、それにもかかわらず、恒藤はヘーゲルのように国家に比重を置くことなく、それを「目的社会的共同社会」と規定して、民族という「共同社会」を基盤とする視点にこだわった。ヘーゲルにとっての「市民社会」とは「欲望の体系」としての性格が強く、かかる利己的な弊害を止揚するものこそが人倫的意志としての理念的国家にほかならなかった。従って体系期以降のヘーゲルでは「民族」を合理的な歴史形成主体の基盤とする視座は見受けられないものであり、それは恒藤に独自のものであると言ってもよい。もっとも、ヘーゲルがそこに普遍意志と個別意志との理想的合致を求めた「国家」とても、それはあくまで理念的な構成物であり、彼とて当時のプロイセン国家を理想視していたわけでは決してない。しかし恒藤自身批判しているように、理性的なものと現実的なものとの同一性を説き、その具体的姿として国家を把えるヘーゲルの哲学に依れば、現実の国家を絶対化する通路を開きかねない論理的危険性があった。そしてそれは当時にあってはそのまま、「帝国」日本の侵略的国策追認という隘路へと繋がっていたのである。そのため恒藤はここで国家と社会や民族を概念的に分離しつつも、なおかつ当時の国家主義的な「国家」へとは一元的には還元しえない「民族」の多元的役割と合理的な主体性にこそ意義を見出そうとしたと思われる。先の三七年日記で恒藤がみせた、日本の歴史を「理想化サレタ国家生成過程」と把えつつ、それ以前の民族の特質を探ろうとする姿勢もまたかかる意図に連なっていたといえよう。それは当時帝国主義国家に対峙した抗日ナショナリズムの意義に注目していた恒藤[70]からすればごく自然な認識であったとも言えるが、いずれにせよ、このような「国家」と「民族」を原理的には分離しつつ、しかもかかる観点から現実態としての「民族国家」を再把握する方法は、多元的な民族の方面より当時の天皇制国家の在り方を相対化する視座と機能とを内に備えるものであったと言えるであろう。安田浩は「民族」の観念について述べるなか、本来「「民族」を形成する「伝統」は多様なものであるから、いかなる「伝統」を重視して「民族」を観念するかは多様な可能性を含むはずのものであった」にもかかわらず、戦前日本では近代天皇制の支配原理に規制された「民族」観念を作り上げたがために、「民族」が本来的に持つ文化的多元性が後景へとおしやられ、人種主義的な「国家的存在」としての「民族」のみが意識されるようになったと指摘している。[71] 恒藤は三〇年代、排他的な民族主義や国家理論との対質を経ながらも民族の合理的側面に光を当てたが、そうした認識の深化を通じて、当時の天皇制イデオロギーに統率された「国家」には収斂されえない「民族」の多元的存在意義と合理的主体性に気がつき、またかかる意味での民族へとその概念内容を転換させようとしたのではなかろうか。戦後、たとえば歴史家の上原専禄は、

多くの日本人にとっては、民族と国家との区別は存在せず、本来は一つの国家意識に外ならないものが、民族意識として受け取られる。ヨーロッパの場合のように、国家に対立するもの、或いはそれに反撥するもの、或いはそれを越えるものとして民族を自覚することは、少くとも太平洋戦争までの大勢ではなかった[72]

と述懐してそこに日本における民族意識の稀薄さという弱点を見出している。こうした点に鑑みるならば、まさに民族と国家とを分離したうえで両者を再構成した恒藤の民族国家像とは、当時の国家主義に対して対抗する足場を提供するという意味でも、注目に価するものであったと言えるであろう。それはまさしく三〇年代を通じ、時代と対峙する思想的営みのなかで形成され深化した民族認識にほかならなかったのである。

小　結

本稿では法哲学者・恒藤恭の戦時期におけるナショナリズム認識の在り方を、主に彼の民族認識および理論の分析を通じて検覈してきた。とりわけここでは彼が一九三〇年代後半、時代の潮流とともに活性化した民族主義や国家主義理論との対質を経るなかで三〇年代前葉に形成した民族認識を高度に論理化しつつ展開させてゆく様を通覧した次第であるが、本稿を結ぶにあたり、以下にその特徴を再度簡潔にまとめておくこととしたい。

その特徴とは第一に、それが二〇年代の国際平和や人権の擁護といった人類的価値に立脚した理想主義と世界主義の

系譜をひく、恒藤独特の全体社会論の図式のなかで作り上げられたものであったということであった。そこではまず全体社会が普遍的全体社会と局限的全体社会（換言すれば「開かれた社会」と「閉じた社会」となる）とに分けられたうえで、目指されるべき真の全体社会とは前者であり、現存する国民社会も国際社会も後者のひとつにすぎないとされる。そしてかかる枠組みのなかで、あくまで普遍的全体社会たる「世界」を目指し、現行の世界に制約されつつも、これを内在的に変革してゆく歴史的主体としてこそナショナルな存在は評価を受けたのである。かくして、民族や国家とはそれ自体自存する絶対的で閉鎖的なものではなく、普遍的価値に立脚する「開かれた社会」の倫理ないしは「世界」という理念に制約されつつ、その実現、形成を目指して相互に行為する限りにおいてのみその合理性を担保される、相対的かつ進歩的な歴史の主体として定立されることとなる。恒藤は同じく三〇年代後半、一方で独善的な民族主義を排却しつつも、他方、帝国主義秩序を破砕するものとしての抗日ナショナリズムに意義を見出してゆくが、それはかかる理論的認識とまさに相即するものにほかならない。

また第二に、第一の点とも関わって、その民族認識においては、その内における「個人」の役割に注意が払われている点である。恒藤はすでに観たとおり、民族が有する合理性の度合を、その民族の内にある各個人の有する合理性の度合に有機的に連関させている。それは理性的存在者たる各個人の存在が民族の存在性格を内的に規定するということであり、その点で「個」という観点がかなり強いと言える。もちろん、三〇年代恒藤の課題意識のひとつが抽象的個人主義の超克および合理性の社会内在的把握にあったことからして、それは単に二〇年代のような原子論的な個人主義では決してなく、彼はあくまで個と全体との有機的相互連関をこそ主張している。とはいえ「個」に対する「全体」の論理先行性を否認するその姿勢には、当時、個人を全体に埋没させる全体主義[73]や社会を個人に先行するものと見做した協同主義[74]が隆盛していたことに鑑みるならば、やはり依然として「個人」へのまなざしが強いと言わざるをえないであろう。かかる姿勢はつづく総力戦の時代たる一九四〇年代前半期に入っても引き継がれている[75]。

そして第三には、民族と国家との原理的分離への志向性を挙げることができる。恒藤は現実態としては民族が組織的かつ自覚的形態をとった民族国家に歴史の動的主体性を見たが、そのときに言う民族国家とは、たとえば当時一部京都学派の哲学者たちがおこなったような民族を原理的に弁証したものとしての国家ではなく、あくまで民族が自覚的に組織化されたものにすぎないとされた。従ってその基盤と主体性は民族のほうにこそ置かれており、結果そこでは国家に一元的には還元しえないその多元性が探求されることとなった。かかる姿勢は恒藤がヘーゲルを参酌しつつ「国家」と「民族」や「社会」を分離しながらも、自らはヘーゲルの国家論には与しなかった姿勢にも顕れている。つまり恒藤は原理的には民族と国家とを分離しながら、しかも現実的には前者を基盤とした民族国家像を提示することで、当時の天皇制を基軸とした「帝国」日本の排他的国家主義をかえって合理的な民族の方向から相対化したのだといえよう。

さて、このように観てくるならば、かかる恒藤の民族認識が、戦時期の民族や国家、ないしナショナリズム認識としてはきわめて特異なものであることも理解されうるであろう。つまり、恒藤においては、「民族」とは「個」と「類」(世界)との中間にあって独自の働きを営む歴史的な「社会的集団」の一種としてその主体的役割を積極的に承認されながらも、一方で水平方向においては、多元的存在として一元的な「国家」からは原理的に区分されると同時に、また他方、垂直方向においては、高次の「世界」という観点から「国家」とともに同時的に相対化されるものとして把握されていたのである。ここでは紙幅の都合上、同時代知識人たちの民族認識との比較検討にまで及ぶことはかなわないが、しかし少なくともそれは如上の点において、当時たとえば一部の京都学派や日本法理派などにみられた、国家主義的な理論や国粋的なそれとは異なる、きわめて理想主義的性格の強いものであったと言わざるをえない。その意味でそれはまさに、ファシズムと戦時体制が昂進する三〇年代後半、時代と対峙するなかにあって、三〇年代前葉以来の認識を発展させつつ、世界主義および平和主義の方向から当時の言説空間の内へと革めて「民族」を再定位する試みにほかならなかったといえよう。そしてそうであればこそ、その合理的な民族認識を中核とするナショナリズムは戦後にまで引き継がれ、むしろ戦後世界のなかでこそ、やがては講和問題や憲法擁護の課題と密接に関わりつつ、より具体的、発展的な形で積極的に展開されてゆくこととなるのである。[76]

（1）恒藤が重視する「合理」概念の内容は常に厳密に画定されているというわけではないが、しかしそれはいずれの場合にも、たとえば戦時下にあっては法の「技術的契機」に対する「倫理的契機」と密接に連関させられるなど、必ず理性の要求に基づいて個人の生存と権利を確保するという強い倫理的要請を基礎に置いている（この点に関しては、稲垣良典「恒藤教授の法哲学と価値相対主義」、『法哲学年報』第一七号、一九七〇年、一一一—一一四頁、および久野譲太郎「「総力戦体制」下の恒藤法理学—「統制経済法」理論をめぐって—」、『ヒストリア』第二三二号、二〇一二年四月、八一—八三頁参照）。そしてそれは戦後には「理性の要求を重んずる精神」（恒藤恭「法律と合理的精神」、『法律文化』第一巻第二号、一九四六年八月、一頁）、「人類普遍の原理に従つて社会生活を営むべきとの考え」（同前、三頁）などとも別言され、更には「あらゆる人間が、いかなる外的権威によつても強制されることなく、ひとえに自己の内奥から発する要求に基づいて真に自発的に肯定するやうな理念たるべき」、「内的権威の倫理」に立脚した「ヒューマニズム」の思想と定義されることとなる（恒藤恭「法の革新と道徳の進展（完）」、『改造』第二七巻第一一号、一九四六年一一月、一六頁、同「法律体系革新の第一段階—ヒューマニズムと合理的精神と—」、『文化展望』第二巻第七号、一九四七年一月、二一頁など）。従って恒藤が用いる「合理性」や「合理的精神」の概念とは換言すれば個人の生命と尊厳の尊重に基礎を置くことを必須とする「ヒューマニズム」の精神と定義づけることができるであろう。

（2）代表的な恒藤研究としては、法哲学方面からの研究である竹下賢ほか編『恒藤恭の学問風景—その法思想の全体像—』、法律文化社、一九九九年、伝記研究である関口安義『恒藤恭とその時代』、日本エディタースクール出版部、二〇〇二年、そして歴史学方面からの研究である小林啓治「恒藤法理学における個人・国家・国際社会」、小林啓治『国際秩序の形成と近代日本』、吉川弘文館、二〇〇二年や広川禎秀『恒藤恭の思想史的研究—戦後民主主義・平和主義を準備した思想—』、大月書店、二〇〇四年などを挙げることができる。

（3）恒藤恭「世界民の愉悦と悲哀」、『改造』第三巻第六号、一九二一年六月。そこで恒藤は「偏狭な国家主義、偏狭な民族主義を斥けつゝ、人類全体の利益と幸福とを標準として、総ての社会的事象の価値を規定しやうとする世界主義の立場」に立つことを明示し、排他的なナショナリズムを排却した。

（4）戦後になると恒藤は、国際状勢のなかで日本のとるべき途を、「憲法九条の規定の基礎をかたちづくっている徹底的平和主義の理想をば、不動の民族的理想として全面的に肯定することである」として、民族を国際平和の主体として九条と関わらせつつ積極的に評価している（恒藤恭「戦争放棄の問題」、『世界』第四一号、一九四九年五月、二一頁）。

（5）かかる実践的な理想主義としての側面については、広川、前掲書を参照のこと。

(6) 広川禎秀「今後の恒藤恭研究の課題について」、『市大日本史』第九号、二〇〇六年五月、四―五頁。

(7) 広川、前掲書、第五章参照。

(8) 以下この点については、久野譲太郎「恒藤法理学における「民族」概念の再定位―理論的形成場面に視軸を据えて―」、『文化學年報』第六三号、二〇一四年三月、を参照。

(9) このあたりの事情については、石田雄「危機意識と「民族」協同体」、石田雄『日本の社会科学』、東京大学出版会、一九八四年、一二五―一三二頁参照。

(10) 上野俊哉「翻訳者、脱党者、漂流者―ディアスポラのなかの中井正一―」、『思想』第八八二号、一九九七年一二月、二〇五頁参照。

(11) 恒藤恭「日本精神の把握　明春は支那の正確な認識へ」(一九三七年)。当新聞論説の掲載紙名は不明であるが、論説自体は恒藤自身によって保存されている(大阪市立大学恒藤記念室蔵)。

(12) 恒藤恭「法の本質」、恒藤恭『法の本質』、岩波書店、一九六八年(初出は『公法雑誌』第一巻第一号―第二巻第九号、一九三五年一月―一九三六年九月)、三五頁。

(13) 恒藤恭「世界法の本質と其の社会的基礎」、恒藤恭『法の基本問題』、岩波書店、一九三六年(初出は『公法雑誌』第二巻第二号―第二巻第五号、一九三六年二月―五月)、二八〇頁。

(14) 小林、前掲書、二七〇頁。

(15) 恒藤は三〇年代前葉より、『法哲学綱要』や『精神現象学』などを参観しつつヘーゲルの哲学を評価しながらも、しかし理性的なものと現実的なものとの同一性を説き、その一環として全体社会と国家とを同定する態度については、それを到底同意しがたいものと厳しく批判していた(たとえば恒藤恭「法の本質とその把握方法―(併せて)法と政治と国家との相関性について―」、恒藤恭『法の基本問題』、岩波書店、一九三六年(初出は『法学論叢』第二七巻第一・三・五号、一九三二年一月・三月・五月)、一一三―一一四頁)。

(16) 小林、前掲書、二七〇頁。桐山孝信「文学的「世界民」から科学的「世界民」へ―恒藤恭の法学研究の深化―」、『大阪市立大学史紀要』第四号、二〇一一年、四一―四二頁。

(17) 小林、前掲書、二七〇頁。

(18) 中村勝己「一九三〇年代イタリアにおけるヘーゲル「法」哲学の再審―ジェンティーレとソラーリを中心に―」、『ヘーゲル哲学研究』第一三号、二〇〇七年、一九二頁。なお、恒藤がかかるイタリアの具体的な学界情勢に直接言及したことは少ないが、しかし彼はロシア、イタリア、ドイツを独裁国家と見做したうえで、それが学界に多大な衝撃を与え、これに呼応する学者や理論を続出させたことにはきわめて批判的に言及している（恒藤恭「人文科学思想概論」、恒藤恭『哲学と法学』、岩波書店、一九六九年（初出は、恒藤恭ほか編『廿世紀思想』第一〇巻、河出書房、一九三九年）、四二九―四三一頁）。こうした点に鑑みるならば、イタリアの学界動向に関しても相応の知識は有していたと推測される。

（19）Agostino Carrino, Nazi Philosophy of Law and of The State, in *A Treatise of Legal Philosophy and General Jurisprudence*, Volume 12, Legal Philosophy in the Twentieth Century: The Civil Law World, Tome 1: Language Areas, Tome 2: Main Orientations and Topics, Springer Science & Business Media（2016）. とりわけラーレンツにおけるヘーゲルの民族共同体中心主義的な理解の在り方および彼を中心とする新ヘーゲル派の動向については、cf. Ibid., pp. 273―277.

（20）恒藤恭「法の主体としての民族と国家」、恒藤恭『哲学と法学』、岩波書店、一九六九年（初出は『法律時報』第八巻第一一号、一九三六年一一月）、二七四頁。

（21）同前、二七四―二七五頁。

（22）広川、前掲書、二一一―二一四頁参照。また三六年には恒藤は「民族社会主義ノ思想ノ歴史的考察」と題するノートを誌し、ヒトラーに主導される民族社会主義を歴史的思想的にも検討している。恒藤恭『講義ノート』（一九三六年）（恒藤記念室蔵）参照。

（23）小林、前掲書、二六四―二六五頁。

（24）恒藤恭「新ヘーゲル主義の法律哲学の一批判―法的主体性の問題を中心として―」、恒藤恭『哲学と法学』、岩波書店、一九六九年（初出は『公法雑誌』第三巻第七号、一九三七年七月）、二六一―二六二頁。

（25）同前、二六六頁。

（26）同前、二六五―二六六頁。

（27）同前、二六九―二七〇頁。

（28）同前、二七〇頁。

（29）同前、二六九―二七〇頁。

（30）広川、前掲書、二二四―二二六頁、ならびに小林、前掲書、二六五頁参照。

（31）恒藤「批判」、『哲学と法学』、二七〇頁。

(32) 同前、二七一頁。
(33) この点は広川も指摘をおこなっている。広川、前掲書、二二四—二二六頁参照。
(34) 恒藤「批判」、『哲学と法学』、二七一頁。
(35) 久野、前掲論文（二〇一四年）参照。
(36) なお、ここで恒藤自身が民族をもって法の主体たりうると考えていたか否かは重要な論点であるが、残念ながら恒藤はこの点については歴史法学やヘーゲルの学説検討に終始して自らの見解を提示していない。ただ、恒藤の新ヘーゲル派批判、ならびに彼が常に国際法学的見地から国際社会の関係を把握していたことなどに鑑みる限り（恒藤の国際法学的側面については桐山孝信「全体主義に対峙する恒藤恭—恒藤恭の国際法・世界法研究（四）—」、『大阪市立大学法学雑誌』第六〇巻第三・四号、二〇一六年三月参照）、恒藤が民族に法的な、とりわけ実定法的な意味での主体性までを賦与していたとは考えがたい。
(37) こうした戦術を恒藤は戦時期には時折とっている。それはたとえば一見時局迎合的に映る論説「世界苦を克服する者」が同時期の講義ノートと読み合わせると中国抗日戦線による帝国主義の破砕を期待するものとして泛び上がる例や（この点については広川、前掲書、第四章、また同「恒藤恭の時代認識と進歩への希願」、『大阪市立大学史紀要』第六号、二〇一三年、五一—五四頁参照）、また統制経済を論ずるにあたり、一方で統制経済を、その統制主体を抽象的な「公共的理性」を体現する「公共団体」に求めて推奨しつつも、しかし同時期の別稿を併せ読めばそれが民主的立憲国家にこそ求められていることが明らかとなる事例（この点は久野、前掲論文（二〇一二年四月）を参照）などからも窺知することができる。
(38) 恒藤恭「社会における学生の地位」、河合栄治郎編『学生と社会』、日本評論社、一九三八年、五〇—五二頁。
(39) 同前、五五頁。
(40) 同前、五七—五八頁。
(41) 酒井哲哉「戦後思想と国際政治論の交錯—講和論争期を中心に—」、『国際政治』第一一七号、一九九八年三月、一二六頁。
(42) 恒藤「地位」、河合編『学生と社会』、七八頁。
(43) 同前、七九頁。
(44) 出原政雄「愛国心」、出原政雄編『歴史・思想からみた現代政治』、法律文化社、二〇〇八年、五一頁。
(45) 恒藤「地位」、河合編『学生と社会』、七九頁。
(46) 恒藤恭「尾高教授『国家構造論』」、『法律時報』第九巻第四号、一九三七年四月、三七頁。恒藤はそこで「わが国の学界において、「社会」に対する関心の著しく昂まつた時期がおとづれ、それが過ぎ去つた後に、「国家」に対する関心のおほひに昂まつた時期が到来してゐる」としている。
(47) 恒藤恭「国家の全体性について」、恒藤恭『法と道徳』、岩波書店、一九六九年（初出は『経済学雑誌』第二巻第四号―第六号・第三巻第三号、一九三八年四月―六月・九月）、二三二頁。
(48) 恒藤「国家」、『法と道徳』、二三三―二三四頁。
(49) これは一九三三年のノートで「民族」が「allgemeines Individuum Einheit〔普遍的個としての統一〕」とされていたことを想起させよう。久野、前掲論文（二〇一四年）参照。
(50) 恒藤「国家」、『法と道徳』、二三四頁。
(51) 同前、二三五頁。
(52) 同前、二三六頁。
(53) 小林、前掲書、二七九頁。
(54) 恒藤は個人を、「自己目的性をそなへた全体的存在者としての個人」と規定、それが全体的存在性格を持つものであることを認めている（恒藤恭「家族制度論」、穂積重遠ほか編『家族制度全集　史論篇』第四巻、河出書房、一九三八年、二一頁）。
(55) 恒藤「国家」、『法と道徳』、二四一頁。
(56) 小林、前掲書、二七〇頁。
(57) 小林、前掲書、「終章」、二九〇―二九一頁。なお、小林啓治「インターナショナリズムと帝国日本―一九二〇年代初頭の国際意識―」、歴史と方法編集委員会編『歴史と方法』第四巻、青木書店、二〇〇〇年、四三―四六頁も参照。
(58) 恒藤「国家」、『法と道徳』、二四三頁。
(59) 同前、二四三頁。
(60) 恒藤「地位」、河合編『学生と社会』、七八―七九頁。
(61) 恒藤「国家」、『法と道徳』、二三六―二三七頁。
(62) 恒藤恭「文化」、竹内富子編『哲学教養講座』第六巻、三笠書房、一九三九年、二一頁。
(63) この点については、たとえば広川禎秀「自由主義者・恒藤恭の戦中・戦後」、『戦争と平和』第七号、一九九八年、六四―七四頁、同「恒藤恭の平和主義思想―1930年代を中心に―」、『戦争と平和』第一四号、二〇〇五年、三一―一五頁など。

(64)恒藤「文化」、竹内編『哲学教養講座』第六巻、二〇頁。

(65)かかる視点は当時の恒藤のメモ類にも散見するが、本稿との関係で指摘しておけば、いずれにせよそこでは文化の主体として「国家」が挙がらないところに注意すべきである。

(66)恒藤「文化」、竹内編『哲学教養講座』第六巻、二四頁。

(67)同前、二五頁。なおこの点と関わって、渡辺かよ子は一九三〇年代における教養論を考察するなか、恒藤の該論説を取り上げ、それを戦時体制下の民族主義的愛国心に基づいた教養論の文脈において解釈している(渡辺かよ子『近現代日本の教養論―一九三〇年代を中心に―』、行路社、一九九七年、一三〇頁)。しかしかかる解釈は、テクストを発話主体の思想的全体像や背景から切離して表層的に解釈するものであり、とりわけ戦時下の言説解釈としては妥当的かつ説得的なものとは思われない。これについてはすでに飯吉弘子からも疑義が呈されている(飯吉弘子「恒藤恭の文化論・地方都市論・教養論―都市が大学を持つ理由を考えるために―」、『大阪市立大学史紀要』第五号、二〇一二年)。

(68)恒藤恭『恒藤恭手帳』(一九三七年)(恒藤記念室蔵)。

(69)恒藤「国家」、『法と道徳』、二四四―二四五頁。

(70)恒藤は主に『講義ノート』(一九三九年)(恒藤記念室蔵)で抗日戦線に注目していたとされる。この点は広川、前掲書、第四章および同、前掲論文(二〇一三年)が詳しい。

(71)安田浩「近代日本における「民族」観念の形成―国民・臣民・民族―」、『季刊思想と現代』第三一号、一九九二年九月参照。

(72)上原専祿「民族の自覚について」、『上原専祿著作集』第七巻、評論社、一九九二年(初出は『改造』第三三巻第一四号、一九五二年一〇月)、三七頁。

(73)恒藤が全体主義からいかに距離をとったかについては、桐山、前掲論文(二〇一六年三月)が詳しい。桐山はそこで恒藤が全体主義や広域秩序構想を冷静に分析しつつ、自らの社会科学的認識に基づく国際法論の枠組みによってそれを拒否したことを明らかにしている。

(74)三木清を中心に作成された昭和研究会の『新日本の思想原理』では、「協同主義は寧ろ社会が先のものであつて個人は後のものであると考へる。即ち個人は社会から生れ、社会によつて生き、社会のうちに於て自己を完全に為し得るのである。」と、社会の個人に対する先行性を明言している(昭和研究会事務局『新日本の思想原理』、一九三九年、一九頁)。

(75)一九四〇年代前半期の恒藤については、久野、前掲論文(二〇一二年四月)、とりわけその国家認識に関しては同論文、七四―

七九頁を参照されたい。また、中村健吾「戦時下における恒藤恭の「国家思想史」講義―カントの再読による「個人の尊厳」の発見―」、『大阪市立大学史紀要』第八号、二〇一五年も恒藤の「国家」に対する「個人」の尊厳に対するまなざしを掬い上げる試みとして、戦時下恒藤の営みを考える場合参考になる。

(76) たとえば田辺元の「種の論理」は、「個」と「類」の中間に「種」を導入しつつ、しかもヘーゲル弁証法に着想を得て、この「種」と「個」との間に起こる対立を、「種」という基体（民族）が「個」を否定媒介することにより「類」としての人類的「国家」が止揚することを目指すというものであった。また田辺の「種の論理」を下敷きに展開された高坂正顕の「民族の哲学」も、民族は自己限定によって弁証された「国家」的民族へと至り、かかる国家においてこそ「永遠の今」としての絶対性は体現されるとしている。

◆書評

人間存在の受動性と能動性の狭間から

●――田上雅徳

藤田潤一郎『存在と秩序――人間を巡るヘブライとギリシアからの問い』（創文社、二〇一六年）

すでに成型を経た「ヘレニズムとヘブライズム」という枠組みの中でではなく、サブタイトルにあるように、古代のギリシア人とヘブライ人が発した問いそのものに導かれながら、著者は、人間の根元的なあり方を再確認しようとする。

その際、四世紀の教父ニュッサのグレゴリオスが「ヘブライとギリシアの思考の結節点」として本書全体のトップバッターを担うのは成程と思わせるにしても、章立てにおいてその後を襲うのは、新プラトン主義の創始者とされる三世紀のプロティノスであり、旧約聖書のヨブ記作者等である。政治思想史の概説書はもとより、西洋哲学史の教科書でもスキップされるかもしれない面々で組まれたオーダーではある。けれども、通説的な解釈を精緻に検討した上で提出される独自のテクスト理解が積み重ねられていくとき、分析対象の恣意的なピックアップほど著者に無縁なことはないのだと改めて思わされた。

たとえばプロティノス。この神秘思想家は、「善一者を志向する自己還帰」なるものへの沈潜を説いた、として片付けられることが多い。だが著者の目に映る彼は、「徹底的に己の魂を問うがゆえに、自分以外の人びとひいてはわれわれと人間という存在者を問うことへ向かった」人である。したがって、いうところの「知的観照」にしても、少なくともプロティノスにとってのそれは、「感性界に存在するものの共感や協和」を経由していることで評価されることとなる。西洋神秘主義の伝統は、知と感覚の狭間で生きるしかなく、よって他者に開かれているべき人間のあり方に、決して無自覚ではなかったのだ。

そして、本書で最も興味深かった、旧約聖書読解が続く。

創世記におけるヤコブとエサウの物語に著者は、兄弟関係という「己の意志に基づく契約という瞬間的行為によって昇華されることはない」情念のもつれに由来する、人間関係の悲劇を認める。このとき著者によって重視されるのが、問題の浄化は「人間の権能の外にある」働きによってしか果たし得ない、とする創世記記者の達観である。しかし、救済ともいい換えられるここでの情念の浄化は、人間の能動性を排除するわけではない。当該物語の中でこの能動性は、さしあたってヤコブの側における「過去との和解」「過去の共有」という形をとったが、情念の混乱に秩序をもたらそうとするとき人間に要請される受動性と能動性という問題は、著者の見るところ、ヘブライの知恵文学「ヨブ記」において先鋭化することとなる。

義人が苦しみを味わう。なぜそんなことが生じるのか。理不尽な苦難を経験している「正しい人」ヨブのこの問いに対して、彼の友人たちはそれぞれ、おもに応報思想にもとづく判断を下す。神が苦難を与えているのはヨブの義に欠けがあったからだ、と。けれども、情念のレベルで問いに向い合っているヨブその人に対し、こうした形式論理は訴えるところ少ない。本問に対するヨブ記作者の回答というべきものがあるとして、それは、「神義論にも個の実存にも一義的に還元しえぬ」視座に立とうとする著者の解釈によるならば、そもそも問いを発する人間そのものを存在せしめた神の先行性に意識を向けよ、ということになる。自らの生と存在を懐疑し、「闇と陰府への回帰の願望」さえ訴えたこともあるヨブに対して、物語の最終盤に現れ、闇に光を差し込ませた自身の宇宙創造を想起させる神の語りかけは、帳尻合わせ的な大団円を導くためのプロット上の道具などでは決してなかった。

ただし、いうまでもないが、創造者の前で被造物たる人間は大人しくしていろ、という古代の宗教家の知恵に著者は感心しているのではない。そもそもヨブ記作者のモチーフは、「人間は認識するものたりうるが、自らの生そのものを創り出すものにはなりえない」ことを自覚する点で、先述したプロティノスの問題意識と交叉する可能性と普遍性をもっている。この点を踏まえた上で続けるならば、ヨブが神に嘉せられた理由が、問いとはいえ前者が主体的に「言葉を発し続けたその事実」に求められていたことは、重要である。「語ることへの信」は、ギリシアとヘブライを貫く人間観の土台になっているからである。

加えて、「創出するものたりえない」にしても、「共通の何らかの秩序を共につくり維持することは可能で」あり、「秩序の形成と維持を実践する時、人間は現実に存在する」と語るとき、古代地中海世界に生きる先人が意識した人間の能動性に対する著者の敬意には、希望のようなものさえ感じられた。

以上、本書の奥深さをどれだけ伝え得たか、はなはだ心許ないが、特にヘブライからの問いを考える機会が皆無ではない評者としては、次のような問いと期待を述べてレビューを終えよう。

念頭にあるのは、昨秋公刊された聖書学事典である（ベルレユング／フレーフェル編『旧約新約聖書神学事典』山吉智久訳、教文館）。そこには、ヨブ記もそこに属する旧約聖書の文学ジャンルが重視する古代イスラエルの「知恵」を、「法」と併記して解説する大項目があった。「知恵／法」という見出し自体ユニークだが、この点について事典は自覚的で、こうした記述の妥当性を、古代イスラエルでは両概念が「上首尾な命」を全うするために重んじられていたことに求めている。とするならば、次のような問いを立てることも許されるのではないか。

すなわち、少なくともヘブライにおいて、そもそもルールというものは、情念を払拭できない人間の根元的なあり方とどのような関係に置かれるのだろうか。このことが解明されるとき、「ヘブライからの問い」の政治（思想）的レリバンスはより明確になると思われるのだが、自分自身まだうまく定式化し得ない問いの意味を受けとめ発展させることのできる人として、著者以外の書き手を評者は思い浮かべることが出来ないのである。

◆書評

一七八九年の理念から一九一四年の理念へ——ドイツ歴史主義と改革の政治学の行方

●——権左武志

熊谷英人『フランス革命という鏡——十九世紀ドイツ歴史主義の時代』（白水社、二〇一五年）

過去に経験したことのない未曾有の出来事に直面した時、われわれは、連続する世界史の中に現在の断絶を位置づけ、過去の歴史から将来の指針を見出そうとする。フランス革命に接したドイツの自由主義知識人は、いずれも革命史に深い関心を寄せ、革命の急進化を避けつつ、自国の近代化に向けた「改革の政治学」を追求する点で一致していた。

本書は、ドイツ歴史主義を担う自由派知識人が、フランス革命史をいかに論じたか、そこから得た歴史的認識をいかに同時代の政治的分析に生かそうとしたか、政治思想史的手法で明らかにした独創的業績である。まず、第一部で革命勃発に対するドイツ知識人の反応（ゲンツからヘーゲルまで）と革命史の誕生（ミニェ・ロテック）を見た上で、第二部で憲法問題を主題とするダールマンの革命史論を、第三部で国民形成を主題とするドロイゼンの革命史論を、第四部で社会問題を主題とするジーベルの革命史論をそれぞれ取り上げ、各歴史家の政治観、革命史理解、同時代分析の間の緊密な関係を論じる。

本書は、一八七一年のドイツ帝国建国をフランス革命の克服と見る（一九一四年の理念に連なる）第二帝政期の歴史意識が、ドイツ歴史主義の革命史研究の中から内在的に生成した点を論証しようとする。本書で登場するドイツ中間層の知識人は、ジャコバン派独裁に至るフランス革命の急進化過程を必然的移行とは見なさず、革命政治の論理に歯止めをかける改革の可能性を絶えず問いかける。そこで、本書は、ルフェーブルからフュレまで、ロシア革命の呪縛下にあった二〇世紀の革命史研究に比べて、はるかに興味深い革命史の論点を取り出すことに成功している。その幾つかを検討しよう。

第一は一七九一年憲法体制の評価とその崩壊原因である。ミニェやロテックは、一七九一年憲法体制が翌年八月に崩壊した真の原因は、反革命派の亡命貴族・非宣誓聖職者と対仏大同盟にあると見た。これに対し、憲法制定に関心を寄せるダールマンは、体制崩壊の要因は、政府と議会を完全に分離し、王権の立法への拒否権を否定する一方で、二院制でなく一院制を採用した九一年憲法の欠陥にあったと考える。この点でダールマンは、英国国制を国王・貴族・人民代表からなる混合政体と見なす英国国制論の伝統に忠実だったという。しかし、厳格な権力分立論を批判する点で、ダールマンは、英国国制を混合政体でなく、立法権と行政権が内閣で密接に結合した単一主権政府と解釈するバジョットの新たな英国国制論に連なると見るべきではないだろうか。

第二はフランス革命戦争の正統性とその開戦責任である。一八四〇年代に国民意識の覚醒を経験したドロイゼンは、フランス革命を国民の活性化する現象と見なし、一七九二年以来の革命戦争を、旧欧州に対し共和国を防衛する「解放戦争」として正当化し、その帰結として恐怖政治やナポレオン登場を説明した。これに対し、三月革命の民衆暴動を経験したジーベルは、革命戦争が、逆に九一年憲法を転覆し、革命を急進化する政権奪取の手段としてジロンド派や山岳派に利用されたと見る。フランス革命は、人民主権を愛国心と結合し、ナショナリズムを誕生させたが、そこでは内政と外交が相乗作用を及ぼしたと言える。ドロイゼンは、革命から生れた解放戦争の理念が、ナポレオンに対する解放戦争に受け継がれ、プロイセン中心のドイツ統一を実現すると期待した。ただ、仏独ナショナリズムの継承関係を想定するとしても、第三身分中心に憲法制定に結集した自発的国民というフランスの国民観（シィエス）は、言語・宗教・歴史等を共有する自生的民族というドイツの国民観（フィヒテ）と大きく異なっている点に注意するべきだろう。

第三は社会問題の登場と貴族階級の評価である。ジーベルは、フランス革命が大衆の力を解放した社会革命だった点に注目するからこそ、貴族が政府と議会を調和させる英国をモデルと見なし、一七九〇年九月に議院内閣制の導入を試みたミラボーの理念と行動を高く評価する。政府と議会の調和を重んじる同じ立場から、下院議員ジーベルは、プロイセン憲法紛争で政府との妥協を模索し、一八六六年の戦勝後はビスマルクの目的合理的指導力を支持して、ドイツ帝国建国にフランス革命を超える歴史的意義を見出していく。だが、英国国制に従い政府と議会を融合させる制度的解決は、貴族が両者を調停する役割を果たす貴族政モデルを必ずしも意味しないし、ましてや政府と妥協する野党の融和的姿勢を意味するわけでない。貴族の役割への過大な期待は、貴族を模範と見る「市民層の封建化」（ヴェーバー）の事例と見ることもできるし、対政府融和姿勢や内なる敵との闘争姿勢は、自生的民族観から生じる有機体的ナショナリズムの所産と見ることもできるだろう。

最後に、政治学は歴史叙述と不可分の一体をなすという「政治的歴史叙述」の問題を取り上げよう。著者によれば、ダールマンは、政治的関心なき歴史学は無味乾燥だし、歴史的素材なき政治学は空想的だと説き、ジーベルは、現代的関心を歴史叙述に反映させるのを歓迎した。だからこそ、彼らのフランス革命史論は、「未来世界を映しだす鏡」と受け取られ、統一運動期の歴史観と方向性を決定したが、他面で、彼らの改革の政治学は、時代の「記憶の鏡」としてビスマルク期の支配的価値観に大きく制約される結果になった。では、一定の価値理念に関与しつつ、党派的・時代的拘束を超えうる客観的な歴史叙述や政治学は、どうすれば可能なのだろうか。本書は、一九一四年の理念やロシア革命の呪縛から解かれた現在のわれわれにも、フランス革命史論を超えた普遍的問いを投げかけている。

◆書評

非政治的人間による政治との格闘の軌跡

●——川合全弘

速水淑子『トーマス・マンの政治思想——失われた市民を求めて』（創文社、二〇一五年）

本書の表題と副題は、簡潔ながら、本書の主題と方法それぞれの特徴を的確に示している。まずはこれを手掛かりとしたい。本書の主題は、表題が示す通り「マンの政治思想」である。あくまでマン自身の政治思想の解明が本書の目標であり、それ以外の事柄、例えば今日的な意義を持つ政治理論を展開するためにマンの政治思想を機縁として利用することは、本書の目指すところでない。また政治思想以外のマンの思想、例えば小説論やイロニー論を始めとするマンの文学思想は、彼の政治思想を解明するために必要な限りにおいてのみ論及される。さらにマンの政治思想に関しても、その全体像の解明が目指されるのでなく、副題が示すように、明確な問題意識の下にその市民像に照準が定められる。

本書の方法論上の主な特徴は、副題にある「市民」という語の前後に置かれた「失われた」という語と「求めて」という語との緊張関係によって示唆されている。この副題がルカーチのマン論「市民を求めて」を参照するものであることは一目瞭然であろう。ルカーチがマンの思想に、審美主義的に退嬰化した非政治的市民から真の市民への途、すなわち民主的で社会主義的なシトワイヤンへのあるべき発展の途を読み取ろうとしたのに対し、本書はむしろ「誤りや挫折を伴うマンの思想的葛藤」（二七五頁）それ自体に寄り添おうとする。その際「失われた」という過去分詞は、市民を求めるマンの歩みが徹頭徹尾「失われた市民」の痛切な自覚に根ざすものであることを強調する。「マンの思想世界の内在的な理解」（三四頁）という本書の方法論的立場は、あくまでマンのこの根深い自覚を重視することに基づく。他方、「求めて」という他動詞は、ルカーチと同様、著者がマンの思想に、「失われた市民」の——時代に制約された——形式への固執を見るのでなく、むしろそれの良き遺産、すなわち市民的人文主義の、時代に即応した継承の努力を読み取ろうとすることを示す。こうして本書ではマンの政治思想が、「完成した静態的世界」と見なされるのでなく、むしろ市民的人文主義の継承を動機とし、市民以後の時代の切迫した問題状況への対応を誘因とする、「時系列に沿って変化する動態的なプロセス」と目される（三五頁）。マンの政治思想を、いわば示導動機の動態的な変奏として、そこに滲み出る葛藤とともに深く吟味すること、これが本書の主な方法を成す。

ところで表題と副題とからは読み取れないものの、本書の方法論上の今一つの特徴は、マンの思想を、①全体としての世界を認識する理論、②信念や価値観、③個別の実践的態度表明の三つの「位相」の総体と捉え、その中で①の位相を読み解く重要な手掛かりとして小説作品を重視する点にある。著者によれば、マンの小説では、無と物質と生命、精神と自然、現象と根源、愛と逸楽のごときキーワードによって、世界認識の仕方に関するいくつかの基本的な「思考の『型』」、すなわち①の位相に属する思想が展開され、これが、言わば思想的下部構造として②や③の位相に属するマンの政治的言説を支えているため、マンの政治思想を深く理解するためには小説作品の参照が欠かせない。しかもマンが、時と所を超えて妥当すべき思考の型、すなわち「原型」の存在を信頼し、小説をそれの再現前化のための「祝祭」の一つとして捉える独自の「形而上学的」な物語論を唱えたがゆえに、なおさらのこと小説が重視されなければならない、という（三八頁）。この方法論の当否は、評者にはにわかに判断しがたい。とはいえ、これに費やす著者の入念な努力、すなわち小説のみならず、随想、時事論、日記、私信などをも含め、マンの広汎な作品群を読み込んだ上で、小説とそれ以外の作品との芸術性の相違を考慮しつつ、上記三つの位相区分に照らしてマンの重層的な思想世界の解明に最も相応しいと思われる仕方でそれぞれの作品を解読する著者の努力は、それだけで敬意に値する。著者が言う、マンの小説作品における「原型」の再現前化とは、時代の昇華としての芸術作品の不朽性とそれが有するはずの時代への秩序付与機能とに対する作家の信念を言い当てようとするものなのかもしれない。

本書の主な内容は、二〇世紀初めから第二次大戦後までの時期を、概ね①帝政期（第一章）、②第一次大戦期（第二章）、③ワイマール共和国期（第三章～第六章）、④ナチズム期（第七章～第八章）の四つに区分しつつ、上述の方法に従って各時期におけるマンの政治思想の特徴的なあり方を把握すること、これである。著者によれば、①で「失われた市民」の問題状況が露呈し、②ではそれへのマンの応答が、戦時期の国民政治的必要――窮地に立つドイツ文化の擁護――に急かされつつ、「イロニー的政治」という、自家撞着からの隘路へと帰着する。③でこの隘路からの脱出が、かつての官憲国家にではなく、むしろ共和国に託され、共和国を支えるべきエートスとして、「新しい人文主義」が、東でもなく西でもないドイツ的な有機体論の追求、教養と人文主義の市民的伝統の再活性化の試み、および非合理性と真理とをめぐる認識論的探求という三つの途を通じて、模索される。④でマンの政治思想は、ナチズムとの対決という一層切迫した状況の下、「善き統治者による独裁」に基づく「上からのデモクラシー」という、――野蛮との戦いにおいて自らも野蛮に堕する危険を孕む――戦闘的な民主主義構想へと結実する。

本書では、同時代の多くの思想家との対比やそれを通じたマンの思想史的位置づけも試みられている。とはいえ本書の主旨は、上述のように、一旦マンの思想世界に沈潜し、それの変遷をその動機に即して内在的に理解することにある。それの政治思想史的意義の本格的な検討は、恐らく今後の課題であろう。衒いのない堅実な文体は、本書がそのための、本腰を入れた準備作業であることを予感させる。

◆書評

オーストリア政治思想史の可能性

●――細井　保

高橋義彦『カール・クラウスと危機のオーストリア――世紀末・世界大戦・ファシズム』（慶應義塾大学出版会、二〇一六年）

著者によると、本書は「批判的ウィーンモデルネ」の代表的人物といえるカール・クラウスを中心に「世紀末」「第一次世界大戦」「ファシズム」という三つの時代を軸に、オーストリア・ウィーンの政治思想史・政治文化史を描きだすことを目的としている。そこでは「啓蒙的・批判的文化」と「オーストリア・パトリオティズム」の担い手としてのクラウス思想の「一貫性」が明らかにされる（二頁）。すなわち本書は、第一にクラウスの批判「対象」ではなく、クラウスが批判対象を攻撃するその「論理」に注目する。クラウスは一貫して批判対象の「言葉」が持つイデオロギー性を問題にし、メディアとそのメディアを通じて流通する言葉の虚偽性なりイデオロギー性を批判していた。第二に本書は従来のクラウス研究ではあまり注目されてこなかった彼の「オーストリア・パトリオティズム」に着目する（一三頁）。

以下、序章での叙述にしたがって本書全体を概観すると、本書は三つの時代におうじて構成されている。

まず「世紀末」であるが、これは第1・2章で主題となる。第1章においては、世紀末ウィーン文化において唯美派市民に対抗する啓蒙主義的文化の担い手として、クラウスとロースの思想が探られ、両者に代表される世紀末ウィーンのアヴァンギャルド文化が内包した思想の多層性が示される。第2章では、世紀転換期ウィーンにおける「セクシュアリティ」をめぐる議論の中心にいたクラウスとフロイトの関係が詳細に検討される。

ついで第3・4章で「第一次世界大戦」が主題となる。第3章においては、クラウスの戦争批判の理論的分析がなされる。ここでは、彼の戦争批判の「普遍性」とその批判の論理の「連続性」に着目して、かれのメディア批判とテクノロマン主義批判の内容が詳細に検討される。第4章においては、逆にクラウスの戦争批判の時代拘束的な「特殊性」が着目され、かれの反戦思想がオーストリア政治史の文脈から読み解かれる。そこではクラウスとラマシュの反戦思想の連関が明らかにされ、かれの戦争批判はラマシュに代表される保守的反戦思想の系譜に位置づけられる。

「ファシズム」の時代は第5章であつかわれ、そこで、クラウスのナチズム論とオーストロ・ファシズム論が検討される。前半においてクラウスがナチズムの虚偽性と残虐性を問題視していたことが論じられ、後半では、クラウスがどのようにドルフス支配を正当化したのかを跡づけ、権威主義統治を擁護したクラウスの政治的立場の問題性が検討される。このことによって、一九三〇年代の非マルクス主義系オーストリア知識人の現実政治との関わり方の一類型の抽出が試みられる。

以上のように時系列的にクラウスの議論を検討した後、第6章において、フェーゲリンのクラウス論に依拠しながら、クラウスの「メディア」「イデオロギー言語」批判の意味が考察される。クラウスの特徴は「イデオロギー言語」を構築する政治家、知識人、メディアを批判し、リアリティに則した言語秩序を復活させようとしたところにあった（二二二頁）。最後に、最終章で、政治思想という観点から、クラウス思想の「意義」と「限界」が考察される。それによると、クラウスの言論活動の意義は、その「批判能力」にあった。しかしながらそれは何らかの政治体制の構築を目指す議論ではなくて、あくまで現体制の虚偽を暴露するという「批判理論」として機能を果たすものであった（二三〇頁）。またかれは「根源」や「自然」といった抽象化された理念を掲げ、そこから離反を続ける同時代の社会を批判したが、こうした理念の内容は明示されず「ユートピア」にとどまり、その具体的内容はわかりにくかった（二三一頁）。くわえてこうした理念は「非政治的」な領域にとどまった（二三二頁）。もっともこうした限界にもかかわらず、むしろこうした限界ゆえに、クラウスの時代批判は、虚偽的なイデオロギー言語に内在して、その矛盾を暴露することができた。自分の「ものさし」に基づいて一刀両断に論じるのではなく、メディアによる報道、政治家や知識人の発言における矛盾や虚偽を、内側から暴露するところにクラウスの手法の意義が存した（二三六）。著者によるとこうした虚偽告発の思想としてのクラウス政治思想の意義は、二一世紀においても決して薄れることはないのである。

以上みてきたように本書は、これまで日本において、政治思想の分野においてほとんど論じられてこなかったカール・クラウスについて、その政治思想を包括的にあつかい、その多義的な特徴をあきらかにし、現代的意義を問うている。論点をあげるとすると、限界として指摘されているように、クラウスのリアリティとは何であったのか、というものである。抽象化された「根源」や「自然」であるとすると「ユートピア」こそがリアリティとなる。結局「ものさし」をもたなかったということは、理念が無かった、ともとれる。また「根源」や「自然」といった観念は、クラウスが批判したナチズムにもみられたのではないだろうか。ナチズムもまた血や土を「根源」や「自然」とみなしていた。したがって「根源」や「自然」という観念の使用は、両義的であるように思われる。クラウスの批判の手法を、クラウス自身の言説にあてはめるとどのような結論がえられるのであろうか。ともあれ、ヨーロッパ政治思想史において主として注目される英・仏・独以外の地域の思想的営みをとりあげるということ、つまりこれらのいわば隙間を眺めるということは、工業化と民主化が量的・形式的に達成された社会に生きるわたしたちに、見おとしていた何かを気づかせてくれる。工業化と民主化という全般的な傾向にとらわれつつも、こうした隙間の思想的営みはまだ気づかれていない選択肢をわたしたちに示唆するかもしれないのである。

◆書評

「両義性の政治学」は可能か？

●――山崎 望

杉田敦『両義性のポリティーク』（風行社、二〇一五年）

本書は二〇〇六年から二〇一四年までの間に、政治理論を専門とする著者が文脈に応じて書いた一二の文章から構成されているが、同時に現在進行形の問題を早期から抉出した書でもある。本評では各論考を再編した上で内容を紹介しよう。

まず、国家をはじめ様々な政治の枠組みが引く境界線の持つ両義性が指摘されている。一部の人間を犠牲にすることにより、多くの人を活かすという両義性を持つ生権力の観点から、薬害、戦争、自殺、地方の切り捨て、など一見別個に見える問題が同一の平面にあることが明らかにされる（第一章）。さらに国家、市場、市民社会（第二章）、シティズンシップ、セキュリティ、ナショナリズム（第三章）、国民的連帯（第五章）と国家による人権保障（第六章）について、いずれも人々を包摂すると同時に排除する生権力の両義性が指摘されている。これらの議論を通じて、境界線を引く／なくすことによって、得られるものと失うものが存在するという両義性が強調されている。

次に、グローバル化により国境をはじめ、様々な境界線の自明性が失われ、政治を貫く両義性が明確になる時代ゆえに、世界を「内」と「外」に分け、問題の根源を「外」に見出し、「内」にある自分たちとは無関係とする、もしくは「外」を攻撃する政治へ警鐘がならされている。例えば、新自由主義に対する道徳的非難において、われわれが新自由主義を支えている側面、「内なるネオリベ」をどうするか、という問いはなされず（第四章）、「三・一一」を契機として、原発事故が起きた福島や米軍基地の負担にあえぐ沖縄は「われわれ」ではない「彼ら」とされ、深刻な問題が他人事とされている。「決められない政治」を批判する「決める政治」の希求が、外部に単一の悪の根源を見出すポピュリズムとなっている事態（第八章）にも警鐘がならされている。

第四は、現在の政治情勢と接点が強い課題をめぐる（明示的ではないが）立憲民主主義の観点からの議論である。特定秘密保護法から安保法制の採決、改憲の動きに至るまで、立憲民主主義の立場から批判的な論陣を張ってきた著者は、それらに共通する危機を指摘する。憲法を論じる諸前提の一つであるネーション自明性の揺らぎを筆者は指摘するが（三章）、論争を呼んだ安保法制では有事／平時、外政／内政の継ぎ目を埋める安全保障レジームが志向された。「継ぎ目」による二分法を前提に暴力を封じ込めてきた憲法の前提が確固としたものではないことへの危機感として読むこともできよう。「選挙は民意を表現する場ですが、選挙だけがすべてではない。現在のような流動的な状況では、選挙時にはなかったような争点が次々に出てきます。それについて、なぜ与党が独裁的に決めるべきなのか」（一七五頁）という記述や、「選挙で勝利した与党から生まれた政権の意思を貫徹することが民主主義である」という政治観への批判は、特定秘密保護法や安保法制の採決をめぐる現在の与党を想起させる。初出の論考の時期を確認すると、著者が立憲民主主義の観点から指摘する現在の政治の危機は、一〇年程のタイムスパンで進行してきたことが明らかになる。第一〇章で述べられる政治をめぐる四つの危機、すなわち「周辺化（経済・環境などに対する政治の有効性の減退）」「中立化（グローバル社会における政策の対立軸の喪失）」「劇場化（ナショナリズムなどの疑似争点の昂進）」「脱領域化（主権の相対化に伴う決定不可能性の発生）」は中長期スパンでこの問題を考察する準拠点になろう。

最後に、政治の危機が深まる現代において、われわれの取るべき立ち位置への示唆が著されている。国家の自明性を検討する文脈で、人々のセキュリティをめぐる計算こそが守るべき／守らない人々の境界線を引き、後者を犠牲にしてきた点に注意を促し、われわれも生権力の客体であると同時に主体であることが指摘されているように（第二章）、われわれは政治の客体かつ主体でもある。丸山眞男の「現代における人間と政治」（一九六一）の現代的な妥当性を論じる第一二章で、体制による内の創出と、反体制側である外の排斥という構図だけではなく、体制と反体制の双方に中心と周縁が作られ、外が分断され、内と外の境界線にいる知識人が双方から攻撃され無力化する現状を述べている。著者の擁護する姿勢は、近代政治の前提条件を掘り崩すような、解決策がない政治の危機が押し寄せる中で、性急な決断主義や単純な二分法を取らず、政治の両義性の中で思考し続ける「両義性の政治」を行うというものであろう。「両義性の政治」は、「選挙こそ唯一の民主主義である」と考える議論にも「住民投票や国民投票こそが解決策」とする議論にも距離を取り、いかなる代表によっても代表しきれない「残余」があるという認識から、迂遠であっても非制度的なものを含めた多様な回路を通じた多元的な代表を擁護する議論にその形の一つが示されていよう。

本書に対する疑問を挙げるならば、二分法や拙速な決断主義の暴力（テロの応酬、社会の分断、難民危機、排外主義の高まり、立憲民主主義の危機）が世界に拡大する中で、二分法や拙速な決断主義に陥らずに地道に思考する「両義性の政治」は「現実的」たり得るのか、という疑問である。「両義性の政治」がいかにして可能か、それは同時に読者の課題でもあろう。

「内」に生きていると思いがちであるが、われわれは、「内」と「外」の間に生き、両義的な性質を持つ市場、権力、民主主義やセキュリティの客体であると同時に主体でもある。自らの内に「外」を抱えていること、換言すれば厄介な問題を「他人事」として逃れることも「単一の悪」を想定することもできない中、「われわれの問題」にいかに向き合うか。二分法と迅速な決断が広がる世界で、他の可能性は現実となり得るのか。政治という営みの原点への思考へ誘う書である。

◆書評

われら不審者の時代に
――デモクラシーの理論と戦略

●――鵜飼健史

山本圭『不審者のデモクラシー――ラクラウの政治思想』（岩波書店、二〇一六年）

「不審者」というおよそ似つかわしくない主体が担うデモクラシー。それは「ふしん」が蔓延する現代政治に、いかなる道筋を指し示すのか。政府、政党、政治家、官僚、地方自治体など、存在的な政治の次元には不信が鬱積している。その一因として、私たちの生に対する政治の機能不全、つまりその全般的な不振が常態化している。この暗雲垂れ込める状況では、不審者に期待する倒錯した発想はもとより刺激的で、もはや蠱惑的ですらある。

本書『不審者のデモクラシー――ラクラウの政治思想』の目的を端的に述べるなら、デモクラシーの拡張ということになろう。たしかに既存の良識的な民主主義理論は、包摂をできるだけ追求し、排除への対抗を試みてきた。だが、より洗練した形でデモクラシーを更新してこの列の後尾につくことは、本書の求める拡張ではない。むしろ、同質性によって抹消され続ける「異質なもの」に目を向け、包摂と排除の相互依存的で終わりのない（その意味で不毛な）ゲームとは異なる地平で、デモクラシーの可能性を展望する。このようなデモクラシーの存在論的な意味における拡張作業において、本書はエルネスト・ラクラウを伴走者に選んだ。彼のもつ、「ヘゲモニー実践を通じて社会空間が閉じられようとする必然性と同時に、そのような閉合が最終的には必ず失敗するという冷徹な眼差し」（一〇頁）が、この人選の理由である。

序章は、同質性を目指すデモクラシーが必然的に失敗する理路を示し、本書が展開するデモクラシーの地平を展望する。さらに先行研究を手際よく整理し、本書の方法論的な問題意識との接続を図る。ラクラウ読解の代表的なタイプの①ポスト・マルクス主義、②言説理論、③ラディカル・デモクラシーは、それほど相互交流が盛んではなく、各内部での断片化も著しい。こうした研究状況に対し、本書は彼の政治理論の全体像を提示し（第一部）、そのひとつの到達点であるポピュリズム論を「不審者のデモクラシー」によって批判的に受け止める（第二部）。不審者とは、「ある社会を構成している支配的な言説に適切に位置付けられていない、そのため意味が十分に固定されていない／不十分に意味づけされているアイデンティティ」（一七頁）である。不審者は排除されたアウトサイダーという分類可能な対象ではなく、たしかに生の肉体を持つものの、友／敵のいずれの範疇にも収まらない、私たちの生のひとつの条件である（一八九頁）。そのため、通例は不審者を取り締まる側の警官でさえ、不審者たりえるのである。

第一部は、手始めに七〇年代のマルクス主義国家論におけるラクラウの位置付けを照射し、八〇年代で展開されるポスト・マルクス主義との理論的な関係性を明確化する。その上で、ポスト・マルクス主義の両軸として、ポスト基礎付け主義とラディカルな唯物論を抽出する。九〇年代の議論では、普遍主義の再構築という彼の同時代的な挑戦を思想内在的に分析し、そのヘゲモニー的な構成を明示する。さらに、敵対性が転位と異質性という、これまで十分に分析されなかった概念と交差する過程を克明に描き出す。第二部は、ムフの闘技モデルが熟議モデルの一形態に過ぎないという挑発的な言明とともに始まる。この失敗を踏まえ、不安で不安定な不審者のアイデンティティの解明に向かう。こうした予備的考察にもとづき、ポピュリズム、同一化、象徴的代表、動員といった不穏な概念群を引き連れた不審者のデモクラシーが出現する。そして終章は、ラディカル・デモクラシーの規範的優位を主張するために、偶発性の論理がもたらす政治戦略を検討する。

本書の成果として、ラクラウ政治理論の体系化をはたした点は、まず指摘されるべきだろう。とりわけ、ポピュリズム論を彼の政治思想の展開の中で位置付けた点は特筆に値する。いわばその論理的な帰結として、ムフとの区別を明示する点は印象的である。ラクラウの荒さがムフとの協働で洗練されたという印象論を評者は先輩世代からよく聞かされたが、本書は対抗者や転位の概念分析に分入って、両者の亀裂を詳細に裏打ちした（一八四頁）。

体系化が見事なために、新たな問いも浮かぶ。ラクラウ個人のコンテクストは、同時代人という点で難しさはあろうが、だからこそ評者としてはさらに知りたい。特に、本書でも指摘される、世紀の変わり目の空白期をどう理解するか。上述の②と③が台頭した時期であり、急速に学問化する背景で何があったのか。評者も彼が一貫してポピュリズム論に専心したという理解に同意するが（一六・二二一頁）、七〇年代の議論が看過されたという印象は（少なくとも評者の限られた周囲の）日英の政治学分野では薄いように思われる（二九・四六頁）。むしろ彼の旧作品が周知である一方で、これらテクストを結ぶコンテクストが不明瞭なために、その政治理論の体系的理解や評価が遅れているのではないか。

異質なものの抽出から対抗ポピュリズムへ、それを政治戦略で基礎付けるという構想は雄大である。それゆえ、その目的をさらに知りたいという欲に駆られる。欠如の動員を通じたポピュリズム戦略であれ、根源的な異議申し立てを導く別の異質性が発生せざるをえず、その意味で排除が複雑に増殖するポピュリズムが支配的な場に、私たちはいる。分断が昂進ずる社会情勢で、失敗が不可避的なポピュリズムの打ち合いに参加するエネルギーとリスクを考慮すると、偶発性への応答というデモクラシーの論拠以外に（二二二頁）、別の目的の存在を勘繰りたくなる。

本書が紹介に終始せず、本邦の政治理論研究でもっとも欠けている分野に、鮮やかに切り込んだ点は高く評価される。さらに、（奇しくも先行研究が示すような）断片化する学的傾向を脇目に、体系化を意識した通時的な研究姿勢が本書に体現された点は歓迎されるべきである。また、節合（articulation）の翻訳をめぐるヘゲモニー闘争が決着した点も、評者としては感慨深い。

◆書評

方法論から応用へ、そして二つの誘惑

●――早川　誠

松元雅和『応用政治哲学――方法論の探求』（風行社、二〇一五年）

副題が示すように、本書は政治哲学の方法論について考察している。だが、方法論は、本書のもう一つの主題である「応用」と切り離せるものではない。政治的な課題を解決しようとするに際して、少なくとも民主的な社会では、人びとは根拠もなく一つの解決を強制されることはない。説得的な理由が示され、それを納得して受け入れるからこそ、政治課題は解決される。そして、納得できるかどうかは、その議論が単に個人の意見や感想を述べているのではなく、周囲の人にも理解可能な方法にもとづいて提示されているかどうかによって決まる。したがって、方法論の確立は、民主的な正統性確保の土台をなすのである。

著者は、政治哲学の方法論を、科学的アプローチに類似したものとして論じている（第一章）。政治哲学が価値を扱うからといって、それを単なる好き嫌いと同一視しなければならないわけではない。政治科学において経験的事実が基礎的データとなるように、政治哲学では規範的な価値判断が基礎的データとなる。それをもとに、一般的な原理や理論を導出し、客観的な知識を増加させることができる、とされるのである。

他方で、科学的アプローチとの類似を強調し過ぎることにも問題がある、と著者は指摘する。価値判断は事実と比べると暫定的なものであり、検証が進む中で変化するかもしれない。だが、それは必ずしも政治哲学の欠点にはならない。価値判断に変化の余地があるからこそ、政治哲学が批判的な機能を果たす余地も生まれる。「一般常識のなかに無自覚に潜む矛盾や非一貫性を暴き出し、それが実は修正されるべき単なる偏見にすぎないことを露わにする」（三五頁）ことが可能になるのである。

第二章から第三章では、こうした規範理論としての分析的政治哲学が、いかなる学問的系譜に位置づけられるか、現在における到達点はいかなるところにあるのか、が論じられる。著者によれば、規範研究を放棄した言語分析の時代から、規範への関心が復活したポスト言語分析の時代を経て、現代における分析的政治哲学はおおむね概念分析・道徳幾何学・反照的均衡からなる「方法論的ロールズ主義」の潮流に位置づけられる。ここで、政治哲学はイデアのような超越的想定に頼ることなく、人びとの日常的な判断を出発点にして、判断の解釈や体系化、修正をおこなう。そして、超越的な想定ができない以上、「価値判断の最終的権威は、イデアを直視し、あるいは歴史法則を熟知する哲学者ではなく、常識感覚をもった一般人のもとにある」（一〇二頁）。

以上、方法について論じた第一部を経て、応用に焦点を合わせた第二部では、規範的な価値判断についてどこまで現実を正義原理に組み込むべきかという理想理論・非理想理論の問題（第四章）、正義原理の実行可能性に関して、ロールズの基本的諸自由の中の優先順位付けをどのように考えるかという問題（第五章）、ロールズの議論の変化を題材に正しさと正統性、哲学的正当化と政治的正当化の関係をどのように考えるかという問題（第六章）が扱われる。この第二部において、応用政治哲学の役割に関する著者の主張は、非常に抑制的である。序章冒頭の「政治哲学は倫理学と同等かそれ以上に、現実世界に向き合い、そこに貢献することができるし、またすべきである」（七頁）という一文は本書全体の基調をなすものであるが、だからといって理想理論を過度に追求するのではなく、第一部での超越的な想定の否定と軌を一にして、非理想理論とのバランスと協働が重視される。また価値の優先順位付けにおいては、複数の原理・観点が利用可能であることに配慮すべきだと、さらに哲学的正当化については、それが政治哲学者の第一義的目標だとしてもそこから直接的に政治的正当化へ進むべきではないと論じられる。

厳密な方法論上の立論と、応用面での自制（民主的価値あるいはプロセスの擁護でもある）は、大胆なテーマを掲げる本書が、繊細な思考を積み重ねて誕生してきたことを示して余りある。その上で、ここでは第三部で扱われる教育政策の例に関し、評者が感じたことを少し記してみたい。「感じた」などと情緒的な言葉を用いるのは、注でも参照されている品川区の学校選択制についで、評者が部分的に当事者の立場にあったからである。

評者が区の学校選択制の問題に関わったのは、長期基本計画や基本構想の策定委員としてであり、直接教育制度としての是非を議論したわけではない。ただそうした包括的な計画の局面では、平等や格差といった論点よりも、地域活動や防災のためのコミュニティ拠点としての学校、という論点の方が顕著であった。もちろん、それと平等・格差といった論点とが常にかみ合わないわけではない。なんらかの功利主義的な統合も可能かもしれないし、また本書での著者の立場からすれば二つの論点は現実には整合的に解決できるようにも思える。だが、複数の論点が絡む選択では、説明や論証の難易度も上がる。問題は、その際に、市民との対話に臨む政治学者（社会貢献が重視される現在、そうした立場にある研究者も少なくないと思われる）に対して、科学的（なものに類似した）説明により最終的な解を提示して欲しいという民主的な要請も確かにあり、またそれに戸惑い右往左往する研究者も（評者も含めて）存在するだろう、という点である。

市民と同席する市民＝政治学者には、哲学的正当化を政治的正当化に直結させる誘惑と同時に、哲学的正当化と政治的正当化の区別によって政治的正当化から逃避したいという誘惑も存在する。しかもこれらの誘惑は、両方向へと誘う民主的な磁場の中で研究者を襲う。本書の精緻な議論は、両方向への誘惑に抗するために十分な盾となるであろうか。それは、本書に導かれながら、学会全体として考えなければならない問題でもあるだろう。

◆書評

「平等な者たちの社会」へ

●――伊藤恭彦

木部尚志『平等の政治理論――〈品位ある平等〉にむけて』（風行社、二〇一五年）

平等という概念に改めて社会的関心が高まっている。その背後には国内外での急速な格差の広がりがある。地球規模では巨万の富を所有している少数の人と貧困のために生死の境を彷徨う約一〇億人の格差が依然として存続している。日本国内でも生活保護受給世帯数は年々に上昇している。ピケティの『二一世紀の資本』がベストセラーになったのも、こうした問題があるからだと言える。しかしながら暴力的な作用をもつ格差に対して私たちは効果的な対抗理念を提示できていない。格差に対抗する理念の一つが「平等」であることは間違いないが、平等という価値は社会主義や共産主義とともに人気を失った。格差や差別に対抗する理念としての平等を私たちは、どのように再構築したらいいのだろうか。これは二一世紀の巨大な政治課題である。

この政治課題に応える豊かな思想的資源を現代政治哲学は蓄積してきた。ロールズ以降の政治哲学は多様なテーマを内包しながら展開してきたが、重要なテーマの一つが平等論であった。ドゥオーキン、セン、さらには分析派マルクス主義を巻き込んだ「何の平等か」論争、運の平等主義、優先主義と十分性説など、刺激的な論争が現在も続いている。本書はこうした政治哲学の議論を踏まえながらも、配分的正義や財の平等に集中しがちな平等をめぐる議論の修正を試みると同時に新たな問題提起を試みた意欲作だと言える。

本書の構成を確認しておこう。全体で八章構成であるが、序章から第二章までが、平等を論じる本書の基本視角を提示する部分だと理解できる。第三章以降は平等を、公共性、市民社会、シティズンシップ、承認といった、さまざまな社会領域や社会問題の中で論じ、著者の言う平等概念の「複雑な多面性」を各論的に提示している。最初から順番に読み進め著者の思想を一歩一歩理解していく読み方だけでなく、第三章以降が比較的独立性が高い章なので、関心をもったテーマが論じられている章から読み始めるという読み方もできる。

本書の意義を整理しておきたい。第一は平等という理念の多面性を説得的に提示したことである。我が国では平等と言えば全ての社会条件などを画一化する規範として、嫌われ嘲笑されてきた。著者によるとそのような「平等」は「単一的平等論」であり、平等が含んでいる豊かな可能性を台無しにするものである。著者はウォルツァーの「複合的平等論」を批判的に検討しながら、財の配分領域間の相互作用と遮断のみならず、その領域間の相互作用と接合を理論化することで、ウォルツァー以上に多元的で複合的な平等論の可能性が広がると主張する。単一的平等が支配的な状況に抗し、平等の豊かな可能性（著者の言葉では「ダイナミックな屈折と反射」）を拓いたと評価できる。平等について豊かな知的遺産を持ち合わせない、特に若い世代に読んで欲しい部分である。

第二の意義は、政治哲学の平等論が配分的平等、特に財の配分上の平等に過度の焦点を当ててきたことへの修正を提起した点にある。配分的平等論を含む従来の平等論は不平等を個人間の差異に還元する「個人主義的なアプローチ」であった。これに対して著者が注目するのは、シングルマザーやスラム地域に住む黒人家族の境遇についての実証研究から提起された平等についての「関係論的アプローチ」である。それは社会的ネットワークを重視する議論であり、社会行為を構造的決定に還元せず、同時に行為者を社会的ネットワークに置くことで、マクロ構造とミクロ構造を媒介しようとしている。「関係論的アプローチ」からはさらに重要な含意が導き出される。一つは前述のように規範的な議論と実証的な研究との架橋の可能性である。もう一つは「運」か「選択」かという単純化された二分法に陥りがちな「運の平等主義」の弱点を克服する可能性である。それは人間を社会関係から切り離された主体としてではなく、関係性に埋め込まれた主体と捉えることである。

第三の意義は平等な社会についての理念（著者の言葉では「道徳的世界像」）を提示したことである。平等な社会は従来、経済的な平等が実現されている社会やある社会条件の平等化が実現している社会と理解されがちであった。著者は平等な社会とは「平等な者たちの社会」であり、「平等な者たち」の関係は支配と隷従の関係もなく、他者から屈辱を受ける関係でもない。著者はこの関係を「品位」と呼ぶ。平等は人を屈辱的な仕方では扱わず品位を実現する。そして品位が実現していることが平和のための必要条件なのである。本書が追求してきた多面的で関係論的な平等は、品位ある社会という理念に結合し、その確立が平和の条件なのである。ここに至って、著者の平等論は私たちの規範的想像力やあるべき社会のイメージづくりを激しく駆り立てる。

本書を通して、私たちは古くさい平等観を脱ぎ捨て、新しい平等論の地平に立つことができる。もちろん、著者も期待しているはずだが、それは平等をめぐる新しい論争の始まりでもある。現在、世界では暴力的格差の拡大と地球規模の平和への脅威が続いている。この現実を念頭におけば本書の知見を具体的な制度やルールや政策にどう結びつけていくのかという実践的な課題も切実だ。いずれにせよ、格差や差別を問題だと考える人だけでなく、平等を食わず嫌いしてきた人、さらには平等を嘲笑してきた人に是非とも読んでいただきたい一冊である。

本書で提起された平等についての良質の議論が契機となり、平等論がさらに深化することは私たちを取り巻く危機的な状況を乗り越えることにつながるはずである。

◆書評

「働くことの意味」とよい社会

●――重田園江

田中拓道『よい社会の探求――労働・自己・相互性』(風行社、二〇一四年)

「働くことの意味って何ですか」「先生はなぜこの仕事を選んだんですか」。文系学部の三、四年生を相手に授業をするせいか、この種の質問をよく受ける。大学受験以来忘れていた「将来」「自活」をめぐる悩みが再来して慌てているのかもしれない。就活のエントリーシートを前に、そんなことを自問する彼らの多くは、結局はその問いをやりすごしたまま社会人となるのだろう。

一方で、この問いにきちんと答えられる大人がいるだろうか。私は自分の答えに納得できたことは一度もない。二十数年前、短い社会人生活の壁にぶつかって大人たちに聞いて回ったことを思い出す。働く意味について心底悩んでいたのだが、「そんなこと今さら言ってどうする」「立ち止まるのが遅い」「目の前の仕事に向かえば答えは見えてくる」といった思考停止発言をする大人は多かった。そんななか、自分がこれまで仕事をやってきてよかった瞬間、心から満たされた経験を語ってくれた人もいた。

それぞれの人が語る別箇の体験には、共通する点があった。いずれも、「人の役に立てた」「自分がいたことで相手が救われ、感謝された」「そのときその場で自分がいなければ形にならなかったプロジェクトをやり遂げられた」など、周囲に感謝され評価されたことを通じて、自分の存在意義、「唯一無二」であることを確認できたという体験だった。

『よい社会の探求』の序章で、田中氏は「本書では、働くこと、相互に助け合うことの意味を「よい社会とは何か」という大きな問いと結びつけて考察する」(一二頁)と記している。本書が問おうとしていることは、上に述べたような「働くことの意味づけ」に関わるものだろう。現代社会では、働くことの意味について人々が十分に納得してはじめて、相互に助け合うことの意味も明らかになる。そしてそれらは、「よい社会」なしには実現できない。

ではそこでいうよい社会とは、どのような条件を満たす社会なのか。本書はこれについて、古代以来の欧米圏におけるさまざまな思想家を取り上げて探求している。古代ギリシア哲学からポール・リクールに至る本書の幅広い検討対象について、ここですべてを取り上げることはできない。そこで、本書のねらいに関わる事柄で、いくつか気になった点だけを挙げる。

そもそも思想家たちは、どのようなよさを探求したのだろうか。もっといえば、必ずしも「よい社会」を探求していたとは限らないのではないか。たとえば古代ギリシアにおいて、よさは何より人の「善き生」と結びつき、自己が「善く生きる」ことこそ第一の関心事であった。また、中世世界では「救い」という来世におけるよさが絶対的な地位を占めていた。ルネサンス人文主義はこの世における生の善さを徳との関係で問う古代の言語を再生した。他方で、プロテスタンティズムはよさの追求を人間の業の一種に貶め、禁欲道徳から逆説的な私悪の肯定（マンデヴィルなど）を導く。スコットランド道徳思想（スミスなど）は私悪と公益の結びつきを神の摂理として認める一方、新しい価値基準としての適宜性を重視する。ここでのよさは、場と状況へのふさわしさや適合を意味するが、ヒュームと大げんかしたルソーは、彼らのよさを体現する「善良なデイヴィッドLe bon David」（ヒュームのこと）を絶対に認めなかった。社交における適宜性などくそくらえで、人は正しさを求めて選択し行為するときだけ自由なのだ。

現代に至ると、ロールズは善さの前に正しさがどうしても必要だと考えた。これはカントの根本思想に賛同する立場選択である。よさを嘲笑うポストモダンを参照する必要はないかもしれないが、「良心の疚しさ」が背後にもつどす黒い怨恨を描いたニーチェによる「よい」「わるい」の批判は、一瞥の価値があるだろう。

また、田中氏はハバーマスに高い評価を与え、「一九世紀のヘーゲル、マルクス、ヴェーバーなどと比肩することのできる現代で唯一の思想家」（一六六頁）だとしている。社会からでも自立的人格からでもなく、個人と社会の相互関係から理論を出発させて最も包括的な達成を行ったのがその理由である。そこでふと思ったのだが、思想家を評価する際、包括性や「総合性」は重要なのだろうか。さまざまな事柄についての説明能力の高さが理論に求められることはしばしばあるが、思想家の真髄を読者に示すために、はたしてそれは不可欠なのだろうか。

近代とはどのような時代か。激動するグローバル社会を一つの視点から理解できないか。こういった問いはもちろん重要だ。しかし、そこで理論の説明力の高さや包括性は、人が世界を見る際の視点の転換や世界を把握する力とエネルギーの充溢にとって、それほど役に立たないようにも思える。

思想家とは多かれ少なかれ、「病者の光学」をもって世界を照らした人々であろう。ヒュームの懐疑はセルフをばらばらにし、法則など習慣にすぎないと言い切った。ルソーは商業社会と社交を憎むあまり「誰からも愛されなかった男」を自称し隠棲した。ポランニーは自己調整的市場への疑念から、市場と貨幣と交易を別々に捉えるに至った。ヴェーバーはプロテスタンティズムの陰鬱な道徳に嫌気がさし、それを鉄の檻の元凶と見るようになった。デュルケームは原始宗教のすべてを社会的紐帯への信仰と捉え、あらゆる場所に社会が物化されているのを見出した。

彼らはみな極端で、多くのことをいわば度の強すぎる乱視眼鏡で見ていた。しかしそれは、物事を単純化するのとは対極にある姿勢だ。変転する社会の実情に迫りあるべき方向を示すには、この極端さと常識はずれが必要なのだ。本書で田中氏が、ヘーゲル、マルクス、ハバーマスの初期思想にひかれるのも、思想がもつ熱量と無関係ではないはずだ。本書のような広く読まれる体裁の本にこそ、偏向の誹りを受けても過剰な熱量を求めたい。

◆書評

betするべき擬制は何か?

●――河野有理

松田宏一郎『擬制の論理　自由の不安――近代日本政治思想論』（慶應義塾大学出版会、二〇一六年）

学会の懇親会などで当方の専攻を知ると、「私は日本のことには疎いもので」などといくらか誇らしげに言う「西洋」政治思想史家は、確かに実在する。そして、実際に「疎い」例が少なくないようにも思う（もちろん、正直は一つの徳であろうし、また、能ある鷹が爪を隠している場合もあろう）。

非難したいのではない。近代の日本政治思想史を専門にする研究者が同様に「私は西洋のことには疎いもので」を枕詞とすることが可能かを考えたいのである。まず、無理だろう。「西洋」の著作について実際に「読めて」いるのかどうか。読んでいるとして、それが最新の研究潮流を踏まえた業界的に適切な「読み方」になっているのかどうか（もちろん専門家からすれば怪しいこともままあるのであろう）、はここではさしあたり問題ではない。そのように言う事が、その話者の研究能力への疑いを直ちに惹起させかねないという意味において、まず不可能なのだ。

本邦の「近代」を画する「開国」の過程が、同時に、「西洋」の文物制度、それに伴う語彙や概念の大量移植の過程でもあったことが、もちろんその大きな理由である。明治以降の日本の政治思想家の多くは、古典的な、あるいはその時々の最新の「西洋」の思想家の著作を繙きながら、目前の政治について考え、他者に語りかけてきた。「西洋」なるものへの違和感や反発を隠さない論者においても、その反「西洋」の理屈は往々にして「西洋」産のそれが流用された。したがって、研究対象となる論者が「西洋」をいかに理解し、そこに何を見出してきたのかは、近代日本政治思想史における全てではないにしても、非常に基底的な問題系なのである。そして、本書はまさにこの問題系の中心に奥深く切り込んでいく。日本政治思想史という分野の現在の水準を代表する研究であると言ってよいであろう。

「西洋をいかに理解したか」という問題系については、ごく大雑把にいって、以下のような状況がこれまであったように思う。第一世代は、いわゆる欠如理論型であった。規範的な「西洋」像を前提として、それとの偏差において日本の思想家の「達成と限界」をしばしば特に後者に力点を置きつつ、叙述する態度である。こうした、時に「西洋政治思想史と日本政治史を比較した」とも評される世代の研究の欠陥は、今では見やすい。そこで前提となる「西洋」像はかなり一面的であるし、それを受容したとされる日本側の環境もある種のタブララサが想定されることが少なくなかった。第二世代は、いわば「読み替え」＝創造的「誤読」

型である。第一世代が浅薄皮相と見做した彼らの「西洋」理解が、実は受容側の多様かつ重層的な文脈に支えられていることを強調し、そうした複層を丹念により分け、共鳴する「伝統」を探索することで、事態をむしろ「眼光紙背に徹した」深い理解として、創造的「誤読」とでも呼ぶべきものとして描き直すのである。

本書が切り開く第三世代は、これに対し、いわば新欠如理論とでも呼ぶべきものであるように思う。「新」と銘打つのは、それが第一世代とは比較にならないほど多様で複層的な「西洋」理解を前提にしているためである。そして、第二世代を特徴づける、受容側についての繊細でニュアンスに富んだ理解は、保存されている。自由や権利、あるいはその担い手として想定される個人や団体や国家といった諸概念について、西洋と日本それぞれの思想伝統の複層性を丹念により分け、両者を厳密に突き合わせたうえで、その誤差を正確に記述しようとするのである。この立場から見ると、「読み替え」や創造的「誤読」論がそれなりに見事な達成を示しつつも、そこにはある種の「論点のすり替え」のきらいがあったことも見えてこよう。

なかでも本書が重視するのは、擬制fictionである。これは、自由や権利、団体や国家といった個々の概念そのものの理解の質というよりは、そうした諸概念の「共存象徴」としての扱い方、運用の仕方についての理解と習熟とに関わっている。そして、それがやはりある種の「欠如理論」と見えるのは、朱子学に代表されるような、規範的概念をリアルな実感や社会的実体、ある種の「人間の自然」に還元していこうとする思考の根強さに抗して、「かのように（als ob）」の哲学を理解する「論理的視力」をその論者が有したか、さらにはその帰結を引き受ける「覚悟」や「責任感」を有したかが、専ら問題にされるからである。この点、やはり福澤とそして丸山眞男の評価は高い。もっとも、急いで付け加えれば、単なる誤読や不覚悟はともかくも（中村正直や穂積八束）、敢えての「誤読」、つまりこうした「擬制」のいわば方法的峻拒（たとえば中江兆民）への評価は、決して低くはないようにも見える。この点をどう読むかは論点の一つであろう。

本書は、心ある日本政治思想史研究者の多くは、すでに読了済みのはずである。ぜひ、ここで扱われている「洋学者」たちのはるかな末裔であるところの西洋政治思想史研究者の方々にも、本書を読んでいただきたい。そのうえで、ベンサムやミルやモンテスキュー、ジンメルやヴェーバー、ケルゼン、シュミットといった人々についての理解の妥当性とともに、そもそも概念理解の質（「論理的視力」）の客観的評価は可能か。また共存象徴としての「擬制」の優劣はどのように判定可能なのか。それが「クールな装置」であるかどうか（おそらく「アジア」「東洋」は違うのであろう。しかし、「天」はどうか）はどのように決まるのかなどについてともに議論してみたい。法の支配や人権、寛容といった「擬制」が、ある種の原理的挑戦（無論、それは新しくないだろうが）にさらされているという事態の中で、近代日本の経験がどのような射程を有しているのか。政治思想史研究が、政治学研究に、さらには政治そのものへ貢献するための（もちろん唯一のではないにしても）一つの可能性で、それはあるように思う。

◆書評

徂徠以後をいかに見通すか

●——中田喜万

高山大毅『近世日本の「礼楽」と「修辞」——荻生徂徠以後の「接人」の制度構想』(東京大学出版会、二〇一六年)

荻生徂徠以後の徂徠学の展開をいかに見通すべきか。本書は、この近世日本思想史の最重要課題に取り組んだ本格的研究である。従来の「文人派」とか「経世派」といった整理で済まないことは誰しも気づいていたものの、それに替えていかにこの学派の顚末を叙述すべきか、そのすべを知らなかった。本書はこのことに真正面から説明を与えてくれる。

二〇一三年東京大学人文社会系研究科に提出された博士論文による(ただし一部に既発表論文を組み込んでいるようである)。すでに非常に高い評価を得ており、東京大学南原繁記念出版賞、サントリー学芸賞を受賞。またいくつか学術誌上で書評にとりあげられつつある。日本思想史学会『日本思想史学』四八号(片岡龍)、国際基督教大学『アジア文化研究』四三号(濱野靖一郎)など。本書の詳しい紹介はそちらに委ね、ここでは評者からみた特徴にしぼって論じることにする。

まず指摘すべきことは、正確な漢文読解能力と中国古典や日本文学史の該博な知識に裏打ちされた、研究の完成度の高さである。率直にいって、具体的な礼楽が説かれたややこしい文章を読みこなすのは難しい。漢詩を読み解くのも経書解釈と異なる能力が求められる。まして古文辞学である。過剰な古典の引照とうがった解釈を誇る彼らにつきあうのは相当に骨の折れる作業であろう。しかし著者はそれをむしろ楽しんでいるようにみえる。自在に史料に言及しながら内在的に理解し、読める人間だけに拓けてくる世界を惜しみなく開示してくれる。評者も本書から多くのことを学ぶ者の一人である。

本書の論旨は、実はそのテキストの読みにくさに関連する。著者によると、徂徠学の「礼楽」と「修辞」とは同一平面上で理解される。まわりくどい「礼楽」にそって行動すること、あえて「直言」せず婉曲表現を介することが、ともに無用の衝突を避け、美しい人間関係を構築する要諦になるというわけである。徂徠が重視した、他者との交わり方という問題領域について、本書では徂徠自身の語(先に仁斎が使用。典故は『礼記』)から拾って、「接人」(人にまじはる)の領域と呼ぶ。他人を言葉で説得することには懐疑的であった。この問題の系譜が、国学者の真淵、宣長を経て富士谷御杖まで続くとする(第八章)。

本書の真骨頂は、思想史上の有名人よりもむしろ周辺・末端の学者をとりあげることで、徂徠学派の輪郭をくっきり描き出したことであろう。大名松平頼寛(徂徠に学び『論語徴集覧』を刊行）に若いころ仕え、投壺を復興させようとした、田中江南という人物の著作と事績をたどる（第三章、第六章。カバー図柄も投壺）。徂徠学の「礼楽」は、一面で、閑居して不善をなさぬように与えられた娯楽、消閑の具であった。「古礼」たる投壺で、当時の江戸の悪しき遊興（芝居や三味線）に取って代わろうと江南はもくろむ。しかしながら芸者向けの投壺の方式を考案する（一二七頁）など、結局もの珍しいお座敷遊びの一種で終わったようである。やがて江南は転身を図って江戸を離れ、伊勢内宮の林崎文庫の再興に助言したり、水戸家中に徂徠学を紹介したりした。政治に活路を見出せない徂徠学派末流は、遊芸の社交空間の中に適応していくか、学派の外側の思潮に応用させていくしかなかった。

評者は、儒学の制度構想として、特に「学校」論に関心を有する。その立場からすると、田中江南も、もう一人紹介される水足博泉（第二章）も、「学校」を通じた社会改良を提唱していて（しかも実現の見込がないことがこの学派らしく）、興味深い。

実証の度合も著しく高められた。徂徠学から後期水戸学の会沢正志斎への影響はかつて指摘されたことだが、本書では、木村蒹葭堂のところで書写された『徂徠漫筆』が水戸にもたらされて、『新論』執筆の参考にされたことが論じられる（第四章）。

最後に疑問点を挙げておく。

冒頭で仁斎の率直と徂徠の婉曲が対比されるが、はたして妥当か。実直な仁斎も、相手に応じて「韜晦含蔵」する場面があるのではなかろうか（拙稿「伊藤仁斎の「義」と「命」」本誌第七号参照）。もし徂徠の婉曲が仁斎の延長上にあるならば、仁斎を承けた「接人」も、より内容の豊かな概念になるのではなかろうか。率直に言って、折角注目された「接人」が、分析用の概念としてはともあれ、史料上はあまり活きていないようにみえる。

本書の議論の射程は長い。終章では近代の「国体」にまでふれられる。その一方で、徂徠学派の重要人物が脇役のようにしか登場しない。緻密に論証された各章の間に、語られなかったことも多い。それでも本書は明確な問題設定に貫かれ、全体としてしっかり構成されたようにみえる。なぜか。一つには、直接あれこれ論ぜずとも、関連する思想文脈への著者の深い理解が行間からうかがわれるからだろう。紙幅さえあれば存分に補足してくれそうである。しかしもう一つには、本書の議論枠組が既成のものに依拠して、意外に古いからではないか。本書は、儒学の日本化（日本社会に適合するような思想変容）の問題設定を、留保を付けつつも、「職分」論等を通して踏襲する。東アジア儒学史を一体として扱うことには消極的である。読者の側も、徂徠の学問が遊芸に近い社交の世界で営まれたことを知っているから、美しい人間関係の設計が大事だったといわれれば、なるほど腑に落ちる。納得しやすいからこそ、それでは（読者も）江戸思想という閉止域に安住することになりはしまいか。何しろ中国趣味の人たちのことである。例えば終章で性霊派の詩風の流行（三六〇頁）への言及があるが、徂徠学派自身の陳腐化だけでなく、同時代の清朝からの新たな文芸理論の影響を考慮しないでは済まないだろう。

もっとも、鋭敏な著者はとうに今後の課題を見定めていることだろう。次の仕事も楽しみである。

二〇一六年度学会研究会報告

◇二〇一六年度研究会企画について

企画委員長　宇野重規（東京大学）

二〇一六年度政治思想学会研究会（第二三回）は、五月二八日および二九日に、名古屋大学において行われた。統一テーマは「政治思想研究における「方法」」であり、三つの企画シンポジウムと三つの自由論題分科会が開催された。政治思想研究における「方法」について、政治思想研究内部における多様なアプローチはもちろん、政治学一般や隣接諸学も射程に入れる形で再検討することがその目的である。自由論題についても、九つの報告に対して活発な議論が交わされた。

政治思想研究に固有の「方法」はあるのだろうか。もちろん、「方法」をそれだけで論じることは必ずしも生産的ではないかもしれない。必要なのは思想家やその言説を読み込み、その世界に深く沈潜することであり、あらかじめ「方法」を論じることはあたかも「畳の上の水練」に似ているという批判もあり得よう。

しかしながら、今日、政治思想研究において、方法論が強く自覚されていることも事実である。その原点には、ソシュール以来の「言語論的転回（linguistic turn）」がある。関連して、ディルタイからガダマーへと至る現代解釈学の発展、シュトラウスとその学派、そして何よりロールズ『正義論』によって活発化した現代政治哲学の展開を指摘することができる。スキナーによるテクストとコンテクストをめぐる方法論的検討や、分析哲学と記号論、あるいは構造主義をめぐる諸議論を含めれば、その射程はますます広がりを見せるだろう。

これらの議論の発展は、けっして同じ方向を目指すものではない。一言に「言語」といった場合も、そこで念頭に置かれる理論的視座は様々である。気がついてみれば、政治思想研究の方法論は多様化し、異なる理論的バックグラウンドを持つ研究者間の相互理解も難しくなりつつある。

政治学一般や隣接諸学との関係を考えても、方法論的考察の重要性は高まっている。かつて政治思想研究が、政治学研究のいわば「原論」的な役割をはたしていた時代があったとすれば、現在では、政治学の方法論における数理や計量、実験的手法が発展し、政治学一般と政治思想研究との関係は自明でなくなっている。今後の政治思想研究の方向性を予言することは難しいが、より高度な方法論的自覚が求められることは間違いない。

逆に法学や経済学、社会学や歴史学などの隣接諸学において、政治思想研究とオーバーラップする問題関心を見出すことは難しくない。ほぼ同様の対象を研究しているにもかかわらず、表面的なディシプリンの違いから相互の交流が妨げられることがあるとすれば、そのような障壁は何としても除去されなければならないだろう。

今年度の企画シンポジウムは、以上の問題関心を反映して設定された。シンポジウムⅠは「政治思想研究における方法」と題して、政治思想研究内部における多様な方法論的潮流を再検討するものである。いかなる潮流を取り上げるかについては議論があり、今回のシンポジウムの形式がけっして網羅的であるというわけではない。しかしながら、比較的若い世代の研究者からハイデガーとシュトラウスをめぐる意欲的な報告がなされ、方法論的考察を深めてきた学会のベテラン世代や、日本を含めた東アジア世界を視野に入れた研究者がこれに応えるという形式をとったのは意味のあることではなかったかと思われる。

シンポジウムⅡは「政治学と政治思想」は、政治学一般と政治思想研究との関係に焦点を置くものである。この問題を考える上で、一つの焦点となるのは丸山眞男であろう。マルクス主義との対抗において、ボルケナウやマンハイムの方法論から学んだ丸山は、同時に早くから「政治学の科学化」を主張し、アメリカ政治学の導入に積極的な研究者であった。その丸山が後年、「政治学の科学化」をめぐる論争において、乗り越えられるべきターゲットとなったのは皮肉な事態であった。他方、ロールズ以降の現代政治哲学の展開を受けて、政治思想研究においても、規範研究と実証研究をいかに架橋するかが重要な理論的意義を持つようになっている。丸山の影響下に政治思想研究と政治学研究を展開した松下圭一の再検討を含め、極めてクリティカルなテーマを取り上げることができたのではなかろうか。

シンポジウムⅢでは「政治思想研究と隣接諸学」と題して、経済学、法学、歴史学の先端的な研究を行いつつ、「多数決」、「共同体」、「明治地方自治体制」を検討する研究者を学会外からお招きし、政治思想研究者が討論に加わる形式をとった。「多数決」の問題の背景にはルソーやコンドルセの思想があり、「共同体」や「公共性」の問題はまさに政治思想研究の主要テーマである。さらに「明治地方自治体制」は丸山以来、日本政治思想研究における重要テーマである。他分野の研究者との交流が活発化することは、政治思想研究において蓄積されてきた知見に新たな光を投げかけるという意味でも有意義であった。

自由論題については多様なテーマについての応募があったが、慎重な審査の上、九つの報告を決定した。大きく分けて近代政治思想、現代政治思想、隣接分野を含めた現代的展開の三つの分科会を構成した。大雑把なくくりではあるが、報告諸テーマに関連性も見られ、それぞれに興味深い分科会になったと思う。

最後になったが、企画委員を代表して、高度な報告を準備して下さった報告者、討論者、司会者、積極的に議論に加わって下さった会員の皆様、会場を準備して下さり、充実した議論をサポートして下さった名古屋大学のスタッフの皆様に感謝したい。

【シンポジウムⅠ】

政治思想研究における方法

司会　宇野重規（東京大学）

シンポジウムⅠでは、「政治思想研究における方法」と題して、政治思想研究の内部における多様な方法論的考察を取り上げて検討した。加藤哲理会員（名古屋大学）による「精神史から存在論へ――ハイデガーの思索の道から」と、近藤和貴会員（拓殖大学）による「レオ・シュトラウスとプラトン解釈の方法」の報告に続き、半澤孝麿会員（東京都立大学名誉教授）と苅部直会員（東京大学）からコメントがなされた。これらを中心に、当日の議論を簡単に振り返りたい。

加藤会員による報告は、最初期から『存在と時間』公刊までの前期ハイデガーの思想を対象として、精神史から存在論へと至るハイデガーの方法論的考察を検討するものである。ハイデガーは、ディルタイの精神科学に対して一定の評価をしつつも、生や歴史をあくまで科学的探究の対象とする精神史の乗り越えをはかり、その人自身によって生きられる、客体化されない生の理論的把捉を試みた。そのようなハイデガーにとって、テクスト解釈とは過去を理解しつつ、その可能性を自らのものとして体得することであった。そこで示されたのは、テクスト解釈の技術論ではなく、現存在が自身に至るための存在論的探究の「道」であった。このようにハイデガーを捉える加藤会員は、その視座からさらに歴史学としての政治思想史、「哲学」としての政治思想史、英米的な分析哲学、規範理論に対する評価を試みる。それはハイデガーの視座に立って、政治思想史研究の現代的可能性を模索するものであると評価できよう。

続く近藤会員の報告は、シュトラウスの方法論的考察を、彼のプラトン解釈を通じて明らかにしようとするものである。シュトラウスの最後の作品である*Studies in Platonic Political Philosophy*は政治思想史をプラトン主義の観点から捉えるものであり、シュトラウスの哲学と社会の関係をめぐるテーゼのルーツを示している。このようなプラトン論はバーニェットら古典学の立場からの厳しい批判を招いたが、近藤会員はむしろ彼らが掘り下げなかった観点から、シュトラウスのプラトン論の特徴を探ろうとする。ポイントとなるのは、シュトラウスがギリシア古典に適用する読みのパターンが中世的、とりわけイスラーム的であることである。シュトラウスにとって、ファーラービーこそが基準とされるべきであり、それはファーラービーが「哲学が破壊された後」で哲学の再生を試みたことに基づいている。近藤会員はシュトラウスの解釈の正確さと同時に彼とファーラービー自身の異同を検討した上で、バーニェットのシュトラウス像とは異なる理解への道を「新たな出発点」として提示している。

二つの報告に対して、半澤会員はまず、ケンブリッジ学派を中心とする方法論をめぐる自らの学問的回顧に言及した上で、ハイデガーとシュトラウスがむしろその「鬼門」であったと指摘する。その理由として、半澤会員は彼らがギリシアを出発点にヨーロッパ思想史を捉えたことで、実際には負っているはずの中世カトリックの思想に対する評価を曖昧にしてしまったことをあげる。例えばハイデガーのSeinをめぐる議論を、トマス・アクィナスのそれと比べてみると何が浮かび上がるか。半澤会員は、ハイデガーのSeinとは、父なる神から具体性、人格性、彼岸を除いたものではないかという興味深い仮説を提示する。シュトラウスについても、ユダヤ教との関わりと関連して、此岸的性格が強いことが注目される。シュトラウスの自然法論における認識問題、最善のレジームを探究する彼の政治哲学とキリスト教の関連性など、重要な問題提起がなされた。

続いて苅部会員は近藤報告に対して、思想理解における翻訳の問題を指摘する。荻生徂徠は漢詩文をあくまで中国語で理解しようとしたが、母語でない言語で執筆されている古典の意味を真に理解するにあたって、翻訳は否定されるべきなのだろうか。それとも、シュトラウスがマイモニデスやファーラービーら中世哲学者を高く評価し、アラビア語を通じたギリシア古典理解を否定しなかったように、翻訳は必ずしも障害ではないのか。また報告中にあった、「プラトンの『国家』をシェイクスピア的なドラマとして見る」とはどういうことか、その思想的特色についてもさらなる説明が求められた。加藤報告に対しては、研究者が自らの存在を捉えるにあたって、単なる主観主義を超えて、過去のテクストという基準を示すにあたって、何をもって「深まった」と考えるか、その基準について問いかけがなされた。さらに解釈者の共同体について、「学校」で教えられることは何かについても追加的説明が求められた。

討論者からの問題提起に対し、加藤会員は、ハイデガーによるSeinの概念をめぐる「骨抜き」を肯定した上で、それがまさにハイデガーの意図したものであることを強調した。ある規範の根源に関して、語りすぎることで見失われる対話の可能性について自覚的であったハイデガーは、学問的に語ることのできないものを、あえて問いを立てずに思考する可能性を模索したと言える。そこで示されたのは、現存在の忘却を遡るための系譜学であった。

近藤会員は、シュトラウスの政治的、攻撃的な性格を認めた上で、それがユダヤ教の持つ、置かれた状況におけるコミュニティの存亡に関する伝統的に政治的な関心に基づくものであることを確認する。同時に、最善のレジームを探究するシュトラウスの模索が、ユダヤ教徒としてのものというより、あくまで哲学者のものであることを強調し、シュトラウスとユダヤ教の間に一定の距離を強調した。さらに過去のテクストを分析的というよりドラマとして読むことの意義を認めた上で、テクストを介して研究者が自らの現存在を探究することの意味を再確認した。

しばしば難解とされるハイデガーやシュトラウスの思考における方法論的な志を確認し、政治思想研究に対する今日的意義を検討するという意味で、有意義な対話が展開されたと言えるだろう。

【シンポジウムⅡ】

政治学と政治思想

司会　田村哲樹（名古屋大学）

本シンポジウムの報告は、渡部純（明治学院大学）「丸山眞男は役に立つのか――〈3・11〉を素材として」、趙星銀（東京大学（現・明治学院大学））「松下圭一における『政治学』と『政治思想』」、そして松元雅和（関西大学）「規範研究における実証研究の役立て方――反照的均衡を中心に」の三つであった。なお、討論者は、河野有理会員（首都大学東京）である。

本シンポジウムの目的は、政治思想研究を広く政治学の中に位置づけることで、その特徴を考え直してみることであった。そのために、渡部会員には、政治学の立場から政治思想研究を論じていただき、趙会員には、政治思想史研究の立場から、政治学と政治思想の両方の性格を持つ松下圭一を取り上げていただき、松元会員には、現代政治哲学研究の立場から、政治学との接点を探っていただくことにした。

渡部会員の報告は、政治思想史的研究成果を基に展開された、丸山眞男の「無責任の体系」論を、政策決定過程分析のための「モデル」として最近の事例の分析に応用することを通じて、経験的な同時代政治分析にとっての政治思想研究の意義を探ろうとするものであった。一九八〇年代以降の同時代的日本政治研究は、多元主義モデルに依拠して、それ以前の研究とは異なり、日本の政策過程も国民の声を反映していると論じてきた。しかし、二〇一一年三月一一日の東日本大震災以後、国民の声が政策決定過程内部に及んでいないとの認識が高まり、このことが大規模な政治的示威行動をもたらした。そこで「無責任の体系」論が注目される。「無責任の体系」論は、政治学における政策決定過程の分析モデルであるインクリメンタリズムと同型の議論であると、まずは理解できる。しかし、渡部は、「無責任の体系」論には、インクリメンタリズム論に還元できない意義が存在すると主張する。それは、この論が政治における「支配」という問題に（再び）焦点を当てることに寄与する可能性である。このことが、〈3・11〉において、事故現場で献身的に働いた電力会社社員の行動に「無限責任」の発露を読み取ることを通じて、論じられる。

続く、趙会員の報告は、松下圭一の議論を、冷戦構造の変容に伴い「政治」と「政治思想」との分極現象が台頭した時代状況の中で、読み解こうとするものであった。松下は、このような時代状況を最も鮮明に体現した――その意味で「時代思想の総合者」としての――政治学者であった。松下は、ジョン・ロック研究を通じて、政治学の「技術の科学」としての側面を重視するようになる。この立場から、松下は当時の革新勢力・知識人における技術的思考、合理化への志向性の欠如を厳しく批判した。一九七〇年代以降の松下は、「政治とは何か」という巨大な問いに取り組むようになる。しかし、松下にとっての政治とは、それ自体が目的なのではなく、あくまでも「個人自由」を実現するための「制度的保障」に関する「技術」であった。政治学には未来構想の次元が必要であり、そのため「ポリティカル・サイエンス」のみでは足りないと論じる場合でも、松下は、政治における政策形成が党派性を帯びたものであることを指摘しつつ、やはりそれを政治「技術」として捉えようとする。このような松下の政治学は、価値信念（党派性）を、目的合理性による合理化という契機によって、政治学へと媒介しようとするものであった。その意味で、彼の政治学は、ある種の「政治ぎらい」の政治思想によって支えられていた。

最後に、松元会員は、現代政治哲学において規範研究を行う際に、政治学をはじめとする実証研究の知見をどのように役立てることができるか、という問題に取り組んだ。その際、松元は、現代政治哲学において標準的となっている「反照的均衡」の方法に着目し、その各段階で実証研究をどのように役立て得るかを検討する。反照的均衡は、①価値に関する素朴な判断や確信の「特定」、②その価値判断から一般的な正義原理を抽出する「定式化」、③定式化された正義原理から個別の価値判断を導く「正当化」、という三つの段階に分けられる。実証研究の知見は、少なくとも「特定」と「正当化」の段階で、規範研究の役に立つ。第一に、「特定」においては、人々の素朴な価値判断を「基礎的データ」の次元に高めるためには、社会調査や実験の手法、あるいは判断ではなく行動に注目する規範的行動論への依拠が有用である。第二に、「正当化」については、リベラルな多文化主義とグローバル正義論を事例にして、現代政治哲学の多くの議論が、実際には実証研究の知見に左右されるような論証を行っていること――それゆえに規範研究にとっても実証研究が大切であること――が明らかにされる。また、ロールズ自身の「広い反照的均衡」においても、やはり実証的知見が一定の役割を果たすとされる。こうして、政治思想研究における経験的政治学・社会科学の重要性を論じつつ、最後に松元会員は、実証研究における規範研究の有用性についても示唆している。

討論者の河野有理会員からは、個別の興味深いコメント・質問とともに、「結局、政治思想研究は、歴史研究なのか？　それとも哲学研究なのか？」という問いが発せられた。この問いは、本シンポジウムが「政治思想と政治学」とのタイトルの下に、政治思想研究を、「歴史と哲学」よりも、「哲学と科学」の協働という文脈に位置づけようとしているのではないか、という問題提起でもあったと、筆者には思われる。また、フロアからは政治思想研究に固有なものとは何かに関する質問・コメントもあった。全体として、本シンポジウムでは、政治思想研究のアイデンティティをめぐる議論が交わされ、その意味で有意義であったと思われる。

【シンポジウムⅢ】

政治思想研究と隣接諸学

司会　野口雅弘（立命館大学）

「政治思想研究における『方法』」というテーマのもとで行われた今回の研究大会の最後は、シンポジウムⅢ「政治思想研究と隣接諸学」だった。経済学から坂井豊貴氏（慶應義塾大学）、法哲学から谷口功一氏（首都大学東京）、歴史学から松沢裕作氏（慶應義塾大学）を招いて報告していただいた。

政治思想学研究で「方法」といえば、シンポジウムⅠで論じられたようなガダマー、シュトラウス、スキナーなどを思い浮かべる方が多いのではないか。またシンポジウムⅡで扱われた経験的な政治科学と政治思想研究との関係も、もちろん重要である。ただ今回の研究大会企画では、こうした点にとどまらず、隣接諸領域との比較を通じて、より広い土俵で政治思想研究の「方法」を考察してみることにした。これがシンポジウムⅢだった。

非会員の三人で一セッションをつくることには、会員のあいだにもさまざまな意見がありうると思う。しかし当日は、多くの質問が出され、活発な議論が行われた。限られた字数でそのすべてを紹介することはもちろんできないが、とくに「方法」に関する点を中心にして、三つの報告についてメモを残しておきたい。

最初の報告は坂井氏の「経済学の視点から多数決を考える」だった。フランス革命前の時代、ボルダとコンドルセから始まる社会的選択理論 Social Choice Theory の歴史が紹介され、そのうえで多数決をめぐる諸論点が検討された。主として論じられたのは、①そもそも投票で決めてよい問題について、②三択以上の場合の「票の割れ」について（たとえば二〇〇〇年のアメリカ大統領選挙におけるブッシュの当選をどのように考えるか）、③三択の多数決の正当性について、であった。とりわけ②に関して、多数決の代替案としてボルダルールの解説がなされた。本屋大賞の選出方式などは、このルールから来ているという。

討論の内容は多岐にわたったが、私にとって印象深かったのは、坂井氏が「コンドルセの真意がわかることによって、社会的選択理論の見えかたがずいぶん変わった」と発言したことだった。従来、政治思想史の研究は、トクヴィルやウェーバーといった特定の「人」（思想家）ベースで行なわれることが多かった。しかしこうした研究のあり方に対しては、今日、「理論」志向の研究者から批判が出されることが多い。坂井氏は経済学者なので、当然「人」より「理論」を優先するだろうと思って聞いていたが、こうした予想に反して彼は、討論者の山岡龍一会員からの質問に対して、「込められた魂を知覚すると、仏像の見えかたが変わる。私の場合はコンドルセを通じて、社会的選択理論の見えかたがずいぶん変わった」という「信仰告白 confession」で答えた。

つぎに谷口氏が「法哲学の視点から共同体を考える」をテーマとして報告した。まず「共同体」と「公共性」を対置し、両者の差異が確認された。そのなかで後者（公共性）における「法的なるものによる切断」への志向性とその限界が指摘された。そしてニュータウン、集合住宅、郊外といったコミュニティの具体的なあり方としての「トポス」の重要性が論じられた。群馬県太田市でのフィールドワークなどを踏まえたうえでの報告であった。

「法的なるものによる切断」をいうときにはもちろん法学者と政治学者の差異が浮き出る。しかし今回の報告のように「トポス」に重心をかけていくとその段差は低くなる。ここではむしろ政治思想研究と法哲学の重なり合いが前景に出てくる結果となった。

最後は、松沢氏の「統治の思想と実務——明治地方自治体制の研究」。松沢報告は、政治思想のある研究者が座談会で述べた一節「鳥の視点から時代を俯瞰する」を引用することで始められた。歴史家である報告者が「虫の視点」と「鳥の視点」の双方から明治期の村落社会・地方制度の研究を進めているとすれば、政治思想の研究者は後者への偏重が強いというのである。この対比に関して、「家族国家」を主題とした石田雄氏の『明治政治思想史研究』に対する大石嘉一郎による批判が紹介された。

討論のなかでは、明治期の地方自治制度についての質問などが出された。「方法」に関連してひとこと述べるならば、松沢氏の研究における俯瞰する「鳥の視点」は、「虫の視点」と切り離して抽象的に検討しても、政治思想の研究者にとって興味深い内容を含んでいる。また歴史的コンテクストの重要性は、もちろん歴史家だけではなく、とりわけスキナーやポーコック以後の政治思想の研究者によっても強く意識されている。このように考えると、ここでも、歴史学と政治思想研究の際立った差異を見いだすことは難しいのではないかという印象をもった。

山岡会員がコメントのなかで指摘したように、今回の政治思想学会の企画の背景には、「政治思想研究は、学問としての制度化（つまり、研究に使用される理論や語彙、研究調査の方法、研究の評価法等々の標準化）があまり進んでいないのではないかという疑義」にどのように応答すべきか、という関心があった。しかし、このセッションの議論では、なんらかの「方法」を明確化することで隣接諸領域から自らを差異化するという方向には話は展開しなかった。その評価は各会員にゆだねたい。

司会という役回りのため、つねに時間のマネージメントに追われたが、三人のご報告はどれも刺激的で、とても勉強になった。手弁当で報告に駆けつけてくださった三人の報告者と、議論にご参加いただいたすべての皆さまに、この場をお借りしてあらためて心から御礼を申し上げたい。

〔自由論題　分科会A〕

司会　小田川大典（岡山大学）

本分科会では、大澤麦会員（首都大学東京）「共和国のモーメント：O・クロムウェル護国卿体制下の共和派《コモンウェルス＝メン》の理念」、有吉弘樹会員（京都大学大学院）「カント政治思想における「実践的判断力」の意義：予備的考察」、村田陽会員（同志社大学大学院）「J・S・ミルのリベラリズムに関する一考察：J・ロールズの視点を通して」という三つの報告が行なわれた。

大澤報告は、①一七世紀「ピューリタン革命の後半期」においてクロムウェル護国卿体制を暴政だと批判した共和派の議論にはレヴェラーズの契約論と古典的共和主義という「二つの共和主義」が混在していたということ、②共和派の主張そのものが彼らの批判の対象であった護国卿体制の構造と原理に大きく依存するものであったということ、そして③共和派の「大義」を相対的によく実現していたのは、彼らが擁護した一六四九年成立の「自由な国家」ではなく、皮肉にも護国卿体制の方であったということを示す試みであった。

質疑応答では、護国卿体制と共和派の対立という歴史的文脈による制約を認めた上で、一七世紀の共和主義に混在していた様々な潮流（例えばピューリタニズムと古典的共和主義）の論理的関係がどのような帰結をもたらしたかという問題が議論された。

有吉報告は、カント政治思想についての①「道徳法則」に基づく「真の政治」を重視する『法論』中心の「静態的」解釈と、②「反省的判断力」をアリストテレス的な「フロネーシス」との類比で捉える『判断力批判』中心の「動態的」解釈の意義と問題点を批判的に比較検討し、テクストに即しつつ、カントの「政治」を「実践的判断力＝常識」によるものと解釈する第三の説を提示し、カントにおける「反省的判断力」や人間の複数性・社交性の位置づけを明らかにする可能性を示唆する試みであった。

質疑応答では、カントの「政治」をテクストに即して理解するならば、結局は①説になり、判断力が関与する余地はなく、アーレント等の②の立場からの批判に応答できないのではないかという問題と、カントの歴史哲学との関係という問題が議論された。

村田報告は、ロールズが『道徳哲学史講義』や『政治哲学史講義』において自らの「公正としての正義」ときわめて近い立場として再構成したミルのリベラリズムの内実を精査し、ミルの立場が、「人格の陶冶や人間の完成可能性」といった「善き生と価値の本質についての教説」を含んでいる点において、ロールズの「政治的リベラリズム」とは一線を画する「卓越主義」的な「包括的リベラリズム」であることを示す試みであった。

質疑応答では、主に、ロールズが二つの講義録でミルのリベラリズムを位置付ける際に依拠した「幸福のリベラリズム／自由のリベラリズム」という区別と、『政治的リベラリズム』で示された「政治的リベラリズム／包括的リベラリズム」という区別の関係について議論がなされた。

いずれの報告も、テクスト・コンテクストに即した政治思想の歴史的な解釈の可能性を示唆する充実した報告であった。

〔自由論題　分科会B〕

司会　木部尚志（国際基督教大学）

本分科会では、杉本竜也会員（日本大学）「政治哲学における「愛」に関する試論」、水谷仁会員（名古屋大学）「マックス・ヴェーバーの責任倫理――ヴェーバー自身の価値から」、谷本純一会員（福岡教育大学）「代表制政治システムにおける例外状態の内包性と必然性――アントニオ・グラムシの議会主義論との関連から」の三つの報告が行われた。

杉本報告の主眼は、近代政治思想の問題を克服する手がかりを「愛」の概念に求めることにある。報告によれば、近代政治思想の問題の核は社会契約説にあり、この問題は「障害等の脆弱性を抱えた人たちを政治主体から排除する性向」として同定される。報告は、脆弱性と依存をめぐるM・ヌスバウム、R・グディン、E・F・キティらの議論を考察したのち、「様々な障碍を抱えた人々が、政治社会の主体としての立場を確立するために必要な概念」としての脆弱性を実現する規範が「愛」であることを示すために、愛の三類型（エロス、アガペー、フィリア）の分析を通じてフィリアの意義を指摘し、愛の具体的な実践が「ケア」であると結論づける。この報告に関しては、議論の焦点の在処、アリストテレスのフィリア概念の理解の妥当性などについての問いが提起された。

水谷報告は、「ヴェーバー自身の価値」に焦点を当てて、ウェーバー政治思想を解明することを目的とする。報告は、弟アルフレートに宛てた二〇歳の時の書簡から「共同体を志向することによる主体性の形成」という価値を析出して、この価値がのちのウェーバーの人生行路の諸段階を通じて一貫していること、また第一次世界大戦時の政治評論において「共同体のイメージ」が国民国家、政治共同体、運命共同体の三つから構成されることを論じる。報告は、こうした人間観と共同体観が、『職業としての政治』において、責任倫理を共同体にたいする責任として引き受ける人間という形で政治思想として結実したと結論する。質疑応答では、「ヴェーバーの価値」というアプローチ、ウェーバーのナショナリズム論、分析資料の扱い方などについて活発な議論が展開された。

谷本報告の主たる目的は、グラムシの議会主義論を用いて、緊急事態や戒厳令といった例外状態を生み出す要因が、代表制そのものに内在することを論じる点にある。報告は、シュミット、ウォルドロン、シュンペーター、ウェーバーらの議会政治論を概観したのち、グラムシの議論に目を向ける。報告は、グラムシの「黒い議会主義」論に着目して、「個人的な資本主義的利益のための利益と経済的イニシアティヴ」が支配する議会政治の問題を指摘したのち、「国家と経済的利益とを媒介し、経済的利益が国家に直結することなく、国家的・国民的方針に錬成させる」ことを議会の重要な機能として位置づける。かくして報告は、議会がこの機能を果たさなくなる事態こそが、例外状態を生み出す要因であるとの結論を導く。報告にたいしては、グラムシの議会主義論、例外状態という視角の妥当性に関する問いが提起された。

〔自由論題　分科会C〕

司会　辻　康夫（北海道大学）

本分科会では、北村浩会員（政治経済研究所）による「ソーシャルワークにおける人格概念、主体をめぐる諸問題」、松尾隆佑会員（法政大学大学院）による「企業経営における政治的なもの——経済権力の民主化へ向けた予備的考察」、犬飼渉会員（東京大学大学院）による「現代の分配的正義論における見解の不一致と収束について」の三つの報告が行われた。

北村報告はソーシャルワークにおける人格概念に焦点をあて、現場の実践に照らしつつ、一方においてエンパワーメントをめざすとともに、他方でパターナリズムを回避するという課題に内在するジレンマを分析する。すなわち依存状態にある他者、自らの意志を語りえない他者を、自立に向けて支援するソーシャルワークの営為のうちには、パターナリズムが容易に入り込む構造が存在する。さらに近年において、自己決定、自己責任を強調する言説がつよまることで、問題が複雑化していることが指摘される。質疑応答においては、行政の権力機構の末端に存在しつつ、ときに当事者を代弁するというソーシャル・ワーカーの特殊な位置や、異なる文化・境遇にある人々に対して支援をする行為がはらむ権力性などの問題が議論された。

松尾報告は、一九世紀から二〇世紀末にいたるドイツとアメリカの経営学・経営思想の展開をあとづけつつ、企業経営において政治的なものが本質的な重要性を持ち続けてきたことを明らかにする。経営学はその形成期から、私企業の利益追求と公共の利益の対立、階級利害の対立、労使の権力関係などを主たるテーマとし、これらをいかに調和・統合するかを議論してきた。さらに時代背景や経済環境の変化に対応し、より多様な利害関係者を視野に含めつつ、その協働や調和の可能性を検討する理論が展開されてきた。今日のステークホルダー論も、このような発展の延長上に展開されていると考えられるのである。質疑応答では、狭義の政治と経営の観念の異同、多様なステークホルダーの比重などをめぐって議論が行われた。

犬飼報告は、分配的正義論をめぐる、リベラリズムとリバタリアニズムの対立をとりあげ、その不一致と収束の可能性を分析する。報告によれば、リベラリズムとリバタリアニズムは、個人的権利の所与性をめぐる異なる前提から議論を行っているが、これは根源的な不一致ではなく、両者の関心が一致していないにすぎない。すなわち両者は相互に関心を否定しあっているわけではなく、むしろ両者間には様々な次元において共有された関心・価値が存在する。したがって両者がこれをふまえて自らの関心を説明し相互の主張から学びあうことで、一定の収束が期待される。質疑応答では、本報告の議論が、リベラルとリバタリアンのような類似性の高い立場をこえて異質な立場に適用できるのか、相互に学びあう意欲を常に想定できるのか、などの点が議論された。

いずれの報告も刺激的で充実したものであり、会場からは多くの質問・コメントがよせられ活発な議論が行われた。報告者および参加者の皆様に感謝申し上げたい。

【海外研究者招聘講演】

ジェイムズ・タリー教授（ヴィクトリア大学名誉教授）

批判的営為としての政治哲学
——新しい公共哲学の構想——

タリー教授慶應義塾大学講演について

企画者代表　**辻　康夫**（北海道大学）

本講演は、2016年10月22日、慶應義塾大学・三田キャンパスにおいて行われた。講師のジェイムズ・タリー教授は、カナダ・ブリティッシュ・コロンビア州出身。ケンブリッジ大学で博士号を取得した後、マッギル大学、トロント大学、ヴィクトリア大学で、哲学、政治学を講じてきた。これとあわせて、カナダの現実政治にも発言をされてきた。とくに先住民問題には深くコミットし、ヴィクトリア大学では先住民ガバナンス課程の設立に携わった。最近では初期近代、現代思想、先住民の思想など、多様な源泉を利用しながら、「多様性」と「グローバル化」の時代のデモクラシーを構想する独創的な理論家として知られている。

講演では、タリー教授にご自身の来歴を振り返り、現在の「新しい公共哲学」の構想にいたるまでの学問的営為について語っていただいた。タリー教授は、ケンブリッジ学派の手法を用いたジョン・ロックの研究から出発され、その後、様々な思想家の知見を取り入れ、先住民と対話するなかで、研究の手法と対象を大きく広げられた。そこで、その知的活動の全貌を俯瞰するとともに、その変化の理由を知ることが、彼の著作を理解するうえで有用と考えられたためである。実際のところ、講演は彼の関心の変遷とともに、それらを貫く一貫性を明らかにしている。また本講演はタリー教授個人の思想にとどまら

ず、20 世紀後半期の精神史としても刺激的なものとなっている。

講演原稿は平易な英文であり、英語の原文のまま掲載する。最近では、タリー教授の思想を研究テーマとする若手研究者も多く、その便宜も考慮する次第である。コメンテーターの乙部延剛会員には、当日のコメントにもとづく解説を執筆していただいた。

講演会には、遠方からの来聴もふくめ、多くの方々にご参加いただいた。乙部会員には充実したコメントをご用意いただき、フロアからも多数の質問をいただいた。懇親会にも多数ご出席いただき、招聘の成果をあげることができたと考えている。ご参加いただいた皆様に厚く御礼申し上げたい。

講演会の企画は、かねてタリー教授と交流があった萩原能久、堤林剣両理事と私が担当させていただいた。慶應義塾大学の皆様には会場手配・運営等で多大なご尽力をいただいた。押村高・前代表理事、国際交流担当・杉田敦理事、飯田文雄・代表理事、事務局・鏑木政彦理事には、多大なご支援をいただいた。厚く御礼申し上げたい。

Political Theory as a Critical Activity

The Emergence of Public Philosophy in a New Key

James Tully

Introduction

I would like to express my gratitude to Japanese Conference for the Study of Political Thought for inviting me to visit Japan and to give this lecture. I am also immensely grateful to Professor Yasuo Tsuji for suggesting the topic of my lecture. He asked if I would lecture on my approach to the study of political thought, and the major writers who have influenced me. This invitation thus gave me the opportunity to reflect on my work over many years and to try to articulate its development in a way that I hope is easy to understand. My approach has always been experimental and open to revision after each application of it. So, this invitation gave me the opportunity to reflect on my recent work and attempt to integrate it into a revised picture of my approach as a whole at this stage. This has been edifying for me and I hope it will be for you as well.

I would like to start with my work as a graduate student because this early period in one's career often has a long term influence on a student's whole career. But, before I do, I will just give you a very brief description of my approach as I now see it: that is, as a type of "public philosophy":

Public Philosophy in a New Key is a new approach to the study of politics. The role of a public philosophy is to address public affairs. This civic task can be done in many different ways. The type of public philosophy I practise carries on this task by trying to enter into dialogues with citizens engaged in struggles against various forms of injustice and oppression. The aim is to establish pedagogical relationships of *reciprocal elucidation* between academic

research and the civic activities of fellow citizens. The specific role of this public philosophy is to throw a critical light on the broad field of *practices of governance* in which civic struggles take place and the *practices of civic freedom* available to change them. It does this by means of historical and critical studies of the field and the given forms of representation (or languages) of it. Reciprocally, this critical ethos learns from citizens and the successes and failures of their civic activities how to improve the historical and critical studies and begin again.

So, in brief, this is how I see my approach today. Now, I would like to go over the main steps in the path to this approach. I will mention the authors who have influenced me as I go along. However, I would like to say at the outset that the major influence on my work has always been the creative dialogues of mutual learning I have had with students and colleagues over many years.

1. Cambridge University: the Cambridge school and the discovery of practices of governance and practices of civic freedom

The problem for me and my generation was the division of the world into capitalist and communist states and the decolonization struggles of the Third World and the Non-aligned movement. In the West, and especially on the west coast of North America, there was a very strong anti-war movement against the Vietnam War, which was seen as a continuation of western imperialism. Moreover, on the west coast of North America there was a strong tradition of a third way, which was not based on either capitalist or communist views of property, but, rather, a third tradition of property: that is, the traditions of the democratically governed commons or "cooperatives" around the world.

I went to Cambridge to work with Quentin Skinner and John Dunn to learn the Cambridge School method of the history of political thought. My objective was to study the rise of capitalist forms of property by studying John Locke and other early modern theories of property. The standard view at the time was that Locke was the first theorist of capitalist forms of property, liberal government and the spread of capitalist property by means of colonization of North America. John Dunn, the great Locke scholar, taught me how to interpret Locke textually, contextually and biographically – and much else for which I am

immensely grateful.

I learned that the rise and global spread of capitalist forms of property was a lot more complicated than it is usually portrayed. Indeed, I have continued to research and write on western imperialism from the 1990s to my book on *Imperialism and Civic Freedom* in 2009. Moreover, I learned that Locke's view of property was far more complex than simply a defence of private property. And his account of the "commons" was also more sophisticated than the standard view of the "tragedy of the commons". This began my study of the "commons", local "cooperatives", community-based economics, and globalization from below that has continued throughout my career.

I not only learned about traditions of property from my study of John Locke. I also discovered in Locke a very powerful account of *human agency under conditions of oppression*, and of the capacity of humans to overthrow unjust relations of power over them, whether these are exploitive property relations or oppressive relations of governance in the family, marriage, workplace, within a state, or among states; and of the capacity of humans to then set up new forms of government "as they see fit", as he famously concludes the *Two Treatises of Government*. The fascinating feature of Locke's view of human agency is that it is not connected to a theory of stages of historical development in which a people can resist successively and legitimately only under specific economic conditions and only with aim of furthering a liberal or Marxist theory of modernization or globalization. For Locke, people resist when and where 'the yoke of oppression galls their necks'. They are not determined by some allegedly universal theory of historical development. This came like a breath of fresh air to me and to my understanding of the capacity and legitimacy of the resistance of the Vietnamese people against Western and Soviet intervention.

Locke's view of human agency resonated for me in an interesting way with the account of agency I was learning from Quentin Skinner. Skinner's argument was that an *author* is always constrained in what she or he can do in writing a political theory by the problems that dominate the age on the one hand and the inherited linguistic conventions or languages in which the problems of one's age are written about. These conventions or "languages of politics" constrain what we can say and communicate in any age, but, they nevertheless

also enable a certain kind of constrained agency that enables us to call some of these conventions into question, to challenge them, to try to modify them, and thus to enable us and our readers to think and act differently with respect to the problems humans face, and to the deeply sedimented ways of thinking in the present that limit their options.

This for me was a theory of contextual and potentially transformative freedom in the interdependent linguistic relationships of meaning within which we think, write and act. As a condition of intelligibility, the agent has to think and write within the shared conventions, yet, nevertheless has a range of ways of acting within this field of linguistic meaning.

Now notice that this view of contextual, practice-based, constrained and enabled ways of thinking and acting applies to both the writers we are studying in the past or present *and* to ourselves as researchers studying them. That is, we *too* are embedded practitioners in the language games of our own times and their dominant problems and ways of thinking, and constrained to write in accord with them to be intelligible to others. And these "pre-judgments", as Gadamer calls them, pre-judge the way we interpret texts in the past or in other cultures. Yet, we too have the critical and constructive capacities to call these taken-for-granted conventions into question to some extent and to try to think differently: that is, to try to enter into the world of thought and action of the people we are studying.

Moreover, as both Quentin Skinner and Michel Foucault argue, we are able to employ *critically* the different ways in which the people we are studying use their concepts as "objects of comparison and contrast", to free ourselves from the dominant and habitual forms of thought in the *present*, and thus to begin to *think and act differently* with respect to our own problems as well. For both Skinner and Foucault, the history of political thought is also a "critical activity" in this sense.

So far, I have been talking about intersubjective linguistic relationships of meaning of the languages humans share with each other. I have not mentioned relationships of power. I now want to turn to show you the way this approach takes up the question of power relations.

The philosopher who taught us to see the way we inhabit the linguistic

world in this way was Ludwig Wittgenstein. His philosophy of language dominated Cambridge and the Cambridge school at the time and has been a source of inspiration for me ever since. In addition, Wittgenstein went on to argue that we are not just embedded in pragmatic relations of linguistic meaning; what he called "language games". He also went on to argue that language games are always woven into the human activities in which they are employed by the participants in these activities. It followed from this that we had to study not only the languages of politics but also the practices in which these languages are used.

At the same time as we were studying Skinner and Wittgenstein, we were also studying Michel Foucault. In his later work, Foucault developed a *relational* view of power and agency that complemented the relational view of linguistic meaning and practice advanced by Wittgenstein and Skinner. That is, for Foucault, the relationships of power that govern our conduct in the practices of life are much like the linguistic relationships of meaning that make sense of these practices. That is, relationships of power constrain what we can say and do, but, at the same time, they enable a constrained range of ways of acting in relationship to these relationships of power: of questioning, challenging, changing and, at the limit, transforming them.

Hence, this is how I came to develop my *interdependent and relational* view of human agency in terms of "practices of governance and practices of civic freedom within them". A practice of governance consists of the relationships of meaning, power and normativity by which we govern and are governed in a practice and the range of ways of acting in these relationships of meaning, power and normativity: from going along with and affirming and defending the rules of the game, to questioning, challenging, negotiating, reinterpreting, modifying, resisting, transforming, or withdrawing and acting otherwise. Practices of governance and practices of civic freedom in this broad sense range from the smallest practice in, say, family relationships; to systems of culture, law, government and economics in states; and on to the complex relationships of meaning, power and normativity that make up regional and global processes and systems historically and today.

We live in an infinitely complex multiplicity of such criss-crossing and

overlapping practices of governance and practices of civic freedom within them in our everyday lives.

This way of thinking about the field of politics did not come to me all at once. It developed very slowly and experimentally over the years. And it is still a work in progress. Let me mention two features of this view that I became aware of later just to give you an indication of what is to follow in this lecture.

First, it took me a while to realize that we can say that we inhabit four main types of relationships of this interdependent and interactive kind. The first are the relationships we establish with ourselves when we reflect on our own activity: that is, ethics or the practices of the self. The second are the myriad relationships of interdependence and interaction we, individually and collectively, have with all other human beings who are affected by our interactions (the field of "all affected" relationships). This is of course the main field of political study. The third is the relationships of interdependence and interaction we have with the ecosystems and earth systems in which we live, on which we depend, and which co-sustain all forms of life on earth. The fourth is the relationships of interdependence we have with the spiritual dimension of life.

These four types of relationships are relationships of interdependence and interaction in different ways. For shorthand I will simply call these relationships "dialogical" relationships. Here, 'dialogue' refers to the whole diversity of ways we interdepend and interact in these four types of relationships, whether it is linguistic or non-linguistic. They are dialogical in the broad phenomenological sense of this term. I have learned to use "dialogical" in this broad sense from my colleague, Charles Taylor.

Second, I only gradually came to see that this human capacity of civic freedom to have a say in and over the rules to which we are subject is what we normally mean by the term "participatory democracy", and so to study the traditions of participatory democracy.

2. McGill University: Cultural, legal and political pluralism, and Indigenous Peoples in Canada

I met Professor Tsuji when I was teaching at McGill University from

1976-1995. I had the great pleasure and honour of being his co-supervisor along with my colleague Charles Taylor. Those were wonderful years and I learned an enormous amount from Professor Tsuji and the penetrating questions he asked Professor Taylor and me about the history of political thought and contemporary political thought. It was very much a relationship of mutual learning.

During my time at McGill University, Charles Taylor and I taught courses together and supervised graduate students together. The dialogue with Charles Taylor had a deep influence on my thinking during this period.

During the McGill years, I was swept up in *two* great Canadian political problems I had not addressed before. I began to address them by adapting and modifying the approach I had begun at Cambridge. These two problems are; first: the struggles over various kinds of diversity or pluralism in Canada: cultural, linguistic, religious, legal, political, economic pluralism in Canada – or what we call "deep diversity". Canada is a complex multicultural and multinational federation. The "struggles" of this period, which continue today, are struggles over the appropriate relationships of mutual recognition and reconciliation of the diverse members of the federation and the corresponding appropriate forms of distribution of political and economic power to both individuals and groups.

The second problem is the struggles of Indigenous peoples of Canada for decolonization; and for the recognition and resurgence of their inherent rights of self-government over their traditional territories; and how to reconcile this with the non-Indigenous settlers and their complex federal system of law and government.

There have been two dominant approaches to these two problems by Canadian academics, and by academics elsewhere working on similar problems. The first response is to try to work out a theory of rights for individuals, minority groups of various kinds, and for substate nations within multinational states. This has been the great work of my colleague Will Kymlicka and many others.

The second response is to say that it is not the role of the political theorist to work out the appropriate systems of cultural, legal and political rights for the plurality of individuals and groups. Rather, these should be worked out

by the people engaged in these struggles, and the people affected by them, or their trusted representatives, in legal and political negotiations and deliberations: in official public spheres; in the courts; and in legislatures and parliaments. On this view, the role of the political theorist is thus to work out the correct set of rules of negotiation or deliberation in which the people themselves, or their representatives, can reach agreements on binding systems of rights and duties of mutual recognition and distribution. This second approach was deeply influenced by the theories of deliberative democracy developed initially by Jürgen Habermas and John Rawls; and then developed further by more critical and contextual deliberative theorists in Canada and around the world.

I engaged in, learned from and contributed to both these responses in my teaching, writing and public engagement. However, Charles Taylor and I, as well as many of our students, came to see that we were doing something different from both these responses: that is, different from the rights-based and deliberative democracy approaches.

The first and most important difference is that we argue that these struggles over recognition and distribution do not admit of definitive resolutions once and for all. Rather, they are permanent and ongoing features of any free and equal democracy with a diverse population. The problem is not to work out definitive solutions to mis-recognition and mis-distribution, but, rather, to establish institutions that always enable citizens to express their public dissatisfaction with oppressive relationships of recognition and distribution of individuals and groups; to present their reasons for thinking the *status-quo* is oppressive; and to enter into negotiations over reforming the relationships if they are shown to be unjust in some way. Reciprocally, the majority, or their representatives, have a duty to listen to the expression of discontent and to enter into negotiations if good reasons show that the discontents are legitimate. Moreover, they have a duty to listen for voices that have been silenced in one way or another and do not even have a right to speak. This is called the "non-finality" approach in Canada and the European Union. It was first endorsed by Supreme Court of Canada before the European Union courts.

The second feature of this approach is the realization that there is *not* a definitive system of rights that can be handed down from on high, by a theorist,

court or legislature. There is *also not* a definitive system of rules for negotiation and deliberation that can be handed down from on high. If negotiations and deliberations are to be just, then the people engaged in them and subject to them must have a say both in and over the rules of deliberation if they are to be treated as free and democratic citizens. This condition is what I came to call "democratic constitutionalism" in contrast to "constitutional democracy". Under constitutional democracy, the background constitution lays out a set of rights and rules within which the citizens then exercise their rights of democratic participation in deliberation within the public sphere, in elections, and so on.

But, if the whole background structure of law is to be *democratically legitimate*, then it too must be open to democratic questioning, negotiation and revision by the very people who are subject to it as they go along from generation to generation. That is, the two meta-norms of legitimacy in the modern world – the constitutional rule of law and democracy – must always be *equiprimordial*. If constitutional rule of law is prior to democratic participation, then it has no democratic legitimacy and is a case of "juridical containment". If, conversely, the undifferentiated will of the majority is prior to the recognition of the diversity of the people, then it has no rule of law legitimacy. So, a political association in the 21st century in conditions of deep diversity is legitimate if and only if it is a democratic constitutional order: that is, one which the citizens are not only subject to the rule of law and democratic rights, but also have the right to dissent and call into question these conditions of democratic recognition and participation as citizens, and others have the duty to listen and respond.

I set out my account of the equiprimordiality of democracy and constitutionalism in my 1995 book, *Strange Multiplicity*. Again, the Supreme Court of Canada was the first court to acknowledge "democratic constitutionalism" shortly afterwards in the case of *Reference re the Secession of Quebec*.

One of the central problems I worked on was the struggle of the Quebec nation or people to find appropriate forms of recognition within the Canadian federation, as a multinational federation, or, by secession and becoming an independent or sovereign nation state. At the same time, as a member of the English-speaking minority in Quebec, I was concerned with the rights of

minorities within multinational federations and independent nation states. This led to me work on theories of nationalism, self-determination and federalism, and to minority rights. My work became of interest to scholars working on the same problems in the European Union and in international law, and working with them gave rise to my work on the European Union, multinational and multicultural federalism, and global constitutionalism.

You won't be surprised to know that I connected the protection of minority rights to the core democratic right of having a say and a hand in the way individuals and minorities are governed in larger associations, and thus with the Roman law maxim of *audi alteram partem* (always listen to the other side), which has become a norm of complex societies around the world.

However, the *second problem*, the struggles of Indigenous Peoples in Canada for decolonization and self-determination, had an equally profound influence on my thinking. The Kanesatake Mohawks near Montreal defended their land from appropriation in a lengthy standoff against the Canadian armed forces in 1990. This important struggle over land and self-government, and other similar struggles, led to the federal government setting up a Royal Commission on Aboriginal Peoples, 1991-1995. The commissioners invited me to participate by listening to what Indigenous people were saying to the Commission and by writing up what they said in a way acceptable to Indigenous people and understandable to Canadians. I also began to teach courses on the history of the relationships of European settlers and Indigenous peoples throughout North American from 1492 to the present, and to teach Indigenous students.

What I learned by working with Indigenous people is, first, that it is not enough to enter into negotiations with them. To meet the conditions of democratic justice, Indigenous people have to be able to speak in their own voices and ways; to negotiate in their traditional ways; and, often, to hold the negotiations on their traditional territories, since their ways of knowing and being are place-based. That is, to force them to enter into the institutions of liberal democracy and follow the rules of deliberation in them is to re-colonize and assimilate them. These reinforced my view that the participants themselves have to work out the conditions of negotiation if they are to be non-imperial and democratically legitimate.

Listening to and learning from Indigenous people across Canada also made me realize the imperial foundations of Canada and the United States. I wrote a second book on John Locke and how his theory of property was used to dispossess Indigenous peoples of their traditional territories. I also learned from them that there is a way to decolonize the relationship with Indigenous people and work out a just relationship between free and equal peoples. This is the nation-to-nation treaty relationship between the Canadian government (the Crown) and the First Nations that was widely used in the early modern period. The Indigenous peoples of North America have called for a renewal of this form of recognition and negotiation among equal peoples. It was adopted by the Royal Commission on Aboriginal Peoples in their final report. Moreover, after decades of nonviolent struggle and negotiation, it was adopted in the *United Nations Declaration on the Rights of Indigenous Peoples* in 2007 and ratified by Canada in 2010 and 2016.

Thus, as you can see, I have not been interested in working out definitive theories as solutions to the problems we face. Rather, my aim has been to write critical and constructive histories of the problems so those engaged in them can see them in a different way from the representation of them in the dominant languages of contemporary politics. My aim is also show ways in which people engaged in and affected by struggles over recognition and distribution can resolve their disputes through nonviolent democratic negotiations that are respectful of the customs and ways of the different participants; and also always leave their resolutions open to revision by those who have to live with them in the future.

This is an extension of my earlier view of limited, interdependent relational freedom in practices of governance, but now extended to struggles over recognition, distribution and the environment. I came to call this form of freedom "civic freedom" and "civic or diverse citizenship" because it takes a diversity of forms and because it is oriented to making people aware of human diversity.

3. UVIC 1: From Political Theory as critical activity or ethos to a Public Philosophy

In 1996 I moved from McGill University in Montreal, Quebec, to the University of Victoria, in Victoria British Columbia. Victoria is on Vancouver Island and is the capital city of British Columbia. This is where I was born and brought up. With the exception of two years at the University of Toronto, I have remained at the University of Victoria. At the University of Victoria I have continued my work with Indigenous people. In addition, I have expanded my approach in a number of ways.

The first change is methodological. In 2001 the journal *Political Theory* invited me to describe my approach up to that point in time. In my article, I described my approach as seeing political theory as one type of "critical activity" or "critical ethos". That is, I located my work in the tradition of critical and historical reflection on problems in the present represented by such thinkers as Hannah Arendt, Foucault, Taylor and Skinner. As we have seen, the aim of this tradition is to study a contemporary struggle and its problem by showing its historical emergence and development; and, thereby redescribing it in ways that show its contingency; freeing us from customary contemporary ways of thinking about it; and thus opening up the possibility of thinking and acting differently.

I came to realize that this description of my approach as a 'critical activity' captured a lot of what I was doing. However, it did not express an additional and important dimension of what I was trying to do. It did not capture the dimension of my work that seeks to engage in reciprocal dialogues with the citizens who are engaged in the political problems and struggles that we are writing about as academics. I call these dialogues between academic researchers and engaged citizens dialogues of "reciprocal elucidation".

Consequently, I had to redescribe my own work in a way that included this dialogical dimension, while, at the same time, preserving, and indeed expanding, the "critical attitude" dimension. I did this in 2009 by redescribing my work as "Public Philosophy in a New Key". That is, I went back to the older tradition of "public philosophy" in the West and asked how I can reformulate the

tradition of public philosophy in a way that gives expression to what I am trying to do with the dialogical dimension of my work.

This was a difficult task because the dominant view of "public philosophy" is the idea of a public intellectual who knows something about public affairs that citizens do not know and who then "speaks *to* citizens" about this special knowledge. His or her knowledge is usually framed in terms of an abstract or universal theory of politics, expressed in a language different from the everyday langue of politics. In contrast, what I was trying to do was *not* to speak to citizens in some arcane theoretical language, but, rather, to speak-*with*-citizens in reciprocal dialogues and in the *everyday languages* they use to articulate the problems we are both addressing. This is why I decided to describe my approach as "public philosophy *in a new key*": that is, in the key of *speaking-critically-with* and in the everyday inherited languages of problems and struggles in which we are entangled.

With this dialogical dimension, I was attempting to "democratise" academic research by putting the researcher in critical relationships of mutual learning *with* their fellow citizens. Here, the researcher learns how the people engaged in the problems understand them, and, in reciprocity, the researcher offers them the insights derived from academic research and from the dialogues we have with our fellow academics.

In doing this, I was influenced by contemporary public philosophers, such as John Borrows, Cressida Heyes, Anthony Laden, Edward Said, Boaventura de Sousa Santos, Charles Taylor, Antje Wiener and Iris Marion Young. But, the deepest influence was still Wittgenstein, who always wrote in dialogical form and in the language of everyday practices and lived experiences. Indeed, he argued that philosophers often simply bypass the problems that they try to address by reformulating them in esoteric languages of description that are disconnected from the language of lived experience of the problems of our times.

I was certainly not alone in taking this dialogical turn. At the University of Victoria and at universities around the world, academics in almost every field have turned to what is called "community-based research" or "community-engaged research", where academics and the subjects they study enter into dialogues of mutual learning. The University of Victoria is a leader in this field in

Canada. This approach also changes the way you teach. You want to introduce your students to the problems you are discussing and to the ways that the people engaged in them are talking about them. This means sometimes taking the class out of the classroom or bringing the participants in the struggles you are studying into the classroom.

In Victoria, I began to explore the ways in which people around the world are engaging in practices of civic freedom in response to a range of contemporary problems. I discuss these in *Public Philosophy in a New Key* and in the two volumes of dialogue with other academics: *On Global Citizenship* and *Freedom and Democracy in an Imperial Context*, 2014. In addition, Antje Wiener in Hamburg and I set up a new journal to bring scholars together who work on global issues in this way: *Global Constitutionalism*, 2012.

In these research projects, I discuss participatory democratic forms of civic freedom such as: responses to the new forms of imperialism, local social and economic cooperatives, environmental movements, fair trade, and so on. What interests me here, is the astonishing ways in which people act creatively and constructively in response to injustices in the practices of governance in which they find themselves. I realized that I could classify the diverse examples of practices of freedom in practices of governance into two very general classes or types of citizen engagement. I call these two types of citizen participation "civil" and "civic" citizenship or "representative" and "direct" citizenship. Civil or representative citizenship refers to the institutionalised forms of participation available to citizens under modern representative government. Civic or direct citizenship refers to the practices of civic freedom we have been discussing under civic freedom.

Civic citizenship discloses the field of global citizenship in a broad and pluralistic manner, From the *civic perspective*, citizenship comes into being whenever and wherever people who are subject to or affected by practices of governance become active co-agents within them: exercising the powers of having a say (negotiating) and having a hand (exercising the powers of self-organisation and self-government) in and over the relationships that govern their interaction. "Civic freedom" is the situated, relational freedom manifest in the countless activities of bringing the relationships of disputation and resolution,

of recognition and distribution, and of action-coordination that comprise practices of governance in this broad sense under the shared democratic agency and authority of those subject to and affected by them.

The primary examples of *civic* citizenship are everyday practices of grass-roots political, social, economic and ecological democracy where the members discuss and exercise powers of self-organisation and self-government themselves (citizen-with-citizen relations) prior to any separation of ruler and ruled, or governor and citizen, in the representative institutions of civil citizenship. They become citizens by democratizing or "co-operating" their relationships of living and working together.

4. UVIC 2: Peaceful relationships with each other and the living earth

I would like to conclude by mentioning my most recent work. I have focused on nonviolence and deep ecology movements as "civic freedom" responses to the problems of war and the ecological crisis.

After I published *Public Philosophy in a New Key*, I realized that at the center of my work is a focus on two types of human capabilities: the capabilities of participatory democracy (that is, the exercise of the capacities of self-organisation and self-governance), and the capabilities of resolving and reconciling differences, disputes and conflicts of all kinds by nonviolent means.

The exercise of these two sets of intersubjective and relational capabilities (of self-government and nonviolent dispute resolution) is much more common than our major traditions of political theory recognize. Our dominant traditions are based on the premise of coercively-imposed and state-centred representative government, on the one hand, and the coercive establishment of political order out of a background of natural disorder, antagonism, war of all against all, struggles for existence, class war, and so on, on the other.

Yet, despite these dominant modern traditions, there is another tradition that stems from Peter Kropotkin's *Mutual Aid* of 1901 to the most recent work on the multiplicity of ways in which humans self-organise, even in the most difficult of situations of war, devastation, and forced migration. This tradition argues that informal relationships of mutual aid, democratic self-government

and nonviolent dispute resolution exist all around us in our everyday activities and institutions, and provide the social basis of them; despite the dominant, institutionalised relations of power-over, aggressive competition, and coercion.

That is, this tradition argues that conciliatory relationships of interdependency and mutual support (or *being-with* relations) are prior to the competitive and aggressive relationships of independence.

In her book *On Violence*, in 1968, Hannah Arendt, agreed with this. She argued that the continuation of war and violence as the means to resolve conflicts, is irrational because "violence begets violence" and because it is leading to the destruction of much of the human species and the ecosystems on which all species depend. Yet, she concluded, humans continue because they have not found a *substitute* for war and violence as the means to resolve disputes.

Yet, at the same time, Richard Gregg, an American philosopher and activist who worked with Mahatma Gandhi, argued that Gandhi had developed a *substitute* for war and for coercive, power-over relationships, in his book entitled *The Power of Nonviolence*. The "power of nonviolence", which Gandhi called *Satyagraha*, is the power of individual and collective agents to act together to transform violent and unjust relationships of any kind into just and democratic relationships by nonviolent means. Richard Gregg argued that the practices of nonviolence that Gandhi developed in India could spread around the world and gradually displace violent and exploitive relationships; gradually substituting nonviolent means of conflict resolution for the recourse to war, and substituting democratic relationships for command-obedience relationships.

This line of argument resonated with what I had discovered in my own work on peace and ecology movements since Gandhi. The important feature of Gandhi's version of nonviolence is that nonviolence is seen as a comprehensive, nonviolent way of life or nonviolent counter-modernity. It involves acting nonviolently in all four types relationships I mentioned earlier: in relationships to oneself (ethical practices of the self) ; relationships with others; relationships within the ecosystems that sustain all life; and relationships with the spiritual dimension of life. It thus includes working on nonviolent relationships with other human beings and with the living earth; that is, nonviolent response to the ecological crisis and climate change. It provides nonviolent, democratic ways

of addressing both social and ecological justice: what Gandhi called *swaraj and swadeshi*.

At the heart of Gandhi's practice is the famous mantra of "being the change and enacting it in your everyday relations". That is, you can bring about a peaceful and democratic world only by peaceful and democratic means, because means shape the ends. It is the exact opposite of the dominant view that peace can be brought about by war and democracy can be brought about by authoritarian rule.

So, this discovery has opened up a new phase in my work in which I am focusing on nonviolent practices of civic freedom in response to both social and ecological injustice. Here again, it has opened up a conversation with Indigenous peoples on the northwest coast. They have long traditions of nonviolent dispute resolution. They describe nonviolent relationships with each other and the living earth in the terms of *gift-reciprocity relationships* of mutual aid. They say that they learn how to live in and sustain gift-reciprocity social relationships from the way plants, animals and biotic communities co-sustain each other in analogous symbiotic ecological relationships. For indigenous peoples, humans are citizens of ecological relationships that sustain all life on earth with responsibilities to act accordingly in their social relationships.

This view of traditional indigenous knowledge is similar to the view advanced over the last thirty years in the life and ecological sciences and earth systems theory – that humans are plain members and citizens of the symbiotic ecological relationships and systems that sustain all life. Thus, the great question of ecological justice is the same as the question of social justice: how do we act virtuously in the ecological relationships on which we depend so as to sustain them and all the interdependent forms of life that sustain us? That is, what are our *ecological practices of civic freedom* as citizens of the ecosystems we inhabit and on which we depend, yet which we are destroying, as the Intergovernmental Panel on Climate change tells us?

So, thank you very much for listening to this narrative. I hope it has been interesting and edifying for you. I hope it is the beginning of a dialogue with Japanese colleagues. In this *spirit*, I look forward to your questions and comments.

〔解説〕

ジェイムズ・タリー教授の公共哲学

乙部延剛

1．タリー教授の多彩な研究

この度の講演で、タリー教授は1970年代末から現在に至る自らの理論研究を回顧している。改めて眺めると、活発な研究活動の幅広さと影響力の大きさに圧倒される。ケンブリッジ学派の方法論を用いたロック所有権論の思想史的研究（1980年）を皮切りにしつつも、そこに留まらず、1995年にはデモクラシー論、多文化主義論に大きな影響を与えた*Strange Multiplicities*を刊行している。また前後して、アメリカの開拓者たちの言説を取り上げ、かれらがネイティブ・アメリカンの土地を収奪する際、ロックの『統治二論』をどう援用して正当化したかを明らかにし、植民地に関する批判的研究に火を点けた（1993年)。さらに、主著ともいえる*Public Philosophy in a New Key*では、まず第一巻で「新基調の公共哲学」の構想を提示すると同時に、原住民の権利の問題などに切り込み、闘技デモクラシー論や、さらには現代の政治的リアリズム論に影響を及ぼしている。また、第二巻ではヨーロッパの帝国主義を批判的に検討するとともに、グローバルな市民権について積極的に論じている。現在では、これまでのテーマに加え、環境問題について論考を発表する他、ガンディーの非暴力主義について論じ、近年英語圏で活発な比較政治理論研究に大きな影響を及ぼしている。ジョン・ダンやチャールズ・テイラーとの交流、後期ウィトゲンシュタインやフーコーからの知的背景という側面も含め、その経歴は、辻康夫氏も述べるように、20世紀後半の政治理論史の様相を呈している。

それだけ広範な研究の全てについてコメントすることは、紙幅の面からも、私の能力の面からも、およそ不可能である。本解説では、タリー教授の政治理論観――「新基調の公共哲学」――に対象を絞った上で、講演の内容につい

て、関連著作に遡りつつコメントを試みたい。「新基調の公共哲学」は、講演でもこれまでの研究活動の集約として扱われており、ここに注目するのが最も適切だと思われるからである。加えて、研究活動の集約としての「新基調の公共哲学」観を取り上げることで、タリー教授が体現する20世紀後半から現在までの政治理論史についてひとつの見通しを得ることが期待できるだろう。

2.「新基調の公共哲学」とは何か

そもそも「新基調の公共哲学」とはいかなるものなのか。その主要な特徴は、以下の三点にまとめられる。

第一に、この公共哲学は、旧来の規範理論を批判し、かわってより実践的なアプローチを目指すものだとされる。ここで旧来の規範理論とは「政治に関する普遍的な理論」という「特別な知」に依拠して「市民へと語る」ような、基礎づけ主義的かつ指令的な哲学のモデルを指す（講演、強調原文）。なおこのモデルは、個々の規範を直接定めるタイプの議論に限らず、手続き主義的なモデルも含む。タリー教授の著作ではこのような規範理論の具体例として、正当化に関するハーバーマスの取り組みが俎上にあげられ、新カント派的基礎付け主義の現代的試みであると批判されている(1)。ハーバーマスの超越論的試みは、正当化に関する理論的言明と日常実践とを分離したものとして扱うが、タリー教授のみるところ、このような理論もまた、日常実践と地続きのものにすぎないのである。それゆえ、公共哲学が日常の実践に一層の関心を向け、その内部に胚胎する自由の諸契機に注目するよう、タリー教授は求めている。とりわけ重要なのが、人びとの暮らしに働きかける統治の実践と、人びとによって日々行使される市民的自由の実践である。

だが、規範的な理論が実践へと吸収されるといっても、だからといって、日常の実践のみが残り、公共哲学が不要になるというわけではない。理論と実践とを連続的に捉えることで新基調の公共哲学は、理論家と市民の往還的な解明（reciprocal elucidation）を促すことになる。これが第二の特徴である。すなわち、理論家が市民に処方箋を一方的に授ける従来のアプローチに対し、新基調の公共哲学は当事者たる市民の実践、とりわけ、現行の統治に対する闘争や改革の試みに耳を傾け、相互対話を図るような関係を目指す。この往還的解明を通じて理論家は、統治の現在のあり方の偶然性を明らかにし、統治が変化に開かれたものであることを示す。他方で、理論家が示す批判的見地は、市民の実践を

通じてその有効性が測られることになる[2]。

第三の特徴として、この往還的解明は、あくまで批判的に機能する。市民と理論家の対話というと、解釈学的、共同体論的な調和を示唆するように一見見受けられるし、事実、タリー教授は対話のモデルを求めてH・G・ガダマーやチャールズ・テイラーに言及する。だが、ここで想定されている対話は、お互いの調和や統一を目指すものではない。むしろ、両者の往還を通じ、新たな公共哲学は、現行の実践から距離を置き、そこで生じているであろう不正義等に耳を澄ますよう試みるのである。

以上が「新基調の公共哲学」の概要であるが、このような構想を展開するにあたり、タリー教授は後期ウィトゲンシュタインとフーコーから大きな示唆を受けている。

まず、普遍性を標榜する規範理論を批判するにあたっては、後期ウィトゲンシュタインの知見が積極的に援用される。周知のように、後期ウィトゲンシュタインの核をなす『哲学探究』は、ものの本質との対応関係で言語を検討する写像モデルを斥け、かわりに、言語の実際の使用に注目する。例えば、同書内でタリー教授も参照する節は次のように述べている[3]。

> 哲学者たちが語――「知識」「存在」「対象」「自我」「命題」「名」など――を用いて、ものの本質を把握しようとしているとき、ひとは常に次のように問わなくてはならない。いったいこの語は、その元のふるさとである言語の中で、実際いつもそのように使われているのか、と。――
>
> 　われわれはこれらの語を、その形而上学的な用法から、再びその日常的な用法へ連れもどす。[4]

つまり、概念の本質の解明を通じて普遍的規範を導く試みに代えて、政治的言語の日常的な実践を重視すべきとの含意を、タリー教授は『哲学探究』に見出すのである。

次に、ウィトゲンシュタインとならび、タリー教授に影響を与えているのがフーコーである。実際、フーコーの存在は、タリー教授の公共哲学観にとって不可欠であるようにみえる。それというのも、後期ウィトゲンシュタインに依拠した政治理論には、例えば彼の同僚であったチャールズ・テイラーのような、解釈学的な調和を志向する傾向が存在するからである。すなわち、日常言語の文脈を重視する政治理論は、かかる日常の実践への回帰こそが重要であ

り、日常実践の文脈を離れた批判的営為は不要である、という主張にしばしば至る。タリー教授自身がウィトゲンシュタインのこのような解釈に与することはないものの、批判的営為としての公共哲学を担保するにあたり、フーコーの思想が占める位置は大きい(5)。

フーコーがタリー教授の公共哲学に与えた影響は、二点に分けることができる。第一点は、系譜学の導入である。系譜学もまた後期ウィトゲンシュタインと同様に人びとの実践活動に眼を向けるが、フーコーが強調するように、その際、実践活動は各所で断絶を含むものとして理解される。例として、『監獄の誕生』における刑罰の系譜学を取り上げたい。かつての身体刑から監視を中心とする自由刑への移行は、前者への批判が後者の登場を準備したというな、因果関係や必然性のカテゴリーでは理解できないことが強調される。また、身体刑と自由刑どちらの刑罰も、常に安定して機能していたわけではなく、実現しなかった試みや失敗があったことが指摘される。つまり、後期ウィトゲンシュタイン的な視座が日常の実践を調和的、一枚岩的に描き出す傾向があるのに対し、系譜学は、実践の内部にある断絶や不調和の契機を明らかにすることができる。

だが、系譜学による歴史研究自身は、理論(哲学)研究について積極的に述べることはない。そこで第二点目の影響として、タリー教授は、系譜学という具体的なアプローチに加えて、フーコーの著作活動が示す「批判的エートス」に注目する。例えば、タリー教授の講演では以下のように述べられている。

> 公共哲学に特有の役割は、不正義、抑圧に対する市民の闘争が生起する場である統治の実践と、それらの実践の変革にあたって利用可能な市民的自由の実践とに対し、批判的な光を照らすことである。そのような役割は、かかる生起の場及び当該実践に与えられてきた表象(言語)形態への歴史的、批判的研究を通じて遂行される。同時に、この批判的エートスは市民たち、さらにはかれらの活動の成功と失敗から学ぶことで、いかに歴史的・批判的研究を改良し、やり直すべきかを理解するのである(講演、強調原文)。

すなわち、批判的エートスは、歴史研究を活性化するだけでなく、市民との対話的、往還的解明をもたらすのである。

以上、タリー教授の公共哲学に対して後期ウィトゲンシュタインとフーコー

の思想がもつ影響力を急ぎ足で指摘した。ここまで確認したように、従来の政治哲学を批判しつつ、なお哲学としてのあり方を追求するにあたり、この二人の思想は極めて効果的に援用されている。後期ウィトゲンシュタインに見出される調和志向は、フーコーの系譜学を導入することで回避されうる。加えて、系譜学のみでは理論の独自性が明確に担保されないという問題に対しては、タリー教授の公共哲学は、批判的エートスに訴える。その結果歴史学や実践に回収されず、理論・哲学としての独自性を保つことができるようになっている。

普遍的な規範理論を拒否し、かわって対話を基礎とした批判的実践を目指すという「新基調の公共哲学」の構想は、現代政治理論のひとつの範例であるといえる。なるほど、政治理論といっても、タリー教授の批判するような規範理論も強力などころか、むしろ中心的な存在であり続けており、ひとつの方向性にまとめることはできない。だが、基礎付け主義的な規範理論を否定し、実践を志向する態度は、ラディカル・デモクラシー論、闘技デモクラシー論、コミュニタリアニズムなど、70年代以降の政治理論の諸潮流に共通の特徴であった。加えて、非－ないしは反－規範理論的態度を示すこれら政治理論は、会話（合意を目指す熟議であれ、共通の地平を発見するための対話であれ、あるいは差異を表出する闘技であれ）に政治的実践の典型的なあり方を見出す点でも、「新基調の公共哲学」と共通している。さらにまた、後期ウィトゲンシュタインやフーコーの影響を濃厚に受けているのも、これらの潮流の特徴であるといえるだろう。むろん、このような類似性が見出されるからといって、「新基調の公共哲学」の独自性が否定されているわけではまったくない。そもそも、こうした批判的、実践的、対話的政治理論を切り拓いてきたのが他ならぬタリー教授であり、また、その活動が様々な波及効果を及ぼしていることも、冒頭に述べた通りである。むしろ、基礎付け主義を批判しつつも、なお政治理論の独自性を認める立場――マークハルトにならって、ここではポスト基礎付け主義の政治理論と呼ぶ――の可能性を、先頭に立って切り拓き、完成度の高い理論として彫琢している点に、「新基調の公共哲学」の意義が存するだろう(6)。

3．後期ウィトゲンシュタイン＝フーコー的な政治理論は成立するか？

しかしながら、後期ウィトゲンシュタインとフーコーが、「新基調の公共哲学」と軌を一にしているかといえば、そこには困難があるように思われる。ま

ずはウィトゲンシュタインについて検討してみたい。先に述べたように、『哲学探究』は、本質の探求にかえて、全てを日常実践のなかに置いて考察することを主張する。しかし、日常実践の重視が、政治理論を実践的なものに変え、哲学と他の諸活動——市民の活動や、統治の実践を含むそれ——との往還的な実践を導くとまで言い切れるだろうか。タリー教授は、彼にとっての「最も深い影響は依然ウィトゲンシュタインからのものであり、彼は、常に対話的形式で、かつ、日常の実践、生きられた経験の言葉で執筆したのだ」と述べている（講演）。なるほど『哲学探究』は自己内対話の形式で執筆され、また、伝統的な哲学的語彙はめったに援用されることはない。しかしながら、そのような哲学のスタイルを採ることと、実践との対話を重視していることは別の問題ではないか。

後期ウィトゲンシュタインが、理論的営為としての哲学に批判的であったことはよく知られている。「哲学はまさにあらゆることを立言するだけであって、何事も説明せず、何事も推論しない」と『哲学探究』が述べるように、テーゼの提示などは、哲学の役割とは見なされていない(7)。だが、理論に代えて、実践との対話が目指されるかといえばそうではない。むしろ、ウィトゲンシュタインによれば、「哲学は、いかなる仕方にせよ、言語の実際の慣用に抵触してはならない。それゆえ、哲学は、最終的には、言語の慣用を記述できるだけ」なのである(8)。『哲学探究』に従うならば、日常の実践と公共哲学との往還的解明、あるいは対話もまた、哲学から排されることになる。

往還的対話を支持する要素をウィトゲンシュタインに見出せないのであれば、フーコーはどうだろうか。なるほど、先に述べたように、フーコーはウィトゲンシュタインと比べ、批判的営為に明確にコミットしている。例えば晩年のエッセイ「啓蒙とはなにか」において、フーコーは哲学を「批判的活動」として定義している。この批判的活動は、カントに由来するものの、それはタリー教授がハーバーマスについて批判したような必然的な形式の探求ではなく、むしろ、「可能的な乗り越えの形式で行使される実践的批判」として再定義される（強調は引用者による）。ここにおいて、哲学と実践と批判は結びつくように思われる(9)。

しかしながら、右の文に続く段落で、フーコーはこうも述べるのである。「このことは、次のような帰結をもたらす。すなわち、〈批判〉は、普遍的な価値を持つ形式的構造を求めて実行されるのではもはやなく、行為し、思考し、発言する主体として私たちを構成し、また、そのような主体として認識するよ

うに至った諸所の出来事をめぐって行われる歴史的批判は実行される、というものだ」[(10)]（強調は引用者）。先に引用した部分でタリー教授が「歴史的、批判的研究」を求めるのに対し、「啓蒙とは何か」でフーコーは「歴史的批判」を目指す。この二語の違いは微妙だが大きい。つまり、ここでフーコーが示す批判とは、系譜学的な歴史探求であり、政治理論的な営みではない。系譜学は通常の歴史学と異なり、「現在の批判」として構想されるのだとの反論があるかもしれない。しかしながら、ここで批判の対象となるのは、わたしたちにとっての現在であって、理論と対話すべき日常実践が措定されているわけではない。すなわち、往還的解明の要素はフーコーにも見出し難いのである。

それゆえ、後期ウィトゲンシュタイン、フーコーのそれぞれについては、次のようにいえるだろう。まず、両者とも、従来の哲学に批判を加えつつ、別種の哲学を擁護してはいる。しかしながら、彼らが示唆する哲学的営為は、現実との相互的な実践とは異なるのである。

4．ポスト基礎付け的政治理論の困難と可能性

だが、ウィトゲンシュタインやフーコーの忠実な解釈でないからといって、それが「新基調の公共哲学」にとってどのような問題になるというのだろうか。確かに、「新基調の公共哲学」は独自の公共哲学の構想であって、ウィトゲンシュタインやフーコーの政治思想を分節化したものではないはずである。しかしながら問題は、テキストの解釈という次元にとどまらないのではないか。

ここで興味深いのは、後期ウィトゲンシュタイン、フーコーの両者について、タリー教授が取り上げない部分が、哲学（理論）の立ち位置に関する記述だということである。先に見たように、後期ウィトゲンシュタインであれば、哲学と現実との関係、フーコーであれば、系譜学と批判の関係こそが、「新基調の公共哲学」において見落とされた部分であった。すなわち、ここで問われているのは、基礎づけ的な規範理論を放棄した後もなお、理論は可能なのかという問題である。理論が以前標榜していたような普遍性を保てず、それが距離を置くとしていた日常実践と地続きだとするならば、日常実践にとっての理論の意味、つまり、なぜ理論が必要なのかという問いが提起されるのは道理にかなっている。ウィトゲンシュタイン、フーコー両者のテキストのなかで、タリー教授が積極的に触れなかった部分は、まさにこの問を提起している。彼ら

の著述もまた明確な解釈を許さないものではあるが、そこから読み取れるのは、ウィトゲンシュタインの場合、哲学は日常実践の記述を行うというものであり、フーコーの場合、理論的立場は系譜学へと転化／解消されるというものであった。だが、「新基調の公共哲学」においては、理論のあり方については必ずしも明確ではない。それは現実への介入と批判を行うという点で依然規範的であり、また、理論的でもある。

そして、この曖昧さはポスト基礎付け的政治理論に多く共通する特徴でもある。批判理論・フェミニズムの研究で知られるロイ・マクネイは近刊でタリー教授の著作を含むポスト基礎付け主義の理論家を取り上げ、かれらが共通して、実践の批判のための十分なリソースを提供できていないとして問題視している。曰く、かれらの議論は、批判的であると名乗りながらも、現実において何が批判に値する抑圧であるのか、発見し判断する適切な基準を持ち合わせておらず、理論として不十分であると。タリー教授の「新基調の公共哲学」もまた、なにゆえ「市民的自由」が重要なのか明示できず、不十分さは免れないとマクネイは批判している(11)。

結局、「新基調の公共哲学」が示すのは、ポスト基礎づけ主義的な政治理論の困難ということになるのだろうか。必ずしもそれだけではない。まず、冒頭に述べたように、タリー教授の著作は、これまでも政治理論の多様な問題系を活性化してきたという実績が存在する。本コメントではこれらの問題系に詳しく触れることはできなかったが、グローバルな市民権の問題など、今後も多様な議論を喚起し続けるに違いない。また、「新基調の公共哲学」を実践するように、タリー教授が実際に市民運動やネイティブ・アメリカンの問題に積極的に関わり、貢献してきたことも見逃すことはできない。往還的な解明は、単なるお題目ではなく、実行され、成果も収めているのである。

最後に、本コメントの観点からは最も重要な点として、「新基調の公共哲学」が、政治理論のあり方をめぐる議論に投じた影響があげられる。近年の政治的リアリズム論を牽引しているマーク・スティアーズは、闘技デモクラシー論者のボニー・ホーニッグとの共著論文において、「新基調の公共哲学」を、ポスト基礎付け主義とは少し異なる政治的リアリズムの系譜に位置づけている。かれらによれば、レイモンド・ゴイスとレイモンド・ウィリアムズという政治的リアリズム論の火付け役たちが、しばしば現実への悲観主義に陥るのに対し、「新基調の公共哲学」は、現実の多様性、流動性を見据えた「アゴーン的リアリズム」を説いているのだという(12)。スティアーズとホーニッグによる位置

づけに対し、タリー教授自身は必ずしも同意しきれないとの発言が講演会でなされたが、いずれにせよ、このような試みが示しているのは、「新基調の公共哲学」から新たな視点や方向性を引き出しうるということである。タリー教授の「新基調の公共哲学」は、ポスト基礎付け主義的な政治理論のひとつの到達点を示している。ポスト基礎付け主義の可能性をさらに探求するのであれば、わたしたちはここから始めなくてはならない。

(1) James Tully, *Public Philosophy in a New Key Vol. 1*, Cambridge University Press, 2008, p.18.

(2) Ibid., p. 17.

(3) Ibid., p. 52.

(4) Ludwig Wittgenstein, *Philosophical Investigations*, 4th ed., 2009, §116（藤本隆志訳『ウィトゲンシュタイン全集８　哲学探究』、大修館書店、1976年）. 強調は原文。

(5) Cf., Tully, *Public Philosophy in a New Key Vol. 1*, p. 49. タリー教授によるテキスト読解に一貫する特徴として、発話、行為などの文脈の注目する際、文脈の多義性およびその変革可能性が強調される点があげられる。それゆえ、ロックの思想史研究においても、文脈の同定と同時に、ロック思想内部にあって、既存の文脈を組み替えうる「複雑で豊かなリソース」（講演）の認識をもたらすことが重要視される。

(6) Oliver Marchart, *Post-Foundational Political Thought*, Edinburgh University Press, 2007, introduction.

(7) Wittgenstein, *Philosophical Investigations*, §126（藤本隆志訳『哲学探究』）.

(8) Wittgenstein, *Philosophical Investigations*, §124（藤本隆志訳『哲学探究』）.

(9) Michel Foucault, *Dits et écrits IV 1980-1988*, Gallimard, 1994, p. 286（石田英敬訳「啓蒙とは何か」『フーコー・コレクション６　生政治・統治』ちくま学芸文庫、2006年、385頁）.

(10) Ibid., p. 286（同右、386頁）.

(11) Lois McNay, *The Misguided Search for the Political*, Polity, 2016, especially chap. 5.

(12) Bonnie Honig and Marc Stears, "New Realism: From *Modus Vivendi* to Justice," in Jonathan Floyd and Marc Stears eds., *Political Philosophy versus History?: Contextualism and Real Politics in Contemporary Political Thought*, Cambridge University Press, 2011, 177-205; Bonnie Honig and Marc Stears, "James Tully's Agonistic Realism," in James Tully et al., *On Global Citizenship: James Tully in Dialogue*, Bloomsbury, 2014, pp. 131-152.

執筆者紹介〔掲載順〕

加藤哲理
一九八一年生。名古屋大学大学院法学研究科准教授。法学博士（京都大学）。『ハンス＝ゲオルグ・ガーダマーの政治哲学――解釈学的政治理論の地平』（創文社、二〇一二年）

近藤和貴
一九七八年生。拓殖大学政経学部准教授。Ph.D.（Political Science, Boston College）.『シュトラウス政治哲学に向かって』（共著、小樽商科大学出版会、二〇一五年）、"Reputation and Virtue: The Rhetorical Achievement of Socrates in Xenophon's *Apology*" (*Interpretation: A Journal of Political Philosophy*, Vol. 42, No. 2, 2015).

渡部　純
一九六二年生。明治学院大学法学部教授。博士（法学）。『企業家の論理と体制の構図――税制過程に見る組織と動員』（木鐸社、二〇〇〇年）、『現代日本政治研究と丸山眞男――制度化する政治学の未来のために』（勁草書房、二〇一〇年）。

松元雅和
一九七八年生。関西大学政策創造学部准教授。博士（法学）。『平和主義とは何か――政治哲学で考える戦争と平和』（中公新書、二〇一三年）、『応用政治哲学――方法論の探究』（風行社、二〇一五年）。

趙　星銀
一九八三年生。明治学院大学国際学部専任講師。博士（法学）。「『高度成長』反対――藤田省三と『一九六〇年』以後の時代」（『思想』第一〇五四号、岩波書店、二〇一二年）、「藤田省三と清水幾太郎」（河野有理編『近代日本思想史――荻生徂徠から網野善彦まで』ナカニシヤ出版、二〇一四年）。

徐　希慶
一九六六年生。ソウル大学社会科学研究院韓国政治研究所研究員。ソウル大学博士。『大韓民国憲法の誕生――韓国憲政史、万民共同会から制憲まで』（創批、二〇一二年）、「一九五〇年代後半「ポスト李承晩政治」の憲政史――一九五六年以降自由党と民主党の改憲議論を中心に」（『韓国政治学会報』第五〇集第四号、二〇一六年）。【翻訳者　李　昤京（立教大学兼任講師）】

内藤葉子
一九七〇年生。関西大学非常勤講師。博士（社会科学）。「マックス・ヴェーバーにおける近代的主体の形成とその特質――心情倫理と「世界の脱魔術化」との関連から」（『政治思想研究』第一五号、二〇一五年）、「「世俗化」は「脱魔術化」なのか？――公共圏と宗教をめぐる問題領域へのヴェーバーからのアプローチ」（宇都宮京子ほか編『マックス・ヴェーバー研究の現在』創文社、二〇一六年）。

高橋義彦
一九八三年生。慶應義塾大学・専修大学・國學院大學栃木短

期大学非常勤講師。博士（法学）。『カール・クラウスと危機のオーストリア――世紀末・世界大戦・ファシズム』（慶應義塾大学出版会、二〇一六年）、「エリック・フェーゲリンのウィーン――オーストリア第一共和国とデモクラシーの危機」（『政治思想研究』第一二号、二〇一二年）。

石田雅樹
一九七三年生。宮城教育大学教育学部准教授。博士（学術）。『公共性への冒険――ハンナ・アーレントと《祝祭》の政治学』（勁草書房、二〇〇九年）、「政治Ⅱ　アーレント『人間の条件』」（岡﨑晴輝・木村俊道編著『はじめて学ぶ政治学――古典・名著への誘い』ミネルヴァ書房、二〇〇八年）。

柏崎正憲
一九八三年生。東京外国語大学特任助教。『ニコス・プーランザス　力の位相論――グローバル資本主義における国家の理論に向けて』（吉田書店、二〇一五年）。

関口佐紀
一九九〇年生。早稲田大学大学院政治学研究科博士後期課程・日本学術振興会特別研究員ＤＣ2。「市民宗教の政治的効用――ルソーにおける立法者と狂信批判とを手掛かりとして」（『政治哲学』第一九号、二〇一五年）。

馬路智仁
一九八三年生。早稲田大学政治経済学術院助教。Ph.D.（ケンブリッジ大学）. "Zionist Internationalism?: Alfred Zimmern's Post-racial Commonwealth," *Modern Intellectual History*, Vol. 13, No. 3 (2016)、「アルフレッド・ジマーンの国際的福祉社会の構想――ブリティッシュ・コモンウェルス、国際連盟、環大西洋的共同体の思想的連環」（『国際政治』第一六八号、二〇一二年）。

寺井彩菜
一九八八年生。慶應義塾大学大学院法学研究科後期博士課程。

上原賢司
一九八〇年生。横浜国立大学非常勤講師。博士（政治学）。「グローバルな不正義と貧困　グローバル・インジャスティス：再考」（姜尚中・齋藤純一編『逆光の政治哲学――不正義から問い返す』法律文化社、二〇一六年）、「「国際的な」分配的正義」（『年報政治学』二〇一二―Ⅱ、二〇一二年）。

久野譲太郎
一九八一年生。同志社大学人文科学研究所嘱託研究員。博士（文化史学）。「「総力戦体制」下の恒藤法理学――「統制経済法」理論をめぐって」（『ヒストリア』二〇一二年四月）、「恒藤法理学における「民族」概念の再定位――理論的形成場面に視軸を据えて」（『文化學年報』二〇一四年三月）。

田上雅徳
一九六三年生。慶應義塾大学法学部教授。博士（法学）。『初期カルヴァンの政治思想』（新教出版社、一九九九年）、『入門講義　キリスト教と政治』（慶應義塾大学出版会、二〇一五年）。

権左武志

一九五九年生。北海道大学大学院法学研究科教授。『ヘーゲルにおける理性・国家・歴史』（岩波書店、二〇一〇年）、『ヘーゲルとその時代』（岩波新書、二〇一三年）。

川合全弘

一九五三年生。京都産業大学教授。『再統一ドイツのナショナリズム――西側結合と過去の克服をめぐって』（ミネルヴァ書房、二〇〇三年）。

細井　保

一九六七年生。法政大学法学部政治学科教授。『オーストリア政治危機の構造――第一共和国国民議会の経験と理論』（法政大学出版局、二〇〇一年）、編著『20世紀の思想経験』（法政大学出版局、二〇一三年）。

山崎　望

一九七四年生。駒澤大学法学部政治学科教授。『来たるべきデモクラシー――暴力と排除に抗して』（有信堂高文社、二〇一二年）、共編著『ポスト代表制の政治学――デモクラシーの危機に抗して』（ナカニシヤ出版、二〇一五年）。

鵜飼健史

一九七九年生。西南学院大学法学部准教授。博士（社会学）。『人民主権について』（法政大学出版局、二〇一三年）、「民意は代表されるべきか」（山崎望・山本圭編『ポスト代表制の政治学――デモクラシーの危機に抗して』ナカニシヤ出版、二〇一五年）。

早川　誠

一九六八年生。立正大学法学部教授。博士（法学）。『代表制という思想』（風行社、二〇一四年）。「石橋湛山の議会制論とジャーナリズム論」（『自由思想』第一四二号、石橋湛山記念財団、二〇一六年）。

伊藤恭彦

一九六一年生。名古屋市立大学大学院人間文化研究科教授。博士（法学）。『貧困の放置は罪なのか――グローバルな正義とコスモポリタニズム』（人文書院、二〇一〇年）、『さもしい人間――正義をさがす哲学』（新潮社、二〇一二年）。

重田園江

一九六八年生。明治大学政治経済学部教授。『社会契約論――ホッブズ、ヒューム、ルソー、ロールズ』（ちくま新書、二〇一三年）、『連帯の哲学Ⅰ　フランス社会連帯主義』（勁草書房、二〇一〇年）。

河野有理

一九七九年生。首都大学東京法学系教授。博士（法学）。『明六雑誌の政治思想――阪谷素と「道理」の挑戦』（東京大学出版会、二〇一一年）、『偽史の政治学――新日本政治思想史』（白水社、二〇一六年）。

中田喜万
一九七二年生。学習院大学法学部政治学科教授。博士（法学）。「武士と学問と官僚制」（田尻祐一郎ほか編『日本思想史講座3　近世』ぺりかん社、二〇一二年）、「天皇」（米原謙編『政治概念の歴史的展開』第九巻、晃洋書房、二〇一六年）。

乙部延剛
一九七六年生。茨城大学人文社会科学部准教授。Ph.D. in Political Science.「ドゥルーズの「おろかさ」論——『差異と反復』の政治的射程」（『政治思想研究』第一六号、二〇一六年）、「政治理論にとって現実とはなにか——政治的リアリズムをめぐって」（『年報政治学』二〇一五—Ⅱ、二〇一五年）。

ジェイムズ・タリー James Tully
一九四六年生。ヴィクトリア大学名誉教授。*Strange Multiplicity* (Cambridge University Press, 1995), *Public Philosophy in a New Key*, 2vols (Cambridge University Press, 2008).

辻　康夫
一九六三年生。北海道大学大学院法学研究科教授。「承認の政治と再配分の問題——ジレンマは存在するか」（『北大法学論集』第六七巻第三号、二〇一六年）、「ロック——宗教的自由と政治的自由」（川出良枝編『主権と自由』岩波書店、二〇一四年）。

●政治思想学会規約

第一条　本会は政治思想学会（Japanese Conference for the Study of Political Thought）と称する。

第二条　本会は、政治思想に関する研究を促進し、研究者相互の交流を図ることを目的とする。

第三条　本会は、前条の目的を達成するため、次の活動を行なう。

（1）研究者相互の連絡および協力の促進

（2）研究会・講演会などの開催

（3）国内および国外の関連諸学会との交流および協力

（4）その他、理事会において適当と認めた活動

第四条　本会の会員は、政治思想を研究する者で、会員二名の推薦を受け、理事会において入会を認められたものとする。

第五条　会員は理事会の定めた会費を納めなければならない。会費を滞納した者は、理事会において退会したものとみなすことができる。

第六条　本会の運営のため、以下の役員を置く。

（1）理事　若干名　内一名を代表理事とする。

（2）監事　二名

第七条　理事および監事は総会において選任し、代表理事は理事会において互選する。

第八条　代表理事、理事および監事の任期は二年とし、再任を妨げない。

第九条　代表理事は本会を代表する。理事は理事会を組織し、会務を執行する。理事会は理事の中から若干名を互選し、これに日常の会務の執行を委任することができる。

第十条　監事は会計および会務の執行を監査する。

第十一条　理事会は毎年少なくとも一回、総会を召集しなければならない。理事会は、必要と認めたときは、臨時総会を招集することができる。総会の招集に際しては、理事会は遅くとも一カ月前までに書面によって会員に通知しなければならない。総会の議決は出席会員の多数決による。

第十二条　本規約は、総会においてその出席会員の三分の二以上の同意がなければ、変更することができない。

付則　本規約は一九九四年五月二八日より発効する。

【論文公募のお知らせ】

『政治思想研究』編集委員会では、第一八号の刊行（二〇一八年五月予定）にむけて準備を進めています。つきましては、それに掲載する論文を下記の要領で公募いたします。多数のご応募を期待します。

1　投稿資格

査読用原稿の提出の時点で、本会の会員であること。また原則として修士号を取得していること。ただし、『政治思想研究』本号に公募論文もしくは依頼論文（書評および学会要旨などは除く）が掲載された者は、次号には応募することができない。

2　応募論文

応募論文は未刊行のものに限る。ただし、インターネット上で他者のコメントを求めるために発表したものはこの限りではない。

3　エントリー手続

応募希望者は、二〇一七年七月十五日までに、編集委員会宛（yamaoka@ouj.ac.jp）に、①応募論文のタイトル（仮題でも可）、②執筆者氏名、③メールアドレス、④現職（または在学先）を知らせること。ただし、やむを得ない事情があってこの手続きを踏んでいない場合でも、下記の締切までに応募した論文は受け付ける。

4　審査用原稿の提出

原則として、電子ファイルを電子メールに添付して提出すること。

締切　二〇一七年八月三十一日

メールの「件名」に、「公募論文」と記すこと。

次の二つのアドレスの両方に、同一のファイルを送付すること。

yamaoka@ouj.ac.jp　nenpoeditor@yahoo.co.jp

5　提出するもの：ファイルの形式は、原則として「Word」にすること。

（1）論文（審査用原稿）

審査における公平を期するために、著者を特定できないように配慮すること（「拙稿」などの表現や、特定大学の研究会や研究費への言及を避けること。また、電子ファイルのファイル情報（プロパティ欄など）の中に、作成者名などが残らないように注意すること）。

ファイル名には、論文の題名をつけること。題名が十五文字を超える場合には、簡略化すること（ファイル名には著者の名前を入れないこと）。

例：「社会契約説の理論史的ならびに現代的意義」→「社会契約説の意義.doc」

（2）論文の内容についてのA4用紙一枚程度のレジュメ

（3）以下の事項を記載した「応募用紙」

（「応募用紙」は本学会ホームページからダウンロードできるが、任意のA4用紙に以下の八項目を記入したものでもよい）。

①応募論文のタイトル、②執筆者氏名、③連絡先の住所とメールアドレス、④生年、⑤学部卒業年（西暦）月、⑥修士以上の学位（取得年・取得大学）、⑦現職（または在学先）、⑧主要業績（五点以内。書誌情報も明記のこと）。

6　審査用原稿の様式

（1）原稿の字数は、本文と注を含めて三万二四〇〇字以内とする。この字数を超えた論文は受理しない。この字数の中には、改行や章・節の変更にともなう余白も含まれるが、論文タイトルとサブタイトルは含まれない。なお、欧文は半角入力にして、欧文二字を和文一字分として数える。

（2）論文タイトルとサブタイトルのみを記載した「表紙」を付けること。

（3）A4用紙へのプリントアウトを想定して作成すること。

（4）本文及び注は、一行四〇字、一ページ三〇行で、なるべく行間を広くとる。注は文末にまとめる。横組みでも縦組みでもよい。詳しくは「執筆要領」に従うこと（なお、この様式の場合、三万二四〇〇字は二七枚になる）。

（5）図や表を使用する場合には、それが占めるスペースを字数換算して、制限字数を計算すること（原稿に明記すること）。使用料が必要なものは使用できない。また印刷方法や著作権の関係で掲載ができない場合もある。

7　審査

編集委員会において外部のレフェリーの評価も併せて審査した上で掲載の可否を決定する。応募者には十月下旬頃に結果を通知する。また編集委員会が原稿の手直しを求めることもある。

8　最終原稿

十二月初旬に提出する。編集委員会から修正要求がある場合には、それに対応することが求められるが、それ以外の点については、大幅な改稿は認めない。

9　転載

他の刊行物に転載する場合は、予め編集委員会に転載許可を求め、初出が本誌である旨を明記すること。

10　ホームページ上での公開

本誌に掲載された論文は、原則としてホームページ上でも公開される。

以上

【政治思想学会研究奨励賞】

本賞は『政治思想研究』に掲載を認められた応募論文に対して授与されるものである。

・ただし、応募時点で政治思想に関する研究歴が一五年程度までの政治思想学会会員に限る。

・受賞は一回限りとする。

・受賞者には賞状と賞金（金三万円）を授与する。

・政治思想学会懇親会で受賞者の紹介をおこない、その場に本人が出席している場合は、挨拶をしてもらう。

【執筆要領】

1　入稿はWord形式のファイルで行うこと。ただし特殊なソフトを使用しているためＰＤＦ形式でなければ不都合が生じる場合は、ＰＤＦ形式も認める。

2　見出しは、大見出し（漢数字一、二……）、中見出し（アラビア数字1、2……）、小見出し（1）、（2）……）を用い、必要な場合にはさらに小さな見出し（ⅰ、ⅱ……）をつけることができるが、章、節、項などは使わないこと。

3　注は、文末に（1）、（2）……と付す。

4　引用・参考文献の示し方は以下の通りである。

①洋書単行本の場合

K. Marx, *Grundrisse der Kritik der politischen Ökonomie*, Diez Verlag, 1953, S. 75-6（高木監訳『経済学批判要綱』（一）、大月書店、一九五八年、七九頁）.

②洋雑誌掲載論文の場合

E. Tokei, Lukács and Hungarian Culture, in *The New Hungarian Quarterly*, Vol. 13, No. 47（1972）p. 108.

③和書単行本の場合

丸山眞男『現代政治の思想と行動』第二版、未來社、一九六四年、一四〇頁。

④和雑誌掲載論文の場合

坂本慶一「プルードンの地域主義思想」、『現代思想』第五巻第八号、一九七七年、九八頁以下。

5　引用・参考文献として欧文文献を示す場合を除いて、原則として数字は漢数字を使う。

6　「、」や「。」、また「　」（　）等の括弧類は全角のものを使う。

7　校正は印刷上の誤り、不備の訂正のみにとどめ、校正段階での新たな加筆・訂正は認めない。

8　『政治思想研究』は縦組みであるが、本要領を遵守していれば横組み入力でも差し支えない。

9　「書評」および「学会研究会報告」は、一ページの字数が二九字×二四行×二段（すなわち二九字×四八行）という定型を採用するので、二九字×〇行という体裁で入力する。

10　その他、形式面については第六号以降の方式を踏襲する。

二〇一六—二〇一七年度理事および監事（二〇一六年五月二八日、総会において承認）

[代表理事]

飯田文雄（神戸大学）

[理事]

石川晃司（日本大学）
梅森直之（早稲田大学）
大澤麦（首都大学東京）
小田川大典（岡山大学）
鏑木政彦（九州大学）
川出良枝（東京大学）
木部尚志（国際基督教大学）
權左武志（北海道大学）
向山恭一（新潟大学）
田村哲樹（名古屋大学）
堤林剣（慶應義塾大学）
野口雅弘（立命館大学）
萩原能久（慶應義塾大学）
森川輝一（京都大学）
山岡龍一（放送大学）

宇野重規（東京大学）
大久保健晴（明治大学）
岡野八代（同志社大学）
重田園江（明治大学）
苅部直（東京大学）
北川忠明（山形大学）
木村俊道（九州大学）
齋藤純一（早稲田大学）
杉田敦（法政大学）
辻康夫（北海道大学）
中田喜万（学習院大学）
早川誠（立正大学）
松田宏一郎（立教大学）
安武真隆（関西大学）

[監事]

犬塚元（法政大学）
梅田百合香（桃山学院大学）

【訂正】

『政治思想研究』第一六号の一九九頁にある注（22）の中の記載について、論文執筆者より次のような訂正の申し出がありました。

「ニューカッスル公キャヴェンディッシュ」【誤】

→

「デヴォンシャー伯」【正】

このような訂正の申し出は、前号に関するもので適度の分量である場合に限り、編集委員会の判断において掲載することがあります。

政治思想研究における「方法」（政治思想研究　第17号）

2017年5月1日　第1刷発行

編　　者　政治思想学会（代表理事　飯田文雄）
学会事務局　〒819-0395　福岡県福岡市西区元岡744
九州大学大学院比較社会文化研究院　鏑木政彦研究室内
E-mail：admin-jcspt@scs.kyushu-u.ac.jp
学会ホームページ：http://www.jcspt.jp/
発 行 者　犬 塚　満
発 行 所　株式会社 風 行 社
〒101－0052 東京都千代田区神田小川町3－26－20
Tel.・Fax. 03-6672-4001／振替 00190-1-537252
印刷／製本　モリモト印刷

ISBN978-4-86258-107-5　C3031　Printed in Japan